21世纪中国高校法学
系列教材

国际法（第三版）

主　编　马呈元
副主编　李居迁
撰稿人（以撰写章节先后为序）
马呈元　杨泽伟　高健军
郭红岩　李居迁

中国人民大学出版社
·北京·

三版序言

国际法与国内法是两个不同的法律体系。作为以国家之间的关系为主要调整对象的法律，国际法在规范国家行为和调整国际关系方面具有十分重要的作用。20世纪以来，特别是第二次世界大战以后，国际法取得了前所未有的进步和发展。加强对国际法的学习与研究，对维护国际关系的基本准则，推动国际法的不断进步与完善，以及建立和平、安全、公正、和谐的国际关系，无疑具有十分重要的意义。

2008年本教材第二版修订出版之后，受到了广大同学的欢迎。为了反映近年来国际法各个方面新的发展与变化，根据中国人民大学出版社的要求，我们对本教材各章节的内容作了进一步的修改、补充和完善，使其能够在完整准确地阐述国际法基本理论和基础知识的同时，增强学生分析和认识实际问题的能力，并且在满足本科国际法教学要求的情况下，更好地为维护我国的国家利益服务。

本书写作分工如下（以撰写章节先后为序）：

马呈元博士：第一、二、三、十三章；

杨泽伟博士：第四、八、九章；

高健军博士：第五、六章；

郭红岩博士：第七章；

李居迁博士：第十、十一、十二章。

在本教材的修订过程中，我们参考和借鉴了国际法领域现有的研究成果，在此谨向各位作者和研究者表示诚挚的感谢。同时，由于我们的能力不足和时间仓促，修订后的教材仍然难免存在瑕疵，敬请各位读者批评指正。

马呈元

2012年6月

序　言

国际法是以国家之间的关系为主要调整对象的法律。17世纪以来，历经数百年的发展，国际法逐渐形成了完整的体系。在现代国际社会中，国际法在规范国家的行为和调整国际关系方面发挥着十分重要的作用。加强对国际法的学习与研究，对于维护国际法的基本准则，推动国际法的进一步发展与完善，以及建立和平、安全、公正和合理的国际政治经济秩序无疑具有重要的意义。

国际法是教育部确定的法学高等教育14门专业核心课程之一。本教材严格遵循教育部《全国高等学校法学专业核心课程基本要求》和本系列教材的具体写作要求，以国内同类教材为参照，在全面、系统地介绍国际法的基本原理、法律规范和相关教学案例的基础上，结合国际法的最新发展动态和国际法领域的最新理论研究成果，力求做到理论联系实际，使学习者能够融会贯通，形成系统的国际法知识体系。

本书由导论、国家、国家领土、海洋法、空间法、国际法上的居民、国际人权法、国际组织法、外交和领事关系法、条约法、和平解决国际争端、战争法等十二章组成，每章包括提要、重点问题、正文论述、法律应用和课后复习等几个部分。

提要和重点问题：提要和重点问题对本章的基本内容作了全面的概括，并根据教学大纲的要求提出本章中需要重点掌握的主要问题、基本概念、基本原理和知识要点。作为各章学习的入门指导，教师应按照教学规律和教学大纲的要求，围绕重点问题开展课堂教学，引导学生掌握各章的要点，形成系统、科学的知识体系。

正文论述：正文论述是对提要和重点问题所包含的内容的全面阐述，主要包括对各章所涉基本概念、基本原理的说明；对有关问题国内外学术界的通识及争论的介绍与评价；对国际公约有关规定的解释和对国际司法机关及仲裁庭有关判例的分析。同时，对我国现行法律就有关问题的规定亦尽可能详细地进行对比研究。在对正文部分的讲授中，首先，教师应按照教学大纲的要求，全面、准确地介绍各章的基本要点，使学生对各章的内容有完整、明晰的了解和掌握。其次，教师在讲解有关问题时，一方面，应介绍中外学者的通说研究观点；另一方面，须说明在这些问题上存在的不同见解，引导学生独立思考，提高他们的理论研究能力。再次，在课堂教学中，教师应注重对相关国际司法机关和仲裁庭判例的分析和运用，引导学生将国际法原理和国际条约及国际习惯法规则与国际法问题，特别是当前影响较大的国际法问题联系起来学习，达到理论联系实际和运用所学国际法知识认识与研究现实国际问题的目的。最后，应该看到，国际法是一个充满活力、不断发展的法律体系，特别是在第二次世界大战以后，国际法的发展变化已是有目共睹的事实，因此，教师在教学过程中，应对涉及国际法发展的新领域和新问题作出重点说明，使学生能够了解国际法的发展动态，把握国际法的发展趋势。此外，本教材在全面、准确地介绍国际法系统知识的同时，力求做到简明扼要、深入浅出和理论联系实际，这就为学生的自学或预习提供了便利。学生通过认真学习本教材，阅读推荐的参考书及注释中指出的著作或资料，同样可以比较好地掌握国际法的基础知识。

课后复习：课后复习是对各章所讲述的部分内容所出的练习题，目的是使学生通过思考，对这些问题作出正确的解答，以巩固在课堂上学到的知识，并进一步激发对理论问题进行研究的兴趣。教师应引导学生运用国际法的基本知识和科学方法，通过分析或讨论，解答课后复习中提出的问题，并进而提高其解决国际法理论与实践问题的能力。不过，由于课后复习中的练习题只涵盖了各章所学的部分内容，不能满足对国际法进行全面复习的要求，因此，教师应视需要另行增补练习题，或指定学生使用其他习题集。

本书是由中国政法大学和中南财经政法大学部分长期从事国际法教学、研究和实务的教师在以往国际法教材的基础上，结合个人在国际法领域的研究成果共同撰写完成的。希望本书能够满足法学本科国际法教学的要求，并为我国的国际法教学与研究尽绵薄之力。

本书写作分工如下（以撰写章节先后为序）：

马呈元博士：第一、二、三、十二章，第十一章第一、二、三节；

高健军博士：第四、五章；

杨泽伟博士：第六、七、八章；

李居迁博士：第九、十章，第十一章第四节。

在本书的写作过程中，我们参考和借鉴了近年来国际法领域理论研究的成果和部分国际法专著、教科书和教学辅导资料，在此谨向各位作者和研究者表示诚挚的谢意。同时，由于篇幅所限，对于现代国际法的一些新分支，如国际经济法、国际环境法、国际刑法等，虽然其部分内容在书中有所体现，但未能单独成章。对此缺憾，我们深表歉意，并敬请各位读者不吝赐教。

马呈元

2003年6月

目　录

第一章 导　论

第一节　概述

一、国际法的名称和定义
二、国际法的法律性质
三、国际法的效力根据

第二节　国际法的发展

一、古代国际法
二、近代国际法
三、现代国际法
四、中国与国际法

第三节　国际法的主体

一、国际法主体的概念
二、国际法主体的范围

第四节　国际法的渊源

一、概述
二、国际法的各种渊源
三、确定法律原则的辅助方法

第五节　国际法的编纂

一、国际法编纂的概念与意义
二、国际法编纂的发展
三、联合国对国际法的编纂

第六节　国际法和国内法的关系

一、国际法与国内法的关系的理论
二、国际法与国内法关系的实践
三、中国的情形

提　要

国际法是主要调整国家之间关系的有法律拘束力的原则、规则和制度的总体。与国内法相比，国际法在主体、调整对象、制定方式和强制实施方式等方面都有其特点。对国际法效力根据的不同解释形成自然法学派、实在法学派、格老秀斯派等不同的学术流派。国际法的发展经历了古代、近代和现代三个历史时期。现代国际法的主体主要是国家，同时，包括国际组织和争取独立的民族，此外，个人在国际法中的主体地位也日益明显。国际法的渊源有国际条约、国际习惯和一般法律原则，其中前两者为国际法的主要渊源；司法判例、公法学家学说和国际组织的决议构成确定法律原则的辅助资料。国际法的编纂是指国际法的法典化，联合国国际法委员会在现代国际法的编纂中发挥着重要的作用。对于国际法与国内法的关系，学者的观点各异，各国政府的实践也不尽相同。国际法的基本原则是那些被各国公认的、具有普遍意义的、适用于国际法一切效力范围和构成国际法基础的法律原则。国家主权平等原则、不侵犯原则、不干涉内政原则、和平解决国际争端原则、善意履行国际义务原则等当属国际法基本原则的范围。

重点问题

1. 国际法的法律性质及特征。
2. 国际法的效力根据。
3. 国际法的主体。
4. 国际法的渊源。
5. 国际法与国内法关系的理论和实践。
6. 国际法基本原则和国际强行法。
7. 国际法基本原则的内容。

第一节　概　述

一、国际法的名称和定义

国际法作为主要调整国家之间关系的规范体系，最初在西方文献中是以拉丁文 *jus*

gentium 的名称出现的。在罗马法中，*jus gentium*（万民法）与 *jus civile*（市民法）相对，是指调整罗马人和外国人之间以及外国人相互间关系的法律。但无论 *jus gentium* 还是 *jus civile*，都属于古罗马的国内法。到 16 世纪、17 世纪时，欧洲的哲学家和法学家开始用 *jus gentium* 来表示调整国家之间关系的法律。特别是近代著名的国际法学家雨果·格老秀斯（Hugo Grotius）在其 1625 年出版的经典著作《战争与和平法》（*De jure belli ac pacis*）中使用这一名词来称呼规范国际关系的意志法。于是，在通用的法律术语中，*jus gentius* 不复其原来的意义，由国内法的名称转用于特指国家之间的法律。[①] 后来，*jus gentium* 在英语中转为 law of nations（汉译为“万国公法”），并与欧洲其他语言中相应的名词一起得以流行。不过，由于 law of nations 仍然不能确切地表达作为其内容的国家之间法律的意义，因此，英国哲学家和法学家边沁（Bentham）在 18 世纪末建议将 law of nations 改为 international law，并得到了广泛的赞同。

至于汉语中用来表达调整国家之间关系的法律的名词，早先在中国对外交涉的文件和私人著作中经常使用的是“万国公法”或“公法”。“清朝末年，日本政法名词传入中国，日本通用的国际法（或国际公法）这一名称乃被中国法学界普遍采用，而代替了旧日通称的万国公法或公法。”[②] 可见，“国际法”在汉语中是一个外来词。不过，由于中文“国际”一词十分贴近英文中作为合成词的“international”的含义，因此，可以说，国际法一词准确地反映了 international law 所代表的内容。

虽然国际法作为一个独立的法律体系已经经历了很长的发展过程，但到目前为止，还没有一个得到普遍接受的国际法的定义，这是因为“要把国际法的内容包括在一个完整而简明的定义里，是不易做到的”[③]。由于各国研究国际法的学者对国际法的一些基本问题，如主体、调整对象、效力根据等，存在不同见解，所以，他们给国际法所下的定义亦不尽相同。我国著名国际法学家周鲠生教授指出：“国际法是在国际交往过程中形成出来的，各国公认的，表现这些国家统治阶级的意志，在国际关系上对国家具有法律的约束力的行为规范，包括原则、规则和制度的总体。”[④] 《奥本海国际法》（第 9 版）认为：“国际法是对国家在它们彼此往来中有法律拘束力的规则的总体。这些规则主要是支配国家关系，但是，国家不是国际法的唯一主体。国际组织，以及在某种范围内的个人，可以是国际法所给予权利和设定义务的主体。”[⑤] 《布莱克法律辞典》（第 6 版）对国际法所下的定义是：“国际法是调整国家之间关系的法律。国际法的原则和规则普遍适用于国家和国际组织的行为以及它们相互之间的关系，同时，也适用于自然人和法人之间的某些关系。”[⑥]

以上关于国际法的定义明显地反映了学者在国际法的主体和调整对象问题上的不

---

① 参见周鲠生：《国际法》，上册，1 页，北京，商务印书馆，1981。

② 同上书，2 页。

③ 王铁崖主编：《国际法》，2 页，北京，法律出版社，1995。

④ 周鲠生：《国际法》，上册，3 页。

⑤ ［英］詹宁斯、瓦茨修订，王铁崖等译：《奥本海国际法》，9 版，第 1 卷，第 1 分册，3 页，北京，中国大百科全书出版社，1995。

⑥ *Black's Law Dictionary*, sixth edition, West Publishing Co., p. 816 (1990).

同观点。在近代国际法时期，国家是国际法的唯一主体，国际法是调整国家关系的法律。但是，对于现代国际法的主体和调整对象是否发生了变化或者发生了哪些变化的问题，国际法学者的见解并不统一。不过，即使承认国际组织，甚至自然人或法人都具有国际法主体资格，现代国际法仍然是以国家之间的关系为主要调整对象的。因此，诚如我国著名国际法学家王铁崖教授所言，国际法主要是国家之间的法律，是“主要调整国家之间的关系的有法律拘束力的原则、规则和制度的总体”[①]。

国际法调整的对象主要是国家之间的关系，这种关系是以国家为主体发生的关系，即人们通常所说的“公”的关系，正是在这种意义上，“国际法”又称为“国际公法”[②]。不过，如果为了与国际私法相区别而把国际法称为国际公法，则是不必要的，因为国际公法和国际私法并不是国际法的两个分支。[③] 国际私法的调整对象是具有涉外因素的民事法律关系，它主要解决不同国家对于私人关系的不同法律规定所发生的冲突，包括管辖权的冲突。因此，在有些国家，特别是英国和美国，国际私法往往被称为“冲突法”（conflict of laws）。但是，如果各国对于解决某些法律冲突问题形成共同的原则和规则，成为国际习惯法的一部分，或者各国经过努力签订公约，把这些共同的原则和规则确定下来，国家即依据国际习惯或国际公约承受权利和义务。在这个范围内，国际私法涉及国家之间的关系。通常，也就是在这种意义上，国际法被认为包括国际公法和国际私法。[④]

根据适用范围的不同，国际法有普遍国际法与区域国际法之分，前者适用于普遍性的国际关系；后者只适用于区域性的国际关系。[⑤] 在区域国际法中，经常提及的是所谓的“美洲国际法”或者“拉丁美洲国际法”。不过，虽然在特定区域中由于其国际关系的特殊性，可能会产生某些特殊的规则，但区域国际法实际上并没有形成一种本质上有别于普遍国际法的独特的体系，那些特殊的规则只能在本区域内适用，约束本区域国家之间的关系，而不能构成对普遍国际法规则的排除和限制，更不能违反普遍国际法中确立的基本原则。

二、国际法的法律性质

关于国际法法律性质的问题，实际上是指构成国际法内容的、以国家之间关系为主要调整对象的那些规则是否属于真正意义上的法律的问题。早期的法学家曾经有人否认国际法是真正的法律，甚至今天，对国际法的法律性质表示怀疑者仍不乏其例。19世纪，英国著名法学家奥斯汀（Austin）提倡“法律强制理论”（imperative theory），他认为，法律是由主权的政治权威所制定，并由强制力保证实施的行为规范。[⑥] 由于国家之上没有一个制定和执行约束国家行为的规则的政治权威，所以，国际法不

① 王铁崖主编：《国际法》，2页，北京，法律出版社，1995。

② 端木正主编：《国际法》，2版，2页，北京，北京大学出版社，1997。

③ 参见王铁崖主编：《国际法》，4页，北京，法律出版社，1995。

④ 参见上书，4～5页。

⑤ 参见端木正主编：《国际法》，2版，2页。

⑥ See J. Austin, *The Province of Jurisprudence Determined* (1832), H. L. A. Hart, Weidenfeld and Nicholson (eds.), 1954.

是真正的法律，而是类似于约束社团的规则那样的“实在的国际道德”（positive international morality）。

事实上，探讨国际法是不是真正的法律，关键的问题是法律的定义是什么。奥斯汀对法律所下的定义显然符合国内法的情况，但将其适用于国际法则未必恰当。王铁崖教授十分正确地指出：如果把法律等同于国内法，国际法就不是法律，也不可能是法律，因为国际法在许多方面与国内法是不相同的。法律是对社会成员的行为有强制力量的规则的总体，而国际社会虽然没有像国家之内那样的立法机关来制定法律，但它通过条约等其他方式创造作为国际社会成员的国家的行为规则，国际社会虽然也没有像国家之内那样的行政机关和司法机关来执行法律，但在一定程度上仍然有某种机制使国家遵守国际法的原则、规则和制度。因此，国际法是法律，或者说，是法律的一个部门。①

国际法是否是一种真正的法律规范体系，重要的是看它是否得到了国家的普遍遵守，以及在国际关系中是否真正发挥了规范国家行为的作用。国际实践证明，世界各国政府都承认国际法是对国家有拘束力的法律，没有任何国家的政府公开宣布否认国际法的存在。即使有违反国际义务的情事发生，有关国家也总是从法律的角度为自己的行为辩护，而不是否认国际法的效力。总的来说，国际法的原则、规则和制度得到了国家的普遍遵守。美国著名国际法学家穆尔（J. B. Moore）和英国著名国际法学家布莱尔利（Brierly）都曾指出，国际法，特别是平时国际法，“大体上像国内法那样得到了遵守”②。当然，在少数例外的情况下，可能会发生严重违反国际法的事件，而且对行为国的制裁并不是强有力和令人满意的。这只是说明现行国际法的制度还不够完善，各国政府和学者要进一步探讨如何更好地防止违法行为的发生和如何更有效地对违法行为实施制裁。但“国际法并不因为严重违反行为的发生而失去它作为法律的性质”③。

由于国际法得到了世界各国的普遍遵守，因此可以说，它在调整国家行为方面发挥了法律规范的作用。周忠海教授指出：“国际法的作用主要是以法律手段维护国际交往的正常秩序，维护国际和平与正义，促进各国和平合作的发展。”④ 具体来说，国际法是国际社会的行为准则，是国家在国际交往中自我约束和相互约束的行为规范。同时，国际法也是确定国际法主体权利和义务的依据，是区分合法与非法和解决国际争端的法律标准。鉴于国际法在调整现代国际关系方面的重要作用，我国著名国际法学家、联合国国际法院院长史久镛法官指出：“国际法是调整国与国关系的重要依据。超越日常生活的视野，就会发现国际法在现实生活中是不可或缺的。在国与国之间的日常交往中，各国都要遵守国际法，如果没有国际法，人类仍然生活在中世纪。”⑤

综上所述，国际法的法律性质是毋庸置疑的。但是，国际法是一个特殊的法律体

① 参见王铁崖主编：《国际法》，6～7页，北京，法律出版社，1995。

② 赵理海：《当代国际法问题》，4页，北京，中国法制出版社，1993。

③ 王铁崖主编：《国际法》，7页，北京，法律出版社，1995。

④ 周忠海等：《国际法学述评》，10页，北京，法律出版社，2001。

⑤ 陈初越：《专访联合国国际法院新任院长史久镛》，载《南风窗》，2003（2，下）。

系，与国内法相比较，国际法具有如下特征：

1. 国际法的主体主要是国家。在现代国际法中，政府间国际组织和争取独立的民族的主体地位亦得到承认；同时，在国际法的某些领域，个人的主体地位也日益受到重视。

2. 国际法调整的对象是国际法主体之间的关系，主要是国家之间的关系。

3. 国际法主要是由国家以协议的方式制定的。在国际关系中，国家是独立和平等的，在国家之上没有一个独立的政治权威或者世界政府制定国家必须遵守的法律，所以，国际法主要是国家在相互交往过程中以协议的方式制定的。这种协议表现为国际条约和国际习惯两种形式。国家通过国际条约和国际习惯确定或改变它们之间的权利和义务关系，制定它们在国际关系中共同遵守的行为规范。

4. 国际法主要依靠国家采取措施强制实施。国际社会没有一个国家之上的立法机关制定国家必须遵守的法律，也不存在类似国内的法庭、警察、军队那样的强制机关来执行国际法。联合国国际法院以自愿管辖为原则，缺乏对国家的强制管辖权。正如邵津教授所言："国际法的外在强制主要靠国家自己，按照国际法，采取个别或集体的行动，包括要求违背国际义务，违反国际法的国家承担国家责任，实行报复，进行自卫。当然，国际法的实施也并不单纯依靠外在的强制。一般和总体而言，国家按照国际法行事，对自身也是有利的。"①

三、国际法的效力根据

国际法的效力根据是国际法的基本理论问题之一。如前所述，国际法主要是调整国家之间关系的有法律拘束力的原则、规则和制度的总体。但是，国际法为什么会对国家有拘束力？这种拘束力的来源或根据是什么？或者说，国家为什么要遵守国际法？对这些问题的不同回答，形成了不同的国际法学派。直到20世纪初，西方的主要学派有自然法学派、实在法学派和格老秀斯派。② 第一次世界大战以后，又出现了社会连带学派、规范法学派，政策定向学说和权力政治学说等新的学派和观点。

（一）自然法学派（Naturalists）

自然法的学说在欧洲产生得很早，盛行于18世纪，其影响遍及整个法律领域，而不仅限于国际法。自然法学派的主要论点是：法律本身就是自然法，或者说，在制定法、习惯法的上面或后面是自然法，实在法的效力来自自然法。自然法学派的学者认为，自然法是普遍的、绝对公正的、恒久不变的；自然法高于实在法；自然法可以由理性所发现，而不需要国家的同意。对于什么是自然，这一学派的学者认为，自然就是本性、理性、正义，是人的本性或者事物的本性，而法律就是从这些本性中产生或推论出来的。③

在早期的国际法中，自然法学派曾经占优势地位。自然法学派否认任何以条约和

① 邵津主编：《国际法》，2页，北京，北京大学出版社、高等教育出版社，2000。

② 参见周鲠生：《国际法》，上册，21页。

③ 参见邵津主编：《国际法》，19页。

习惯为基础的实在国际法，主张国际法是自然法的一部分。[①] 自然法学派早期的代表人物有西班牙的维多利亚（Victoria），后来有德国的萨默尔·普芬道夫（Samuel Pufendorf）。普芬道夫完全排斥实在法的概念，主张支配国家之间关系的只有自然法；条约的合法性和拘束力来自自然法；国际法是自然法的一部分，除此之外，没有什么基于普遍同意的实在国际法。[②]

（二）实在法学派（Positivists）

实在法学派是与自然法学派在关于国际法效力根据的问题上相对立的一种学术派别。实在法学派强调人定法，而不是自然立法，把国际法主要地建立在习惯和条约的基础上。在17世纪和18世纪，实在法学派的理论不断发展。到了19世纪，这一学派取代自然法学派而占据优势地位。[③] 这种趋势与自然科学的发展要求把国际法建立在事实和实践基础上的思想，以及由于国际交往的发展，各种内容的条约数量剧增和条约日益受到重视的事实有很大关系。实在法学派认为国际条约和国际习惯是国际法的主要表现形式。条约是基于国家的共同同意，习惯被认为是基于国家的默示同意。这两者都是实在的（positive），由它们构成的国际法是由人所造的，是国家同意的，所以，国际法效力的根据是体现于习惯或条约的国家的共同同意。[④]“在国际社会的存在中了解国际法的根据是符合现实的。国际社会各成员的共同同意认为应该有一组法律规则——国际法——以支配它们作为该社会成员的行为。在这个意义上，‘共同同意’可以说是国际法作为法律体系的根据。”[⑤]

实在法学派早期的代表人物有宾刻舒克（Bynkershoek）等人。到19世纪末，这一学派的学说已经取得了压倒性的优势。第一次世界大战以前，西方有名的国际法学家大都属于实在法学派，其代表人物有英国的奥本海（Oppenheim）、霍尔（Hall），德国的李斯特（Liszt），瑞士的里维尔（Rivier）等。[⑥]

（三）格老秀斯派（Grotians）

格老秀斯派，亦称折中法学派，是指根据格老秀斯关于国际法效力根据的思想形成的学术派别。格老秀斯一向被誉为欧洲近代国际法的奠基人，在他于1625年出版的国际法名著《战争与和平法》中，格老秀斯把国际法分为两类：一类是“万国法”，即习惯国际法。万国法属于意志法，它“见之于被信守的习惯和那些精于此道的人们的阐述”；“万国法从所有国家的意志得到它的拘束力”。另一类是关于国家之间关系的自然法，他称之为自然国际法，后者的根源在于人类理性。[⑦] 显然，格老秀斯认为，国际法效力的根据一部分来自各个国家的意志，一部分来自人类理性。是谓“折中法学派”。

除格老秀斯本人之外，这一学派的代表人物还有德国的沃尔夫（Wolff）、瑞士的

① 参见王铁崖主编：《中华法学大辞典·国际法卷》，184页，北京，中国检察出版社，1996。

② 参见李家善：《国际法学史新论》，117页，北京，法律出版社，1987。

③ 参见王铁崖主编：《国际法》，8页，北京，法律出版社，1995。

④ 参见邵津主编：《国际法》，20页。

⑤ ［英］詹宁斯、瓦茨修订，王铁崖等译：《奥本海国际法》，9版，第1卷，第1分册，8页。

⑥ 参见周鲠生：《国际法》，上册，23～24页。

⑦ 参见邵津主编：《国际法》，20～21页。

瓦特尔（Vattel）等人。

（四）社会连带学派（Doctrine of Social Solidarities）

社会连带学派是20世纪出现的一个新的学术流派，其创始人为法国学者狄骥（Duguit）。狄骥认为，人们在一个社会中生活会产生连带关系，人们必须通过这种连带关系相互合作，以满足共同需求。法律不是国家创造的，而是根据社会连带的事实而产生的。这种社会连带关系不仅是国内法效力的根据，同时也是国际法效力的根据。

狄骥的社会连带思想得到了当时的国际法学家波利蒂斯（Politis）的支持。波利蒂斯在其著作中指出，法律既不是出自什么命令，也不是什么意志的表现，它纯然是一种社会的产物，只是有的社会统治者把它制定成法律或条约的形式。在这种观念上，国际法只有单一的根源，那就是“各民族的法律良知”，它给予各民族由其连带关系所产生的经济的、道德的规则约束性。惯例和条约已不像一向所相信的那样是国际法的根源，而只是确认它的两种方式，并且它们也不是仅有的方式：除了惯例和条约，国际法的存在还可以依其他方式加以证明。①

（五）规范法学派（Normative School）

规范法学派是以20世纪著名法学家汉斯·凯尔逊（Hans Kelsen）和菲德罗斯（Verdross）为代表的一个法学派别。与社会连带学说一样，规范法学派反对国家主权思想，否认国家意志创造法律的观点，主张一切法律规则的效力都出自上一级法律。该学派认为，全部法律，不论是国内法还是国际法，都属于一个体系。在这个体系中，法律规范分成不同的等级，每一级规范都是上级规范所创造的，其效力的根据亦来源于上级规范。在整个法律体系中，最上级的是国际法规范。国际法的效力来源于一个“最高规范”或称“原始规范”，那就是“条约必须遵守”。至于这个“最高规范”或“原始规范”的效力根据是什么，规范法学派的学者认为，它本身既是法律规范，又是伦理规范，其效力根据是人类的“正义感”或“法律良知”。由于这种学说完全抽掉了法律的社会内容，把法律变成一种与社会现实无关的“纯粹法律规范”，因此，不可能找到国际法效力的真正根据。②

（六）政策定向学说（Policy-oriented Theory）

政策定向学说的代表人物是现代美国学者麦克杜格尔（McDougal）。他认为，政策是政治的根本，决策是权力的核心。国际法是一种决策的过程，是国家对外政策的体现。国际法的效力最终取决于制定国家对外政策的机构及个人的心态和决定。③ 应该承认，国际法与国家的对外政策具有密切的关系，但是，如果把国际法与国家的对外政策混为一谈，把国际法效力的根据归结于制定国家对外政策的机构及人员的心态和决定，国际法就很难存在了。

（七）权力政治学说（Theory of Power Politics）

与政策定向学说一样，权力政治学说也是第二次世界大战后在美国兴起的与研究国际法的效力根据有关的一种学术主张，其代表人物是美国著名的国际法学家施瓦曾

① 参见周鲠生：《国际法》，上册，24～25页。

② 参见王献枢主编：《国际法》，修订2版，7页，北京，中国政法大学出版社，2002。

③ 参见邵津主编：《国际法》，21～22页。

伯格（Georg Schwarzenberger）。权力政治学说认为，国际法是由国际政治所支配的，而国际政治的核心是国家权力。应该从国际政治中寻找国际法效力的根据。总的说来，国际政治中的势力均衡，即国家权力的均衡，是国际法存在的基础及其效力的根据。这种学说的本质是使国际法依附于国际政治和国家权力，使国际法成为强权政治的工具。

（八）中国学者的观点

对于国际法效力根据的问题，中国学者也进行了深入的研究，其中，周鲠生教授和王铁崖教授所提出的观点最具有代表性，其他学者的有关论述尽管可能措辞不同，但基本上无出其右者。

周鲠生教授认为，国际法是国家之间公认的国际关系上的行为规范，体现了各国统治阶级的意志。但这种各国统治阶级的意志不可能是所谓各国的共同意志，而只能是各国统治阶级协调的意志。因此，可以说，各国统治阶级的协调意志就是国际法的效力的根据。而在公认国际法规范上表现各国的协调意志的不外乎两种方式：一是通过惯例；二是通过条约。①

王铁崖教授则指出："关于国际法效力的根据，虽然有各种各样的理论，然而，最重要的一点是：国际法主要是国家之间的法律，国家受国际法的拘束，同时又是国际法的制订者。因此，国际法效力的根据应在于国家本身，即在于国家的意志。当然，国际法效力的根据在于所谓国家的意志，并不是指个别国家的意志，也不能说各国之间有'共同意志'，而是指各国的意志之间的协议。条约之所以对国家有拘束的效力，是因为条约是国家之间的协议；国际习惯的拘束效力在于它既是各国的重复类似的行为，而且是被各国所认为具有法律拘束力；即使是作为国际法渊源的一般法律原则也是'文明各国所承认者'（《国际法院规约》第 38 条第 1 项）。事实证明，即使是不同社会经济制度的国家之间，也是可以达成协议而受拘束的。因此，各国之间的协议，或者说各国意志之间的协议，构成了国际法效力的根据。""在法律上，国际法效力的根据是国家意志的协议，而在法律之外，国家意志的协议是受国家之间来往关系的需要所支配的。"②

第二节 国际法的发展

国际法的发展历史可以分为古代国际法、近代国际法和现代国际法三个时期。"世界近代史以 17 世纪英国资产阶级革命为开端，而近代国际关系史则以'结束三十年战争'的《威斯特伐利亚和约》为开端。"③ 因此，以 17 世纪作为古代国际法和近代国际法的界限是恰当的。同时，以 20 世纪初的第一次世界大战作为世界现代史和现代国际法的开端也为许多学者所赞同。

① 参见周鲠生：《国际法》，上册，10～11 页。

② 王铁崖主编：《国际法》，9 页，北京，法律出版社，1995。

③ 王绳祖主编：《国际关系史》，第 1 卷，7 页，北京，世界知识出版社，1995。

一、古代国际法

从欧洲历史来看，古代国际法时期主要指中世纪（约公元 395 年—公元 1500 年）及其以前的时期。[①] 不过，古代是否有国际法，是一个有争论的问题。古代国家不是近代意义上的主权国家，它们之间的往来关系不同，而且往往处于战争状态，因而难以产生完整的国际法体系。但是，在古代世界，毕竟有类似国家的政治实体，只要它们有往来关系，它们之间就会产生一些类似近代国际法的原则、规则和制度。[②]

在古埃及，很早就有关于缔结条约的记载。公元前 1283 年，埃及法老拉美西斯二世与赫梯国王签订的同盟条约就是一个典型的事例。[③] 在古代印度，有文献记载，当时流行着有关国际交往的一些原则和规则，涉及外交使节制度、条约的缔结和原始的战争法规。[④]

古希腊存在许多独立的城邦国家，它们互相往来，使国际法的产生和发展具备了基本的条件。古希腊城邦国家之间经常互相派遣使节，并在此基础上形成了初步的使节制度。使节在接受国享有各种尊荣和不可侵犯权，对使节的侵犯属于严重的敌对行动，派遣国甚至可以以此作为宣战的理由。若使节在接受国受到攻击或污辱，派遣国有权要求引渡肇事者。在战争法方面，敌对国家在开始战争之前应该宣战，宣战要举行隆重的仪式；战争被认为是敌对城邦全体居民之间的争斗，没有战斗员和非战斗员之分；占领敌人的城市后，战胜的一方可以屠杀平民，包括妇女和儿童，也可以将他们作为奴隶；战争中使用的武器和方法有一定的限制，宗教场所不得成为攻击的对象，在盛大的体育竞赛期间不得进行战争；战俘可以被处死，对敌国及其人民的财产可以掠夺或损毁。此外，在缔结条约、建立同盟、从事贸易和解决纷争方面也形成了一些规则和制度。

古罗马对国际法的形成和发展有进一步的贡献。在使节和战争方面，古罗马不仅有比古希腊更多的原则、规则和制度，而且将它们法律化。古罗马十分重视条约的缔结和作用。按照罗马法，罗马人与外国的关系取决于罗马与该外国之间是否有友好条约。如果没有这种条约，则来自或去往该外国的人或货物就不享受任何保护；反之，则会受到法律保护。后来，由于来到罗马的外国人日益增多，于是就产生了规范外国人与罗马人关系的一整套法律体系，这就是有别于“市民法”（*jus civile*）的所谓“万民法”（*jus gentium*）。古罗马还委任了一些称为“外事法官”的官吏负责执行这种法律。[⑤] 由于万民法的范围逐渐扩大，包括领土、海上航行、战争等问题，因而它被认为

---

① 王铁崖教授将其分为古代国际法和中古国际法两个阶段，中古国际法是指欧洲中世纪的国际法。参见王铁崖主编：《国际法》，第一章第五节，北京，法律出版社，1995。

② 参见王铁崖主编：《国际法》，33～34 页，北京，法律出版社，1995。

③ 关于该约的缔结时间，有不同的表述。按照中国大百科全书出版社出版的《简明不列颠百科全书》第 5 卷第 34 页，“拉美西斯二世”词条所述，该约订于公元前 1283 年。

④ 参见王铁崖主编：《国际法》，10～11 页，北京，法律出版社，1981。

⑤ 参见［英］劳特派特修订，王铁崖、陈体强译：《奥本海国际法》，8 版，上卷，第 1 分册，52 页，北京，商务印书馆，1981。

是国际法的前身。[①]

在中世纪，罗马帝国逐渐吞并了几乎全部其当时所知的文明世界。在罗马帝国的疆界之外，他们差不多不知道有任何独立的文明国家，因此，在罗马帝国存在期间，既没有国际法存在的余地，也没有国际法的需要。[②] 到中世纪后期，欧洲一些地区的贸易往来和海上航行有所发展，从而产生了领事制度和海洋制度。但无论领事制度，还是海洋制度，它们只是国际法的一小部分。整个说来，国际法在中世纪是不发达的。[③]

总之，在古代国际法时期，由于生产力水平低下和科学技术落后，各个大陆和地区总体上处于闭塞和孤立的状态，相互之间缺乏密切的交往和联系，所以，国际法是分散的和地区性的，不可能形成近代意义上的超出地区界限的国际法。同时，虽然国际法在诸如战争、缔约、使节等方面出现了一些规则，但国际法还没有形成一个相对完整的法律体系。此外，国际法与国内法以及国际法与宗教规范之间缺乏明确的界限，这也是古代国际法的一个特点。

二、近代国际法

近代国际法是 17 世纪从欧洲发展起来的，其开始形成的一个重要标志是为结束“三十年战争”所签订的《威斯特伐利亚和约》。“三十年战争”是 1618 年至 1648 年以神圣罗马帝国皇帝、西班牙及天主教诸侯为一方和以法国、瑞典、荷兰及新教诸侯为另一方发生的战争。为结束战争，双方经过 5 年谈判，于 1648 年 10 月 24 日在威斯特伐利亚签订了一项和平条约，史称《威斯特伐利亚和约》。和约承认德意志各诸侯国享有独立主权，确认荷兰和瑞士的独立国家地位；承认新教与天主教享有同等权利。从而打破了罗马教皇神权政治体制下的世界主权论，并初步确立了领土主权和主权平等的原则。“威斯特伐利亚和会及其签订的和约是国际关系史的一个划时代的事件，对近代国际法学的建立和发展起了重要的促进作用。”[④]

在“三十年战争”进行期间，荷兰学者格老秀斯于 1625 年发表了著名的《战争与和平法》。该书以战争法为重点，系统论述了国际法的主要内容，涵盖国际法的全部范围，为近代国际法的建立奠定了理论基础。格老秀斯的著作和在此之前由一些法学家或神学家发表的有关国际法某些部分的著作，对威斯特伐利亚和会的召开和进行以及和约的拟定产生了一定的影响，并促进了国际法和国际法学的发展。“由于国际法现在已成为一种必要，由于这样一种法律的许多原则已经多少取得了承认并且又出现在格老秀斯的学说之中，由于格老秀斯的体系对于当时被认为缺乏法律根据的国际关系的大部分提供了法律根据，因此，格老秀斯的这部书就获得了如此普遍于全世界的影响，以至他被正确地称为‘国际法之父’。”[⑤]

在近代国际法时期，1776 年的美国《独立宣言》和 1823 年的《门罗宣言》以及

---

① 参见王铁崖主编：《国际法》，35 页，北京，法律出版社，1995。

② 参见［英］劳特派特修订，王铁崖、陈体强译：《奥本海国际法》，8 版，上卷，第 1 分册，53 页。

③ 参见王铁崖主编：《国际法》，35～36 页，北京，法律出版社，1995。

④ 王绳祖主编：《国际关系史》，第 1 卷，61 页。

⑤ ［英］劳特派特修订，王铁崖、陈体强译：《奥本海国际法》，8 版，上卷，第 1 分册，58 页。

18 世纪末的法国资产阶级革命，对国际法的发展都产生了重要的影响。在法国资产阶级革命中，提出了国家主权原则和国家的基本权利和义务的概念。1793 年的《法兰西宪法》宣布，法国不干涉其他国家的内政，其他国家也不得干涉法国的内政；法国赋予为了自由事业而被本国驱逐的外国人以庇护权，但不为封建暴君提供庇护；法国反对外国侵占法国领土，不与任何占领法国领土的国家媾和。总之，法国革命时期提出的一系列原则反映了新兴资产阶级的诉求，具有时代的进步意义。资产阶级提出的国家主权原则和不干涉内政原则逐渐为国际社会所接受，并以国际法的形式固定下来，在今天的国际关系中仍然发挥着重要作用。①

19 世纪后期，资本主义发展成为帝国主义，国际关系中剥削、压迫和侵略的现象十分严重。与此相适应，在国际法上原来的进步的原则和概念之外，产生了一些反动的原则、规则和制度，例如，所谓正统主义、保护关系、势力范围、合法干涉、和平封锁以及租界、租借地制度和领事裁判权制度等。它们阻碍了国际法向和平与正义的正确方向发展。② 尽管如此，由于资本主义的生产关系极大地促进了生产力的提高和世界市场的形成，国家之间的相互联系和交往日益增加，因此，国际法在此基础上仍取得了长足的进步。

总的说来，在近代国际法时期，国家是国际法的唯一主体，国际法被认为是调整国家之间关系的法律，国家的范围从欧洲国家扩大到美洲国家和亚洲与非洲的部分国家。国际法承认国家的战争权，战争是解决国际争端的合法方式。国际法各部门的内容都有了新的发展和变化，涉及领土的变更方式、引渡和庇护制度、海洋法、外交关系法、条约法、战争法、永久中立制度等许多方面。国际会议制度日益完善，并出现了常设性的国际行政组织。此外，国际法的编纂取得很大成就，1899 年和 1907 年两次海牙和平会议签订的一系列有关战争法的国际公约就是一个明显的例证。

三、现代国际法

现代国际法是第一次世界大战以后现代国际关系的产物。第一次世界大战给各国人民带来深重的灾难，使国际法受到严重的破坏。但另一方面，战争也使国际社会认识到重建和加强国际法律秩序的重要性，为国际法的发展提供了一个新的契机。

第一次世界大战后期发生的俄国十月革命使世界上出现了第一个社会主义国家，国际法开始调整社会制度不同的国家之间的关系。苏维埃俄国提出了“不兼并和不赔款”的处理国际关系的新概念，宣布侵略战争是反人类的罪行，主张废除秘密外交和不平等条约，强调民族自决原则。这些新的主张和原则逐步为其他国家所接受，对现代国际法的发展产生了积极的影响。

战后建立的国际联盟是世界历史上第一个普遍性的国际政治组织。根据《国际联盟盟约》，国际联盟的基本宗旨是解决国际争端，维护世界和平。《国际联盟盟约》第 10 条规定：“联盟会员国尊重并保持所有联盟各会员国之领土完整和现有之政治独立，以防御外来的侵犯。如遇此种侵犯或有此种侵犯之任何威胁或危险之虞时，行政院应

① 参见王绳祖主编：《国际关系史》，第 1 卷，309 页。

② 参见王铁崖主编：《国际法》，37 页，北京，法律出版社，1995。

筹履行此项义务之办法。”虽然国际联盟的工作有诸多不足，甚至失败的教训，但它倡导了一些重要的国际法原则，在解决国际争端、裁军和国际法的编纂等方面做了大量的工作，因此，其积极作用不容忽视。此外，国际联盟机构之一的常设国际法院是世界历史上第一个国际司法机构。在其存续期间，常设国际法院对部分重要案件作出裁判，并发表了一些有重大影响的咨询意见。法院的实践丰富了国际法的内容，对和平解决国际争端作出了有益的贡献。

1928年，美国、法国、英国、日本等14个国家在巴黎签订了《关于废弃战争作为国家政策工具的一般条约》（简称《巴黎非战公约》）。这是第一次世界大战后出现的另一项重要的国际法律文件。《巴黎非战公约》第1条规定：“缔约各方以它们各国人民的名义郑重声明它们斥责用战争来解决国际纠纷，并在它们的相互关系上废弃战争作为实行国家政策的工具。”第2条规定：“缔约各方同意它们之间可能发生的一切争端或冲突；不论其性质或起因如何，只能用和平方法加以处理或解决。”《巴黎非战公约》第一次在法律上明确地废弃了战争的合法性。虽然其后的实践表明，《巴黎非战公约》的签订并未能阻止第二次世界大战的爆发，但它显然对现代国际法中不侵犯原则的形成起到了开创性的作用。

第二次世界大战后，国际法有了更大的发展。《联合国宪章》的产生和联合国的建立标志着国际法进入了另一个新的阶段，传统的、以欧洲为中心的国际法逐渐转变为现代的、以普遍性为特色的国际法。国际法的领域，不论是其适用的对象还是其所包含的内容，都增加和扩大了。[①] 虽然美国和前苏联在战后长期处于冷战状态，但国际法仍然在维持国际和平、解决国际争端和促进国际合作方面发挥了极为重要的作用。20世纪80年代末冷战结束以后，随着国际环境的改善和国际交流与合作的进一步加强，国际法出现了更加广阔的发展前景。对于现代国际法的发展，正如我国著名国际法学家史久镛先生指出的那样：国际法是随着第二次世界大战后国际形势的发展而走向成熟的。应该说，半个多世纪以来，国际社会一直在发展、进步。过去的国际法只限在狭窄的政治和国家关系领域，而现在则越拓越广，经济、社会、人文……方方面面都涵盖了。现在应该说是有史以来国际法发展的最好时机，我们可以说是“躬逢其盛”[②]。

概括地讲，现代国际法的发展主要体现在以下五个方面：

1. 国际法主体的类型和数量日益增加。在近代国际法时期，国家是国际法的唯一主体。第二次世界大战以后，政府间国际组织和争取独立的民族也被普遍承认具有国际法主体的地位。同时，随着战后非殖民化运动的蓬勃开展，许多原殖民地民族取得独立地位，国家的数量大为增加，改变了原先只有所谓“文明国家”才是国际社会成员的局面。

2. 国际法的调整对象和范围不断扩大。由于政府间国际组织和争取独立的民族取得国际法主体地位，现代国际法不仅调整国家之间的关系，而且调整国家和国际组织或争取独立的民族之间，以及它们相互之间的关系。同时，由于现代国际关系不再限于政治关系，而是扩大到经济、社会、文化、教育、科学等各个领域，因此，国际法

① 参见王铁崖主编：《国际法》，39页，北京，法律出版社，1995。

② 陈初越：《专访联合国国际法院新任院长史久镛》，载《南风窗》，2003（2，下）。

的调整范围必然要扩大到国际关系的这些新领域。例如，传统上，国际法并不涉及国家之间的经济关系，但第二次世界大战结束前及之后，国际社会签订的《国际货币基金协定》、《国际复兴与开发银行协定》和《关税与贸易总协定》构成了调整国际经济关系的基本法律框架。1995 年世界贸易组织成立后，按照《建立世界贸易组织协定》和其他一系列协定的规定，国际货物贸易、服务贸易、与贸易有关的知识产权保护、与贸易有关的投资措施等均被置于国际法的规范之下。世界贸易组织还建立了贸易政策评审制度和争端解决制度，以保证成员方履行其根据有关协议承担的国际义务。可以说，国际法越来越多地调整国家之间的经济关系已成为现代国际法的特征之一。

3. 确立了一系列指导现代国际关系的国际法基本原则。第二次世界大战后，通过《联合国宪章》、《国际法原则宣言》等许多国际法律文件的规定和长期一致的国际实践，确立了包括国家主权平等原则、不侵犯原则、不干涉内政原则在内的一系列国际法基本原则。这些原则构成现代国际法的基础与核心，是指导现代国际关系的基本准则。

4. 国际法的内容发生了新的变化。随着科学技术的发展、人类活动范围的扩大和国际社会的进步，国际法的内容发生了新的变化。首先，传统国际法中一些不合理和不符合现代国际法基本原则的制度和做法被废弃，如殖民地制度、租界、势力范围、领事裁判权制度等。其次，国际法某些领域中原有的内容得到了丰富和发展。例如，在传统海洋法中，海洋被分为领海和公海两个部分，而 1982 年的《联合国海洋法公约》增加了专属经济区、大陆架、群岛水域、国际海底区域等多种海域，并且对各种海域的法律地位和制度作了详细、明确的规定。再次，国际法中出现了一些新的分支和内容，如空间法、国际经济法、国际环境保护法、国际人权法、国际刑法等。这些分支的出现，表明现代国际法具有广阔的发展前景，同时，也对国际法的研究提出了新的挑战。

5. 国际法的编纂成效显著。国际法的编纂是指国际法的法典化。在现代国际法时期，国际联盟和联合国在国际法的编纂方面做了大量的工作，并取得显著的效果。其中，联合国国际法委员会的工作尤其值得肯定。通过对国际法的编纂，到目前为止，国际法的许多领域已经形成了系统、明确的条约规范，有力地促进了国际法的实施和发展。

四、中国与国际法

像其他地区一样，中国古代也有国际法的萌芽。秦始皇统一中国之前，在今天中国的范围内曾经存在着不同的国家，它们在交往过程中产生了一些调整彼此关系的规则和制度，形成了中国古代国际法的部分内容。例如，在战国时期，各国相互往来，进行战争，并在此过程中产生了使节、同盟、缔约、国际会议等方面的一些制度。这与世界其他地区古代国际法的内容是十分相似的。

在秦始皇统一中国后漫长的封建历史时期，中国虽然也与外国有一些交往，如汉代张骞出使西域和明代郑和下西洋，但这种交往是临时和时断时续的，难以形成系统的国际法制度。这是因为中国历代封建统治者一贯认为世界秩序是以中国为核心的，周围的国家以一种特殊的关系从属于中国。[①] 这明显不符合国际法和国际关系中的国家平等原则，国际法很难在此基础上得到形成和发展。另外，中国历代封建统治者坚持奉行闭关锁国的政策，客观上限制了与其他国家进行交往的机会。中国封建社会长期实行自给自足的自然经济，重农抑商，遏制了民间进行对外贸易的积极性，在缺乏利益驱动的情况下，民间的国际交流很少，因而也难以反过来促进国家之间交流的发展。

近代国际法是在 19 世纪中叶正式介绍到中国来的。1839 年，林则徐为了处理与“夷邦”的关系，曾命人将瓦特尔的《万国法》中的一些片断译成中文，作为与外国人进行交涉的依据。不过，将近代国际法正式、系统地介绍到中国来的是美国传教士丁韪良（W. A. P. Martin)。1864 年，他在担任清朝同文馆总教习期间，经美国驻中国公使蒲安臣（Burlingame）鼓励，把美国国际法学者惠顿（Henry Wheaton）于 1836 年出版的《国际法原理》译为中文并出版成书，名为《万国公法》。这是介绍到中国来的第一部外国国际法著作。它对中国的对外关系产生了一定的影响，而且在当时似乎起了一些作用。在 1864 年普鲁士与丹麦的战争期间，普鲁士军舰在中国渤海湾拿捕了一艘丹麦船。清政府根据《万国公法》中关于领海的规则向普鲁士政府提出抗议，并使该船得到释放。[②] 这个事件使清政府的一些官员看到了国际法的用处，所以，他们在后来办理洋务时曾多次参考国际法著作。以后，又有一些西方的国际法著作被译成中文，传入中国。[③]

不过，近代国际法被介绍到中国来以后，中国并未像一些人所设想的那样充分享有国际法上的权利，并取得与其他国家平等的地位。这是因为当时的国际法主要是适用于所谓西方“文明国家”之间的关系的，而“在第一次世界大战以前，波斯、暹罗、中国、阿比西尼亚等国家的地位是有些疑问的。当时，它们的文明还没有达到使它们的政府和人民能在一切方面了解和履行国际法规则所必要的程度”[④]。1840 年鸦片战争后，在帝国主义国家的武力和武力威胁之下，中国政府被迫签订了一系列不平等条约，外国在中国攫取了各种特权和利益。由于当时中国与西方国家的关系基本上是以不平等条约为基础的，所以，它们不可能根据国际法平等地对待中国，中国也不可能有效地利用国际法保护自己的利益。

第一次世界大战后，情况发生了变化。中国作为战胜国之一参加了国际联盟和《巴黎非战公约》，先后取消了外国在中国的租界和领事裁判权，并收回了除香港以外的租借地。在第二次世界大战中，中国作为对日作战的主要国家，与日本侵略者进行了艰苦卓绝的斗争，为世界反法西斯战争的伟大胜利作出了巨大的贡献，并因此而取得同盟国四大国之一的地位。中国参加了《联合国宪章》的制定，并成为联合国安全理事会的常任理事国，在国际事务中发挥了应有的作用。

1949 年中华人民共和国成立后，中国的对外关系进入一个新的阶段。中国政府坚持独立自主的外交政策，主张废除一切不平等条约，取消外国根据这些条约在中国攫

① 参见王铁崖主编：《国际法》，42 页，北京，法律出版社，1995。

② 参见王铁崖主编：《国际法》，16～17 页，北京，法律出版社，1981。

③ 参见端木正主编：《国际法》，2 版，18 页。

④ ［英］劳特派特修订，王铁崖、陈体强译：《奥本海国际法》，8 版，上卷，第 1 分册，33～34 页。

取的特权和利益，在平等的基础上与其他国家发展友好关系。中国提出的和平共处五项原则也得到了许多国家的赞同。但客观地讲，中华人民共和国成立后，在相当长的时间内，未能充分、有效地参与国际关系，对现代国际法的发展没有起到应有的作用。这首先是因为一些资本主义国家长期执行敌视中国的政策，中国与一些主要资本主义国家在很长时间内未能建立正常的国家关系，更谈不上全面交往。其次，由于台湾国民党政府长期占据中国在联合国和联合国专门机构中的席位，中华人民共和国政府不能有效参加联合国及其专门机构的活动，也不能充分参与联合国召开的国际会议和制定国际条约的过程。再次，由于长期以来极“左”思潮和“法律虚无主义”思想的影响，中国对国际法没有给予应有的重视。

改革开放以来，中国与国际法的关系发生了很大的变化。中国全面参加现代国际关系，采取各种措施认真履行根据国际法承担的义务。例如，在加入世界贸易组织前后，中国根据世界贸易组织有关协定的规则和“入世”承诺，对原有法律规章作了大量的清理和修订。同时，在中国参加的国际条约与现行法律发生冲突的情况下，中国承诺执行国际条约的规定，但保留的条款除外。这一点在改革开放后制定的不少单行法规中都有体现。另外，中国积极参加联合国的活动，为维持国际和平和促进国际合作发挥了重要的作用。随着在国际关系中地位的不断提高，中国必然会继续为国际法的发展作出自己的贡献。

第三节　国际法的主体

一、国际法主体的概念

国际法主体（Subject of International Law），即国际人格者（International Person），是指“国际法上的法律关系的当事者，即直接拥有国际法上的权利和义务的法律人格者”。基于这个定义，国际法律关系的主体——国际法主体的资格应理解为权利能力主体和行为能力主体地位的有机融合。①

国际法主体应具备以下两个必要条件：

第一，应具备直接参加国际法律关系的能力。这是作为国际法主体的基本条件。国际法是调整国际关系的法律，作为参加国际法律关系的主体，必须具有直接参加这种法律关系的能力，如果不具备这种能力，就不能参加国际法律关系。缔结有效的条约和协定，派遣和接受外交使节，对违反国际法的行为提出申诉，以及享受国际法上的特权和豁免等，这些都是直接参加国际关系的能力的表现。

第二，应具备直接承受国际法上的权利和义务的能力。这是作为国际法主体的一个重要条件。这种能力是法律行为能力和权利能力的统一。因为国际法律关系实质上是国际法主体之间的权利义务关系，它们构成国际法律关系的内容，因此，国际法主体必须具有直接承担国际法上的权利和义务的能力，否则，就不能根据国际法享受权

① 参见周忠海等：《国际法学述评》，136页。

利和履行义务。[1]

二、国际法主体的范围

对于国际法主体的范围，国际法学界长期存在争议。在近代国际法时期，许多著名的国际法学者认为国家是国际法的唯一主体。[2] 这种观点在现代仍然得到了一定的支持。[3] 不过，随着现代国际关系的发展，越来越多的学者承认国际法的主体除了国家之外，还应该包括政府间的国际组织和争取独立的民族。同时，个人在国际法主体中的地位也日益受到重视。

下面对国际法主体的范围作具体的分析。

（一）国家的国际法主体资格

国家是国际法的基本主体。与其他主体相比，国家在国际法律关系中处于最主要和最基本的地位。国家的国际法基本主体地位是由以下三个方面的原因所决定的：

1. 国际法的特征决定了国家的基本主体地位。国际法是国家及其他国际法主体进行交往的行为规范，国际法的调整对象主要是国家之间的关系。由于在国家之上不存在一个世界性的立法机构，所以，国际法律规范主要是国家通过国际协议的方式制定的。此外，国际法的强制实施也需要国家采取单独或者集体的措施予以保证。

2. 国家在国际关系中的特殊重要性决定了国家的基本主体地位。国际法是在国际关系中产生和发展起来的，同时也是以国际关系为其调整对象的。现代国际关系包括国家之间的关系、国家与其他国际法主体之间的关系以及其他国际法主体相互之间的关系，但国家之间的关系无疑是国际关系中最主要的部分。国际关系主要是通过国家之间的相互交往而形成的，很难想象没有国家之间关系的国际关系会处于何种状态。正是国家在国际关系中的这种特殊重要性，决定了它的国际法基本主体的地位。

3. 国家的根本属性决定了国家的基本主体地位。主权是国家的根本属性，是国家固有的、独立自主地处理对内、对外事务的权利。由于国家具有主权，因此，它在国际法上具有完全的权利能力和行为能力。国家能够直接享受国际法权利和承担国际法义务。国家在国际法上具有的这种完全的权利能力和行为能力是其他国际法主体所不具备的。

（二）国际组织的国际法主体资格

国际组织，主要是政府间国际组织的国际法主体资格问题，是随着国际组织的产生和发展而出现的。第一次世界大战之前，由于国际组织数量甚少，所以，其法律地位问题并未引起人们的广泛关注。第一次世界大战后，国际联盟作为世界上第一个普遍性的政治组织宣告成立。而第二次世界大战后，新的政府间国际组织不断成立，国际组织的数量日益增加，特别是联合国及其专门机构在政治、经济、文化、教育、科技和社会等各个方面发挥着越来越重要的作用。国际社会和学界在政府间国际组织具有国际法主体资格的问题上逐渐取得了共识。

---

① 参见周忠海等：《国际法学述评》，137 页。

② 奥本海、安齐洛蒂、瓦特尔、李斯特、霍尔等西方国际法学者持这种观点。

③ 周鲠生教授在其《国际法》一书中指出：国家是国际法的唯一主体。

国际组织的国际法主体地位得到了现代许多国际条约和其他国际文件的确认。《联合国宪章》第104条规定："本组织于每一会员国之领土内，应享受于执行其职务及达成其宗旨所必需之法律行为能力。"《联合国宪章》第105条第1项规定："本组织于每一会员国之领土内，应享受于达成其宗旨所必需之特权及豁免。"1949年4月11日，国际法院在对"关于执行联合国职务时遭受伤害的赔偿问题"发表的咨询意见中指出：鉴于联合国预期行使和享有且事实上正在行使和享有的职能和权利只能在它具有大部分国际人格和国际行为能力的基础上得到解释，国际法院认为联合国是一个国际人格者。[①] 1986年签订的《关于国家和国际组织或国际组织相互间条约法公约》，实际上承认了国际组织的国际法主体资格。

国际组织的国际法主体地位是客观存在的，不过，正如国际法院在1949年对"关于执行联合国职务时遭受伤害的赔偿问题"所作的咨询意见中指出的那样，承认联合国那样的国际组织的国际法主体资格并不等于说它们是国家，它们的权利和义务是有一定范围和局限的，因为国际组织是根据组织成员之间的协议为一定的目的建立的。[②] 由于国际组织的权利能力和行为能力是由其成员国通过签订作为国际组织章程的国际协定而赋予的，所以，国际组织只能在其组织章程规定的范围内活动，它们的权利能力和行为能力是有限的，不能像国家那样全面地参加国际关系，享受国际法上的全部权利并承担国际法上的全部义务。

（三）争取独立的民族的国际法主体资格

争取独立的民族的国际法主体地位主要是在第二次世界大战以后，随着民族独立运动的深入发展而逐步得到确认的。民族自决权是争取独立的民族取得国际法主体资格的法律基础。第二次世界大战以后，《联合国宪章》以及联合国通过的《关于人民与民族的自决权的决议》、《给予殖民地国家和人民独立宣言》、《国际法原则宣言》和《各国经济权利和义务宪章》等重要的国际文件都规定了人民和民族的自决权，并在此基础上形成了国际法的一项基本原则——民族自决原则。根据民族自决权，处于外国奴役和殖民统治下的民族有权争取建立民族独立国家，自由决定自己的政治地位，发展经济、社会和文化事业。

争取独立的民族在摆脱外国奴役和殖民统治的斗争中建立了能够有效地代表该民族的政治实体之后，虽然尚未有效地控制国家的大部分领土和对全国实行有效统治，但它们已经在一定范围内具有了独立参加国际关系和直接承受国际法上的权利和义务的能力。它们可以进行国际交往，如与其他国际法主体进行谈判、缔结国际协定，以及出席国际会议和参加国际组织的活动等。在争取民族解放的斗争中，争取独立的民族享有战争法上的权利，并有权请求和接受国家和国际组织的援助。

争取独立的民族虽然具有国际法主体资格，但由于它们尚未取得独立国家的地位，因此，其参加国际关系的范围及其权利能力和行为能力是有限的，不能像国家那样与其他国际法主体进行全面的交往。此外，随着非殖民化运动的不断发展，原来的殖民地民族已基本上取得独立地位或者与其他国家合并，因此，承认争取独立的民族的国

① 参见中国政法大学国际法教研室编：《国际公法案例评析》，78页，北京，中国政法大学出版社，1995。

② 参见王铁崖主编：《国际法》，75～76页，北京，法律出版社，1995。

际法主体地位在21世纪的国际关系中已没有太大的现实意义。

（四）个人在国际法上的地位

个人在国际法上的地位，是现代国际法学界争议较大的问题之一。在近代国际法时期，国家被认为是国际法的唯一主体，个人不具有国际法主体资格。第一次世界大战之后，部分国际法学者对这种传统的观点提出了不同看法，有人认为个人是国际法的唯一主体，但更多的人主张个人与国家都是国际法的主体。与此同时，部分学者仍然坚持个人不具有国际法主体地位。

主张个人是国际法唯一主体的学者认为，国家不是国际法主体，由于国家行为总是通过个人的行为表现出来的，所以，国际法所调整的国家行为，实际上是以国家机关代表身份活动的个人的行为；国家只是一个抽象的概念，国家在国际法上的权利和义务的最终承受者都是个人。总之，个人是组成国家和社会的基本单元，任何法律体系的主体都是个人，国际法也不例外。持这种观点的学者为数不多①，而且它“过分强调个人因素，根本否认国家的国际法主体资格，其目的在于否认国家主权。这是脱离现实，根本不符合当今的国际实践的”②。

与上述观点不同，许多著名的欧美国际法学家主张国家仍然是国际法主体，但同时，个人也具有国际法主体资格，至少在国际法的某些领域是如此。美国的杰赛普(Jessup）教授在其所著《现代国际法》一书中指出，作为国际秩序基础的一个要点是，国际法必须像国内法一样直接适用于个人，而不应该像传统的国际法一样继续远离个人。③ 规范法学派创始人凯尔逊认为：“国际法主体也是个人。认为国际法主体是作为法人的国家的说法并不意味着国际法主体不是个人；它意味着，个人是按照特殊方式作为国际法主体的。”④ 由詹宁斯和瓦茨修订的《奥本海国际法》（第9版）指出：“国家可以授予而且有时也的确授予个人——不论是本国人还是外国人——以严格意义的国际权利，即个人不须国内立法的干预，即可取得并且可以用他们自己的名义在国际法庭上请求执行的权利，而且，在某些领域，从个人（和私营公司及其他法人）在国际上直接与国家建立法律关系，而且作为个人直接具有来自国际法的权利和义务的事实来看，个人作为国际法主体的资格是明显的。作为实在法的一个问题，认为国家是国际法的唯一主体的看法已经不再可能维持了，人们愈加倾向于认为个人在有限的范围内也是国际法的主体。”⑤ 此外，包括修订《奥本海国际法》第8版的劳特派特在内的其他许多著名国际法学家也赞同个人和国家都是国际法主体的观点。

对于个人的国际法主体地位，中国的国际法学者也存在不同的看法。多数学者认为个人不是国际法主体。周鲠生教授指出，国家是国际法主体，并且是国际法上唯一的主体。……个人不是国际法主体。⑥ 王铁崖教授主编的国际法教科书虽然承认国际组织和争取独立的民族也是国际法主体，但同样认为个人不具有国际法主体资格，因为

① 持这种观点的国际法学者有狄骥、波利蒂斯、塞尔等人。

② 周忠海等：《国际法学述评》，132页。

③ 参见周鲠生：《国际法》，上册，65页。

④ ［美］凯尔逊：《国际法原理》，80页，北京，华夏出版社，1989。

⑤ ［英］詹宁斯、瓦茨修订，王铁崖等译：《奥本海国际法》，9版，第1卷，第1分册，292～293页。

⑥ 参见周鲠生：《国际法》，上册，62页。

他们处于所属国主权的管辖之下，不能独立参加国际关系，也没有直接承受国际法上权利和义务的能力。①

不过，随着国际法的发展和对这一问题研究的深入，中国一些学者提出了不同的看法。著名国际法学家、中国首任前南斯拉夫国际刑事法庭法官李浩培教授指出："个人也可以直接享受国际法上的权利和负担国际法上的义务，因而国际社会至少已趋向于承认个人为部分国际法主体。"② 周忠海教授在对个人的国际法主体问题进行深入研究后得出如下结论：虽然国际法中的大部分规则仍是拘束国家的规则，拘束个人、国际组织及准国家实体的还只是一部分，但我们要明确：国际法不独增进国家的政治利益及需要，而且增进个人、国际组织及准国家实体的利益及需要。国际法直接赋予个人以权利，而无须通过国家居间达成此项目的。法律的功能是保障每个成员在社会生活中的权利，其最终目的是谋求人类共同的幸福。所以，随着国际社会的发展，个人在国际法上的地位也会逐步得到加强，会越来越重要，其国际法主体资格也会由现在的"次级、派生"逐渐走向"一级、基本"的地位。③

事实上，在国际法进入 21 世纪的今天，承认个人在诸如国际人权法、国际经济法、国际刑法等领域的国际法主体地位既是客观现实的需要，也反映了国际法发展的方向。如果一方面承认国际人权法、国际经济法、国际刑法等是国际法的分支，另一方面又否认个人的国际法主体资格，则难免会陷入难以自圆其说的矛盾之中。④

第四节　国际法的渊源

一、概述

每个部门法律都有自己的法律渊源（sources of law）。"国际法的渊源是指国际法原则、规则和规章、制度第一次出现的地方。"⑤ 由于国际社会没有一个国家之上的国际立法机关，国际法也没有形成一个系统的法典，所以，在解决国际争端或者裁判案件时就必须确定适用于该争端或案件的法律。国际法的原则和规则，有的规定在条约中，有的包含在国际习惯中。探索国际法的渊源，正是为了确定可以适用于解决某项具体问题的法律。⑥

关于国际法的渊源包括哪些，研究国际法的学者有不同的看法。传统上，国际法的渊源主要是条约和习惯。但除此之外，国际法是否还有其他渊源是存在争论的。由于学者在探讨国际法渊源时，经常提及《国际法院规约》第 38 条的规定，因此，有必要对其进行研究。

① 参见王铁崖主编：《国际法》，100 页，北京，法律出版社，1981。

② 李浩培：《国际法的概念和渊源》，22 页，贵阳，贵州人民出版社，1994。

③ 参见周忠海主编：《国际法述评》，168 页。

④ 关于个人具有国际法主体地位的论述，参见马呈元：《国际犯罪与责任》（第二章），北京，中国政法大学出版社，2001；《国际刑法论》（第二章），北京，中国政法大学出版社，2008。

⑤ 王铁崖主编：《国际法》，25 页，北京，法律出版社，1981。

⑥ 参见端木正主编：《国际法》，2 版，19 页。

《国际法院规约》第 38 条规定如下：

“一、法院对于陈诉各项争端，应依国际法裁判之，裁判时应适用：

（子）不论普通或特别国际协约，确立诉讼当事国明白承认之规条者。

（丑）国际习惯，作为通例之证明而经接受为法律者。

（寅）一般法律原则为文明各国所承认者。

（卯）在第五十九条规定之下①，司法判例及各国权威最高之公法学家学说，作为确定法律原则之补助资料者。

二、前项规定不妨碍法院经当事国同意本‘公允及善良’原则裁判案件之权。”

根据该条规定，国际法院裁判案件时所适用的法律十分广泛，包括国际条约、国际习惯、一般法律原则、作为确定法律原则补助资料的司法判例和公法学家学说。此外，如果当事国同意，法院还可以适用“公平善良”原则。不过，《国际法院规约》第 38 条规定的是国际法院裁判案件时适用的法律，并没有提及它们是否是国际法的渊源。但是，“许多国际法学者认为，这条规定是对国际法的渊源的权威说明”②。

《国际法院规约》是 1945 年作为《联合国宪章》的组成部分拟定的，其内容基本上沿袭了 1920 年的《常设国际法院规约》。其中，第 38 条的规定与 1920 年规约完全一致。虽然《国际法院规约》作为一项重要的国际法律文件具有很大的权威性，但是，对于《国际法院规约》第 38 条的列举是否详尽，每一项规定的含义是什么，以及它们之间是否有等级上的区别等问题，学者的看法并非完全一致。特别是第二次世界大战以来，随着国际组织日益增加，它们通过的决议是否是国际法渊源的问题也引起了广泛的争论。不过，一般来说，按照《国际法院规约》第 38 条的规定，国际条约、国际习惯和一般法律原则当属国际法渊源，而司法判例和公法学家学说则是确立法律原则的辅助方法。至于国际组织的决议，有一个明显的趋势是把一些国际组织的机构（如联合国大会、安全理事会）的决议，作为确定法律规则的辅助手段，并且提到比较重要的地位，而按照其内容赋予不同的法律意义。③

二、国际法的各种渊源

（一）国际条约（international treaties）

国际条约是指两个或两个以上国际法主体根据国际法签订的书面协议。《国际法院规约》第 38 条把国际条约列于首位，说明了它对国际法院裁判案件的重要性。至于条约在国际法渊源中的地位，有人认为它是国际法最重要的渊源，也有人认为它是国际习惯之后第二位的渊源。④ 应该说，把国际条约和国际习惯并列为国际法的主要渊源是比较恰当的。

按照不同的标准，条约可以分为不同的类型。根据条约缔约国的数量，可以分为双边条约和多边条约。根据条约的性质和内容，可以分为契约性条约和造法性条约，

① 该条规定：法院之裁判除对于当事国及本案外，无拘束力。

② 王铁崖主编：《国际法》，26 页，北京，法律出版社，1981。

③ 参见邵津主编：《国际法》，13 页。

④ 参见周忠海等：《国际法学述评》，50～54 页。

前者多为双边条约，类似于国内法中的契约，规定缔约国之间的权利和义务关系；后者则多为多边条约，类似于国内法中的立法，提出一般适用的法律规则。[①] 作为国际法的渊源，多边的造法性条约，特别是由世界上多数国家参加的造法性条约，其重要性比其他条约显然要大得多。例如，《维也纳外交关系公约》、《维也纳领事关系公约》、《联合国海洋法公约》等都在相关领域提出了一般适用的法律规则，具有重要的意义。不过，有时契约性条约和造法性条约的区别并不很明显。如果许多双边契约性条约对同一事项作出相同的规定，这样的规则就可能由于获得普遍接受而产生与造法性条约的规则一样的效果；相反，在多边造法性条约的规定中，如果有些规定受到比较多的国家反对，它们也不可能产生普遍拘束力。

由于相对国际习惯的形成来讲，条约的制订比较迅速，加之条约作为成文法，规定明确，不易发生争议，因此，在现代国际实践中，国家日益倾向以签订条约的方式调整它们之间的关系。现代条约的数量大量增加，其内容涉及国际法的各个领域。作为国际法的一项主要渊源，条约在调整国际关系中正发挥着越来越重要的作用。

（二）国际习惯（international custom）

国际习惯是国际法的主要渊源之一，也是国际法最古老和最原始的渊源。按照《国际法院规约》第 38 条的规定，国际习惯是指“作为通例之证明而经接受为法律者”。也可以说，国际习惯是指经接受为法律的一般实践、惯例或做法（a general practice）。[②]

国际习惯的形成需要有两个要素：第一个要素是所谓的“物质要素”，即需要有一般实践的存在。一般实践是指各国在国际实践中对同一问题长期反复采取的类似行为或不行为。“恒久性”（长期）和“一致性”（类似）是检验“一般实践”是否形成的标准。如果各国对同一个问题未能长期反复地采取类似的作为或不作为，就不能说在这个问题上存在一般实践或惯例。第二个要素是所谓的“心理要素”，它是指各国认为这种一般实践，即对某一问题长期反复采取的类似行为或不行为，具有法律拘束力。也就是说，各国认为自己这样做并不是简单地模仿其他国家，而是国际法规则的要求，所以，大家应该共同遵守，这就是所谓的“法律确信”（*opinio juris*）。各国的一般实践或惯例经过法律确信，国际习惯就形成了。

国际习惯有一个逐渐形成的过程，因为它既需要各国重复地采取类似行为或不行为，又需要各国在这种行为或不行为中逐步认为有这样的法律义务。一般来说，国际习惯形成的过程是比较长的，往往要经过几十年，甚至一二百年的时间。但这并不是说每一项国际习惯都需要经过这么长的时间。特别是现代，国家之间的交往方便而频繁，国际习惯有可能在比较短的时间内形成。在海洋法和外空法等领域，像大陆架、专属经济区、外层空间的法律地位等方面的原则、规则和制度，由于许多国家相继迅速采取类似行动，得到普遍承认，从而成了国际习惯法原则、规则和制度。[③]

由于国际习惯是不成文的，不可能在一个法律文件中直接表现出来，所以，为

① 参见王铁崖主编：《国际法》，13 页，北京，法律出版社，1995。

② 参见邵津主编：《国际法》，13 页。

③ 参见王铁崖主编：《国际法》，14 页，北京，法律出版社，1995。

了查明国际习惯法的原则、规则和制度，必须寻找证据。总的说来，国际习惯法是在三种情况下形成的：（1）国家之间的外交关系，表现于条约、宣言及各种外交文件；（2）国际组织和机构的实践，表现于其决议、决定、判决等；（3）国家的内部行为，表现于国内法规、法院判决、行政命令等。这三种情况所表现的种种资料表明国家的实践和意志，从而构成国际习惯法的证据。只有有了可靠的证据，才能找出国际习惯法的原则、规则和制度。[①] 当然，证明国际习惯规则存在并非易事，判断它是否形成也很困难。1927 年，在常设国际法院审理的"荷花号案"中，法国主张，船旗国对在公海发生的船舶碰撞事件享有排他的管辖权是一项国际习惯法规则，所以，土耳其无权对法国船员进行审判和处罚。但法院认为，尚没有充分的证据证明这一国际习惯法规则已经形成，因而驳回了法国的主张。

国际习惯是国际法最古老的渊源。在国际法的历史上，习惯规则曾占有主要地位。不过，随着现代国际法编纂的不断发展，许多习惯规则被编纂在条约之中，出现了习惯规则逐渐成文化的趋势。由于国际习惯的形成过程较长，因此，国家日益倾向通过条约的方式调整现代国际关系，国际习惯已不复其以往的地位。但是，即使在现代国际法中，国际习惯法规则仍然大量存在，而且随着国际交往的扩大和发展，新的习惯规则会不断出现，加之与条约相比，国际习惯法规则具有普遍适用的特点，所以，国际习惯仍然是现代国际法的一项主要渊源。

（三）一般法律原则（general principles of law）

《国际法院规约》第 38 条将"文明各国所承认的一般法律原则"作为国际法院裁判案件的一项依据，然而，对于一般法律原则是否是国际法的渊源，以及其含义是什么等问题，国际法学者有不同的看法。美国著名国际法学家凯尔逊和苏联著名国际法学家童金等认为一般法律原则不是国际法渊源。[②] 周鲠生教授也指出，一般法律原则"不能另成一个国际法渊源。《国际法院规约》第 38 条作出上述那项规定，只能认为是准许法院审判某种案件，在从惯例或条约中都找不出适用的规范之场合，比照适用一般法律原则，作为变通解决办法，而那并不具有新创一种国际法准则渊源的作用"[③]。

与此相反，许多著名的国际法学家认为一般法律原则是国际条约和国际习惯之外的第三种国际法渊源。李浩培教授在对《国际法院规约》第 38 条的规定进行深入分析后指出，一般法律原则是国际法的渊源之一。这不仅是因为《国际法院规约》第 38 条明文承认它是国际法的一个独立渊源，而且也因为如果不承认这个渊源，则在有些场合必然发生下列有害后果：或者认为一项国际争端因适用的法律不明而必须拒绝司法；或者认为因没有可以适用的法律而当事国可以任意行动，从而驳回受害国的主张，诚如国际法院法官费尔南德斯所言：不论个人对于这些原则的起源和基础采取什么立场，全世界人类都同意接受它们的存在和它们作为实在法渊源的适用。[④] 周忠海教授同样认为，凡在没有特殊的国际习惯或者条约法规范存在的场合，一般法律原则是具有决定

① 参见王铁崖主编：《国际法》，15 页，北京，法律出版社，1995。

② 参见周鲠生：《国际法》，上册，68 页。

③ 同上书，14 页。

④ 参见李浩培：《国际法的概念和渊源》，106～107 页。

意义的。因此，应给予一般法律原则第三个国际法渊源的确定地位。[①]

在承认一般法律原则是国际法的渊源后需要回答的下一个问题是：一般法律原则的含义是什么？对此，各国学者同样有不同的见解。有的学者提出，一般法律原则是由“一般法律意识”或“文明国家的法律良知”所产生的原则。这种观点反映了自然法思想的影响，支持者较少。更多的学者认为，一般法律原则是各国法律体系所一般接受的原则，其中有些学者认为是一切法律原则，包括各国国内法律体系和国际法律体系所共有的原则。这是目前占优势的现代学说。[②] 周忠海教授在对一般法律原则的含义进行深入研究后指出：一般法律原则应该包括两类：一类是从各国共同的国内法中抽引出来的一般法律原则，是主要的；另一类是从国际法中抽引出来的，从而产生于国际法本身。尽管两者产生的方式不同，但它们的确是各国法律体系所共有的原则或在各国国内法之外产生的一般法律原则。国际法庭的实践也证明，被引用、适用或提及的一般法律原则既有源自国内法的一般原则，也有源自国际法的一般原则，并且有些是国际法和国内法所共有的原则。至于一般法律原则的内容，有国际条约优于国内法原则、用尽国内救济原则、善意原则、违约导致赔偿义务原则、时效原则、禁止反言原则等。[③]

至于一般法律原则的适用，李浩培教授指出，一般法律原则在国际关系中的适用是比较少的，尽管在国际司法机关成立以前，适用一般法律原则已经是国际仲裁法庭的实践，但在国际法的新领域中，需要一般法律原则的情形则比较多，特别是在国内私法规则的通常范围之外，又不属于国际法传统范围之内的场合，如国际组织之间及其与国家或私人之间的关系，国家在主要涉及私法事项的某些相互行为。[④] 总之，一般法律原则是国际法渊源之一，但其作用和意义显然不及国际条约和国际习惯，因此，不是国际法的主要渊源。

三、确定法律原则的辅助方法

按照《国际法院规约》第38条的规定，国际法院在裁判案件时可以适用司法判例和权威最高的公法学家学说，作为确定法律原则的补助资料。“所谓‘补助资料’，其含义是指辅助性的、次要的方法。这些方法的作用只是确定某项原则或规则是否存在，其本身并不是法律渊源。”[⑤] 此外，国际组织的决议也被许多学者认为属于确定法律原则的辅助方法。

（一）司法判例（judicial decisions）

司法判例主要是指以联合国国际法院为主的国际司法机关以及仲裁法庭作出的判决。《国际法院规约》第59条规定：“法院之裁判除对于当事国及本案外，无拘束力。”可见，国际法院不适用英美法系中的“依循判例”（*stare desisis*）原则，法院的判决不

① 参见周忠海等：《国际法学述评》，70页。

② 参见上书，70页。

③ 参见上书，77～78页。

④ 参见李浩培：《国际法的概念和渊源》，102～103页。

⑤ 端木正主编：《国际法》，2版，25页。

是一种法律渊源。不过，由于国际法院是当今世界最重要的国际司法机关，其法官是代表世界各大法系的权威公法学家，因此，国际法院的判决对于认证和确定法律原则具有重要的意义。实践证明，国际法院成立以后裁判的案件涉及国际法的众多领域，其所作的判决经常为各国法学家所引用。这些判决反映了有关的国际习惯法原则和规则，完全可以作为表明法律原则形成或存在的证据。至于其他国际司法机关和仲裁法庭的判例，同样可以作为确定法律原则的辅助资料。

（二）权威公法学家学说（teachings of highly qualified publisists）

权威公法学家的学说在历史上对国际法原则、规则和制度的形成和发展曾经发挥过重要的影响。例如，格老秀斯的著作《战争与和平法》和《海洋自由论》对近代国际法就产生了很大的影响。以前，各国的外交文件、国际文件及司法判决常常引用国际法学家的著作来证明国际法原则、规则和制度的存在或者说明它们的含义。但现在，这种情况少了，国际法学家的著作在这一方面的作用减小了。[①]

总的来说，权威公法学家的学说反映了他们对有关国际法问题的研究成果，具有重要的学术价值。但由于这种学说不可能产生拘束力，所以，不是国际法的渊源，只能作为确定法律原则的辅助资料，提供国际法原则、规则和制度形成或存在的证据。

（三）国际组织的决议（resolutions of international organizations）

《国际法院规约》第 38 条并没有涉及国际组织的决议，不过，由于第二次世界大战后，国际组织大量增加，其作用亦日益扩大，因此，关于它们通过的决议在国际法渊源中的地位和作用的问题就提了出来，并引起了国际法学界的广泛讨论。事实上，对于这个问题需要作具体的分析。国际组织为实现其宗旨或履行其职能而通过的决议对会员国有拘束力，如联合国安全理事会为恢复国际和平与安全采取执行行动的决议；另外，国际组织为维持组织的运作而通过的涉及内部行政管理或财务管理的决议，对会员国也有拘束力，如联合国大会关于财政预算和分配会费的决议。这两种类型的决议虽然不一定都包含一般国际法规范，但会员国根据组织章程的规定，有必须遵守的义务。它们显然不属于确定法律原则的辅助资料。

不过，国际组织通过的决议有些只有建议的性质，没有法律拘束力。以联合国为例，根据《联合国宪章》，联合国大会在维持国际和平与安全和发展国际合作方面只有讨论和建议的职权，所以，它在这方面通过的决议对会员国没有拘束力。虽然大会的决议有的包含对有关国际法原则、规则和制度的宣言，而且这种宣言往往直接确认、阐明，以至于创立国际法原则、规则和制度，但由于按照《联合国宪章》第 13 条的规定，大会在促进国际法逐渐发展与编纂方面仅有权作出建议，因此，原则上，联合国大会的这种决议不具有法律拘束力，也不能构成国际法的渊源。[②]

需要指出的是，尽管联合国大会的决议由于对会员国没有法律拘束力，从而不能构成国际法的直接渊源，但是，大会的许多决议在表决时得到大多数会员国的赞成，反映了众多国家在相关国际法问题上的立场，对国际法原则和制度的形成及确立具有重要的作用。事实上，联合国大会以决议形式通过的一些宣言后来被制订为国际公约，

① 参见王铁崖主编：《国际法》，18 页，北京，法律出版社，1995。

② 参见上书，19 页。

成为对国家有拘束力的国际法规范，例如，1948 年《世界人权宣言》、1963 年《消除一切形式种族歧视宣言》和《利用外层空间活动的法律原则宣言》、1970 年《关于各国管辖范围以外的海床洋底与下层土壤之原则宣言》等，后来均成为制订相关国际公约的基础。

总之，联合国大会的决议，特别是包括有关国际法的宣言的决议，在国际法上是有意义的。这些决议虽然不直接拘束国家，但它们所表现的国际法原则、规则或制度，对国际法的形成和发展是起作用的。大会的决议虽然不是像条约和习惯那样的国际法直接渊源，但可以借以确定国际法原则、规则或制度的存在，可以与司法判例和公法学家学说并列为确定法律原则的辅助方法，而且应该说，其法律价值是在司法判例和公法学家学说之上的。①

第五节　国际法的编纂

一、国际法编纂的概念与意义

国际法的编纂（codification of international law），狭义上是指把现有的国际法规则，特别是习惯法规则，加以准确表述和条文化、系统化；广义上则一般还包括修订、补充原有规则或提出新的规则，将它们编成条款草案，由一个有权确定的机关，通常是外交会议予以认可，并通过一定程序形成国际公约。现在的国际法编纂通常用于广义。②

从编纂的主体来看，国际法的编纂分为非官方的编纂（民间的编纂）和官方的编纂（政府间的编纂）。非官方的编纂是由个人或民间学术团体进行的编纂。早期的国际法编纂许多是由个人或学术团体倡导和进行的，而且直到今天仍然有许多民间学术团体和个人在进行这一方面的工作，并取得了一定的成果。例如，国际刑法学协会起草的《国际刑法典》和《国际刑事法院规约》对现代国际刑法的发展，特别是国际刑事法院的建立发挥了一定的作用。但是，个人或学术团体对国际法的编纂本质上相当于学者的著作，只能提供国际法原则、规则存在的证据，不可能产生法律拘束力。因此，在国际法的编纂中，重要的是由各国政府参加和进行的官方编纂。一般认为，这种官方的编纂才是真正意义上的国际法的编纂。

国际法的编纂对国际法的形成和发展十分重要，在现代尤为如此。首先，国际习惯法的形成往往要经过比较长，甚至很长的时间，国际法的编纂可以缩短或者直接完成这一过程，形成可适用于国家之间关系的原则和规则。例如，海洋法中的领海宽度问题长期未能解决，各国的实践也很不一致，但第三次联合国海洋法会议通过对海洋法的编纂解决了这个问题。其次，由于习惯国际法规则往往缺乏明确性，所以，需要通过编纂，使其内容更为明确和详细。再次，习惯国际法往往难以证明，因而给其适用带来很大不便，将其编纂为系统、明确的法律规范后，显然有利于国际法的实施。

① 参见王铁崖主编：《国际法》，20 页，北京，法律出版社，1995。

② 参见邵津主编：《国际法》，16 页。

因此，国际法的编纂对促进国际法的形成、发展和适用具有非常重要的意义。[①]

二、国际法编纂的发展

国际法的编纂是18世纪末英国学者边沁最早提出来的。边沁主张国际法的编纂不但要统一现有的习惯法，而且应当就有争议之点制定新法。[②] 学术团体对国际法的编纂始于19世纪70年代。1873年在比利时根特成立的国际法学会（Institut de Droit International）和同年在布鲁塞尔成立的国际法协会（International Law Association）都进行过这项工作，并分别拟定了一些国际法文件的草案。美国哈佛大学国际法研究院也提出过一些有关国际法的条款草案。不过，总的来说，这些由个人或学术团体对国际法进行的非官方编纂，因其不具有法律拘束力，所以，只能与公法学家的学说一起作为确定法律原则的辅助资料。

国家之间通过外交会议的方式对国际法进行编纂的历史可以追溯至1814年至1815年的维也纳会议。维也纳会议的《最后议定书》对三个一般国际法问题作出了明确的规定：禁止贩卖黑人奴隶，国际河流实行自由航行制度，外交使节包括大使、公使和代办三个等级。1856年，巴黎和会的与会国共同签署的《海上国际法原则宣言》对战争时期的海上国际法制度进行了系统的编纂。

近代国际法编纂最重要的外交会议当属1899年和1907年的两次海牙和平会议。第一次海牙和平会议有包括中国在内的26个国家参加，会议通过了有关和平解决国际争端和陆战、海战法规的三项公约以及战争中禁止使用某些武器的三个宣言。第二次海牙会议的参加国有44个（包括中国），会议制定和通过了关于战争法和战时中立制度的13项公约。这两次会议通过的各项公约，除1907年的《建立国际捕获法庭公约》以外，其余至今仍然有效。两次海牙和平会议在和平解决国际争端和战争法的编纂方面取得了巨大的成功。

1920年成立的国际联盟开创了由国际组织编纂国际法的先例。1924年，国际联盟指派一个由16名法学家组成的委员会就国际法的编纂问题提出报告。在1927年4月向国际联盟行政院提交的报告中，委员会建议就国籍、领水、国家对外国侨民的生命财产在其领土内所受损害的责任、外交特权与豁免、国际会议程序和条约缔结与起草程序、海盗行为和海洋产物的开发等七个问题进行编纂。国际联盟大会在考虑委员会的建议后，决定先行编纂前三个问题。为此，国际联盟于1930年3月13日至4月13日在海牙主持召开了第一次国际法编纂会议。会议设立三个委员会分别对三个问题进行研究。第一委员会通过有关国籍问题的4个文件，它们是：《关于国籍法冲突若干问题的公约》、《关于某种无国籍情况的议定书》、《关于无国籍的特别议定书》和《关于双重国籍某种情况下兵役义务的议定书》。第二委员会通过一项《领海法律地位草案》。第三委员会由于对有关外国人的国家责任问题争论较大，未能制订任何文件。

从1920年至1939年，国际联盟共主持制订了120项规定国家之间一般关系的公约。虽然1930年的国际法编纂会议没有取得应有的成果，但它显示了国际联盟在编纂

① 参见邵津主编：《国际法》，16～17页。

② 参见《中国大百科全书·法学卷》，193页，北京，中国大百科全书出版社，1984。

国际法方面所作出的努力，其积极意义是值得肯定的。[①]

三、联合国对国际法的编纂

第二次世界大战后，国际法的编纂主要是在联合国的主持下进行的。《联合国宪章》第13条第1款规定："大会应发动研究，并作成建议：（子）以……提倡国际法之逐渐发展与编纂。"可见，促进国际法的编纂是联合国大会的一项职责。

为了履行这项职责，1947年，联合国大会通过《国际法委员会章程》，决定设立国际法委员会作为大会之下专门负责国际法编纂的机构。根据委员会章程的规定，国际法委员会的任务是促进国际法的逐渐发展与编纂。"国际法的编纂"是指在已经存在广泛的各国实践、先例和学说的领域内对国际法规则进行更精确的制定和系统化；而"国际法的逐渐发展"则是指对尚未为国际法所调整的或在各国实践中法律尚未充分发展的问题拟定公约草案。1948年，国际法委员会经联合国大会选举产生，1949年4月举行第一次会议。按照《国际法委员会章程》的要求，委员会应能代表世界各大文化体系和各主要法系；委员应是"在国际法上公认合格的人士"。委员经各国政府提名后由联合国大会选出。委员会最初有委员15人，1956年和1961年分别增至21人和25人。1981年增至34人后保持至今。

国际法委员会在编纂国际法时，首先应确定编纂的专题，并将专题内容列出问题清单，提请各国政府发表意见。意见回收后，国际法委员会要进行研究，然后提出部分或全部条款草案，再送各国政府征求意见，经过反复修改，形成条款草案。最后，条款草案经联合国大会认可，召开外交会议讨论通过，形成国际公约。

国际法委员会成立以来，在国际法编纂方面做了大量的工作，委员会完成拟定的公约草案和条款草案主要有：

1. 1958年《领海与毗连区公约》。
2. 1958年《公海公约》。
3. 1958年《大陆架公约》。
4. 1958年《捕鱼和养护公海生物资源公约》。
5. 1961年《维也纳外交关系公约》。
6. 1963年《维也纳领事关系公约》。
7. 1969年《特别使团公约》。
8. 1969年《维也纳条约法公约》。
9. 1973年《关于防止和惩处侵害应受国际保护人员包括外交代表的罪行的公约》。
10. 1975年《关于国家在其对普遍性国际组织关系上的代表权的维也纳公约》。
11. 1978年《关于国家在条约方面的继承的维也纳公约》。
12. 1983年《关于国家在财产、档案和债务方面的继承的维也纳公约》。
13. 1986年《关于国家和国际组织或国际组织相互间条约法公约》。
14. 1996年《危害人类和平与安全罪法典草案》。

① 参见端木正主编：《国际法》，2版，31页。

15. 1999年《国家继承对自然人国籍的影响的条款草案》。

16. 2001年《国家对国际不法行为的责任条款草案》。(《关于国家责任的条文草案》)

17. 2001年《预防危险活动的跨界损害的条款草案》。

18. 2004年《国家及其财产管辖豁免公约》。

19. 2006年《外交保护条款草案》。

目前，国际法委员会还在进行其他专题的编纂工作。

除国际法委员会以外，联合国其他委员会也在进行与其工作领域有关的国际法的编纂。例如，联合国人权委员会于1966年通过《经济、社会、文化权利国际公约》和《公民及政治权利国际公约》。和平利用外层空间委员会于1971年通过《空间物体造成损害的国际责任公约》。联合国国际贸易法委员会于1974年和1978年分别通过《国际销售货物时效期限公约》和《联合国国际货物销售合同公约》。

在联合国之外，世界贸易组织及其前身关税和贸易总协定、国际红十字会、国际民用航空组织等许多国际组织也起草和制定了一些属于本组织宗旨和职能范围内的重要的国际条约。它们与联合国一起为促进现代国际法的编纂和发展作出了巨大的贡献。

第六节　国际法和国内法的关系

一、国际法与国内法的关系的理论

国际法与国内法的关系是国际法的一个基本理论问题，也是一个在国际法学界存在争议的问题。关于国际法与国内法的关系在理论上的主要问题是：两者究竟属于一个法律体系，还是属于两个不同的法律体系？在两者的关系中，何者具有优先的地位和效力？西方学者对上述问题的不同主张形成了一元论的“国内法优先说”和“国际法优先说”，以及二元论的“国际法与国内法平行学说”。

(一) 国内法优先说

一元论的国内法优先说是19世纪末20世纪初由德国学者耶利内克(Georg Jellinek)、佐恩(Zorn)、考夫曼(Ehrich Kaufmann)等人提出的。他们的基本观点是：国际法与国内法属于同一个法律体系。在这个法律体系中，国内法优先于国际法，国际法从属于国内法，国际法的效力来自于国内法；由于国家意志在法律上是绝对和无限的，所以，应该承认国内法的优势地位；国际法是适用于对外关系上的公法，是公法的一个分支。①

国内法优先说是在19世纪后期德意志帝国统一后国家主义思潮盛行的背景下产生的，是强权政治在法律上的反映。这种学说的危害性在于：由于国内法优先于国际法，国际法从属于国内法，因此，国家就可以通过其国内法支配国际法，从而从根本上否定国际法的效力，破坏整个国际法律秩序的基础。第一次世界大战后，这种理论逐渐

① 参见周忠海等：《国际法学述评》，100页。

衰落，但在20世纪30年代希特勒上台后，又在法西斯德国一度出现。不过，在现代国际法理论中，国内法优先说已经为国际法学界所抛弃。①

（二）国际法优先说

一元论的国际法优先说是第一次世界大战以后兴起的一种理论，其代表人物有社会连带学派的波利蒂斯（Politis）、塞尔（Selle）等人，但其中最著名的当属规范法学派的创始人凯尔逊。这种学说认为，全部的法律都属于一个法律体系，在这个体系中，各种法律分为不同的等级，下级法律的效力来自上级法律。由于国际法位于国内法之上，因此，国内法从属于国际法，国内法的效力来自国际法，而国际法的效力则来自一个"最高规范"，即"条约必须遵守"。这是国际法效力的依据，也是整个法律体系的依据。

国际法优先说反映了与国家主义相对立的世界主义的思潮，强调国际法的优势地位，所以，在20世纪具有很大影响。不过，这种理论把国际法凌驾于国内法之上，抹杀国内法在国内的作用，从而也就否定了国家制定国内法的主权，因此，在实际上是行不通的。②

（三）国际法和国内法平行学说

国际法和国内法平行学说是19世纪末以来由实在法学派的学者特里佩尔（Triepel）、安齐洛蒂（Anzilotti）和奥本海（Oppenheim）等人倡导的。这种学说指出，国际法与国内法在主体、调整对象和法律渊源等各方面都不相同。从法律实质来看，国内法主要是主权者对于受其统治的个人的法律；国际法却不是在各主权国家之上的权力对于国家的法律，而是各主权国家之间的法律。③ 总之，国内法是从属关系的法律，国际法是对等关系的法律。它们是两个各不相同、相互独立和平行运作的法律体系。

由于国际法与国内法是两个不同的法律体系，因此，国际法无论整体或部分，都不能成为国内法的一部分。如同国内法无权变更或创立国际法的规则一样，国际法也绝对没有权力变更或创立国内法规则。国际法只有根据国内法中形成的程序或规则，包括成文的或习惯的，才能在国内具有效力。此外，根据二元论的国际法和国内法平行学说，国际法规范也不可能与国内法规范真正发生冲突，因为国际法规范只在国际法律秩序的主体之间的关系上有效力，而国内法规范只对所属的国家的法律秩序有效力。也就是说，它们发生效力的场所不同，所以没有发生真正冲突的可能。④

国际法和国内法平行学说根据国际法与国内法的各自特点，认为它们是两个不同的法律体系，这无疑是有道理的。不过，这种学说着重强调了国际法与国内法的区别及其平行关系，而忽视了两者之间存在的相互联系，所以，未能全面反映两者之间的关系。

（四）中国学者的观点

对于国际法和国内法的关系，中国学者具有普遍性的观点是：第一，国际法和国

① 参见王铁崖主编：《国际法》，28页，北京，法律出版社，1995。

② 参见上书，29页。

③ 参见邵津主编：《国际法》，23页。

④ 参见上书，23～24页。

内法是两个不同的法律体系；第二，两者是互相联系、互相补充和互相渗透的。①

从本章前面讲述的内容可见，国际法与国内法在主体、调整对象、制定方式、强制实施方式、效力根据和法律渊源等方面都有很大的区别。由于这些区别的存在，它们成为各自独立的法律体系。不过，国际法和国内法并不是相互对立和互不关联的，相反，两者之间存在互相联系、互相补充和互相渗透的关系。这是因为国际法的制定者和国内法的制定者都与国家有关。国家在独立制定国内法时，必然要考虑国际法的原则和规则以及本国根据国际法承担的义务。例如，按照现代国际法的要求，国家不得制定旨在实施奴隶制度、种族歧视、种族隔离或者种族灭绝的国内法。同时，国家在参加制定国际法的时候，也必然要考虑国内法的立场。国家不可能参加不符合国内法立场的国际条约或者承担这样的义务。例如，国内刑法中存在死刑的国家不可能参加缔结废除死刑的国际条约；认为在国家防卫中有必要发展核武器的国家也不会承担全面禁止核试验的义务。在内容上，国际法的原则和规则可以从各国的国内法得到补充并使其具体化；国内法也可以从国际法的原则和规则得到充实和发展。此外，国家为了执行国际法，需要按照国际法的规定制定国内法，或者按照一定程序将国际法转变为国内法。例如，为了执行《关于制止非法劫持航空器的公约》，缔约国要在国内法中规定，对于出现在本国境内的劫持航空器的犯罪嫌疑人，如果不将其引渡给其他任何有管辖权的国家，必须将其移交主管机关以便起诉。同时，国家为了实现国内法，也需要国际法的配合。例如，如果本国的犯罪嫌疑人逃往外国，国家就可以根据引渡条约或者其他司法协助方面的安排，要求该外国将该犯罪嫌疑人交还本国，以实现对他的刑事管辖权。

总之，从国际法和国内法的制定、内容和执行来看，它们确实存在互相联系、互相补充和互相渗透的关系。需要强调的是，在上述关系的基础上，为了维护国内法的尊严和保证其实施，国际法不得任意干预国内法律制度。同样，为了维护国际法律秩序，国家也不得通过制定国内法或采取单方面行动，改变或破坏国际法的原则和制度。国际法与国内法发生冲突时，须在两者兼顾的基础上妥善解决。

二、国际法与国内法关系的实践

周鲠生教授指出："作为一个实际问题看，国际法和国内法的关系问题，归根到底，是国家如何在国内执行国际法的问题，也就是国家履行依国际法承担的义务的问题。"② 可见，国际法与国内法关系的实践是指国际法在国内法中如何实施的问题，而不是相反。由此产生的问题是：（1）国家采取何种方式在国内实施国际法？（2）国际法与国内法的关系如何？（3）国际法与国内法发生冲突时如何解决？《奥本海国际法》指出："学说上争论大部分是没有实际结果的，因为所引起的主要问题——各国如何在

① 参见王铁崖主编：《国际法》，北京，法律出版社，1981；王铁崖主编：《国际法》，北京，法律出版社，1995；周鲠生：《国际法》，上册；韩德培主编：《现代国际法》，武汉，武汉大学出版社，1992；端木正主编：《国际法》；周忠海等：《国际法学述评》；梁西主编：《国际法》，武汉，武汉大学出版社，1993；邵津主编：《国际法》；王献枢主编：《国际法》，北京，中国政法大学出版社，1994、2002。

② 周鲠生：《国际法》，上册，20页。

它们的内部法律秩序的框架内适用国际法规则？以及国际法规则和国内法规则冲突如何解决？——不是参照学说来回答，而是要看各种国内法律和国际法的规则是怎样规定的。”①

对于国际法与国内法的关系，有些国家在宪法中作出了原则性的规定，有些国家的宪法则未作规定，还有的国家本身并没有成文宪法。同时，从国际法来看，其主要渊源既有成文的国际条约，又有不成文的国际习惯。这些情况的存在，使国际法与国内法的关系问题变得颇为复杂。

从国际法在国内的适用来看，虽然各国规定不同，但主要有两种适用方式：一种是二元论的实在法学派一贯主张的所谓的“转化”（transformation），因为国际法与国内法是两个完全不同的法律体系，所以，任何国际法规则在经过特定的宪法机制，如国会立法，“转化”为明确的国内法规则之前，在国内法中不发生效力。另一种是所谓的“纳入”（incorporation），认为国际法不需要经过任何立法程序，可以自动地成为国内法的一部分。② 下面对一些国家的情况作具体的分析。

1. 英国。英国按照判例法的要求，其所缔结的条约必须经过议会立法转化为国内法才能在国内适用，包括必须改变或者增加国内法才能在英国执行的条约；规定那些英王尚未赋有权力的条约；对英国加以财政义务的条约；明文规定须经议会同意才能生效的条约；割让领土的条约。③ 不过，一些并非旨在改变国内法，而且不需要经过批准的相对不重要的行政协定可以不经过议会立法而直接适用。这是因为英国的宪法体制是历史上各方斗争和妥协的结果，这些协定直接适用不会使议会丧失其重要的立法权。而所有其他影响英国臣民权利和义务的条约，则必须由议会立法将其作为国内法的规定，方能在英国适用。④ 至于国际习惯，18 世纪英国著名法学家布莱克斯顿宣称：“无论在管辖对象上会产生什么问题，国际法（law of nations）完全被普通法所采纳，并被认为是本国法的一部分。”⑤ 布莱克斯顿所指的“国际法”，在 18 世纪时显然是国际习惯法。与国际条约不同，国际习惯是以“纳入”的方式在英国国内适用的。英国法院的判例表明，得到普遍承认或至少得到英国同意的国际习惯法规则，在英国具有法律效力。但如果国际习惯法规则明显地与国内法相冲突，法院只适用国内法。

2. 美国。美国宪法对国际条约在美国的适用作了明确的规定。按照《美利坚合众国宪法》第 6 条的规定：“本宪法与依本宪法制定之合众国法律，及以合众国之权力缔结之条约，均为全国之最高法律，纵与任何州之宪法或法律有所抵触，各州法院之法官均应遵守并受其约束。”从本条规定可见，美国缔结的国际条约与美国联邦宪法和法律一样，可以在国内适用。但是，在实践中，美国法院按其性质将条约分为两类，即“自动执行的条约”（self-executing treaty）和“非自动执行的条约”（non self-executing treaty）。前者可以直接适用；后者则须经立法机关制定成国内法后才能发生效力。

---

① ［英］詹宁斯、瓦茨修订，王铁崖等译：《奥本海国际法》，9 版，第 1 卷，第 1 分册，32 页。

② See Malcolm N. Shaw, *International Law*, 4th edition, Cambridge University Press, p. 105 (1997).

③ 参见李浩培：《条约法概论》，381～382 页，北京，法律出版社，1987。

④ See Malcolm N. Shaw, *International Law*, 4th edition, Cambridge University Press, p. 112 (1997).

⑤ Blackstone, *Commentaries*, IV, Chapter 5.

在著名的"富士君诉加利福尼亚州案"（Sei Fujii v. California）中，原告是一位日本公民，他于1948年在加利福尼亚州购买了部分土地。但按照该州的法律，外国人无权拥有土地，所以，州政府要将其土地收回。原告认为，加州的法律违反了《联合国宪章》关于"不分种族促进人权和基本自由"的规定，因而提起诉讼。加州最高法院在1952年所作的判决中指出，《联合国宪章》不是一项自动执行的条约，很明显，宪章的原则和规则只有经过联合国会员国制定进一步的立法，才能转变为国内法的规定，约束会员国公民。《联合国宪章》不是美国法的一部分，也不能产生废除加利福尼亚州法律的效力。[①] 至于国际习惯法与国内法的关系，美国的立场与英国的实践十分相似。[②] 早在1900年，美国联邦最高法院在"帕奎特·哈巴那号案"（Paquete Habana Case）的判决中就指出："国际法是我们法律的一部分，在需要决定由国际法产生的权利问题时，有管辖权的法院就必须确定和适用国际法。"[③] 此后的一些司法判例同样确认了这一原则。

3. 法国。1958年《法国宪法》第55条规定："依法批准或认可的条约或协定，自公布后即具高于各种法律的权威，但就每个条约或协定而言以对方予以适用为限。"也就是说，在条约的其他缔约国遵守条约规定的前提下，条约具有优先于国内法的地位。1946年《法国宪法》和1958年《法国宪法》的序言均承认国际法规则。这表明在法国的法律体系中，国际习惯法在国内是有法律效力的。

4. 德国。德国是重要的大陆法系国家。1949年《德国基本法》对国际习惯和条约在德国国内法中的地位分别作了规定。《德国基本法》第25条规定："国际公法规定乃是联邦法律的组成部分。它们高于各项法律并直接为联邦领土内的居民创设权利和义务。"这项规定表明，国际习惯法具有高于德国国内法的地位。对于条约，由于按照《德国基本法》第59条，规定联邦政治关系或涉及联邦立法的事项的条约应由联邦法律规定，因此，条约没有较高的地位，后法律可以优于前条约，而且条约必须符合基本法的规定。[④]

5. 荷兰。荷兰在国际法和国内法的关系上是非常一元化的。[⑤] 1983年修订后的《荷兰宪法》第93条和第94条规定，荷兰缔结的条约具有高于国内法的效力，任何国内法的规定如果与以前或以后缔结的条约相抵触，均属无效。国际习惯法规则也可以在国内适用，但如果与国内法相抵触，国内法居优先地位。

6. 俄罗斯。1993年制定的《俄罗斯联邦宪法》第15条第4款规定："普遍承认的国际法原则、规则和俄罗斯联邦缔结的国际条约构成联邦法律的一部分。如果俄罗斯联邦缔结的国际条约的规定与法律的规定相抵触，适用国际条约的规定。"这样，条约法和习惯法都被纳入俄罗斯的国内法之中，而且条约具有高于国内法的地位。此外，根据《俄罗斯联邦宪法》，俄罗斯宪法法院有权审查尚未生效的条约的合宪性，与联邦宪法相抵触的条约不发生效力。

---

① See 38 Cal. (2d), pp. 718-721 (1952).

② See Malcolm N. Shaw, *International Law*, 4th edition, Cambridge University Press, pp. 114-115 (1997).

③ 175 US, p. 677 (1900).

④ 参见王铁崖：《国际法引论》，207页，北京，北京大学出版社，1998。

⑤ See Malcolm N. Shaw, *International Law*, 4th edition, Cambridge University Press, p. 124 (1997).

至于国际法和国内法的冲突问题，由于国家既是国内法的制定者，也是国际法的参与制定者，所以，在理论上，国际法与国内法不会发生冲突。但是，在实践中，这种冲突是经常发生的。在处理国际法与国内法的冲突时，各国一般有三种做法。以条约为例，第一，优先适用国际条约。这是大多数国家的做法，前述荷兰、俄罗斯、法国即属此类。第二，优先适用国内法。这种情况在现代国际关系中很少见，而且也不可取，因为国家既然承担了国际义务，就有责任使国际条约的规定得到执行。即使像英国那样的国家，条约不能自动成为国内法的一部分，因而法院可能执行与条约相抵触的国内法，但它们往往在条约批准前便先通过执行条约所需的立法，以避免出现违反条约的情况。① 第三，适用"后法优于前法"的原则。采取这种做法的国家一般规定国际条约和国内法处于同等的地位。在国际条约与先前的国内法相抵触时，适用国际条约；在国际条约与后制定的国内法相抵触时，适用后制定的国内法，前述德国、美国即属此类。当条约与美国的法律抵触时，根据美国联邦最高法院的判例，以后法或后订条约优先。②

总之，在国际法和国内法关系的问题上，虽然各国的实践不尽相同，但仍然有一定的规律可循。从国际法来看，有三点需要特别加以强调：第一，按照善意履行国际义务的原则，国家有责任采取各种措施，履行其根据国际条约和国际习惯承担的义务，而不得以国内法的规定为理由拒绝履行。1969 年《维也纳条约法公约》第 26 条规定："凡有效之条约对其各当事国有拘束力，必须由各该国善意履行。"1930 年，常设国际法院在"对在但泽的波兰国民的待遇案"的判决中指出，一个国家不得援引其宪法反对另一个国家，以逃避其依据国际法或现行条约所承担的义务。第二，在遵守有效的国际义务的条件下，国家可以决定其履行国际义务的方式、方法，有一定的灵活性。③ 第三，国家违反其所承担的国际义务构成国际不法行为，国家须为此承担国际责任。

三、中国的情形

中华人民共和国成立后制定或修改的历次宪法均没有说明国际法与中国国内法的关系，《中华人民共和国立法法》也没有这方面的规定。这样，有关国际法在中国法律体制中的地位只能从中国的法律实践中寻找根据。对于条约，从中国的法律实践来看，中国倾向于采取条约在国内直接适用的"纳入"方式。④ 凡是中国缔约或者加入的国际条约，经全国人大常委会批准或国务院核准的，一般即在中国发生效力，可以直接适用，而无须经过特别程序。⑤ 1990 年 4 月 27 日，中国代表在联合国禁止酷刑委员会上发言时指出："根据中国的法律制度，中国缔结或者参加国际条约，要经过立法机关批准或国务院核准程序，该条约一经对中国生效，即对中国具有法律效力，我国即依公约承担相应的义务。""关于《禁止酷刑公约》在中国的适用，也是基于上述原则。一

---

① 参见［英］M. 阿库斯特著，汪暄、朱奇武等译：《现代国际法概论》，57 页，北京，中国社会科学出版社，1981。

② 参见韩德培主编：《现代国际法》，60 页。

③ 参见邵津主编：《国际法》，25 页。

④ 参见王铁崖：《条约在中国法律制度中的地位》，载《中国国际法年刊（1994 年）》，7 页。

⑤ 参见邵津主编：《国际法》，26～27 页。

方面，该公约在中国直接生效，其所规定的犯罪在我国亦被视为国内法所规定的犯罪。该公约的具体条款在我国可以得到直接适用。”[①] 不过，尽管条约可以直接在中国国内适用，但这并不排除在例外情形下国内制定法律对条约规定的事项加以规定。这一方面最明显的例子是中国在 1975 年和 1979 年分别加入 1961 年《维也纳外交关系公约》和 1963 年《维也纳领事关系公约》后，于 1986 年和 1990 年分别制定了《中华人民共和国外交特权与豁免条例》和《中华人民共和国领事特权与豁免条例》。王铁崖教授认为，这两个条例并不是两项公约的实施，因而不构成将条约转变为国内法的例子。它们是对两项公约的一部分的补充立法，其目的在于“确定”公约的规定。[②]

对于条约在中国国内法中的地位以及如何处理两者冲突的问题，虽然中国宪法并无规定，但其他许多重要的法律中包含有关的条款。最早对此作出规定的法律是 1982 年公布的《中华人民共和国民事诉讼法（试行）》。该法第 189 条规定，中华人民共和国缔结或者参加的国际条约同本法有不同规定的，适用该国际条约的规定。但是，我国声明保留的条款除外。此后，相继有一系列法律作出了相同或类似的规定。1987 年 8 月 27 日，外交部、最高人民法院、公安部等单位发布的《关于处理涉外案件若干问题的规定》指出：“当国内法以及某些内部规定同我国所承担的条约义务发生冲突时，应适用国际条约的有关规定。根据国际法的一般原则，我国不应以国内法规定为由拒绝履行所承担的国际条约规定的义务。这既有利于维护我国的信誉，也有利于保护我国国民在国外的合法权益。”总的来说，中国缔结的国际条约与全国人大常委会制定的法律具有同等效力，仅低于宪法而高于法律。如果条约与法律相冲突，一律适用条约规定。现在，条约优于法律不仅在民事领域已成为通则，而且根据立法实践，这一原则已涉及刑事领域，特别是有关刑事管辖权的确立。可以预见，在中国，优先适用国际条约的立法倾向将会逐步加强，“条约优于国内法”的原则有可能成为普遍适用的原则。[③]

中国法律对于国际习惯在国内法中的地位缺乏明确的规定。按照 1986 年颁布施行的《中华人民共和国民法通则》第 142 条的规定，中国法律和中国缔结或者参加的国际条约没有规定的，可以适用国际惯例。这里“‘国际惯例’的含义不明确，可以指‘国际习惯’，也可以包括一般限制或‘做法’。如果指的是国际习惯，那么，虽然可以适用，但它的地位是低于条约和法律的”[④]。

第七节　国际法的基本原则

一、国际法基本原则的概念

到目前为止，国际法学界对国际法基本原则在国际法体系中的地位仍然没有形成

① 《人民日报》（海外版），1991-11-16。

② 参见王铁崖：《条约在中国法律制度中的地位》，载《中国国际法年刊（1994 年）》，9～10 页。

③ 参见周忠海等：《国际法学述评》，128～129 页。

④ 王铁崖主编：《国际法》，33 页，北京，法律出版社，1995。

一致的看法。有的西方国际法著作或教材中并没有列入“国际法基本原则”的内容，但其他一些国家的学者，如中国和前苏联的学者在他们编写的国际法教科书中，则大都对此给予应有的重视。不过，虽然在学者中间对于国际法基本原则有不同的看法，但客观地说，国际法基本原则是存在的。现代国际法基本原则构成现代国际法的基础，从这些原则中可以看出现代国际法的特点和发展趋势。①

国际法基本原则是指那些各国公认的、具有普遍意义的、适用于国际法一切效力范围的、构成国际法的基础的法律原则。② 国际法基本原则具有以下特征：

1. 各国公认。一项原则要成为国际法基本原则，必须得到各国的公开承认。这种公开承认可能反复体现在各国缔结的双边或多边国际条约中，也可能作为国际习惯为各国所接受。各国公认是国际法基本原则产生普遍拘束力的法律基础。

2. 具有普遍意义。国际法基本原则不是国际法个别领域的原则，而是具有普遍意义的全局性原则，对国际法的各个领域都具有指导作用。例如，公海自由原则是海洋法中的一项重要原则，但它只涉及公海的法律地位和制度，所以不具有普遍意义。而国家主权原则则可以适用于国际法的一切领域，具有普遍拘束力，因而是国际法的基本原则。同时，国际法基本原则的普遍意义还在于它们适用于国际法的属地、属人及属时的一切效力范围。③

3. 构成国际法的基础。所谓构成国际法的基础，是指国际法基本原则与国际法其他原则、规则和制度的关系。首先，国际法基本原则是国际法其他原则、规则和制度据以产生和确立的法律基础。这些原则、规则和制度，有的是为了实施基本原则而确立的，有的则是从基本原则派生或引申出来的。其次，国际法基本原则是判断其他原则、规则和制度是否符合国际法的标准，同时对它们具有规范和制约的作用。再次，由于国际法基本原则是国际法其他原则、规则和制度产生的基础，因此，它们是国家在国际关系中必须遵守和不得违反的。如果这些原则遭到破坏，就会动摇国际法的基础，国际法就无法存在了。④

二、国际法基本原则与国际强行法

国际强行法（*jus cogens*），又称“一般国际法强行规范”，是现代国际法中一个比较新的概念。

强行法的概念起源于国内法。在国内法中，强行法的概念可以追溯到罗马法。现在，几乎在所有国家的国内法中，都可以找到强行法规则。⑤ 在国际法理论中，作为衡量条约是否有效的强行法的概念，很早以前就存在了。格老秀斯、真提利、维多利亚、阿亚拉、瓦特尔等早期的国际法学家，都强调自然法规范的强行性，并将其置于实在法之上。不过，虽然自然法学派的学者一直坚持自然法规范的强行性质，但是，“*jus*

① 参见邵津主编：《国际法》，28 页。

② 参见王铁崖主编：《国际法》，46 页，北京，法律出版社，1995。

③ 参见上书，46 页。

④ 参见端木正主编：《国际法》，2 版，43～44 页。

⑤ 参见李浩培：《强行法与国际法》，载《中国国际法年刊（1982 年）》，37 页。

cogens”一词在20世纪30年代才出现在国际法著述之中。

现在，无论在东方或西方，国际法学家们实际上都一致地接受了国际强行法的概念，但是，要给它下一个确切的定义是极其困难的。[①] 到目前为止，对国际强行法最权威的表述是1969年《维也纳条约法公约》第53条，该条规定：“条约在缔结时与一般国际法强制规律（*jus cogens*）抵触者无效。就适用本公约而言，一般国际法强制规律指国家之国际社会全体接受并公认为不许损抑且仅有以后具有同等性质之一般国际法规律始得更改之规律。”《维也纳条约法公约》第64条规定：“遇有新的一般国际法强制规律产生时，任何现有条约与该项规律抵触者即成为无效而终止。”根据《维也纳条约法公约》的定义，凯恩在其著作《国际法中的强行法》中指出，国际法强行规范具有四个特征：（1）属于一般国际法规范；（2）必须为国际社会全体接受；（3）公认为不得损抑；（4）只有新的强行法规范方得对其进行修改。[②] 可以说，凯恩的看法准确地反映了《维也纳条约法公约》定义的国际法强行规范的特征，而且一般意义上的国际法强行规范也应具备上述特征。

国际强行法的概念进入国际法领域并得到充分肯定是现代国际法发展合乎逻辑的结果，标志着国际法体系的进一步成熟与完善。波兰著名国际法学家、国际法院前院长拉克斯指出，国际法强行规范最清楚地反映了国家的行动自由与法律对这种自由的限制之间的关系。随着国际交流领域的扩大和国家相互交往的增加，国家之间相互承担的义务也大量增加，结果也就减少了它们缔结新的国际协议的自由，因为新的协议不能与现行的义务相抵触。同时，国际法强行规范说明，并非所有的法律原则都处于不断地变化、修改或修正之中。虽然说法律必须适应社会生活的需要而发生改变，但有些规则是相对稳定的，不能违背或轻易变动。[③] 我国著名国际法学家李浩培教授也明确地指出：“任何法律秩序，不能只含有任意法规则，可以由法律主体任意排除适用。认为主权国家有权将一切国际法规则以条约排除适用的理论，倾向于否定国际法的法律性，这是与国际社会的客观实际和客观需要相违反的。违反强行法规则的条约无效的原则，是文明各国承认的一般法律原则，是久已存在的一个重要的法律原则。这项重要的法律原则在《维也纳条约法公约》中才第一次得到明白的确认，这不能不认为是国际法历史上的一件大事。由于该公约的明文规定，国际法与国内法一样，也清楚地确立了强行规则与任意规则的区别：前者处于上位，后者处于下位；前者为整个国际社会的利益而存在，所以是绝对的规则，不得以条约背离，后者为满足个别国家的需要而存在，所以是相对的规则，可以用条约排除其适用。”[④]

国际法强行规范和国际法基本原则有相同之处，有些学者甚至把两者等同起来。例如，前苏联国际法学家童金（Tunkin）就认为，所有公认的国际法基本原则都成为国际强行法的一部分。[⑤] 应该说，国际法基本原则和国际强行法是既有联系，又有区别

① 参见王铁崖主编：《国际法》，47～48页，北京，法律出版社，1995。

② See Lauri Hanni Kainen, *Peremptory Norms (jus cogens) in International Law*, p. 3 (1988).

③ See Manfred Lachs, *The Development and General Trends of International Law*, in *Collected Course of the Hague Academy of International Law*, 169, p. 201 (1980).

④ 李浩培：《强行法与国际法》，载《中国国际法年刊（1982年）》，62页。

⑤ 参见王铁崖主编：《国际法》，49页，北京，法律出版社，1995。

的两个概念。一方面，国际法基本原则具有国际强行法的性质：首先，国际法基本原则完全符合国际强行法的特征，它们都是各国公认不得损抑的一般国际法原则，而且只有同等性质的原则才能对其进行修改。其次，它们的法律拘束力优于国际法的其他原则、规则和制度。再次，对它们的违反会产生相同的法律后果，如导致有关条约或其他国际行为无效。但另一方面，国际法基本原则与国际强行法又有区别。国际法强行规范并不以适用于国际法一切领域、具有普遍意义为条件，因此，只适用于某一国际法特定领域的具体规范也可能属于国际法强行规范。在内容上，虽然联合国国际法委员会和各国学者对于哪些规范具有国际强行法的性质看法并不完全一致，不过，从他们的列举来看，禁止奴隶制度、禁止种族歧视、禁止种族灭绝、禁止海盗行为、禁止贩卖奴隶、禁止战争犯罪等显然属于国际强行法的范围。[①] 然而，它们并不是国际法基本原则。可见，国际法强行规范的内容较国际法基本原则更为广泛，数量也比后者为多。

三、国际法基本原则的发展

国际法基本原则是在国际法的发展过程中为适应国际关系的需要逐步产生和发展起来的。1776 年的美国《独立宣言》和 18 世纪末的法国资产阶级革命以及 1823 年的美国《门罗宣言》，提出了国家主权原则和不干涉原则。《独立宣言》庄严宣告，要成立“自由独立的合众国”。“享有全权去宣战、媾和、缔结同盟、建立商务关系，或采取一切其他凡为独立国家所理应采取的行动和事宜。”1793 年，法国资产阶级宪法明确宣布，主权属于人民，主权是统一而不可分的，也是不可动摇和不可转让的。法国人民不干涉其他国家政府的事务，也不允许其他国家干涉法国的事务。针对俄、奥、普三国“神圣同盟”干涉美洲事务的企图，1823 年，美国总统门罗在其向国会发表的国情咨文中指出，美国奉行不干涉政策。美国不干涉欧洲的事务，也不允许欧洲国家干涉美洲各国的事务。

1899 年和 1907 年，国际社会在海牙召开和平会议，签订了两项有关和平解决国际争端的条约，提出了和平解决国际争端的原则和方法。第一次世界大战后签订的《国际联盟盟约》要求会员国尽量用和平方法解决国际争端，并对会员国的战争权加以限制。1928 年的《巴黎非战公约》郑重声明：缔约各国谴责以战争方式解决争端，并在相互关系上废弃以战争作为实行国家政策的工具；缔约各国之间若发生争端和冲突，不论性质如何，只能用和平方法加以处理或解决。这些事件对于不侵犯原则和和平解决国际争端原则的产生发挥了重要的作用。

第二次世界大战后，鉴于战争给全人类带来的深重灾难，维持国际和平与安全和发展国际合作成为战后的基本潮流，国际法基本原则也进入了一个新的发展阶段。1945 年的《联合国宪章》在总结国际法原则的基础上，提出了联合国组织及其会员国应该遵守的七项原则：会员国主权平等；善意履行宪章义务；和平解决国际争端；禁止以武力相威胁或使用武力；集体协助；在维持和平与安全的范围内，确保非会员国

① 参见王铁崖主编：《国际法》，48～49 页；［英］詹宁斯、瓦茨修订，王铁崖等译：《奥本海国际法》，9 版，第 1 卷，第 1 分册，5 页。

遵行宪章原则；联合国组织不干涉会员国内政。《联合国宪章》的规定是国际法基本原则在国际法律文件中的首次具体体现。[①] 宪章中的这些原则构成现代国际法基本原则的核心。由于它们是迄今为止拥有会员国最多的世界性政治组织的章程所确立的，因而最具有权威性和普遍性。[②]

联合国成立之后，联合国大会通过了一系列涉及国际法基本原则的宣言和决议，对国际法基本原则的产生和确立产生了积极的影响。这些宣言和决议主要有：1960 年 12 月 14 日《给予殖民地国家和人民独立的宣言》，1962 年 12 月 14 日《关于自然资源之永久主权的决议》，1965 年 12 月 21 日《关于各国内政不容干涉及独立与主权之保护宣言》，1970 年 10 月 24 日《关于各国依联合国宪章建立友好关系及合作之国际法原则宣言》(简称《国际法原则宣言》)，1974 年 5 月 1 日《建立新的国际经济秩序宣言》和 1974 年 12 月 14 日《各国经济权利和义务宪章》等。这些文件有的重申和强调了《联合国宪章》的原则，有的则提出新的原则或者对原有原则重新作出解释或补充，使现代国际法基本原则体系得到了进一步的发展与完善。

中华人民共和国成立后，中国政府承认并遵守《联合国宪章》的原则，并在宪章宗旨和原则的基础上与其他国家一起提出了和平共处五项原则，即互相尊重主权和领土完整、互不侵犯、互不干涉内政、平等互利、和平共处。和平共处五项原则是中国与印度、缅甸共同倡导的，首次出现在 1954 年 4 月 29 日中国和印度《关于中国西藏地方和印度之间的通商和交通协定》的序言中。同年 6 月，中印、中缅政府总理先后发表联合声明，重申以上述五项原则作为指导两国关系的原则。此后，在中国与其他许多国家，包括一些发达国家签订的条约、协定和发表的联合声明中，均提到了和平共处五项原则。和平共处五项原则是中国政府处理与其他国家关系的基本准则，且由于其符合《联合国宪章》的原则，因而为其他国家所接受。五项原则从内容上看，多数并非新的国际法基本原则，但中国和印度、缅甸首次将其作为一个原则体系提出来。同时，五项原则强调“相互”的概念，反映了国际关系的基本特征和国际法上国家权利与义务相统一的特点。“和平共处五项原则都是强制性法律原则，并在这个意义上，可以说是属于强制法的一部分的。”[③]

四、国际法基本原则的内容

对于国际法基本原则的内容，学者的见解并不统一。根据《联合国宪章》、《国际法原则宣言》和其他国际文件的规定，国际法基本原则主要包括国家主权平等原则、不侵犯原则、和平解决国际争端原则、不干涉内政原则、善意履行国际义务原则等各项原则。

(一) 国家主权平等原则

主权是国家最重要的属性，是国家固有的在国内的最高权力和在国际上的独立权力。周鲠生教授指出：“主权是国家具有的独立自主地处理自己的对内和对外事务的最

① 参见王铁崖主编：《国际法》，51 页，北京，法律出版社，1995。

② 参见端木正主编：《国际法》，2 版，48 页。

③ 王铁崖主编：《国际法》，62 页，北京，法律出版社，1995。

高权力。分析起来，国家主权具有两方面的特性，即在国内是最高的，对国外是独立的。这两个特性是相互关联而不可分的，因为如果对外不是独立的，国家便要服从外来的干涉而失去其独立地处理其对内对外事务的自由，因而就不是主权的。因此，在对外关系的文件上，特别强调独立，往往独立和主权同时并提，如说尊重主权和独立等；并且有时独立和主权两个名词用于同一意义，如说独立国家，也就是指主权国家，这是可以理解的。"①

根据1970年联合国大会通过的《国际法原则宣言》，国家主权平等原则是指各国一律享有平等主权。各国不论经济、社会、政治或其他性质有何不同，"均有平等权利与责任"，并同为国际社会的平等成员。主权平等尤其应包括下列要素：（1）各国法律地位平等；（2）每一国家均享有充分主权之固有权利；（3）每一国家均有义务尊重其他国家之人格；（4）国家之领土完整及政治独立不得侵犯；（5）每一国家均有权利自由选择并发展其政治、社会、经济及文化制度；（6）每一国家均有责任充分并一秉诚意履行其国际义务，并与其他国家和平相处。国家主权平等原则强调国家权利和义务的统一，每个国家在享有充分主权的同时，负有尊重和不侵犯他国主权的义务；国家主权只能在国际法的范围内行使，任何国家不得采取不符合国际法的单边主义的做法；"绝对主权"的理论和实践违反国家主权平等原则，危害国际法律制度的基础，因此，应予以坚决反对。

近代主权国家的存在是传统国际法产生和发展的基础，国家主权平等原则在传统国际法和现代国际法中都非常重要。王铁崖教授指出，这项原则既包括主权，也包括平等，它是最重要的国际法基本原则，可以说是整个国际法所依据的基础。②

（二）不侵犯原则

不侵犯原则是现代国际法中的一项基本原则，也是国家主权平等原则的引申。在近代国际法时期，国家有战争权，战争是解决国际争端的合法手段，所以不可能产生不侵犯原则。1919年的《国际联盟盟约》虽然对战争作了限制性规定，如规定了延缓战争的措施，但它并没有否定战争作为最后的争端解决办法的合法性。1928年的《巴黎非战公约》首次在国际法律文件中废弃以战争作为实行国家政策的工具，但实践证明，公约的规定并没有得到有效的遵守。第二次世界大战后，考虑到战争给人类造成的巨大灾难，《联合国宪章》第2条第4款明确规定："各会员国在其国际关系上不得使用威胁或武力，或以与联合国宗旨不符之任何其他方法，侵害任何会员国或国家之领土完整或政治独立。"1970年的《国际法原则宣言》重申了不侵犯原则，并对其内容作出了详细的规定：

1. 每一国家均有义务在国际关系上避免为侵害别国的领土完整或政治独立的目的，或以与《联合国宪章》宗旨不符的任何其他方式使用威胁或武力，而且不得把威胁或武力作为解决国际争端的方法。

2. 国家不得发动或参与侵略战争。侵略战争构成危害和平罪，在国际法上须负

① 周鲠生：《国际法》，上册，75页。

② 参见王铁崖主编：《国际法》，51页，北京，法律出版社，1995。

责任。

3. 各国有义务不从事侵略战争的宣传。

4. 不使用威胁或武力以侵犯他国现有的国际疆界或其他国际界限。

5. 避免涉及使用武力的报复行为。

6. 不得采取剥夺受殖民主义统治或被外国奴役的民族的自决、自由及独立权利的任何强制行动。

7. 不得组织非正规军或武装团队，包括雇佣兵在内，侵入他国领土。

8. 不得使用威胁或武力在他国发动、煽动、协助或参加内争或恐怖活动，或默许在其本国境内从事以此等行为为目的的有组织活动，但本项所称之行为以涉及使用威胁或武力为限。

9. 不得将他国领土作为违反《联合国宪章》使用武力实行军事占领的对象，或作为以使用威胁或武力而取得的对象，也不得承认使用威胁或武力取得的领土为合法。[①]

不侵犯原则既是国家主权平等原则的引申，也是对国家主权平等原则的保障。根据这一原则，国家不仅不得对别国进行侵略，而且不得以与联合国宗旨不符的任何其他方式使用武力或威胁，破坏其他国家的独立、主权和领土完整。不过，不侵犯原则并不禁止国家在遭到外来侵犯时合法地行使自卫权，或者按照《联合国宪章》的规定采取集体强制措施，以恢复国际和平与安全。

（三）和平解决国际争端原则

和平解决国际争端原则是与不侵犯原则密切相关的一项原则，也是该项原则的合乎逻辑的结果。由于现代国际法禁止国家使用威胁或武力侵害任何其他国家的独立、主权和领土完整，因此，国家之间发生争端只能用和平的方法解决。和平解决国际争端原则要求国家对于在国际交往中产生的任何争端，不论其起因或性质如何，只能用政治或法律的方法或者由国际组织协助求得解决，不得诉诸武力或武力威胁。

和平解决国际争端原则的渊源可以追溯到 1899 年和 1907 年的两项《海牙和平解决国际争端公约》，这两项公约提出了和平解决争端的条款和几种和平解决争端的方法。[②] 第一次世界大战后签订的《国际联盟盟约》一方面对会员国的战争权加以限制，另一方面要求会员国尽力用和平方法解决国际争端。同时，作为国际联盟机构之一的常设国际法院的建立，开创了国际法历史上以司法方式解决国际争端的先例。1928 年《巴黎非战公约》在废弃战争作为实行国家政策的工具的同时，把和平解决国际争端作为缔约国应该遵守的一项义务。《巴黎非战公约》第 2 条规定："缔约各方同意，它们之间可能发生的一切争端或冲突，不论其性质或起因如何，只能用和平方法加以处理或解决。"1945 年《联合国宪章》第 2 条第 3 款规定："各会员国应以和平方法解决其国际争端，俾免危及国际和平、安全及正义。"《联合国宪章》第六章还专门对和平解决争端作了具体规定。至此，和平解决国际争端原则正式确立为国际法的一项基本原则。

1970 年《国际法原则宣言》重申了这一原则，要求每个国家应以和平方法解决与

① 参见王铁崖、田如萱编：《国际法资料选编》，3～4 页，北京，法律出版社，1982。

② 参见端木正主编：《国际法》，2 版，56 页。

其他国家之间的争端，以免危及国际和平、安全及正义。为达此目的，应做到以下四点：

1. 各国应以谈判、调查、调停、和解、公断、司法解决、区域机关或办法的利用或其选择的其他和平方法寻求国际争端的早日及公正解决。

2. 争端各方如果未能以上述任一和平方法达成解决办法时，有义务继续以其商定的其他和平方法寻求争端的解决。

3. 国际争端的当事国及其他国家应避免从事使情势恶化的任何行动。

4. 国际争端应根据国家主权平等的基础并依照自由选择方法的原则加以解决。

（四）不干涉内政原则

不干涉内政原则是较早出现的一项国际法原则，早在1793年法国宪法中就提出了这一原则，后来逐渐在国际法中得到确立。同时，不干涉内政原则也是直接从国家主权平等原则中引申出来的。由于各国都是具有平等主权的独立国家，因此，一国不得以任何借口干涉本质上属于他国国内管辖的事项，否则，国家主权平等原则就必然会受到破坏。

《奥本海国际法》指出："干涉是指一个国家对另一个国家的事务的强制或专横的干预，旨在对该另一个国家强加某种行为或后果。"① 干涉的具体形式有外交干涉、军事干涉、经济干涉、策动别国的军事政变、支持别国的反政府武装或派别等。在国际法上，内政是指不违反国家承担的国际义务的、国家主权管辖范围内的事项，如决定国家的政治、经济和社会制度，采取立法、司法或行政措施管理国家，利用和管理本国的自然资源，决定本国的外交政策等。需要强调的是，内政不是一个地域概念，并非一国境内发生的一切都属于该国的内政；判断某一行为是否属于一国内政要看它是否符合该国承担的国际义务。例如，一国将外国外交代表或领事官员扣作人质的行为就不属于该国的内政。同样，国家严重侵犯本国公民基本人权和自由的行为也不属于其内政的范围。

1965年12月21日，联合国大会通过的《关于各国内政不容干涉及其独立与主权之保护宣言》强调，任何国家，不论为何理由，均不得直接或间接干涉其他国家的内政、外交，因此，武装干涉或其他任何形式的干涉均在被谴责之列。1970年的《国际法原则宣言》重申不干涉内政的原则。根据这两个宣言，不干涉内政原则的具体内容包括以下六点：

1. 任何国家或国家集团均无权以任何理由直接或间接干涉任何其他国家的内政或外交事务。武装干涉以及对国家人格或其政治、经济及文化要素的一切其他形式的干预或试图威胁，均违反国际法。

2. 任何国家均不得使用或鼓励使用经济、政治或其他任何措施强迫另一国家，以使该国在行使主权权利方面屈从于自己，或自该国获取任何种类的利益。

3. 任何国家均不得组织、协助、煽动、资助、鼓励或容许旨在以暴力推翻一国政权的颠覆、恐怖或武装活动，或干预另一国的内争。

4. 使用武力剥夺各民族特性构成侵犯其不可转让的权利及违反不干涉原则的行为。

① ［英］詹宁斯、瓦茨修订，王铁崖等译：《奥本海国际法》，9版，第1卷，第1分册，314页。

5. 每个国家均有选择其政治、经济、社会及文化制度的不可转让的权利，不受他国任何形式的干涉。

6. 所有国家均应尊重各民族及国家的自决与独立的权利，并使这种权利能在不受外国压力和绝对尊重人权及基本自由的情形下自由行使。因此，所有国家均应致力于彻底消除各种形式和表现的种族歧视与殖民主义。

不干涉内政原则不影响联合国行使维持国际和平与安全的职能。联合国根据宪章规定对危及国际和平与安全的事件采取行动，是行使宪章赋予的权利，不属于干涉的范畴。[①] 在一国出现针对某一民族或群体的大规模和有计划的迫害、监禁、酷刑、驱逐，甚至屠杀的严重人道主义灾难，或者在国际或国内战争中出现严重违反国际人道主义法的情势时，对此等情势的干预亦应在联合国的体制下进行。

（五）善意履行国际义务原则

善意履行国际义务原则是由“条约必须遵守”这一古老的国际习惯演变、发展而来的，现在已经为众多国际条约和国际文件所确认。这一原则成为国际法的基本原则，完全是由国际法本身的特点决定的。国际法是通过互相平等的国家签订协议制定的，国际合作也主要是在国家自愿承担义务的条件下进行的。因此，国际法的有效性和国际法律秩序的稳定性，在很大程度上取决于各国认真遵守国际法的规范，善意履行其承担的国际义务。如果各国可以随意撕毁在平等基础上达成的协议，不履行按照公认的国际法产生的义务，正常的国际关系将不复存在，国际法本身也将陷于崩溃。[②] 可见，善意履行国际义务原则在很大程度上构成国际法律制度产生和存在的基础。

《联合国宪章》的序言指出：各国应创造适当环境，俾克维持正义，尊重由条约与国际法其他渊源而起之义务，久而弗懈。《联合国宪章》第2条第2款规定：“各会员国应一秉善意，履行其依本宪章所担负之义务，以保证全体会员国由加入本组织而发生之权益。”1970年《国际法原则宣言》规定的善意履行国际义务原则的主要内容包括：（1）每个国家均有责任一秉诚意履行其依《联合国宪章》所负的义务；（2）每个国家均有责任一秉诚意履行其依公认的国际法原则和规则所负的义务；（3）每个国家均有责任一秉诚意履行其依公认的国际法原则和规则属于有效的国际协定下所负的义务；（4）如果依国际协定产生的义务与《联合国宪章》所规定的联合国会员国的义务发生抵触时，宪章之义务应居优先。“按照这一规定，善意履行国际义务原则是指：一个国家应善意履行《联合国宪章》规定的、由公认的国际法原则和规则产生的、其作为缔约国参加的国际条约所承担的各项义务。”[③]

善意履行国际义务原则要求国家诚实履行其源于国际条约和国际习惯的义务，但就条约义务而言，按照《国际法原则宣言》的规定，国家有责任诚实履行根据公认的国际法原则和规则属于有效的国际条约规定的义务。换言之，对于违反国际法基本原则或国际强行法的条约，国家没有履行的义务，因为根据条约法的规定，这样的条约

---

① 参见端木正主编：《国际法》，2版，61页。

② 参见上书，65～66页。

③ 王献枢主编：《国际法》，修订2版，51页。

是自始无效的。

法律应用

1. 国际法的主体主要是国家，政府间国际组织和争取独立的民族也是现代国际法的主体，而个人在国际法的某些领域亦具有主体的地位。在现行国际司法机关中，有的只承认国家的诉讼权，如国际法院；有的只承认个人的诉讼权，如国际刑事法院；有的则既承认国家的诉讼权，也承认个人的诉讼权，如国际海洋法法庭海底争端分庭。由于各个国际法庭的诉讼主体不尽相同，因此，在国际司法实践中，首先明确有关国际法庭的诉讼主体是十分重要的。

2. 国际法与国内法的关系是一个非常重要的问题。国家采取何种方式在国内实施国际法？国际法在国内居何种地位？国际法与国内法发生冲突后如何解决？这些问题都需要国家在制定国内法时加以考虑。不过，无论国内法如何规定，根据善意履行国际义务原则，国家不得援引其国内法，包括宪法的规定为理由，逃避其依据国际习惯和有效的国际条约所承担的义务。这一点已经为国际司法判例所确立并得到普遍承认。

3. 根据《维也纳条约法公约》的规定，国际强行法规范是指国际社会全体接受并公认为不许损抑，且仅有以后具有同等性质的一般国际法规范方可更改的规范；条约在缔结时违反国际法强行规范者无效，而且当新的国际强行法规范产生时，与其相抵触的现行条约亦应终止。由于国际法基本原则具有强行法的性质，因此，违反国际法基本原则的国际条约不发生法律效力。在国际司法实践中，国际法庭需要对争端各方的主张所依据的条约进行审查，不承认违反国际强行法和国际法基本原则的国际条约的有效性。

课后复习

一、选择题

1. 实在法学派的代表人物有______。

A. 奥本海　　B. 凯尔逊

C. 麦克杜格尔　　D. 李斯特

2.《联合国宪章》规定的七项原则包括______。

A. 会员国互不干涉内政

B. 会员国主权平等

C. 平等互利

D. 和平共处

二、判断题

1. 如果国家没有参加有关保护人权的国际条约，就不负保护人权方面的国际义务。

2. 国家如何对待本国人是国家的内政，其他国家不得干涉，否则，就违反了不干涉内政原则。

三、简答题

1. 国际习惯形成的两个要素是什么?

2. 为什么说国家是国际法的基本主体?

第二章 国　家

提　要

国家是国际法的基本主体。按照其结构形式，国家分为单一国和复合国两种类型。

国家的基本权利有独立权、平等权、自卫权和管辖权，根据国家主权豁免原则，一国法院不得对外国国家行为和财产行使管辖权。在国际社会产生新国家和一国内部由于政府变更产生新政府的情况下，国际法上的承认和继承制度应予以适用。其他国家对中华人民共和国的承认属于政府承认，中华人民共和国对“中华民国”的继承属于政府继承。国际法上的国家责任是指国家对其国际不法行为应负的法律责任。国际不法行为的构成要素有两个：一是某一行为按照国际法的规定可归因于特定国家；二是该行为违反了该国承担的有效国际义务。根据国际法，国际不法行为的行为国负有停止不法行为、承诺并保证不再重犯和消除不法行为后果的义务。

重点问题

1. 单一国、复合国和永久中立国。
2. 国家的基本权利和义务。
3. 国家主权豁免原则。
4. 国家承认和政府承认的条件及法律效果。
5. 国家继承和政府继承。
6. 国家责任制度。

第一节 概 述

一、国家的概念和要素

国家是国际法的基本主体。国际法意义上的国家是指由定居在确定的领土上并在一定的政权组织领导下的居民组成的具有主权的社会。根据这一概念，国家须具备以下四个要素：

（一）定居的居民

居民是国家的基本要素。只有具有一定数量的定居的居民，才能形成社会并在此基础上产生国家。至于人口数量的多少以及他们是否属于同一民族，对居民作为国家的基本要素并不具有决定意义。中国有 13 亿多人，而某些小国则人口很少，但它们都是平等的国际法主体和平等的主权国家。

（二）确定的领土

领土是国家赖以存在的物质基础，是居民生存和活动以及国家行使权力的范围。国家都有一定的领土。至于领土面积的大小、国家边界是否完全划定以及国家领土在地理上是否完全连接在一起，并不影响国家的存在和地位。俄罗斯联邦的领土面积为 1 700多万平方千米，而少数小国只有几平方千米的领土，但它们作为国际法意义上的国家并没有实质性的区别。

（三）政府

政府是代表国家对内实行统治，对外进行交往的政权组织。一个国家必须有自己的政府，但政府的性质及其组织形式对国家的形成和存在并不具有重要的意义。

（四）主权

主权是国家固有的、独立自主地处理其对内、对外事务的最高权力。主权是国家的根本属性，也是国家区别于其他社会实体的主要标志。

以上四个要素同时具备是国际法意义上的国家产生和存在的必要条件。有时，国家内部会发生政府更迭，或者国家主权的行使会由于各种原因受到某些限制，但原则上，这些情况不会影响国家的国际人格，也不会影响其作为国际法意义上的国家继续存在。

二、国家的类型

国家可以根据不同的标准划分为不同的类型。在国际法上，通常根据国家的结构形式，把国家划分为单一国和复合国。

（一）单一国

单一国（Unitary State）是由若干行政区域组成的统一主权的国家。单一国拥有单一的宪法，其国民拥有统一的国籍，中央政府由最高行政、立法和司法机关组成，统一处理国家的对内、对外事务，地方政府只能在中央政府的领导下行使职权。在对外关系方面，单一国本身是国际法主体，并以国家的名义参加国际关系，其各行政区域不具有国际法主体地位。

中国是一个单一制的国家。按照《中华人民共和国宪法》及其他有关法律的规定，在中央政府统一行使对内、对外职权的原则下，一些地方行政单位可以享有不同程度的自治权，包括某些处理地方性的对外事务的权力。例如，根据《中华人民共和国香港特别行政区基本法》的规定，中国从 1997 年 7 月 1 日起恢复对香港地区行使主权以后，设立中国香港特别行政区。香港特别行政区享有高度的自治权，在中央人民政府负责管理与特别行政区有关的外交事务的原则下，香港特别行政区政府的代表可以作为中国政府代表团的成员，参加中央人民政府进行的与香港特别行政区直接有关的外交谈判；可以以“中国香港”的名义，在经济、贸易、金融、航运、通讯、旅游、文化、体育等领域单独地与世界各国、各地区和有关国际组织保持和发展关系，并签订和履行有关协定；对以国家为单位参加的、与香港特别行政区有关的国际组织和国际会议，特别行政区政府的代表可以作为中国代表团的成员参加，并以“中国香港”的名义发表意见；对不以国家为单位参加的国际组织和国际会议，香港特别行政区可以以“中国香港”的名义参加。1993 年 3 月 3 日，第八届全国人民代表大会通过《中华人民共和国澳门特别行政区基本法》。根据《澳门特别行政区基本法》的规定，1999 年 12 月 20 日中国恢复对澳门行使主权以后，成立澳门特别行政区，它在对外事务方面享有与香港特别行政区基本相同的权利。香港和澳门回归以来的实践证明，香港特别行政区和澳门特别行政区政府充分行使了两个基本法赋予的对内和对外方面的职权，保持了香港和澳门的繁荣和发展。但必须明确的是，香港和澳门特别行政区都是中国的一部分，不具有国际法主体地位。此外，台湾是中国领土不可分割的组成部分，任何企图在国际上制造“两个中国”或者实行“台独”的做法都是中国政府坚决反对的。

（二）复合国

复合国（Composite State），是指由两个或两个以上的成员单位组成的国家或国家联合体。目前复合国的形式有联邦和邦联两种。

1. 联邦（Federal State）。又称联邦制国家，是指由两个或两个以上的成员单位（州、省、邦、共和国等）根据联邦宪法组成的国家。联邦是复合国中最主要的形式，世界上许多国家，如俄罗斯、美国、加拿大、德国、印度等，都是联邦制国家。联邦国家有自己的宪法，并设立联邦立法、司法和行政机关，对联邦成员及其人民直接行使权力；根据联邦宪法划分联邦与其成员之间的权限，联邦成员各有自己相对独立的立法、司法和行政机关，在管理内部事务方面有较大的自主权；联邦所有成员的公民具有联邦的统一国籍；联邦本身是统一的国际法主体，外交权一般由联邦政府统一行使，联邦成员不具有国际法主体资格。例如，根据美国宪法的规定，联邦政府行使全部外交权，各州政府并没有对外交往的权力。在这一点上，它与单一国并没有什么区别。不过，有些联邦国家允许联邦成员就某些地方性事务与其他国际法主体进行交往，如加拿大的魁北克省有权在法国及其他法语国家设立办事处，并与它们签订有关文化教育合作方面的国际协定。但即使如此，联邦成员仍然不是国际法主体。

2. 邦联（Confederate State）。邦联是由两个或者两个以上的主权国家为了特定目的根据条约组成的国家联合体。邦联一般拥有一个由各成员代表组成的邦联会议，负责协调邦联成员在某些问题上的立场。但邦联没有统一的中央立法、司法和行政机关，也没有统一的军队和财政预算，邦联成员是独立的主权国家，它们各有其最高立法、司法和行政机关，有自己的军队和财政预算；邦联成员国公民各有本国国籍，没有邦联的统一国籍；邦联本身不是国际法主体，无权代表邦联成员行使外交权，邦联成员国具有国际法主体资格，能够独立进行国际交往。历史上的邦联有1778年至1787年间的美利坚合众国、1815年至1866年的德意志邦联和1815年至1848年的瑞士邦联等。1982年2月1日，非洲的塞内加尔和冈比亚两国正式宣布成立邦联。

（三）永久中立国

永久中立国（Permanent Neutralized State），是指根据国际条约或国际承认，在对外关系中承担永久中立义务的国家。永久中立国是具有特殊地位的主权国家，因而也是特殊的国际法主体。[①] 永久中立国的存在必须具备两个要件：第一，自愿中立化的国家自己要明白地宣布永远奉行中立，保证平时不参加任何集团，战时不参与战争，也不从事任何使其卷入战争的行为。第二，中立国的中立化要得到国际公约的保证。一般都是由若干强国通过缔结条约保证某国的中立不受侵犯。[②] 现在的永久中立国有瑞士和奥地利两个国家。

自从1815年瑞士的永久中立地位确立以来，国际法上已经形成了公认的永久中立制度。在国际关系中，永久中立国承担以下永久中立义务：（1）除在遭到外来侵犯时行使自卫权以外，不得对别国进行战争，也不得参加其他国家之间的战争；（2）不得缔结与中立地位不相符的条约或协定，如军事同盟条约、共同防御条约、安全保障条

① 参见王铁崖主编：《国际法》，89页，北京，法律出版社，1981。

② 参见王铁崖主编：《国际法》，70页，北京，法律出版社，1995。

约等，也不得参加任何具有军事性质的组织或集团；（3）不得采取任何可能使本国卷入战争的行动或者承担任何这一方面的义务。例如，不得允许交战国军队入境或过境，不得允许外国在本国境内建立军事基地或为军事目的利用本国领土，不得参加对别国的经济封锁或制裁，不得接受有损于其中立地位的附有政治条件的援助等。同时，其他国家有义务尊重永久中立国的中立地位，不得侵犯其独立、主权和领土完整。

三、国家的基本权利与义务

国际法上一般把国家的权利分为基本权利和派生权利两种类型。周鲠生教授指出："一般地说，基本权利是国家固有的、当然享有的权利，例如独立和平等；派生的权利是或者从基本权利推演出来，或者根据条约取得的。"①

虽然国际法学界一般承认国家享有基本权利并承担基本义务，但是，对于国家基本权利的根据及其内容一直存在不同的看法。自然法学说认为，国家作为国际社会的成员，其存在必然要享有一定的基本权利，如同个人的生存必然要享有某些天赋人权一样。实在法学派的学者认为，国家的基本权利来源于国家作为国际社会成员的资格，或者是基于实在国际法（特别是一般国际习惯法）的承认。《奥本海国际法》指出："一般认为，国际社会的成员资格必然使国家享有所谓国家的基本权利，这些基本权利被认为是主权国家组成国际社会的必然结果。"② 20世纪以来，虽然社会连带法学派和规范法学派的代表人物否认存在"固有的、绝对的和不可变更的"国家基本权利，但是，国家基本权利的概念还是逐渐得到了国际社会的普遍确认。美洲国家于1933年12月通过了《国家权利和义务宣言》，后来又于1948年4月通过了《波哥大宪章》，该宪章中包括国家权利和义务一章。《波哥大宪章》第7条规定："每一个美洲国家都有按照国际法尊重其他国家权利的义务。"第8条规定："各国的基本权利不得以任何方式加以侵害。"联合国成立以后通过的《国家权利和义务宣言草案》、《国际法原则宣言》、《各国经济权利和义务宪章》等国际文件，以及区域性国际组织和国际会议通过的许多宣言和决议都直接或间接地确认了国家基本权利的存在。这些文件和其他有关的多边和双边条约、宣言、决议和司法判例等构成了国家基本权利的国际法依据。

国家在享有基本权利的同时，必然负有尊重他国基本权利的义务。一国享有的基本权利，正是他国承担的相应义务，反之亦然。在现代国际关系中，根据国家主权平等原则，不可能存在只享受权利不承担义务的国家，也不可能存在只承担义务不享受权利的国家。

对于国家基本权利的内容，即国家的基本权利究竟有哪几项的问题，国际法学界长期以来存在各种不同的主张。联合国大会于1949年12月6日通过的《国家权利和义务宣言草案》中规定了国家的四项基本权利，即独立权、平等权、自卫权和管辖权。虽然《国家权利和义务宣言草案》对国家没有法律拘束力，但是，它反映了国际法学者对于国家基本权利的内容的研究成果，具有重要的指导意义。根据《国家权利和义务宣言草案》和其他有关国际文件的规定，国际法学者一般认为，国家主要享有独立

① 周鲠生：《国际法》，上册，167页。

② ［英］詹宁斯、瓦茨修订，王铁崖等译：《奥本海国际法》，9版，第1卷，第1分册，271页。

权、平等权、自卫权和管辖权等四项基本权利。

（一）独立权

独立权（Right of Independence），是指国家根据自己的意志处理本国对内、对外事务而不受任何外来控制和干涉的权利。独立权是国家主权的集中体现。国家在不违反其承担的有效国际义务的情况下，对内可以自由选择其政治、经济、社会和文化制度，制定政策和采取立法、司法及行政措施管理国家，促进经济、社会及文化事业的发展。在对外方面，国家有权根据国家利益独立制定外交政策，自由决定与其他国家建交、缔约、结盟、宣战、媾和以及进行其他往来，不受任何其他国家或国际组织的干涉和控制。

国家的独立权包括政治独立和经济独立，而且这两个方面是紧密联系在一起的。政治独立是经济独立的前提，而经济独立则是政治独立的基础。对于广大发展中国家来说，由于历史的原因和现行国际经济体制的不利影响，它们在争取经济独立方面仍然存在巨大的困难，特别是在经济全球化的今天，发展中国家如何在保持经济独立的前提下，有效地参与国际经济活动，这是一个需要认真考虑和对待的问题。

（二）平等权

平等权（Right of Equality），是指国家以平等的资格和身份参与国际关系，平等地享受国际法权利和承担国际法义务的权利。平等权是国家主权的直接体现。由于国家都是具有平等主权的国际法主体，因此，国家不论大小、强弱，社会、政治、经济制度以及发展水平如何，均享有平等的法律地位，均有权平等地参加国际关系，享受国际法上的权利和承担国际法上的义务。根据传统国际法的理论和实践，国家的平等权主要体现在以下五个方面：(1) 国家在国际组织和国际会议中享有平等的代表权和投票权。(2) 国家享有平等的缔约权，原则上国家不受其未加入或同意的条约的拘束。缔约时，各国有权使用本国文字，除非另有约定，各国文字具有同等效力。(3) 国家相互之间没有管辖权，一国不得对他国主张立法、司法或行政管辖权，特别是非经他国同意，不得对他国的行为和财产进行审判、扣押或强制执行。(4) 国家享有平等的尊荣权，国家元首、政府首脑、国旗、国徽等不受侮辱。(5) 国家享有平等的位次权，国家在签署条约时实行“轮署制”，或者依商定文字的国名字母顺序签署。各国在国际会议上的位次按照会议所用文字的国名字母顺序排列。

虽然以上传统国际法所确认的国家平等权的内容在近代历史上由于国家实力的不平等而经常遭到破坏，而且现代包括联合国在内的一些国际组织采取的特殊表决形式也成为传统的平等投票权的例外，但是，上述国家平等权的内容在现代国际交往中不仅基本上得到了遵守，而且有一定的发展。国家的平等权包括形式上的平等和事实上的平等两个方面，不能用形式上的平等掩盖事实上的不平等，对于凭借国家实力谋求优势地位的做法应该坚决反对。

（三）自卫权

自卫权（Right of Self-defence），是指国家在遭到外来侵犯时，单独或者与其他国家共同抵抗侵略的权利。《联合国宪章》第 51 条规定，联合国会员国均享有单独或集体自卫的权利。会员国只有在受到实际的武力攻击时才能进行自卫，而且应将其采取的行动立即向安理会报告；会员国的行动不得影响安理会维持国际和平与安全的职能，并且不得与安理会为此采取的行动相抵触。从该条的规定可见，《联合国宪章》在承认会员国自卫权的前提下，在很大程度上把国家的自卫行动纳入了联合国的集体安全保障制度之下。历史上，一些国家以“自卫”为借口侵犯他国独立、主权和领土完整的事例屡见不鲜，这种滥用国家自卫权的做法是现代国际法所坚决反对的。

（四）管辖权

管辖权（Right of Jurisdiction），是指国家依据其主权对特定的人、物和事件进行管理和处置的权利。国家的管辖权依其性质可以分为立法、司法和行政管辖权，其中，司法管辖权包括民事和刑事管辖权。依据管辖的对象，国家的管辖权大致可以分为以下四种类型：

1. 属地管辖权（Territorial Jurisdiction），也称领域管辖权或属地优越权。它是指国家对其领土范围之内的一切不享有特权和豁免的人、物和事件进行管辖的权利。国家行使属地管辖权的依据是国家领土，包括领陆、领海和领空，这些领域内的人、物和发生的事件都处于国家的管辖权之下。例如，外国自然人和法人与居留国自然人和法人一样，必须遵守居留国的法律；外国船舶通过沿海国领海必须遵守沿海国有关无害通过的法律、规章；外国航空器进入和飞经一国领空时，应服从地面国家的监督和管理等。

2. 属人管辖权（National Jurisdiction），也称国籍管辖权或属人优越权。它是指国家对在其领土范围之内和在其领土范围之外的具有本国国籍的人进行管辖的权利。国籍是国家行使属人管辖权的依据。除自然人之外，属人管辖权的对象还包括具有本国国籍的法人、船舶和航空器等。根据属人管辖权，国家有权对本国人在外国的犯罪行为实施管辖。1997 年 3 月 14 日，中国第八届全国人民代表大会第五次会议修订的《中华人民共和国刑法》第 7 条规定：“中华人民共和国公民在中华人民共和国领域外犯本法规定之罪的，适用本法，但是按本法规定的最高刑为三年以下有期徒刑的，可以不予追究。中华人民共和国国家工作人员和军人在中华人民共和国领域外犯本法规定之罪的，适用本法。”国家对本国人在外国的犯罪行为行使属人管辖权往往会与犯罪行为地国的属地管辖权发生抵触。如果遇此情形，双方应协商解决。

3. 保护性管辖权（Protective Jurisdiction）。它是指国家对在该国领土范围以外犯有侵害该国国家及其公民重大利益的罪行的外国人进行管辖的权利。周鲠生教授指出：“国际法并不禁止国家对外国人在国外所作犯罪行为行使管辖权；国家对于在国家领土外外国人所犯罪行是否行使管辖权，以及在什么限度内行使管辖权，一般是各国依国内法自行决定的事。”① 1997 年修订后的《中华人民共和国刑法》第 8 条规定：“外国人在中华人民共和国领域外对中华人民共和国国家或者公民犯罪，而按本法规定的最低刑为三年以上有期徒刑的，可以适用本法，但是按照犯罪地的法律不受处罚的除外。”实践中，由于国家行使保护性管辖权与犯罪行为地国的属地管辖权和犯罪嫌疑人国籍国的属人管辖权都会发生抵触，因此，容易在有关国家之间产生争议，管辖权的行使比较难以实现。

4. 普遍性管辖权（Universal Jurisdiction）。它是指根据国际法，对于普遍地危害

---

① 周鲠生：《国际法》，上册，229 页。

国际和平与安全以及全人类利益的某些特定的国际犯罪行为，各国均有权进行管辖，不论犯罪行为发生在何地以及罪犯具有何国国籍。目前，战争罪、危害和平罪、危害人类罪和海盗罪已被公认为是所有国家行使普遍管辖权的对象；贩卖和使用奴隶、灭绝种族、贩卖人口或为营利强迫卖淫、贩卖麻醉品、进行恐怖主义爆炸、危害国际民用航空安全和海上航行安全、侵害应受国际保护人员、实行种族隔离、劫持人质和施行酷刑等行为也已先后被有关国际公约确定为缔约国合作惩治的罪行。《中华人民共和国刑法》第 9 条规定："对于中华人民共和国缔结或者参加的国际条约所规定的罪行，中华人民共和国在所承担条约义务的范围内行使刑事管辖权的，适用本法。"国家的普遍管辖权只能在本国领土范围内、本国管辖范围内或者不属于任何国家管辖的地区行使。

四、国家主权豁免

国家主权豁免（Sovereign Immunity of State），又称国家管辖豁免。国家主权豁免广义上指国家的行为和财产不受（或免受）他国立法、司法及行政的管辖，但通常仅指不受他国的司法管辖，即非经一国同意，该国的国家行为和财产不得在外国法院被诉，该国在外国的财产也不得被扣押或强制执行。在这种意义上，国家主权豁免也经常被称为国家的司法豁免权。

国家主权豁免是一项确立已久并得到普遍承认的国际习惯法原则。国家主权豁免是从"平等者之间无管辖权"这一重要的罗马法原则引申出来的，是国家平等的必然结果，也完全符合"国家主权平等原则"这一现代国际法的基本原则。为了对国家豁免的主体、范围和内容等问题作出统一的规定，联合国国际法委员会于 1991 年二读通过了《国家及其财产的管辖豁免条款草案》。2004 年 3 月 5 日，联合国举行的特别会议通过了《国家及其财产管辖豁免公约》。不过，对于国家及其财产的管辖豁免中的一些问题，各国仍然存在不同的意见。

虽然国家主权豁免作为一项一般国际法原则得到了世界各国的普遍承认，但是，对于国家豁免的范围和内容却长期存在着绝对豁免主义和限制豁免主义两种对立的理论和实践。绝对豁免主义（Doctrine of Absolute Immunity）从国家主权平等原则出发，强调国家的主权平等和尊严不可侵犯，主张国家的行为和财产不论性质如何，除非国家同意放弃豁免，否则应一律给予豁免。绝对豁免主义的立场早在 19 世纪初即已为英国、美国等国家的司法判例所确定，在 19 世纪末以前一直得到当时几乎所有西方国家的司法实践和学者的支持，第一次世界大战和第二次世界大战之后又相继得到了苏联和东欧国家以及一些发展中国家的理论和实践的肯定。

限制豁免主义（Doctrine of Restrictive Immunity），也称有限豁免主义或相对豁免主义。它强调维护个人和法人的利益，主张把国家行为根据其性质或目的划分为主权（统治权、公法、非商业）行为和非主权（管理权、私法、商业）行为，把国家财产根据其用途分为用于政府事务的财产和用于商业目的的财产，对前者予以豁免，对后者行使管辖。限制豁免的立场首先在 19 世纪末期由比利时和意大利等国家的司法判例所确认，在 20 世纪相继被原先采取绝对豁免主义的几乎所有西方国家和一些发展中国家的立法和司法实践所接受，同时也得到了这些国家的国际法学者的普遍支持。美国曾经长期坚持绝对豁免主义的立场，但是，在 1952 年所谓的“泰特信函”中，美国国务院宣布，作为国务院的未来政策，国务院不再赞成外国政府在其商业交易方面享受豁免的要求。这标志着美国立场的转变。1976 年，美国国会通过《美国外国国家豁免法》(the Foreign State Immunity Act of the United States)，该法第 1605 节第 1 条第 2 款规定，在任何情况下，如果诉讼是以外国在美国进行商业活动为依据的，或者是以与外国在其他地方的商业活动有关的在美国所作的行为为依据的，或者以与外国在其他地方的商业活动有关的在美国以外的行为为依据，而且该行为在美国引起直接效果的，该外国不享有美国法院管辖的豁免。《美国外国国家豁免法》的实施标志着美国正式采取了限制豁免主义的立场。

限制豁免主义的产生和发展不是孤立的现象，而是具有其深刻的社会历史原因的。19 世纪末期以前，国家基本上不参加国际商业活动，国家的行为几乎都是主权行为，位于外国的财产也几乎都是用于政府事务的财产，所以，绝对豁免主义的主张能够得到各国政府的广泛接受。但是，从 19 世纪末开始，国家日益频繁地参与国际商业活动，特别是第二次世界大战以后，国家从事国际贸易、国际投资、国际金融往来等方面的活动更加普遍。在这种情况下，如果发生纠纷时，作为当事人一方的国家若享有管辖豁免，则与其进行商业交易活动的个人或法人就会处于十分不利的地位，这既违反了商业交易中的主体平等原则和公平原则，也不利于国际经济关系的正常发展。正如《奥本海国际法》一书中指出的那样：“采取国家豁免的限制性态度是下述情况所促成的，即：现代国家在经济方面的活动剧增使国家作为贸易者处于比私人贸易者有利的地位的规则成为行不通的规则。”①

不过，虽然限制豁免主义随着国际经济关系的发展已基本形成一种趋势，多数国家也已不再坚持“所有的国家行为和财产都享有豁免”这种意义上的绝对豁免主义，但是，在如何看待不得援引国家豁免的情况的问题上，仍然存在两种不同的观点。一种观点认为，不得援引国家豁免的情况是对国家豁免权的限制，所以，应该把限制豁免作为一项国际法规则来看待；另一种观点则认为国家管辖豁免是国际法的规则，不得援引国家豁免的情况只是这一规则的例外，而且这种例外只有得到国家的明示同意方为有效。为了避免分歧和争论，联合国主持制定的《国家及其财产管辖豁免公约》避开了它究竟是对国家管辖的“限制”还是“例外”的问题，而只是列举了八种情况，称其为“不得援引国家豁免的诉讼”。这八种诉讼是：(1) 国家与外国自然人或法人进行商业交易引起的诉讼，而按国际私法应由另一国法院管辖的；(2) 国家与个人关于雇佣合同的诉讼，而工作是在另一国进行的；(3) 国家对由于其作为或不作为引起的人身伤害或财产损害的诉讼；(4) 国家对财产的所有权、占有和使用的诉讼；(5) 关于知识产权和工业产权的诉讼；(6) 关于国家参加公司或其他集体机构的诉讼；(7) 关于国家拥有或经营的船舶引起的诉讼；(8) 关于国家与外国自然人或法人订立的仲裁协定的效力的诉讼。

国家管辖豁免是一个重要的理论和实践问题，它既直接涉及有关国家的权利、利

① [英] 詹宁斯、瓦茨修订，王铁崖等译：《奥本海国际法》，9 版，第 1 卷，第 1 分册，281 页。

益、义务和责任，又直接涉及与国家进行交易行为的个人和法人的利益，所以，应该由所有有关国家在坚持主权平等原则和考虑国际经济交往中的实际情况和各方利益的基础上通过协商加以解决。其中，有关国家在平等自愿的基础上缔结条约是一种最为合理和有效的途径。实践中，1926 年《统一国有船舶豁免的某些规则的国际公约》和 1972 年《欧洲国家豁免公约》都专门规定了国家豁免问题，而包括 1982 年《联合国海洋法公约》在内的一些国际公约也含有关于国家豁免问题的若干条款。[①] 联合国主持制定的《国家及其财产管辖豁免公约》是在国家豁免问题的编纂方面取得的重要成果，具有广泛的指导意义。不过，由于豁免问题关乎国家的重要利益，因此，要使《国家及其财产管辖豁免公约》为多数国家所接受并非易事。

第二节 国家和政府的承认

一、国家承认

（一）国家承认的概念

国家承认（recognition of state）即对新国家的承认，是指既存国家以某种形式对新国家产生的事实给予确认，并表示愿意与其进行交往的行为。国家承认的前提是新国家的产生。实践中，新国家的产生有以下四种情况：

1. 独立（independence）。特指包括殖民地在内的非自治领土、托管领土及其他附属领土实现独立，建立新的国家。第二次世界大战以后，随着非殖民化运动的发展，大量的原殖民地领土独立成为新的国家。独立是战后新国家产生的最主要形式。

2. 合并（uniting）。指两个或者两个以上的独立国家通过协议合并成为一个新的国家。例如，1990 年 10 月 3 日，德意志民主共和国和德意志联邦共和国正式宣布合并成为一个国家。

3. 分离（separation）。指一个既存国家的一部分或者几部分从其母国分离出去，成为新的国家。1965 年新加坡脱离马来西亚独立和 1971 年 12 月原东巴基斯坦脱离巴基斯坦成立孟加拉国，都属于此种类型。

4. 分裂（disintegration）。指一个既存国家解体，分裂为两个或者两个以上的新国家，原母国不复存在。1991 年苏联的解体和 1992 年南斯拉夫的解体都是因原国家的分裂导致新国家产生的具体事例。

国家承认是既存国家和新国家共同面临的问题，它往往决定新国家作为国际法主体能否有效地与其他国家进行交往，因此，具有重要的意义。

（二）国家承认的条件

一个新国家产生以后，既存国家是否作出对其予以承认的决定，主要是基于政治上的考虑和对外政策的需要。但是，既存国家并没有任意承认新国家的自由。根据现代国际法，国家承认的法律条件有两项：一是“新国家”必须具备“国际法意义上的

① 参见黄进：《国家及其财产豁免问题研究》，15 页，北京，中国政法大学出版社，1987。

国家”的要素，即必须有定居的居民、确定的领土、政府和主权；二是“新国家”的建立必须符合公认的国际法原则，如不使用武力和以武力相威胁的原则、不干涉内政原则和和平解决国际争端原则。1932 年 1 月 7 日，在日本军队占领中国锦州之后，美国国务卿史汀生（Stimson）照会中、日两国政府，声明美国不承认以违反《国际联盟盟约》和《巴黎非战公约》的方式造成的任何情势、条约或协定。照会中所表明的立场，后来被称为“史汀生不承认主义”，它构成了对于外国侵略或以其他非法行为造成的事态，无论是以新国家还是以新政府的面目出现，各国均不得承认其为合法的国际法规则的基础。事实上，在伪“满洲国”成立之后，国际联盟大会于 1933 年 2 月 24 日通过决议，宣布维持并承认满洲的现行制度与现行国际义务的基本原则不相符合。这就肯定，别国对这个违反国际义务造成的傀儡组织给予承认是不合法的。①

第二次世界大战以后，根据《联合国宪章》、《国际法原则宣言》、《关于侵略定义的决议》、《国家权利和义务宣言草案》等文件的规定或其体现的精神，既存国家对于非法使用武力或武力威胁或以其他非法方式所建立的新国家，负有不予承认的义务。实践中，在英国殖民地南罗得西亚政府于 1965 年 11 月 11 日宣布罗得西亚为独立国家后，联合国安全理事会于次日通过决议，要求“所有国家不承认这个非法的种族主义少数政权”。1976 年，南非宣布建立特兰斯凯为独立国家。联合国大会通过决议，认为这种独立是伪装的，南非的行为是其种族隔离政策的一个方面；特兰斯凯的独立是无效的，各国政府“对所谓独立的特兰斯凯不应给予任何形式的承认”。大会的决议同时也得到了安理会的赞同。②

某个新国家是否具备了现代国际法要求的承认的条件，原则上由既存国家根据有关事实和法律规则自行判断。如果认为该新国家已经具备承认的条件，既存国家一般可以根据自己的对外政策和实际需要决定是否承认以及何时承认。但是，不适当的过急承认或过迟承认，特别是涉及对因分离而产生的新国家的过急承认，有时会招致有关国家的指责或抗议。虽然决定何时承认新国家是既存国家的权利，从而使得这样的指责或抗议缺乏严格的法律依据，但是，既存国家还是应该尽力避免使承认在客观上产生干涉有关国家内政的效果。

（三）国家承认的性质

关于国家承认的性质，国际法学者之间长期存在着所谓“构成说”和“宣告说”两种不同的主张。“构成说”认为，新国家只有经过既存国家的承认，才能成为国际法主体，既存国家的承认对新国家的存在及其国际人格具有构成或创设的作用。例如，奥本海等人认为，承认是一国作为国际大家庭的成员、成为国际人格者的条件。凯尔逊也明确主张承认是某一实体成为国际法意义上的国家的前提。19 世纪后期以来，“构成说”在欧洲国际法学界一度十分盛行。这种学说主要反映了近代西方大国的立场和实践，使能否得到既存国家的承认成为新国家能否成为国际法主体的必要条件，这显然不符合新独立国家的利益，因此，在现代国际实践中未能得到有效的支持。③

① 参见周鲠生：《国际法》，上册，110～111 页。

② 参见［英］詹宁斯、瓦茨修订，王铁崖等译：《奥本海国际法》，9 版，第 1 卷，第 1 分册，125～126 页。

③ 参见周鲠生：《国际法》，上册，121～123 页。

"宣告说"主张新国家的国际法主体资格取决于其成为国家的事实，不依赖于既存国家的承认，既存国家的承认只是确认新国家的存在并表示愿意视其为国际法主体进行交往的宣告性行为。"宣告说"经美国国际法学家惠顿于19世纪上半叶提出后，得到了近代和现代国际法学者的广泛支持。由于这种学说符合新独立国家的利益，所以基本上也为现代国际实践所肯定。

现代国际法理论和实践表明，某一实体只要实际具备了国际法上国家承认的条件，它就自然作为国际法意义上的国家而存在，承受国家的基本权利和义务，同时具有与他国进行正常交往的权利能力，因此，某一新国家的存在以及由于其存在而产生的法律效果并不因一国或数国拒绝承认而受到影响。不过，由于现代国际社会的组织化程度还比较低，双边关系仍然是国家进行国际交往的主要方面，所以，新国家取得既存国家的承认是其有效和广泛地进行国际交往和与其他国家建立正常关系的前提。

（四）国家承认的方式

对于国家承认的方式，国际法没有统一和明确的要求。国家承认的方式按照不同的标准划分具有多样性。根据承认的表示方式可以分为明示承认和默示承认；根据承认所产生的不同法律效果可以分为法律承认和事实承认；根据承认是由一国单独作出还是数国共同作出可以分为单独承认和集体承认。此外，以承认国在承认时是否附加某些条件为标准，还可以把承认分为有条件的承认和无条件的承认。由于后两种分类方法比较简单、明了，所以，下面主要对前两种分类方法作进一步的说明。

1. 明示承认与默示承认。明示承认是指既存国家以明确的语言文字表达承认意思的承认。在国际实践中，既存国家一般通过单方面发表宣言或声明，向新国家致送外交照会或函电，或者与新国家共同发表联合公报、声明或缔结条约等方式明确表示对新国家的承认。明示承认的方式明确、快捷，所以，在国家承认中被广泛采用。

默示承认是指既存国家以某种能够说明其承认意向的实际行动向新国家间接表示的承认。既存国家同意与新国家建立外交关系、缔结政治性的双边条约、正式接受新国家派驻本国的领事或者投票赞成新国家加入政府间国际组织等行为一般被认为构成对新国家的默示承认。但是，既存国家与新国家共同参加某一国际条约或国际会议，同为某一国际组织的成员国或者就某些具体事务进行临时性的外交接触，如果没有明确表示承认的意思，其事实本身不构成对新国家的默示承认。①

2. 法律承认与事实承认。法律承认又称正式承认，是指既存国家给予新国家的完全的、永久的和不可撤销的正式承认。这种承认一般适用于既存国家认为新国家完全具备了国家承认的法律条件，并且愿意与其进行全面交往的情形。法律承认具有永久和不可撤销的性质，即使以后两国断绝外交关系，也不意味着承认的撤销。

事实的承认是指既存国家给予新国家的不完全的、有限的、临时的和可以撤销的非正式承认。如果既存国家认为新国家虽然具备了国家承认的条件，但出于政治上的考虑不愿意立即给予法律承认，只希望在经济、贸易、文化、科学和居民往来等有限的范围内与其进行往来，则可以给予事实上的承认。事实承认是临时的和可以撤销的，一般由既存国家以声明或照会等文件表示。在条件成熟后，事实承认往往可以过渡到

① 参见王铁崖主编：《国际法》，107页，北京，法律出版社，1981。

法律承认。

（五）国家承认的效果

一般认为，承认一经作出，即意味着既存国家接受新国家作为国际社会成员存在的事实，承认它作为一个国家所具有的法律权利能力和行为能力。法律承认会产生以下一系列法律效果：

1. 为两国建立外交和领事关系奠定基础。承认的作出意味着承认国愿意与被承认国进行国际交往，双方可以在此基础上经过谈判建立外交和领事关系。不过，虽然承认是建交的前提，但双方是否能够最终建立外交和领事关系主要取决于双方，特别是被承认国的政治立场和外交政策。

2. 双方可以缔结政治、经济、军事等各方面的条约或协定。

3. 承认国承认被承认国法律、法令的效力及其司法和行政管辖权的有效性。

4. 承认国承认被承认国的国家行为和财产在本国享有管辖豁免权；承认被承认国有权以原告身份在本国法庭提起诉讼。

根据国际实践，一般认为承认具有溯及的效果，因此，被承认国自成立之日到获得承认之日所实施的行为和取得的财产从获得承认之日起享有承认国的管辖豁免，其在此期间所颁布的法律、法令和实施的符合国际法的国家内部行为的效力也应为承认国有关机关所承认。①

事实承认的效果主要包括承认国承认被承认国立法、司法和行政行为的效力；承认被承认国的国家行为和财产在承认国享有管辖豁免；双方进行经济、贸易及文化科学等方面的往来并缔结有关协定；双方可以相互设立代表机构，处理商务及侨务方面的问题。由于事实承认的效果不涉及双方政治和军事等方面的关系，所以，不像法律承认的效果那样广泛。

二、政府承认

（一）政府承认的概念

政府承认（recognition of government）即为对新政府的承认，是指一国承认他国的新政府具有代表其本国的正式资格，并表示愿意与其建立或继续保持正常关系的行为。政府承认和国家承认一样，都是受国际法制约并能产生一定效果的国家行为，但由于政府承认与国家承认的对象不同，所以，承认的条件、方式和效果都有一定的区别。

政府承认的前提是一国发生政府更迭，而政府的更迭包括两种情况，即符合宪法程序的政府更迭和不符合宪法程序的政府更迭。在根据宪法程序发生政府更迭时，旧政府向新政府和平地移交权力，一般不发生承认问题。但是，在社会革命和以政变或内战等违反宪法程序的方式导致政府更迭的情况下，由于新政府与旧政府的性质、立场以及对外政策可能会有本质的差别，因此，其他国家就有必要根据本国的利益作出判断，决定是否以及何时对新政府给予承认。②

① 参见王铁崖主编：《国际法》，107～108页，北京，法律出版社，1981。

② 参见王铁崖主编：《国际法》，83页，北京，法律出版社，1995。

（二）政府承认的条件

关于政府承认的条件，传统国际法理论和各国的实践并不统一。瑞士著名国际法学家瓦特尔在18世纪中期主张，新政府只要在本国建立了有效和自主的权力，就可以得到其他国家的承认。19世纪初，欧洲“神圣同盟”的参加国则提出了所谓的“正统主义”，主张以不符合王朝法统的方式建立的新政府不能得到承认。此后，1907年和1913年，厄瓜多尔外交部长托巴（Tobar）和美国总统威尔逊（Wilson）提出了拒绝承认“违反本国宪法取得权力的政府”的主张，通称为“托巴主义”和“威尔逊主义”，其实质与“正统主义”相同。此外，美国和其他一些国家还曾经把新政府具有遵守国际义务的意愿和能力作为政府承认的条件之一。

根据现代国际法的理论和实践，政府承认的条件有两项：一是新政府必须在该国的全部或者大部分领土上独立和实际地建立了有效的统治，并且得到了该国全体或者大部分居民的惯常服从；二是新政府的建立必须符合公认的国际法原则。如果新政府的建立是外国侵略或干涉的产物，则即使其符合“有效统治”的条件，其他国家也不得予以承认。例如，对于1979年苏联在侵占阿富汗以后扶植的“卡尔迈勒政府”和“纳吉布拉政府”，世界上绝大多数国家一直拒绝承认。至于一国内部在没有外来侵略或干涉的情况下产生的新政府，即使不符合其本国宪法的程序，其他国家一般也应予以尊重，在其满足了“有效统治”条件的情况下予以承认。不过，这一方面的国际实践并非十分一致。

（三）政府承认的方式和效果

政府承认的方式与国家承认的方式基本相同。由于因非宪法程序发生的政府变更比新国家的产生更为频繁，而且政府承认比国家承认更为复杂和敏感，因此，实践中，国家在承认新政府时更多地采用默示承认和事实承认的方式。1930年9月27日，墨西哥外交部长艾斯特拉达（Estrada）在一项声明中宣称：鉴于承认的给予是一项侮辱性的实践，意味着对外国内政的判断，墨西哥今后只限于继续保持或不保持与外国政府的关系，而不宣布对这些政府合法与否的判断。这就是所谓的“艾斯特拉达主义”，它表明了政府承认中默示承认的立场，并在后来为许多国家所接受。继续保持与外国新政府的外交关系成为今天政府承认中一种常见的默示承认的方法。

虽然政府的更迭一般不会影响该国的国际人格及其根据国际法承受的权利义务，但政府承认仍会产生重大效果。一般认为，政府承认的法律效果与国家承认基本相似。同时，一国对他国新政府的承认意味着撤销对被新政府所取代的旧政府的承认，旧政府不再具有代表其国家的合法资格，承认国也不得继续与其发展官方关系。

三、中国与国际法上的承认

（一）对中华人民共和国的承认

1949年，中华人民共和国成立之后，相继得到了世界上大多数国家的承认。这些国家在作出承认决定时，有的宣布承认“中华人民共和国中央人民政府”，有的宣布承认“中华人民共和国”，等等。从国际法的角度来看，对中华人民共和国的承认是对新政府的承认，而不是对新国家的承认，所以，应该适用政府承认的规则，因为“中华人民共和国中央人民政府”取代了“中华民国政府”，“中华民国”改名为“中华人民共和国”，并不影响中国国际法主体资格的延续。

鉴于中国目前尚未完全统一以及一些国家企图与中华人民共和国和中国台湾同时保持官方关系的情况，中华人民共和国中央人民政府坚持外国政府在作出承认决定时，必须承认“中华人民共和国中央人民政府是中国的唯一合法政府”，必须与“台湾方面”断绝一切官方关系的原则，坚决反对任何制造“两个中国”或者支持“台独”的活动。

(二) 中国对外国和外国政府的承认

中国一贯坚持在符合国家和政府承认的条件的前提下，对新国家和新政府适时给予承认。实践中，中国对于以独立、自愿合并、和平分离或解体的方式产生的新国家和基于有关国家人民的意志产生的新政府均及时给予无条件的正式承认；对于以非和平方式分离或解体产生的新国家则采取慎重态度；对于公然违反国际法原则建立的“新国家”或“新政府”，中国政府出于维护国际法律秩序和国际正义的立场，拒绝给予承认。

第三节 国家和政府的继承

一、国家继承

(一) 国家继承的概念

国家继承（succession of state），是指由于领土变更的事实引起的一国在国际法上的权利和义务被另一国所取代而发生的法律关系。在国家继承中，其权利和义务被取代的国家为被继承国；取代前者权利和义务的国家为继承国。

由上述概念可知，国家继承与国家领土变更有密切的联系，国家领土的变更是发生国家继承的前提。从国际实践来看，国家领土的变更大致有以下五种情形：(1) 部分领土转移，即一国的部分领土转移给他国，具体形式包括买卖、割让、交换等；(2) 合并，即两个或两个以上国家合并为一个新国家；(3) 分离，即一国的一部分或几部分领土分离出去成为新国家；(4) 分裂，即一国分裂为两个或两个以上新国家，原来的国家不复存在；(5) 独立，是指包括殖民地在内的非自治领土或附属领土独立成为新国家。在部分领土转移、分离和独立等部分领土变更的情况下，被继承国继续存在，只是其对原属本国的部分领土的权利和义务由继承国所取代，因而只发生国家的部分继承；在国家合并和分裂等全部领土变更的情况下，被继承国往往不复存在，其对原先全部领土的权利和义务完全由继承国所取代，因而发生国家的全部继承。

国家继承的对象是国际法上的权利和义务，而不是国家所固有的基本权利和义务。国家的基本权利和义务随着国家的产生而产生，也随着国家的消灭而消灭，它不可能被转移，因而也不可能为别国所继承，所以，国家继承的对象只能是由国家的基本权利和义务所派生的，并与变更领土有关联的特定的权利和义务。这种权利和义务可以分为两大类，即由条约引起的权利和义务以及条约以外的权利和义务。因此，国家的继承也可以分为条约方面的继承和条约以外事项的继承。[1] 条约以外事项主要包括国家财产、国家债务、国家档案、国家在国际组织中的会员资格等。

到目前为止，国际法上尚不存在普遍适用于国家继承的各种不同情况和不同继承对象的统一的国际条约。1978 年 8 月 23 日和 1983 年 4 月 8 日，各国代表在维也纳分别通过了《关于国家在条约方面的继承的维也纳公约》和《关于国家在财产、档案和债务方面的继承的维也纳公约》，前一公约已于 1996 年 11 月 6 日生效；而后一公约至今尚未生效。由于两公约是联合国国际法委员会在总结各国实践的基础上起草的，它们对条约、国家财产、债务和档案方面的继承分别作出了明确的规定，因而具有重要的指导意义。

（二）条约方面的继承

在国际法上，条约的继承实际上是指在国家领土发生变更时，被继承国参加的国际条约是否对继承国继续有效的问题，亦即继承国是否承受根据被继承国参加的国际条约所产生的权利义务的问题。由于国家继承发生的情况以及条约的性质不同，所以，条约的继承比较复杂。根据 1978 年《关于国家在条约方面的继承的维也纳公约》的规定，与领土有关的“非人身条约”，如边界条约、管理边界河流或湖泊的条约、有关国际河流或国际水道的使用和涉及国家领土通过权的条约等，原则上不受国家继承的影响，继承国应自继承发生之日起受其拘束。因为此类条约旨在确立一种稳定的状态，或者涉及他国对有关领土的利用，但均依附于有关领土而存在，继承国应予维持。不过，这并不妨碍继承国以后依据条约法的有关规则主张修改或者终止此类条约。对于被继承国参加的纯属政治性的条约，即所谓的“人身条约”，如和平友好条约、同盟互助条约、共同防御条约以及仲裁条约等，继承国一般不予继承。至于其他条约，根据 1978 年《关于国家在条约方面的继承的维也纳公约》的规定，按照领土变更的不同情况，分别适用以下不同的规则：

1. 部分领土转移。当被继承国的部分领土转移给继承国成为继承国领土的一部分时，被继承国参加的条约自继承发生之日起对所涉领土停止生效，继承国参加的条约同时对该领土生效，除非有关条约对该领土的适用不符合条约的目的和宗旨，或者将根本改变实施条约的条件。

2. 合并。国家合并时，在继承发生之日对任一被继承国有效的条约继续对继承国有效，但原则上只适用于该条约在继承发生之日对之有效的那一部分继承国领土。

3. 分离或分裂。在国家发生分离或分裂时，无论被继承国是否继续存在，原来对被继承国全部领土有效的条约，继续对其所有的继承国有效，而在继承发生之日只对成为某一继承国的那一部分被继承国领土有效的条约，原则上仍只对该继承国有效，除非继承国与其他当事国另有协议，或者有关条约对继承国的适用不符合条约的目的和宗旨或将根本改变实施条约的条件。

4. 独立。当殖民地及其他附属领土独立时，适用所谓的“白板原则”（clean slate principle），即对于被继承国参加的、在继承发生之日对继承所涉领土有效的任何条约，新独立国家（继承国）没有义务维持其效力或成为其当事国，但有权选择成为其当事

① 参见王铁崖主编：《国际法》，110 页，北京，法律出版社，1981。

国。对于一般的多边条约，新独立国家可以发出继承通知，确立其作为该条约当事国的地位；对于需经全体当事国同意方可参加的多边条约，新独立国家只有获得此种同意后才能成为其当事国。至于双边条约，只有经另一当事国与新独立国家明示或默示同意，才能在双方之间发生效力。

在国际实践中，被继承国和新独立国家经常签订“移交协定”（devolution agreement），规定被继承国根据继承发生之日对继承所涉领土有效的条约所承受的权利和义务移交给新独立国家，也有一些新独立国家采取单方声明的方式，指出此类条约对其领土继续有效。不论这些协定或声明是否基于继承国的自愿，它们对有关条约的其他当事国并无拘束力，新独立国家原则上不能因此而自然成为有关条约的当事国。

（三）国家财产方面的继承

国家继承中的国家财产（state property），是指在继承发生时，根据被继承国的国内法为该国所拥有的财产、权利和利益。国家财产分为动产和不动产。国家继承一般导致被继承国的财产无偿转移给继承国，从而引起被继承国对有关财产权利的消灭和继承国对有关财产权利的产生。根据 1983 年《关于国家在财产、档案和债务方面的继承的维也纳公约》的规定，国家财产继承的具体规则如下：

1. 部分领土转移。被继承国的部分领土转移给继承国时，财产的转属问题由双方协议解决；如果无协议，则位于继承所涉领土内的被继承国的不动产应转属继承国（即不动产随领土转移原则）；与被继承国对继承所涉领土的活动有关的被继承国的动产也应转属继承国（即领土实际生存原则）。

2. 合并。国家合并时，被继承国的动产和不动产全部转属继承国。

3. 分离或分裂。在国家分离或分裂的情况下，国家财产的继承应由继承国和被继承国或各继承国以协议解决；如果无协议，应适用不动产随领土转移原则和领土实际生存原则。此外，与继承所涉领土的活动无关的被继承国领土以外的被继承国的不动产应转属其中的一个继承国，但该国须对其他继承国作出公平的补偿。

4. 独立。殖民地或者其他附属领土独立时，位于继承所涉领土上的被继承国的动产、不动产应全部转属新独立国家。此外，为体现公平原则，原来属于继承所涉领土所有但在领土附属期间成为被继承国财产的国家动产应转属新国家；附属领土曾为其创造作出过贡献的被继承国的其他动产也应按贡献的比例转属新独立国家。如果被继承国和继承国订有协议，则不得违反“各国人民对其财富和自然资源享有永久主权”的原则。

（四）国家债务方面的继承

国家继承中的国家债务（state debt），是指被继承国对另一国家、某一国际组织或其他国际法主体所负的财政义务。国家债务的继承意味着被继承国不再承担继承所涉的财政义务，继承国则开始承担这种义务。实践中，国家债务包括以国家名义承担并用于整个国家的债务，即“国债”（national debt），以及虽以国家名义承担但仅用于该国某一部分领土的债务，即“地方化债务”（localized debt）。至于地方政府以其自身名义承担的债务，即“地方债务”（local debt），不属于国家债务的范围，原则上不受国家继承的影响。此外，被继承国为战争目的承担的债务（战争债务）以及被继承国为实现与继承国的根本利益相违背的目的所承担的“恶债”（malicious debt），原则上不应转属继承国。

1983 年《关于国家在财产、档案和债务方面的继承的维也纳公约》规定了国家债务继承的具体规则。在部分领土转移、分离或分裂的情况下，债务继承的问题应根据继承国和被继承国之间或全体继承国之间的协议解决；如果没有协议，则应在考虑有关债务与继承所涉领土的关系以及与继承国继承的国家财产之间的联系等情况的基础上，将有关国家债务按公平比例转属继承国。当国家合并时，被继承国的债务与其财产应一并转移给继承国。在殖民地及其他附属领土独立的情况下，被继承国的国家债务原则上不应转属继承国，如果双方订立债务转移协议，则此等协议不应违反各国人民对其财富和自然资源享有永久主权的原则，其执行不应危害继承国的经济平衡和发展，而且协议涉及的债务原则上须与被继承国在继承所涉领土内的活动有关，并与继承国继承的国家财产有联系。

（五）国家档案方面的继承

国家继承中的国家档案（state archives）是指属于被继承国所有并由其收藏的记载本国各方面情况的一切文件材料。国家档案继承要解决的是被继承国的档案如何转属继承国的问题。按照 1983 年《关于国家在财产、档案和债务方面的继承的维也纳公约》的规定和有关国家的实践，国家合并时，被继承国的国家档案全部转属继承国；在部分领土转移、分离或分裂的情况下，国家档案的继承由有关被继承国与继承国或者在全体继承国之间协议解决，如果没有协议，则与继承所涉领土的行政管理及其他方面有关的国家档案应转属继承国；殖民地及其他附属领土独立时，与该领土的行政管理有关的和其他与该领土有主要关系的国家档案应转属新独立国家，在领土附属期间成为被继承国国家档案的附属领土的文件材料，应归还新独立国家。此外，被继承国与新独立国家签订的有关国家档案继承的协定，不应损害新独立国家的人民取得历史资料和文化遗产的权利。

二、政府继承

政府继承（succession of government）是指由政府更迭引起的一国的旧政府在国际法上的权利和义务转移给新政府所发生的法律关系。政府继承的实质是新政府是否或者在何种程度上继承旧政府在国际法上的权利和义务的问题。政府继承的前提是既存国家内部发生政府变更。但是，并非所有的政府变更都发生这种权利和义务的转移，只有在新政府以非宪法程序取得政权并选择了与原政府完全不同的社会制度时，才发生政府继承问题。[1]

关于政府继承问题，国际法尚没有形成明确、统一的规则，有关理论和实践也不一致。一些学者认为，由于一国内部发生的政府更迭并不影响该国在国际法上的地位，为保持国家在国际法上权利义务的连续性和国际法律秩序的稳定性，新政府应该继续受旧政府所承受的权利义务的拘束。这种主张有一定的道理，而且在国际实践中，根据宪法程序产生的新政府以及多数以非宪法程序成立的新政府也确实是这样做的。但

① 参见王铁崖主编：《国际法》，95 页，北京，法律出版社，1995。

是，如果以非宪法程序产生的新政府的性质与旧政府有根本的区别，新政府应有权根据旧政府承受的权利义务的性质以及自己的利益和政策决定对有关权利义务的态度。1917年俄国十月革命后建立的苏维埃政府和1949年建立的中华人民共和国中央人民政府均明确地采取了这一立场，它们的实践对于研究政府继承具有重要的参考价值。

三、中国与国际法上的继承

1949年中华人民共和国中央人民政府宣告成立以后，它正式取代了原中华民国政府代表中国的资格，实现了政府继承。对于前政府承受的有关权利义务，中华人民共和国政府视其性质和内容予以区别对待。

（一）关于条约继承的立场和实践

1949年《中华人民共和国政治协商会议共同纲领》第55条规定："对于国民党政府与外国政府所订立的各项条约和协定，中华人民共和国中央人民政府应加以审查，按其内容，分别予以承认，或废除，或修改，或重订。"这一原则立场同样适用于国民党政府承认的以前历届中国政府订立的条约。按照上述规定，对于任何旧条约，作为缔约一方的外国政府在未经中华人民共和国政府承认其继续有效的情况下，不得据此向中国政府提出任何权利或主张。实践中，对于国民党政府缔结或承认的条约，中华人民共和国政府采取了不同的处理办法。对一些专门性、技术性或人道主义性质的国际公约予以正式承认；对联合国及其某些专门机构的组织约章，一般以要求取代国民党政府代表权的方式予以默示承认；对在平等基础上签订的条约，原则上予以承认和尊重；而对于一切不平等条约，特别是有关领土和边界的条约，一般通过与有关国家谈判并另订新约予以废除或取代。

（二）关于财产继承的立场与实践

中华人民共和国政府主张，自中华人民共和国政府成立之日起，原属国民党政府所有的一切财产，无论是动产还是不动产，也无论其是否位于中国境内，以及财产所在地国政府是否承认了中华人民共和国政府，一律自动转属中华人民共和国政府。1949年12月中华人民共和国政府关于"中国航空公司"和"中央航空公司"在香港资产问题的声明、1950年中国交通部关于中国在香港和新加坡的商船产权的声明和同年10月中国人民银行关于中国在国际复兴开发银行的财产及权益问题向该行致送的函电均表明了上述立场。此外，中华人民共和国政府在1950年的"两航公司案"、"中央银行案"和20世纪70年代至80年代的"光华寮案"中均为维护自己在财产继承问题上的立场与有关国家进行了严正的交涉。

（三）关于债务继承的立场和实践

中华人民共和国政府对于国民党政府及此前历届政府所负担的战争债务和为了镇压国内革命运动向外国请求援助而承担的"恶债"一律不予以承认，中国政府的这一立场在1979年"湖广铁路债券案"的声明中得到充分体现。[①] 对旧政府在平等基础上负担的合法债务，中华人民共和国政府通过与有关国家友好协商进行清理，以得到公

① 参见王铁崖、陈体强主编：《中国国际法年刊（1984）》，482～483页，北京，中国对外翻译出版公司，1984。

平、合理的解决。例如，1987 年 6 月 5 日，中国政府与英国政府签订《关于解决历史遗留的相互资产要求的协定》。在协定中，英国政府承诺不支持任何对 1949 年 10 月 1 日以前中国历届旧政府所举借的，包括它们所发行或担保的债券在内的旧外债的索偿要求，以及其他历史遗留的资产要求；中国政府则同意为解决债务问题向英国政府支付一定数额的款项，从而圆满地解决了两国之间长期悬而未决的债务问题。

（四）关于国际组织代表权继承的立场和实践

中国政府一贯主张，中华人民共和国中央人民政府是中国的唯一合法政府，中国在国际组织中的代表权必须由中央政府行使，国民党政府不再具有代表中国的合法资格。中华人民共和国政府曾先后致电联合国、联合国各专门机构和其他国际组织，说明了上述原则立场，同时宣布国民党政府退出有关专门性国际组织的决定为“非法”和“无效”。1971 年 10 月 25 日，第二十六届联合国大会通过决议，决定恢复中华人民共和国在联合国组织中的一切权利，并把台湾当局的代表从联合国及其所属的一切机构中驱逐出去。之后，中华人民共和国政府正式恢复了在联合国及其专门机构中的代表中国的权利。

第四节　国家责任

一、国家责任的概念

国际法上的国家责任（state responsibility），是指国家对其国际不法行为（internationally wrongful act）所应承担的国际法律责任。国家是国际社会具有主权的平等成员，国家之间的关系是以对等的权利义务为基础的，因此，在一个国家违反了自己承担的国际义务，构成国际不法行为时，就应该承担相应的法律责任。国家责任制度的实施对于纠正有关国家的不法行为，维护正常的国际法律秩序，树立正确的国家行为规范和使受害国的利益得到合理补偿都起着十分重要的作用。

任何国家均应对其国际不法行为承担一定的责任，这是久已确立的一项习惯国际法规则。但是，对于国家责任的构成条件、内容、形式及其执行等问题，国际法上长期未能形成统一和明确的规则，有关的理论和实践也不尽相同。1948 年联合国国际法委员会成立之后，即把国家责任问题列入其编纂的议题。1953 年联合国大会通过决议，要求国际法委员会尽快开始对国家责任的国际法原则的编纂。经过长期的工作，国际法委员会在 1996 年第四十八届会议上一读通过了《关于国家责任的条文草案》的全部条款，由联合国秘书长提交各国政府发表评论。该条文草案由 3 个部分共 60 项条款组成，分别规定了国家责任的起源、国家责任的内容、形式、程度和争端解决等方面的问题。条文草案对国家责任制度的理论和实践作了全面、系统的总结，但其中有关国际罪行、对抗措施和争端解决等方面的规定，在包括国际法委员会在内的国际法学者和各国政府之间引起了广泛的争议。2000 年 8 月 11 日，在有关国家政府发表的评论意见的基础上，国际法委员会的起草委员会暂时二读通过了新的《关于国家责任的条文草案》。新的条文草案分为 4 个部分，共有 59 项条款，对一读通过的条文草案的内容作了较大的调整，删除了诸如国际罪行等争议较大的提法。2001年11月，国际法委员会第五十三届会议通过了起草委员会二读通过的条文草案。随后该条文草案被提交联合国大会法律委员会，由其以公约草案或者宣言的形式予以通过。虽然《关于国家责任的条文草案》要作为国际公约正式生效尚需时日，但其规定对于了解和研究国家责任制度无疑具有重要的指导意义。

二、国家责任的基础

《奥本海国际法》指出："国家的国际责任的基础是经常讨论的题目。有人说这种责任基本上属于违法的过失，并以过失为基础。要确定一个国家违反国际义务，首先该国方面要有故意或过失的行为。也有人说这种责任是严格责任或客观责任，单凭行为和结果就可确定违反义务的行为。"[①]

从以上论述可见，关于国家责任的基础，国际法理论中存在"过失责任说"（fault responsibility）和"客观责任说"（objective responsibitity）两种不同的主张。过失责任说认为，只有实施了可归因于自己的不法行为的国家具有故意或过失，国家才对其行为造成的任何损害承担责任。[②] 而客观责任说则主张，只要违反国际义务的行为是任何国家机关实施的，从违反国际义务的事实本身及其行为的后果即可确定有关国家的国际责任。[③]

格老秀斯最早将"过失理论"（conception of fault）引入国家责任制度。[④] 此后，"无过失即无责任"的"过失责任说"长期以来在国家责任领域具有重要的影响。但是，鉴于国际法发展的现状和国家行为的特点，有时，判断国家行为的行为人是否有故意或者过失是十分困难的。国家的行为都要通过具体的部门或个人加以实施。行为者个人的主观状态同国际法中所判断的国家的主观要素不能完全等同，换言之，个人的过失并不当然构成国家的过失行为。[⑤] 为了避免将国家有无过失作为确定国家责任的标准，使国际不法行为的行为国以不存在故意或过失作为规避责任的借口，在一般情况下，以国家的行为是否违反其负担的有效国际义务作为确定国家责任的基础是合理的。联合国国际法委员会起草的《关于国家责任的条文草案》也没有把存在"过失"作为国家承担责任的一项条件，只是规定国家的国际不法行为产生国家责任。

三、国际不法行为的构成要件

国家实施国际不法行为是其承担国家责任的基本前提，而某一行为构成国际不法行为需要具备主观和客观两个方面的要件。

（一）国际不法行为的主观要件

国际不法行为的主观要件是指某一行为根据国际法的规定可以归因于特定国家而

---

① ［英］詹宁斯、瓦茨修订，王铁崖等译：《奥本海国际法》，9版，第1卷，第1分册，406页。

② See Malcolm N. Shaw, *International Law*, 4th edition, p. 546 (1997).

③ See Ian Brawnlie, *System of the Law of Nations: State Responsibility*, p. 38 (1983).

④ See Ian Brawnlie, *System of the Law of Nations: State Responsibility*, p. 41 (1983).

⑤ 参见王铁崖主编：《国际法》，141页，北京，法律出版社，1995。

成为该国家的行为。根据2001年《关于国家责任的条文草案》的规定，可以归因于国家的行为包括以下七种类型：

1. 任何国家机关的行为。任何国家机关行使其国内法赋予的职权的行为，根据国际法均应被视为该国国家的行为，而不论其属于立法、司法或行政机关，不论其执行国内或国际职务，也不论其处于上级或下级地位。此外，此类机关包括依该国国内法具有国家机关地位的个人和实体。

2. 行使政府权力要素的个人或实体的行为。虽非上述国家机关，但经该国法律授权行使政府权力要素的个人或实体的行为，应被视为国际法所指的国家行为。

3. 受国家指挥或控制的行为。如果一个人或者一群人实际上是在按照国家的指示或在其指挥或控制下行事，其行为应视为该国的行为。

4. 正式当局不存在或缺席时实施的行为。如果一个人或一群人在正式当局不存在或缺席而需要行使政府权力要素的情况下，实际上正在行使这种权力，则其行为应视为该国的行为。

5. 另一国交由一国支配的机关的行为。由另一国交由一国支配的机关，若为行使支配国的国家权力而行事，则其行为依国际法应视为支配国的行为。

6. 成为一国新政府或者组成一个新国家的叛乱运动的机关的行为。

7. 经一国确认并作为其自身行为的其他行为。

根据国际法，并非代表国家行事的一个人或一群人的行为、另一国在一国境内的机关行使其自身职权的行为和在一国领土或其管理的其他地区由尚未成为该国新政府或组成新国家的叛乱运动的机关的行为，不应视为有关个人或领土所属国的国家行为。不过，这并不妨碍与这些行为有关的任何其他行为被视为有关国家的行为。例如，一国私人侵害他国或他国公民利益的行为不应被视为其本国的行为，但如果其本国有关机关对这种行为事先疏于防范，事后不予以惩处，甚至给予某种鼓励或支持，则有关机关的行为应被视为其本国的行为。

（二）国际不法行为的客观要件

国际不法行为的客观要件是指可以归因于一国的行为违反了该国承担的有效的国际义务。违反国家承担的有效国际义务的行为包括作为和不作为，前者指国家以积极的行为直接地破坏了国际法的规定；后者指国家以消极的不行为未有效地履行自己承担的国际义务。这两种情况都构成国际不法行为，国家应承担由此产生的国际责任。

国家违反其承担的任何有效国际义务的行为均属国际不法行为，但在实践中，国家负担的国际义务十分复杂：从义务的来源来讲，有源于一般国际法强行规范的义务，也有源于其他国际法规范的义务；从义务的对象来讲，有对一国或数国所负的义务，也有对国际社会整体所负的义务。由于所违反的义务不同，国际不法行为的性质也有区别。联合国国际法委员会于1996年一读通过的《关于国家责任的条文草案》将国际不法行为依其性质分为“国际罪行”（international crime）和“国际侵权行为”（international delict），或称“一般国际不法行为”。按照《关于国家责任的条文草案》第19条的规定，严重违背关于保护国际社会的根本利益至关重要的国际义务且被整个国际社会公认为犯罪的国际不法行为构成国际罪行。国际罪行涉及严重违背对于维持国际和平与安全、维护各国人民的自决权利、保护人类及维护和保全人类环境具有根本重要性的国际义务的行为，如武装侵略、以武力建立或维持殖民地、建立或维持奴隶制度、实施种族灭绝、种族隔离或大规模污染空气和海洋等。国际罪行以外的违背一般国际义务的行为属于国际侵权行为。由于一些国家的政府和部分学者对“国际罪行”的提法表示异议，因此，国际法委员会在2001年通过的草案中删除了“国际罪行”一词，而代之以“严重违反依一般国际法强行规范所承担的义务”的行为，并且规定了违反此类义务的特定后果。无论提法如何，国际不法行为依其所违反的义务而具有不同的性质却是不争的事实。

一项国际不法行为可能由一国单独实施，也可能由一国与其他国家共同实施。在一国援助、协助、指挥、控制或胁迫另一国实施国际不法行为的情况下，它们应分别或共同为自己的不法行为承担国家责任。

四、国家行为不法性的排除

国家违反其负担的有效国际义务的行为原则上属于该国的国际不法行为。但在某些情况下，如果根据国际法，一国违反国际义务的行为的不法性可以被排除，则该行为不应被视为该国的国际不法行为。按照2001年《关于国家责任的条文草案》，排除国家行为不法性的情况有以下六种：

（一）同意（consent）

同意是指如果一国在另一国有效同意的范围内实施了违背其国际义务的行为，则其不法性应予以排除，该行为国亦不需因此而承担国际责任。但是，作出此类同意决定的必须是一国的合法政府；同意必须是国家自由意志的表示，不得有强迫或欺诈的因素；同意的决定必须是在行为前作出的，而不是在行为后追认的；经同意的行为必须是在同意的时间和范围内实施的。

（二）对抗措施（countermeasures）

对抗措施是指一国为对抗他国的国际不法行为而采取的报复性措施，虽然此类措施违反了该国对他国承担的国际义务，但其不法性应予以排除。

（三）不可抗力和偶然事故（force majeure and fortuitous event）

如果一国由于不可抗拒的力量或该国无力控制或无法预料的外界事件而不能履行其国际义务，则该国未履行国际义务的行为不应被视为国际不法行为，但这不适用于该国对不能履行国际义务负有责任的情况。

（四）危难（distress）

代表一国行事的个人或机关在极端危难的情况下，为了挽救其本人或受监护人的生命被迫采取的违背其本国国际义务的行为，原则上不应被视为其本国的国际不法行为。但它不适用于其本国对该危难的发生负有责任或其行为可能造成同样或更大灾难的情况。

（五）紧急状态（state of necessity）

一国在本国的生存和重大利益受到严重和急迫的危险的情况下，如果为了消除这种危险被迫采取的紧急措施违反了该国承担的国际义务，则其行为的不法性可以排除。但这不适用于国家本身对该不法行为的发生负有责任或其行为严重损害作为其义务对象的一国、数国或整个国际社会的基本利益的情况。

（六）自卫（self-defence）

自卫是指一国在遭到另一国的武力攻击或者侵略时采取的相应的武力反击行动。自卫是国家的基本权利之一，即使自卫行为本身违背了行使自卫权的国家承担的国际义务，但由于它是为对抗另一国的国际不法行为而采取的，因此，其不法性应予以排除。

不过，根据《关于国家责任的条文草案》的规定，对于一国违反一般国际法强行规范所产生的义务的行为，不得援引以上任何情况作为排除行为不法性的理由。

五、国家责任的内容和形式

国家的国际不法行为一经确定，就要产生国家责任，就要在行为国和受害国之间引起法律后果，形成一种新的法律关系。[①]《关于国家责任的条文草案》对国家责任的内容和形式作出了具体的规定。

（一）行为国的义务

1. 停止不法行为（cessation）。如果一种国际不法行为具有持续的性质，则行为国有义务立即停止该种行为，以免对受害国的进一步侵害。

2. 承诺并保证不再重犯（non-repetition）。在必要的情况下，行为国应向受害国承诺并保证不再实施相同或类似的国际不法行为。

3. 赔偿（reparation）。[②] 行为国有义务以赔偿的方式消除其国际不法行为造成的损害后果，包括物质损害和精神损害的后果。赔偿具体有以下三种形式：

（1）恢复原状（restitution）。恢复原状是指要求国际不法行为的责任国采取措施使受到其不法行为损害的有关事物或局势恢复到该不法行为实施以前的状态的责任形式。这种责任形式一般适用于一国的国际不法行为给他国造成物质损害的情形，其具体措施按照损害的情况有所不同，通常包括归还被掠夺或非法没收的财产、历史文物和艺术珍品，修复被非法损坏的使、领馆馆舍以及恢复被移动或损毁的边界标志等。

（2）赔款（compensation）。赔款是指国际不法行为的责任国为弥补其不法行为给受害国造成的损害后果而向受害国支付一定数量的货币的责任形式。赔款是国际实践中广泛采用的一种责任形式，它一般适用于不法行为造成物质损害且无法恢复原状的情况。至于赔款的范围，应包括利息和在正常情况下的预期利益的损失。

（3）满足（satisfaction）。在恢复原状和赔偿不足以完全消除损害后果的情况下，行为国应给予受害国精神上的满足，具体方式包括承认本国的国际不法行为、对受害国遭受的损害表示遗憾、向受害国正式道歉、处分或惩罚负有直接责任的人员等。

按照2001年《关于国家责任的条文草案》第34条的规定，以上赔偿的三种形式可以单独采取，也可以同时采取。但无论采取何种方式，行为国所承受的负担都

---

① 参见王铁崖主编：《国际法》，150页，北京，法律出版社，1995。

② 关于“reparation”一词，中文的翻译不尽相同，按照“Black's Law Dictionary”的解释，其基本含义为“redress for a wrong done”，将其译为“消除不法行为后果”较为贴切，同时也符合《关于国家责任的条文草案》的本意。实践中，为简便起见，多将其译作“赔偿”。

应与其不法行为造成的损害程度相当。受害国不能因为要求恢复原状而严重损害行为国的政治独立与经济稳定，也不能因为要求满足而羞辱行为国，损害其国家尊严。

（二）受害国和其他国家的权利义务

按照《关于国家责任的条文草案》的规定，有权追究国际不法行为行为国责任的受害国是指：（1）行为国违背的国际义务是对该国承担的；（2）行为国违背的国际义务是对包括该国在内的某一国家集团或者对整个国际社会所承担的，而这种违背对该国有特别影响；（3）行为国违背的国际义务是对包括该国在内的某一国家集团或者对整个国际社会所承担的，而且这种违背具有影响所有这些国家享受权利或履行义务的性质。

作为国际不法行为的受害国，它们有权要求行为国停止其不法行为，承诺或保证不再重犯，并采取恢复原状、赔款、满足等形式消除国际不法行为的损害后果。此外，如果行为国违背的是对整个国际社会承担的义务，受害国以外的国家也有权要求行为国停止其不法行为，承诺或保证不再重犯并消除其不法行为对受害国或被违背义务的受益人造成的损害后果。

除受害国和其他国家的权利之外，如果某一国际不法行为具有严重违背依一般国际法强行规范所承担的义务的性质，则所有国家都负有下列义务：（1）进行合作，以合法手段制止该不法行为；（2）不承认由此类不法行为造成的情势的合法性；（3）不对维持此种情势提供援助或协助。

六、国家责任的执行

国家责任的执行是指从事国际不法行为的国家履行因其不法行为而对受害国所负担的有关义务，其目的在于消除国际不法行为的后果，从而有效地维护受害国的权利。①

根据《关于国家责任的条文草案》的规定，国际不法行为的受害国有权追究行为国的国家责任；在行为国违背对国际社会整体所承担的义务的情况下，其他国家也有权要求其履行包括消除不法行为后果在内的义务。如果行为国拒不履行其对受害国所承担的义务，则受害国有权采取对抗措施（countermeasures，或称反措施），以迫使其履行义务。受害国采取反措施应符合以下条件：（1）在采取反措施之前，受害国应首先要求行为国履行义务，并将采取反措施的决定通知行为国，提议与其进行谈判；（2）受害国采取的反措施限于暂不履行其对行为国承担的国际义务，但是，这种反措施不得影响受害国承担的不使用武力或以武力相威胁的义务、保护基本人权的义务、禁止报复的人道主义性质的义务、尊重外交与领事特权与豁免的义务、尊重其与行为国之间现行争端解决程序的义务以及根据一般国际法强行规范承担的其他义务；（3）受害国采取的反措施必须和其所受的损害相称，并应考虑国际不法行为的严重程度和有关权利；（4）如果行为国的国际不法行为已经停止，而且已将争端提交有权作出对当事国有拘束力的决定的法院或法庭，反措施必须停止；（5）如果行为国已履行

① 参见梁淑英主编：《国际法》，81页，北京，中央广播电视大学出版社，2002。

了其对受害国的义务，反措施应即行终止。

七、国家的刑事责任问题

国家是否以及如何承担刑事责任，是现代国家责任制度中引起广泛关注和讨论的问题。第一次世界大战以前，国际法学界普遍认为国家在国际法上不承担刑事责任，而且作为国家代表的国家领导人也不承担刑事责任。追究国家领导人或团体的国际刑事责任始于第一次世界大战后签订的《凡尔赛和约》。《凡尔赛和约》第277条规定，应组织特别法庭以侵害国际道德和条约尊严的罪名审判前德国皇帝威廉二世。虽然由于威廉二世逃往荷兰而最终并未受到审判，但《凡尔赛和约》确实导致了国家刑事责任概念的产生，反映了国际社会对犯有国际罪行的国家领导人或犯罪团体追究刑事责任的意愿。第二次世界大战之后，根据《关于控诉和惩处欧洲轴心国主要战犯的协定》及其附件《欧洲国际军事法庭宪章》和《关于设置远东国际军事法庭的特别通告》及《远东国际军事法庭宪章》的规定，两个国际军事法庭以违反和平罪、战争罪和违反人道罪审判了德国、日本的主要战争罪犯，并追究了他们的刑事责任。2002年7月生效的《国际刑事法院规约》也将战争罪作为应由法庭管辖的罪行之一。

通过对犯有战争罪行的国家领导人进行审判的国际实践和有关国际文件的规定，追究犯有国际罪行的国家领导人的刑事责任已被确立为国际法上一项新的制度。但是，对于这一点，国际法学界的看法并不一致。一部分学者认为，战争罪是一种国际罪行，犯有战争罪的人，无论其地位如何，都应该受到惩处，但他们承担的刑事责任都是个人的责任，而不是国家的责任，国家作为一个抽象的实体，不可能承担刑事责任。[①] 另一部分学者则认为，战争犯罪应受惩罚的国际法规则和国际审判的实践表明，国家应负国际刑事责任。国家职能只能通过其领导人及其他公务员的个人行为来实现，在这种情况下，国家领导人的个人行为不是以私人身份而是以国家代表的资格作出的。由于实施侵略的国家负有国际刑事责任，但国家是一个抽象的实体，国际刑罚不能施与国家，只能施与代表国家的个人，所以，代表国家制定和执行政策的个人承担的国际刑事责任实际上是国家的刑事责任。[②]

第二次世界大战以来的国际实践和有关国际刑法的条约和文件确实已经确立了作为国家代表的个人应为某些国际罪行承担刑事责任的制度，但他们的个人刑事责任是否可以说是其代表的国家的刑事责任，或者他们承担的刑事责任与国家责任之间存在什么关系，对这些问题尚需作进一步的探讨。到目前为止，还没有任何一项国际公约对国家的刑事责任问题作出明确的规定。1996年国际法委员会一读通过的《关于国家责任的条文草案》虽然把国家的国际不法行为划分为国际罪行和一般国际不法行为，但并没有规定国家犯有国际罪行时应承担什么不同于一般国际不法行为责任的责任，更没有提及国家的刑事责任。2001年的条文草案删除了国际罪行的提法，只规定在一

① 参见余民才：《国际法的当代实践》，271～273页，北京，中国人民大学出版社，2011。

② 参见端木正主编：《国际法》，2版，408～409页；白桂梅：《国际法》，238～239页，北京，北京大学出版社，2006。

国严重违反依一般国际法强行规范承担的义务时，其他国家负有合作制止的义务、不承认有关局势合法性的义务和不对行为国予以援助或协助的义务，但对国家刑事责任的问题同样未作规定。

八、国际法不禁止行为责任

传统上，国家承担国际责任是以其实施国际不法行为为前提的，但是，在现代，这种情况出现了新的变化。第二次世界大战以后，科学技术得到了迅速发展，人类的活动范围日益扩大，这一方面给全世界带来了巨大的利益，但另一方面，由于某些具有潜在的高度危险性的活动可能对人民的生命财产或环境安全造成严重损害，因此，产生了新的国家责任，即国际法不禁止行为责任。

为了解决国际法不禁止行为产生的损害后果的责任问题，国际社会陆续缔结了一些条约，如 1967 年《关于各国探索和利用包括月球和其他天体在内的外层空间活动的原则条约》、1972 年《空间实体造成损害的国际责任公约》、1962 年《核动力船营运人双重责任公约》、1963 年《维也纳核损害民事责任公约》、1986 年《核事故及核辐射紧急情况援助公约》等。这些公约有的规定由国家对有关活动造成的损害单独承担赔偿责任，有的则规定由国家和经营者共同承担赔偿责任。不过，这些公约只涉及个别领域的活动，而且有关国家赔偿责任的规定也不尽相同。为了在国际法不禁止行为造成损害后果的国家责任方面形成统一的制度，联合国国际法委员会于 1978 年将这一问题列入其工作计划。1994 年和 1995 年，联合国国际法委员会分别一读通过了包括 20 项条款的《关于国际法不加禁止行为引起的损害性后果的国际责任的条文草案》。1996 年，联合国国际法委员会将该条文草案扩大为 22 条，并提请各国政府发表意见。①

联合国国际法委员会认为，建立国际法不禁止行为引起损害性后果的国家责任制度具有充分的理论和实践基础。1941 年关于美国和加拿大“特雷尔冶炼厂案”的仲裁裁决和 1949 年国际法院对“科孚海峡案”的判决都指出，国家有义务不得有意地使其领土用于侵犯他国权利的活动。这已经形成一个普遍承认的原则，而且完全可以在现有的法理中找到根据。同时，规定国家的国际法不禁止行为责任与国家主权也不存在矛盾，因为国家既有权利在本国领土上自由活动，又有义务保证在本国领土上的活动不会对他国造成损害。如果只强调一个方面，主权概念就是不完整的，而维持这两个方面的平衡符合世界各国相互依存的需要。

国际法不禁止行为责任的概念源于一般的国家责任的概念，它们的目的都是确定国家对其行为的后果所应承担的责任。但与一般的国家责任相比，国际法不禁止行为责任具有以下特征：

1. 责任者所实施的行为本身并不为国际法所禁止，而且有些行为因其可能对人类社会未来的发展带来巨大利益，甚至是当前的法律制度所鼓励的。但由于此类行为造成域外损害的事实或结果，因而导致国家责任的产生。

---

① 参见中国国际法学会：《国际法年刊（1996 年）》，165 页，北京，中国对外翻译出版公司，1996。

2. 此类行为具有跨界的性质，是由行为者在受害国领土或其控制范围之外实施的，但其损害后果发生在受害国领土或其控制范围之内。

3. 此类行为具有潜在的和高度的危险性。所谓潜在的危险性，是指行为者在作出该行为时，只是可能而非必然给他国带来损害后果。因为如果势必产生损害后果，国际社会就会提前禁止了。而所谓高度的危险性，是指一旦带来损害后果，其规模和程度将是非常巨大的。

4. 此类行为造成损害后果的事实是受害国要求有关国家承担责任的根据，即只有在潜在的危险变为实际的损害时，受害国方可据以主张国家责任。而行为国承担责任的形式只是赔偿，通常不涉及其他形式的责任。

5. 此类行为不问行为国是否有过失，只要实际发生了损害后果，行为国即应承担赔偿责任，因为国际法不禁止行为责任从主观要素上来说是无过错责任。[①]

法律应用

1. 管辖权和管辖豁免是国际法的重要问题。由于国家一般根据属地原则、属人原则、保护性原则和普遍性原则对在本国、外国以及不属于任何国家管辖地区的人、物及发生的事件行使管辖权，所以，在司法实践中，法院首先必须确定对特定的人、物及事件行使管辖权的依据是什么，而且要尽量避免与其他国家的管辖权发生冲突。同时，根据国际法，国家行为和财产享有外国法院的管辖豁免，因此，一国法院在审理涉及外国的案件时，需要首先确定被诉的行为是否属于外国的国家行为，以及诉讼标的是否属于外国的国家财产，以免违反国家主权豁免原则。

2. 国际法上的承认主要是对新国家和新政府的承认。按照国际法，无论是承认新国家，还是承认新政府，都要符合必要的条件，而且承认会产生一定的法律效果。一国对他国新政府的承认即意味着撤销了对该国旧政府的承认，承认国不得继续与该旧政府保持和发展官方关系，也不得承认该旧政府在承认国法院享有诉讼权。同时，承认国法院应该承认，原先属于旧政府的国家财产应转归新政府所有。

3. 国家责任是国家为国际不法行为所负担的法律责任。国际不法行为的构成需要满足主观和客观两个方面的要件。在国际司法实践中，哪些行为可以归因于国家？可以归因于特定国家的行为是否违反了该国承担的国际义务？是否存在排除行为不法性的情形？行为国应该承担什么责任？这些问题都是需要认真考虑的。原则上，一国私人侵害他国国家及其公民利益的行为不应被视为其国籍国的行为，但如果该国对此种行为不加惩处，甚至故意纵容或支持，则该国亦应承担责任。同时，在确定国家责任时，需要考虑行为国违反的国际义务的性质。犯有国际罪行的国家应该承担比一般国际不法行为更为严重的责任。此外，国际法不禁止行为责任不以行为的违法性为前提，其责任形式也仅限于赔偿。

---

① 参见周洪钧主编：《国际法》，320页，北京，中国政法大学出版社，2007。

课后复习

一、不定项选择题

1. 下列不具有国际法主体资格的是______。

A. 英联邦　　B. 瑞士

C. 中国香港　　D. 邦联

2. 根据国际法，下列不应被视为有关国家的行为的是______。

A. 反政府武装的行为

B. 地方政府的行为

C. 地方司法机关的行为

D. 私人的行为

二、判断题

1. 国家继承的实质是被继承国如何对待继承国在国际法上的权利义务的问题。

2. 1932年1月7日，美国国务卿史汀生照会中、日两国政府，声明美国不承认日本在中国东北建立的伪“满洲国”，这就是“史汀生不承认主义”的由来。

三、简答题

1. 简述国家主权豁免原则。

2. 简述国家责任的内容和形式。

第三章
国家领土

提 要

领土是指处于国家主权管辖和支配下的地球的特定部分，由领陆、领水、领空和底土等四个部分组成，其中，领水包括内水和领海两个部分。领土是构成国家的基本要素之一，是国家行使主权的对象和范围。传统国际法上的领土取得的方式有先占、时效、添附、割让和征服，而全民公决和恢复领土主权则是现代国际法时期领土变更的新方式。国家的领土主权要受到一般的限制和特别的限制，特别的限制主要是共管、租借和国际地役。边界是确定国家领土范围的界限，划分边界的方法通常有几何学划界法、天文学划界法和自然划界法。边境是边界线两边的一定区域，维护界标、利用界水和边境土地、便利边境居民往来和处理边境争端构成边境制度的基本内容。南极不属于任何国家的领土范围，目前，其法律地位和制度主要是由1961年生效的《南极条约》规定的。

重点问题

1. 领土的法律地位。
2. 各种河流的法律地位。
3. 传统国际法上的领土取得方式。
4. 对国家领土主权的限制。
5. 边界与边境制度。

第一节 概 述

一、国家领土的概念和组成部分

国家领土（state territory），是指国家主权管辖和支配下的地球的特定部分。确定的领土是国际法上的国家必须具备的四个要素之一。虽然由于历史上各国领土形成的方式和过程不同，造成了各国领土大小不一的状况，但没有领土的国家是不存在的。一个流浪的部落，虽然有一个政府或在其他方面是有组织的，但没有在它自己的领土上定居以前，不是一个国家。①

国家领土由领陆、领水、领陆和领水的底土以及领陆和领水以上的空气空间等四个部分组成。

（一）领陆

领陆（territorial land）是国家疆界以内的全部陆地，包括大陆和岛屿。就某一个

① 参见［英］詹宁斯、瓦茨修订，王铁崖等译：《奥本海国际法》，9版，第1卷，第2分册，3页，北京，中国大百科全书出版社，1998。

国家而言，其领陆可能单纯由大陆部分组成，也可能全部由岛屿组成，或者由大陆和岛屿共同组成。领陆是国家领土中最基本的组成部分，领土的其他部分都是附着于领陆而存在的，世界上不存在没有领陆的国家。

（二）领水

领水（territorial waters）是国家陆地疆界以内的水域和与陆地疆界邻接的一定宽度的水域。根据其法律地位的不同，领水又分为内水（internal waters）和领海（territorial sea）。内水包括一国境内的河流、湖泊、河口、港口、内海湾、内海峡，以及领海基线以内的其他水域。内水的法律地位与领陆完全相同，未经允许，外国船舶不得在一国内水中航行。领海是指邻接国家陆地领土及内水的一定宽度的海域，其法律地位与内水有所区别，外国船舶在领海中享有无害通过权。内陆国家不邻接海洋，它们的领土中没有领海这一部分。

（三）领陆和领水的底土

领陆和领水的底土（territorial subsoil）是国家领陆和领水之下的部分。它们是陆地和水域不可分割的部分，当属国家领土的组成部分。

（四）领空

领空（territorial airspace）是国家领陆和领水以上一定高度的空气空间。领空对保卫国家安全、发展航空运输事业以及进行科学研究具有十分重要的意义，因此，领空也是国家领土的重要组成部分。

领陆、领水、领陆和领水的底土、领空等四个部分构成国家领土的整体。在地理分布上，有些国家的领土连成一片，有些国家的领土则是分散的。但是，无论国家领土的地理分布情况如何，都属于国家领土主权支配的范围。

二、领土的法律地位

作为构成国家的基本要素之一，领土具有重要的意义。这种意义包括社会和政治两个方面。就其社会意义来看，领土是国家的物质基础，领土为民族的生存和发展提供了必要的自然条件；就其政治意义来看，领土是国家权力自由活动的空间，国家在自己的领土内可以充分独立而无阻碍地行使其权力，排除一切外来的竞争和干涉。①

国家对本国领土具有完全和排他的主权。这种主权在国际法上称为国家的领土主权（territoril sovereignty）。领土主权是指国家对其领土本身以及领土范围内的人和物所具有的最高权力，其内容包括所有权和管辖权两个方面。国家对领土的所有权意味着国家对其领土范围内的一切土地和资源享有占有、使用和支配的权力。② 基于这种权力，国家可以割让、出卖、出租部分领土，或者与别国交换部分领土，甚至完全与别国合并。国家对领土的管辖权即为国家的属地管辖权，是指国家对本国领土范围内的人、物（包括领土本身）和发生的事件行使管辖的权利。这一点在上一章的“国家的基本权利和义务”部分中已作了明确的阐述。

由于领土对国家及其人民的生存具有极其重要的意义，因此，领土完整和领土主

① 参见周鲠生：《国际法》，上册，325页。

② 参见邵津主编：《国际法》，93页。

权不可侵犯成为现代国际法基本原则的重要内容。《联合国宪章》第2条规定："各会员国在其国际关系上不得使用威胁或武力，或以与联合国宗旨不符之任何其他办法，侵害任何会员国或国家之领土完整或政治独立。"中国和印度、缅甸共同倡导的和平共处五项原则将"互相尊重主权和领土完整"列为第一项原则，予以高度的重视。

国家的领土主权必须在国际法的范围内行使。国家在行使领土主权的同时，负有尊重其他国家领土主权的义务，国家不得以任何方式侵犯别国的领土主权，破坏别国的领土完整。根据国际习惯法和国际条约，国家的领土主权可能会受到一定的限制，国家应该在受限的范围内，自觉约束自己行使领土主权的行为。

第二节　河流与湖泊

如前所述，领水是国家领土的组成部分，领水分为内水和领海。本节只探讨内水中的河流和湖泊，至于领海和内水的其他部分，如内海湾、港口和领海基线以内的其他水域，将在"海洋法"一章中详细阐述。

一、河流

世界各国河流众多，根据其地理特征和法律地位的不同，河流分为国内河流、界河、多国河流、国际河流和运河等五种类型。

（一）国内河流

国内河流（internal river），亦称"内河"，是指从其发源地到河口完全位于一国境内的河流。国内河流完全处于所在国的主权管辖之下。国家对国内河流的航行、捕鱼、河水的利用和管理享有充分的自主权，非经一国同意，外国船舶无权在该国内河中航行。中华人民共和国成立之前，一些国家曾根据不平等条约，取得在我国长江和其他一些内河上航行的权利，不仅外国商船可以自由航行，从事沿岸贸易，攫取巨额利润，外国军舰也经常溯流而上，深入我国内地，严重地侵害了我国的领土主权。中华人民共和国成立以后，外国船舶不再享有在我国内河航行的权利。1984年以来，为适应改革开放的需要，促进对外贸易和经济交流的发展，中国政府陆续开放了长江沿岸的一些港口，外国商船可以航行到这些港口从事商业贸易活动。这是中国政府自由同意的结果，是行使国家主权的表现。

（二）界河

界河（boundary river），是指流经两国之间并分隔两国疆界的河流，如黑龙江和乌苏里江是中国和俄罗斯两国的界河；鸭绿江和图们江是中国和朝鲜两国的界河。

沿岸国对界河中边界线本国一侧的水域享有主权，但由于河水以及其中的生物资源具有流动的特点，所以，关于界河的航行、捕鱼及河水利用等问题一般由有关国家协议解决。在多数情况下，即使界河直通海洋，也不对非沿岸国开放。例如，1858年《中俄瑷珲条约》规定："黑龙江、松花江、乌苏里江，此后只准中国、俄国行船，各别外国船只不准由此江河行走。"

（三）多国河流

多国河流（multi-national river），是指流经两个或两个以上国家领土的河流，如尼罗河流经坦桑尼亚、布隆迪、卢旺达、乌干达、苏丹、埃及等六个国家；中国云南省境内的元江，流入越南后称为红河。

多国河流流经各沿岸国的河段，分别属于各该国的领土，由其进行管辖。在管理和利用流经本国的河段方面，沿岸国享有主权。但由于多国河流涉及所有流经国的利益，因此，各沿岸国在利用本国境内的河水时，必须顾及其他流经国的利益，不得滥用权利，损害别国利益。例如，上游国家不得故意使河水改道、污染河水或者采取可能使下游河水泛滥或枯竭的措施。从国际实践来看，同一多国河流的各沿岸国的船只均可以在整条河流上航行。

（四）国际河流

国际河流（international river），是指流经数国并通向海洋，根据国际条约向所有国家商船开放的河流。国际河流在地理特征上类似于多国河流，但其法律地位则与多国河流不同。

19 世纪，国际河流制度开始出现于欧洲。1815 年维也纳公会的最后议定书宣布，不仅沿岸国，而且所有国家的商船都可以在欧洲的国际河流上航行。1856 年《巴黎和约》第 15 条规定了多瑙河及其河口的自由航行制度。1868 年《曼海姆条约》规定莱茵河对各国开放。其后，易北河、奥德河、涅曼河、舍尔德河等先后开放。根据 1885 年《柏林公约》的规定，非洲的刚果河和尼日尔河实行自由航行制度。这样，国际河流制度开始推行到欧洲以外的地区。美洲的圣劳伦斯河、亚马逊河和亚洲的湄公河也相继成为外国商船可以航行的国际河流。

国际河流流经各沿岸国的河段属于各该国的领土，沿岸国对本国境内的河段享有主权。国际河流对各国开放，沿岸国与非沿岸国商船都有权在国际河流上航行。

为明确规定国际河流的地位和法律制度，国际联盟于 1921 年在巴塞罗那召开了一次有四十多个国家参加的国际会议，会议通过的《国际性可航水道制度公约及其规约》是确定国际河流法律制度的一个重要文件。根据该公约以及其他有关国际河流的条约的规定，国际河流对沿岸国的商船、军舰和非沿岸国的商船开放，航行时，所有国家的国民、财产及旗帜在一切方面享有平等的待遇；沿岸国对流经本国领土的河段行使管辖权，除为维持或改善航行条件征收公平的捐税以外，不得征收任何其他捐税；国际河流一般设立国际委员会，制定必要的规章制度，以保障河流的航行自由。

国际河流的自由航行制度是 19 世纪为适应资本主义自由通商的需要而建立和发展起来的。这种制度客观上有利于促进各国之间的经济和文化交流，因此，其积极作用应予以肯定。

（五）运河

运河（canal）是人工开凿的水道。一般运河的法律地位和国内河流相同，它们处于所在国的主权管辖之下，外国船舶不享有航行自由，我国的大运河即属此类。

在国际法上具有重要意义的是沟通海洋，构成国际航行要道的运河，如埃及的苏伊士运河、巴拿马的巴拿马运河和德国的基尔运河。这些运河一般根据国际条约和所在国国内法的规定，向所有国家的船舶开放。

1. 苏伊士运河。苏伊士运河位于埃及境内，长 172.5 千米，宽 180 米～200 米，平均水深 15 米。运河沟通地中海和红海，是欧洲和亚洲之间最短的航道，具有十分重要的战略和航行价值。

1854 年，埃及政府与法国人斐迪南·勒塞普签订关于修筑和使用苏伊士运河及其附属建筑的租让合同。埃及政府准许勒塞普组织“国际苏伊士运河公司”，给予该公司开凿和经营运河的特权。

苏伊士运河的开凿于 1859 年开始，历时 10 年完成。1875 年，英国利用埃及政府的财政困难，购买了其持有的运河公司 44%的股票。1882 年，英国趁埃及内乱之机派兵入侵埃及，控制了埃及和苏伊士运河。第一次世界大战爆发以后，英国宣布埃及为被保护国。英国在运河区驻扎军队，控制着运河的经营管理大权。1956 年，埃及总统纳赛尔宣布将苏伊士运河收归国有。

1888 年 5 月 26 日，英国、法国、德国、奥匈帝国、俄国、意大利、荷兰、西班牙、土耳其等国家签订《君士坦丁堡公约》，规定了苏伊士运河的法律地位和航行制度。根据公约的规定，苏伊士运河实行中立化，交战国不得在运河或距运河港口 3 海里以内从事敌对行动，交战国军舰通过运河时不得停留，不得在运河及其港口装卸军队、军火及其他军用物资，运河内不得设立永久性防御工事。运河实行自由航行制度，无论平时或战时对所有国家的船舶开放，不得限制对运河的使用，而且永远不得封锁运河。埃及政府将运河收归国有后，于 1957 年 4 月 24 日发表声明，重申尊重《君士坦丁堡公约》规定的运河自由航行制度，保证运河向所有国家的船只开放，并设立埃及的运河管理局管理运河的航行事宜。现在，苏伊士运河是由埃及保证自由通航的运河，属于埃及的内水，埃及政府对运河行使完全和排他的管辖权。

2. 巴拿马运河。巴拿马运河位于巴拿马共和国境内，全长 81 千米，沟通大西洋和太平洋，具有十分重要的经济和战略价值。

1850 年，美国和英国曾签订条约，规定两国共同开凿一条横贯巴拿马地峡的运河。1901 年，美国利用英国正在南非与布尔人进行战争的困境，与英国签订《海—庞斯福条约》，取得了单独开凿巴拿马运河的权利，并允诺在巴拿马运河适用 1888 年《君士坦丁堡公约》确定的苏伊士运河的自由航行和中立化原则。1903 年 1 月，美国与哥伦比亚政府签订条约，哥伦比亚将巴拿马地峡租给美国 100 年。由于哥伦比亚参议院不批准该条约，于是，美国策动本来属于哥伦比亚的巴拿马省于 1903 年 11 月 3 日宣告独立。同年 11 月 6 日，美国正式承认巴拿马共和国。同年 11 月 18 日，美国和巴拿马签订《关于开凿通洋运河的条约》。根据该条约，巴拿马将处于运河两端的科伦市和巴拿马市之间建造运河所需的地段以及运河两岸各 5 英里宽的土地永远给美国使用、占有和控制，以便修建、管理和保护运河。条约规定，运河及其入口处应按照《君士坦丁堡公约》的规定保持永久中立，但同时规定美国有权在任何时候使用其警察、陆军、海军，或在运河区建立要塞。1914 年，巴拿马运河由美国建成并开放使用。美国颁布了关于运河管理和航行的规则，行使对巴拿马运河区的完全的管辖权。

巴拿马人民为收回巴拿马运河的主权进行了长期的斗争。1974 年，美国被迫同意结束它对巴拿马运河的管辖权。1974 年 9 月 7 日，巴拿马和美国签订了新的《巴拿马运河条约》和《关于巴拿马运河永久中立和运河营运条约》。两条约于 1979 年 10 月 1

日起生效。根据新条约的规定，美国承认巴拿马共和国对运河区的领土主权，巴拿马共和国以运河主人资格授予美国在条约生效期间经营管理和保卫运河的必要权力。巴拿马要越来越多地参与运河的管理和保护；运河区升巴拿马国旗；运河区内的司法、移民、海关、邮局等将交由巴拿马管理；运河的防务由美国和巴拿马共同负责。条约还规定，巴拿马运河实行中立化和自由航行制度，无论平时或战时，平等地向各国和平通过的船只开放。《巴拿马运河条约》的有效期至1999年12月31日届满，2000年1月1日，巴拿马收回了巴拿马运河的管理权，而且运河的防务也由巴拿马单独负责。

3. 基尔运河。基尔运河位于德国境内，全长95千米，连接北海与波罗的海，1896年开通。基尔运河为德国的内水。第一次世界大战之前，运河对外国船舶开放，但德国有权随时关闭运河或者实行通航限制。第一次世界大战结束后，1919年的《凡尔赛和约》将基尔运河定为国际通航运河，实行与苏伊士运河和巴拿马运河大致相同的中立化和自由航行制度，对所有与德国保持和平关系的国家的商船和军舰开放。希特勒上台后，单方面撕毁《凡尔赛和约》，恢复了德国对运河的完全控制，限制外国军舰通过运河。第二次世界大战后，对于基尔运河并没有新的国际公约加以规定。目前，有关基尔运河的航行制度遵循德国制订的《基尔运河航行规则》以及德国与其他国家签订的协定。根据《基尔运河航行规则》，外国商船通过运河时，必须提出申请，获得批准后方可通行；外国军舰通过运河应通过外交途径事先通知德国政府，并需要得到批准。外国船舶通过运河应缴纳通行费。

二、湖泊

湖泊（lake）是被陆地环绕的水域。如果湖泊完全为一国陆地所包围，则属于该国领土的一部分，所在国对此类湖泊享有排他的主权，不对外国船舶开放。如果湖泊被两个或者两个以上国家的陆地所包围，则应属于全体沿岸国，湖泊的划分、管理和利用等问题由有关沿岸国协议解决，各沿岸国对划归本国的部分水域行使主权。法国和瑞士之间的日内瓦湖，伊朗和俄罗斯、哈萨克斯坦、土库曼斯坦、阿塞拜疆之间的里海，美国和加拿大之间的安大略湖等即属此类。

有些湖泊有狭窄的水道通向海洋。在这种情况下，若湖泊及其通向海洋的水道沿岸均属一国领土，则为沿岸国的内水，不对外国开放；若湖泊有两个或两个以上的沿岸国，其法律地位应依全体沿岸国的协议或国际公约确定。例如，黑海的法律地位即根据国际条约的规定多次发生变化。

黑海位于俄罗斯、乌克兰、罗马尼亚、保加利亚、格鲁吉亚、摩尔多瓦和土耳其等国家之间，经博斯普鲁斯海峡和达达尼尔海峡与地中海相通。1774年以前，黑海及其海峡沿岸全部为土耳其领土，外国船只不得在黑海航行。俄土战争后，根据俄国、土耳其两国于1774年签订的《库楚克—开纳奇和约》，俄国取得土耳其黑海沿岸的部分领土，成为黑海的沿岸国之一，俄国船只有权在黑海自由航行。之后，奥地利、英国、法国均先后与土耳其签订条约，取得本国商船在黑海航行的权利。1841年7月13日，英国、法国、俄国、奥地利、普鲁士和土耳其在伦敦签订《海峡公约》，规定土耳其在平时禁止一切军舰通过博斯普鲁斯海峡和达达尼尔海峡。当时，黑海实际上已对一切国家的商船开放了。

在1853年至1856年的克里米亚战争中，俄国战败。1856年3月30日签署的《巴黎和约》规定黑海中立化，禁止欧洲各国军舰通过黑海海峡，禁止俄国和土耳其在黑海地区设立军火工厂；黑海对各国商船开放。1923年签订的《洛桑条约》对非黑海沿岸国军舰通过海峡进入黑海给予很大的便利，而对土耳其的权利则加以诸多限制，其中包括土耳其不得在海峡地区设防并接受国际委员会的监督。现行黑海的法律地位和航行制度是由1936年7月签订的《蒙特勒公约》规定的。根据该公约，黑海海峡无论平时或战时均向所有国家的商船开放。在和平时期，黑海沿岸国军舰可以自由通过海峡；非黑海沿岸国军舰通过海峡时应受数量、等级和吨位的限制，非沿岸国同时停留在黑海的军舰总吨数不得超过3万吨，而其中任何一个国家军舰的吨数不得超过总吨数的2/3，军舰在黑海停留的时间不得超过3周。在战争时期，如果土耳其为非交战国，则禁止交战国军舰通过海峡；如果土耳其为交战国，是否允许外国军舰通过海峡，由土耳其政府决定。《蒙特勒公约》取消了根据《洛桑公约》设立的国际委员会，并规定土耳其有权在海峡地区设防。

1945年8月2日，美国、英国和苏联签订《波茨坦协定》，认为《蒙特勒公约》已不适合现今状况，应予以修订。此后，苏联曾多次照会土耳其政府，建议修改《蒙特勒公约》，但均遭到土耳其方面的拒绝。

第三节　领土的取得与变更

在长期的历史发展过程中，每个国家都形成了自己的领土。但是，由于某种原因，国家领土可能会增加或减少，从而导致领土面积发生变化，这种现象被称为领土的取得和变更。在不同的历史时期，领土取得和变更的方式不尽相同。传统国际法时期的领土取得和变更的方式有五种，而在现代国际法阶段，又出现了一些新的方式。

一、传统国际法上的领土取得与变更方式

传统国际法上关于国家领土取得与变更的方式，采用罗马法上关于财产取得和丧失的概念。这是因为在近代国际法形成时期，领土被视为君主的个人财产，领土与财产之间的类似成了领土变更方式的理论根据。[①] 当时的领土变更方式有先占、时效、添附、割让和征服。随着历史的发展与进步，这些方式有的已经失去其存在的合法性，有的则仍为现代国际法所承认。

（一）先占

先占（occupation），亦称占领，是指国家通过对无主土地的占有而取得对该土地的主权的行为。先占的主体是国家，客体是不属于任何国家的土地，即无主地（terra-nullius）。传统国际法认为无主地是不属于任何国家的荒芜土地，或虽有土著人居住，

① 参见王铁崖主编：《国际法》，144页，北京，法律出版社，1981。

但尚未形成国家的土地。但现代国际实践已不再认可这种主张。1975年，国际法院在"关于西撒哈拉问题的咨询意见"中指出："根据国家实践，凡有部落或人民居住并有一定的社会和政治组织的地方，就不能认为是无主地。"[①]

国家通过先占取得无主土地的领土主权必须满足两个条件：一是国家正式表示占有该无主土地的意思，这种意思表示可以在国家的公开声明中作出，也可以见诸国家的外交文件中；二是国家在该地区适当行使或表现其主权，通过立法、司法或行政措施对该地区实行有效的占领或控制。只有同时具备了以上两个条件，方能构成对无主土地的有效占领，从而使国家取得对该地区的主权。单纯的发现或者经过某一无主土地并不能构成对该地区的有效占领。1928年，常设仲裁法院法官麦克斯·胡伯在"帕尔马斯岛案"的仲裁裁决中指出：国家发现某一无主土地而取得的只是一种"不完全的权利"，这种权利可以由于后来未对该地区实行有效统治而丧失。至于先占的范围，一般来说，应该与占有国的实际控制范围相一致。

先占作为传统国际法上国家领土变更的方式之一，在西方殖民国家对外扩张时期曾具有很重要的意义。但是，在现代，除南极洲外，地球上不属于任何国家领土的无人居住地区几乎已不存在，而且根据现代国际法，有土著人居住、但尚未形成国家的地区不能成为先占的对象，因此，国家以先占的方式取得领土已经没有太大的现实意义。不过，在解决国家之间的领土争端时，有时还应考虑先占作为领土变更的方式所具有的效果。

（二）时效

时效（prescription），是指国家占有他国的部分领土，经过长期和平地行使管辖权而取得对该领土的主权。

国际法的时效与国内法的时效有两点区别：第一，国内法中物权取得时效只限于原来善意占有，国际法中通过时效取得领土并不以善意占有为前提。即使是非法的占有，只要经过相当长的时间，即可消除其占有的非法性而使国家取得对有关领土的主权。第二，国内法中的物权取得时效有确定的期限，国际法中通过时效取得领土主权则没有确定的期限。只要被占土地的原属国未提出抗议或主张，占有国经过长期行使管辖权，即可取得对该领地的主权。但是，原属国的抗议或主张构成依时效取得领土的障碍。

时效与先占的区别在于先占的对象是无主土地，而依时效取得的是别国的领土。时效作为取得领土的一种方式，由于不考虑最初占有的善意与否以及取得领土主权没有确定的期限，所以，其效力在国际法上历来是有争议的。1959年6月，国际法院在"荷兰和比利时边境某些土地案"的判决中就否定了荷兰以时效为理由对两块土地提出的主权要求。在现代国际实践中，几乎没有任何国家情愿将本国的部分领土置于别国管辖之下，也没有任何国家在本国部分领土被别国占有之后不提出抗议或者不主张自己的权利，因此，在现代国际法上，时效作为国家领土取得与变更的方式已没有现实意义。

① 陈致中编著：《国际法案例》，8页，北京，法律出版社，1998。

（三）添附

添附（accretion），是指国家领土由于新的形成而增加。[①] 添附有两种情况：一种是由于自然的作用使国家的领土扩大。例如，河流泥沙的冲积可能在河口形成三角洲或者使原有三角洲的面积增加；海岸因水流冲击形成涨滩或者领海内出现新的岛屿。另一种是人力的作用所致，较为普遍的是在海岸以外围海造田，如日本曾经在神户附近的海上大规模地围海造田，形成 436 万平方米的新土地。不过，按照《联合国海洋法公约》的规定，国家的近海设施和人工岛屿，以及在专属经济区、大陆架和公海上建造的人工岛屿、设施和结构等都不构成领土的添附。

在以河流为界的情况下，一般来说，一沿岸国未经另一沿岸国的同意，不应在本国一侧筑堤或者围滩造田，因为这样做势必会使河水冲刷对方的堤岸，使界河中原来的分界线发生变化。但是，如果由于自然力的作用河流发生偏移或者河岸出现涨滩，致使一国领土逐渐增加和另一国领土相应减少，则属于合法的领土变更。

添附无论是自然作用还是人为作用所致，现代国际法都予以认可。对由于添附使得领土增加，国家无须采取宣告或者其他法律行为，也无须其他国家的承认。

（四）割让

割让（cession），是指一国根据条约将本国的部分领土转移给他国。割让一般分为强制性的割让和非强制性的割让。在强制性割让的情况下，领土的转移是无代价的，它往往是战争的结果，表现为战胜国迫使战败国签订和约，将战败国的部分领土据为己有。例如，1895 年，中国在甲午战争中战败后，日本强迫清政府签订《马关条约》，将台湾和澎湖列岛等割让给日本；第一次鸦片战争以后，1842 年，英国迫使清政府签订《南京条约》，割让了香港岛；第二次鸦片战争后，1860 年，英国又通过《北京条约》，迫使清政府割让了南九龙半岛。1905 年日俄战争中俄国战败，双方签订《朴茨茅斯和约》，俄国被迫将库页岛南部割让给日本。

非强制性的割让是指国家在平等自愿的基础上，和平地转让部分领土，其具体形式包括买卖、交换或者赠送。例如，1803 年，美国从法国购买了路易斯安那州；1867 年，美国以 720 万美元从沙皇俄国购得阿拉斯加地区；1916 年，美国以2 500万美元从丹麦购得西印度群岛的全部岛屿。

传统国际法并不禁止以战争作为解决国家争端的手段，因此，作为战争的结果，强制性割让领土的情况时有发生，而且被承认为国家领土变更的合法方式之一。1928 年《巴黎非战公约》规定，缔约国在其相互关系上放弃以战争作为实行国家政策的工具。1945 年《联合国宪章》要求会员国“以和平方式解决国际争端”，规定各会员国“在其国际关系上不得使用威胁或武力，或以与联合国宗旨不符之任何其他方法，侵害任何会员国或国家之领土完整或政治独立”。因此，在现代国际法上，强制性割让作为领土变更的方式已经失去其存在的合法性。至于在平等自愿的基础上非强制性地割让领土，由于其符合国家主权平等原则，所以，依然是合法和有效的。

（五）征服

征服（conquest），是指国家以武力对他国领土的全部或一部分进行兼并而取得该

① 参见王铁崖主编：《国际法》，146 页，北京，法律出版社，1981。

领土的主权的方式。征服是以武力兼并别国领土的行为，它并不需要缔结条约，仅由战胜国单方面将其占领的别国领土的全部或者一部于战后予以兼并。

按照传统国际法，有效的征服须满足一定的条件：征服国正式表示兼并战败国领土的意思；如果兼并的是战败国的部分领土，战败国须放弃收复失地的意思；如果兼并的是战败国的全部领土，征服国须对该国的全部领土实行有效的控制，同时，战败国及其盟国须放弃一切抵抗。[①]

征服作为国家取得领土的方式之一，是以战争的合法性为基础的。由于现代国际法严格禁止侵略战争，因此，通过侵略战争取得的权利或利益，包括侵占的领土，均属非法。国际社会不仅不应承认征服国兼并别国领土的合法性，而且应该采取联合行动，帮助被征服国恢复领土主权。1990 年 8 月 2 日，伊拉克出兵侵占科威特，随即宣布将科威特作为伊拉克的第 19 个省，对其实行兼并。伊拉克的侵略行为受到国际社会的一致谴责，在联合国的制裁和多国部队的打击下，伊拉克被迫放弃对科威特的吞并，科威特的领土主权得到恢复。

二、现代国际法上领土取得与变更的新方式

现代国际法除承认先占、添附、自愿割让等传统的领土取得与变更方式的合法性之外，还承认全民投票和恢复领土主权是领土变更的新方式。

（一）全民投票

全民投票（referendum），又称全民公决，是指由某一领土上的居民充分自主地参加投票，以决定该领土归属的方式。全民投票决定领土归属是一种合法的领土变更方式。

在现代国际实践中，不乏以全民投票的方式决定领土的归属的情形，例如，根据 1919 年《凡尔赛和约》的规定，德国萨尔区的行政管理由国际联盟负责，为期 15 年，期满后通过全民投票决定该地区的最后归属。在 1935 年 1 月举行的全民投票中，绝大多数居民赞成萨尔重新并入德国。1961 年，英属喀麦隆就其地位问题举行全民投票，结果其北部居民赞成加入尼日利亚，南部居民则同意与喀麦隆合并。1999 年，原属印度尼西亚的东帝汶在联合国主持下进行全民公决，结果大多数居民赞成东帝汶脱离印度尼西亚独立，使东帝汶最终成为一个独立的主权国家。

全民投票是否合法取决于参加投票的居民的意志是否得到充分自由的表达。如果某一地区已经被外国军队占领，该外国出于为兼并该领土寻找合法依据的目的而举行全民投票，则投票的结果不可能是当地居民自由意志的反映，国际社会不应承认由此产生的领土变更的合法性。

（二）恢复领土主权

恢复领土主权（reversion of territorial sovereignty），是指国家收回以前被别国非法占有的领土，恢复本国对有关领土的历史性权利。由于现代国际法禁止以武力或武力威胁侵犯别国的领土完整，不承认通过武力或武力威胁获取别国领土的合法性，因

① 参见王铁崖主编：《国际法》，148 页，北京，法律出版社，1981。

此，国家在适当的情况下恢复其对以前被强迫放弃的领土的主权是完全合理的。例如，第二次世界大战后，根据1943年的《开罗宣言》和1945年的《波茨坦公告》，中国政府收复了被日本根据1895年《马关条约》割占的台湾和澎湖列岛的领土主权。1987年3月26日，中国和葡萄牙发表关于澳门问题的联合声明。根据该声明，中国政府于1999年12月20日起恢复对澳门行使主权。

第四节　领土主权的限制

国家虽然对本国领土具有排他的主权，但领土主权并不是绝对的，它应受国际条约和国际习惯法规定的限制，包括一般性限制和特别性限制。一般性限制是指国家领土主权要受一般国际法规则的限制，受这种限制的国家可以是所有的国家或所有相关的国家。例如，任何国家利用本国领土都不得损害其他国家的权益，"核试验案"就是明显一例。[①] 再有，领海中的无害通过制度、用于国际航行海峡的过境通行制度、群岛水域的群岛海道通过制度和无害通过制度等都是对国家领土主权的一般限制。本节着重介绍国际法上对国家领土主权的特别限制的情形。

一、共管

共管（condominium），是指两个或两个以上国家对某一特定领土共同行使主权。这一概念最先出现在神圣罗马帝国末期。当时的意思是两个或两个以上的君主对特定的城镇或土地行使共同的所有权，而后来逐渐成为国际法上的一个概念。[②]

在国际法的发展史上曾发生过若干共管的事实。例如，苏丹曾于1898年至1955年处于英国和埃及的共管之下；新赫布里底群岛于1914年至1980年曾置于英国和法国的共管之下。共管也适用于河流或其他水域。例如，1973年，巴西与巴拉圭就巴拉那河的使用问题签订条约，巴拉那河的水资源以共管形式为两国所拥有。此外，共管还可以成为有关国家对尚未明确划定边界的特定领土的一种临时安排。例如，1922年，沙特阿拉伯和科威特签订条约，在两国之间建立一个中立区，在两国达成确定边界的协议之前，双方对该中立区享有平等的权利。1965年，两国缔结一项新的条约，结束了这种临时安排，将中立区分别划归两国所有。[③]

如果对特定领土实行共管的协议是有关国家在平等自愿的基础上签订的，且协议的内容不损害该领土上人民的利益，则这种情况是符合现代国际法的。不过，历史上，共管往往是殖民国家对殖民地进行争夺和妥协的结果，成为它们兼并有关领土的前奏。例如，1898年至1955年，英国与埃及对苏丹实行共管，事实上却把苏丹置于英国的殖民统治之下。

---

① 参见梁淑英主编：《国际法教学案例》，234页，北京，中国政法大学出版社，1999。

② 参见王铁崖主编：《国际法》，240页，北京，法律出版社，1995。

③ 参见［英］詹宁斯、瓦茨修订，王铁崖等译：《奥本海国际法》，9版，第1卷，第2分册，4页。

二、租借

租借（lease），是指一国根据条约将其部分领土出租给另一国，在租借期内，承租国将租借地用于条约规定的目的并行使全部或部分管辖权。出租国仍保持对租借地的主权，租借期满后予以收回。

在近代历史上，租借大多是根据不平等条约产生的，是帝国主义国家对弱小国家领土主权的非法限制，违反国家主权平等原则。例如，1898 年，中国清政府在列强的联合压力下，被迫签订了一系列不平等条约，先后将胶州湾租借给德国（租期 99 年），将旅顺、大连租借给俄国（租期 25 年），将威海卫租借给英国（租期 25 年），将广州湾租借给法国，九龙半岛租借给英国（租期 99 年）。这些国家实际上把租借地作为其殖民地进行统治，严重地损害了中国的领土主权。截至 1997 年 7 月 1 日，中国已收回了全部租借地。

国家之间在平等自愿的基础上通过租借条约进行的领土租借，则是符合现代国际法的。例如，1962 年 9 月 27 日，芬兰与苏联缔结一项条约，苏联将塞马运河属于苏联的部分和运河两岸平均宽 30 米的地带以及一段公路租借给芬兰用于货物运输，同时，将小维索茨克岛租借给芬兰储存货物，租期为 50 年；芬兰按规定每年向苏联支付租金。

三、国际地役

国际地役（international servitude），是指一国根据条约承担的对其领土主权的特殊限制，其目的是为了满足别国的需要或者为别国的利益服务。国际地役的主体是国家，客体是国家的领土，不构成国家领土组成部分的专属经济区、大陆架不能作为国际地役的客体。

国际地役可以分为积极的地役和消极的地役。积极的地役是指国家承担义务，允许别国在自己的领土上从事某种活动。例如，允许别国利用本国的道路或港口运输或进出口货物；允许别国在本国领土上修建管道输送石油或天然气；允许别国飞机通过本国领空往返于其两部分领土之间；允许外国渔民在本国领海的特定区域内捕鱼等。消极的地役是指国家承担义务，在其特定领土上不从事某种活动，为他国的利益服务。例如，根据 1919 年《凡尔赛和约》的规定，莱茵河两岸为非军事区，德国承担义务不在非军事区内设防，以保证法国和比利时的安全。1947 年战胜国与意大利签订的和约规定，意大利不得在毗邻法国的边界地区修筑可以向法国射击的工事。

国际地役的概念在国际法理论上存在一定争议。有的学者认为，现代国际法不需要采取国际地役的概念，因为罗马法上的地役概念适用于国家领土，原本是为了适应神圣罗马帝国时期欧洲封建领主的土地错综复杂分布的特殊状态，而这种状态在现代已不存在。另外，国际地役与私法上的地役性质不同，共同使用同一名词是错误的。[①]事实上，国际地役这一概念所包含的内容在现代国际实践中依然大量存在，如为数众

① 参见王铁崖主编：《国际法》，153～154 页，北京，法律出版社，1981。

多的内陆国家需要利用其他国家的交通线路或港口输送旅客或货物进出海洋；许多国家需要通过别国领土修筑油气管道。1932 年常设国际法院对“上萨瓦自由区和节克斯区案”的判决和 1960 年国际法院对“印度领土通行权案”的判决都肯定了国际地役的存在。[①] 对于国际实践中的这种客观存在，国际法不可能不作反映。至于是否仍然采用“国际地役”这一名词并无关宏旨。对国家领土主权的限制只要是国家在平等基础上根据条约自愿承担的，无论其名称如何，都是符合现代国际法的。

第五节　边界与边境

一、边界的概念与形成

国家边界（state boundary）是确定国家领土范围的界限。与领土的四个组成部分相适应，国家边界可以分为陆地边界、水域边界、空中边界和地下层边界。

国家边界的形成有三种情况：有的边界是在长期的历史过程中形成的，称为历史边界；有的边界是通过条约划定的，称为条约边界；也有的边界是从原国家继承而来的，称为继承边界。

历史边界是指在长期的历史过程中，根据相邻国家的行政管辖范围确定的边界。这种边界是通过相邻国家之间的相互默示承认形成的。中国与缅甸、尼泊尔、巴基斯坦等国家缔结边界条约之前，都遵循着历史上形成的边界。

当今多数国家的边界都已根据条约划定，因此，条约边界在国家边界中十分普遍。国家通过条约划分边界主要有两种情况：一种是签订专门的边界条约，对国家之间的未定边界予以确定或者对原有边界作某些调整；另一种是通过缔结和约变更原国家的领土或者确定新国家的领土，划定国家边界。条约边界准确、明了，不易发生争议，即使发生争议也有条约规定作为解决的根据，所以，国家一般倾向于通过条约来划定边界。事实上，条约边界往往是在历史边界的基础上划定的，两者具有一定的联系。

继承边界是指从原殖民地或附属领土的界限或者原国家国内行政管辖范围继承而来的边界，主要是指新国家的边界。例如，殖民地人民独立、国家分裂或合并时，新国家的边界都是继承边界。1991 年，苏联解体，各加盟共和国相继成为独立的国家，它们的边界都是按照原苏联各加盟共和国的行政管辖范围确定的。

二、边界的划分

（一）划界方法

国家之间划分边界线一般采取三种方法，即几何学划界法、天文学划界法和自然划界法。

1. 几何学划界法。几何学划界法是指采用几何学原理划定边界线的方法，如以一个固定点到另一个固定点所划的直线或采用交圆法、正切线法等确定国家的边界。这

---

① 参见梁淑英主编：《国际法教学案例》，178～179 页。

种划界法一般适用于海上或者地形复杂、不易实地勘察的地区。例如，1881 年《中俄改订条约》第 8 条规定："至分界办法，应自奎峒山过黑伊尔特什河至萨乌尔岭划一直线，由分界大臣就此直线与旧界之间，酌定新界。"非洲许多国家的边界就是采用几何学方法划定的。

2. 天文学划界法。天文学划界法是指以天文学的经纬度确定国家边界的方法。这种划界方法比较简单，一般适用于海上或者人口稀少的地区，而且需要划分的边界线较长，如美国和加拿大从温哥华到伍兹湖西岸之间就是以北纬 49 度线作为两国的边界线的。

3. 自然划界法。自然划界法是根据边界地区的自然状态或自然屏障确定具体边界线的方法。例如，以山脉、河流、湖泊、森林、沙漠等作为国家的边界。以自然屏障为界的，一般适用如下规则：

（1）以山脉为界。若国家间缔结的条约中规定以山脉为界，但未具体规定边界线位于山脉的何处时，根据国际习惯，界限应定在山脉的分水岭，这就是国际法上的所谓"分水岭原则"。当然，若条约另有规定或者根据实际情况，边界线也可以定在山脉的山脊或山麓。

（2）以河流为界。若两国以河流为界，边界线的位置应视具体情况而定。如果是可以航行的河流，两国边界应定在主航道的中心线上；如果是不可以航行的河流，则应定在河流的中心线上。例如，1960 年《中缅边界条约》第 8 条规定："凡是以河流为界的地段，不能通航的河流以河道中心为界，能够通航的河流以主要航道（水流最深处）的中心线为界。"

界河的水流在自然力的作用下可能出现偏移。按照一般规则，若界河水流由于自然原因逐渐向一方河岸移动，其主航道中心线或者河道中心线亦随之移动；若界河因自然原因急剧改道，除非沿岸国另有协议，边界线维持不变。例如，《中缅边界条约》第 8 条规定："如果界河改道，除双方另有协议外，两国的边界线维持不变。"若界河上有桥梁，两国应以桥梁的中间为界。

（3）以湖泊为界。若有湖泊分隔两个或两个以上国家的领土，除另有协议规定外，边界线应通过湖的中心。

（二）划界程序

在现代，国家之间通过签订边界条约划分边界已经成为一种普遍的实践。根据边界条约划界一般要经过两个阶段，即定界和标界。

定界是指有关国家经过谈判签订边界条约，将商定的两国边界的主要位置和基本走向写入条约中，边界条约还要规定处理各种具体情况的原则和规则，它是确定有关国家边界的基本法律文件。

边界条约正式签订之后，即进入实际标界阶段。首先，要组成由缔约双方各自任命的代表参加的划界委员会，委员会根据边界条约规定的边界，实地进行勘察，划定边界线的位置，树立界碑作为标志。其次，制订边界议定书并绘制边界地图，详细载明全部边界的具体走向和界标的精确位置。议定书和地图经双方代表签字或经双方政府批准后生效。作为边界条约的附件，边界议定书和边界地图也是确定边界的重要法律文件。

划界过程中产生的边界条约、边界议定书、边界地图以及界标应该是一致的。但是，由于各种原因，有时也可能出现不一致的地方，遇有此种情况，通常按下列原则解决：

1. 界标位置与议定书和地图不符时，以议定书和地图为准；
2. 地图与议定书和边界条约不符时，以议定书和边界条约为准；
3. 议定书与边界条约不符时，以条约为准，但有特别约定者除外。

三、边境制度

边境（frontier），也称边境地区，是指边界线两侧的一定区域。边境制度是保障边境地区安全和规范边境地区活动的法律规章和习惯做法。边境制度主要有两个方面的渊源：第一，国家的国内法律和制度，如国家制订的边界巡逻制度、海关与卫生检查制度、人员和货物的出入境制度等。第二，相邻国家之间签订的双边协定，涉及维护界标、利用界水、过境往来、保护自然资源和维护边境秩序等。①

边境制度的内容主要包括以下五个方面：

（一）边界标志的维护

在以界标标明的边界线上，相邻国家对界标的维护负有共同责任，使界标的位置、形状、型号和颜色符合边界文件中规定的要求。两国可以协议确定对全部界标的分配形式，以明确各自的维护责任。双方应采取必要措施防止界标被移动、损坏或灭失。若一方发现界标出现移动、损坏或灭失的情况，应尽快通知另一方，并于双方代表在场的情况下予以修复或重建。国家有责任对移动、损坏或毁灭界标的行为给予严厉惩罚。陆地上的界标和边界线还应保持易于辨认的状态，如中国和尼泊尔于 1963 年签订的关于两国边界的议定书第 29 条规定："为了使边界线易于辨认和防止出现骑线村庄，在陆地边界线两侧各 10 米的地带内不得建立新的房屋或其他永久性的建筑物。"

（二）边界水资源的利用和保护

国家之间若以河流或湖泊为界，则产生水资源的利用和保护问题。这样的问题通常在边界文件中加以规定。

沿岸国对边界水资源有共同的使用权。国家在使用界水时，不得损害邻国的利益，如不得采取可能使河流枯竭或泛滥的措施，更不得故意使河流改道。1961 年《中缅边界议定书》规定："缔约双方应尽可能防止界河改道，任何一方不能使界河改道。"同时，相邻国家在界水上享有平等的航行权，船舶在界河上航行一般不受主航道中心线的限制。船舶在航行时应该带有明显的国籍标志。除遇难或有其他特殊情况外，一方国家的船舶不得到对方沿岸停泊。

沿岸国渔民在界水中捕鱼，一般不得越过界水上的边界线。对捕鱼的管理以及界水中鱼类的保护与繁殖等具体问题，由沿岸国协议规定。若国家需要在界水上建造桥梁、堤坝及其他水利工程，应取得另一方的同意。如中国和尼泊尔 1963 年关于两国边界的议定书规定："任何一方在界河上兴建水利工程和灌溉工程时，如需越出河道中心

① 参见王铁崖主编：《国际法》，247 页，北京，法律出版社，1995。

线，应在事先取得另一方的同意。”国家在利用界水的同时，必须注意对界水的保护。边境的其他水资源若涉及两国边境居民共同利用的问题，也应采取共同的保护措施。例如，国家应对边界本国一侧的各种污染源进行有效的控制和治理，以免使界水受到污染。

（三）边境土地的利用

国家对本国边境地区土地的利用，应该遵守不损害对方国家利益的原则。国家不得在边境地区建立可能污染对方国家空气或水源的工厂或从事任何可能造成此类污染的活动；不得在靠近边界的地区设立靶场或进行任何类型的武器试验，以免危及对方居民的生命或财产的安全。边境地区森林发生火灾时，国家应尽力控制火势并将其扑灭，不使火灾蔓延到对方界内。

（四）边境居民的往来

由于历史的原因，相邻国家边境地区的居民在民族、宗教、风俗习惯、家庭或者经济活动等方面往往具有较为密切的联系。为尊重历史习惯，照顾边境居民的生产和生活需要，相邻国家在平时一般都给予边境居民一些特殊的方便，以便利他们相互往来，以及从事探亲访友、朝圣、就医或小额贸易等活动。例如，1956 年《中国和尼泊尔王国保持友好关系以及关于中国西藏地方和尼泊尔之间的通商和交通的协定》中规定，为保证边境居民通商，中、尼双方各指定同等数目的贸易市场，而且凡按习惯专门从事中、尼边境贸易的双方商人，可以仍在传统的贸易地点进行贸易活动。双方香客可以按照宗教习惯继续往来朝圣，双方对香客所携带的自用行李和朝圣用品不予以征税。中国政府还与一些邻国政府达成双边协议，同意逐渐消除两国边境居民的过界耕地、边界放牧等现象。

（五）边境事件的处理

相邻国家通常根据条约设置由双方代表共同组成的边界委员会，负责处理边境地区发生的涉及两个国家的事件。边境地区的一般事件，如偷越国境、损毁界标等，均由边界委员会处理。边界委员会未能解决的或者特别严重的事件，通过外交途径解决。

四、中国的领土和边界

（一）概念

中国位于欧亚大陆东部。中国的陆地领土包括大陆及其沿海岛屿、台湾以及包括钓鱼岛在内的附属各岛、澎湖列岛、东沙群岛、西沙群岛、中沙群岛、南沙群岛以及其他属于中国的岛屿。中国领水包括陆地疆界以内的河流、湖泊、领海基线以内的水域和邻接海岸与内水的领海。中国领空是中国领陆和领水之上一定高度的空气空间。

中国陆地边界长约 2.2 万多千米，与朝鲜、俄罗斯、蒙古、哈萨克斯坦、吉尔吉斯斯坦、塔吉克斯坦、阿富汗、巴基斯坦、印度、尼泊尔、不丹、缅甸、老挝、越南等 14 个国家接壤。海岸线长约 1.8 万多千米，隔黄海与韩国相向，隔东海与日本相向，隔南海与菲律宾、印度尼西亚、马来西亚、文莱等国家相向。

中国领土是在长期的历史发展过程中形成的。几千年来，中国各族人民就在这块土地上休养生息，创造了光辉灿烂的中华文明。中华民族具有保卫祖国、抵抗侵略的光荣传统，但在近代历史上，由于帝国主义国家的侵略，中国政府被迫签订了一系列不平等条约，将大片领土割让给外国，同时使帝国主义国家在中国取得了各种特权，严重地损害了中国的主权和领土完整。

中华人民共和国成立后，中国政府取消了外国在中国领土上的一切特权，坚决维护了国家的领土主权。中国政府在中国领土范围内充分、有效地行使国家权力，对领土内的人和物以及发生的事件具有排他的管辖权。为了保证国家领土完整不受侵犯，中国政府大力发展国防事业，并且对侵犯我国领土的行为进行了坚决的还击。中国一贯尊重别国的主权和领土完整，从不侵犯别国领土，也不允许其他国家侵犯我国的领土。

中国与邻国有着漫长的边界线，也存在一些边界问题。中国政府一贯主张与邻国本着友好协商的精神进行直接谈判，签订条约，解决边界问题。1960 年 10 月，中国与缅甸签订关于两国边界问题的协定，设立联合委员会划定了两国边界。随后，中国又于 1961 年 10 月与尼泊尔、1962 年 12 月与蒙古、1963 年与巴基斯坦和阿富汗、1991 年与老挝以及 1999 年与越南分别签订边界条约，正式划定了与这些国家的边界。

中国与苏联有很长的边界，两国之间的划界问题属于长期遗留的历史问题。经过谈判，两国外交部长于 1991 年 5 月在莫斯科签署了《关于中苏国界东段的协定》。1991 年年底苏联解体之后，中国与苏联的边界成为中国与俄罗斯、哈萨克斯坦、吉尔吉斯斯坦和塔吉克斯坦等四国的边界。俄罗斯政府宣布，中国与苏联签署的《关于中苏国界东段的协定》对俄罗斯继续有效。中、俄两国在分别完成国内的批准程序后，于 1992 年 3 月互换了该协定的批准书。1994 年 9 月 3 日，中国与俄罗斯在莫斯科签署《关于中俄国界西段的协定》。1995 年 10 月 11 日，该协定的批准书交换仪式在北京举行。至此，中国与俄罗斯的全部边界问题均以条约的形式得到解决。此外，中国与哈萨克斯坦、吉尔吉斯斯坦和塔吉克斯坦等三国也通过谈判的方式，解决了原来存在的边界问题。对于与其他国家之间仍然存在的边界和领土争端，中国政府一贯主张在和平共处五项原则的基础上，通过和平谈判或友好协商求得解决。

（二）中国和有关国家的领土和边界问题

1. 中国与印度的领土边界问题。中国与印度的边界全长约2 000千米，分东段、中段和西段。东段沿着喜马拉雅山南麓，从不丹以东到缅甸边界的伊索拉希山口；中段沿着喜马拉雅山脉，从拉达克以南直到尼泊尔边界；西段沿着喀喇昆仑山脉，从喀喇昆仑山口到西藏阿里地区和拉达克、喜马偕尔邦的接壤处。中印边界虽然从未正式划定，但是，根据两国历史上的行政管辖范围，早已形成了一条传统习惯线。

中印边界纠纷是历史遗留问题。1913 年 10 月，在英国的策划下，中国、英国及中国西藏地方当局的代表为“解决西藏问题”在印度北部的西姆拉举行了一次会议。英国政府采用诈欺手段使中国代表草签了一项西姆拉专约，但中国政府从未正式签署和批准该专约，因此，该专约是无效的。随后，英国代表背着中国中央政府的代表，诱使本无缔约权的西藏地方代表与其单独草签了经过更改的“西姆拉条约”，后来又以秘密换文的方式，非法划定一条所谓的“麦克马洪线”。根据这一条约，中印边界被划在喜马拉雅山的分水岭上，这条界线与传统习惯线之间历来属于中国的 9 万多平方千米的土地被划归英属印度。历届中国中央政府从未承认“麦克马洪线”，因此，它是非法和无效的。就连英国政府在与西藏地方当局秘密换文后的相当长时期内，也未敢把所谓的“麦克马洪线”画在地图上，而且长期未敢越过传统习惯线。直到第二次世界大战后期，英国才越界侵占了中国西藏的小块地区。

1947年印度独立后，印度政府不仅继承了英国殖民者侵占的中国领土，而且继续向北扩张。至1953年，印度政府终于控制了非法的“麦克马洪线”以南的全部地区。1959年，印度政府向中国提出全面的领土要求，总面积为12.5万平方千米。此后，印度军队不断越过实际控制线，在中国领土上设立据点，进行武装挑衅，多次制造流血事件。1962年10月，印度军队向中国发动大规模进攻，中国边防部队被迫进行自卫还击，给予来犯者应有的惩罚。中国政府一贯坚持在维护国家领土主权的基础上，通过谈判解决与印度之间存在的领土和边界问题。至2009年，两国已进行了13次会谈。

2. 西沙群岛和南沙群岛。西沙群岛位于南海西部，距海南岛约150海里，由20多个小岛组成。南沙群岛位于南海最南部，由岛屿和许多珊瑚礁组成。西沙群岛和南沙群岛都是中国领土不可分割的组成部分。

早在两千多年以前，中国人民就发现了西沙群岛和南沙群岛。东汉的《异物志》，宋代的《梦粱录》，元代的《岛夷志略》，明代的《东西洋考》、《顺风相送》，清代的《海国闻见录》等历代史书都有关于两群岛的记载。中国政府最早对西沙群岛和南沙群岛行使主权和管辖权。唐代时南沙群岛即被划归琼州督府管辖；北宋朝廷也曾派战船到西沙群岛巡逻，明确地将其置于自己的管辖范围之内。其后的历代中国政府都对两群岛持续地行使管辖权。1911年以来，西沙群岛和南沙群岛一直归海南岛管辖。第二次世界大战中，日本侵占了这些岛屿，战后又将其归还中国，当时的中国国民党政府于1946年派舰接收了西沙和南沙群岛并再度将其划归广东省管辖。1992年2月颁布的《中华人民共和国领海与毗连区法》明确规定，中国领土包括东沙群岛、西沙群岛、中沙群岛、南沙群岛以及其他属于中国的岛屿。

西沙群岛和南沙群岛属于中国领土，在国际上也是公认的。许多国家出版的百科全书和地图都承认两群岛是中国领土。但是，越南对西沙群岛和南沙群岛主张主权，并于1974年和1988年两次同中国发生武装冲突。至今，越南、菲律宾、马来西亚等国家仍占据着南沙群岛的部分岛礁。这是对中国领土主权的严重侵犯。

3. 钓鱼岛列屿。钓鱼岛列屿位于中国台湾岛东北100海里处，由钓鱼岛、黄尾屿、赤尾屿、南小岛、北小岛和一些礁石组成，其中钓鱼岛面积最大，约5平方千米。钓鱼岛等岛屿自古以来就是中国领土的一部分，早在明代它们就被作为台湾的附属岛屿纳入中国的海防区域。日本于1895年非法占据了这些岛屿，第二次世界大战以后，又将其交由美国托管。1971年6月17日，美国与日本签订“归还冲绳协定大纲”，将钓鱼岛等岛屿划入归还范围。日本政府即以此为依据，声称对这些岛屿拥有主权，并且把日本航空自卫队的防空识别区扩大到这一地区。

1971年12月30日，中国外交部发表声明，指出中国与日本琉球群岛在这一地区的分界线位于赤尾屿和久米岛之间，美国和日本拿中国的钓鱼岛等岛屿私相授受是侵犯中国主权的行为。1972年3月3日和3月10日，中国代表在联合国国际海底委员会会议上声明：钓鱼岛等岛屿是中国台湾岛的附属岛屿，并不属于琉球，这些岛屿周围的海域和邻近中国的海域的海底资源都属于中国所有，任何其他国家不得染指。

1972年，中、日两国实现邦交正常化。1978年，两国缔结和平友好条约。从中日友好的大局出发，两国政府同意将钓鱼岛问题留待将来解决。但日本方面却于1979年5月和6月派船运载人员和器材到钓鱼岛修建临时飞机场，其后向钓鱼岛附近海域派出了调查团和测量船。中国外交部亚洲司司长于1979年5月29日约见日本驻华大使馆临时代办，指出日方的行为显然违反了双方达成的谅解，并声明不承认日本的行为具有任何法律价值。1992年2月26日颁布的《中华人民共和国领海及毗连区法》明确规定："中华人民共和国的陆地领土包括中华人民共和国大陆及其沿海岛屿、台湾及其包括钓鱼岛在内的附属各岛……以及其他一切属于中华人民共和国的岛屿。"

2003年1月4日，针对日本政府以每年约2 200万日元的租金向一日本"岛民"租借钓鱼岛等三个岛屿，以加强对这些岛屿的管理一事，中国外交部副部长召见日本驻华大使，向日方提出严正交涉。中方指出，钓鱼岛及其附属岛屿自古以来就是中国领土不可分割的一部分，日方对这些岛屿采取的任何单方面行动都是非法和无效的，中方绝不能接受。日方应纠正其错误做法，杜绝任何损害中国领土主权和中日关系的事件发生。2010年9月7日，日本海上保安厅扣押了一艘在钓鱼岛海域进行捕鱼作业的中国拖网渔船，并于9月8日宣布逮捕船长詹其雄。中国政府对此表示强烈抗议。

第六节　南极和北极地区

一、南极地区

（一）南极概况

南极地区是指地球南极圈以内的大陆及其附近的岛屿，总面积为1 400多万平方千米，是地球上的六大洲之一。南极地区与南极洲有所不同，根据《南极条约》第6条的规定，南极地区是指地球南纬60度以南的地区，包括南极洲及其周围的海洋，总面积约6 500万平方千米。

南极地区蕴藏着丰富的生物资源和矿物资源，已查明的鱼类有90多种，其中，大部分可供食用，著名的南极磷虾可捕量就达50多亿吨。南极地区有200余种矿物，其中，煤、石油和天然气的储量都十分丰富。南极绝大部分陆地和海洋终年被冰雪所覆盖，其冰体约为2 700万立方千米，是世界上巨大的淡水资源。南极年平均气温在－55℃至－57℃之间，是世界上最冷的地区之一。由于特殊的地理和气候条件，南极地区成为各国科学家从事气象、冰川、地质、海洋生物、地球物理、地球化学、宇宙科学及通讯技术等科学研究项目的理想场所。此外，南极是联系南美洲、大洋洲与非洲的最短的海上和空中通道，具有十分重要的战略意义。

从近代起，人类逐渐开始了对南极的探险和考察活动。到19世纪20年代，一些探险家终于登上了南极大陆。此后，南极地区巨大的科学研究价值和经济价值以及对其进行开发的广阔前景，吸引了众多的科学家和许多国家的政府，各国对南极的科学考察活动越来越频繁，为此而进行的国际合作也越来越广泛。现在，已有20多个国家在南极地区设立了常年考察站。

中国自1979年起曾数次派遣科技人员参加其他国家的考察队去南极考察。1981年5月，中国正式成立了国家南极考察委员会，负责对南极考察工作的统一领导。1984年11月，中国派出两艘考察船和近600人组成的考察团前往南极，开始了独立的南极考察活动。至今，中国已经在南极地区设立了“长城站”、“中山站”和“昆仑站”三个常年考察站。

（二）南极的法律地位

随着南极地区探险和考察活动的开展，一些国家先后提出了对南极地区的主权要求。1908年，英国首先根据扇形理论宣布南极的一个地区为该国领土。其后，法国、澳大利亚、新西兰、挪威、阿根廷、智利、南非等国家也相继对南极提出领土要求，其中，有些国家所主张的领土范围互相重叠，因此不断发生争执。美国和苏联两个大国虽然没有正式提出对南极的领土要求，但它们分别声明不承认别国的领土要求，并且保留基于本国国民在南极的活动所产生的一切权利，包括领土要求在内。

为协调各国对南极的权利主张和促进在南极地区进行科学考察的国际合作，1955年7月，美国、苏联、英国、法国、日本等12国在巴黎举行了首次南极会议。会议同意暂时搁置各国对南极的领土要求，并强调加强在南极进行考察的国际合作。在1957年至1958年国际地球物理年期间，经美国倡议，美国、苏联、法国、英国、澳大利亚、新西兰、挪威、比利时、日本、阿根廷、智利、南非等12个国家在华盛顿召开南极会议。1959年12月1日，上述12国签订了《南极条约》。1961年6月23日，《南极条约》正式生效。

《南极条约》对南极地区的法律地位作出如下规定：

1. 和平利用南极。为了全人类的利益，缔约各国承认“南极应永远专为和平目的而使用，不应成为国际纷争的场所和对象”；在南极地区禁止采取一切具有军事性质的措施。例如，不得建立军事基地，建筑要塞，进行军事演习或试验任何类型的武器；禁止在南极进行任何核爆炸或处置放射性尘埃。

2. 南极科学考察自由和国际合作。任何国家都有在南极进行科学考察的自由并为此目的开展国际合作；缔约国同意在一切实际可行的范围内交换南极科学规划的情报，在南极的各考察队和各考察站之间交换科学人员，交换并可自由得到有关南极科学考察的成果和报告。

3. 冻结各国对南极的领土和权利要求。《南极条约》指出，条约的任何规定均不得解释为缔约任何一方放弃在南极原来所主张的领土主权权利或领土要求，或全部或部分放弃由于它或其国民在南极的活动或其他原因而构成的对南极领土主权要求的任何根据；在条约有效期间发生的一切行为或活动，都不得构成各国主张、支持或否定对南极的领土主权要求的基础，也不得创立在南极的任何主权权利；在条约有效期内，缔约国不得对南极提出新的领土主权要求或者扩大现有的要求。

4. 维持南极地区的公海制度。条约的规定不应损害或影响任何国家在南极地区根据国际法享有的对公海的权利或行使这些权利。

在《南极条约》的基础上，《南极条约》缔约国还建立了协商会议制度。条约的12个原始缔约国是协商会议的当然成员国。此外，任何后来加入条约的缔约国，当其在南极建立了考察站或派遣考察队在南极进行活动并对南极问题表示兴趣时，也可以成为协商会议的成员国。协商会议每两年召开一次，目的是便于协商会议成员国交换有关情报、讨论涉及共同利益的事项、制订促进科学合作的方案和措施。

《南极条约》第 12 条规定，条约生效之日起满 30 年后，经任何一个协商会议成员国提出请求，应尽快举行由所有缔约国参加的会议，以便审查条约的实施情况；审查会议经大多数缔约国（包括大多数协商会议成员国）同意的对条约的任何变更或修改，经缔约各国政府批准后生效。至 1991 年 6 月 23 日，《南极条约》生效已满 30 年，但是，条约的审查会议迄今尚未召开，《南极条约》的规定继续有效。

《南极条约》是现行规定南极地区的法律地位和规范各国在南极的活动的重要法律文件，条约的规定符合《联合国宪章》的宗旨和原则。实践证明，《南极条约》在保证和平利用南极，促进在南极进行科学考察的国际合作，保护南极地区的自然环境和生态平衡，以及协调因有关国家对南极提出领土要求而产生的矛盾和冲突等方面发挥了重要的作用。

南极条约协商会议于 1972 年通过《保护南极海豹公约》，1980 年通过《保护南极海洋生物资源公约》，两公约分别于 1978 年和 1982 年生效。1988 年，南极条约特别协商会议通过《南极矿物资源活动管理公约》，但澳大利亚、法国、比利时等国家以保护南极的生态环境为理由拒绝签署该公约。1991 年，第十一次南极条约特别协商会议续会通过《南极条约环境保护议定书》。根据该议定书，南极被指定为自然保护区，南极地区的活动仅用于和平与科学研究的目的。任何在南极地区进行的活动都不得对南极的环境和生态系统造成破坏，在该地区实施任何活动之前，都必须履行环境影响评价程序。《南极条约环境保护议定书》还对保护南极的动植物、防止海洋污染、管理在南极处置废弃物和建立南极特殊保护地等作了明确的规定。该议定书于 1998 正式生效。

1983 年 5 月 9 日，中华人民共和国第五届全国人民代表大会常务委员会第二十七次会议作出加入《南极条约》的决定。同年 6 月 8 日，中国代表向《南极条约》的保存国美国政府交存加入书，正式成为《南极条约》的缔约国。1985 年 10 月，《南极条约》协商会议成员国在布鲁塞尔举行会议，批准接纳中国为新的协商会议成员国。

二、北极地区

北极地区是指北极圈以内的区域，除美国、加拿大、俄罗斯、芬兰、丹麦、挪威和瑞典的部分领土外，北极地区的主要部分是北冰洋。北冰洋面积有1 500多万平方千米，70%的洋面终年结冰，冬季冰冻面积达 90%。根据一般国际法规则，北极地区除有关国家的陆地领土和领海外，其余部分应为沿海国的专属经济区和公海。国家可以按照《联合国海洋法公约》的规定，在北冰洋享有航行、飞越、捕鱼、科学研究、铺设海底电缆管道及建造人工岛屿和设施等项自由。

到目前为止，国际社会尚不存在专门规定北极地区法律地位的公约。1926 年 4 月 15 日，苏联最高苏维埃主席团曾通过决议，宣布苏联对北冰洋的大片海域拥有领土主权。该项决议规定，以苏联沿北冰洋的海岸为底边，以北极点到苏联陆地领土东西两端所划直线为腰的扇形区域，无论陆地或流动冰群，都是苏联的领土。苏联根据扇形理论单方面对北极地区主张主权的做法，遭到了非北冰洋沿岸国家的反对，美国、挪威等北冰洋的沿岸国也表示不同意按扇形理论分割北极地区，因此，苏联单方面的国内立法在国际法上不具有改变北极地区法律地位的效力。1999年以来，我国多次派遣考察队赴北极进行科学考察活动。2004年7月28日，我国第一个北极科学考察站——中国北极“黄河站”在挪威斯匹次卑尔根群岛的新奥尔松建成并投入使用。

法律应用

1. 传统国际法时期的领土取得方式有先占、时效、添附、割让、征服等。随着历史的进步，这些方式有的已失去其存在的合法性；有的尽管仍为现代国际法所承认，但也不再是国家取得领土的主要方式。不过，在现代国际关系中，国家之间因领土问题而起的争端时有发生，这就要求国际仲裁及司法机关在解决此类争端案件时，考虑有关领土取得方式应具有的效果及现实情况，努力使争端以和平的方式得到解决。

2. 边界是确定国家领土范围的界限，相邻国家之间往往涉及划分边界的问题。边界的划分有一些一般适用的规则：如两国以山脉为界，边界线应定在山脉的分水岭上；如以河流为界，边界线应为河流中心线或主航道中心线；如以湖泊为界，边界线应通过湖的中心等。在国家之间划分边界和国际仲裁法庭及司法机关解决边界争端的实践中，一方面应该考虑这些规则，另一方面更要考虑边界形成的历史和现实状况，不能使有关规则的适用造成严重损害一方领土主权的后果。

课后复习

一、不定项选择题

1. 根据现代国际法，合法的领土取得和变更方式有______。

A. 时效　　B. 公民投票

C. 添附　　D. 对无人居住地的先占

2. 对领土主权的特别限制的情形有______。

A. 征服　　B. 国际地役

C. 强制性割让　　D. 租借

二、判断题

1. 国际河流按照国际条约的规定向所有国家的船舶开放。

2. 一国的边境地区是指边界线该国一侧一定宽度的区域，因此，边境制度是由该国国内法规定的。

三、简答题

1. 国际地役有哪两种类型？

2. 边境制度的主要内容是什么？

第四章 国际法上的个人

提要

国际法上的个人是指居住在一国境内的所有自然人。它包括本国人、外国人和无国籍人。个人是构成国家的基本要素之一。没有定居的个人，国家就不能形成和存在。本章主要阐述国籍、外国人的法律地位、难民的法律地位以及引渡和庇护制度等内容。

国籍是区别本国人与外国人的依据。国籍法虽然属于国内法的范畴，但为了解决国籍冲突问题，国际社会制订了诸多有关的国际公约。外国人的法律地位问题，一般由所在国的国内法加以规定，同时，也应参照有关的国际法规则。难民受《关于难民地位的公约》的特别保护。引渡是指一国应外国的请求，把正处在自己领土之内而受到该外国通缉或判刑的人，移交给该国审判或处罚的行为。庇护通常包括领土庇护和域外庇护。引渡和庇护都要遵循一定的规则。

重点问题

1. 国籍的取得与丧失。
2. 双重国籍与无国籍。
3. 中华人民共和国国籍法。
4. 外国人待遇的一般原则。
5. 外交保护的概念和条件。
6. 难民的概念及其身份的确定。
7. 难民的法律地位。
8. 引渡和庇护制度。

第一节　国　籍

一、国籍与国籍法

居住在一个国家领土内的人，通常包括本国人、外国人和无国籍人，但以本国人为主。区别本国人、外国人和无国籍人的依据就是个人的国籍。国籍在确定不同的个人与所在国的不同法律关系和不同法律地位方面，具有重要的意义。因此，要讨论国际法上的个人问题，特别是外国人的法律地位问题，必须首先了解国籍及国籍法的有关知识。

国籍（nationality），就是指一个人“作为某一国家的国民的资格”[①]。从国际法的角度来看，国籍对个人和国家都有重要的意义。

首先，国籍是国家区分本国人和外国人、确定国家属人管辖权的依据。国家根据国籍来确定谁是本国人、谁是外国人。国家只对具有本国国籍的人行使属人管辖权。国家对个人行使外交保护权时，在通常情况下，该个人也必须具有该国国籍。

其次，国籍是确定个人法律地位的根据。具有本国国籍的人处于本国公民[②]的地

① ［英］詹宁斯、瓦茨修订，王铁崖等译：《奥本海国际法》，9版，第1卷，第2分册，294页。

② 一般而言，“公民”与“国民”并无严格区别。但在某些国家，公民与国民的含义及在国内法上的地位是有差别的。例如，美国法律规定，凡是出生在美国本土并受美国管辖的人，是美国的公民；而凡是出生在美国海外属地的人是美国的国民。前者享有完全的政治权利，后者只享有部分政治权利。法国国内法也有类似的规定。然而，这种区别在国际法上并无实际意义。

位，享有和承担本国法律所规定的公民的全部权利和义务。国家还有义务接纳本国人回国。不具有本国国籍的人，就处于外国人的地位。外国人享有的权利和承担的义务和本国人是有区别的。外国人没有选举权和被选举权，外国人也无须承担兵役的义务。

再次，在战时通常以国籍来决定某人是否为敌国国民。

按照现行国际法，国籍问题原则上属于每个国家主权管辖范围内的事项。这一原则不仅得到了1930年《关于国籍法冲突的若干问题的公约》的肯定，而且也为1923年常设国际法院关于“突尼斯—摩洛哥国籍命令案”（Nationality Decrees Issued in Tunis and Morocco，Advisory Opinion ）的咨询意见和1955年国际法院关于“诺特包姆案”（Nottebohm Case）的判决所证实。例如，《关于国籍法冲突的若干问题的公约》第一章第1条规定：“每一个国家依照其本国法律断定谁是它的国民。此项法律如符合于国际公约、国际惯例以及一般承认关于国籍的法律原则，其他国家应予承认。”常设国际法院在关于“突尼斯—摩洛哥国籍命令案”的咨询意见中表示，在国际法的现在状态下，国籍问题，按照本院的意见，原则上是属于这个保留范围之内的事项。国际法院关于“诺特包姆案”的判决也指出，国籍属于国家的国内管辖事项。

国籍法是各国规定其国籍的取得、丧失或变更等问题的法律规范。国籍法虽然属于国内法，但由于各国在国籍立法原则上的差异、内容上的不同，再加上国际交往愈益频繁，就容易产生国籍的冲突问题。

为了解决国籍问题，国际社会制订了诸多有关的国际公约，主要有：1930年《关于国籍法冲突的若干问题的公约》、《关于双重国籍某种情况下兵役义务的议定书》、《关于某种无国籍情况的议定书》，1933年《美洲国家间国籍公约》、《美洲国家间关于妇女国籍的公约》，1954年《关于无国籍人地位的公约》，1957年《已婚妇女国籍公约》，1961年《减少无国籍状态公约》和1997年《欧洲国籍公约》[①] 等。另外，一些普遍性的国际人权公约，如1966年《公民权利和政治权利国际公约》、1973年《禁止并惩治种族隔离罪行国际公约》等公约中，也含有国籍问题的规定。

二、国籍的取得与丧失

（一）国籍的取得

国际法并没有以任何方式规定应该如何取得国籍，但根据各国的国籍立法和实践，国籍的取得主要有两种方式：一种是因出生而取得一国国籍；另一种是因加入而取得一国国籍。

1. 因出生而取得一国国籍。因出生而取得的一国国籍，叫做原始国籍（original nationality）、生来国籍（nationality by birth）。世界上绝大多数人是由于出生而取得国籍，因此，出生是取得国籍的最主要的方式。但实践中，各国赋予原始国籍的标准不同，主要有以下三种情形：

第一，血统主义（*jus sanguinis*）。这是指以父母的国籍来确定一个人的国籍。按照这一标准，凡是本国人所生的子女，当然为本国国民，不论其出生在国内还是在

① 1997年11月6日，欧洲理事会订于斯特拉斯堡。

国外。

其中，血统主义又分为双系血统主义和单系血统主义。双系血统主义是指父母双方任一方的国籍均对子女国籍有影响。例如，1957 年《匈牙利国籍法》第 1 条第 1 款规定："父母一方属于匈牙利国籍者，子女是匈牙利人。"而单系血统主义通常是指父亲的国籍决定其子女的国籍，因此，又称父系血统主义。例如，1924 年《伊拉克国籍法》第 8 条第 1 款规定："任何人出生时，其父为伊拉克人者，不论在何地出生，都应认为是伊拉克国民。"

第二，出生地主义（*jus soli*）。这是指一个人的国籍按照他（她）的出生地来决定。根据这一标准，在一国境内出生的人，不问其父母国籍或无国籍，一律取得出生地国家的国籍。

第三，混合主义。这是指兼采血统主义和出生地主义的标准。不过，有些国家以血统主义为主，以出生地主义为辅；有些国家以出生地主义为主，以血统主义为辅；有些国家则平衡地兼采血统主义与出生地主义。

从现代各国国籍立法的实践来看，很少有国家完全采用一种方式来规定原始国籍的取得方式，而多半是以血统主义或出生地主义为主要方式，再辅之以另外一种方式。据李浩培先生对 99 个国家国籍法的研究表明，纯粹采取血统主义的国家有 5 个，以血统主义为主、出生地主义为辅的国家有 45 个，以出生地主义为主、血统主义为辅的国家有 28 个，平衡地兼采血统主义和出生地主义的国家有 21 个，没有一个国家纯粹采用出生地主义。[①]

2. 因加入而取得的一国国籍。因加入而取得的一国国籍，称为继有国籍（acquired nationality）。继有国籍可以分为两类：一类是根据当事人的志愿而取得的继有国籍，如自愿申请入籍等；另一类是基于某种事实而根据有关国内法的规定取得的继有国籍，如由于婚姻、收养等原因而取得某国国籍。

（1）自愿申请入籍。自愿申请入籍，旧称归化。每一个国家都可以根据其法律所规定的条件，允许外国人申请获得其国籍。当然，任何人都没有权利主张一个国家必须接受他入籍；相反，每个国家都可以按照自己的法律规定，或者批准当事人的申请而准予入籍，或者拒绝当事人的申请而不准入籍。

关于入籍的条件和程序，都是由每个国家自行决定的。不过，大多数国家只准许那些已经在该国居住相当长的时期或者与该国有某种联系的人，如与当地国人民有婚姻或亲属关系的人入籍。

另外，对于取得继有国籍的人在法律地位上是否与具有原始国籍的人完全一样，各国立法的规定也不完全相同。有些国家对继有国籍人的法律权利有所限制。例如，根据《美国宪法》第 2 条的规定，入籍的美国国民不能当选为美国总统。

（2）因婚姻、收养而取得的继有国籍。由于婚姻而变更国籍，主要是涉及妇女的国籍问题，即妇女是否因与外国人结婚而取得丈夫的国籍，甚至因此丧失自己的国籍。对此，各个国家的立法是有分歧的。不过，目前大多数国家的国籍立法倾向确立男女平等的原则和妇女国籍独立的原则，规定婚姻并不影响国籍。这一点，也得到了一些

---

① 参见李浩培：《国籍问题比较研究》，49～50 页，北京，商务印书馆，1979。

国际公约的肯定。例如，1957年联合国大会通过的《已婚妇女国籍公约》第1条规定，一个国家的国民和外国人结婚或解除婚姻，以及夫于婚姻期间变更国籍，均不应当然影响妻的国籍。1979年《消除对妇女一切形式歧视公约》第9条第1款要求各缔约国给予妇女与男子平等的取得、变更或保持其国籍的权利，尤其要保证与外国人结婚或者夫于婚姻期间变更国籍，都不应当然变更妻的国籍，使她成为无国籍人或者以夫的国籍强加于她。

因收养入籍是指无国籍或具有外国国籍的儿童被一国国民收养而取得收养人所属国的国籍。收养是否使被收养者的国籍发生变更，各国的立法是不一致的。有些国家，如罗马尼亚、奥地利和墨西哥等国家的法律规定，收养对国籍没有影响；有些国家，如日本、美国的法律规定，养子女可以在免除法律规定的某些条件下申请入籍；还有一类国家，如英国、比利时和爱尔兰等国家的法律规定，养子女由于收养而当然取得收养者的国籍。[①]

因加入而取得一国国籍，除了上述自愿申请入籍、婚姻和收养以外，还有选择国籍、认知（准婚生）、国家继承、接受公职和强制入籍等情形。

（二）国籍的丧失

一个人的国籍同样是可以丧失的。国籍的丧失是指一个人丧失某一特定国家的国民身份。各国的法律一般都规定了丧失国籍的各种不同情况和条件。概言之，国籍的丧失分为两种：自愿的和非自愿的。

自愿丧失国籍是基于当事人的意愿而丧失国籍。它既可以采取声明放弃国籍的办法，也可以运用申请解除国籍的方式。许多国家都允许其国民解除或放弃其国籍。非自愿丧失国籍主要是由于入籍、婚姻、收养、剥夺等原因而丧失原有国籍。它不是基于当事人的意志，而是由于法律规定的当然结果，或者是由于主管机关根据法律规定剥夺当事人国籍的结果。

三、国籍的冲突

在通常情况下，一个人应当有而且是只有一个国籍的。然而，由于国际法没有关于国籍的公认的统一规则，各国都自行制定本国的国籍法，而各国国内法关于国籍的决定又不尽相同，所以常常出现一些不正常的情况：一个人可能有两个或两个以上的国籍，也可能没有任何国籍。这就产生了国籍的冲突问题。国籍的冲突有两种情形：积极的国籍冲突和消极的国籍冲突。其中，前者是指一个人具有两个或两个以上国籍的情况；后者是指一个人不具有任何国籍的情况。

（一）双重国籍的产生及解决

双重国籍（double nationality）在各种不同的情况下都可以产生。可以说，每一种取得国籍的方式，如因出生、婚姻、收养、入籍等，都可能使个人具有双重国籍。

双重国籍无论是对个人还是对国家或国际关系来讲，都是有害的。双重国籍会使个人遇到困难的情况，因为两个不同的国家都认为他是自己的国民，而要求其履行义

① 参见李浩培：《国籍问题比较研究》，128～129页。

务。在对第三国的关系上，双重国籍也会给第三国对外国人的管理带来困难。双重国籍问题还有可能引起国家之间的纠纷。由于双重国籍的严重后果，所以，很多国家在国内立法和国际条约方面，采取种种措施防止和消除双重国籍。

解决双重国籍问题的国际条约主要有：1930 年《关于国籍法冲突若干问题的公约》、《关于双重国籍某种情况下兵役义务的议定书》，1954 年《阿拉伯联盟关于国籍的公约》，1957 年《已婚妇女国籍公约》，1961 年《关于取得国籍之任择议定书》，1963 年欧洲国家之间签订的《关于减少多重国籍及在多重国籍时兵役义务的公约》和 1997 年欧洲理事会的《欧洲国籍公约》等。

（二）无国籍的产生及解决

无国籍（statelessness）问题也可以出现在各种不同的情况下。它通常是由于各国国籍法的冲突、领土的移转或国籍被剥夺等原因而产生的。

无国籍对个人来讲，显然是一种很不利的情况。因为没有国籍的人，在国际法上就得不到国家的外交保护，在他们受到一个国家的损害时，也没有国家代表他们提出国际求偿。

长期以来，各国通过国内立法和签订一些国际公约的方法减少无国籍状态和保障无国籍人的权利。减少无国籍状态的国际公约主要有：1930 年《关于某种无国籍情况的议定书》，1954 年《关于无国籍人地位的公约》和 1961 年《减少无国籍状态公约》等。此外，1948 年《世界人权宣言》也将国籍列为基本人权之一，《世界人权宣言》第 15 条规定，人人有权享有国籍且任何人之国籍不容无理褫夺。1949 年联合国经社理事会还设立了一个临时委员会研究无国籍问题，并于 1950 年通过一项决议，要求各国在它们发生领土主权变更时，作出安排以避免无国籍状态的产生。

四、中华人民共和国国籍法

中国最早的国籍法是 1909 年清政府颁布的《大清国籍条例》。1914 年 12 月，当时的中国政府曾制定了《修正国籍法》。1929 年 2 月，中华民国政府颁布了《民国十八年修订国籍法》。

新中国成立后，在《中华人民共和国国籍法》颁布以前，处理国籍问题主要是依据政府的有关政策。1980 年 9 月 10 日，中华人民共和国第五届全国人民代表大会第三次会议审议并通过了《中华人民共和国国籍法》（以下简称《国籍法》）。这是新中国成立以后颁布的第一部国籍法，也是我国现行的国籍法。《国籍法》虽然只有 18 条，但它从中国国籍立法的基本原则到具体内容、有关程序，都规定得比较详细、明确。

（一）中国国籍立法的基本原则

1. 平等原则。平等原则体现在民族平等的统一国籍、男女国籍平等等方面。例如，《国籍法》第 2 条规定："中华人民共和国是统一的多民族的国家，各民族的人都具有中国国籍"；《国籍法》第 4 条和第 5 条规定，父母双方的国籍对子女取得中国国籍具有同等效力。

2. 血统主义与出生地主义相结合、以血统主义为主的原则。这一原则具体体现在《国籍法》第 4 条、第 5 条和第 6 条。我国在采取这一原则时，是以血统主义为主、出生地主义为辅的。它符合现代各国国籍立法的总趋势。

3. 不承认双重国籍原则。《国籍法》第 3 条规定："中华人民共和国不承认中国公民具有双重国籍。"这是中国历史上第一次宣告不承认中国公民具有双重国籍。这一原则不仅表现于不承认中国公民所具有的外国国籍，而且表现于各项规定都坚持一人一籍。这项原则体现了我国政府在解决华侨双重国籍问题上的一贯立场，有利于消除或减少我国与华侨众多的有关国家的矛盾。

(二) 中国国籍的取得

关于中国国籍的取得，《国籍法》作出了如下规定，"父母双方或一方为中国公民，本人出生在中国，具有中国国籍"；"父母双方或一方为中国公民，本人出生在外国，具有中国国籍；但父母双方或一方为中国公民并定居在外国，本人出生时即具有外国国籍的，不具有中国国籍"；"父母无国籍或国籍不明，定居在中国，本人出生在中国，具有中国国籍"。

《国籍法》规定了通过入籍取得中国国籍的程序和必须满足的条件，外国人或无国籍人，愿意遵守中国宪法和法律，并具有下列条件之一的，可以经申请批准加入中国国籍：(1) 中国人的近亲属。(2) 定居在中国的。(3) 有其他正当理由。申请加入中国国籍获得批准的，即取得中国国籍；被批准加入中国国籍的，不得再保留外国国籍。

此外，《国籍法》还就中国国籍的恢复作出了规定："曾有过中国国籍的外国人，具有正当理由，可以申请恢复中国国籍；被批准恢复中国国籍的，不得再保留外国国籍。"

(三) 中国国籍的丧失

根据《国籍法》的规定，中国国籍的丧失，有两种不同的方式：

1. 自动丧失。《国籍法》第 9 条规定，"定居外国的中国公民，自愿加入或取得外国国籍的，即自动丧失中国国籍"。

2. 申请退籍。《国籍法》第 10 条规定，中国公民具有下列条件之一的，可以经申请批准退出中国国籍：(1) 外国人的近亲属；(2) 定居在外国的；(3) 有其他正当理由。《国籍法》第 11 条规定，申请退出中国国籍获得批准的，即丧失中国国籍。不过，《国籍法》第 12 条也对申请退籍规定了限制条件，国家工作人员和现役军人，不得退出中国国籍。

此外，《国籍法》还规定，中国国籍的取得、丧失和恢复，除自动丧失中国国籍的情况外，必须办理申请手续。

第二节　外国人的法律地位

一、概说

外国人 (alien)，是指在一国境内不具有所在国国籍而具有其他国籍的人。广义的外国人还包括外国法人。无国籍的人一般也纳入外国人的范畴。如果一个人既具有所在国的国籍，同时又有其他国家的国籍，那么，对所在国而言，一般把他作为本国人而不是外国人。

外国人的法律地位问题主要涉及外国人与所在国之间的权利与义务关系，包括外国人应服从所在国的管辖，外国人应当享有的待遇，外国人入境、出境和居留应当遵守的规定等。

关于外国人的法律地位问题的规定，属于所在国主权范围内的事项，一般由所在国的国内法加以规定，其他国家无权进行干涉。不过，在规定外国人的法律地位时，必须参照国际法的一般原则和有关的国际习惯规则，同时，还要顾及本国所承担的国际法义务。

每个外国人都受双重管辖。一方面，他处在所在国的属地优越权之下；另一方面，他又处在国籍国的属人优越权之下。因此，国家在对境内的外国人行使属地管辖权时，要照顾到外国人的本国所具有的属人管辖权，如外国人负有对本国效忠的义务，可以从所在国被召回服兵役，所在国不得阻止。同样，外国人的本国在行使属人优越权时，要受到其国民所在国的属地优越权的限制。

二、外国人的入境、居留和出境

（一）入境

根据国际法，任何国家都不能主张它的国民有进入外国领土的权利。是否接受外国人入境，以及在什么条件下允许外国人入境，是一个国家自由决定的事项。换言之，国家没有准许外国人入境的义务，外国人也没有要求必须入境的权利。

而事实上，由于世界各国在经济、文化等各方面交往的需要，国家通常都是在互惠的基础上允许外国人以合法的目的入境的。不过，一般需要两个条件：一是持有本国签发的有效护照，二是有拟进入的国家发给的签证。另外，某几类人，如难民或国际组织的官员，根据国际协定也可以使用特别的旅行证件来代替护照；而有些国家，由于彼此间密切的经济、文化联系或在互惠的基础上，也可以互相免办签证手续。

国家出于本国安全、公共秩序和公共利益的考虑，有权特别拒绝下列几类外国人入境：精神病患者、传染病患者和刑事罪犯等。

（二）居留

合法进入一国境内的外国人，无论是在该国短期、长期或永久居住，都必须遵守居留国的法律、法令，并要办理相关的居留登记手续。关于外国人在居留国所享有的权利和承担的义务，由居留国的法律规定。外国人在居留期间，他的合法权利（包括人身权、财产权、著作权、发明权、劳动权、受教育权、婚姻家庭权、继承权和诉讼权等）应受到保护。不过，外国人一般不能享受本国人所享受的政治权利。外国人一般也没有为居留国服兵役的义务。

（三）出境

在国际法上，由于一个国家对于其境内的外国人只有属地最高权而没有属人最高权，因此，它不能阻止外国人离开其领土，只要他履行了法定的离境条件。1948 年《世界人权宣言》第 13 条规定：“人人有权离去任何国家。”外国人离境的条件通常由国内法加以规定。一般是必须已经履行了当地的义务，如缴纳捐税、罚款，清偿私人债务，了结司法案件，并办理了出境手续等。对于合法离境的外国人，应当允许其按照居留国的法律规定，带走个人合法财产。居留国不得对他的离境征税，也不得对他所携去的财产额外征税。

另外，根据国际法，一国在特定情况下还有权限令外国人离境或将其驱逐出境。不过，国家不得滥用这项权利。一些国际公约对国家驱逐外国人的权利予以限制。例如，1955 年《欧洲居留公约》第 3 条规定，一个缔约国的国民合法地居住在另一缔约国的领土内的，只有由于他们危害国家安全或违反公共秩序或道德，才可以被驱逐。1966 年《公民权利和政治权利国际公约》第 13 条同样规定，一个国家境内合法居留的外国人，非经依法判定，不得驱逐出境，而且除事关国家安全必须急速处分者外，必须准许该外国人提出不服驱逐的理由，并申请主管当局复核。

三、外国人的待遇

（一）外国人待遇的一般原则

关于外国人的待遇问题，国际法上并没有统一的规定，而是由各个国家自行作出决定，除非受条约的约束。在长期的国际实践中，国际社会逐渐形成了一些有关外国人待遇问题的一般原则，常见的有以下四种：

1. 国民待遇（national treatment）。国民待遇是指一个国家在某些事项上给予外国人与本国国民相同的待遇。国民待遇通常是各国政府在互惠的基础上互相给予的。从国际实践来看，一国给予外国人国民待遇，主要是在民事权利方面。至于政治权利方面，外国人一般不能享有。例如，外国人不享有选举权和被选举权，不得担任政府公职。

2. 最惠国待遇（most-favored-nation treatment）。最惠国待遇是指一国（施惠国）给予另一国（受惠国）的国民（或法人）的待遇，不低于现在或将来给予任何第三国国民（或法人）在该国所享受的待遇。《联合国国际法委员会关于最惠国条款的条文（草案）》第 5 条指出："最惠国待遇是指授予国给予受惠国或与之有确定关系的人或事的待遇不低于授予国给予第三国或与之有同于上述关系的人或事的待遇。"

最惠国待遇主要适用于经济、贸易和投资等方面，一般是在互惠的基础上通过条约中的最惠国条款互相给予的。

3. 互惠待遇（reciprocal treatment）。互惠待遇是指各国基于平等互利的原则，互相给予对方国民某种权利、利益或优惠，如相互税收优惠、互免入境签证、免收签证费等。互惠待遇的目的是避免外国人在本国获得某些片面的权益或优惠。

4. 差别待遇（differential treatment）。差别待遇包括两种情况：一种是外国公民或法人的民事权利在某些方面不同于本国公民或法人，如外国人不能经营某种企业，外国人不能从事某种职业等；另一种是对不同国籍的外国公民或法人给予不同的待遇，如欧盟的成员国对其他成员国的国民或法人的待遇就不同于对非成员国的国民或法人。不过，采取差别待遇不能有任何歧视。如果基于种族、性别等原因而采取的歧视待遇，则是违反国际法的。

（二）最低国际标准

自从 19 世纪末 20 世纪初欧美国家提出"最低国际标准"（minimum international

standard）以来，广大发展中国家一直表示反对。它们认为这种国际标准或最低标准，仅仅是欧美国家的标准，而不是现代国际法统一的标准，况且，这种标准可能成为外国人向所在国谋求特权的借口。

如果抛开其他因素，从纯学理上分析，似乎也可以说存在一定的最低国际标准：第一，按照一般国际法，外国人在所在国享有某些最低限度的权利。如外国人所取得的私权利，应当原则上予以尊重；应当保护外国人在生命、自由、财产和荣誉上免受犯罪的攻击等。[①] 第二，人作为社会的动物，其基本需求是一致的。无论生活在哪个国家，他都要生存和发展。正如菲德罗斯所说："由于人类共同的天性和从此发生的基本生活需要的共同性，最低限度的共同价值标准是存在的。"[②] 因此，以一般国际法为基础的外国人的权利根源于这个理念：各国相互之间有义务在外国人的人身方面尊重人的尊严。所以，它们有义务给予外国人能够保持尊严的生活所必不可少的那些权利。第三，某些最低国际标准的存在也是国际交往的客观要求。第二次世界大战以后，随着科学技术的飞速发展，国际政治、经济交往愈益频繁，人员的跨国流动日益增多。这种愈益密切的国际交往需要一些国际社会公认的国际规范的存在，而某些最低国际标准正是这种需要的产物。

（三）最低国际标准与国民待遇原则的融合趋势

最低国际标准与国民待遇原则在当今已呈现出一种融合的趋势。

首先，从最低国际标准的产生来看，它源于对国民待遇原则的担心。因为"适用国民待遇标准，将既可能给予外国人太多同时又可能给予太少。将该项标准推到逻辑的极端，它将意味着不能排除外国人享有选举权，从事某些职业，或享受福利——这些是国家并无义务给予外国人的权利。反过来，它也将意味着国家有权把外国人折磨至死，只要它也把自己国民折磨至死——这是常识和正义所不能接受的结论"[③]。因此，一个国家无论是对待自己的国民还是外国人，都应符合某些最低国际标准。就像某些学者所说的："如果说最低限度国际标准似乎给予外国人特权地位，回答应该是这些国家应更好地对待它们自己的国民，而不是要更坏地对待外国人。"[④]

其次，就人权的国际保护来说，最低国际标准与国民待遇原则也应当是一致的。国家对其国民的权力，受到了国际法不同程度的约束。在保护人权方面，已经形成了一些带有强行法性质的国际法规范。如果一个国家违反了这些规范，那么其他国家就有权采取相应的措施要求该国作出某些改变。正如有的学者所指出的："一般都同意，一个国家由于它的属人和属地权威可以自由决定它的本国国民的待遇。但是，很大部分的意见和实践支持这样的见解：自由决定是有限度的，而且如果一个国家对它的国民施行虐待或加以迫害到了否定他们的基本人权和使人类良知震惊的程度，就不是单独与该国家有关的事项，而甚至为了人类利益的干涉也是法律上所允许的。"[⑤] 因此，

---

① 参见［奥］菲德罗斯等著，李浩培译：《国际法》，下册，434～435页，北京，商务印书馆，1981。

② 李浩培：《国际法的概念与渊源》，111页。

③ ［英］阿库斯特著，汪暄等译：《现代国际法概论》，104～105页，北京，中国社会科学出版社，1981。

④ 同上书，104～105页。

⑤ ［英］詹宁斯、瓦茨修订，王铁崖等译：《奥本海国际法》，9版，第1卷，第1分册，319页。

“整个人权运动可以被看作是把最低限度国际标准从外国人扩及本国人的一种尝试”[①]。

四、外交保护

（一）外交保护的概念

根据2006年联合国国际法委员会一读通过的《关于外交保护的条款草案》第1条，“外交保护是指一国针对其国民因另一国的国际不法行为而受到损害，以国家名义为该国民采取的外交行动或其他和平解决手段”[②]。一般来说，外交保护泛指一国通过外交途径对在国外的本国国民的合法权益进行的保护。[③]

外交保护是主权国家的权利，是国家属人优越权的重要内容之一。在实践中，各国都会通过本国的外交机关对在国外的本国国民提供各种保护。例如，在本国国民的合法权益有可能在所在国遭到损害的情况下，由本国驻该国的外交代表与该国有关机关进行非正式的交涉，或者对有关个人提供必要的协助；在本国国民的合法权益在所在国受到实际损害的情况下，则可对所在国政府正式提出抗议，或者要求其对造成的损害提供赔偿。这种赔偿要求可以直接向所在国政府提出，也可以在两国同意的情况下提交国际仲裁或司法机关解决。[④]

外交保护的问题在18世纪时即已出现，当时主要表现为大国对本国侨民和海外投资遭受的损害进行干涉。19世纪以来，由于拉丁美洲国家实施的国有化措施往往对外国公司和外国人的利益造成损害，因此，其本国经常出面为他们提供外交保护。在此过程中，拉丁美洲国家有针对性地提出了一些理论，如卡尔沃条款、德拉果主义、用尽当地救济原则等。[⑤] 联合国成立后，联合国国际法委员会在编纂国家责任问题的过程中，实际上是把外交保护作为国家责任的一个问题加以处理的。20世纪90年代后期，国际法委员会决定把外交保护问题从国家责任中分离出来进行单独审议。[⑥] 2006年，国际法委员会第58届会议通过了《关于外交保护的条款草案》。

（二）外交保护的条件

由于外国人处于其国籍国的属人优越权和所在国属地优越权双重管辖之下，且当这两种管辖权发生冲突时，后者居优先的地位，因此，外国人的国籍国行使外交保护权时，须尊重所在国的属地优越权。[⑦] 根据国际法，国家行使外交保护权应该符合下列条件：

1. 本国人（包括自然人和法人）的合法权益在所在国受到不法侵害，且该侵害行为可以归因于所在国国家。本国人的合法权益因所在国的国际不法行为而受到损害是国家行使外交保护权的基本前提。倘若本国人的利益只是受到所在国私人行为的侵害，或者因所在国行使属地管辖权而受到合理的限制或损抑，则其本国原则上不能因此而

---

① ［英］阿库斯特著，汪暄等译：《现代国际法概论》，105页。

② 白桂梅：《国际法》，269页，北京，北京大学出版社，2006。

③ 参见梁淑英主编：《国际公法》，226页，北京，中国政法大学出版社，1993。

④ 参见上书，226～227页。

⑤ 参见周忠海主编：《国际法》，218～219页，北京，中国政法大学出版社，2007。

⑥ 参见上书，219页。

⑦ 参见白桂梅：《国际法》，270页。

向所在国提出抗议或求偿。

2. 受害人须持续具有保护国国籍。由于国籍体现了个人与国家之间固定的法律联系，所以，一般情况下，国家只能对具有本国国籍的人行使外交保护权，而且受害人必须自受害之日到抗议或求偿结束之日持续地具有保护国的国籍。《关于外交保护的条款草案》第1条第1款规定："一国有权对受到损害之时为其国民并在正式提出求偿之日为其国民的人，实行外交保护。"

3. 受害人须用尽所在国当地救济且未获合理补偿。原则上，一国只有在本国受害人用尽所在国国内一切司法或行政救济措施，但仍未得到合理补偿的情况下，才能对所在国政府提出抗议或求偿，除非当地救济不具有实现有效救济的合理性，救济过程受到不适当的拖延，依据案情用尽当地救济实为不合理，或者应对损害负责的国家放弃了用尽当地救济的要求。"用尽当地救济原则"已成为一项国际习惯法规则。对于不符合这一原则的赔偿要求，有关国际仲裁或司法机关有权拒绝受理。

外交保护是国家基于属人优越权行使的一项权利，其目的是通过外交途径对其利益因外国的国际不法行为而受到损害的本国国民提供保护。但在历史上，一些国家往往借口保护本国侨民而对其他国家进行干涉或侵略，这是不符合现代国际法的。1983年10月20日和1989年12月20日，美国先后出兵格林纳达和巴拿马，其理由之一就是保护美国公民的安全。美国的这种行为遭到了国际社会的普遍谴责。[①]

五、外国人在中华人民共和国的法律地位

1982年《中华人民共和国宪法》第32条第1款规定："中华人民共和国保护在中国境内的外国人的合法权利和利益，在中国境内的外国人必须遵守中华人民共和国的法律。"为了便于对外国人的管理，1964年，国务院公布了《外国人入境出境过境居留旅行管理条例》，1985年全国人大常委会通过了《中华人民共和国外国人入境出境管理法》。1986年，国务院颁布了《中华人民共和国外国人入境出境管理法实施细则》(1994年修订)。该法对外国人的入境、居留和出境等问题作出了具体、细致的规定。

外国人入境必须办理入境手续。外国人一般首先应持有效护照和有关证件到中国主管机关申请签证。获得入境签证的人，进入中国境内还要通过中国的边防和海关的检查。被认为入境后可能危害中国国家安全、社会秩序的外国人，不准入境。

外国人在中国居留，必须持有中国政府主管机关签发的身份证件或居留证件。居留期间要遵守各项法律规章。对于不遵守中国法律、非法居留或违反居留管理规定的外国人，可处以警告、罚款或拘留，情节严重的，可以并处限期出境。

外国人离开中国要办理出境手续，如交验护照和居留证件及其他证件。对以下三类外国人不准出境：第一，刑事案件的被告人和经公安机关、人民检察院或者人民法院认定的有犯罪嫌疑的人；第二，经人民法院通知有未了结民事案件不能离境的人；第三，有其他违反中国法律的行为尚未处理，且经有关主管机关认定需要追究的人。

---

① 参见梁淑英主编：《国际公法》，228页。

第三节　难民的法律地位

一、难民的概念及其身份的确定

（一）难民的概念

国际法上对难民并没有确定的定义。根据1951年联合国通过的《关于难民地位的公约》第1条的规定，难民（refugee）是指因种族、宗教、国籍、属于特殊社会团体成员或具有某种政治见解的原因，而有恐惧被迫害的充分理由，置身在原籍国领域外不愿或不能返回原籍国或不愿或不能受原籍国保护的人。

第一次世界大战以后，国际社会出现了许多难民，难民问题开始进入国际法领域。在国际机构方面，1921年6月，国际联盟设立了难民事务高级专员，专门负责保护和救援第一次世界大战结束后滞留在各国的难民，挪威人南森（Nansen）担任该高级专员；1931年1月，国际联盟又建立了南森国际难民局（Nansen International Office for Refugees）；1938年7月，各国在埃维昂举行会议，决定成立政府间难民委员会；1943年，成立了联合国家救济与重建管理处，负责对被解放地区人民的协助及战争期间被遣送到德国做苦力的民族团体返乡的事宜；1946年12月，联合国大会通过《国际难民组织约章》，成立了国际难民组织，其目的是将为数约160万的难民或流离失所的人遣送回国，给予法律保护和使其重新定居。

1951年，联合国在有关决议的基础上成立了联合国难民事务高级专员办事处（Office of the United Nations High Commissioner for Refugees），其任务是在联合国的支持下，对难民给予国际保护，促进难民自愿回国或在新国家入籍，以求一劳永逸地解决难民问题。

在国际条约方面，国际社会制订了一系列有关难民问题的国际公约，如1926年《发给俄国与亚美尼亚难民证明文件的协定》，1928年《俄国与亚美尼亚难民法律地位办法》，1933年《关于难民地位公约》，1938年《关于来自德国难民地位公约》和1946年《政府间关于发给难民旅行证件协定》等。

在这一方面最重要的公约有1951年《关于难民地位的公约》和1967年《关于难民地位议定书》，它们是研究难民制度的主要法律依据。

（二）难民身份的确定

难民身份的确定具有重要的意义，因为根据国际法，只有某人被确认为难民以后，他才能取得难民的法律地位，也才能获得有关的国际保护。根据1951年《关于难民地位的公约》和1967年《关于难民地位议定书》的规定，某人欲成为难民，必须同时具备以下两个条件：

1. 主观条件。所谓主观条件，是指当事人畏惧迫害，即当事人有正当理由畏惧因种族、宗教、国籍、属于某一社会团体或具有某种政治见解等原因而受到迫害。这里所说的迫害，不要求对当事人的迫害已经达到相当程度或已经发生。

2. 客观条件。所谓客观条件，是指当事人留在其本国之外或经常居住地国之外，且不能或不愿受其本国保护或返回其经常居住地国。如果当事人仍留在其本国国内，他是不应获得难民身份的。

此外，1951 年《关于难民地位的公约》还明确地规定，难民地位不适用于下列任何情形的人：已经获得联合国其他机构的保护和援助；被其居住地国家认为具有附着于该国国籍的权利和义务；违反国际文件中已作出规定的违反和平罪、战争罪或违反人道罪；在以难民身份进入避难国之前，曾在避难国以外犯有严重的非政治罪行；曾有违反联合国宗旨和原则的行为并经认为有罪。

二、难民的法律地位

1951 年 7 月 28 日，联合国主持召开外交会议并通过了《关于难民地位的公约》。该公约对难民的法律地位作出了详细的规定。然而，最初这一公约仅适用于因 1951 年 1 月 1 日以前发生的事情而造成的难民，且缔约国可以在签字、批准或加入时附加保留将该公约只适用于在欧洲地区发生的事情。1967 年 1 月 31 日，在纽约订立的《关于难民地位议定书》则排除了上述限制，因此，批准与加入该议定书的国家，上述公约的规定对一切难民，不论在何时、何地，都予以适用。

根据 1951 年《关于难民地位的公约》和 1967 年《关于难民地位议定书》的规定，难民的法律地位主要体现在以下四个方面：

1. 不推回原则。不推回原则（principle of non-refoulement），是指国家不得以任何方式将难民驱逐或送回至其生命或自由因为他的种族、宗教、国籍、参加某一个社会团体或具有某种政治见解而受威胁的领土边界。但如有正当理由认为难民足以危害所在国的安全，或者难民已被确定判决认为犯过特别严重罪行从而构成对该国社会的危险，则该难民不能享受不被驱逐或送回的权利。难民不推回原则是 1951 年《关于难民地位的公约》的基本条款，依据该公约的规定不得提出保留。此原则现已成为一般国际法的原则。

值得注意的是，1968 年联合国在德黑兰召开有关国际人权会议。会议的决议呼吁各国政府积极加入 1951 年《关于难民地位的公约》和 1967 年《关于难民地位议定书》，并且强调遵守"不推回原则"的重要性。此外，1966 年 12 月，联合国通过的《公民权利和政治权利国际公约》第 13 条也规定了一项与 1951 年《关于难民地位的公约》相类似的驱逐出境限制条款。

2. 国民待遇原则。国民待遇原则是指难民在宗教自由权、所有权、诉讼权、受教育权，以及在公共救助、劳工立法、社会安全与财政负担等方面，都应享有与所在国的本国国民相同的待遇。

3. 不低于一般外国人待遇原则。不低于一般外国人待遇原则是指难民在动产与不动产所有权、职业自由、住宅、接受中等与高等教育、交通往来等方面，都应享有不低于一般外国人在同样情况下所享有的待遇。

4. 最惠国待遇原则。最惠国待遇原则是指难民在以从事工作获取工资权利方面，享有与外国国民同样情况下享有的最惠国待遇。且如果有对外国人施加的限制措施，均不得适用于已经在该国居住 3 年的难民或其配偶已有居住国国籍，或其子女一人或数人具有居住国国籍者。

此外，对于直接来自其生命或自由受到威胁的领土且未经许可而进入或逗留在一国领土内的难民，不得因该难民的非法入境或逗留而加以刑罚，但以该难民毫不迟延地自行投向当局说明其非法入境或逗留的正当原因者为限。

三、中华人民共和国关于难民问题的立场与实践

长期以来，中国一直重视对难民的保护。1982 年 9 月 24 日，中国分别加入了 1951 年《关于难民地位的公约》和 1967 年《关于难民地位议定书》，并且分别声明对《关于难民地位的公约》第 14 条后半部分和第 16 条第 3 款提出保留，对《关于难民地位议定书》第 4 条提出保留。上述公约和议定书分别在 1982 年 12 月 23 日和 1982 年 9 月 24 日开始对中国生效。这是目前中国保护国际难民的主要法律依据。

此外，中国还积极参与保护难民的国际活动。中国自从 1971 年恢复在联合国的合法席位以后，就开始参加联合国难民事务高级专员办事处的有关工作，参与联合国大会关于联合国近东巴勒斯坦难民救济和工程处（United Nations Relief and Works Agency for Palestine Refugees in the Near East，UNRWA，简称近东救济工程处）工作议题的审议，并从 1981 年正式开始向该工程处认捐。1979 年，中国恢复了在联合国难民事务高级专员办事处执委会中的活动，中国代表多次出席有关难民问题的国际会议，阐述中国政府在有关保护难民问题上的立场和原则。

第四节　引渡和庇护制度

一、引渡

（一）概说

引渡（extradition），是指一国应外国的请求，把正处在本国领土之内而受到该外国通缉或判刑的人，移交给该外国审判或处罚的行为。

在国际法上，国家之间并无引渡罪犯的义务，除非它根据条约承担了这种义务。不过，有些国家对没有引渡条约的国家，也准许根据互惠原则引渡。引渡条约大部分为双边条约。美国与 100 多个国家签订了引渡条约，法国也与 50 多个国家签订了引渡条约。[①] 关于引渡的多边条约不太多，主要是欧洲和美洲的一些区域性多边条约，如 1933 年《美洲国家间引渡公约》、1957 年《欧洲引渡罪犯公约》等。此外，一些国际公约包含有引渡条款，如 1948 年《防止及惩治灭绝种族罪公约》规定，缔约国应将犯有灭绝种族罪者依法予以引渡。

同时，许多国家还制定了有关的引渡法，对引渡的条件和程序作出详细的规定。例如，早在 1833 年，比利时就制定了世界上第一部引渡法。如果一国没有引渡法且宪法中对引渡问题没有任何规定，那么，由其政府根据自己的决定缔结引渡条约。在这

① 参见［韩］柳炳华著，朴国哲等译：《国际法》，上卷，528 页，北京，中国政法大学出版社，1997。

些国家，即使没有引渡条约，政府也有权决定是否引渡个人。

（二）政治犯不引渡原则

政治犯不引渡原则是法国大革命以后逐渐确立的一项原则。1793年的《法国宪法》第120条规定，向自由逃亡到法国的外国政治犯提供避难场所。由于政治犯的概念和范围缺乏明确性，各国的解释也不尽相同，因此，政治犯不引渡原则实施起来较为困难。

一般认为，决定哪种罪行为政治犯，需要考虑以下五个因素：（1）犯罪的动机；（2）犯罪时的情况；（3）只包括若干特定罪行为政治罪，如叛乱或企图叛乱；（4）罪行是针对一个特定的政治组织或引渡的请求国；（5）犯罪的行为必须在敌对两派争夺一国政权的情况下发生，因此，无政府主义者或恐怖分子不包括在内。①

由于政治犯的含义容易被曲解和政治犯不引渡原则容易被滥用，因此，根据各国的引渡法和有关的国际条约，对政治犯的范围主要有以下限制：（1）行刺条款，即犯罪为刺杀国家元首时，视为普通罪犯；（2）国际罪行，有些公约规定国际罪行不能认为是政治犯罪，如1948年《防止及惩治灭绝种族罪公约》等；（3）恐怖活动，如1977年《欧洲制止恐怖活动公约》规定与恐怖活动有关的各种罪行，不应视为政治罪。

值得注意的是，有些国家把军事犯也从引渡对象中排除。例如，根据1927年《法国引渡法》第4条的规定，军人所犯罪行依法国法律为普通犯罪时，适用引渡的一般条件，按刑事管辖权重叠的情况不予以引渡，依法国法律处理。

（三）引渡规则

1. 引渡的条件。由于各国的利益不尽相同，因此，各国的引渡法和有关的引渡条约所规定的引渡条件也不完全一致。但在实践中，已形成以下公认的国际习惯法规则。

（1）双重犯罪原则。所谓双重犯罪（double criminality）原则，又称相同原则（principle of identity），是指可引渡的犯罪必须是请求引渡国家和被请求引渡国家双方都认为是犯罪的行为。

（2）本国国民不引渡原则。原则上，任何个人不论是本国人还是外国人都可以被引渡，但通常多数国家不引渡本国国民，而是在本国国内法院对其进行审判和惩处，这就是本国国民不引渡原则。在实践中，只有英国、美国等极少数国家不拒绝引渡本国国民。

此外，从各国的引渡法和有关引渡条约的规定来看，有些国家之间的引渡条约将可以引渡的罪行一一列举。例如，1868年《美国与意大利的引渡条约》第2条列举了谋杀、意图谋杀、强奸、抢劫等几十项罪名为可引渡的罪行；又如，1924年《美国与罗马尼亚间引渡条约》第1条列举了谋杀罪、重婚罪、放火罪等24项罪名，作为应予以引渡的犯罪。而另外一些国家则采取概括的方式，规定判刑至少为若干年的犯罪为可引渡的犯罪。例如，1953年《匈牙利与保加利亚司法协助条约》第56条规定，按照缔约双方法律规定的犯罪行为，判刑至少1年或更重的监禁，为可予以引渡的犯罪。

2. 请求引渡的主体。在一般情况下，请求引渡的主体，即有权提出引渡请求的国

① 参见［澳］希勒：《斯塔克国际法》（I. A. Shearer, Starke's International Law），320页，巴特沃思出版公司，1994。

家主要有：（1）罪犯本人所属的国家；（2）犯罪行为发生地国家；（3）受害的国家，即犯罪结果发生地国家。

当有数个国家为同一罪行或不同罪行请求引渡同一人时，原则上，被请求国有权决定把罪犯引渡给何国。但1933年《美洲国家间引渡公约》第7条规定，如果有几个国家为同一罪行请求引渡时，犯罪发生地国家有优先权；如果这个人犯有几项罪行而被请求引渡时，则依移交国法律罪刑最重的犯罪地国家有优先权；如果各该项行为被请求国视为同样严重时，优先权依请求的先后顺序决定。

3. 引渡的程序。引渡一般通过请求国与被请求国之间的外交途径进行。请求国先根据其国内法和有关的引渡条约来决定请求引渡，并将请求通过外交途径通报被请求国。被请求国收到引渡请求后，由其主管机关进行审查，决定是否引渡，并通过外交途径将此决定通知请求国。例如，1933年《美洲国家间引渡公约》第5条规定："引渡请求书由各自外交代表制作，如果无外交代表时，则由领事代表转达，或者由各国政府直接通知。请求引渡罪犯的国家，还须附送关于罪犯个人犯罪的证明材料。"在被请求引渡国通知决定移交罪犯的时间和地点之后的一定期限内，请求引渡国必须派员前来接受。罪犯移交给请求国人员接收之后，引渡程序即告结束。

4. 罪行特定原则和再引渡的限制。许多国家的引渡法和有关的引渡条约都规定了"罪行特定原则"（principle of specialty，或译为"特定行为原则"或"引渡效果有限原则"）。"罪行特定原则"，是指移交给请求国的罪犯，在该国只能就其请求引渡时所指控的罪名予以审判和处罚；凡是不在引渡请求中所列举的犯罪行为，请求国非经被请求国的同意，不得对该罪犯进行审判和处罚。这一原则也称为引渡与追诉一致原则。

请求引渡的国家接受罪犯的引渡后，再将该罪犯引渡给第三国，供其审判和处罚，称为再引渡（re-extradition）。[①] 至于被引渡的罪犯是否可以由原来的请求引渡国转交给第三国，在理论上有三种不同的意见：第一种主张认为可以再引渡。第二种主张赞成根据罪行特定原则，不能再引渡。第三种主张认为，如果经被请求国同意，就可以进行再引渡。例如，1953年《匈牙利与保加利亚司法协助条约》第67条规定："未经被请求的缔约一方的同意……被引渡的人不得被引渡至第三国。"而许多国家的引渡法和有关的引渡条约，对于再引渡问题大多都未作明文的规定，国际实践也不一致。

二、庇护

（一）概说

庇护（asylum），通常包括领土庇护（territorial asylum）和域外庇护（extraterritorial asylum）两种。前者是指国家基于主权，对于因被外国当局通缉或受迫害而来避难的外国人，准其入境和居留，并给予保护。后者又称外交庇护（diplomatic asylum），它是指一国的使领馆、军舰或军用飞机等对于所在地国家前来要求避难的人给予保护。

庇护是以国家的属地优越权为根据的。给予庇护是国家的一项权利，个人受到庇护是国家庇护权的产物。个人可以申请庇护，但是否给予庇护，由被申请国家决定。

---

① 参见丘宏达：《现代国际法》，432页，台北，三民书局，1995。

国家有权给予外国人庇护，但国家并无法律上的义务一定要给外国人庇护。虽然有些国家的宪法明文规定对因政治原因被迫害的外国人给予庇护，如 1947 年《意大利宪法》第 10 条和 1949 年《德意志联邦共和国宪法》第 16 条，但这些规定尚未成为国际法的一部分。

1948 年《世界人权宣言》第 14 条规定："（一）人人有权在其他国家寻求和享受庇护以避免迫害。（二）在其正由于非政治性的罪行或违背联合国的宗旨和原则的行为而被起诉的情况下，不得援用此种权利。"然而，人们一般认为该条并不表示个人有必须被给予庇护的权利。值得注意的是，1966 年的《公民权利和政治权利国际公约》没有规定个人的庇护权问题。

由于庇护是国际法中的一个复杂问题，各国在这方面存在诸多分歧，因此，迄今为止，国际社会还没有一项关于庇护的普遍性国际公约。目前，有关庇护的国际公约都是区域性的，如 1928 年《美洲国家间关于庇护的公约》和 1933 年《美洲国家间关于政治庇护权的公约》。

（二）领土庇护

1. 领土庇护的对象。领土庇护的对象主要是政治避难者，所以，一般又称政治避难。领土庇护与政治犯不引渡原则有一定的联系。然而，领土庇护的内容比不引渡更广泛，它不仅是不引渡，还包括不予以驱逐和准其在境内安居。换言之，领土庇护的内容包括不引渡，但仅仅是不引渡并不一定就构成庇护。

第二次世界大战以后，领土庇护对象的范围又有了新的发展。一方面，庇护的对象除了政治犯以外，还包括从事科学和创作活动而受迫害的人；另一方面，在一些国际文件中，明确地将某类人排除在可以享受庇护的范围之外，如犯有灭绝种族罪、违反和平罪、战争罪或危害人类罪及种族隔离罪的人无权享受庇护。

2. 受领土庇护者的地位。享受领土庇护的外国人的地位，原则上与一般外国侨民相同，在所在国享有合法的居留权。他们处在所在国的领土管辖权之下，应服从所在国的法律。此外，给予庇护的国家对庇护者的活动有义务加以必要限制，使其不得在本国境内从事危害他国安全及其他违反联合国宗旨与原则的活动。

1967 年 12 月，联合国大会一致通过了《领土庇护宣言》，建议各国应遵循下列原则，办理领土庇护事宜：

（1）一国行使主权，对有权援用《世界人权宣言》第 14 条之人，包括反抗殖民主义之人给予庇护时，其他各国应予以尊重；凡有重大理由可以认为犯有国际文书设有专条加以规定之违反和平罪、战争罪或危害人类罪之人，不得援用请求及享受庇护之权利；庇护之给予有无理由，应由给予庇护之国酌定之。

（2）以不妨碍国家主权及联合国宗旨与原则为限，第 1 条第 1 项所述之人之境遇为国际社会共同关怀之事。

（3）凡第 1 条第 1 项所述之人，不得使受诸如下列之处置：在边界予以拒斥，或于其已进入请求庇护之领土后予以驱逐或强迫遣返至其可能受迫害之任何国家；唯有因国家之重大理由，或为保护人民，例如，遇有多人大批涌入之情形时，始得对上述原则例外办理。倘一国于任何案件中决定有理由对本条第 1 项所宣告之原则例外办理，该国应考虑能否于其所认为适当之条件下，以暂行庇护或其他方法给予关系人前往另一国之机会。

（4）给予庇护之国家不得准许享受庇护之人从事违反联合国宗旨与原则之活动。[①]

（三）域外庇护

在拉丁美洲国家之间，长期以来形成了外国使馆给予驻在国国民以外交庇护的习惯。1928年签订的《美洲国家间关于庇护的公约》和1933年《美洲国家间关于政治庇护权的公约》对此加以确认，因此，域外庇护得到了拉美国家的普遍承认。然而，拉美国家的这种外交庇护严格限制在“紧急情况”下适用，它仅仅是拉美区域性的国际法，不具有一般国际法的意义。

现代国际法并不承认使馆馆长有在其馆舍内给予庇护的一般性权利。1950年，国际法院在“庇护权案”中指出，外交庇护权并非国际法所承认的权利。联合国通过的《世界人权宣言》和1961年《维也纳外交关系公约》都没有有关外交庇护的规定。

三、中华人民共和国关于引渡和庇护的法律制度

（一）中华人民共和国关于引渡的法律制度

早在清代，中国就与外国签订了含有引渡条款的条约，如1689年《中俄尼布楚条约》、1886年《中法越南边界通商章程》。中华人民共和国成立以后，先后参加了20多项禁毒、反劫机等方面的含有引渡条款的多边国际公约。2000年12月28日，第九届全国人大常委会第十九次会议通过了《中华人民共和国引渡法》（以下简称《引渡法》）。该法以专门立法的方式建立了中国引渡的法律制度，它为中国有关机关处理中外之间的引渡问题提供了重要的国内法依据。

《引渡法》包括4章，共有55条。其主要内容有：

1. 引渡的条件。按照《引渡法》第7条的规定，外国向中国提出的引渡请求必须同时符合下列条件，才能准予引渡：

(1)双重犯罪。《引渡法》第7条第1款第1项规定：“引渡请求所指的行为，依照中华人民共和国法律和请求国法律均构成犯罪”。

（2）双重可罚性。《引渡法》第7条第1款第2项明确地指出：“为了提起刑事诉讼而请求引渡的，根据中华人民共和国法律和请求国法律，对于引渡请求所指的犯罪均可判处一年以上有期徒刑或者其他更重的刑罚；为了执行刑罚而请求引渡的，在提出引渡请求时，被请求引渡人尚未服完的刑期至少为六个月。”该条第2款还指出：“对于引渡请求中符合前款第一项规定的多种犯罪，只要其中有一种犯罪符合前款第二项的规定，就可以对上述各种犯罪准予引渡。”

2. 引渡的依据。《引渡法》第15条规定：“在没有引渡条约的情况下，请求国应当作出互惠的承诺。”可见，中国应外国的引渡请求而予以引渡的依据有：（1）与请求国的引渡条约；（2）与请求国的互惠关系。

3. 本国国民不引渡原则和政治犯不引渡原则。《引渡法》第8条明确规定适用本国国民不引渡原则和政治犯不引渡原则。根据《引渡法》第8条第1项的规定，如果被

① 参见王铁崖、田如萱编：《国际法资料选编》，265～266页。

请求引渡人依照中华人民共和国法律具有中华人民共和国国籍的，则应当拒绝引渡；按照《引渡法》第8条第3项、第4项的规定，被请求人如果因政治原因而请求引渡的，或者中国已经给予被请求引渡人受庇护权利的，或者可能因其种族、宗教、国籍、性别、政治见解或者身份等方面的原因而被提起刑事诉讼或者执行刑罚，或者被请求人在司法程序中可能由于上述原因受到不公正待遇的，则应当拒绝引渡。

4. 引渡请求的提出。根据《引渡法》第10条的规定，请求国的引渡请求，应当向中国外交部提出。

5. 对引渡请求的审查。外交部收到请求国提出的引渡请求后，应当对引渡请求书及其所附文件、材料是否符合《引渡法》和引渡条约的有关规定进行审查。最高人民法院指定的高级人民法院，对请求国提出的引渡请求是否符合《引渡法》和引渡条约关于引渡条件等规定进行审查并作出裁定。最高人民法院对高级人民法院作出的裁定进行复核。外交部接到最高人民法院符合引渡条件的裁定后，应当报送国务院决定是否引渡。

6. 引渡的执行。引渡由公安机关执行。对于国务院决定准予引渡的，外交部应当及时通知公安部，并通知请求国与公安部约定移交被请求引渡人的时间、地点、方式以及执行引渡有关的其他事宜。

7. 向外国请求引渡。请求外国准予引渡或者引渡过境的，应当由负责办理有关案件的省、自治区或者直辖市的审判、检察、公安、国家安全或者监狱管理机关分别向最高人民法院、最高人民检察院、公安部、国家安全部、司法部提出意见书，并附有关文件和材料及其经证明无误的译文。最高人民法院、最高人民检察院、公安部、国家安全部、司法部分别同外交部审核同意后，通过外交部向外国提出请求。

此外，为妥善处理涉外案件，推动打击跨国犯罪的国际合作，到目前为止，中国已经与20多个国家缔结了引渡条约，与30多个国家谈判缔结了司法协助条约，并在互惠的基础上与其他一些国家开展了引渡合作。

（二）中华人民共和国关于庇护的法律制度

根据国际法，中国对因政治原因而遭到外国追诉或迫害的外国人给予保护，对犯有违反和平罪、战争罪、违反人道罪等国际条约规定的国际罪行者拒绝给予保护。例如，1982年中国《宪法》第32条第2款规定：“中华人民共和国对于因为政治原因要求避难的外国人，可以给予受庇护的权利。”1985年《中华人民共和国外国人入境出境管理法》第15条规定：“对因为政治原因要求避难的外国人，经中国政府主管机关批准，准许在中国居留。”

此外，中国既不实行域外庇护，也反对别国在中华人民共和国境内进行域外庇护。

法律应用

1955年国际法院关于“诺特包姆案”（Nottebohm Case）的判决①

① 参见黄惠康、黄进编著：《国际法、国际私法成案选》，63页，武汉，武汉大学出版社，1987。

本案的事实是：诺特包姆于1881年出生在德国，并具有德国国籍。1905年，他开始在危地马拉经商。1939年10月，诺特包姆按照列支敦士登国籍法，申请入籍，列支敦士登国王准其入籍。1939年12月，诺特包姆很快回到了危地马拉，并立即向危地马拉政府申请将他在外国人登记簿上注明的国籍改为列支敦士登国籍，并经过危地马拉政府批准。此后，他在危地马拉继续进行商业活动。1941年，危地马拉和美国都对德国宣战。1943年，危地马拉警察突然将诺特包姆逮捕并送到美国当作敌国国民予以监禁，直到1946年才被释放。1946年1月，诺特包姆申请返回危地马拉，被危地马拉政府拒绝。1951年，列支敦士登政府向国际法院起诉危地马拉，要求发还诺特包姆的财产，并且赔偿损害。1955年4月6日，国际法院作出判决，驳回列支敦士登的起诉。

本案是采用实际国籍作为在外交保护中确定请求国国籍标准的一个重要的国际判例。从司法实践的角度来分析，首先，本案表明，一个国家准许一个与该国没有真正联系的人入籍，其他国家（至少与这个人有这样联系的国家）为了外交保护的目的并没有承认这样授予的国籍的义务。其次，所谓“真正联系”，一般只适用于双重国籍的情形，而本案是单一国籍的问题，因为依照德国法律，诺特包姆在列支敦士登入籍后就丧失了德国国籍。因此，国际法院的判决与在国际法上要减少无国籍状态的趋势不符。另外，还应注意的是，国际法院并未表示诺特包姆的归化无效，而只是说此种归化不能要求危地马拉承认其效力，作为行使外交保护权的根据。

课后复习

1. 国籍取得与丧失的方式主要有哪些?
2. 试述《中华人民共和国国籍法》的主要内容。
3. 如何看待最低国际标准?
4. 如何确定难民身份?
5. 什么是引渡和庇护? 其法律依据及规则如何?
6. 试述外交保护的条件。

第五章
海洋法

第一节　概述

一、海洋法的概念和历史发展
二、三次联合国海洋法会议
三、中国有关海洋的立法和实践

第二节　领海和毗连区

一、领海基线
二、领海的概念和范围
三、沿海国的领海主权
四、领海无害通过制度
五、毗连区

第三节　群岛水域

一、概说
二、群岛水域的法律地位和航行制度

第四节　专属经济区

一、专属经济区制度的形成
二、专属经济区的法律制度
三、海岸相向或相邻国家间专属经济区的划界
四、中国的专属经济区制度

第五节　大陆架

一、概说
二、大陆架的法律制度
三、海岸相向或相邻国家间大陆架的划界
四、大陆架制度与专属经济区制度的关系
五、中国的大陆架制度
六、中国的海洋划界问题

第六节 用于国际航行的海峡

一、概说

二、过境通行制

三、实行其他通过制度的用于国际航行的海峡

第七节 公海

一、公海的含义和法律地位

二、公海自由

三、公海上的管辖权

第八节 国际海底区域

一、概说

二、国际海底区域的法律地位和开发制度

三、国际海底管理局

第九节 海洋环境的保护和保全

一、概述

二、防止陆地源和大气源污染

三、防止船舶源污染

四、防止海底开发活动源污染

五、防止倾倒源污染

六、海洋环境污染的管辖

第十节 国际海洋法法庭

一、概述

二、法庭的组织

三、法庭的管辖权

四、法庭的程序和裁判

五、海底争端分庭

提要

海洋法是规定各个海域的法律地位和法律制度并调整各国在其中从事活动的规则和制度的总体。整个海洋被划分为具有不同法律地位的 9 类海域。内水、领海和群岛水域处于沿海国或群岛国的主权控制下，但沿海国在领海的主权受无害通过权、群岛国在群岛水域的主权受无害通过权和群岛海道通过权的限制。沿海国在毗连区内享有

对特定事项的管制权，在专属经济区和大陆架上享有与资源开发和管理有关的主权权利和管辖权。用于国际航行的海峡一般实行过境通行制。公海不属于任何国家管辖和控制，各国依国际法享有公海自由。国际海底区域及其资源是人类共同继承的财产。各国在利用海洋时应按照所承担的国际义务保护海洋环境。国际海洋法法庭是1982年《海洋法公约》创设的一个常设性国际司法机构。

重点问题

1. 领海基线
2. 领海主权及无害通过制度
3. 群岛水域的法律地位及航行制度
4. 专属经济区的概念及法律制度
5. 大陆架的范围和法律制度
6. 用于国际航行的海峡的过境通行制
7. 公海自由的含义及公海上的管辖权
8. 国际海底区域的法律地位
9. 国际海洋法法庭和海底争端分庭的管辖权及所适用的法律

第一节 概 述

一、海洋法的概念和历史发展

海洋是海和洋的总称，约占地球表面总面积的71%，平均深度3 795米。海洋的中心部分为洋，约占海洋总面积的89%，深度一般在3 000米以上，有独立的风、潮汐和洋流系统。大洋四周的边缘部分称为海，约占海洋总面积的11%，深度一般在2 300米以下，没有独立的系统，其潮汐和海流受大洋的支配，其中最大的为澳大利亚东北面的珊瑚海。①

海洋中所蕴含的大量生物资源自古以来就为人类提供了重要的食物来源。随着航海技术的发展，海洋广阔的水域又成为人类重要的航运通道。近年来，超大型油轮的建造和集装箱船的兴起，又极大地提高了海洋运输能力。第二次世界大战后海底钻探技术的发展，使得开发底土中的矿产资源成为人类利用海洋的重要组成部分。同时，海洋在军事战略上也具有重要价值，历来被海洋大国视为其军事战略的重要区域。另一方面，随着人类对海洋开发利用活动的不断扩展和深入，从水体到海床和底土，从捕鱼和航行到铺设海底电缆和管道、建造人工岛屿、进行海底钻探以及从事海洋科学研究，海洋环境遭到了越来越严重的破坏，有关的保护问题日益受到国际社会普遍关注。而捕鱼手段与技术的提高又导致海洋渔业资源的迅速衰退，从而产生了如何合理

---

① 参见魏敏主编：《海洋法》，1～2页，北京，法律出版社，1987。

开发渔业资源的问题。为了实现公平合理地利用海洋资源，特别是在发展中国家和发达国家，沿海国和国际社会整体之间达至利益平衡，海洋被划分为具有不同法律地位和法律制度的海域，而海洋法（law of the sea）就是规定各个海域的法律地位和法律制度并调整各国在其中从事各种活动的原则、规则和规章制度的总体。① 应当指出的是，海洋法不仅包括平时各国利用海洋的制度，而且包括战时的海上作战规则，以及中立国的权利和义务等，但因后者属于战争法的范畴，因此现代海洋法一般不涉及这些问题。②

虽然是国际法的一个古老分支，但海洋法是在资本主义生产方式出现之后才产生和发展起来的。海洋法的发展主要受两个因素的影响：一是国际政治的发展，二是科学技术的发展。在古罗马时代，海洋和空气一样被认为是不属于个人的“大家共有之物”（res omnium communes）。这一概念的实质在于排除了某人对特定对象的所有权。然而，尽管古罗马有此概念，但并不意味着在这一时期就已经形成了公海自由原则。因为罗马法承认海洋为“共有物”是从国内法的角度作出的规定，因此并不属于国际法规范。③ 到了中世纪，商业和航海事业的发展促使欧洲国家开始对海洋提出权利要求，当时欧洲诸海中几乎没有任何一部分处于某种权力要求之外。其中，英国国王就曾自称为“不列颠海洋的主权者”和“四面八方的英国海之主”。而威尼斯主张亚得里亚海、瑞典主张波罗的海，丹麦一挪威联合王国主张北海。15 世纪的地理大发现更是引发了海洋强国瓜分海洋的欲望，其典型代表就是 1493 年教皇亚历山大第六划分大西洋的所谓“教皇子午线”。为了确认葡萄牙和西班牙的地理新发现，该年教皇颁布两道谕旨，指定维尔得角以西 370 里格（一里格等于三海里）的一条经线作为葡、西两国在海洋上的控制分界线，线以东及西面的巴西属葡萄牙，线以西（除巴西外）属西班牙，两国在各自的区域内享有商业垄断权。④ 然而，海洋的分割妨碍了资本主义的发展。为了维护荷兰资本主义的利益，反对葡萄牙对海洋的垄断，1609 年荷兰法学家格老秀斯发表了著名的《海洋自由论》，明确提出“海洋自由”的观念，反对个别国家对海洋的占有。格老秀斯的主张遭到一些国家和学者的反对。意大利人真提利斯 1613 年写了《西班牙辩护论》，而英国法学家塞尔顿（John Selden）1618 年写了《闭海论》为英国君主占有英国周围的海洋进行辩护。这场关于控制邻近海域和维护海洋自由的斗争持续了近两百年，直到 19 世纪初叶才最终形成了领海与公海并立的传统海洋法律秩序。沿海国对领海拥有主权，领海以外即为公海，适用海洋自由原则。

20 世纪以来，特别是第二次世界大战以后，海洋法发生了重大变化。除了领海和公海等传统概念之外，还出现了大陆架、专属经济区、用于国际航行的海峡、群岛水域、国际海底区域等新的海域。同时，尽管习惯规则仍然是海洋法的重要渊源，但各国越来越注重海洋法规的编纂问题。联合国曾为此主持召开了三次海洋法会议，而第三次海洋法会议的召开及 1982 年《联合国海洋法公约》（以下简称《海洋法公约》）的

① 参见端木正主编：《国际法》，2 版，164 页。

② 参见魏敏主编：《海洋法》，4～5 页。

③ 参见上书，7 页。

④ 参见上书，8～9 页。

缔结标志着现代海洋法律秩序的确立。

二、三次联合国海洋法会议

第二次世界大战之前，各国曾多次尝试编纂海洋法，但都未成功。1930 年国际联盟主持召开的海牙国际法编纂会议在海洋法领域只是制定了《领海法律地位（草案）》。第二次世界大战以后，联合国国际法委员会从其成立伊始就把海洋法作为编纂的重点之一。在其工作的基础上，1958 年 2 月至 4 月，联合国在日内瓦主持召开了第一次海洋法会议，制定了四个公约：《领海与毗连区公约》、《公海公约》、《大陆架公约》和《捕鱼与养护公海生物资源公约》，合称为《日内瓦海洋法公约》。其中，《领海与毗连区公约》和《公海公约》基本上是对习惯规则的编纂，而《大陆架公约》和《捕鱼与养护公海生物资源公约》则包含了较多新的规则。然而，此次海洋法会议有以下几个显著的不足。首先，会议未能解决领海的宽度问题。其次，由于当时民族解放运动尚未兴起，参加日内瓦会议的 86 个国家大都是发达或较发达国家，而只有 30 个国家来自亚非拉地区，因此《日内瓦海洋法公约》在一些重大问题上主要反映了发达国家的主张。此外，限于当时科学技术的发展水平，公约中的一些规定在公约生效之前就已经随着科技水平的迅速进步而过时了。为了解决领海和渔区的宽度问题，1960 年 3 月至 4 月，联合国在日内瓦主持召开了第二次海洋法会议，但没有取得任何成果。

20 世纪 60 年代以来，在民族解放运动中新产生了大批发展中国家，这导致国际政治力量对比发生重大变化，而发展中沿海国和发达国家围绕海洋权益的斗争也日益激烈。发展中沿海国一方面主张扩大国家管辖海域范围，另一方面反对发达国家凭借其先进的技术和雄厚的资金独占国家管辖范围以外海底资源的开发利用。在 1967 年第 22 届联合国大会上，马耳他代表提出一项议案，建议审议“国家管辖范围以外的海床、洋底及其底土的和平利用及其资源用于人类福利的宣言和条约问题”，并主张国家管辖范围以外的海床、洋底及其底土以及该区域内的资源应为人类共同继承财产。这个建议尽管遭到海洋大国的反对，但很快获得大多数国家的支持。根据这项建议，联合国大会决议成立“国家管辖范围以外海床洋底和平利用特设委员会”，并于 1968 年将其改为常设委员会，即“和平利用国家管辖范围以外海床洋底委员会”（以下简称海底委员会），由 42 个国家组成。1970 年第 25 届联大通过决议，鉴于“过去的十年中政治和经济的现实和科学技术的迅速发展迫切需要通过密切的国际合作，逐步改善海洋法”，并“考虑到现有许多联合国会员国未曾参加以前的联合国海洋法会议”，因此决定于 1973 年召开第三次海洋法会议，对海洋法进行一次新的全面编纂。1971 年海底委员会扩大为 91 个国家，并开始作为第三次海洋法会议的准备委员会进行工作。我国自 1972 年起参加该委员会的工作。

第三次联合国海洋法会议是当时国际关系史上会期最长、与会国最多的一次外交会议。会议于 1973 年 12 月 3 日在纽约开幕，到 1982 年 12 月结束，前后开了 9 年，共举行了 11 期会议，会议总天数达 585 天。先后有 167 个国家，以及作为观察员的 50 多个非独立领土、民族解放运动组织和国际组织的代表参加了会议。会议最终以 130 票赞成、4 票反对（美国、以色列、土耳其和委内瑞拉）和 17 票弃权（苏联和东欧国家、英国、联邦德国等）的表决结果通过了《海洋法公约》。1982年12月6日到10日，在牙买加蒙特哥湾举行的最后会议上，包括中国在内的117个国家和两个实体（库克群岛和联合国纳米比亚委员会）签署了公约。[①]

1982年《海洋法公约》包含320项条款和9个附件，涉及海洋法的各主要方面，涵盖领海和毗连区、用于国际航行的海峡、群岛国、专属经济区、大陆架、公海、岛屿制度、闭海或半闭海、内陆国出入海洋的权利和过境自由、国际海底区域、海洋环境的保护和保全、海洋科学研究、海洋技术的发展和转让、争端的解决等各项法律制度，是现代海洋法的主要渊源和权威文件，被誉为“世界海洋宪章”[②]。《海洋法公约》第308条规定：“公约应自第六十份批准书或加入书交存之日起十二个月后生效”。1993年11月16日第60个签字国向联合国秘书长递交了批准书，因此，公约于1994年11月16日开始生效。截至2010年年底，《海洋法公约》共有161个缔约国。

然而，以美国为首的一些发达国家由于对《海洋法公约》第十一部分关于海底区域的开发制度不满意，因此拒绝签署或批准公约，这使得公约即使生效也面临实施困难。另一方面，在公约通过后发生的重大政治和经济变化显著地影响到公约所规定的深海底采矿制度。特别是，对深海底矿物进行商业开采的前景已经推延到21世纪，而第三次海洋法会议谈判时并没有设想到这种情况。有鉴于此，在联合国秘书长的支持下，有关国家从1990年开始就公约第十一部分举行了一系列非正式协商，并最终于1994年7月28日在第48届联合国大会上以121票赞成、7票弃权、0票反对的表决结果通过《关于执行1982年12月10日〈联合国海洋法公约〉第十一部分的协定》。协定规定其和公约第十一部分应作为单一文书解释和适用，如有不同规定，以协定为准。同时，在协定通过后，任何国家参加公约即亦表示同意接受协定的拘束。因此，尽管没有适用公约规定的修正程序，但该协定实际上已对《海洋法公约》第十一部分作了重大修改。按照协定的规定，它应在40个国家同意接受拘束之日后30天生效。[③] 由于上述条件在1994年11月16日之前没有到满足，因此协定在公约生效之日起开始临时适用，并于1996年7月28日正式生效。截至2010年年底，共有140个缔约国。

《海洋法公约》生效后，为了确保国家管辖地区外跨界鱼类种群和高度洄游鱼类种群的长期养护和可持续利用，1995年8月4日国际社会又缔结了《关于执行1982年12月10日〈联合国海洋法公约〉有关养护和管理跨界鱼类种群和高度洄游鱼类种群的规定的协定》。与1994年协定不同，本协定的任何规定均不妨害公约所规定的国家权利、管辖权和义务，并应参照公约的内容和以符合公约的方式予以解释和适用。按照1995年协定规定的生效方式，其自2001年12月11日开始生效[④]，截至2010年年底，共有78个缔约国。

---

① 根据公约第305条（2）的规定，公约应持续开放签字，至1984年12月9日止在牙买加外交部签字。此外，从1983年7月1日起至1984年12月9日止，在纽约联合国总部签字。

② 邓正来编：《王铁崖文选》，419～420页，北京，中国政法大学出版社，1993。

③ 但这些国家中应至少包括7个第三次海洋法会议《决议二》第1段所述的国家，且其中至少有5个应是发达国家。

④ 1995年协定第40条规定：“本协定应自第三十份批准书或加入书交存之日后30天生效。”

三、中国有关海洋的立法和实践

中国拥有大陆岸线 1.8 万多千米，岛屿岸线 1.4 万多千米，面积在 500 平方米以上的海岛 5 000 多个。中国海域海洋生物物种繁多，已鉴定的达 20 278 种。自 1971 年恢复在联合国的合法席位后，新中国政府就积极参与《海洋法公约》的制定工作，并于 1996 年 5 月 15 日批准了该公约。另一方面，中国也先后颁布了大量有关海洋的法律和规章。其中，涉及基本海域制度的包括 1958 年《中华人民共和国政府关于领海的声明》、1992 年《中华人民共和国领海及毗连区法》、1996 年《中华人民共和国政府关于中华人民共和国领海基线的声明》以及 1998 年《中华人民共和国专属经济区和大陆架法》；有关海洋资源养护和管理的主要包括 1982 年《中华人民共和国对外合作开采海洋石油资源条例》（2001 年修正）、1986 年《中华人民共和国渔业法》（2000 年修正，2004 年第二次修正）和 1986 年《中华人民共和国矿产资源法》（1996 年修正）；涉及海洋环境保护的主要包括 1982 年《中华人民共和国海洋环境保护法》（1999 年修订）、1983 年《中华人民共和国防止船舶污染海域管理条例》、1983 年《中华人民共和国海洋石油勘探开发环境保护管理条例》、1985 年《中华人民共和国海洋倾废管理条例》、1988 年《中华人民共和国防止拆船污染环境管理条例》、1990 年《中华人民共和国防治陆源污染物污染损害海洋环境管理条例》和 1990 年《中华人民共和国防治海岸工程建设项目污染损害海洋环境管理条例》。此外还应提及的包括 1983 年《中华人民共和国海上交通安全法》、1989 年《铺设海底电缆管道管理规定》、1996 年《中华人民共和国涉外海洋科学调查研究管理规定》、2001 年《中华人民共和国海域使用管理法》、2003 年《无居民海岛保护与利用管理规定》和《中华人民共和国港口法》，以及 2009 年《海洋保护法》。这些海洋和涉海管理的法律、法规的内容与《海洋法公约》的原则和有关规定基本一致。它们的制定和实施既维护了国家主权和海洋权益，又促进了海洋资源的合理开发和海洋环境的有效保护，使中国的海洋综合管理初步走上法制化轨道。

此外，中国政府把大洋矿产资源勘探开发列为国家长远发展项目，给予专项投资，并成立了负责协调、管理的专门机构——“中国大洋矿产资源研究开发协会”（简称中国大洋协会）。1991 年该协会成为在联合国登记注册的国际海底区域开发的先驱投资者，并已获得 7.5 万平方千米的专属勘探区。1997 年 8 月国际海底管理局核准了先驱投资者提出的勘探工作计划，中国成为管理局第一批合同承包者。还应指出的是，中国积极参与海洋事务的国际合作。截至 2003 年，中国共先后参加了 50 多项海洋法方面的多边公约。

第二节 领海和毗连区

一、领海基线

基线（baseline）是陆地和海洋的分界线，也是测算领海、毗连区、专属经济区和大陆架宽度的起算线。基线有两种：一是正常基线；二是直线基线。

所谓正常基线（normal baseline），是指沿海国官方承认的大比例尺海图所标明的沿岸低潮线，即退潮时海水离岸最远的那条线。海岸比较平直的地方适宜采用此方法确定领海基线。然而，如果海岸十分曲折或者沿岸岛屿密布，则难以确定低潮线，因此也就不再适宜采用正常基线了。在这种情况下，沿海国可以采用直线基线方法来确定其领海基线。

所谓直线基线（straight baseline），就是在沿海岸向外凸出的地方或沿海岛屿的外缘上选定若干基点（base point），然后用直线将相邻的基点连接起来所形成的一条折线。同正常基线相比，直线基线可使有关国家获得更大的海域面积。挪威是最早采用此方法确定领海基线的国家之一。在1951年“英挪渔业案”中，国际法院认为使用直线基线并不违反国际法。该案判决后，直线基线被国家实践所广泛采用，并规定在1958年《领海与毗连区公约》（第4条）和1982年《海洋法公约》（第7条）中。据统计，目前在150多个沿海国中，已有60多个国家在其全部或部分海岸划定直线基线，另有约10个国家已经宣布采用直线基线，但尚未公布有关坐标。然而，应当指出的是，并非任何类型的海岸都具备适用直线基线法确定领海基线的条件。按照《海洋法公约》第7条1款的规定，沿海国只有在“海岸极为曲折”或“紧接海岸有一系列岛屿”的情况下才可采用直线基线。此外，沿海国在使用直线基线法时还需要遵守以下规则：（1）直线基线的划定不应在任何明显的程度上偏离海岸的一般方向；（2）直线基线内的海域必须充分接近陆地领土，以使其受内水制度的支配；（3）确定基线时应考虑有关地区特有的并经长期惯例清楚地证明其为实在而重要的经济利益；（4）除在低潮高地上筑有永久高于海平面的灯塔或类似设施，或以这种高地作为划定基线的起讫点已获得国际一般承认者外，直线基线的划定不应以低潮高地为起讫点；（5）一国采用的直线基线制度不得使另一国的领海与公海或专属经济区隔断。

另外，《海洋法公约》还特别规定了在确定河口、港口和低潮高地基线时所应遵循的规则。如果河流直接流入海洋，基线应是一条在两岸低潮线上两点之间横越河口的直线。构成海港体系组成部分的最外部永久海港工程应视为海岸的一部分，从而可作为划定直线基线的基点。所谓低潮高地（low—tide elevation），是指在低潮时四面环水并高于水面但在高潮时没入水中的自然形成的陆地。如果低潮高地全部或部分与大陆或岛屿的距离不超过领海的宽度，则该高地的低潮线可作为测算领海宽度的基线。反之，低潮高地就没有自己的领海。为适应不同的海岸情况，公约允许沿海国交替使用上述方法确定基线。中国在1958年《中华人民共和国政府关于领海的声明》和1992年《中华人民共和国领海及毗连区法》中都规定采用直线基线法划定中国的领海基线，并在1996年批准《海洋法公约》的同时公布了部分共77个基点：其中49个位于大陆沿海和海南岛周围，28个位于西沙群岛。

沿海国领海基线向陆地一面的水域称为内水（internal waters）。基线向海一面的水域因法律地位不同划分为领海、毗连区、专属经济区、大陆架和公海等海域。在群岛水域的情况下，群岛国可用封闭线来划定其内水的界限。此外，由于适用特定的通行制度，因此用于国际航行的海峡也被规定为一种单独的海域。内水的法律地位和内陆水域相同，沿海国对其享有完全和排他的主权，除遇难外，一切外国船舶非经沿海国许可不得进入其内水。同时，沿海国对于进入其内水的外国船舶得行使属地管辖权，但纯属船舶内部的事务则通常由船旗国管辖。尽管内水与领海同属国家主权管辖范围，但两者之间存在重大差别。沿海国的领海主权要受外国船舶无害通过这一习惯规则的限制，而这一限制在内水制度中并不存在。值得注意的是，对于那些原来并未被认为是内水而只有在采用了直线基线后才被包围在基线之内而成为内水的海域，应当允许外国船舶无害通过。

内水的一个重要组成部分是海湾。海湾（bay）是明显的水曲，即水曲的面积应等于或大于横越曲口所划的直线为直径的半圆形面积。为测算的目的，水曲的面积是位于水曲陆岸周围的低潮标和一条连接水曲天然入口两段低潮标的线之间的面积。如果因有岛屿而水曲有一个以上的曲口，则该半圆形应划在与横越各曲口的各线总长度相等的一条线上。对于沿岸属于同一国领土的海湾，其湾内水域的法律地位通常取决于湾口的宽度。如果湾口两端低潮标之间的距离不超过24海里，则可以在湾口划一条封口线，该线所包围的水域应视为内水。如果湾口宽度超过24海里，则24海里的直线基线应划在湾内，以划入该长度的线所能划入的最大水域。上述规定不适用于历史性海湾。

“历史性”海湾（“historic” bay）是“历史性水域”的一种，除此之外，实践中各国还把某些海、海峡等的水域也视为历史性水域。历史性水域是指历史性权利所涵盖的海域。目前国际法尚未对有关历史性水域的规则加以编纂，因此这一问题仍然受一般国际法的支配。一般国际法没有为历史性水域或历史性海湾规定单一的制度，而只是为每一个具体的、获得承认的历史性水域或历史性海湾规定了特殊制度。然而，学者们关于历史性水域构成要件的见解却大致相同。1962年联合国国际法委员会在一份名为《关于历史性水域、包括历史性海湾的法律制度》的文件中认为历史性海湾应包含三个要素：(1) 主张此历史性权利的国家对该水域行使权利；(2) 该权利应在一段时间内连续行使并已成为惯例；(3) 该权利的行使为各国所容忍。[①] 基于历史性权利所取得的水域一般为内水，但有时也为领海。此外，历史性海湾的沿岸通常属一个国家，如加拿大主张的哈德逊湾（湾口宽50海里）和俄罗斯主张的大彼得湾（湾口宽110海里）。然而，国际法院1992年在“陆地、岛屿和海洋边界争端案（萨尔瓦多/洪都拉斯；尼加拉瓜参加）”中认定，在距离各沿岸国3海里范围之外的丰塞卡湾构成历史性水域，由三个沿岸国共有或共管。目前有超过15个国家主张历史性海湾。我国渤海湾的湾口宽约57海里，沿湾口有一系列岛屿将湾口分为9段，最宽处只有22.5海里。如果使用这些岛屿为基点划直线基线，则渤海湾无疑属于中国内水。此外，由于中国历史上一直对渤海湾行使有效的管理和控制并获得各国承认，因此该湾也应是中国的历史性海湾。但截至目前，中国政府只是主张渤海湾为中国的内水，而未明确指出其为中国的历史性海湾。

至于沿岸属于两个或两个以上国家的海湾，如中国和越南之间的北部湾、法国和西班牙之间的比斯开湾，其法律地位和划界问题一般由有关国家协议解决。[②]

---

① 参见端木正主编：《国际法》，2版，192页。

② 例如，法国和西班牙于1974年划分了两国在比斯开湾的大陆架边界，中国和越南于2000年划分了两国在北部湾的领海、专属经济区和大陆架边界。

二、领海的概念和范围

领海（territorial sea）这一名称是1930年海牙国际法编纂会议正式采用的。此前，这带海域多被称为领水（territorial waters），迄今仍有国家使用这一概念。但严格说来，领水指的是一国主权管辖下的全部水域，既包括内水，也包括领海，因此不能确切表明该水域的特征。[①] 1958年《领海与毗连区公约》规定："国家主权扩展于其陆地领土及其内水以外邻接其海岸的一带海域"。1982年《海洋法公约》基本沿用了这个规定："沿海国主权及于其陆地领土及其内水以外邻接的一带海域"，但补充了群岛国的情况，即"在群岛国的情形下则及于群岛水域以外邻接的一带海域。"由此，领海是指沿海国陆地领土及其内水以外邻接的一带海域，在群岛国的情形下则为群岛水域以外邻接的一带海域。

关于领海的宽度问题，历史上曾存在着激烈的争论。1702年荷兰法学家宾刻舒克（Bynkershoek）在其《海洋领有论》一书中主张以大炮射程作为国家管辖的海域范围，认为"武器威力所及之处，亦即领土权力所及之处"。此主张后被称为"大炮射程规则"（cannon shot rule）。由于当时大炮的射程约为3海里，因此一些国家便主张3海里的领海宽度。到了19世纪，3海里的限度得到法学家的广泛支持，并被一些重要的海洋国家，如英国和美国所采纳。这种情况一直持续到20世纪。然而，3海里的领海宽度"并未被承认为国际法的普遍规则"[②]。

实际上，几乎从一开始各国关于领海宽度的实践就千差万别。与英国、美国、日本等国主张3海里界限不同，北欧国家自始就倾向4海里，还有许多国家采用12海里的宽度。为了解决这一问题，1930年国际法编纂会议、1958年和1960年两次联合国海洋法会议都曾作出过巨大努力，但均未成功。领海宽度之所以难以确定，是因为各个沿海国的地理、历史、经济、国防等条件各不相同，海洋大国由于拥有强大的海上力量，为了其航行便利及获取他国近海资源的目的，竭力主张较小的领海宽度。相反，出于国防安全和维护自身海洋权益的考虑，发展中国家普遍主张较大的领海宽度。据统计，截至第三次海洋法会议召开前，各国主张的领海宽度从3海里、4海里、6海里、10海里、12海里、18海里、30海里、50海里、100海里、130海里，直到200海里共有12种不同做法。其中，主张12海里的国家最多，共有52个国家。[③] 第三次海洋法会议经过反复协商，终于在此问题上达成妥协。《海洋法公约》第3条规定："每一国家有权确定其领海的宽度，直至从按照本公约确定的基线量起不超过十二海里的界限为止。"考虑到各个沿海国的不同情况，《海洋法公约》没有确定一个统一的领海宽度，但它关于不超过12海里的规定在某种程度上已经起到了这样的效果。目前大多数国家，包括传统主张3海里的英国和美国都已改为采取12海里的领海宽度。但截至2002年，尚有19个国家未采用12海里宽度，其中有9个国家采用超过12海里的领海宽度。1949年之前，我国采取3海里的领海宽度。中华人民共和国成立后，在1958年

---

① 参见魏敏主编：《海洋法》，56页。

② Sheare, *Starke's International Law*, 11th ed., Butterworth, 1994, pp. 220-221.

③ 参见陈德恭：《现代国际海洋法》，42页，北京，中国社会科学出版社，1988。

公布的《中华人民共和国政府关于领海的声明》和1992年颁布的《中华人民共和国领海及毗连区法》中，均宣布我国的领海宽度为12海里。

领海的外部界限（outer limit of the territorial sea）是一条其上每一点同基线最近点的距离等于领海宽度的线。各国通常采用以下几种方法来确定领海的外部界限：（1）平行线法，即以12海里为宽度划一条与基线平行的线为领海的外部界限。（2）交圆法，即在基线上选适当的点为圆心，以领海宽度为半径向外划出一系列相交的半圆，连接各交点之间的弧为领海的外部界限。此方法适合于沿海国采用正常基线的情况。（3）共同正切线法，即在基线上选择适当的点为圆心，以领海宽度为半径向外划出一系列半圆，然后划出每两个半圆之间的共同正切线为领海的外部界限。此方法适合于沿海国采用直线基线的情况。[①]

关于相邻和相向国家之间的领海划界问题，《领海与毗连区公约》和《海洋法公约》均规定适用所谓"等距离/特殊情况规则"。据此，两国中任何一国在彼此没有相反协议的情形下，均无权将其领海伸延至一条其每一点都同测算两国中每一国领海宽度的基线上最近各点距离相等的中间线以外。但如因历史性所有权或其他特殊情况而有必要按照与上述规定不同的方法划分两国领海，则不适用上述规定。

三、沿海国的领海主权

领海是沿海国领土的组成部分，受沿海国主权的管辖和控制。1919年《巴黎航空公约》第1条明确规定："本约所谓一国的领土，其意义是包括该国本部及殖民地的领土并与该领土连接的领海。……对于领海的上空，每一国家具有完全、排他的主权。"随后，1944年《国际民用航空公约》、1958年《领海与毗连区公约》和1982年《海洋法公约》均确认了沿海国的领海主权。《海洋法公约》第2条规定，沿海国的领海主权"及于领海的上空及其海床和底土"。根据习惯法规则，此项主权包括以下主要内容：

第一，领空主权。沿海国的领海主权及于领海的上空，因此，外国飞机未经许可不得进入他国领海上空。对此，中国在1992年《领海及毗连区法》中规定，外国航空器只有根据该国政府与中国政府签订的协定，或经中国政府或其授权的机关批准或接受，方可进入中国领海上空。

第二，领海立法权。沿海国有权制定和颁布有关领海内航行、缉私、移民、卫生等方面的法律和规章。

第三，开发和利用领海内资源的专属权利。任何国家或个人非经沿海国同意不得开发和利用其领海海域、海床和底土的生物和非生物资源。

第四，沿海航运及贸易权。除非条约另有规定，在一沿海国两港口之间的航行和贸易只能由该国人民经营，外国船舶不得进行这种事业。

第五，属地优越权。沿海国对其领海内的一切人和物（除享受外交特权和豁免者外）均行使管辖权，但通常从国际礼让出发不加行使，除非该行为已危及沿海国的良好秩序和安全。《海洋法公约》第27条规定，沿海国不应在通过领海的外国船舶上行

---

① 参见端木正主编：《国际法》，2版，201页。

使刑事管辖权，以逮捕与在该船舶通过期间船上所犯任何罪行有关的任何人或进行与该罪行有关的任何调查，除非：（1）罪行的后果及于沿海国；（2）罪行扰乱了当地安宁或领海的良好秩序；（3）船长或船旗国外交代表或领事官员请求地方当局予以协助；（4）这些措施是取缔违法贩运麻醉药品或精神调理物质所必要的。上述规定不影响沿海国为在驶离内水后通过领海的外国船舶上进行逮捕或调查的目的而采取其法律所授权的任何步骤的权利，但在考虑是否逮捕或如何逮捕时应适当顾及航行的利益。无论如何，对于来自外国港口且仅通过领海而不驶入内水的外国船舶，沿海国是不得采取任何步骤以逮捕在该船舶驶进领海前所犯任何罪行有关的任何人或进行有关调查的。在民事管辖权方面，《海洋法公约》规定沿海国不应为对通过领海的外国船舶上某人行使民事管辖权的目的而停止该船的航行或改变其航向。除该船本身在通过沿海国水域的航行中或为该航行的目的而承担的义务或责任之外，沿海国不得为任何民事诉讼目的而对该船从事执行或加以逮捕。

上述刑事和民事管辖权的规则仅适用于商船和用于商业目的的政府船舶，而不适用于军舰和其他用于非商业目的的政府船舶，后者根据国家主权豁免原则享有管辖豁免。《海洋法公约》规定，如果任何军舰不遵守沿海国关于通过领海的法律和规章，而且不顾沿海国向其提出遵守法律和规章的任何要求，沿海国可要求该军舰立即离开领海。对于沿海国因此而遭受的任何损失或损害，船旗国应负国际责任。然而，如前所述，沿海国对其领海的主权须受无害通过这项国际习惯的限制。

四、领海无害通过制度

（一）无害通过的意义

所谓“无害通过权”（right of innocent passage），是指所有国家，不论为沿海国或内陆国，其船舶在不损害沿海国和平、良好秩序或安全的前提下，均享有自由通过他国领海的权利。这是一项根据长期国际实践所形成的习惯法规则。

根据1982年《海洋法公约》的规定，“通过”包含以下意义：（1）通过是指为了下列目的通过领海的航行：（a）穿过领海但不进入内水或停靠内水以外的泊船处或港口设施；或（b）驶往或驶出内水或停靠这种泊船处或港口设施。（2）通过应继续不停和迅速进行。虽然通过包括停船和下锚，但以通常航行所附带发生的或由于不可抗力或遇难所必要的或为救助遇险或遭难的人员、船舶或飞机的目的为限。（3）无害通过只限于船舶，不包括飞机。潜水艇和其他潜水器通过时须在海面上航行并展示其旗帜。外国核动力船舶和载运核物质或其他本质上危险或有毒物质的船舶通过时应持有国际协定为这种船舶所规定的证书并遵守国际协定所规定的特别预防措施。

所谓“无害”，是指不损害沿海国的和平、良好秩序或安全。为了使这个问题更加明确从而尽可能避免有关国家就某种通过是否属于无害产生争端，《海洋法公约》第19条列举了12种非无害的情况。如果外国船舶在领海内进行下列任何一种活动，其通过即应视为损害沿海国的和平、良好秩序或安全：（1）对沿海国的主权、领土完整或政治独立进行任何武力威胁或使用武力，或以任何其他违反《联合国宪章》所体现的国际法原则的方式进行武力威胁或使用武力；（2）以任何种类的武器进行任何操练或演习；(3) 任何目的在于搜集情报使沿海国的防务或安全受损害的行为；(4) 任何目的在于影响沿海国防务或安全的宣传行为；(5) 在船上起落或接载任何飞机；(6) 在船上发射、降落或接载任何军事装置；(7) 违反沿海国海关、财政、移民或卫生的法律和规章，上下任何商品、货币或人员；(8) 违反本公约规定的任何故意和严重的污染行为；(9) 任何捕鱼活动；(10) 进行研究或测量活动；(11) 任何目的在于干扰沿海国任何通讯系统或任何其他设施或设备的行为；(12) 与通过没有直接关系的任何其他活动。

(二) 沿海国关于无害通过的权利和义务

按照《海洋法公约》的规定，沿海国有关无害通过的权利包括：第一，沿海国可依公约规定和其他国际法规则，对下列各项或任何一项制定关于无害通过的法律和规章：(1) 航行安全及海上交通管理；(2) 保护助航设备和设施以及其他设施或设备；(3) 保护电缆和管道；(4) 养护海洋生物资源；(5) 防止违犯沿海国的渔业法律和规章；(6) 保全沿海国的环境，并防止、减少和控制环境污染；(7) 海洋科学研究和水文测量；(8) 防止违犯沿海国的海关、财政、移民或卫生的法律和规章。沿海国应将所有这种法律和规章妥为公布。行使无害通过权的外国船舶应遵守所有这种法律和规章以及关于防止海上碰撞的一切一般接受的国际规章。第二，沿海国出于航行安全的考虑，可要求无害通过其领海的外国船舶使用其为管制船舶通过而指定或规定的海道和分道通航制。特别是，沿海国可要求油轮、核动力船舶和载运核物质或材料或其他本质上危险或有毒物质或材料的船舶只在上述海道通过。第三，沿海国可在其领海内采取必要的步骤以防止非无害的通过。如为保护国家安全包括武器演习在内而有必要，沿海国可在对外国船舶之间不加歧视的条件下，在其领海的特定区域内暂时停止外国船舶无害通过。

沿海国有关无害通过的义务包括：第一，除按照公约规定外，沿海国不应妨碍外国船舶无害通过领海。在适用公约或依公约制定的法律或规章时，沿海国不应对外国船舶强加要求，其实际后果等于否定或损害无害通过的权利，或对任何国家的船舶、或对载运货物来往任何国家的船舶或对任何国家载运货物的船舶，有形式上或事实上的歧视。第二，沿海国应将所知的其领海内对航行有危险的任何情况妥为公布。这方面最典型的案例就是 1949 年“科孚海峡案”。1946 年英国两艘巡洋舰在通过位于阿尔巴尼亚和希腊科孚岛之间的科孚海峡一侧阿尔巴尼亚领海时触到水雷，导致重大损伤。国际法院在其 1949 年判决中通过间接证据认定，布雷活动不可能在阿尔巴尼亚政府不知道的情况下进行。而这种知晓使得阿尔巴尼亚承担如下义务，即告知外国船舶其领海内存在雷区的危险。该义务来源于若干获得普遍承认的原则，包括海洋航行自由原则、人道主义原则，以及任何国家不得允许其领土被用作损害他国权利的行为原则。由于阿尔巴尼亚没有将其知晓的在其领海内有水雷危险一事告知英国舰队，因此，国际法院判定阿尔巴尼亚必须对爆炸事件承担国家责任。

(三) 军舰的无害通过权问题

军用船舶是否和民用船舶一样享有无害通过他国领海的权利，是一个长期争论不休的问题。各个国家从自身利益出发往往采取不同立场，而各国学者的看法也极不一致。持否定观点的国家和学者往往从沿海国的利益，特别是安全利益出发，强调军舰的威胁性，认为军舰不同于一般船舶，允许其通过本身就会损害沿海国的和平、良好秩序或安全，因此军舰通过领海不可能是“无害”的。另一方面，持肯定观点的国家和学者主张，无害通过制度的目的是为了便于国际航行，其重点在于“通过”，因此，无论是军用船舶，还是非军用船舶，都有权利为了航行目的而享有这一制度所带来的便利。而在判断特定船舶的通过是否为“有害”时，应当根据的是该船舶在通过时是否从事了损害沿海国良好秩序和安全的行为，而不是该船舶的性质。军用船舶也可以无害通过沿海国领海，而非军用船舶，特别是核动力船舶和载运核物质或其他本质上危险或有毒物质的船舶同样有可能在通过中损害沿海国的良好秩序和安全。

该问题在第一次和第三次海洋法会议上都曾引起激烈争论。结果，1958 年《领海与毗连区公约》和 1982 年《海洋法公约》都明确规定无害通过是“适用于所有船舶的规则”（rules applicable to all ships）。对此规定存在两种不同的解释。一种认为“所有船舶”包括军舰，因为不可否认军舰属于“船舶”；另一种认为“所有船舶”仅指非军用船舶，因为军舰不同于一般商船，因此如果军舰也享有无害通过权，则公约应明确规定。总之，可以说，关于外国军舰的无害通过权问题目前仍存在争论。就国家实践而言，目前仍有一些国家要求外国军舰在通过其领海时给予通知或获得批准。我国在 1992 年《领海及毗连区法》中规定：“外国非军用船舶，享有依法无害通过中华人民共和国领海的权利。外国军用船舶进入中华人民共和国领海，须经中华人民共和国政府批准。”1996 年我国在批准《海洋法公约》时重申：公约有关领海内无害通过的规定，不妨碍沿海国按其法律规章要求外国军舰通过领海必须事先得到该国许可或通知该国的权利。

五、毗连区

毗连区（contiguous zone）是领海以外毗连领海的一个区域，沿海国在这个区域内可以对某些事项行使必要的管制，包括：（1）防止在其领土或领海内违犯其海关、财政、移民或卫生的法律和规章；（2）惩治在其领土内违犯上述法律和规章的行为。

毗连区制度可能起源于英国 1736 年颁布的《游弋法》。为了对付那些在海岸外一定距离内游弋以伺机卸下违禁品的可疑船只，该法规定英国在离岸 5 海里区域内可执行有关关税和消费税的法律。到了 19 世纪，为了保护国家某些利益而毗连领海设置特别区域的实践几乎已经成为普遍现象。这些区域被称为“渔区”、“海关区”或“安全区”。毗连区这一概念最早是法国学者日德尔 1894 年提出来的，并作为一种制度被 1958 年《领海与毗连区公约》所确认。《海洋法公约》不仅保留了这项制度，而且将其范围从距离领海基线不得超过 12 海里扩展到 24 海里。由于该区域位于领海之外，因此沿海国在毗连区内享有的不是主权，而是对特定事项的管制权。在专属经济区制度产生之前，毗连区被视为公海的一部分。在沿海国宣布建立专属经济区后，该区域便包含在专属经济区的范围内了，但沿海国无权在毗连区以外的专属经济区的其他部分执行其有关海关、财政、移民或卫生方面的法律和规章。例如，国际海洋法法庭在 1999 年“赛加号案”中裁定，几内亚将其海关法的适用范围扩展到整个专属经济区是以违反国际法的方式行事。

中国在1992年《领海及毗连区法》中规定我国毗连区为领海以外邻接领海的一带海域，宽度为12海里，其外部界限为一条其每一点与领海基线的最近点距离等于24海里的线。中国有权在毗连区内，为防止和惩处在其陆地领土、内水或者领海内违反有关安全、海关、财政、卫生或者出入境管理的法律、法规的行为行使管制权。当有充分理由认为外国船舶违反上述法律、法规时，可以对其进行紧追。

第三节　群岛水域

一、概说

群岛水域（archipelagic waters）是《海洋法公约》新创设的一种海域。按照公约的规定，群岛国可以划定连接群岛最外缘各岛和各干礁的最外缘各点的直线群岛基线（straight archipelagic baselines），并从群岛基线起向海量出其领海、毗连区、专属经济区和大陆架，而群岛基线所包围的水域就是“群岛水域”。

岛屿（island）是四面环水并在高潮时高于水面的自然形成的陆地区域。岛屿的领海、毗连区、专属经济区和大陆架应按照适用于其他陆地领土的规定加以确定，但不能维持人类居住或其本身经济生活的岩礁（rock）没有专属经济区或大陆架。由彼此密切相关的若干岛屿、相连的水域和其他自然地形构成的一个地理、经济和政治实体，或在历史上已被视为这种实体的即为群岛。而全部由一个或多个群岛构成的国家就是群岛国（archipelagic State）。群岛国虽然是主权国家，但在确定其管辖海域时是否应当将其所包括的诸岛作为一个整体对待的问题在第三次海洋法会议以前并不存在国际协议。1958年《领海与毗连区公约》没有规定群岛制度。另一方面，为了维护其政治和经济利益，印度尼西亚于1960年、菲律宾于1961年颁布法令，用直线基线把群岛封闭起来并将其中所包围的水域称为内水。此后采取类似行动的国家还包括汤加、斐济和毛里求斯。1974年斐济、印度尼西亚、毛里求斯和菲律宾向第三次海洋法会议提出《关于群岛的条款草案》。经过协商，最终规定在《海洋法公约》第四部分“群岛国”中。

按照《海洋法公约》的规定，群岛国在划群岛基线时应遵守下列限制：第一，在基线所包围的区域内，水域面积和包括环礁在内的陆地面积的比例应在1∶1到9∶1之间。第二，基线的长度不应超过100海里。在围绕任何群岛的基线总数中，可以有3%超过这个长度，但最长者不得超过125海里。第三，基线的划定不应在任何明显的程度上偏离群岛的一般轮廓。第四，除在低潮高地上筑有永久高于海平面的灯塔或类似设施，或低潮高地的全部或部分与最近岛屿的距离不超过领海的宽度外，基线的划定不应以低潮高地为起讫点。第五，群岛国采用的基线制度不得使另一国的领海与公海或专属经济区隔断。

二、群岛水域的法律地位和航行制度

群岛国对群岛水域享有主权，且此项主权及于群岛水域的上空、海床和底土，以

及其中所包含的资源。另一方面，群岛国对其群岛水域主权的行使受到下列限制：第一，群岛国应尊重与其他国家间的现有协定，并应承认直接相邻国家在某些区域内的传统捕鱼权利和其他合法活动。第二，群岛国应尊重其他国家所铺设的通过其水域但不靠岸的现有海底电缆，并应允许对其进行维修和更换。第三，群岛国应尊重其他国家在群岛水域内的无害通过权和群岛海道通过权。

《海洋法公约》规定，除内水外，所有国家的船舶均享有无害通过群岛水域的权利。如为保护国家安全的需要，群岛国可以暂时停止外国船舶在其群岛水域特定区域内的无害通过。

出于维护国际航行利益的需要，《海洋法公约》赋予了所有船舶和飞机以“群岛海道通过权”（right of archipelagic sea lanes passage），即一种专为在公海或专属经济区的一部分和公海或专属经济区的另一部分之间继续不停、迅速和无障碍过境的目的，行使正常方式的航行和飞越的权利。为此，群岛国可在其水域内指定适当的海道和其上空的空中航道，以便外国船舶和飞机继续不停、迅速通过或飞越其群岛水域和邻接的领海。这种海道和空中航道应以通道进出点之间的一系列连接不断的中心线划定，通过群岛海道和空中航道的船舶和飞机不应偏离该中心线25海里以外。如果群岛国没有指定海道和空中航道，则可通过正常用于国际航行的航道行使群岛海道通过权。至于船舶和飞机通过时的义务、群岛国的义务以及群岛国有关的法律和规章，应比照适用用于国际航行的海峡的过境通行制的有关规定。①

第四节　专属经济区

一、专属经济区制度的形成

专属经济区（exclusive economic zone）也是《海洋法公约》新创设的一个海域。该海域位于领海以外并邻接领海，其范围从测算领海宽度的基线量起不超过200海里。

专属经济区制度的出现直接来自以拉美国家为代表的广大发展中国家争取200海里海洋权的斗争。1947年智利宣布对邻接其海岸的全部大陆架以及包括在围绕其海岸和深入海洋而距离其海岸200海里的一条几何平行线之间的海域拥有主权，以便“保存、保护、保全和开发”其中的自然资源，但“不影响公海自由航行的权利”②。1952年智利、秘鲁和厄瓜多尔在其发表的《圣地亚哥宣言》中主张：“为了维护和利用邻接其海岸的水域的自然资源”，对包括海床和底土在内的不小于200海里海域“享有专属主权和管辖”，但“允许所有国家船舶在上述区域内无害通过”。到1970年3月，除哥伦比亚、委内瑞拉和圭亚那之外的南美洲所有沿海国都提出了某种形式的200海里国家管辖海域主张。同年5月由智利、秘鲁、厄瓜多尔、萨尔瓦多、尼加拉瓜、阿根廷、巴拿马、乌拉圭、巴西等9个国家发表的《关于海洋法的蒙得维的亚宣言》称，沿海国对邻接其海岸的海域中的自然资源加以控制是“海洋法的基本原则”，但将权利的性

① 参见本章第六节的内容。

② 1947年6月23日智利总统声明。秘鲁1947年8月1日发表了内容大致相同的第781号总统法令。

质定义为“主权或管辖权”。1972 年 6 月 7 日，包括哥伦比亚和委内瑞拉在内的 10 个拉美国家在其发表的《圣多明各宣言》中提出“承袭海”（Patrimonial Sea）的概念，认为沿海国对“邻接领海称为承袭海的区域内水域、海床和底土中可更新和不可更新的自然资源，享有主权权利”。几乎与此同时，有 17 个非洲国家参加的在雅温得举行的非洲国家海洋法问题区域会议首次提出，非洲国家有权在其领海以外设立“经济区”，并为之规定了明确的法律制度。1972 年 8 月，肯尼亚向联合国海底委员会提交了一份《关于专属经济区的概念的条文草案》，明确规定了专属经济区的基本制度。

在领海以外建立经济区的主张得到了拉美和非洲以外的发展中国家和部分发达国家的支持。在第三次海洋法会议的第一期会议上，110 个国家主张沿海国有权在领海以外建立从基线量起不超过 200 海里的专属经济区，而只有美国、苏联等少数发达国家反对专属经济区的概念。经过斗争和妥协，专属经济区制度最终规定在 1982 年《海洋法公约》第五部分中。从 1974 年孟加拉国建立第一个专属经济区开始，到 2003 年共有 111 个国家提出专属经济区主张。随着专属经济区的广泛建立，全世界的海洋面积将有 30.3%处于沿海国的管辖之下。毫无疑问，专属经济区制度现在已经成为国际习惯法的组成部分了。

二、专属经济区的法律制度

专属经济区既非领海，也非公海，而是一个“自成一类”的海域。一方面，沿海国在此区域内享有与资源开发和经济活动有关的主权权利和管辖权；另一方面，其他国家在专属经济区内也享有一定的权利和自由。

（一）沿海国在专属经济区内的权利和义务

第一，以勘探、开发、养护、管理海床和底土及其上覆水域的自然资源（不论为生物资源或非生物资源）为目的的主权权利（sovereign rights），以及关于在该区内从事经济性开发和勘探活动，如利用海水、海流和风力生产能源等其他活动的主权权利。上述活动是沿海国的专属权利，其他国家未经沿海国同意不得进行。关于生物资源的养护和利用，一方面沿海国应确保专属经济区内的生物资源不受过度开发的危害，并使捕捞鱼种的数量维持在或恢复到能够生产最高持续产量的水平，为此，沿海国应决定其专属经济区内生物资源的可捕量。另一方面，为了促进专属经济区内生物资源最适度利用的目的，沿海国应决定其捕捞能力，并在没有能力捕捞全部可捕量的情形下通过协议准许其他国家捕捞可捕量的剩余部分，应特别顾及内陆国和地理不利国的利益。

第二，沿海国对区内人工岛屿、设施和结构的建造和使用、海洋科学研究、海洋环境的保护和保全有管辖权。沿海国在区内有建造并授权和管理建造、操作和使用人工岛屿、设施和结构的专属权利，包括有关海关、财政、卫生、安全和移民的法律和规章方面的管辖权。沿海国可于必要时在这些人工岛屿、设施和结构的周围设置不超过 500 米的合理安全地带。另一方面，人工岛屿、设施和结构不得设在对国际航行必经的公认海道可能有干扰的地方，且不具有岛屿的地位，没有自己的领海。沿海国有责任把人工岛屿、设施和结构的建造妥为通知，并维持永久性警告方法。对于已被放弃或不再使用的任何设施或结构，必须予以撤除以确保航行安全。按照《海洋法公约》第十三部分的规定，沿海国有权按照公约的有关条款，规定、准许和进行在其专属经济区内的海洋科学研究。在专属经济区内进行海洋科学研究应经沿海国同意。但在正常情形下，沿海国应对其他国家或各主管国际组织按照公约专为和平目的和为了增进关于海洋环境的科学知识以谋全人类利益而在其专属经济区内进行的海洋科学研究计划给予同意。沿海国有权制定法律以防止、减少和控制在专属经济区内来自倾倒、船只或海底活动的污染，但其规章必须符合普遍接受的国际规章和标准。

第三，沿海国在专属经济区内行使权利和履行义务时，应适当顾及其他国家的权利和义务，并应以符合公约规定的方式行事。一方面，沿海国行使勘探、开发、养护和管理专属经济区内的生物资源的主权权利时，可采取为确保其法律和规章得到遵守所必要的措施，包括登临、检查、逮捕和进行司法程序。另一方面，被逮捕的船只及其船员，在提出合理的保证金或其他担保后应迅速获得释放。沿海国对于在专属经济区内违反渔业法律和规章的处罚不得包括监禁或任何其他方式的体罚。

（二）其他国家在专属经济区的权利和义务

《海洋法公约》第 58 条规定，在专属经济区内，所有国家，不论为沿海国或内陆国，在公约有关规定的限制下，享有航行和飞越的自由，铺设海底电缆和管道的自由，以及与这些自由有关的海洋其他国际合法用途，诸如同船舶和飞机的操作及海底电缆和管道的使用有关的那些用途。此外，有关公海部分的规定只要与专属经济区制度不相抵触，均适用于专属经济区。另一方面，其他国家在专属经济区内行使权利和履行义务时，应适当顾及沿海国的权利和义务，并应遵守沿海国按照公约规定和其他国际法规则所制定的法律和规章。

（三）专属经济区内的剩余权利问题

由于专属经济区是第三次海洋法会议新创设的一个海域，因此，沿海国和其他国家在这一海域内的权利划分并不能像领海和毗连区那样清楚，这就产生了所谓的“剩余权利”问题。对此，《海洋法公约》第 59 条规定，在公约未将在专属经济区内的权利或管辖权归属于沿海国或其他国家而沿海国和任何其他一国或数国之间的利益发生冲突的情形下，这种冲突应在公平的基础上参照一切有关情况，考虑到所涉利益分别对有关各方和整个国际社会的重要性，加以解决。

三、海岸相向或相邻国家间专属经济区的划界

随着专属经济区制度的普遍建立，每个沿海国和岛国都将至少面临同一个邻国的海洋划界问题。根据学者们的统计，全世界大致存在 376 条～400 条的潜在海洋边界。到目前为止，已经全部或部分确定的约占 1/3 强。另一方面，涉及海洋划界的争端也是国际法院近年来审理数量最多的一类案件：包括 1984 年加拿大和美国关于缅因湾区域海洋边界划定案、1991 年几内亚比绍诉塞内加尔关于 1989 年 7 月 31 日仲裁裁决案，1992 年萨尔瓦多和洪都拉斯陆地、岛屿和海洋边界争端案，1993 年丹麦诉挪威关于格陵兰与扬马延间区域的海洋划界案、2001 年卡塔尔诉巴林领土争端和海洋划界案、2002 年喀麦隆和尼日利亚陆地和海洋边界案、2007 年尼加拉瓜和洪都拉斯在加勒比海

领土和海洋争端案以及 2009 年罗马尼亚和乌克兰之间的黑海划界案。此外还有一些划界争端是通过仲裁法庭解决的。然而，《海洋法公约》有关划界的条款除了要求海洋划界应当实现公平解决外，几乎没有为国家完成划界提供任何具体的指引。公约第 74 条第 1 项规定："海岸相向或相邻国家间专属经济区的界限，应在国际法院规约第三十八条所指国际法的基础上以协议划定，以便得到公平解决。"在达成协议前，有关各国应基于谅解和合作的精神，尽一切努力作出实际性的临时安排，并在此过渡期间内，不危害或阻碍最后协议的达成。这种安排应不妨碍最后界限的划定。

四、中国的专属经济区制度

1996 年中国在批准《海洋法公约》时声明，按照公约的规定，中华人民共和国享有 200 海里专属经济区的主权权利和管辖权。为保障中国对专属经济区和大陆架行使主权权利和管辖权，维护国家海洋权益，1998 年 6 月 26 日九届全国人大常委会第三次会议通过《中华人民共和国专属经济区和大陆架法》。该法第 2 条规定："中华人民共和国的专属经济区，为中华人民共和国领海以外并邻接领海的区域，从测算领海宽度的基线量起延至二百海里……中华人民共和国与海岸相邻或者相向国家关于专属经济区和大陆架的主张重叠的，在国际法的基础上按照公平原则以协议划定界限。"

该法依照《海洋法公约》的有关规定，确立了中国在专属经济区内行使的主要权利。第一，为勘查、开发、养护和管理海床上覆水域、海床及其底土的自然资源，以及进行其他经济性开发和勘查行使主权权利。中国主管机关有权采取各种必要的养护和管理措施以确保专属经济区的生物资源不受过度开发的危害。任何国际组织、外国的组织或者个人进入中国专属经济区从事渔业活动必须经中国主管机关批准，并遵守中国的法律、法规及中国与有关国家签订的条约、协定。第二，对专属经济区的人工岛屿、设施和结构的建造、使用和海洋科学研究、海洋环境的保护和保全，行使管辖权。中国对专属经济区的人工岛屿、设施和结构行使专属管辖权，有权在专属经济区和大陆架的人工岛屿、设施和结构周围设置安全地带，并可以在该地带采取适当措施以确保航行安全及人工岛屿、设施和结构的安全。任何国际组织、外国的组织或者个人在中国专属经济区内进行海洋科学研究必须经中国主管机关批准，并遵守中国的法律、法规。中国主管机关有权采取必要的措施，防止、减少和控制海洋环境的污染，保护和保全专属经济区和大陆架的海洋环境。第三，中国在行使勘查、开发、养护和管理专属经济区的生物资源的主权权利时，为确保其法律、法规得到遵守，可以采取登临、检查、逮捕、扣留和进行司法程序等必要的措施。对在专属经济区违反其法律、法规的行为，有权采取必要措施，依法追究法律责任，并可以行使紧追权。第四，本法的规定不影响中国享有的历史性权利。

关于其他国家在中国专属经济区内的权利，该法规定，任何国家在遵守国际法和中国法律、法规的前提下，在中国专属经济区享有航行、飞越、铺设海底电缆和管道的自由，以及与上述自由有关的其他合法使用海洋的便利。但铺设海底电缆和管道的路线，必须经中国主管机关同意。

第五节　大陆架

一、概说

大陆架（continental shelf）这一概念最初起源于地貌学，是指邻接和围绕大陆领土坡度比较平缓的浅海地带，平均坡度 0.1 度，平均深度 133 米，外界深度 50 米～500 米。世界各地的大陆架宽度自 1 海里至 650 海里不等，一般为 70 海里～110 海里，平均宽度 40 海里。大陆架向外坡度变大，一般为 2 度～6 度，深度为 1 000 米～5 000 米，称为大陆坡。在一些稳定的大陆边缘，在大陆坡之外还有一个沉积地貌单元，称为大陆基。大陆架、大陆坡和大陆基共同构成大陆边（continental margin），总面积占世界海洋面积的 21%。大陆边蕴藏着丰富的资源，海洋石油储量的 98%都分布在大陆边，特别是大陆架上。①

一般认为，大陆架法律制度"实证法的起点"是 1945 年的《杜鲁门公告》。1945 年 9 月 28 日，美国出于开发近海石油资源这一主要目的，由总统杜鲁门发表了《美国关于大陆架的底土和海床的自然资源的政策的第 2667 号总统公告》，宣布："鉴于养护和慎重利用自然资源的迫切需要，美国政府认为，处于公海下但毗连美国海岸的大陆架的底土和海床的自然资源属于美国，受美国的管辖和控制"。尽管对大陆架的权利主张改变了领海以外即为公海的传统海洋格局，但《杜鲁门公告》没有遭到任何国家的公开反对。相反，到 1950 年共有 31 个国家提出了类似的权利主张。1958 年第一次海洋法会议通过的《大陆架公约》对大陆架的法律制度作了全面规定。

按照《大陆架公约》第 1 条的规定："本条款称'大陆架'者谓：(a) 邻接海岸但在领海范围以外、深度达 200 公尺或超过此限度而上覆水域的深度容许开发其自然资源的海底区域的海床和底土；(b) 邻近岛屿海岸的类似的海底区域的海床和底土。"这样，《大陆架公约》就为大陆架的外部界限规定了两个标准：一是 200 公尺等深线标准，二是技术上可开发标准。这两个标准在公约制定时基本上是一致的，但在《大陆架公约》1964 年开始生效之前，科学技术的发展就已经使可开发深度超过 1 000 公尺，从而动摇了公约所规定的大陆架的法律概念。②

有鉴于此，1982 年《海洋法公约》第 76 条给大陆架下了一个新的定义。该条规定："沿海国的大陆架包括其领海以外依其陆地领土的全部自然延伸，扩展到大陆边外缘的海底区域的海床和底土"。大陆边包括沿海国陆块没入水中的延伸部分，由陆架、陆坡和陆基的海床和底土构成，它不包括深洋洋底及其洋脊，也不包括其底土。这一定义表明，尽管大陆架这一概念最初起源于地貌学，但大陆架的法律概念和地貌学概念之间存在明显差异。就其法律含义而言，大陆架的内部界限是领海的外部界限，并一直扩展到大陆边外缘的海底区域的海床和底土，而并非限于地貌学上的大陆架部分。同时，为了照顾窄大陆边国家的利益以及受新出现的专属经济区制度的影响，公约第

① 参见陈德恭：《现代国际海洋法》，159～160 页，北京，中国社会科学出版社，1988。

② 参见［加拿大］巴里・布赞著，时富鑫译：《海底政治》，64 页，北京，三联书店，1981。

76 条同时规定："如果从测算领海宽度的基线量起到大陆边的外缘的距离不到二百海里，则扩展到二百海里的距离"。也就是说，一个沿海国即使没有地貌学意义上的大陆架或大陆边，在法律上也同样可以主张 200 海里的大陆架。

关于宽大陆架的外部界限，《海洋法公约》规定，在大陆边从测量领海宽度的基线量起超过 200 海里的情形下，沿海国应以下列两种方式之一划定大陆边的外缘：(1) 以最外各定点为准划定界线，每一定点上沉积岩厚度至少为从该点至大陆坡脚最短距离的百分之一；或 (2) 以离大陆坡脚的距离不超过六十海里的各定点为准划定界线。这就是所谓的"公式线"。然而，按照上述两种方式之一划定的大陆架的外部界限不应超过从测算领海宽度的基线量起 350 海里，或不应超过 2 500 公尺等深线外 100 海里。这就是所谓的"制约线"。为了对沿海国主张 200 海里外的大陆架区域进行监管，从而不过分侵占作为人类共同继承财产的国际海底区域，公约专门设立了大陆架界限委员会。沿海国应将从测算领海宽度的基线量起 200 海里以外大陆架界限的有关情报提交大陆架界限委员会。该委员会可就有关划定大陆架外部界限的事项向沿海国提出建议，而沿海国在这些建议的基础上划定的大陆架界限才有确定性和拘束力。据估计，全世界大约有 55 个国家拥有超过 200 海里的大陆架。截至 2010 年年底，委员会共收到 54 份划定 200 海里外大陆架界限的申请。目前已经审议完毕 14 份划界申请。据估计，按照目前的审议速度，委员会要到 2035 年才能完成对所有划界申请的审查。此外，委员会还收到了多个国家提交的初步资料。

二、大陆架的法律制度

大陆架的法律制度包括沿海国对大陆架的权利、大陆架上覆水域和水域上空的法律地位以及其他国家在大陆架的权利和自由三部分。首先，沿海国为勘探大陆架和开发其自然资源的目的对大陆架行使主权权利。这一权利是专属性的，如果沿海国不勘探大陆架或开发其自然资源，任何人未经沿海国明示同意均不得从事这种活动。并且，沿海国对大陆架的权利并不决定于有效或象征性的占领或任何明文公告。这项主权权利主要包括：(1) 开发自然资源的权利。大陆架上的自然资源包括海床和底土的矿物和其他非生物资源以及定居种的生物。[①] 然而，沿海国对从领海基线量起超过 200 海里以外的大陆架上的非生物资源的开发应通过国际海底管理局缴付费用或实物。(2) 授权和管理为一切目的在大陆架上进行钻探的专属权利。(3) 建造并授权和管理建造、操作和使用人工岛屿、设施和结构的专属权利。

其次，沿海国对大陆架的权利不影响大陆架上覆水域或水域上空的法律地位。如果沿海国宣布建立专属经济区，则 200 海里以内的大陆架的上覆水域和水域上空应适用专属经济区制度。若其大陆架超过从领海基线量起 200 海里，则 200 海里以外的大陆架的上覆水域和水域上空应适用公海制度。如果沿海国未建立专属经济区，则大陆架的上覆水域和水域上空也应适用公海制度。

再次，沿海国对大陆架权利的行使绝不应对《海洋法公约》规定的其他国家的权

① 所谓定居种生物，是指在可捕捞阶段在海床上或海床下不能移动或其躯体须与海床或底土保持接触才能移动的生物。

利和自由有所侵害或造成不当干扰。按照公约规定，其他国家在大陆架主要享有以下权利和自由：(1) 其他国家的船舶和飞机有在大陆架上覆水域和水域上空航行和飞越的自由；(2) 所有国家都有在大陆架上铺设海底电缆和管道的权利。沿海国除为勘探大陆架，开发其自然资源和防止、减少和控制管道造成的污染有权采取合理措施外，不得加以阻碍。但电缆和管道路线的划定须经沿海国同意。

三、海岸相向或相邻国家间大陆架的划界

当相邻或相向国家间对大陆架的权利主张发生重叠时，便产生了大陆架的划界问题。1958 年《大陆架公约》第 6 条规定了“协议—等距离—特殊情况”规则：大陆架划界应由有关各国协议解决。倘无协议，除因特殊情况应另定界线外，相向国家间应以每一点均与测算每一国领海宽度之基线上最近各点距离相等之中间线为界线，相邻国家间的界线应适用与测算每一国领海宽度之基线上最近各点距离相等之等距离原则决定。在从 1958 年至今约 61 个大陆架划界条约中，82%采用了等距离线或其变化为界线。然而，该规则只是适用于大陆架划界的条约规则，而非习惯规则。这一领域内的习惯规则主要是由国际法院在仲裁机构的帮助下通过判例发展起来的。[①] 国际法院 1985 年在“利比亚/马耳他”案中将海洋划界习惯法表述为，划界“应按照公平原则并考虑到一切有关情况，以期达到公平结果”[②]。由于支持“协议—等距离—特殊情况”规则的国家和拥护公平原则的国家在第三次海洋法会议上就大陆架划界问题发生激烈争议，《海洋法公约》第 83 条在这一问题上只作了原则性的规定，即“海岸相向或相邻国家间大陆架的界限，应在国际法院规约第三十八条所指国际法的基础上以协议协定，以便得到公平解决”。在达成上述协议以前，有关各国应基于谅解和合作的精神，尽一切努力作出实际性的临时安排，并在此过渡期间内不危害或阻碍最后协议的达成。这种安排应不妨碍最后界限的划定。此规定与关于专属经济区划界的第 74 条的表述完全一致。值得注意的是，随着专属经济区制度的广泛建立，国家逐渐倾向专属经济区划界，或为海床、底土和上覆水域划一条单一边界，而一般不再为大陆架单独划界。但是，这绝不意味着不能单独进行大陆架划界，而单一划界也并非一种法律义务。

四、大陆架制度与专属经济区制度的关系

大陆架和专属经济区密切相关，两者都是国家管辖范围内的海域，都是“与资源有关的区域”，沿海国都享有主权权利，对人工岛屿、设施和结构的建造、管理、操作和使用都拥有管辖权。在从领海基线量起的 200 海里范围内，两者甚至是一个重叠区域。在第三次海洋法会议上，地理不利的国家主张取消大陆架制度，认为旧的大陆架制度应当被新的专属经济区制度所吸收。另一方面，地理位置有利的国家则不想放弃它们根据 1958 年《大陆架公约》和习惯国际法所拥有的关于大陆架外部界限的权利。

---

① 国际法院的判例包括 1969 年北海大陆架案（德国/荷兰；德国/丹麦）、1982 年突尼斯/利比亚大陆架案和 1985 年利比亚/马耳他大陆架案。国际仲裁法庭关于大陆架划界的判例主要是 1977 年英法大陆架案。

② Libya/Malta，para. 79（A）.

如果废除了大陆架制度，而仅仅代之以专属经济区制度，这些权利就可能丧失。这些国家主张大陆架制度属于国际习惯法，因此不应受新制度的影响。① 结果，为了照顾拥有超过200海里的宽大陆边国家的利益，1982年《海洋法公约》保留了大陆架制度，并把它和专属经济区规定为两个独立的制度。

首先，两者在范围上有所差别。专属经济区的最大宽度为200海里，而宽大陆架可以超过200海里而达到350海里或2 500米等深线外100海里。其次，两者权利的具体内容不完全相同。沿海国对大陆架的主权权利限于海床和底土的矿产资源等非生物资源以及定居种的生物；而沿海国在专属经济区内的权利则不仅包括200海里区域内大陆架的权利部分，还包括对上覆水域内的生物资源的勘探、开发、养护、管理享有主权权利，以及对海洋环境的保护和保全享有管辖权。再次，沿海国对于构成其陆地领土自然延伸到海中或海下的大陆架区域的权利，是根据事实本身从一开始就有的，是沿海国的"固有权利"。因此，《海洋法公约》规定"沿海国对大陆架的权利并不取决于有效或象征性的占领或任何明文公告"。但公约对专属经济区却没有类似的规定，因此，沿海国的专属经济区必须经过宣告，否则大陆架的这部分上覆海域属于公海。

五、中国的大陆架制度

1998年《专属经济区和大陆架法》第2条第2款规定："中华人民共和国的大陆架，为中华人民共和国领海以外依本国陆地领土的全部自然延伸，扩展到大陆边外缘的海底区域的海床和底土；如果从测算领海宽度的基线量起至大陆边外缘的距离不足二百海里，则扩展至二百海里"。该法规定，中国在大陆架上行使以下主要权利：(1) 为勘查大陆架和开发其自然资源，对大陆架行使主权权利。(2) 对大陆架的人工岛屿、设施和结构的建造、使用和海洋科学研究、海洋环境的保护和保全，行使管辖权。中国在大陆架上有专属权利建造并授权和管理建造、操作和使用人工岛屿、设施和结构。任何国际组织、外国的组织或者个人在中国大陆架进行海洋科学研究，必须经中国主管机关批准，并遵守中国的法律、法规。主管机关有权采取必要的措施，防止、减少和控制海洋环境的污染，保护和保全大陆架的海洋环境。(3) 中国拥有授权和管理为一切目的在大陆架上进行钻探的专属权利。任何国际组织、外国的组织或者个人对中国大陆架的自然资源进行勘查、开发活动或者在中国大陆架上为任何目的进行钻探，必须经中国主管机关批准，并遵守中国的法律、法规。(4) 中国对在大陆架上违反其法律、法规的行为，有权采取必要措施，依法追究法律责任，并可以行使紧追权。该法同时规定，任何国家在遵守国际法和中国法律、法规的前提下，在中国大陆架享有铺设海底电缆和管道的自由，以及与上述自由有关的其他合法使用海洋的便利。但铺设海底电缆和管道的路线必须经中国主管机关同意。关于2001海里外的大陆架，2009年5月，中国提交了东海2001海里外大陆架外部界限的初步资料，主张冲绳海槽的最大水深线为中国在该地区大陆架的外部界限。

① Sharma, Surya P., *Delimitation of Land and Sea Boundaries between Neighboring Countries* (Lancers Books, 1989), p. 178.

六、中国的海洋划界问题

受地理条件的限制，中国在黄海面临与朝鲜和韩国的海洋划界问题，在东海主要面临与日本的划界问题，在南海面临与菲律宾、马来西亚、印度尼西亚、文莱、越南等国的划界问题。到目前为止，中国只同越南就北部湾的划界达成协议。[①] 北部湾又叫东京湾（Gulf of Tonkin），位于南海北部，是由中越两国大陆和我国海南岛所环抱的一个半封闭浅水海湾，面积24 000平方海里，最宽170海里，湾内蕴藏着丰富的油气资源。双方自1974年8月在北京开始谈判划界问题，并于2000年12月25日签署《关于在北部湾领海、专属经济区和大陆架的划界协定》（以下简称《划界协定》）。该协定是我国同邻国正式签订的第一个，也是目前为止唯一的海洋划界协定，具有重要的示范效应。两国是根据公认的国际法原则，包括《海洋法公约》，在充分考虑北部湾所有情况的基础上，按照公平原则完成的划界。就划界结果而言，双方获得的海域面积大体相当。另外，鉴于北部湾是两国的主要渔场之一，双方在签署划界协定的同一天一并签署了《北部湾渔业合作协定》（以下简称《渔业合作协定》）。该协定将北部湾封口线以北、北纬20度以南、距分界线各30.5海里的中越两国各自专属经济区相连海域规定为共同渔区，期限15年；将北纬20度以北、北纬20度54分以南、分界线两侧双方部分专属经济区相连水域规定为过渡性水域，过渡期为4年。这样的安排几乎涵盖了北部湾大部分中高产渔区。2004年6月30日《划界协定》与《渔业合作协定》同时生效。之后，中国和越南于2006年启动了北部湾湾口外海域的划界和共同开发谈判。

黄海海区南北长470海里，东西宽360海里，面积约15万平方海里，全部位于大陆架上。朝鲜与中国的海岸关系从北部的相邻转为南部的相向。在两国的海域划界问题上，双方政府均没有正式表态。1977年6月21日朝鲜在其建立200海里经济区的政令中规定："在不能划200海里的水域中划至海洋的中间线。"经过平等友好的协商，2005年12月24日两国签署了《中朝政府间关于海上共同开发石油的协定》，规定在两国毗连海域共同开发、共同投资和共同分享收益。就中国与韩国的划界而言，双方海岸相向，韩国在其1996年8月8日颁布的《专属经济区法》中主张"在国际法的基础上，由相关国家协议划定"界线。但其在1970年5月30日颁布的关于实施《海底矿物资源开发法》的5020号总统令中采用中韩两国间的中间线作为其第一、二、三、四、七矿区的西部界线。两国从1995年起开始进行海洋法磋商。作为正式完成划界之前就渔业问题达成的临时安排，两国于2000年8月3日签署了《政府间渔业协定》。

东海宽150海里～360海里，总面积约30万平方海里，是一个由中、韩、日三国领土环绕的半闭海，北以长江口北岸沙嘴至韩国济州岛的连线与黄海为界，南以广东南澳岛至台湾南端鹅銮鼻与南海为界。东海海底地形与中国大陆一致，由西北向东南逐渐倾斜，直至冲绳海槽（Okinawa Trough）。[②] 东海油气资源丰富，主要集中于东海大陆架坳陷带、钓鱼岛陆架边缘隆褶带以及冲绳海槽坳陷带。中日划界在中国大陆和

① 中国同越南需要在三个海域进行划界：一是北部湾；二是位于北纬19度～北纬12度，东经106度～东经113度的区域；三是位于北纬12度以南的南沙海域。

② 参见赵理海：《海洋法问题研究》，58页，北京，北京大学出版社，1996。

日本琉球群岛（Ryukyu Islands）相向海岸之间进行，目前面临的主要法律问题包括：一是对冲绳海槽法律地位的认定；二是钓鱼岛等岛屿的主权归属以及它们在划界中的效力问题。两国自1996年开始进行“海洋法磋商”，2004年更名为“东海问题磋商”。在磋商中，双方谈判的重点从开始的界线划定转向了资源的共同开发。

冲绳海槽是自日本九州西经琉球群岛至我国台湾东北的弧形海槽，形同舟状。海槽南北长1 200千米，宽36千米～150千米，槽底平均宽度104千米，面积约10万平方千米。海槽内水深1 000米的海床超过总面积的一半，水深逾2 000米的海床也占1/5左右。① 冲绳海槽两侧地质构造的性质迥然不同：其西侧是一个稳定的大型沉降盆地，地壳厚度30千米以上，属于大陆地壳；其东侧琉球岛弧地壳运动异常活跃。冲绳海槽底部的地壳属于大陆地壳向海洋地壳过渡的构造带，并且陆壳特点少而洋壳特点多。这样，无论从地质还是地貌的角度看，冲绳海槽都无疑构成了中国大陆领土和日本琉球群岛间自然延伸的界限。换句话说，东海大陆架是中国大陆领土，而非日本岛屿的自然延伸。

钓鱼岛及其附属岛屿位于北纬25度44分至北纬25度56分、东经123度30分至东经124度34分之间，总面积约6.5平方公里。为了加强对钓鱼岛的管理，2012年3月国家海洋局和民政部根据《中华人民共和国海岛保护法》公布了钓鱼岛及其部分附属岛屿的标准名称。钓鱼岛等岛屿位于中国台湾东北，日本冲绳西南，距离台湾约120海里、冲绳首府那霸约230海里、中国大陆200海里。从地质上看，钓鱼岛等岛屿位于我国大陆架边缘，其东面与日本琉球群岛之间隔着深达6 500米的琉球海沟（Ryukyu Trench）。钓鱼岛等岛屿是台湾的附属岛屿，它们和台湾一样，自古以来就是中国领土不可分割的一部分。1895年作为甲午战争失败的后果，清政府被迫将其随台湾一起割让给日本。1945年日本将其与台湾一起归还中国。然而，美国1971年竟然把钓鱼岛等岛屿作为琉球群岛的一部分交给日本控制，对此中国政府提出强烈抗议。尽管钓鱼岛等岛屿为弹丸之地，但如果被用做划界的基点，则可为主权者带来11 700平方海里的海域。② 2008年6月，中日两国就东海问题达成原则共识。其中规定，在东海北部划定的一小片区域内，由两国进行共同开发。

中国在南海面临的划界问题是诸海域中最为复杂的，不仅涉及众多国家——西沙海域涉及同越南的划界，东沙群岛和黄岩岛涉及与菲律宾的划界，南沙海域面临同菲律宾、马来西亚、印度尼西亚、文莱、越南的划界问题，而且存在错综复杂的领土争端。主权争端导致中国与南沙海域周边国家的关系不时出现紧张状况，从而直接阻碍了中国同这些国家开展划界谈判。因此，南海的划界问题必须依赖领土争端的首先解决。2002年11月4日中国与东盟各国签署了《南海各方行为宣言》，强调通过友好协商和谈判，以和平方式解决南海有关争议。在争议解决之前，各方承诺保持克制，不采取使争议复杂化和扩大化的行动，并本着合作与谅解的精神，寻求建立相互信任的途径。根据宣言的精神，经过磋商，中国海洋石油总公司、越南油气总公司和菲律宾国家石油公司于2005年3月14日签订了《南中国海协议区三

---

① 参见马英九：《从新海洋法论钓鱼台列屿与东海划界问题》，16～17页，台北，正中书局，1986。

② J. R. V. Prescott, *The Maritime Political Boundaries of the World* (Methuen, 1985), p. 245.

方联合海洋地震工作协议》，规定三国石油公司在南海部分海域开展联合海洋地震工作。

中国一贯主张海洋划界问题应由有关国家“在平等协商的基础上共同确定”。1996年在批准《海洋法公约》时声明：“将与海岸相向或相邻的国家，通过协商，在国际法的基础上，按照公平原则划定各自海洋管辖权界限”。1998年《专属经济区和大陆架法》再次重申，将“在国际法的基础上按照公平原则以协议划定界限”。中国坚决反对在有关国家达成划界协议前，一国单方面将其划界立场强加于他国。1974年1月30日，日本同韩国签订《日韩共同开发大陆架协定》，单方面将其划定的中日假想中间线作为开发区朝向中国一侧的界限。对此，中国多次表示强烈抗议，认为该协议侵害了中国对东海大陆架的权利，因此“完全是非法的、无效的”。

第六节　用于国际航行的海峡

一、概说

海峡是两端连接海洋的狭窄水道，在航行上具有重要意义。“用于国际航行的海峡”（straits used for international navigation）这个概念起源于1949年“科孚海峡案”。国际法院在判决中指出，各国军舰有权在和平时期无害通过位于公海两部分之间的用于国际航行的海峡，而不用事先取得沿海国的许可。这一点是获得普遍承认并符合国际惯例的。除非条约另有规定，沿海国在和平时期不得禁止这种通行。关于何为用于国际航行的海峡，法院认为具有决定意义的是该海峡连接公海两个部分的地理位置，以及该海峡的航行相当频繁，且不限于当地国家使用的事实。科孚海峡就是这样一条用于国际航行的海峡。国际法院的上述观点被接纳在1958年《领海与毗连区公约》中，并应海洋强国的要求将无害通过制度扩大到连接公海和一国领海的海峡。该公约第16条规定，在连接公海一部分和另一部分或另一外国领海之间的用于国际航行的海峡，海峡沿岸国不得停止外国船舶的无害通过。

然而，随着越来越多的国家把领海范围扩展到12海里，原先留有公海航道的一些海峡如今也完全处于沿海国的领海范围之内了。据统计，世界上这类海峡有116个，其中30多个被认为是“用于国际航行的海峡”[①]，如多佛尔海峡、直布罗陀海峡、霍尔木兹海峡和马六甲海峡等。在第三次海洋法会议上，海峡沿岸国出于维护其国家主权和安全的考虑，主张保留无害通过制度。而美国等海洋强国则出于其军事战略利益的考虑，主张在此类海峡中实行航行自由。作为调和这两种主张的结果，《海洋法公约》第三部分一方面规定在公海或专属经济区的一部分和公海或专属经济区的另一部分之间的用于国际航行的海峡中适用一种新的特殊的航行制度，即“过境通行制”；另一方面明确指出，用于国际航行海峡的通过制度不影响构成这种海峡的水域的法律地位，也不影响海峡沿岸国在公约规定的限制下对此海峡的水域及其上空、海床和底土行使

① 陈德恭：《现代国际海洋法》，77页。

主权或管辖权。其实，就用于国际航行的海峡和过境通行制这两个概念的产生背景而言，过境通行制一般只适用于用于国际航行的海峡那些由沿岸国领海所构成的水域。这包含以下几种情况：第一，某一用于国际航行的海峡的水域完全由海峡沿岸国的领海构成，这一般发生在该海峡的宽度小于海峡沿岸国领海宽度之和的情况下。第二，虽然某一用于国际航行的海峡的宽度大于海峡沿岸国领海宽度之和，但在海峡沿岸国领海以外的作为专属经济区或公海的水域中并不存在着一条和穿过海峡沿岸国领海的同样方便的航道。反之，如果穿过某一用于国际航行的海峡有在航行和水文特征方面同样方便的一条穿过公海或穿过专属经济区的航道，那么公约的这一部分就不适用于该海峡；在这种航道中，应适用公约其他有关部分，其中包括关于航行和飞越自由的规定。同时，除由于海峡沿岸国使用直线基线而使原来并未认为是内水的区域被包围在内成为内水的情况除外，公约这一部分的规定也不影响海峡内的任何内水区域。

二、过境通行制

《海洋法公约》规定，在公海或专属经济区的一部分和公海或专属经济区的另一部分之间用于国际航行的海峡中适用过境通行制，所有船舶和飞机均享有过境通行权(right of transit passage)，即为继续不停和迅速过境的目的而行使航行和飞越自由。[①]

按照《海洋法公约》第 39 条的规定，船舶和飞机在过境通行时应遵守下列义务：(1) 毫不迟延地通过或飞越海峡；(2) 不对海峡沿岸国的主权、领土完整或政治独立进行任何武力威胁或使用武力，或以任何其他违反《联合国宪章》所体现的国际法原则的方式进行武力威胁或使用武力；(3) 除因不可抗力或遇难而有必要外，不从事其继续不停和迅速过境的通常方式所附带发生的活动以外的任何活动；(4) 过境通行的船舶应遵守一般接受的关于海上安全的国际规章、程序和惯例，包括《国际海上避碰规则公约》；遵守一般接受的关于防止、减少和控制来自船舶的污染的国际规章、程序和惯例；未经海峡沿岸国事前准许，不得进行任何研究或测量活动；(5) 过境通行的飞机应遵守国际民用航空组织制定的适用于民用飞机的《航空规则》；随时监听国际上指定的空中交通管制主管机构所分配的无线电频率或有关的国际呼救无线电频率。

海峡沿岸国可就下列事项制定关于过境通行的法律和规章：(1) 关于航行安全和海上交通管理；(2) 使有关在海峡内排放油类、油污废物和其他有毒物质的国际规章有效，以防止、减少和控制污染；(3) 防止渔船捕鱼；(4) 防止违犯沿岸国海关、财政、移民或卫生的法律和规章。这些法律和规章应妥为公布，且不应在形式上或事实上在外国船舶间有所歧视，或在其适用上有否定、妨碍或损害过境通行权的实际后果。此外，海峡沿岸国可于必要时指定海道和规定分道通航制，以促进船舶的安全通过。海峡沿岸国的义务是不应妨碍过境通行，并应将其所知的海峡内或海峡上空对航行或飞越有危险的任何情况妥为公布。享有主权豁免的船舶的船旗国或飞机的登记国，在

① 但是，对继续不停和迅速过境的要求并不排除在一个海峡沿岸国入境条件的限制下，为驶入、驶离该国或自该国返回的目的而通过海峡。

该船舶或飞机不遵守上述法律和规章时，应对海峡沿岸国遭受的任何损失和损害负国际责任。

三、实行其他通过制度的用于国际航行的海峡

过境通行制只适用在联结公海或专属经济区的一部分和公海或专属经济区的另一部分之间的用于国际航行的海峡中，而并非适用于所有用于国际航行的海峡中。按照《海洋法公约》的规定，下列几种用于国际航行的海峡中不适用过境通行制：第一，如果其通过制度已全部或部分规定在长期存在、现行有效的专门关于这种海峡的国际公约中，则此种海峡的法律制度不受公约规定的影响。第二，如果穿过某一用于国际航行的海峡有在航行和水文特征方面同样方便的一条穿过公海或专属经济区的航道，则该海峡不适用过境通行制，而应在该海道中适用航行和飞越自由。第三，如果海峡是由海峡沿岸国的一个岛屿和该国大陆形成，而且该岛向海一面有在航行和水文特征方面同样方便的一条穿过公海或专属经济区的航道，过境通行就不应适用，而应适用无害通过制度。第四，如果海峡是在公海或专属经济区的一部分和外国领海之间，也应适用无害通过制度。值得注意的是，与领海无害通过制不同，用于国际航行海峡中的无害通过不应予以停止。

第七节　公　海

一、公海的含义和法律地位

1958 年《公海公约》第 1 条规定：“‘公海’一词系指不包括在一国领海或内海内的全部海域。”1982 年《海洋法公约》第 86 条没有对公海下定义，而是规定公海制度“适用于不包括在国家的专属经济区、领海或内水或群岛国的群岛水域内的全部海域”。同 1958 年的定义相比，1982 年的规定有重大的变化。首先，随着专属经济区和群岛水域制度的建立，公海的范围明显地缩小了；其次，由于国际海底区域制度的建立，国家管辖范围外的海床、洋底和底土不再是公海水域的附属部分，而实行了一种与上覆水域完全不同的新制度。

公海（high seas）不属于任何国家管辖和支配，任何国家不得有效地声称将公海的任何部分置于其主权之下。这是公海法律地位的基础，也是公海不同于海洋其他水域的最本质特征。公海对所有国家开放，不论沿海国或内陆国，都可以在国际法规则规定的条件下行使公海自由。公海自由（freedom of the high seas）是公海活动的基本原则，是根据长期实践形成的一项习惯国际法规则。按照《奥本海国际法》的观点，“公海自由原则意味着，公海是所有国家共有的，任何国家不得声称将公海的任何部分置于其领土主权的支配下。因此，既然公海不是任何国家的领土，任何国家通常就没有在公海的任何部分行使立法、行政、管辖或警察的权利。而且，既然公海绝不能被置于任何国家的主权之下，任何国家就没有通过先占而取得公海任何部分的权利，因

为就领土取得而言，公海是罗马法上所谓的‘非交易物’(res extra commercium)”①。

然而，尽管公海不是任何国家的领土，但它是国际法的客体，有一定的法律秩序，而非处于无政府状态和法律真空。换句话说，公海自由原则并不是绝对和无节制的，而是有条件和有限制的。《海洋法公约》对各国行使公海自由规定的限制包括：第一，公海自由应在公约和其他国际法规则所规定的条件下行使；第二，各国在行使公海自由时应适当顾及其他国家的利益以及公约规定的同“区域”内活动有关的权利；第三，公约第88条明确规定，公海只应用于和平目的。上述限制虽然规定得过于原则，但它们对保证各国和平及有效行使各项公海自由是完全必要的。

二、公海自由

(一) 公海自由的内容

随着人类对海洋认识和利用能力的发展，公海自由的内容也不断扩大。在格老秀斯时代前后一个相当长的时期内，海洋自由主要限于航行自由和捕鱼自由。从19世纪末至20世纪50年代，人类对海洋的利用增加了铺设海底电缆和管道的自由以及飞越公海上空的自由。1958年《公海公约》第一次以国际公约的形式将公海自由的内容归纳为四项：(1) 航行自由；(2) 捕鱼自由；(3) 铺设海底电缆和管道的自由；(4) 公海上空飞行自由。《海洋法公约》第87条根据20世纪50年代后期以来人类开发和利用海洋的实践，补充了建造人工岛屿和从事科学研究两项自由。这样，《海洋法公约》规定的公海自由包括：(1) 航行自由；(2) 飞越自由；(3) 铺设海底电缆和管道的自由(受大陆架部分的限制)；(4) 建造国际法所容许的人工岛屿和其他设施的自由(受大陆架部分的限制)；(5) 捕鱼自由(受公约规定条件的限制)；(6) 科学研究的自由(受大陆架和海洋科学研究部分的限制)。应当指出，公约所提及的公海自由并非限制性的规定，而只是就其主要的六项加以特别列举。随着人类科学技术的不断发展，公海自由的内容必将进一步扩大。

(二) 航行自由

航行自由(freedom of navigation)是公海自由中最主要和最基本的内容。所谓航行自由，是指每个国家，不论是沿海国还是内陆国，均有权在公海上行驶悬挂其旗帜的船舶，船舶在公海上除受船旗国管辖外，不受其他国家的管辖或支配，不受任何强制性海上礼节的拘束，也不承担交纳任何通行税的义务。② 为了确保内陆国能够与沿海国平等享受公海自由，《公海公约》规定内陆国应有进入海洋的自由。为此，位于海洋与内陆国之间的国家应依据与内陆国的协定和现行国际公约在互惠基础上给予内陆国以过境自由，并在进出和使用海港方面给予悬挂内陆国旗帜的船舶以对本国船舶或任何其他国家船舶同等的待遇。《海洋法公约》第十部分专门规定了内陆国出入海洋的权利和过境自由。公约规定，为“行使与公海自由和人类共同继承财产有关的权利的目的，内陆国应有权出入海洋，为此目的，内陆国应享有利用一切运输工具通过过境国

---

① *Oppenhen's International Law* (Sir Robert Jennings & Sir Arthur Watts, 9d ed., Longman, 1992), Vol. 1, pp. 726-727.

② 参见魏敏主编：《海洋法》，191页。

领土的过境自由。”

为确保公海上的航行安全和建立公海管辖制度，习惯法和两个海洋法公约都规定，船舶在公海上航行必须悬挂一国的旗帜。船舶具有其有权悬挂的旗帜所属国家的国籍，除条约或《海洋法公约》明文规定的例外情形外，在公海上受该国的专属管辖和保护。另一方面，船舶在公海上航行时应仅悬挂一国的旗帜，除所有权确实转移或变更登记的情形外，船舶在航程中或在停泊港内不得更换旗帜。悬挂两国或两国以上旗帜航行并视方便而换用旗帜的船舶，对任何其他国家不得主张其中的任一国籍，并可视同无国籍船舶。虽然国际法要求任何船舶应具有国籍，但没有规定对船舶授予国籍的条件，而是留给各国通过国内法确定。

按照《海洋法公约》有关船旗国（flag State）义务的规定，每个国家应对悬挂其旗帜的船舶有效地行使行政、技术及社会事项的管辖和控制。为保证海上安全，船旗国应对该国船舶就船舶构造、装备、适航条件、船舶的人员配备、船员的劳动条件和训练、信号的使用、通信的维持和碰撞的防止采取必要的措施。船旗国对于涉及本国船舶在公海上因海难或航行事故对另一国国民、船舶、设施或海洋环境造成严重损害的事件应进行调查，并对该另一国就任何这种海难或航行事故进行的调查予以合作。此外，船旗国应责成其船舶的船长，在不严重危及其船舶、船员或乘客的情况下，救助在海上遇难的人，在发生碰撞的情况下对另一船舶、其船员和乘客给予救助。

然而，为了获取注册费和税收，一些国家，如利比里亚、巴拿马允许外国船舶在本国登记。同样，为了逃避本国的高额税收、降低船员工资、延长船员劳动时间以获取高额利润，一些船舶的所有者选择在国外登记注册，这就导致了船旗国与船舶所属国不一致的情况，这种旗帜被称为“方便旗”（flag of convenience）。由于授予“方便旗”的国家通常不能认真履行船旗国的各项义务，不能对其船舶有效地行使行政、技术及社会事项上的管辖和控制，因此该现象严重干扰了公海正常的管辖秩序，给公海航行安全带来很大隐患。一旦发生船舶碰撞事故，经常出现无人管辖的局面。为了解决这个问题，《公海公约》和《海洋法公约》都强调船舶和其国籍国之间必须有“真正的联系”（genuine link）。为了进一步确定“真正的联系”的最低限度因素，1986 年在日内瓦召开的联合国船舶登记条件会议上制定了《联合国船舶登记条件公约》。然而，真正联系的缺乏并不能导致船舶丧失其国籍。

（三）公海生物资源的养护和管理

捕鱼自由（freedom of fishing）是公海自由的另一个重要组成内容，即所有国家均有权由其国民在公海上捕鱼。按照 1958 年《捕鱼与养护公海生物资源公约》的规定，所谓“国民”，是指根据有关国家的法律属于该国的各种渔船，而不问其船员的国籍。长期以来，海洋生物资源一直被认为是取之不尽、用之不竭的。然而，随着先进捕鱼技术和方法的大量使用，海洋资源已经出现被过分利用的问题，某些海洋动物和鱼类的数量锐减，甚至面临灭绝的危险。有鉴于此，如不采取有力的措施加强公海的渔业管理，必将产生十分严重的后果。

从 19 世纪后半期开始，海洋国家间陆续缔结了一些关于渔业管理的区域性公约，如 1882 年《北海渔业公约》、1911 年《北太平洋海豹保护公约》等。1958 年《捕鱼与养护公海生物资源公约》是第一个关于公海捕鱼的全球性国际公约，要求国家在行使公海捕鱼自由的同时须遵守：(1) 其条约义务；(2) 沿海国的利益和权利；(3) 关于养护公海生物资源的各项规则。在此规定的基础上，结合专属经济区制度出现后的新情况，《海洋法公约》对公海捕鱼自由作了如下主要限制：第一，有关国家的条约义务。第二，沿海国在专属经济区内的权利、义务和利益。这主要体现为，各国对于那些同时出现在别国专属经济区内和属于公海范围内的专属经济区外的邻接区内种群（即所谓跨界鱼类种群）的捕捞，应与专属经济区沿岸国和其他在邻接区内捕捞该种群的国家进行协商，以达成养护该种群的协议，并根据协议进行捕捞。此外，在邻接区内捕捞高度洄游鱼种、溯河产卵种群以及降河产卵鱼种时，应与邻接区沿岸国直接或通过国际组织进行合作，以保证这些鱼种的合理捕捞和养护。第三，公约第 117 条规定："所有国家均有义务为各该国国民采取，或与其他国家合作采取养护公海生物资源的必要措施。"各国在对公海生物资源决定可捕量和制订其他养护措施时，应采取措施，其目的在于根据有关国家可得到的最可靠的科学证据，并在包括发展中国家的特殊要求在内的各种有关环境和经济因素的限制下，使捕捞鱼种的数量维持在或恢复到能够生产最高持续产量的水平，并考虑到与所捕捞鱼种有关联或依赖该鱼种生存的鱼种所受的影响，以便使这种有关联或依赖的鱼种的数量维持在或恢复到其繁殖不会受严重威胁的水平以上。此外，各国在适当情形下，应通过各主管国际组织，并在所有有关国家的参加下，经常提供和交换可获得的科学情报、渔获量和渔捞努力量统计，以及其他有关养护鱼的种群的资料。有关国家应确保养护措施及其实施不在形式上或事实上对任何国家的渔民有所歧视。第四，公约第 65 条规定，各国应进行合作养护海洋哺乳动物，特别是有关鲸类动物的养护、管理和研究。

为了确保跨界鱼类种群和高度洄游鱼类种群的长期养护和可持续利用，1995 年缔结了《关于执行 1982 年 12 月 10 日〈联合国海洋法公约〉有关养护和管理跨界鱼类种群和高度洄游鱼类种群的规定的协定》。协定第 5 条列举了沿海国和在公海捕鱼的国家在此方面应履行的合作义务。其中包括：应采取措施，在切实可行的情况下，包括发展和使用有选择性的、对环境无害和成本效益高的渔具和捕鱼技术，以尽量减少污染、废弃物、遗弃渔具所导致的资源损耗量，非目标种的捕获量以及相关或从属种特别是濒于灭绝物种的影响；采取措施防止或消除渔捞过度和捕鱼能力过大的问题，并确保渔获努力量不高于与渔业资源的可持续利用相称的水平。协定要求沿海国和在公海捕鱼的国家应尽力在一段合理时间内就互不抵触的养护和管理措施达成协议。在此之前，有关国家应本着谅解和合作精神，尽力作出实际的临时安排。此外，协定还就国际合作机制、非成员和非参与方、船旗国的义务、遵守和执法、发展中国家的需要及和平解决争端等事项作出了规定。

（四）其他公海自由

自从 1866 年横越大西洋的第一条海底电缆铺设以来，所有国家均有权在大陆架以外的公海海床上铺设海底电缆和管道已经成为公海自由的组成部分。然而，各国在铺设海底电缆和管道时必须适当顾及已经铺设的电缆和管道。为此，《海洋法公约》要求每个国家应制定必要的法律和规章，规定受其管辖的公海海底电缆或管道的所有人如果在铺设或修理该项电缆或管道时使另一电缆或管道受到破坏或损害，应负担修理费用。为了维护海底电缆和管道不被破坏或损害，1884 年 25 个国家曾缔结了《国际保护海底电缆公约》。《海洋法公约》要求每个国家制定必要的法律和规章，规定悬挂该国旗帜的船舶或受其管辖的人故意或因重大疏忽而破坏或损害公海海底电缆，致使电报或电话通信停顿或受阻的行为，以及类似的破坏或损害海底管道或高压电缆的行为，均为应予处罚的罪行。船舶所有人如果因避免损害海底电缆或管道而牺牲锚、网或其他渔具时，电缆或管道所有人应负赔偿责任。

由于公海是自由的，因而公海的上空也被认为是自由的，飞越公海上空的航空器只受其登记国管辖。建造国际法所容许的人工岛屿和其他设施的自由和科学研究的自由是《海洋法公约》新增加的两项公海自由。公约没有直接界定何种人工岛屿和设施是“国际法所容许的”，但规定该项自由的行使应受《海洋法公约》关于大陆架制度规定的限制。公约第十三部分专门就海洋科学研究问题作出了规定，各国在公海上行使海洋科学研究自由时应受该部分规定的限制。按照公约规定，所有国家不论其地理位置如何，均有权在专属经济区以外的水体内进行海洋科学研究，但应遵循下列原则：（1）研究应专为和平目的；（2）研究应以符合公约的适当科学方法和工具进行；（3）研究不应对符合公约的海洋其他正当用途有不当干扰；（4）研究的进行应遵守依照公约制定的一切有关规章，包括有关保护和保全海洋环境的规章。此外，海洋科学研究活动不应构成对海洋环境或其资源的任何权利主张的法律根据。

三、公海上的管辖权

公海上的管辖权是指对公海上的船舶及其所载人和物的管辖。船旗国管辖是公海管辖的主要原则。《海洋法公约》明确规定，除国际条约或本公约明文规定的例外情形外，船舶在公海上应受船旗国的专属管辖。特别是，当船舶在公海上发生碰撞或其他航行事故涉及船长或任何其他为船舶服务人员的刑事或纪律责任时，对此种人员的任何刑事诉讼或纪律程序只能向船旗国或此种人员国籍国的司法或行政当局提出。船旗国当局以外的任何当局，即使作为一种调查措施，也不应命令逮捕或扣留船舶。

公约要求所有国家应进行合作，以制止和惩治在公海上发生的下列违反国际法的行为，包括海盗、贩运奴隶、麻醉药品或精神调理物质的非法贩运以及从事未经许可的广播。根据《海洋法公约》的规定，海盗行为（piracy）是指私人船舶或飞机的船员、机组人员或乘客为私人目的，在公海上对另一船舶或飞机或其上的人或财物，抑或是在任何国家管辖范围以外的地方对船舶、飞机、人或财物所从事的任何非法暴力、扣留、或掠夺行为。凡是处于海盗控制下的船舶或飞机就被视为海盗船舶或海盗飞机。尽管成为海盗船舶或飞机的事实并不一定使此种船舶或飞机丧失国籍，但却不再受其所属国的专属管辖。海盗被认为是人类的公敌，《海洋法公约》要求所有国家应尽最大可能进行合作打击海盗行为。据此，在公海上或在任何国家管辖范围以外的其他地方，每个国家均可扣押海盗船舶或飞机，逮捕船上或机上的人员并扣押其上的财物。扣押国法院可以判定应处的刑罚，并决定对船舶、飞机或财产所应采取的行动。根据公约的规定，有关海盗的扣押行为可由军舰、军用飞机或其他有清楚标志可以识别的为政府服务并经授权扣押的船舶或飞机实施。

在公海从事未经许可的广播（unauthorized broadcasting from the high seas），是指

船舶或设施违反国际规章在公海上播送旨在使公众收听或收看的无线电传音或电视广播，但遇难呼号的播送除外。对此种违法行为，船旗国、设施登记国、广播人所属国、可以收到此种广播的国家以及得到许可的无线电通信受到干扰的国家都可以行使管辖权，逮捕从事非法广播的船舶或人员，并扣押广播器材。

为了维护公海的安全和秩序，防止和惩治公海上的犯罪行为，国际法赋予各国军舰以登临权（right of visit），即靠近和登上被合理认为犯有违反国际法行为嫌疑的商船进行检查的权利。按照《海洋法公约》第 110 条的规定，登临权的行使应符合以下要求：第一，被登临的船舶应当是商船，因为军舰和由一国所有或经营并专用于政府非商业性服务的船舶在公海上享有不受船旗国以外任何其他国家管辖的完全豁免权。第二，非有合理根据认为有下列嫌疑，军舰不得登临外国船舶：（1）该船从事海盗行为；（2）该船从事奴隶贩卖；（3）该船从事未经许可的广播而且军舰的船旗国有管辖权；（4）该船没有国籍；（5）该船虽悬挂外国旗帜或拒不展示其旗帜，但事实上却与该军舰属同一国籍。如果嫌疑经证明为无根据，而且被登临的船舶并未从事嫌疑的任何行为，对该船舶因此可能遭受的任何损失或损害军舰所属国应予赔偿。第三，登临必须尽量审慎进行。上述规定比照适用于军用飞机和经正式授权并有清楚标志可以识别的为政府服务的其他船舶或飞机。

此外，按照《海洋法公约》第 111 条的规定，沿海国主管当局在一定情况下可以对外国船舶进行紧追，但紧追权（right of hot pursuit）的行使必须同时满足下列各项条件方为合法：第一，沿海国必须有“充分理由”认为外国船舶违反其法律和规章时才可对该船紧追；而在无正当理由行使紧追权的情况下，在领海以外被命令停驶或被逮捕的船舶，对于因此遭受的任何损失或损害应获赔偿。第二，此项追逐须在外国船舶或其小艇之一在追逐国的内水、群岛水域、领海或毗连区内时开始，而且只有追逐未曾中断，才可在领海或毗连区外继续进行。对于在专属经济区内或大陆架上，包括大陆架上设施周围的安全地带内，违反沿海国按照公约适用于专属经济区或大陆架包括这种安全地带的法律和规章的行为，也可比照适用紧追权。此外，追逐只有在外国船舶视听所及的距离内发出视觉或听觉的停驶信号后，才可开始。第三，紧追权只可由军船、军用飞机或其他有清楚标志可以识别的为政府服务并经授权紧追的船舶或飞机行使。第四，紧追权在被追逐船舶进入其本国领海或第三国领海时应立即终止。第五，追逐过程中应尽可能避免使用武力。当使用武力不可避免时，应在事件的具体情况下符合合理和成比例的标准，并考虑人道主义的需求。如果紧追不符合上述要求，则沿海国应负赔偿责任。有关行使紧追权所引发的最著名案例就是美国和英国之间的“孤独号案”。

第八节　国际海底区域

一、概说

国际海底区域（international sea-bed area），简称“区域”（the Area），是《海洋

法公约》新创设的一个概念。它是指国家管辖范围以外的海床和洋底及其底土，亦即各国大陆架以外的整个海底区域。国际海底约占全部海洋面积的65%，深度为2 500米～6 000 米。

国际海底制度的产生源于大洋底多金属结核的发现。多金属结核亦称锰结核或锰矿球，包含有锰、铜、镍、钴等五十多种金属和稀有元素。锰、铜、镍、钴具有重要的经济价值，但它们在陆上的储量不但有限，而且即将开采完毕。相反，大洋底的锰结核不仅储量非常丰富，而且还在继续不停地生长。有鉴于此，20 世纪 60 年代，锰结核被认为是取代陆上同类矿藏的矿物资源。与此同时，美国等发达国家的矿业公司所进行的一系列勘探开采试验似乎表明对锰结核的商业性开采已指日可待。这些情况立即在发展中国家，特别是同类金属矿产的陆地生产国和少数具备开发能力的发达国家之间引发了关于国际海底及其资源的法律地位及资源开发制度的激烈辩论，并成为第三次海洋法会议上最难解决的问题。经过反复协商，《海洋法公约》第十一部分以及附件三（探矿、勘探和开发的基本条件）和附件四（企业部章程）对“区域”的有关制度作出了规定。

然而，这一争论并未随着《海洋法公约》的通过而宣告结束。以美国为首的一些发达国家借口公约关于海底区域开发制度的规定有利于发展中国家而拒不签署或批准公约，这最终导致了 1994 年《关于执行 1982 年 12 月 10 日〈联合国海洋法公约〉第十一部分的协定》的缔结。协定在缔约国的费用、企业部、技术转让、合同的财政条款等诸多方面对公约进行了实质修改，大大减少了缔约国的费用，取消了强制性技术转让的规定，并决定由管理局秘书处暂行企业部的职务。

二、国际海底区域的法律地位和开发制度

1967 年马耳他驻联合国大使帕多首次提出国际海底区域及其资源应适用人类共同继承财产的法律原则。这个建议很快获得大多数国家的支持。1970 年联大通过《各国管辖范围以外海床洋底及其底土的原则宣言》，宣布国家管辖范围以外海床洋底及其底土以及该区域的资源为全人类共同的继承财产。该原则后被规定在《海洋法公约》第 136 条中。

根据《海洋法公约》的有关规定，人类共同继承财产（common heritage of mankind）原则包括以下主要内容：第一，“区域”及其资源的所有权属于全人类，任何国家不应对“区域”的任何部分或其资源主张或行使主权或主权权利；任何国家或个人不得将“区域”或其资源的任何部分据为己有；任何这种主权或主权权利的主张或行使均应不予承认。第二，对“区域”内的资源的一切权利属于全人类，由国际海底管理局代表全人类行使。这种资源不得让渡，任何国家或自然人或法人，除按本部分外不应对“区域”矿物主张、取得或行使权利。对于任何这种权利的主张、取得或行使也应不予承认。第三，“区域”的活动应为全人类的利益而进行，对所有国家开放，专为和平目的利用。“区域”的这种法律地位并不影响其上覆水域或水域上空的法律地位。

“区域”的开发制度是关系到具体实行人类共同继承财产原则的重大问题。在第三

次海洋法会议上，发展中国家提出“单一开发制”，主张“区域”的一切勘探和开发活动都应由国际海底管理局控制；而发达国家则主张由各国及其企业自行开发，管理局只行使登记注册或颁发执照的职能。鉴于当前只有少数发达国家拥有开发的技术和资金，为了争取发达国家接受公约，同时使管理局能够从这些国家得到必要的技术和经费以便实际进行开发活动[①]，经过反复争论和协商，会议最终采用了“平行开发制”（paralleled system）作为过渡时期的开发制度。

按照公约第153条和附件三的规定，“区域”资源的开发活动既可以由企业部进行，也可以由缔约国或国营企业、或在缔约国担保下的具有缔约国国籍或由这类国家或其国民有效控制的自然人或法人与管理局以协作的方式进行。具体做法是：开矿申请者在向管理局提出开发申请时，须提出两块商业价值相等的矿址，并提交该两块矿址的锰结核丰度及其金属含量等资料。管理局在45天内指定其中一块矿址作为“保留区”，留给企业部开发，或由企业部与某个发展中国家联合开发；另一块则作为“合同区”，由申请者同管理局签订合同后进行开发。

三、国际海底管理局

国际海底管理局（International Seabed Authority）是缔约国组织及控制“区域”的活动，特别是管理“区域”资源的组织，代表全人类行使对“区域”内资源的一切权利，所在地位于牙买加。管理局由所有缔约国在主权平等的基础上组成，设有大会、理事会和秘书处等三个主要机关。管理局的一般政策由大会会同理事会制订。作为一般规则，管理局各机关的决策应当采取协商一致方式。管理局已经制订了《“区域”内多金属结核探矿和勘探规章》和《多金属硫化物探矿和勘探规章》，目前正在制订《富钴铁锰结壳探矿和勘探规章》。

大会是管理局的最高机关，由全体成员组成，每年召开常会一次。大会的职权主要包括：（1）选举理事会成员；（2）从理事会提出的候选人中选举秘书长；（3）根据理事会的推荐选举企业部董事会董事和企业部总干事；（4）决定各成员国对管理局的行政预算应缴的会费；（5）审查理事会和企业部的定期报告和特别报告；（6）暂停成员权利和特权的行使。每个成员国在大会上有一票表决权。如果无法以协商一致方式作出决定而付诸表决时，实质性问题的决定以出席并参加表决的成员2/3多数作出，程序性问题则以过半数作出决定。

理事会是管理局的执行机关，有权制订管理局所应遵循的具体政策，下设经济规划委员会及法律和技术委员会。理事会由大会按照公约规定选出的36个管理局成员组成，任期4年，可连选连任。理事会的职权主要包括：（1）监督和协调管理局职权范围内所有问题和事项的实施；（2）向大会提出秘书长候选人名单；（3）向大会推荐企业部董事会的董事和企业部总干事的候选人；（4）审查企业部的报告并转交大会；（5）在发生不遵守规则的情况下，代表管理局向海底争端分庭提起司法程序。每个成员在理事会上有一票表决权。如果无法以协商一致方式作出决定而付诸表决时，关于实质性

① 参见魏敏主编：《海洋法》，242页。

问题的决定，除公约规定由理事会协商一致决定者外，以出席并参加表决的成员 2/3 多数作出，关于程序性问题的决定以过半数作出。

秘书处由秘书长一人和管理局所需要的工作人员组成。秘书长由大会从理事会提出的候选人中选出，任期 4 年。秘书长是管理局的行政首长，在大会和理事会以及任何附属机关的一切会议上以这项身份执行职务，并执行此种机关交给他的其他行政职务。秘书长应就管理局的工作向大会提出年度报告。

第九节　海洋环境的保护和保全

一、概述

人类对海洋环境的最大危害就是污染。1982 年《海洋法公约》第 1 条规定，海洋环境污染是指“人类直接或间接把物质和能量引入海洋环境（包括河口湾在内），以致发生或可能发生损害生物资源和海洋生物、危害人类健康、妨碍包括捕鱼和海洋的其他正当用途在内的各种海洋活动、损坏海水使用质量和减损环境优美等有害影响”。按照污染物的来源不同，海洋环境污染可分为陆地源污染、大气源污染、船舶源污染、倾倒源污染和海底活动开发源污染等五种。自 20 世纪 50 年代以来，国际社会陆续制定了一些有关防止海洋污染的全球性和区域性条约，《海洋法公约》第十二部分对海洋环境的保护和保全作了全面系统的规定，将保护和保全海洋环境规定为各国的一般义务，要求“各国应在适当情形下个别或联合采取一切符合本公约的必要措施，防止、减少和控制任何来源的海洋环境污染”，从而标志着保护海洋环境的国际立法已经基本健全。

二、防止陆地源和大气源污染

陆地来源的污染是指人类将生活垃圾、工业废物、农业化学物质等由河口流入海洋所造成的污染。大气源污染是指“来自大气层或通过大气层”的污染。其中，“来自大气层的污染”是指通过大气将陆地上空的有害气体传入海洋所造成的污染；而“通过大气层的污染”是指海洋上空的航空器对海洋环境的污染，如航空器在海上失事。陆地源是海洋环境污染物质的第一大污染源。而且，来源于陆地的污染物质在各种海洋污染源中的比重已经从 20 世纪 70 年代初的 54%上升至 90 年代的 70%。[①] 陆地源污染之所以未能被有效控制的一个重要原因是，造成污染的行为发生地位于国家领土范围内。由于各国在经济、社会和政治等方面的巨大差异，因此难以在全球性公约中就控制陆地源污染作出具体规定。[②]《海洋法公约》只是笼统地要求各国制定法律和规章，

① Ben Boer, Rcss Ramsay, Donald R. Rothwell, *International Environmental Law in the Asia Pacific* (Kluwer Law International, 1998), p. 123.

② 防止陆地源污染的区域性公约主要包括：1974 年《防止陆地来源污染的巴黎公约》（适用于部分大西洋和北冰洋海域）；1974 年《保护波罗的海海域海洋环境的赫尔辛基公约》；1980 年《保护地中海不受陆地来源污染的雅典议定书》以及 1983 年《保护东南太平洋不受陆地来源污染的基多议定书》。

以防止、减少和控制陆地来源对海洋环境的污染；要求各国为防止、减少和控制来自或通过大气层对海洋环境的污染，制定适用于其主权下的上空和悬挂其旗帜的船只或在其国内登记的船只或飞机的法律和规章。

三、防止船舶源污染

船舶污染是海洋环境的第二大污染源。来自船舶的污染包括两种情况：一是在海上航行的船舶蓄意或由于疏忽而向海洋排放油类或其他有害物质所造成的污染，如排放船舶生活污水、船舶垃圾、油轮压舱水和清舱水，以及船舶散装有害液体物质的污染；二是船舶在海上航行中发生事故所造成的污染。与陆地污染源不同，来自船舶的污染物主要是油类物质，而且不用通过任何媒介，直接导致海洋污染。在 20 世纪 70 年代初，导致海洋环境污染的物质 35%来自船舶，而这一比例到 90 年代初已经下降至 10%。这说明有关的国际环境公约已经有效地控制了船舶对海洋环境的污染。

第一个防治海洋环境污染的全球性公约是 1954 年在伦敦召开的防止海洋石油污染的国际会议上签订，并于 1958 年生效的《国际防止海上油污公约》。该公约授权沿海国可在其沿岸 50 海里设立禁止排放油类及油性混合物的禁排区，北海、波罗的海和黑海等特殊区域可以扩大到沿岸 100 海里或 150 海里。在禁排区内，油轮内不得排放油类或油性混合物，非油轮应在离岸 12 海里以外排放，载运 2 万吨及以上散装货油的船舶禁止排放。1954 年公约后经 1962 年、1969 年和 1971 年三次修正，禁排区的范围和排放物含油量的标准都作了必要的修改。1962 年修正案把禁排区的范围扩大到沿岸 100 海里并设立了禁止排放的特别禁区，而排放物的含油量也被修正为一百万分之一百（100ppm）。1969 年修正案取消了禁排区的概念，规定除特殊情况外，禁止船舶在作业中排放油污。应当指出的是，1954 年《国际防止海上油污公约》只涉及防止油污对海洋环境的污染，而没有包含控制其他污染海洋的有害物质的规则。

为了彻底消除有意排放油类和其他有害物质而污染海洋环境并将这些物质的意外排放减至最低限度，国际社会 1973 年在伦敦缔结了《国际防止船舶污染公约》，这是第一个全面控制船舶造成海洋污染的全球性公约。该公约扩大了 1954 年《国际防止海上油污公约》的范围，适用于包括油类在内的各种有害物质所导致的海洋污染。同时，公约也扩大了对船舶的适用范围，包括任何非军用船舶造成的污染。1973 年《国际防止船舶污染公约》本身是一个框架公约，包括处理公约的适用范围、违章、执行及其他程序事项等共 20 个条款。有关具体的排污标准则规定在公约的 5 个附则中，它们分别涉及防止油污规则、控制散装有毒液体物质污染规则、防止海上运输经包装的有害物质污染规则、防止船舶生活污水污染规则和防止船舶垃圾污染规则。附件对油污的排放量作了较 1954 年公约更加严格的限制，规定油轮只能在距离海岸 50 海里以外区域航行时才能排放，而且每个航次的总排放量不得超过所装载货油量的 1/15 000，新油轮则不得超过 1/30 000。然而，直到 1978 年缔约国缔结了一个议定书，就推迟适用《国际防止船舶污染公约》附则二的有关标准达成一致后，该公约才连同议定书于 1983 年生效。中国于同年 7 月 1 日加入经 1978 年议定书修正的公约。

在以上这些条约的基础上，1982 年《海洋法公约》第 211 条为各国规定了以下防止船舶污染的主要义务：(1) 通过主管国际组织或外交会议制订国际规则和标准，以防止、减少和控制船只对海洋环境的污染；(2) 制定法律和规章以防止、减少和控制悬挂其旗帜或在其国内登记的船只对海洋环境的污染；(3) 制定法律和规章，以防止、减少和控制外国船舶在其领海、专属经济区内对海洋环境的污染。

来自船舶污染的另一个原因是海上航行事故，主要包括油轮搁浅、触礁、船舶碰撞等情况。尽管同船舶正常操作过程中造成的污染相比，海上航行事故对整个海洋的污染比例并不算大，但是，由于从 20 世纪 50 年代以来海洋石油的运输总量、油轮的数目和规模不断增大，海上事故的发生也就越来越频繁。而任何海上航行事故都可能导致石油大量流入海洋从而造成局部海域的灾难性污染。此外，海上航行事故多发生在接近沿岸的海域，因此其危害程度也就愈发严重了。1967 年 3 月利比里亚大型油轮“托里·坎荣号”(Torrey Canyon) 在英格兰西南海面触礁沉没，流入海洋的原油达 8 万吨，致使英法两国沿岸海域受到严重污染。为防止残存原油继续流失，英国派飞机对油轮进行轰炸，烧毁了残存原油。而英法两国政府为清除这些原油，共花费了 7 000 万美元。可见，防止、减少和控制油轮事故污染已成为国际社会急需解决的严重问题。要解决这一问题，首先是要加强海上航行安全规则，防止海上事故的发生；其次是采取措施将海上航行事故对海洋的污染减小到最低程度。1971 年国际社会在第三次修订 1954 年《国际防止海上油污公约》时首次尝试通过限制油轮体积的办法来控制发生搁浅或碰撞的油轮对海洋环境的污染程度。“托里·坎荣号”事件在暴露出国际上防止和处理海洋污染的规则存在严重缺陷的同时也提出了一个国际法问题，即沿海国在其管辖的海域环境受到发生在公海污染事故的严重威胁时，是否有权在公海上采取单方面的干预措施。为了解决与这类污染有关的法律问题，1969 年 48 个国家在布鲁塞尔通过了两个公约：《国际干预公海油污事故公约》(简称《干预公约》，于 1975 年 5 月 6 日生效，中国 1990 年 2 月 23 日加入) 和《国际油污损害民事责任公约》(简称《民事责任公约》，于 1975 年 6 月 19 日生效，中国 1980 年加入)。

根据《干预公约》的规定，除军舰和非商业性政府船舶外，沿海国可以在公海上采取必要措施，以防止、减轻或消除由于海上事故所产生的油污或油污威胁对其海岸或有关利益的严重和紧迫的危险。然而，沿海国干预的能力并非不受限制。相反，当一沿海国试图干预时，它必须：(1) 在采取任何措施之前应与其他受影响的国家，特别是船旗国进行协商，但情况极为紧急需要立即采取措施者除外；(2) 应将拟采取的措施通知它所知道的所有利益将受到影响的自然人或法人；(3) 应竭力避免使人命受到威胁，并对遇难者提供所需的援助；(4) 采取的措施应与实际损害或有损害危险的情况相适应，不得超出达到目的的合理需要，并应在达到目的后立即停止。如采取的措施超出了合理需要的范围，则有关沿海国应当负赔偿责任。公约并要求缔约国通过它所规定的调解和仲裁程序来解决船舶所有人与受损害的沿海国之间的争端。1973 年 11 月 2 日国际上订立了《干预公海非油类物质污染议定书》以补充 1969 年《干预公约》，允许沿海国对公海上由油类以外的其他物质造成的海洋污染事故加以干预。

《民事责任公约》适用于在缔约国领土和领海上发生的污染损害和为防止或减轻这种损害而采取的预防措施。公约规定，事故发生时，船舶所有人应对该事故引起的漏油或排油造成的污染负责；但如果损害是因战争、敌对行动或不可抗拒的自然现象等原因所引起的，则可免除其责任。船舶所有人依公约承担有限责任。[①]

由于《民事责任公约》规定的赔偿限额过低，不能弥补受害人的全部损失。为使油污损害者能得到足够的赔偿，国际上1971年缔结了《建立国际赔偿油污损害基金公约》，以补充《民事责任公约》。公约规定，如果船舶所有人因《民事责任公约》中的免责事项而不负责任，或没有能力履行其全部赔偿义务，或污染损害超出责任限额，根据《民事责任公约》没能获得全部和适当赔偿的油污损害受害人可以向该公约设立的赔偿基金提出索赔要求。[②]

四、防止海底开发活动源污染

海底开发活动造成海洋环境污染包括在领海、大陆架等国家管辖范围内的海底活动造成的污染和在国家管辖范围外的“区域”内活动造成的污染。对此，《海洋法公约》都作了规定。关于前者，公约要求沿海国制定法律和规章，以防止、减少和控制来自受其管辖的海底开发活动或与此有关的活动对海洋环境的污染以及来自在其管辖下的人工岛屿、设施和结构所造成的海洋环境污染。各国应通过主管国际组织或外交会议制订全球性或区域性的规则、标准和建议的办法及程序，以防止、减少和控制这类污染。沿海国所制定的法律和规章的效力应不低于国际规则的办法及程序。对在国际海底区域内的开发活动造成的污染，公约规定国际海底管理局应制定适当的规则、规章和程序，以防止、减少和控制对包括海岸在内的海洋环境的污染，并防止干扰海洋环境的生态平衡，以及保护和养护“区域”的自然资源。同时，根据船旗国管辖原则，公约要求各国应制定法律和规章，以防止、减少和控制由于悬挂其旗帜或在其国内登记或在其权力下经营的船只、设施、结构和其他装置进行的“区域”内开发活动所造成的污染。此种法律和规章的效力不应低于国际海底管理局所定的国际规则。

五、防止倾倒源污染

倾倒（dumping）是海洋污染的重要来源之一。第二次世界大战后，海上倾废的规模和数量不断增大，一些国家甚至将放射性废物和有毒化学品倾倒入海。根据1992年里约环发大会通过的《21世纪议程》，约10%的污染海洋环境的物质来自倾倒。为了防止倾倒废物和其他物质污染海洋环境，1972年12月29日在伦敦举行的政府间海洋倾废会议上通过了《防止倾倒废物及其他物质污染海洋的公约》（简称《伦敦倾倒公约》，于1975年8月30日生效，中国于1985年11月14日交存加入书），这是第一个

① 限额为按船舶吨位计算每吨2 000金法郎，但总额不超过2.1亿金法郎。然而，如果事故是由船舶所有人的实际过失或暗中参与造成的，则其无权引用此责任限额。1976年通过的《民事责任议定书》修改了公约责任限额的计算单位，改为每吨133个特别提款权，最高限额为1 400万个特别提款权。该议定书于1981年4月8日生效，中国1986年9月29日加入。1984年的修正议定书将公约适用范围扩大到专属经济区或从海岸量起200海里的区域，同时将最高限额提升至5 970万个特别提款权。

② 每次油污事件的赔偿限额定为4.5亿金法郎。1979年的议定书将赔偿限额提高到6.75亿金法郎（4 500万个特别提款权），1984年的议定书则把限额再次提高为13 500万个特别提款权。“特别提款权”为国际货币基金组织规定的计算单位。每个特别提款权计算单位相当于15金法郎。所谓“金法郎”，是指含有纯度为千分之九百的黄金65.5毫克的法郎。

也是当前唯一的专以控制海洋倾废为目的的全球性公约。公约适用于公海和除内水以外的沿海国管辖的全部海域。

根据《伦敦倾倒公约》的规定，海洋倾倒是指“任何从船舶、飞机、平台或其他海上人工结构有意地在海上倾弃废物或其他物质的行为；任何有意地在海上弃置船舶、飞机、平台及其他海上人工结构的行为”。据此，海洋倾倒实际上是一种将陆地上的废物或其他物质经由运载工具（船舶、飞机、平台或其他海上人工结构）故意地置于海洋中的行为。公约将废物分为三类：列入公约附件一的通称“黑名单”物质，均为剧毒或高放射性物质，应禁止倾倒；列入附件二的通称“灰名单”物质，其应事先获得特别许可证才可倾倒；未列入附件一和附件二的物质亦称“白名单”废物，获得一般许可即能倾倒。根据公约第 7 条，缔约国应将为实施公约所必要的措施适用于：（1）在其领土上登记或悬挂其国旗的所有船舶和飞机；（2）在其领土或领海上装载行将倾倒的物质的所有船舶和飞机；（3）在其管辖下从事倾倒行为的所有船舶、飞机和浮动平台。《伦敦倾倒公约》的 1996 年议定书全面修订了 1972 年公约，特别是，强调海洋环境保护中应采取预防方法。该议定书第 3 条规定：“在实施本议定书时，各缔约当事国应应用保护环境不受倾倒和海上焚烧废物或其他物质危害的预防方法，即在有理由认为进入海洋环境中的废物或其他物质可能造成损害时采取适当预防措施，即使在没有确凿证据证明在输入物与其影响间有因果关系时亦然。”

《海洋法公约》对倾倒问题也作了原则性的规定，要求各国应制定法律和规章，并采取必要措施，以防止、减少和控制倾倒对海洋环境的污染；各国应通过主管国际组织或外交会议制订全球性和区域性规则、标准和建议，以防止、减少和控制倾倒对海洋环境的污染；国内法律、规章和措施的效力不应低于全球性的规则和标准。但值得注意的是，公约第 210 条明确提及了沿海国采取措施的权利，规定非经沿海国事先明示核准，不应在该国领海、专属经济区和大陆架上进行倾倒。公约第 216 条还对倾倒造成污染的执行问题作了规定：（1）对于发生在其领海、专属经济区和大陆架上的倾倒，由该沿海国执行；（2）对于船舶和飞机的倾倒行为，由船旗国执行；（3）对于在其领土内或岸外码头装载废料或其他物质的行为，由该港口国执行。

六、海洋环境污染的管辖

海洋环境污染的管辖是一个涉及在不同海域发生不同来源的污染行为应由哪个国家管辖和以什么标准进行管辖的问题。在以上四种主要污染源中，除陆地源外，均可能发生船旗国、沿海国和港口国的管辖冲突。在第三次海洋法会议以前，对涉及船舶污染的管辖一直实行传统的船旗国管辖原则。直到 1973 年制定《国际防止船舶污染公约》时，这种管辖原则才有所改变。该公约第 4 条规定，在其管辖范围内发生任何违反公约行为的沿海国，应根据该国的法律予以禁止并加以制裁：既可以按其法律提起诉讼，也可以将其掌握的关于违章事件的情况和证据提交船旗国的主管当局。此外，沿海国还有权检查停泊在其港口内的船舶的证书，而当有明显理由认为该船的条件实质上不符合证书所载情况，并有可能污染海洋时，沿海国可以采取措施，禁止该船开航。在第三次海洋法会议上，各国经过激烈争论，终于打破了船旗国独自管辖的传统制度。《海洋法公约》基本上采取了船旗国、港口国和沿海国相结合的管辖原则，但这三种管辖权并非完全平衡，公约中的某些条款仍对船旗国有利。

（一）船旗国的管辖

公约规定，各国应制定法律和规章，以防止、减少和控制悬挂其旗帜或在其国内登记的船只对海洋环境的污染。这种法律和规章至少应具有与通过主管国际组织或一般外交会议制订的一般接受的国际规则和标准相同的效力。船旗国对于悬挂其旗帜的船舶的违章行为，不论该行为在何处发生，也不论这种违章行为所造成的污染在何处发生或发现，均应设法立即进行调查，并在适当情形下提起司法程序。值得注意的是，如果船旗国在任何其他国家就其船只在领海外的违章行为提起司法程序之日起 6 个月内就同样控告提出加以处罚的司法程序，则其他国家应即暂停进行司法程序，除非该违章行为使沿海国遭受重大损害，或有关船旗国一再不顾其对本国船只的违章行为有效地执行国际规则和标准的义务。此规定表明，船旗国的管辖权在某种程度上优于沿海国和港口国的管辖权。

（二）港口国的管辖

考虑到停靠港在海运上的重要作用，以及一些船旗国不愿对其本国的船舶实施管制的事实，港口国的管辖对于保证国际防污规则和标准的有效实施就显得非常必要。[①]所以，《海洋法公约》一方面确认港口国有一定程度的管辖权，另一方面又设置了诸多限制。公约规定，港口国可以制订关于防止、减少和控制海洋环境污染的特别规定作为外国船只进入其港口的条件，但应将这种规定妥为公布，并通知主管国际组织。外国船只在驶往作出特别规定的国家时，应说明是否遵守该国关于进入港口的规定。另外，当外国船只自愿停泊在其港口或岸外码头时，港口国可以对发生在其管辖海域以外的任何排放进行调查，并可在有充分证据的情况下提起司法程序。对于发生在另一国内水、领海、专属经济区内的违章排放行为，只有在该国、船旗国或受违章排放行为损害或威胁的国家请求，或在该违章行为已对或可能对港口国的管辖海域造成污染的情况下，港口国才可以提起司法程序。但经违章排放发生地沿海国的请求，此种司法程序应暂停进行，并将案件的证据和记录转交给该沿海国。

（三）沿海国的管辖

关于沿海国对海洋污染的管辖权，《海洋法公约》规定，沿海国在其领海内行使主权，可制定法律和规章，以防止、减少和控制外国船只对其海洋的污染，但这种法律和规章不应阻碍外国船只的无害通过。沿海国可对其专属经济区制定法律和规章，以防止、减少和控制来自船只的污染，但这种法律和规章应符合一般接受的国际规则和标准。如果沿海国由于海洋学和生态学方面的特殊条件，要求在其专属经济区的某一明确划定的特定区域内采取防止来自船只污染的特别强制措施，它应当同有关国际组织和任何其他有关国家进行协商，由该组织确定是否符合。如果沿海国有明显根据认为在其领海内航行的船只在通过领海时违反了其关于防止污染的法律和规章或可适用的国际规则和标准，可以在不妨害无害通过的前提下就违反行为对该船进行实际检查，并在有充分证据时依法提起司法程序，包括对该船的拘留在内。同样，如果沿海国有

① 参见魏敏主编：《海洋法》，301 页。

明显根据认为在其领海或专属经济区内航行的船只，在专属经济区内违反了其关于防止污染的法律和规章或可适用的国际规则和标准，可以要求该船提供其识别标记、登记港口、上次停泊和下次停泊的港口等有关情况，以确定是否已有违章行为发生。如果该船拒不提供有关情况，或所提供的情况与实际情况显然不符，而沿海国又有明显根据认为外国船只在其专属经济区内的违章大量排放对海洋环境造成重大污染或有重大污染的威胁，则沿海国可就违反行为对该船进行实际检查，并在有充分证据时依法提起司法程序，包括对该船的拘留在内。

第十节　国际海洋法法庭

一、概述

国际海洋法法庭（International Tribunal for the Law of the Sea）是《海洋法公约》为解决有关海洋的争端而创设的一个常设性国际司法机构。《国际海洋法法庭规约》（以下简称规约）规定在《海洋法公约》附件六中。法庭于1996年8月1日成立，所在地为德国汉堡自由汉萨城。法庭1996年取得联合国大会观察员地位，1997年10月通过《国际海洋法法庭规则》，同年12月与联合国缔结了《联合国和国际海洋法法庭关系协定》。

二、法庭的组织

法庭由独立法官21人组成，从享有公平和正直的最高声誉，在海洋法领域内具有公认资格的人士中选出。法庭作为一个整体，应确保其能代表世界各主要法系和公平地区分配。法官中不得有二人为同一国家的国民。当一个人具有两个以上国家国籍时，应视为其通常行使公民及政治权利的国家的国民。此外，联合国大会所确定的每一地理区域集团应至少有3名法官。[①]

公约每一缔约国可提名不超过2名有资格的候选人。他们既可以是本国国民，也可以是其他缔约国国民，甚至是非缔约国国民。法官的选举应以无记名投票进行。第一次选举由联合国秘书长召开缔约国会议举行，以后的选举应按各缔约国协议的程序举行。选举时，得票最多并获得出席并参加表决的缔约国2/3多数票的候选人当选为法庭法官，这项多数票应包括缔约国的过半数。法官任期9年，可连选连任。如果法庭的其他法官一致认为某一法官不再适合必需的条件，法庭庭长应宣布该席位出缺。法官出缺时，应按照第一次选举时的办法进行补选。补选的法官应任职至其前任法官任期届满时为止。法庭应选举庭长和副庭长，任期3年，可连选连任。法庭应任命书记官长和其他必要的工作人员。

① 联合国大会所确定的地理区域集团有5个：非洲、亚洲、拉丁美洲和加勒比、东欧、西欧和其他国家。在1996年8月1日选举出的21名法官中，非洲5席、亚洲5席、拉丁美洲和加勒比4席、东欧3席、西欧和其他国家4席。

法官不得执行任何政治或行政职务，或对任何与勘探和开发海洋或海底资源或与海洋或海底的其他商业用途有关的任何企业的任何业务有积极联系或有财务利益，不得充任任何案件的代理人、律师或辩护人。法官于执行法庭职务时享有外交特权和豁免，其薪金、津贴和酬金免除一切捐税。

审理案件时，所有可以出庭的法官均应出庭，但须有选任法官 11 人才构成法庭的法定人数。任何过去曾作为某一案件当事一方的代理人、律师或辩护人，或曾作为国内或国际法院或法庭的法官，或以任何其他资格参加该案件的法官不得参与该案件的裁判。

法庭或分庭在审理案件时，属于争端一方国籍的法官应保有其作为法官参与的权利。如果法庭上有属于当事一方国籍的法官，争端他方可选派一人为法官参与审理。如果法庭上没有属于当事各方国籍的法官，每一当事方均可选派一人为法官参与审理。这种由当事方选派参与审理特定案件的人称为"专案法官"（Judge ad hoc）。当诉讼一方为非国家实体时，它只有在下列情况下才可选派专案法官：（1）当事其他各方中有一方是国家且法庭中有该国国籍的法官，或该国已选派了一名专案法官，或他方是国际组织且法庭中有具有该国际组织成员国国籍的法官；或（2）法庭中有法官的国籍国属于当事其他各方中一方的担保国。[①] 专案法官应在与选任法官完全平等的条件下参与裁判。另外，对于涉及科学和技术问题的争端，法庭可以依照当事一方的请求，或主动决定选派两名或以上专家出席法庭，但无表决权。

规约第 15 条规定，法庭可设立其认为必要的分庭以处理特定种类的争端。这种分庭由法庭选任的 3 名或以上法官组成。1997 年法庭成立了由 7 名法官组成的渔业争端分庭（Fisheries Disputes Chamber）和海洋环境争端分庭（Chamber for Marine Environment Disputes），2007 年又成立了海洋划界争端分庭。另外，法庭如经当事各方请求，应设立分庭以处理某一特定争端。这种分庭的组成应由法庭在征得当事各方同意后决定。第一次设立特定争端分庭的案件是 2000 年智利诉欧共体"关于在东南太平洋养护和可持续捕捞箭鱼种群"案。最后，为了迅速处理案件，法庭每年应设立由 5 名法官组成的分庭，适用简易程序审讯和裁判争端。以上三类分庭以及海底争端分庭作出的判决应视为法庭的判决。

尽管公约规定法庭第一次选举应在公约生效之日起 6 个月内举行，但为了使法庭法官的组成具有广泛代表性，1994 年召开的公约缔约国第一次会议决定将选举推迟到 1996 年进行。在同年 8 月 1 日进行的第一次选举上，中国籍法官赵理海先生当选。目前，中国籍的法官是高之国先生。

三、法庭的管辖权

（一）法庭的诉讼当事方

规约第 20 条规定："1. 法庭应对各缔约国开放。2. 对于第十一部分明文规定的任何案件，或按照案件当事所有各方接受的将管辖权授予法庭的任何其他协定提交的任

---

① 参见《国际海洋法法庭规则》第 22 条。

何案件，法庭应对缔约国以外的实体开放。”据此，能够成为国际海洋法法庭当事方的除了缔约国，还有缔约国以外的实体（Entities other than State Parties）。按照《海洋法公约》第1条和第305条的规定，“缔约国”不仅指同意受公约拘束而公约对其生效的国家，而且还包括参加公约的“实体”，如自治联系国、自治领土和国际组织。至于“缔约国以外的实体”则包括没有成为公约缔约国的国家、自治联系国、自治领土和国际组织。[①]

（二）法庭管辖的争端范围

依据规约第21和22条的规定，法庭对以下三类争端具有管辖权：

第一，按照《海洋法公约》向其提交的一切争端和申请。然而，关于公约解释和适用的争端须受公约第十五部分第三节规定的限制和例外。《海洋法公约》第297条规定了两种限制：首先，沿海国没有义务同意将有关其对海洋科学研究行使斟酌决定权、命令暂停或停止一项研究计划的决定所引起的任何争端提交导致有拘束力裁判的强制程序。其次，沿海国没有义务同意将任何有关其对专属经济区内生物资源的主权权利或此项权利的行使的争端提交强制程序。依据公约第298条，缔约国可在任何时间以书面声明排除将下列各类争端提交导致有拘束力裁判的强制程序：（1）关于海洋划界或涉及历史性海湾或所有权的争端；（2）关于军事活动，包括从事非商业服务的政府船只和飞机的军事活动的争端；（3）正由安理会执行《联合国宪章》所赋予的职务的争端。对于其他有关公约解释和适用的争端，海洋法法庭也不当然具有管辖权。尽管公约第286条规定，缔约国在不能用和平方法解决争端时，经争端任何一方的请求，应提交强制解决争端程序。但公约规定了四种强制解决争端程序，缔约国可以自由用书面声明的方式加以选择，而提交国际海洋法法庭只是其中一种方法。[②] 因此，只有在作为争端当事方的所有公约缔约国都选择了国际海洋法法庭时，法庭对该争端才有管辖权。当然，一旦选择了国际海洋法法庭，那么法庭对涉及该缔约国的争端就具有了管辖权，而不必再征求该国的同意，因此这种管辖是一种“任意强制管辖”。

第二，依据将管辖权授予法庭的其他国际协定中具体规定的一切申请。这一般是指有关国家在国际条约中事先约定就该条约的解释或适用争端接受国际海洋法法庭的管辖。此种管辖可称为“协定管辖”。

第三，如果同公约所包括的主题事项有关的现行有效条约的所有缔约国同意，有关这种条约的解释或适用争端也可按照这种协定提交法庭。此种管辖可称为“自愿管辖”。一般指争端当事方事先未选择国际海洋法法庭，或其并非公约缔约国，在争端发生后缔结特别协定，同意将争端提交国际海洋法法庭解决。应当指出，如果争端当事方就法庭是否具有管辖权发生争议，应由法庭自己决定。

除了行使公约规定的诉讼管辖权，《国际海洋法法庭规则》第138条还增加了法庭的咨询职能。据此，如果与公约目的有关的国际协定专门规定了向法庭提交发表咨询意见的请求，那么法庭可以就某一法律问题发表咨询意见。咨询意见的请求应由经授

① 参见吴慧：《国际海洋法法庭研究》，77～78页，北京，海洋出版社，2002。

② 《海洋法公约》第287条规定的四种导致有拘束力裁判的强制程序包括：国际海洋法法庭、国际法院、仲裁法庭和特别仲裁法庭。

权的实体送交法庭，或根据协定向法庭提出。

四、法庭的程序和裁判

法庭的诉讼程序包括起诉、书面程序、初步审议和口头程序等几个阶段。根据当事方接受法庭管辖的方式不同，争端可以提出特别协定或以通知申请书的方式提交法庭。书记官长应立即将特别协定或申请书通知有关各方及所有缔约国。书面程序主要包括当事各方提交诉状、辩诉状，以及在必要时提交答辩状和复辩状。在书面程序结束后口头程序开始前，法庭应召集非公开会议以使法官能就书面程序和案件的实质问题交换意见，此为"初步审议"。审讯由庭长主持，包括听取证人、专家、代理人、律师和辩护人的意见。法庭的正式语言为英文和法文。除非法庭另有决定或当事各方要求拒绝公众旁听，审讯应公开进行。当事一方缺席或对案件不进行辩护不妨碍程序的进行。

口头程序结束后，法庭将休庭进行评议并考虑判决。按照《海洋法公约》第 293 条的规定，法庭应适用公约和其他与公约不相抵触的国际法规则裁判一切争端和申请。如经当事各方同意，法庭可按照公允及善良原则裁判案件。判决应由出庭法官的过半数决定。如果票数相等，庭长应投决定票。判决书应叙明理由，并载明参与判决的法官的姓名，任何法官均有权发表个别意见。判决书在正式通知争端各方后，应在法庭上公开宣读。法庭的判决具有确定性，争端各方应予以遵守。裁判除在当事各方之间以及对该特定争端外无拘束力。如果对裁判的意义或范围发生争端，任何当事方均可请求法庭进行解释。法庭应以判决的方式对解释的请求作出裁定。

除上述一般程序外，法庭在特定情况下还可适用附带程序（incidental proceedings），主要包括临时措施、初步反对主张和参加。所谓"临时措施"（provisional measures），是指在争端正式提交法庭后，如法庭依据初步证据认为其有管辖权，便可在最后裁判前，根据争端一方的请求并在听取争端各方意见的基础上规定其根据情况认为适当的任何措施，以保全争端各方的权利或防止海洋环境的严重损害。争端各方应迅速遵从法庭规定的临时措施。所谓"初步反对主张"（preliminary objections），是指被告方对法庭的管辖权或请求书的可接受性提出反对主张。当法庭接到初步反对主张时，应暂停关于实质问题的诉讼程序，并以判决形式确认或驳回该反对意见，或宣布其不具有纯属初步的性质。所谓"参加"，是指一个缔约国如认为特定争端的裁判可能影响该国的法律利益，可向法庭请求准许其参加诉讼程序。此项请求应由法庭裁定。如果获准，法庭对该争端的裁判应在与该缔约国参加事项有关的范围内对其有拘束力。如对公约或其他国际协定的解释或适用发生疑问，书记官长应立即通知有关的所有缔约国。如有关缔约方参加程序，则判决书中所作解释即对该方同样有拘束力。

此外，值得一提的是船只和船员的迅速释放程序（prompt release of vessels and crews），它是国际海洋法法庭特有的，也是法庭在迄今为止的实践中应用最多的程序。[①] 该程序是为了执行公约第 292 条的规定而设定的。该条规定，如果缔约国当局扣

① 在截至目前法庭登记的 18 个案件中，9 个是"关于船只和船员的迅速释放"的，4 个是请求法庭规定"临时措施"，4 个涉及"实质问题"，另有一个请求法庭的海底争端分庭发表咨询意见。

留了一艘悬挂另一缔约国旗帜的船只，而且据指控，扣留国在合理的保证金或其他财政担保提供后仍未将该船只或其船员迅速释放，则释放问题可向争端各方协议的任何法院或法庭提出。如从扣留时起 10 日内不能达成这种协议，则可由船旗国或以船旗国的名义向扣留国接受的法院或法庭，或向国际海洋法法庭提出。法庭应不迟延地处理关于释放的申请，此程序应较其他诉讼程序优先。法庭应在收到申请书后 15 天内进行审讯，并在审讯结束后 14 天内公开宣读判决。判决应裁定指控是否有理由，如果有理由，则应决定为释放船只或船员应支付的保证金或其他财政担保的数额、性质和形式。

五、海底争端分庭

海底争端分庭（Seabed Disputes Chamber）专为处理缔约国之间关于公约第十一部分及其有关附件的解释或适用的争端。虽然属于国际海洋法法庭，但海底争端分庭在组成、管辖权和适用的法律等方面与法庭有很大的不同。

（一）组成

海底争端分庭由海洋法法庭法官以过半数从法庭法官中选派 11 名法官组成。分庭法官的选派应确保能代表世界各主要法系和公平地区分配。管理局大会可就这种代表性和分配提出一般性的建议。分庭法官每 3 年改选一次，可连任一次。如果分庭法官出缺，法庭应从其法官中选派继任法官。法官 7 人为组成分庭所需的法定人数。

（二）分庭的管辖权

按照规约第 37 条的规定，分庭对各缔约国、管理局和第十一部分所指的实体开放，包括国营企业以及符合一定条件的自然人和法人。允许管理局、国营企业甚至自然人和法人成为分庭的诉讼当事方，主要是由于“区域”资源的开发采用平行开发制的结果。既然它们被允许成为开采“区域”资源合同的当事方，当然也应被允许成为就该活动所发生的争端的当事方。然而，如自然人或法人为争端一方，其担保国应有权参加司法程序。如另一缔约国为被告，则被告国可请担保该人的国家代表该人出庭。如果担保国不出庭，被告国就可以安排属于其国籍的法人代表该国出庭。

根据公约第 187 条的规定，海底争端分庭对以下各类有关“区域”内活动的争端享有管辖权：(1) 缔约国之间关于第十一部分及其有关附件的解释或适用的争端；(2) 缔约国和管理局之间相互指控违反第十一部分或其有关附件或按其制定的规则、规章和程序，以及缔约国指控管理局的行为越权或滥用权力的争端；(3) 作为合同当事各方的缔约国、管理局或企业部、国营企业以及自然人或法人之间关于有关合同或工作计划的解释或适用，或合同一方在“区域”内的活动针对另一方或直接影响其合法利益的争端；(4) 关于管理局拒绝订立合同或在谈判合同时发生的法律问题的争端；(5) 关于指控管理局由于行使权力不当给合同当事方造成损失应负担赔偿责任的争端；(6) 公约明确规定由分庭管辖的任何争端。在以上各类争端中，除第一项可提交国际海洋法法庭，以及有关合同或工作计划的解释或适用的争端可提交有拘束力的商业仲裁外，海底争端分庭对其他争端具有强制管辖权。

此外，海底争端分庭经管理局大会或理事会请求，应对它们活动范围内发生的法律问题提供咨询意见。2011 年 2 月，分庭就“为个人和实体在‘区域’活动进行担保的国家的责任和义务”问题发表了咨询意见。

（三）分庭适用的法律

规约第 37 条规定，分庭除适用公约和其他与公约不相抵触的国际法规则外，还应：(1) 适用按照本公约制订的管理局的规则、规章和程序；(2) 对有关“区域”内活动的合同的事项，适用这种合同的条款。

法律应用

1. 海洋法是国际法的一个传统组成部分，第三次联合国海洋法会议及 1982 年《海洋法公约》的缔结标志着现代海洋法的形成。海洋法的内容纷繁复杂，整个海洋被划分为具有不同法律地位的 9 类海域。内水、领海和群岛水域处于沿海国或群岛国的主权控制下，但沿海国在领海的主权受无害通过权、群岛国在群岛水域的主权受无害通过权和群岛海道通过权的限制。沿海国在毗连区内享有对特定事项的管制权，在专属经济区和大陆架享有与资源开发和管理有关的主权权利和管辖权。用于国际航行的海峡一般实行过境通行制。公海不属于任何国家管辖和控制，各国依国际法享有公海自由。国际海底区域及其资源是人类共同继承财产。此外，各国在利用海洋时应按照所承担的国际义务保护海洋环境。

2. 由于《海洋法公约》是利益不同国家之间斗争和妥协的结果，因此，其某些规定不免过于简略，甚至对一些问题没有作出规定。其中，最典型的包括外国军舰无害通过他国领海的问题、大陆架和专属经济区的划界问题，以及他国在沿海国专属经济区内的军事活动等问题。大陆架和专属经济区的划界基本上是每一个沿海国家都需要面对的问题，对此《海洋法公约》没有作出任何明确的指引。就国家之间签订的划界条约和国际司法和仲裁实践来看，公平的划界结果来自对各种与划界有关的情况的考察，没有一种划界方法会适应各种不同的划界情况。另一方面，等距离方法在许多划界实践中都以这种或那种的形式得到了应用。但是，适用何种方法实现划界应由有关国家通过协议完成，在达成此种协议之前，任何国家都无权将其单方面确定的界线强加于其他有关国家。

课后复习

1. 何为领海基线，在确定直线基线时应遵守哪些规则？
2. 简述领海无害通过制度。
3. 简述专属经济区和大陆架的法律制度。
4. 简述用于国际航行的海峡的过境通行制。
5. 何为登临权和紧追权？
6. 简述国际海洋法法庭的管辖权及所适用的法律。

第六章 国际航空法和外层空间法

提 要

国际航空法是各国从事航空活动时所应遵守的各种规则和规章制度。其中，地面国对其领空的完全和排他的主权是航空法的基石，而具体的航空运输的运营问题则是通过大量的双边协定实现的。民用航空器具有其登记国的国籍，并受其管辖。为了惩治危害民用航空安全的非法行为，国际上制订了《东京公约》、《海牙公约》和《蒙特利尔公约》等。外层空间法是调整各国探索和利用外层空间活动的规则和制度的总和。外层空间法的基本原则包括全人类共同利益、不得据为己有、自由探索和利用、限制军事化和国际合作；基本制度包括登记制度、援救制度以及发射国对其空间物体所造成的损害承担国际责任制度。

重点问题

1. 地面国的领空主权
2. 航空器的国籍
3. 危害民用航空安全的非法行为的范围与管辖
4. 外层空间法的基本原则

5. 外空损害责任制度

第一节 国际航空法

一、概述

国际航空法（international air law）是调整各国在从事航空活动中所产生的各种法律关系的规则和规章制度的总体。作为国际法的一个新分支，航空法是随着航空技术的进步而产生和发展起来的。第一次世界大战以前，人类的航空活动基本上还处于试验阶段。尽管已经出现了热气球、飞船乃至飞机，但这些航空工具的性能还不稳定和成熟。另一方面，虽然有些国家，如英国和法国制定了一些有关航空的国内法令，但同样不成体系。[①] 然而，受第一次世界大战的刺激，飞机的性能得到大幅度的提高，为战后民用航空事业的蓬勃发展奠定了物质基础。1918 年 3 月巴黎和布鲁塞尔之间首次出现定期国际航空邮运航班，次年 8 月巴黎和伦敦之间开辟了国际航空客运业务。随着民用航空发展前景的逐渐明朗，第一次世界大战后出现了国际航空立法的第一次高潮。各国在战后举行的巴黎和会上缔结了《空中航行管理公约》，通称 1919 年《巴黎航空公约》。该公约是以普遍性条约的形式在国际航空管理方面作出的第一次重要尝试。公约不但“承认每一国家对其领土上空享有完全的和排他的主权”，而且设立了“国际空中航行委员会”作为国际航空的管理机构。尽管公约并未获得普遍批准，但却标志着国际航空法的正式形成。[②] 随后，1928 年若干美洲国家在哈瓦那签订了《商业航空公约》。除有关商业航空的条款外，该约内容与《巴黎航空公约》大致相同。1929 年在第二次航空私法国际会议上通过了《统一国际航空运输某些规则的公约》，通称《华沙公约》。公约相当完备地规定了航空运输的业务范围、运输票证和承运人责任的国际统一规则。《华沙公约》后经多次修改[③]，形成了由九个文件组成的所谓“华沙体系”（Warsaw System）。公约目前有一百多个缔约国，中国于 1958 年 7 月 20 日加入该公约。为了将构成“华沙体系”的各个文件合并为一体并使之现代化，1999 年在蒙特利尔签订了新的《统一国际航空运输某些规则的公约》，并于 2003 年生效。按照 1999 年《统一国际航空运输某些规则的公约》第 55 条的规定，其在当事国之间优先于 1929 年《华沙公约》及“华沙体系”其他组成部分。我国于 2005 年批准 1999 年《统一国际航空运输某些规则的公约》。

现在管理国际民用航空的最重要的多边公约是 1944 年 12 月 7 日在芝加哥签订的《国际民用航空公约》，又称为《芝加哥公约》。该公约就空中航行的一般原则、在缔约国领土上空飞行的规则、航空器的国籍及应具备的条件、便利空中航行的措施以及国际航空运输的一些问题作了规定。为了发展国际航行的原则和技术，促进国际航空运

① 参见赵维田：《国际航空法》，12 页，北京，社会科学文献出版社，2000。

② 参见王铁崖主编：《国际法》，294 页，北京，法律出版社，1995。

③ 包括 1955 年《海牙议定书》、1961 年《瓜达拉哈拉公约》、1966 年《蒙特利尔协议》、1971 年《危地马拉议定书》和 1975 年《蒙特利尔议定书》（五个）。

输的规划和发展，公约设立了国际民用航空组织（International Civil Aviation Organization)。该组织位于加拿大蒙特利尔，由大会、理事会和其他各种机构组成。理事会由 33 个缔约国组成，其一项重要职能就是制定并随时修订有关航空安全和技术的国际标准及建议措施，这种标准和措施作为公约的附件对各缔约国有一定的拘束力。① 按照公约的规定，《芝加哥公约》在各缔约国之间代替 1919 年《巴黎航空公约》和 1928 年《商业航空公约》，并废除一切与其抵触的协议。公约于 1947 年生效，迄今有 150 多个缔约国。我国 1974 年承认该公约，并一直是国际民用航空组织的理事国。

值得一提的是，以美国为首的部分国家在 1944 年芝加哥会议上还签订了《国际航空运输协定》和《国际航班过境协定》。前一个协定被称为“五项自由协定”，因为它规定每一缔约国给予其他缔约国定期航班以“五项自由”：不降停而飞越其领土的权利；非运输业务性降停的权利；卸下来自航空器所属国客、货、邮的权利；装载前往航空器所属国客、货、邮的权利；装卸前往或来自任何其他缔约国领土的客、货、邮的权利。此协定只得到少数国家批准，因此作用不大。后一个协定要求缔约国给予国际定期航班不降停而飞越其领土的权利和非运输业务性降停的权利，因此被称为“两项自由协定”，目前已有 100 多个缔约国。

航空法因出现较晚，其法律渊源主要是国际条约。除了以《芝加哥公约》为代表的确立国际航空一般法律制度的条约，以及以“华沙体系”为核心的有关国际航空运输业务的条约外，20 世纪 60 年代在国际航空法领域内出现了第三类多边条约，即关于航空安全的条约。1963 年 9 月 14 日，国际民用航空组织在东京举行的外交会议上缔结了第一个关于空中犯罪问题的国际公约，即《关于在航空器上犯罪和其他某些行为的公约》，通称《东京公约》（中国 1978 年加入）。为了遏止日益严重的空中劫持犯罪，1970 年 12 月 16 日在海牙签订了《关于制止非法劫持航空器的公约》，通称《海牙公约》（中国 1980 年加入）。次年 9 月 23 日在蒙特利尔又通过了《关于制止危害民用航空安全的非法行为的公约》，通称《蒙特利尔公约》（中国 1980 年加入），进一步扩大了对民用航空安全的保护范围。此后，1988 年针对在机场上发生的暴力行为制订了《制止在用于国际民用航空的机场上发生的非法暴力行为以补充 1971 年 9 月 23 日订于蒙特利尔的〈制止危害民用航空安全的非法行为的公约〉的议定书》，1991 年为制止塑性炸药对航空器的危害制定了《注标塑性炸药以便探测的公约》，要求各国在制造塑性炸药时添加可探测物质，使之成为注标塑性炸药。

除多边条约外，双边航空运输协定在航空法中也占有十分重要的地位，国际航空运输的运营问题主要是由近 2 000 项双边协定来解决的。有关国家通过双边航空运输协定来交换过境权和营运权，确定航路、运力和运费等问题。

二、国际民用航空制度

（一）地面国的主权

国家领陆和领水上面的空气空间（air space）为领空，公海和不属于国家管辖的领

① 根据《国际民用航空公约》第 38 条规定，缔约国可以背离国际标准和程序，但应及时通知国际民用航空组织。

土上面的空气空间为公空。公空实行飞越自由早已成为习惯法规则，但关于领空的法律地位在第一次世界大战前则存在着不同观点。有学者将海洋自由的观点引申到空气空间，主张空气空间是完全自由的，地面国只享有自保权；而也有学者适用罗马法上关于“谁占有土地，就占有土地上空”的格言，认为一国对其领空享有主权。有趣的是，这场争论随着第一次世界大战的爆发而被顺利地解决了。出于对安全的考虑，几乎所有国家在第一次世界大战中都禁止外国飞机飞越其领空。这一实践得到战后缔结的《巴黎航空公约》的确认。该公约第 1 条明确规定：“缔约各国承认，每个国家对其领土之上的空气空间享有完全的和排他的主权。”1944 年《国际民用航空公约》第 1 条照抄了这一规定。地面国的领空主权现已成为一条习惯法规则，其主要包括以下内容：

第一，外国航空器未经地面国许可，不得飞入或飞经其领空。与领海不同，外国航空器在他国领空不享有“无害通过权”。虽然受领海制度的影响，1919 年《巴黎航空公约》第 2 条要求缔约国承允“只要本公约规定的条件得以遵守，在和平时期给予其他缔约国的航空器无害通过其领土上空的自由”；但 1944 年《国际民用航空公约》摒弃了这一规定。然而，值得注意的是，1944 年《国际民用航空公约》第 5 条规定，缔约国一切不从事定期国际航班飞行的航空器不需事先获准，有权飞入或飞经其他缔约国的领土而不降停，或作非运输业务性的降停；如该航空器为取酬或出租而载运客、货、邮件但并非从事定期国际航班飞行，亦有上下客、货、邮件的特权。一般认为，该项没有彻底贯彻主权原则的规定是作为取消领空无害通过的代替物而存在的。[①] 但是，如果将其解释为无害通过则是对条文的误解[②]，因为上述第 5 条同时明确规定，对于第一种非商业性的不定期飞行，为了飞行安全，航空器所欲飞经或飞入的缔约国保留令其“获得特准后方许飞行的权利”；而对于第二种商业性的不定期飞行，如包机飞行，“上下的地点所在国家有权规定其认为需要的规章、条件或限制”。实践当中，出于保护定期航班的正常经营和国家安全的考虑，各国往往都要求不定期飞行应获得许可。1974 年中国在承认《国际民用航空公约》时指出，为了飞行安全和公共安全的利益，外国民用航空器从事非定期航班飞入中国国境，需要事先向中国政府申请，在得到答复接受后方能进入。1995 年 10 月 30 日颁布的《中华人民共和国民用航空法》(以下简称《航空法》) 规定，外国民用航空器根据其国籍国政府与我国政府签订的协定的规定，或经我国民用航空主管部门批准或接受，方可飞入、飞出我国领空和在我国境内飞行、降落。

第二，每个国家都有权制定航空法律和规章，并强制执行。按照公约第 11 条的规定，缔约国在遵守公约各项规定的条件下，可以制订关于从事国际航班的航空器进入或离开其领土或在其领土内操作或航行的法律和规章，此种航空器在进入或离开该国领土或在其领土内时应加以遵守，但这些法律和规章应不分国籍适用于所有缔约国的航空器。对于未经允许而飞越其领土的民用航空器，地面国有权要求其在指定的机场降落，或给该航空器发布任何其他指令以终止侵犯，任何民用航空器必须遵守上述命令。地面国应公布其关于拦截民用航空器的现行规定。但是，根据 1984 年国际民航组

---

① 参见赵维田：《国际航空法》，49 页。

② 参见王铁崖主编：《国际法》，299 页，北京，法律出版社，1995。

织大会通过的修正案，地面国必须避免对飞行中的民用航空器使用武器，如拦截，必须不危及航空器内人员的生命和航空器的安全。

第三，保留"国内载运权"(cabotage)。国内载运与国际航空运输不同，后者是航空器经过一个以上国家领空从事运送客、货、邮的运输业务，而前者则是在一国领土范围内的两个地点之间的航空运载。公约第 7 条规定，缔约国有权拒绝其他缔约国的航空器为取酬或出租在其领土内载运乘客、邮件和货物运往其领土内另一地点。任何缔约国不得特许他国的空运企业享有此项特权，也不得向他国取得这种特权。我国《航空法》规定，外国民用航空器的经营人不得经营我国境内两点之间的航空运输。

第四，设置空中禁区和暂禁飞行的权利。缔约国为了军事需要或公共安全的理由，可以指定其领土内某些地区的上空为禁区，禁止或限制其他缔约国的航空器飞行，但对本国从事定期国际航班飞行的航空器和他国从事同样飞行的航空器不得有所区别。这些禁区的范围和位置应当合理，以免空中航行受到不必要的妨碍。此外，在非常情况下，或为了公共安全，各国也可暂时限制或禁止航空器在其全部或部分领土上空飞行。这种命令立即生效，但应不分国籍适用于所有其他国家的航空器。

（二）航空器的国籍和法律地位

航空器是指大气中任何靠空气的反作用力而不是靠空气对地（水）面的反作用力取得支撑的任何器械。根据这一定义，火箭、导弹和气垫船不属于航空器。《国际民用航空公约》只适用于民用航空器（civil aircraft)，而不适用于国家航空器（state aircraft)。按照公约规定，用于军事、海关和警察部门的航空器应被认为是国家航空器。该类航空器未经特别协定或其他方式的许可并遵照其中的规定，不得在另一缔约国领土上空飞行或在此领土上降落。若军用航空器经特许进入他国领空，原则上享有通常给予外国军舰的管辖豁免，但对于那些被迫降落或被要求或被勒令降落的军用航空器，则将因此不能获得上述特权。至于外国国家元首、政府首脑等高级官员所乘坐的专用航空器，也享有外交特权和豁免。

民用航空器只能在一个国家登记，并具有其登记国的国籍。航空器不得具有双重国籍，若在一个以上国家登记，其登记便没有效力，但其登记可以由一国转移至另一国。登记和转移登记应按照登记地国的法律和规章办理。从事国际航行的航空器应载有适当的国籍标志和登记标志。缔约各国应向国际民航组织报告有关在该国登记的经常从事国际航行的航空器的有关资料。航空器受登记国的法律管辖。航空器飞越他国领土时受地面国法律管辖，不享有任何特权和豁免，必须在指定的设关机场降停并接受海关和其他检查，遵守该国关于入境、放行、移民、护照、海关及检疫规章。

（三）国际航空运输

依照 1929 年《华沙公约》第 1 条的规定，国际航空运输是指依当事各方约定，凡其出发地和目的地在两个缔约国境内，或虽都在一个缔约国境内，但在另一国（不论该国是否为公约缔约国）境内有一个约定经停点的运输。据此，判断特定运输是否属于国际航空运输的标准不是承运人或其所载乘客或货物的国籍，而是该运输的"出发地"、"目的地"或"约定经停点"是否在不同国家的境内。

《国际民用航空公约》将国际航空运输分为"定期航班飞行"和"不定期航班飞行"两大类。对于前者，公约第 6 条规定："未经一缔约国特准或其他许可并遵照此项特准或许可的条件，任何定期国际航班不得在该国领土的上空飞行或进入该国领土。”对于后者，由于没有充分估计“不定期航班飞行”巨大的发展潜力，公约第5条在一定条件下同意不从事定期国际航班飞行的航空器不需事先获准，有权飞入或飞经其他缔约国的领土而不降停，或作非运输业务性的降停；如该航空器为取酬或出租而载运客、货、邮件但并非从事定期国际航班飞行，亦有上下客、货、邮件的特权。但公约并未对这两种飞行规定明确的定义。第二次世界大战后随着不定期航班飞行业务的大量增加，其与定期航班飞行的界线越来越难以分清。为了划清定期与不定期航班飞行的界限，1952年国际民航组织理事会通过了关于定期国际航班的定义，认为定期航班应以每次飞行都对公众开放的方式经营，而且其经营具有以下两个特点：（1）依公布的班期时刻表，或（2）其飞行的定期和频繁已达到公认的制度性。而所谓“不定期航班飞行”，就是不按公布的班期时刻表运输，也不受定期航班运费与费率约束的飞行。

关于国际航空运输的责任问题，《华沙公约》最初采用的是推定过失责任制度，即判断承运人是否应对客、货受到的损害承担责任的标准是该承运人是否尽了谨慎行事的义务，而为此举证的责任落在承运人身上。1971年《危地马拉议定书》和1975年《蒙特利尔议定书》分别就客运和货运将推定过失责任改为客观责任，即除特定情况外，只要导致客、货受到损害的事件发生在航空运输期间，承运人就应承担责任，而不论其是否有过失。1999年《统一国际航空运输某些规则的公约》继承了这些规定。按照该公约第17条规定，对于因旅客死亡或者身体伤害而产生的损失，只要造成死亡或者伤害的事故是在航空器上或者在上、下航空器时发生的，承运人就应当承担责任。对于因托运行李毁灭、遗失或者损坏而产生的损失，只要造成毁灭、遗失或者损坏的事件是在航空器上或者在托运行李处于承运人掌管之下的任何期间内发生的，承运人就应当承担责任。但是，行李损失是由于行李的固有缺陷、质量或者瑕疵造成的，在此范围内承运人不承担责任。该公约第18条规定，对于因货物毁灭、遗失或者损坏而产生的损失，只要造成损失的事件是在航空运输期间发生的，承运人就应当承担责任。但是，承运人证明货物的毁灭、遗失或者损坏是由于下列一个或者几个原因造成的，在此范围内承运人不承担责任：（1）货物的固有缺陷、质量或者瑕疵；（2）承运人或者其受雇人、代理人以外的人包装货物的，货物包装不良；（3）战争行为或者武装冲突；（4）公共当局实施的与货物入境、出境或者过境有关的行为。

三、危害国际民用航空安全的非法行为

（一）危害国际民用航空安全的非法行为的范围

1963年《东京公约》针对的是“在航空器内的犯罪和其他某些行为”。该公约没有对“犯罪”下定义，而只将其规定为“违反刑法的罪行”。关于“行为”，是指“不论是否犯罪，凡可能或确已危害航空器或机上人员或财产的安全，或者危害机上正常秩序与纪律的行为”。公约适用于在缔约一国登记的航空器内的犯罪或犯有上述行为的人，无论该航空器在飞行中，在公海上，或在不属于任何国家领土的其他地区。所谓“飞行中”，是指航空器从开动马力起飞到着陆冲程完毕这一段时间。

1970年《海牙公约》是专门针对非法劫持航空器行为的。尽管1963年《东京公

约》也提到了这一犯罪[①]，但《海牙公约》为劫机犯罪下了一个明确的定义。公约第1条规定："凡在飞行中的航空器内的任何人：（甲）用暴力或用暴力威胁，或用任何其他恐吓方式，非法劫持或控制该航空器，或企图从事任何这种行为；或（乙）是从事或企图从事任何这种行为的人的同犯，即是犯有罪行。"此外，公约对"飞行中"一词作了不同于《东京公约》的界定：航空器从装卸完毕、机舱外部各门均已关闭时起，直到打开任一机舱门以便卸载时为止的整个过程应被认为是在飞行中。当航空器被迫降落时，在主管当局接管对该航空器的责任前，应被认为仍在飞行中。

1971年《蒙特利尔公约》大大加强了对航空安全的保护力度。首先，公约规定任何人如果非法和故意从事以下五种行为即构成危害民用航空安全的非法行为：(1) 对飞行中的航空器内的人使用暴力，如该行为将会危及该航空器的安全；(2) 破坏使用中的航空器或对该航空器造成破坏，使它不能飞行或将会危及其飞行安全；(3) 在使用中的航空器内放置将会破坏该航空器或使它不能飞行或将会危及其飞行安全的装置或物质；(4) 破坏航行设备或妨害其工作，如此种行为将会危及飞行中的航空器的安全；(5) 传送明知是虚假的情报，从而危及飞行中航空器的安全。凡从事上述行为或企图从事上述行为的人及其同犯均犯有危害民用航空安全罪。其次，公约对航空安全保护的时间范围也不再限于"飞行中"，而是扩大到"使用中"："从地面人员或机组为某一特定飞行而对航空器进行飞行前的准备时起，直到降落后24小时止，该航空器应被认为是在使用中"。

1988年《蒙特利尔议定书》对1971年公约作了一个重要补充，扩大了危害民用航空安全的非法行为的范围。该议定书规定，任何人使用一种装置、物质或武器在用于国际民用航空的机场内对人实施暴力行为，造成或足以造成重伤或死亡，或严重损坏用于国际民用航空的机场设备或停在机场上不在使用中的航空器，或中断机场服务以致危及或足以危及机场安全的，就构成犯罪。

（二）空中刑事管辖权

尽管航空器具有登记国的国籍，但当本国航空器位于本国领土以外时，登记国是否能对其上发生的犯罪行为实施管辖是一个存在长期争论的问题，因为它涉及刑法的域外效力。尽管"刑法的属地性并非国际法上的绝对规则"，但由于刑事案件涉及追诉国的公共权威，容易导致一国在另一国领土内行使这种权威，因此刑法在本质上是属地的。[②] 从国家实践看，英美法系各国一贯恪守刑法的域内原则。然而，恪守这一原则可能会导致对那些发生在公海或不属于任何国家领土上空的航空器内的犯罪无人管辖，从而使犯罪嫌疑人逃脱惩罚的现象。为了弥补这一管辖缺口，《东京公约》确认了航空器登记国刑法的域外适用，规定"航空器登记国有权对航空器上的犯罪与行为行使管辖权"。公约同时要求"各缔约国都应采取必要措施，以确立其作为登记国对在该国登记的航空器上的犯罪的管辖权"。另一方面，公约并不排斥其他国家"根据本国法行使刑

① 1963年《东京公约》第11条［非法劫持航空器］规定，如航空器内某人非法地使用暴力或暴力威胁对飞行中的航空器进行了干扰、劫持或非法控制，或行将犯此类行为时，缔约国应采取一切适当措施，恢复或维护合法机长对航空器的控制。

② *Oppenhen's International Law*, pp. 466-468.

事管辖权”，这就形成了所谓的“并行管辖”（concurrent jurisdiction）制度。但为了避免飞行中的航空器受到过多干预，非登记国除下列情况外不得行使刑事管辖权：（1）犯罪行为在该国领土上发生后果；（2）犯罪人或受害者为该国国民或在该国有永久住所；（3）犯罪涉及该国安全；（4）犯罪违反该国有关航空器飞行或操作的规定；（5）该国根据某项多边公约有义务行使管辖权。

1970 年《海牙公约》在对航空犯罪的管辖权问题上有很大突破。公约第 4 条第 1 款首先规定了三类与劫机行为密切相关的国家，并赋予其主要管辖权。这三类国家包括：（1）航空器的登记国；（2）发生犯罪的航空器的降落地国，而降落时犯罪者仍在机上；（3）如果犯罪是在不带机组人员租用的航空器上发生的，则承租人的主要营业地国或其经常居住地国。其次，该条第 2 款又规定了一种含有普遍管辖性质的辅助管辖权[①]，即在其境内发现所称罪犯的缔约国，如不将该人引渡给第 1 款所列的国家时，则应采取必要措施以确立其对犯罪的管辖权。这一规定可以防止出现罪犯发现地国由于缺乏同特定犯罪的法律联系而不能行使管辖权的情况。

1971 年《蒙特利尔公约》照搬了《海牙公约》有关管辖权的规定，同时鉴于许多危害民用航空安全的非法行为属于地面犯罪，增加了犯罪行为发生地国实施管辖权的内容。

（三）或引渡或起诉

“或引渡或起诉”（*aut dedere aut judicare*）这个术语来源于格老秀斯在《战争与和平法》中的一个表述，即“或引渡或惩办”。格氏认为，每一国家对于曾在外国犯罪而现在该国领土内的人，都有处罚或交给追诉他的国家的义务。但是，国际习惯法中没有形成这样的规则。[②] 1970 年《海牙公约》将这一原则引入到航空刑法中。公约第 7 条规定：“在其境内发现被指称的罪犯的缔约国，如不将此人引渡，则不论罪行是否在其境内发生，应无例外地将此案件提交其主管当局以便起诉。该当局应按照本国法律以对待任何严重性质的普通罪行案件的同样方式作出决定。”这样，《海牙公约》就为发现罪犯而不将其引渡的缔约国规定了一种绝对的起诉义务。无论基于何种原因，只要罪犯没有被引渡给其他国家，则罪犯发现地国就必须对其起诉。但另一方面，将犯罪嫌疑人引渡出去还是自行审判的决定权在实际控制犯罪嫌疑人的国家手中。

为了方便引渡，《海牙公约》第 8 条规定：“（一）前述罪行应看作是包括在缔约各国间现有引渡条约中的一种可引渡的罪行。缔约各国承允将此种罪行作为一种可引渡的罪行列入它们之间将要缔结的每一项引渡条约中。（二）如一缔约国规定只有在订有引渡条约的条件下才可以引渡，而当该缔约国接到未与其订有引渡条约的另一缔约国的引渡要求时，可以自行决定认为本公约是对该罪行进行引渡的法律根据。引渡应遵照被要求国法律规定的其他条件。（三）缔约各国如没有规定只有在订有引渡条约时才可引渡，则在遵照被要求国法律规定的条件下，承认上述罪行是它们之间可引渡的罪行。”《海牙公约》所确定的“或引渡或起诉”模式为 1971 年《蒙特利尔公约》以及后

① 参见赵维田：《国际航空法》，463～464 页。

② *Oppenhen's International Law*, p. 339.

来其他的反恐怖主义公约所采用，在国际刑法中产生了深远的影响。[①]

第二节　外层空间法

一、概述

外层空间法（law of the outer space）也是国际法的一个新的分支，是调整各国探索和利用外层空间活动的原则、规则和制度的总和，是空间技术及人类空间活动发展的产物。1957 年 1 月 20 日美国总统艾森豪威尔在国情咨文中首次在官方文件中使用“外层空间”这一概念。同年 10 月苏联成功发射人类第一颗人造卫星标志着空间时代的到来。联合国对此立刻给予了高度重视。1958 年联大设立“和平利用外层空间特设委员会”，并于 1959 年改为常设机构，即“和平利用外层空间委员会”。委员会下设法律和科技两个小组委员会，现有成员国 70 个，中国自 1980 年起成为该委员会成员。1961 年联大通过决议提出以下原则：第一，国际法适用于外层空间及其天体；第二，外层空间和天体供所有国家按照国际法自由探索和利用，不得据为己有。在外空委员会工作的基础上，联大 1963 年一致通过了《各国探索和利用外层空间活动的法律原则宣言》，提出 9 条必须遵守的基本原则，涉及与外空活动有关的所有重要方面，为日后的国际空间立法活动奠定了政策基础。[②] 在此宣言的基础上形成了外层空间的第一个并且迄今仍然是最重要的条约，即联大 1966 年通过，并于 1967 年 1 月 27 日开放签署的《关于各国探索和利用包括月球和其他天体在内外层空间活动的原则的条约》（简称《外空条约》）。该条约以多边公约的形式将 1963 年宣言的 9 条政策性原则转化为法律原则，并加以充实和扩大，从而奠定了外层空间法的基本法律制度框架，故被称为“外空宪章”。条约于同年 10 月生效，截至 2006 年，共有 98 个缔约国。

由于《外空条约》是一个框架性公约，联合国又先后制订了 4 个条约，从而形成了一个相当庞大的条约体系。这些条约包括：1968 年 4 月 22 日《营救宇航员、送回宇航员和归还发射到外层空间的物体的协定》（简称《营救协定》，1968 年 12 月 3 日生效）；1972 年 3 月 29 日《空间物体所造成损害的国际责任公约》（简称《责任公约》），1973 年 10 月 9 日生效）；1975 年 1 月 14 日《关于登记射入外层空间物体的公约》（简称《登记公约》，1976 年 9 月 16 日生效）；1979 年 12 月 18 日《指导各国在月球和其他天体上活动的协定》（简称《月球协定》，1984 年 7 月 11 日生效）。

此后，空间法的国际立法进程开始放慢。联大在这一时期主要通过了一系列重要决议以暂时填补相关领域的法律空白。它们包括：1982 年《各国利用人造卫星进行国际直接电视广播所应遵守的原则》；1986 年《关于从外层空间遥感地球的原则》以及 1992 年《关于在外层空间使用核动力源的原则》。上述 5 个条约和 3 个决议初步形成了

---

① 这些公约包括：1973 年 12 月 14 日《关于防止和惩处侵害应受国际保护人员包括外交代表的罪行的公约》（第 7、8 条）；1979 年 12 月 18 日《反对劫持人质国际公约》（第 8、10 条）；1988 年 3 月 10 日《制止危及海上航行安全非法行为公约》（第 10、11 条）；1980 年 3 月 3 日《核材料实物保护公约》（第 10、11 条）。

② 参见贺其治、黄惠康主编：《外层空间法》，10 页，青岛，青岛出版社，2000。

外层空间法的法律体系。而且，尽管其产生的历史较短，但外层空间法的许多原则业已成为习惯国际法规则，对非条约缔约国也有拘束力。

然而，与外层空间法的迅速发展不相匹配的是，迄今为止尚没有一个被国际社会普遍承认的关于外层空间的法律概念。尽管外层空间（outer space）在自然科学上指空气空间以外的空间，虽然外空活动的发展使人们认识到国家的领空主权只能扩展到空气空间，不能延伸到外层空间，空气空间和外层空间具有不同的法律地位，适用不同的法律制度；但两者之间并不存在明确的自然界限，只是随高度的增加空气逐渐稀薄，地球引力逐渐减弱而已。不过，这一界限的存在却至关重要，因为它标志着国家主权的上部界限和外空法律的起始线。这就注定了该界限的确定十分困难：如果定得太低将不能满足国家主权和安全等方面的需要，如果太高则又会妨害各国探索和利用外层空间。[①] 目前关于空气空间和外层空间界限的问题主要有以下几种理论：（1）航空器上升最高限度说，即以航空器依靠大气可向上飞行的最高限度为界，一般为 30 千米～40 千米；（2）人造卫星最低限度说，即以人造地球卫星轨道的近地点为界，一般为 100 千米～110 千米；（3）卡曼管辖线，即以离心力开始取代空气成为飞行动力的地方为界，距离地面 83 千米。上述三种主张虽然各不相同，但都是以空间距离地面的某种高度为标准的，故可称为“空间说”。其中，以人造卫星最低限度说最受重视，但仍有一些国家表示反对，因此也尚未成为公认的标准。此外，1976 年 12 月 3 日，8 个赤道国家发表《波哥大宣言》，主张以赤道上空距离地面 35 871 千米的地球静止轨道为界，轨道属于国家的领空范围。该主张遭到大多数国家的反对，认为地球静止轨道应作为外层空间的一部分。目前赤道国家自身也已放弃了这一主张。鉴于空气空间和外层空间的界限问题难以在短时期内解决，有些学者便提出“功能说”，主张按飞行器的功能来确定其所应适用的法律：航空器的活动适用航空法，航天器的活动适用外层空间法。迄今为止的外空条约似乎都是从功能说的观点出发制订的。

二、外层空间法的基本原则

（一）全人类共同利益原则

1967 年《外空条约》第 1 条第 1 款规定：“探索和利用外层空间（包括月球和其他天体），应为所有国家谋福利和利益，而不论其经济或科学发展程度如何，并应为全人类的开发范围。”该原则表明，技术先进的国家不得仅仅为了自己的利益而利用外层空间，由于多数国家在许多年内尚不具备利用空间的技术能力，因此空间大国必须对国际社会承担采取某些负责的行为的义务。[②]

（二）不得据为己有原则

国家不得对外层空间提出主权要求，也不得通过占领、使用或任何其他方法据为己有。国际法中有关领土取得的方式不适用于外层空间。1979 年《月球协定》对这一原则作了更为明确和具体的规定。协定第 11 条规定，包括月球在内的天体及其资源均为人类共同继承财产，月球表面及其下层的自然资源均不应成为任何国家、政府间或

① 参见王铁崖主编：《国际法》，329 页，北京，法律出版社，1995。

② 参见贺其治、黄惠康主编：《外层空间法》，41 页。

非政府间国际组织、非政府实体或任何自然人的财产。在月球表面或其下层安置人员、外空运载器、装备设施、站所和装置，不应视为对月球或其任何领域取得所有权。总之，该原则禁止包括国家在内的任何实体或个人将外层空间的任何部分、天体或自然资源以任何方法据为己有。

（三）自由探索和利用原则

外层空间对全人类开放，所有国家都可在平等、不受任何歧视的基础上根据国际法进行自由探索和利用，并自由进入天体的一切领域。所谓“探索”，主要是指空间科学考察和研究，而“利用”则泛指对外层空间的各种使用和开发。该原则具有相互性，一国在进行自由探索和利用的同时不得妨害他国行使此项权利。

（四）遵守国际法的原则

由于各国进行空间活动时大都从自身利益出发，因此不可避免会出现损害他国合法权益的情况，甚至外空自由原则会被用作侵害他国主权的借口。[①] 有鉴于此，《外空条约》第 3 条要求各国在探索和利用外层空间时应遵守包括《联合国宪章》在内的国际法规则，并应维护国际和平与安全及增进国际合作和谅解。

（五）限制军事化原则

《外空条约》第 4 条规定：“各缔约国保证：不在绕地球的轨道上放置任何载有核武器或任何其他类型大规模毁灭性武器的物体，不在天体上装置这种武器，也不以任何其他方式在外层空间部署这种武器。所有缔约国应专为和平目的使用月球和其他天体。禁止在天体上建立军事基地、设施和工事；禁止在天体试验任何类型的武器和进行军事演习。”《月球协定》也作了类似的规定，并进一步强调，禁止在月球上使用武力或以武力相威胁，或从事敌对行为或以敌对行为相威胁，禁止利用月球对地球、月球、宇宙飞行器、人造外空物体以及物体内的人员进行此类行为或威胁，不得在环绕、飞向或飞绕月球的轨道上放置大规模毁灭性武器，或在月球放置或使用此类武器。根据上述规定，就月球及其他天体而言已经实现了完全的非军事化。但对外层空间而言，由于现行法律仅禁止部署大规模毁灭性武器，而未禁止部署其他种类武器和使用军事卫星，因此只实现了部分非军事化。另外，联合国大会通过了多个防止在外空进行军备竞赛的决议。

（六）国际合作原则

由于外空活动具有跨国界的全球性质，因此各国必须通过国际合作来促进本身及相互间的利益。《外空条约》第 9 条要求各国探索和利用外层空间应“以合作和互助原则为准则”，妥善照顾其他缔约国的同等利益，并避免使外层空间遭受有害的污染。第 12 条要求缔约国将其在月球和其他天体上的一切站所、设施、设备和航天器在互惠基础上对各国开放。如果一国有理由认为该国计划在外空的活动可能对其他国家和平探索和利用外空的活动产生有害干扰，其应在该项活动开始前进行适当的国际磋商，有关国家也可主动请求进行此类磋商。1996 年联大进一步通过了《关于开展探索和利用外层空间的国际合作，促进所有国家的福利和利益，并特别要考虑发展中国家的需要的宣言》，强调根据国际法的各项规定开展为和平目的的探索和利用外层空间的国际

① 参见王铁崖主编：《国际法》，337 页，北京：法律出版社，1995。

合作。

三、外层空间的法律制度

（一）登记制度

根据《外空条约》和《登记公约》的规定，发射空间物体的国家和国际组织应以最大的可能和可行程度将活动的性质、进行状况、地点及结果通知联合国秘书长、公众和国际科学界。联合国秘书长应保有一份登记册，并将其内容充分公开。登记的具体内容包括：发射国的名称；空间物体的适当标志或其登记号码；发射日期和地点；基本的轨道参数以及空间物体的一般功能。此外，若登记国切实知道其所登记的物体现已不在地球轨道上，也应尽速通知联合国秘书长。设立登记制度的目的是为了确立发射国对空间物体的管辖和控制，并对该物体所造成的损害承担国际责任。《外空条约》第 8 条规定，登记国对射入外层空间的空间物体及其所载人员保有管辖和控制权。空间物体及其组成部分的所有权属于登记国，不因其在外层空间或返回地面而受影响。这类物体如果在其登记国以外的地方被发现，应交还登记国。

（二）援救制度

该制度包括援救航行员和归还空间物体两部分。根据《外空条约》和《营救协定》的规定，各国应把宇航员视作人类派往外层空间的使节，当其遇到意外事故、危难，或在他国境内或公海上紧急降落时，发现国应提供一切可能的援助，立即通知发射当局或联合国秘书长，并应将其安全、迅速地送还发射当局的代表。在外层空间进行活动时，一国宇航员应给予他国航行员一切可能的援助。此外，各国还应把其在外层空间发现的对宇航员生命或健康可能构成危险的现象通知其他国家或联合国秘书长。就归还空间物体而言，各国在获悉或发现空间物体或其组成部分返回地球并落在它所管辖的区域内、公海或不属于任何国家管辖的地方时，应通知发射当局和联合国秘书长。在寻获该空间物体或其组成部分后，应根据发射当局的要求予以归还。

（三）责任制度

根据《外空条约》和《责任公约》的规定，发射国应对其空间物体或其组成部分在地球上、空气空间或外层空间使他国或其自然人或法人遭受的损害承担国际责任。所谓“发射国”（launching state），是指发射或促使发射空间物体的国家和从其领土或设施上发射空间物体的国家。发射国不仅要对其政府机构的空间活动负责，而且要对其控制下的非政府团体以及参加的国际组织在外层空间的活动承担国际责任。2004 年联合国大会通过“适用‘发射国’概念”的决议，建议从事空间活动的国家制订和实施国内法，以批准和持续监督受其管辖的非政府实体的活动，同时就联合发射或合作方案订立协定。在责任的归属问题上，有以下三种情况：一是绝对责任。发射国对其空间物体在地球表面，或给飞行中的飞机造成的损害，应负赔偿的绝对责任。二是过失责任。发射国的空间物体在地球表面以外的地方对另一发射国的空间物体或其所载人员或财产造成损害时，只有在损害是因前者的过失或其负责人的过失造成的情况下，该国才应负赔偿责任。三是共同和个别责任。发射国的空间物体在地球表面以外的地方对另一发射国的空间物体或其所载人员或财产造成损害，并因此对第三国或其自然人或法人造成损害，以及由两个或两个以上国家共同发射的空间物体所造成的损害，应由这两个或两个以上国家承担共同和个别责任。受害国可以向任一责任国或其全体索取其应获得的全部赔偿。但是，如果发射国能够证明损害全部或部分是因为求偿国或其所代表的自然人或法人的重大疏忽或蓄意造成的，则该发射国的赔偿责任应按证明的程度予以免除。此外，对于发射国国民及参与发射的外国国民因此受到的损害不适用《责任公约》。

遭受损害的国家或自然人、法人可通过外交途径向发射国提出索赔要求。如求偿国与发射国无外交关系，则可请另一国代其向发射国提出索赔要求。若有关国家均为联合国会员国，索赔要求也可通过联合国秘书长提出。损害赔偿额应按国际法、公正合理的原则来确定，以便能恢复到损害发生前的原有状态。赔偿应以求偿国的货币支付，但若该国请求也可以责任国的货币偿付。另外，若在求偿国向发射国提出索赔要求后一年内未能通过外交途径解决赔偿问题，则有关各方应于任何一方提出请求时成立“要求赔偿委员会”，以便就赔偿问题作出决定。1978 年苏联核动力卫星“宇宙 954 号”在加拿大境内坠毁，几十公斤放射性残片散落在加拿大 4.6 万平方千米的土地上，给加拿大环境造成严重损害。1981 年两国政府达成协议，苏联承诺向加拿大一次性支付 300 万加元作为赔偿。该事件是目前为止适用《责任公约》解决空间活动损害赔偿问题的最典型的案件。

四、外层空间活动的其他几个法律问题

（一）卫星国际直接电视广播的原则

利用人造卫星进行电视广播是 20 世纪 60 年代空间技术重大发展的产物。所谓“卫星国际直接电视广播”，是指利用卫星把电视台发射的节目直接分送到特定地点的集体电视接收站，再由接收站将信号转送到邻近的家庭电视机收看，或不经地面接受站，直接把节目信号传送到家庭电视机。由于电视广播对受众具有重大影响，而且往往涉及敏感的政治、文化、宗教等问题，因此该活动在有能力进行直接电视广播的发达国家和一般作为接收国的发展中国家之间引发不少法律问题。其中，最主要的是利用卫星进行国际直接电视广播是否需要征得接收国的事先同意。发展中国家从主权原则出发持肯定态度，坚持每个国家都有权拒绝政治上不可接受和文化上不相容的电视广播。相反，一些西方国家持否定态度，认为跨越国界寻求、接受和传递信息和思想是一项人权。

经过反复磋商，1982 年，联合国大会以 107 票赞成，13 票反对，13 票弃权的表决结果通过了《各国利用人造地球卫星进行国际直接电视广播所应遵守的原则》，提出了 10 项原则。文件没有解决是否需要接收国事先同意这一关键问题，而只是规定利用卫星进行国际直接电视广播应遵守国际法，特别是不得侵犯各国主权，包括不得违反不干涉原则，并不得侵犯人人有寻求、接受和传递信息和思想的权利。拟设立国际直接电视广播卫星服务的国家应将此意图立即通知接收国，并在其提出协商要求时迅速与之协商。如任何广播国或接收国要求协商，则在同一服务范围内的其他广播国或接收国应迅速进行协商。此外，文件还就权利和利益、国际合作、和平解决争端、国家责

任、版权和邻接权、通知联合国等问题作出了规定。

（二）从外层空间遥感地球的原则

遥感是指为了改善自然资源管理、土地利用和环境保护的目的，利用被观测物体所发射、反射或衍射的电磁波的性质从空间感测地球表面。遥感技术在农林、水利、地质、勘测、气象以及自然灾害的预测等方面具有重要作用。该活动主要涉及的法律问题包括：第一，遥感是否应事先取得受感国的同意？第二，对遥感所取得的数据和资料的散发是否应加以限制？第三，受感国如何获得数据和资料？经过10多年的协商和辩论，1986年联大一致通过《关于从外层空间遥感地球的原则》，规定了15项原则。

关于第一个问题，发展中国家强调遥感的合法性必须以受感国的事先同意为条件，因为各国对其自然资源享有充分和永久主权。而发达国家则认为遥感应适用外空自由利用原则，事先同意的主张违反了该原则。文件没有就此问题作出明确规定，强调遥感活动应为所有国家谋福利和利益，并应特别考虑发展中国家的需要。进行遥感活动应遵守国际法，特别是自由探索和利用外空的原则，以及尊重所有国家和人民对其自然资源享有完全和永久主权原则。关于资料和数据的散发问题，发展中国家主张必须严格控制有关他国自然资源的遥感资料，而西方国家则反对限制遥感数据的散发，认为各国在平等基础上自由取得有关数据是国际法所许可的。由于难以达成协议，文件没有对该问题作出规定。关于受感国是否能以低廉价格获取有关其领土的遥感资料的问题，文件规定，受感国有权在不受歧视的基础上按合理价格迅速取得原始数据、处理过的数据以及分析过的数据。此外，遥感国应将对受到自然灾害侵袭或很可能受到即将发生的自然灾害侵袭的国家也许有助益的资料提供给有关国家。为了照顾发展中国家的需要，遥感国经请求应与受感国协商，以提供参与遥感活动的机会。

（三）在外空使用核动力源的原则

在外层空间使用核能源主要是为了解决航天器的动力问题。同其他动力源相比，核能具有体积小、重量轻、能量大、寿命长等优点。但其一旦发生事故，将带来极其严重的后果。1978年“宇宙954号”事件就充分说明了这一问题。为了确保在外空安全使用核动力源，1992年联大通过了《关于在外层空间使用核动力源的原则》，对安全使用的准则和标准、安全评价、重返时的通知、协商、对各国提供协助、责任、赔偿和争端解决等问题作出规定。为了尽量减少空间放射性物质的数量和所涉的危险，核动力源在外层空间的使用应限于非用核动力源无法合理执行的航天任务。文件并就放射性防护和核安全的一般目标、核反应堆及放射性同位素发电机的使用要求作出具体规定。核动力卫星的发射国应在每次发射前对其进行彻底和全面的安全评价，并公布评价结果。当载有核动力源的空间物体发生故障而产生重返地球的危险时，发射国应及时通知有关国家和联合国秘书长，并提供有关资料。拥有空间监测和跟踪设施的所有国家应本着国际合作精神，尽早向联合国秘书长及有关国家提供情报。当载有核动力源的空间物体重返大气层后，发射国和所有拥有相关技术的国家和国际组织应根据受影响国的要求迅速提供必要的协助。发射国应当按照有关公约承担赔偿责任，包括偿还搜索、回收和清理工作的费用以及第三方提供援助的费用。

法律应用

1. 国际航空法是各国从事航空活动时所应遵守的各种规则和规章制度。地面国对其领空的完全和排他的主权是航空法的基石。据此，外国航空器未经地面国许可，不得飞入或飞经其领空，不得享有国内载运权；地面国有权制定航空法律和规章，有权设置空中禁区和暂禁飞行。但地面国必须避免对飞行中的民用航空器使用武器，如拦截，必须不危及航空器内人员的生命和航空器的安全。为了惩治危害民用航空安全的非法行为，国际上制订了《东京公约》、《海牙公约》和《蒙特利尔公约》等。根据这些条约，各国对危害民用航空安全的行为享有普遍管辖权，同时，在其境内发现被指称的罪犯的缔约国，如果不将此人引渡，则不论罪行是否在其境内发生，应无例外地将此案件提交其主管当局以便起诉。该当局应按照本国法律以对待任何严重性质的普通罪行案件的同样方式作出决定。

2. 外层空间法是调整各国探索和利用外层空间活动的规则和制度的总和。其基本原则包括全人类共同利益、不得据为己有、自由探索和利用、限制军事化和国际合作；基本制度包括登记制度、援救制度以及发射国对其空间物体所造成的损害承担国际责任制度。国家不得对外层空间提出主权要求，也不得通过占领、使用或任何其他方法据为己有。国际法中有关领土取得的方式不适用于外层空间。外层空间对全人类开放，所有国家都可以在平等、不受任何歧视的基础上根据国际法进行自由探索和利用，并自由进入天体的一切领域。

课后复习

1. 试述地面国领空主权的主要内容。
2. 有关国际公约是如何惩治危害民用航空安全的非法行为的？
3. 各国进行外层空间活动应当遵守哪些法律原则？
4. 简述外空损害责任制度的主要内容。

第七章
国际环境法

第一节 概述

一、国际环境法的概念和渊源
二、国际环境法的历史发展
三、国际环境法的基本原则
四、跨界损害的法律责任

第二节 国际环境保护制度的主要内容

一、大气和气候的国际保护
二、海洋环境和淡水环境的国际法保护
三、土地、森林和湿地的国际法保护
四、南极地区环境的国际法保护
五、生物多样性的国际法保护
六、文化和自然遗产的国际法保护
七、危险物质和活动的国际法管制

提 要

国际环境法是调整国家等国际法主体在利用、保护和改善环境的国际交往中形成的国际环境法律关系的原则、规则和规章制度的总体。作为国际法的组成部分，它具有其他组成部分所不具有的特点，如实施的迫切性、学科的边缘和交叉性等。国际环境法中不仅有具体的规则和规章制度，还有适用于国际环境法所有领域的基本原则，如国家资源开发的主权权利和不损害国外环境责任原则、可持续发展原则、共同但有区别的责任原则、风险预防原则和国际合作原则等。国际环境法具有与国际法其他领域相同的渊源，但各种渊源形式的地位和作用却与在其他领域中不同，很多重要的国际组织的宣言或决议构成了国际环境"软法"，在国际环境法体系中发挥着重要的作用。国际环境法按照保护区域或对象的不同被分为不同的分支，在每个分支中都形成或正在形成自己的规章制度体系，包括大气和气候、淡水资源、海洋环境、土地、森林、湿地、南极地区、生物多样性、自然与文化遗产、危险物质和危险活动的管制、废物处置的管制，以及关于跨界损害的责任制度等。

重点问题

1. 国际环境法的概念
2. 国际环境法的渊源
3. 国际环境法的基本原则
4. 大气和气候保护的国际法制度
5. 生物多样性保护的国际法制度
6. 危险废物转移的国际法制度
7. 跨界损害的国际责任

第一节 概 述

一、国际环境法的概念和渊源

（一）国际环境法的定义和特征

国际环境法是调整国家等国际法主体在利用、保护和改善环境的国际交往过程中形成的国际环境法律关系的原则、规则和规章制度的总体。

国际环境法既是国际法的一个分支，又是一个在不断完善和发展着的相对独立的学科体系。同国际法的其他部门相比，其特征主要表现在以下几个方面：

1. 法律理念的生态性和调整范围的全球性

传统国际法的价值理念主要是以国家利益为本位的，但由于环境问题的国际性和全球性特点，国际环境法的价值理念必须跳出传统的国家利益本位观，突出以生态利益为中心。国际环境法不仅要保护各国的环境主权权益，而且要保护整个地球的生物圈和世代人类的共同利益，谋求人类社会和经济的可持续发展，因此，在调整范围上，国际环境法在时间和空间上有时会超越或突破国土、疆界和主权的范围，将保护对象逐步扩大到地球生态系统和全人类共同环境利益的各个方面。

2. 法律渊源的特殊性

国际环境法作为国际法的组成部分，其渊源也和其他组成部分一样，包括国际条约、国际习惯、一般法律原则等。其中，国际条约和国际习惯是主要渊源，其他则是次要渊源。不过，国际环境法渊源和其他国际法分支的渊源相比有如下区别：国际环境条约经常采用“框架条约＋议定书＋附件”的模式；在国际环境法的司法实践中，作为次要渊源的一般法律原则起着非常重要的作用，在国际环境法少有的几个判例中，就有直接依据一般法律原则作为判案依据的；一些重要的国际会议决议中所包含的法律原则，在指导相应的国际环境立法的同时，也成为指导各国环境立法的指导原则，这就是通常被学者称为“软法”的那部分渊源。国际环境法渊源的这些特点，在国际法的其他领域中是少见的。

3. 基本原则的特殊性

国际环境法作为国际法的一部分，当然不得与国际法的基本原则相冲突。但是，由于国际环境法的特殊性，在它发展过程中，也逐渐形成了自己的基本原则，如国家资源开发的主权权利和不损害国外环境原则、可持续发展原则、共同但有区别的责任原则、风险预防原则和国际合作原则等。它们已经成为适用于国际环境法一切领域和范围的原则。而在国际法的其他部门中，一般都没有自己独特的基本原则。

4. 法律规范的技术性

国际环境的急速恶化是由于人类对资源的过度消耗所造成的，要想实现保护和改善人类生存环境这一根本目的，必须在尊重环境科学的基础上，运用现代科学技术知识和自然科学原理，把有关科学技术指标以法律条文的形式明确规定下来，细化和量化具体的标准和数据。所以，国际环境法在具体内容上广泛运用了技术性规范，存在着大量具体的技术标准和数量指标。

5. 学科的边缘性和综合性

国际环境法不仅与其他法学学科有着密切的关系，而且处于多种学科的交汇点上，融汇了多种学科的知识并对多种学科产生影响，具有比较显著的边缘性和综合性的特征。

在法学体系内部，国际环境法作为国际法的一部分，它与国际海洋法、国际空间法、世贸组织法、战争法等，都有着相互交叉、相互渗透的密切关系。同时，国际环境法与其他法学部门互相影响、互相促进。特别是它与国内法中的环境法的关系，一方面体现了国际法和国内法之间的关系，另一方面也体现了由国家的经济社会文化发展水平所决定的国家应承担的国际环境保护义务与国家利益之间的关系。对于当今恶化的国际环境，发达国家应负主要责任，发展中国家也应承担相应的义务，但不应该是主要的或平均的责任。

在法学体系外，国际环境法与生态学、环境科学、化学、信息技术、经济学、伦理学、政治学和国际关系学等学科都有着非常密切的联系。正因为如此，国际环境法成为当代法学中学术思想最为活跃的学科之一。在最近几十年里，它不断涌现出对当代各国的政治、经济和文化产生深刻影响的新思想、新概念，如可持续发展、代际公平、风险预防原则、共同但有区别的责任原则等。为了解决不断出现的新问题，国际环境法中的新规则被不断地制订出来并逐步得到实施。

（二）国际环境法的渊源

1. 主要渊源

国际条约是国际环境法的主要渊源之一，包括有关环境问题的双边条约、区域性条约和全球性条约等。在过去几十年里，环境条约的数量急剧增加，已经涵盖了大气、水、海洋、生物资源、极地、世界文化和自然遗产、有害废弃物处理以及有毒化学品和放射性污染等国际环境保护的各个领域。由国际环境法的性质和特点所决定，国际环境法方面的条约较多地采用“框架公约＋议定书＋附件”的形式，即条约只对有关环境保护的目标原则作出规定，具体的权利义务等事项则留待缔约国事后通过议定书或附件等形式作具体规定。例如，在国际合作保护臭氧层方面，1985 年制订了《保护臭氧层维也纳公约》，之后在 1987 年又签署了《关于消耗臭氧层物质的蒙特利尔议定书》及其附件以及后来的几个议定书。这种“框架”公约的优点是有利于各缔约国就重大原则问题达成一致。

国际习惯也是国际环境法的主要渊源之一。但由于国际环境法是一个新兴的国际法领域，因此，国际环境法中的国际习惯并不太多。在过去几十年里，国际环境条约或司法判例中出现了一些有关环境保护的国际习惯法的萌芽。国际环境法的一些原则可以通过条约实践反映现行的或正在出现的习惯法规范，如污染者付费原则、风险预防原则、共同但有区别的责任原则、不得损害其他国家或国家管辖范围以外地区环境的原则等。[①]

2. 其他渊源和补助资料

国际环境法中的其他渊源和补助资料包括一般法律原则、司法判例和国际法学家的学说以及国际组织或国际会议的文件等。

在国际环境法的司法实践中，一般法律原则发挥了重要的作用，如善意原则和禁止权利滥用原则即成为国际法院和国际仲裁机构对“太平洋海豹仲裁案”、“特雷尔冶炼厂仲裁案”和“核试验案”的判案依据。

关于司法判例，从对国际环境法发展历史的考察中，可以看到国际法院判决、法律咨询意见以及国际仲裁机构的裁决的重要作用，这些判决和裁决对法律规范的发展具有重要指导意义，如“特雷尔冶炼厂仲裁案”对确定国家不得损害国外环境的原则发挥了重要的作用。

国际法学家的学说有时体现在某个司法判例中，有时又出现在其论著中，它们虽然不是国际环境法的直接渊源，但对于国际环境法的发展也具有很重要的辅助和说明作用。

3. 国际环境“软法”

国际环境“软法”是指国际组织或国际会议作出的关于国际环境问题的重要决议文件。其表现形式主要有：(1) 国际组织有关环境保护的方针、建议和决议，如经济合作与发展组织就资源、废弃物、跨界污染、海岸管理等制定的指导性文件。(2) 有关全球环境保护的原则宣言，如1972年《斯德哥尔摩人类环境宣言》、1992年《里约环境与发展宣言》等。(3) 有关环境保护的行动计划，如1972年《斯德哥尔摩人类行动计划》等。[②] 虽然这些文件本身不具有法律约束力，但它们的确有力地影响和推动了国际环境法的发展，具有很强的政治和道义影响力，为国际条约、国际习惯的形成创造了有利的条件。

二、国际环境法的历史发展

（一）1972年联合国人类环境会议之前的国际环境保护

在1972年联合国人类环境会议之前，国际环境法的发展处于萌芽时期。在这个时期，国际社会出现了一些关于捕鱼、保护益鸟、保护野生动物、防止国际河流污染、防止海洋污染等方面的环境条约。

---

① 参见白桂梅：《国际法》，432～437页。

② 参见邵津主编：《国际法》，201～202页。

在动植物保护方面，有1900年《保存非洲野生动物、候鸟和鱼类公约》[①]，1902年《保护农业益鸟公约》，1946年《国际捕鲸管制条约》和1952年《北太平洋渔业协定》[②]，1950年《保护鸟类巴黎国际公约》，1951年《国际植物保护公约》，1958年《捕鱼及养护公海生物资源公约》，1964年《南极动植物保护协议措施》，以及1972年《南极海豹养护公约》等。在这一时期，也有很多保护野生动物的双边或区域性条约。[③]关于国际河流国际保护的主要是一些区域性条约，如1963年签订了《保护莱茵河免受污染国际委员会公约》。20世纪50年代以后，国际社会签订了许多关于防止海洋污染的条约，如1954年5月12日的《国际防止海上油污公约》[④]，1969年《国际干预公海油污事故公约》和《国际油污损害民事责任公约》，1971年12月18日的《建立国际油污损害赔偿基金公约》，以及1972年2月15日的《防止船舶和飞机倾倒废物污染海洋公约》等。在核能及其他环境保护领域，有1960年《核能领域中第三方责任巴黎公约》、1963年《关于核损害民事责任的维也纳公约》、1963年《禁止在大气层、外层空间和水下进行核试验条约》、1954年《发生武装冲突时保护文化财产公约》、1968年《保护自然和自然资源的非洲公约》以及1971年《关于特别是水禽栖息地的国际重要湿地公约》等。在国际环境"软法"文件方面，主要有1966年《关于国际河流水利用的赫尔辛基规则》。联合国首次显示其在全球环境保护方面的作用是1947年联合国经济及社会理事会通过的一项《关于召开保护和利用资源的联合国大会的决议》。其后，联合国在全球环境保护方面的主要行动有1954年联合国保护海洋资源会议和联合国大会在1955年至1961年间关于原子能利用的一系列决议等。

这一时期有影响的判例包括1938年至1941年的"特雷尔冶炼厂仲裁案"、1957年的"拉努湖仲裁案"、1937年常设国际法院的"默兹河改道案"和1949年国际法院的"科孚海峡案"等。

（二）国际环境法的形成和发展时期

20世纪60年代以后，大气、海洋等方面的污染问题日趋严重，人类深切感受到在环境保护领域加强国际合作的必要性。根据1968年12月3日的联合国大会决议，联合国人类环境会议于1972年6月5日至16日在瑞典斯德哥尔摩举行，有113个国家和国际组织的代表及新闻记者共6 000多人出席。会议通过了《人类环境宣言》和《人类行动计划》以及负责实施的联合国制度和财政问题的建议。

《人类环境宣言》分前言和正文两部分。在前言部分，主要叙述了人类与环境的关系：人类与环境有着互相影响和互相依存的密切关系……人类已经到了必须对环境采取明智决策的紧要关头；各国政府和人民为全体人民和子孙后代的利益，应当为此做

① 这是国际社会最早制定的多边环境公约，该公约规定，应当停止对有益于人类和对人类无害的动物的残杀。

② 该两项条约不仅提出了对野生动植物的保护，而且提出了可持续发展的概念。

③ 1911年2月7日，英国和美国在华盛顿签订了《关于保护和保全海豹条约》，接着，英国和美国又与日本和俄罗斯签订了《关于保护和保全北太平洋海豹的华盛顿公约》。还有1933年11月8日《关于保护自然条件下动植物的伦敦公约》，1940年10月12日《关于保护西半球动植物和自然美景的华盛顿公约》，1957年2月9日《保护北太平洋海豹临时公约》，1966年5月14日《养护大西洋金枪鱼国际公约》和1970年6月19日《比利时、荷兰及卢森堡捕猎和保护鸟类公约》。

④ 该公约被1973年11月2日的《防止船舶国际污染国际公约》取代。

出共同努力。为了这一代和将来的世世代代，保护和改善人类环境已经成为人类一个紧迫的目标，这个目标应当同争取和平、全世界的经济与社会发展这两个既定的基本目标共同和协调地实现。正文部分由26项原则所组成，前3条指出国际社会对于环境保护的总的义务和要求：为了这一代和将来的世世代代的利益，地球上的自然资源，其中包括空气、水、土地、植物和动物，特别是自然生态类中具有代表性的标本，必须通过周密计划或适当管理加以保护。第4至7条谈到了对野生生物、不能再生的资源、排除有毒物质或其他物质以及散热和海洋环境的保护问题。第8至14条阐述了发展与环境保护的关系问题，特别强调了环境保护“不应该损及发展中国家现有或将来的发展潜力”[①]、“照顾到发展中国家的情况和特殊性，照顾到他们由于在发展计划中列入环境保护项目而需要的任何费用，以及应他们的请求而供给额外的国际技术和财政援助的需要。”[②] 有关条款谈到了污染防治、城市化、人口与环境、政府的管理责任、环境技术、环境教育、经济、环境责任及赔偿等问题。第21条和22条规定各国有按自己的环境政策开发本国资源的主权，但同时负有责任并应进行国际合作，保证在他们管辖或控制之内的活动不致损害其他国家的或在国家管辖范围以外地区的环境。

《人类环境行动计划》为各国决策者采取国家一级或地区一级的环境行动，建立科学的环境管理制度规定了一些必要的步骤，并提供了可借鉴的科学依据。该《行动计划》的实施，不仅有助于敦促各国签订国际条约，而且有利于保证《人类环境宣言》中的原则的贯彻和落实。《人类环境行动计划》的内容后来在一些重要的国际公约中得到细化，如1982年《联合国海洋法公约》关于海洋环境的保护和保全方面的规定。

《人类环境宣言》并未着眼于为国际社会的环境保护制定国家行为的强制性规则，其本身也不是一项具有法律约束力的文件，但它所申明的一些原则已经构成国际社会公认的国家环境行为准则，在后来的国际、区域以及双边环境条约中多次得到重申。《人类环境宣言》和《人类环境行动计划》所宣示的原则和思想，促使国际社会从原来只注重对某一特定对象或区域的保护，开始转向同时致力于对包括公域环境在内的环境区域的保护。从这次会议以后，发展中国家在国际环境保护中的特殊需要越来越受到重视，发展中国家的地位和影响也不断得到加强，有利于国际环境保护的一些切实可行的制度和措施不断出台。1972年斯德哥尔摩人类环境会议的召开是国际环境法发展中非常重要的里程碑，它标志着国际环境法的形成。

在斯德哥尔摩人类环境会议的推动下，国际环境法在其后的20年里迅速发展，国际社会缔结了大量的条约。在海洋环境保护方面，主要有1972年《伦敦倾倒公约》、1973年《国际防止船舶污染公约》及其1978年议定书、1974年《防止陆源海洋污染公约》及其1978年议定书、1980年《保护南极海洋生物资源公约》、1982年《联合国海洋法公约》等。在文化和自然遗产保护方面，有1972年《保护世界文化和自然遗产公约》和1973年《濒危野生动植物物种国际贸易公约》。在保护大气和气候方面，有1979年《长程越界空气污染公约》及其系列议定书、1985年《关于保护臭氧层的维也纳公约》及其多个议定书。在危险废物的越境转移方面，有1989年《控制危险废物越

① 1972年《人类环境宣言》第11条。

② 1972年《人类环境宣言》第12条。

境转移及处置巴塞尔公约》及其议定书、1991 年《跨界环境影响评价公约》、1991 年《禁止向非洲进口危险废物并在非洲内管理和控制危险废物越境转移的巴马科公约》、1992 年《工业事故越界影响公约》和 1992 年《跨界水道和国际湖泊保护和利用公约》等。

这个时期重要的"软法"文件有 1974 年《各国经济权利和义务宪章》、1980 年《世界自然保护大纲》、1981 年《关于发展和定期审查环境法的方案》、1982 年《世界自然宪章》、1987 年联合国第 42 届大会通过的题为《我们共同的未来》的报告，又称《布伦特兰报告》。①

在这一时期，关于国际环境问题的司法判例也有进一步的发展，如 1974 年国际法院"渔业管辖权案"和"核试验案"、1982 年关税与贸易总协定争端解决小组审理的"加拿大金枪鱼案"、1988 年美国"加工鲱鱼案"、1990 年泰国"香烟案"和 1991 年墨西哥"金枪鱼案"等。

（三）国际环境法的不断发展和完善时期

1992 年 6 月 3 日至 14 日，联合国环境与发展大会在巴西里约热内卢举行。会议通过了《里约环境与发展宣言》和《21 世纪议程》两个纲领性文件以及《关于森林问题的原则声明》，签署了《联合国气候变化框架公约》和《生物多样性公约》。在这次大会上，可持续发展已经成为世界各国的共识，并具体地体现在这次会议发表的上述两项重要文件中，它是国际环境法发展历史上的第二个里程碑。

为总结 1992 年里约会议以来《21 世纪议程》的执行情况，对新千年的全球环境与发展事业给予新的推动，联合国于 2002 年召开了联合国可持续发展世界首脑会议。这次会议是迄今关于可持续发展的最大规模的国际会议。会议全面审查和评价了《21 世纪议程》的执行情况，就全球可持续发展需要优先解决的问题提出了解决方案、目标和时间表，号召各国加快行动。会议通过了《约翰内斯堡可持续发展声明》和《可持续发展问题世界首脑会议执行计划》。《约翰内斯堡可持续发展声明》是各国政府做出的含有对全球可持续发展优先事项的具体目标和时间表的政治宣言。《可持续发展问题世界首脑会议执行计划》是为了进一步贯彻、落实《21 世纪议程》而制定的包含具体目标和时间表的行动计划。

在这个时期，环境条约继续向深度和广度两个方向发展。从深度看，一些"框架"条约开始有了落实其原则所要求的、含有具体内容的议定书，如 1997 年《联合国气候变化框架公约京都议定书》。从广度看，环境条约的覆盖面继续扩大，更多的环境问题被纳入环境条约调整的范围。

这个时期的国际环境法的"软法"文件涉及很多不同主题，并具有不同的作用，如 2002 年《生物多样性公约》第六次缔约方大会通过的《关于遗传资源的获取及以公

① 在 1972 年的联合国人类与环境会议上，成立了由挪威首相布伦特兰夫人为首的世界环境与发展委员会，对世界面临的问题及应采取的战略进行研究。1987 年，世界环境与发展委员会发表了影响全球的题为《我们共同的未来》的报告，它分为"共同的问题"、"共同的挑战"和"共同的努力"三大部分。该报告在集中分析了全球人口、粮食、物种和遗传资源、能源、工业和人类居住等方面的情况，并系统探讨了人类面临的一系列重大经济、社会和环境问题之后，鲜明地提出了以下三个观点：环境危机、能源危机和发展危机不能分割；地球的资源和能源远不能满足人类发展的需要；必须为当代人和下代人的利益改变发展模式。

平和公正方式分享因此种资源的利用而产生的惠益的波恩准则》，联合国环境规划署理事会 1993 年制定的《蒙特维的亚方案二期》和 2000 年制定的《关于制定和定期审查环境法 21 世纪第一个十年方案》等。

在司法实践方面，有 1993 年菲律宾最高法院审理的“奥波萨诉法克图兰案”、1996 年美国“精炼与常规汽油案”（Reformulated Gasoline Case）和 1997 年国际法院“加布奇科沃—大毛罗斯项目案”。此外，国际法院于 1996 年发表的“关于威胁或使用核武器的合法性”的咨询意见也是这一时期很有影响的事件。

1992 年以后，联合国环境与发展大会的举行和其通过的一系列重要文件有力地推动国际环境法向更广、更深的方向发展。但是，应当看到，迄今为止，国际环境法的发展尚未达到基本满足国际社会可持续发展要求的水平，国际环境法仍然相当薄弱。为战胜环境问题的挑战和进入可持续发展的良性循环，国际社会仍需付出极大努力，国际环境法仍需得到更快的发展。

三、国际环境法的基本原则

国际环境法作为国际法的组成部分，当然要遵循国际法的基本原则。但是，由于国际环境法的内在性质和特征，在国际环境法的形成和发展过程中，逐渐形成了国际环境法体系中特有的基本原则。这些体现国际环境法特点的原则已经得到了各国的广泛接受，在国际环境法领域具有普遍的指导意义，构成了国际环境法的基础。根据对国际环境法的历史发展和各种渊源的考察和研究，下列原则应为国际环境法的基本原则：

（一）国家资源开发的主权权利和不损害国外环境原则

国家资源开发的主权权利和不损害国外环境责任原则包含两个方面的内容：一是各国拥有按照本国的环境与发展政策开发本国自然资源的主权权利，即国家享有资源开发的主权权利，这项权利来源于国家对其管辖范围内的自然资源的永久主权原则，也是国家主权原则在国际环境法中的具体适用；二是国家负有确保在其管辖范围内或在其控制下的活动不损害其他国家或各国管辖范围以外地区的环境权益的责任，即国家不损害国外环境的责任。如果一国因行使主权权利而对他国造成损害，则应承担相应的赔偿责任。这是国家环境主权的两个方面。

国家环境资源开发的主权权利和不损害国外环境原则已成为一项国际习惯法规则。1941 年的“特雷尔冶炼厂仲裁案”裁决①及 1957 年“拉努湖仲裁案”裁决②等都表明了对该原则的认可。1972 年联合国《人类环境宣言》原则 21 指出：“依照联合国宪章和国际法原则，各国具有按照其环境政策开发其资源的主权权利，同时亦负有责任，确保在它管辖或控制范围内的活动，不致对其他国家的环境或其本国管辖范围以外地区的环境引起损害。”1982 年《联合国海洋法公约》第 194 条关于“防止、减少和控制海洋环境污染的措施”第 2 款规定：“各国应采取一切必要措施，确保在其管辖或控制

① 在 1941 年裁决中，仲裁庭做出了一项声明：“根据国际法以及美国法律的原则，任何国家也没有权利这样地利用或允许利用它的领土，以致其烟雾在他国领土或对他国领土上的财产和生命造成损害……”

② 法庭裁决认为作为上游国家的法国在利用河水的过程中，不能给下游国家西班牙带来损害。

下的活动的进行不致使其他国家及其环境遭受污染的损害，并确保在其管辖或控制范围内事件或活动所造成的污染不致扩大到其按照本公约行使主权权利的区域之外。”同时，该原则已经得到许多国际环境条约的确认，1992 年 6 月通过的《生物多样性公约》和《联合国气候变化框架公约》等都对此作出了明确的规定。

（二）可持续发展原则

可持续发展是指既能满足当代人需要又不危害满足后代人需要的环境能力的发展。它包括“需要”与“限制”两个概念。“需要”不仅指“当代人的需要”，也包括“后代人的需要”。当然，当代人的需要，尤其是世界贫困人民的基本需要，应放在优先的地位来考虑。“限制”是指技术状况和社会组织对环境满足眼前和将来需要的能力限制以及生物圈承受人类活动影响能力的制约，人类在满足当代人需要而进行生产和生活的发展过程中，不能过分地耗损有限的环境资源，不仅不能以耗损其他国家或全球公域的当代环境作为代价，也不能透支后代人的环境资源。

关于可持续发展原则的内涵，英国著名国际环境法学者菲利普·桑兹提出可持续发展原则包含代际公平、代内公平、可持续利用和环境与发展一体化的“四要素”说，应当说，该学说从总体上反映了可持续发展原则的主要内容，但对“四要素”的具体理解和解释，各国由于其社会经济结构和国家环境与发展政策等方面的差异会有所不同。根据国际环境法的发展以及该原则在国际环境法中的体现来看，可持续发展原则的主要内容应包括以下几个方面：第一，可持续发展的目标是发展，发展是为了满足增进人类福利、改善人类生活质量的需要。这种需要首先应是当代人的基本需要，同时应当顾及到后代人的需要。第二，为了顾及到后代人的需要，必须对当代人类利用环境的行为进行限制，以便维持生态系统的完整性，不至于因为当代人类的发展而危害满足后代人类发展所需要的物质基础。第三，应当把经济发展与生态的可持续性有机地结合起来，对环境、资源与能源的开发和利用，应当以效益最大化和废弃物最小化为前提，人类的发展和生活品质的改善，必须控制在地球生态系统的承载能力之内。[①]

1987 年《我们共同的未来》的报告中首次提出可持续发展的概念。可持续发展原则作为国际环境法的基本原则，得到了各种国际文件和司法实践的支持。1992 年联合国环境与发展大会通过的《里约环境与发展宣言》对可持续发展做出了进一步的阐述：“人类应享有与自然和谐的方式过健康而富有成果的生活的权利，并公平地满足今世后代在发展和环境方面的需要”。在 1992 年的《生物多样性公约》和《联合国气候变化框架公约》中都规定，为了世代人类的利益应当可持续地利用自然资源，促进经济社会的可持续发展。1993 年“太平洋海豹仲裁案”的裁决指出，为保护海豹而规定的措施反映了对自然资源的可持续利用的思想。1993 年菲律宾最高法院在“奥波萨诉法克图兰案”的判决中，首次确认了国际环境法中的“代际公平”原则。1997 年国际法院对匈牙利和斯洛伐克之间的“加布奇科沃—大毛罗斯项目案”的判决，确认和应用了可持续发展的概念和原则。

① 参见邵津主编：《国际法》，208 页。

（三）预防原则

预防原则包含风险预防和损害预防两个方面。

风险预防是指为了保护环境，各国应按照本国的能力，广泛适用预防措施。遇有严重或不可逆转的损害威胁时，不得以缺乏科学的充分确实证据为理由，延迟采取符合成本效益的防止环境恶化的措施。风险预防是针对环境恶化结果发生的滞后性和不可逆转性的特点而提出来的。它强调不以科学上的不确定性作为不行动或延迟行动的理由。它要求在环境问题尚未严重到不可逆转的程度之前采取行动，加以预防，以免由于等待科学确定性而失去制止和扭转环境恶化趋势的机会。1992 年《联合国气候变化框架公约》第 3 条第 3 项规定："各缔约方应当采取预防措施，预测、防止或尽量减少引起气候变化的原因，并缓解其不利影响。当存在造成严重或不可逆转的损害的威胁时，不应当以科学上没有完全的确定性为理由推迟采取这类措施，同时考虑到应付气候变化的政策和措施应当讲求成本效益，确保以尽可能最低的费用获得全球效益。"1985 年《保护臭氧层维也纳公约》第 2 条第 2 款、1992 年《生物多样性公约》中的相关条款都表述了这一原则。①

损害预防是指国家应尽早地在环境损害发生之前采取措施以制止、限制或控制在其管辖范围内或控制下的可能引起环境损害的活动或行为。损害预防是国家资源开发的主权权利和不损害国外环境原则的延伸。1982 年《联合国海洋法公约》第 194 条关于"防止、减少和控制海洋环境污染的措施"第 1、2 款规定："各国应在适当情形下个别或联合地采取一切符合本公约的必要措施，防止、减少和控制任何来源的海洋环境污染，为此目的，按照其能力使用其所掌握的最切实可行的方法，并应在这方面尽力协调它们的政策。各国应采取一切必要措施，确保在其管辖或控制下的活动的进行不致使其他国家及其环境遭受污染的损害，并确保在其管辖或控制范围内事件或活动所造成的污染不致扩大到其按照本公约行使主权权利的区域之外。"

1941 年"特雷尔冶炼厂仲裁案"、1957 年"拉努湖仲裁案"、1992 年国际法院"瑙鲁含磷土地案"都默示承认了预防原则。

（四）共同但有区别的责任原则

共同但有区别的责任原则是指由于地球生态系统的整体性和在导致全球环境退化过程中发达国家和发展中国家的不同作用，各国对保护全球环境应负共同但有区别的责任。它包括两个方面，即共同的责任和有区别的责任。共同的责任是指由于地球生态系统的整体性，所有国家对保护全球环境都负有责任。有区别的责任是指所有国家在负有共同责任的前提下，在各国之间，主要是在发展中国家和发达国家之间，不是平均分担责任，而是根据各该国在历史上和当前对地球环境造成的破坏和压力，按比例分担保护全球环境的责任。这是因为发展中国家与发达国家之间在对全球环境所施加的压力以及对全球自然资源的消耗方面存在着实际差别。共同但有区别的责任原则不仅体现了污染者付费原则，也体现了公平原则。

---

① 一些学者撰文对此原则作了专门论述。参见朱建庚：《风险预防原则和海洋环境保护》，北京，人民法院出版社，2006。

共同但有区别的责任原则在1992年联合国环境与发展大会上得到确立。[①] 1992年《环境与发展宣言》、1992年《联合国气候变化框架公约》、1997年《京都议定书》和《生物多样性公约》等国际环境法律文件中均有表述和规定。例如，在1997年《京都议定书》中，发达国家承担了有确定目标和比例的减少温室气体排放量的具体义务，发展中国家仅承担一般性义务。

（五）国际合作原则

国际合作本是国家的一般义务，在国际环境法中，该原则要求所有国家都应在公平原则的基础上，诚实履行义务，互通情报、互相监督、互相配合、互相合作。国际合作是国际环境法的制定和实施的必要条件，只有合作，各国才能克服利益冲突，制订出表现各国之间协调意志的国际环境法原则、规则和规章制度。在国际环境法的实施过程中，只有合作，才能使国际环境法的目标得以实现，使全球环境得到切实的保护。国际合作不仅是国际环境法的基石，而且表现为国际环境法的一些具体制度和措施，如信息共享、参与决策、环境评估、环境标准的越境强制执行等。

自1972年人类环境会议以来，关于环境保护的各种宣言、决议和条约中都反复强调了国际合作的重要性。1972年斯德哥尔摩《人类环境宣言》[②]、1985年《保护臭氧层维也纳公约》[③]、1992年《里约环境与发展宣言》[④]、1992年《生物多样性公约》[⑤] 以及1992年《联合国气候变化框架公约》[⑥]，对国际合作原则都有非常明确的表述。目前，国际环境合作在控制臭氧层耗损和气候变化、海洋资源保护、生物多样性保护、森林保护等全球环境问题方面都有重大进展。虽然发达国家和发展中国家存在着明显的经济差别，但为了解决全球环境问题，发达国家和发展中国家必须通过平等对话、共同协商，建立公平的全球合作伙伴关系。发达国家向发展中国家在环境保护方面提供的

---

① 1991年6月19日，发展中国家环境与发展部长级会议通过了《北京宣言》，明确阐述了发达国家和发展中国家承担区别责任的理由及其对保护全球环境的必要性。“发达国家对全球环境退化负有主要责任”，因为“工业革命以来，发达国家以不能持久的生产和消耗方式过度消耗世界的自然资源，对全球环境造成损害，发展中国家受害更为严重”。“鉴于发达国家对环境恶化负有主要责任，并考虑到他们拥有较雄厚的资金和技术能力，他们必须率先采取行动保护全球环境，并帮助发展中国家解决其面临的问题。”因此，发达国家“应以优惠或非商业性条件向发展中国家转让环境无害技术”。早在1971年《关于特别是水禽生境的国际重要湿地公约》、1972年《人类环境宣言》和1982年《联合国海洋法公约》中即有对此原则的表述。

② 1972年斯德哥尔摩《人类环境宣言》原则24，“有关保护和改善环境的国际问题应当由所有国家，不论其大小，在平等的基础上本着合作精神来加以处理，必须通过多边或双边的安排或其他合适途径的合作，在正当地考虑所有国家的主权和利益的情况下，防止、消灭或减少和有效地控制各方面的行动所造成的对环境的有害影响”。

③ 1985年《保护臭氧层维也纳公约》前言，“意识到保护臭氧层使不会因人类活动而发生变化的措施需要国际合作和行动，并应依据有关的科学和技术考虑”。

④ 1992年《里约环境与发展宣言》原则7，“各国应本着全球伙伴关系的精神进行合作，以维持、保护和恢复地球生态系统的健康和完整。鉴于造成全球环境退化的原因不同，各国负有程度不同的共同责任。发达国家承认，鉴于其社会对全球环境造成的压力和它们掌握的技术和资金，它们在国际寻求持续发展的进程中承担着责任”。

⑤ 1992年《生物多样性公约》前言部分规定，“强调为了生物多样性的保护及其组成部分的持续利用，促进国家、政府间组织和非政府部门之间的国际、区域和全球性合作的重要性和必要性”。

⑥ 1992年《联合国气候变化框架公约》前言部分规定，“承认气候变化的全球性要求所有国家根据其共同但有区别的责任和各自的能力及其社会和经济条件，尽可能开展最广泛的合作，并参与有效和适当的国际应对行动”。

财政和技术援助不只是一种帮助，而是环境保护国际合作的重要内容，更是一种为国际合作应履行的义务，体现了国际法中的公平原则。

四、跨界损害的法律责任

（一）跨界损害的概念

1. 跨界损害的定义

关于跨界损害，有学者称其为越境损害[①]，联合国国际法委员会在其相关的法律文件中称其为跨界损害。英文表述一般为“transboundary harm”或者“transboundary damage”。学者们在提及跨界损害时，一般就是指跨界环境损害。但在讨论跨界损害责任时，其中的损害往往会超出单纯的环境损害的范围，而包括人身和财产的损害。

关于跨界损害的定义，1996 年国际法委员会向联合国大会提交的《关于国际法不加禁止行为引起的损害性后果的国际责任的条文草案》将其界定为：“在起源国以外的一国领土内或其管辖或控制下的其他地方造成的损害，不论有关各国是否有共同的边界”[②]。2006 年国际法委员会通过的《关于危险活动造成的跨界损害案件中损失分担的原则草案》第 2 条规定：“‘跨界损害’指在起源国以外的另一国领土上或在该国管辖或控制下的其他地方所造成的人身、财产或环境损害。‘损害’指对人员、财产或环境所造成的重大损害，包括人员死亡或人身伤害；财产的损失或损害，包括构成文化遗产部分的财产；环境受损而引起的损失或损害；恢复财产或环境，包括自然资源的合理措施的费用；合理反应措施的费用。‘环境’包括非生物性和生物性自然资源，例如空气、水、土壤、动物和植物，以及这些因素之间的相互作用；以及地貌的特征部分……‘起源国’指在其领土上或在其管辖或控制下进行危险活动的国家。”

虽然国际法委员会的这个定义比较具体和明确，但该定义并未包括国家领域外的其他区域，如公海、国际海底区域、南极地区和外层空间等公域环境。公海、国际海底区域、南极地区和外层空间是全体人类共有的财富，如果对上述公域环境造成损害，受损害的就不是某个具体国家的利益，而是全人类的利益。由于对这些区域的损害无法具体落实到受害的国家或个人，所以，如何使此类环境责任付诸实施，维护全人类的利益，一直是困扰整个国际环境领域的一大难题。造成这种状况的原因包括：(1) 很难用常规方法来精确计算对公域环境造成损害的程度，也难以明确那些对公域环境的损害将导致对人类和财产造成何种损害及其程度。(2) 求偿主体难以确定。鉴于公域环境不属于任何一国主权或管辖之下，谁有权代表全人类要求赔偿难以确定。(3) 如何处置赔偿金也是一个问题。不过，现在已经有一些国际条约涉及对前述公域环境的保护，如 1982 年《联合国海洋法公约》委托国际海底区域管理局代表全人类行使对国际海底区域的权利，但它并未规定如何提起损害赔偿诉讼。到目前为止，还没有相应的国际法律机制，也没有这方面的实践。

由于不同原因或事故造成的跨界损害各不相同，因此，在国际实践中，目前通常

---

① 参见邵沙平主编：《国际法》，501～503 页，北京，中国人民大学出版社，2007。

② 2004 年国际法委员会第 56 届会议通过的《国际法不加禁止行为引起的损害性后果的国际责任（未能预防危险活动引起跨界损害）》仍然沿用此概念，参见该文件原则 2（c）款。

的做法是每个条约根据其所涉事项的特点对跨界损害做出适合该公约的狭义界定。如1979年《长程越界空气污染公约》规定，长程跨界大气污染是指其物质起源完全或部分地位于一国管辖之下的区域，在位于一般不可区别个别排放源或排放源群的促成作用的距离之外的另一国的管辖之下的区域发生有害作用的空气污染。1986年《及早通报核事故公约》规定："本公约应适用于发生涉及下面第2款所述缔约国的或其管辖或控制下的人或法律实体的设施或活动、由此而引起或可能引起放射性物质释放、并已经造成或可能造成对另一国具有辐射安全重要影响的超越国界的国际性释放的任何事故。"

2. 跨界损害的特征

根据国际立法和司法实践，跨界损害应符合以下特征：

（1）损害必须是人类行为所导致的可计量的和有形的结果。国际法委员会1996年《关于国际法不加禁止的行为引起的损害性后果的国际责任的条文草案》第1条就强调了跨界损害的有形后果，认为跨界损害必须是这些活动的"实际后果"造成的。1986年《及早通报核事故公约》中规定："本公约应适用于发生涉及下面第2款所述缔约国的或其管辖或控制下的人或法律实体的设施或活动，由此而引起或可能引起放射性物质释放、并已经造成或可能造成对另一国具有辐射安全重要影响的超越国界的国际性释放的任何事故。"其中的"缔约国的或其管辖或控制下的人或法律实体的设施或活动、由此而引起或可能引起"即指可能引起损害的人类活动；"已经造成或可能造成对另一国具有辐射安全重要影响的超越国界的国际性释放的任何事故"即是有形的可计量的后果。因此，由自然因素所造成的灾难，如海啸、地震等不属于人类活动，即使起源于一国并给其他国家造成损害，也不引起赔偿责任。

（2）损害必须达到"重大"的程度。前述"具有辐射安全重要影响"即是在此领域中对"重大"的要求。人类所处的生态体系是一个整体，环境边界有时没有办法像地理边界一样被人为地划分，因此，各国在本国范围内进行各种合法行为时，也可能对其他国家或地区产生影响。如果这种影响只是造成间接的或轻微的损害，则被认为是可以容忍的，不会引起损害赔偿责任。损害的程度只有达到"重大"，才涉及行为者的跨界损害责任问题。

（3）行为的后果须具有明显的跨界性。即损害必须是在起源国以外的一国领土内或其管辖或控制下的其他地方造成的损害，或者损害发生在公域环境中。前述"对另一国具有辐射安全重要影响的超越国界的"就是对损害"跨界性"的描述。如果在造成跨界损害的同时也给在起源国的人、财产或环境造成了损害，一般适用起源国的国内法，而不是按照国际法要求行为者承担国际赔偿责任。

（二）跨界损害责任制度的基本内容

1. 责任主体

（1）跨界损害责任的义务主体——起源国

按照2006年国际法委员会《关于危险活动造成的跨界损害案件中损失分担的原则草案》中的规定，义务主体应是"起源国"，即在其领土上或在其管辖或控制下进行危险活动而引起跨界损害的国家。但在实践中，为了体现公平原则，除起源国外，受益国也应当承担一定的责任。

按照传统国际法，国家只对可归因于国家的国际不法行为负国际责任，私人行为一般不被视为国家行为，国家无须对私人行为负国际责任。但是，跨界损害责任则不同，国家应当对起源于其领土或其管辖或控制的区域的活动或行为引起的跨界损害承担责任。即国家对前述有关活动，无论是政府从事的，还是非政府的企业或者个人从事的，如果引起跨界损害，都要承担国际责任。对此，1972 年《人类环境宣言》要求各有关国家建立相应的制度，1992 年《环境与发展宣言》再次重申了该项原则，很多国际环境条约对此也有明确的规定。1972 年《空间物体造成损害的国际责任公约》规定，国家要保证本国从事的外空活动符合国际法，特别是《联合国宪章》和《外层空间条约》；非政府团体从事外空活动，应该经有关国家批准，并在该国的连续监督下进行；国家不仅对其政府或私人从事违反国际法的外层空间活动要承担国际责任，而且对其政府或私人所从事的活动在不违反国际法的任何规定的情况下对他国所造成的损害，也应承担国际责任。可见，空间活动跨界损害的义务主体是发射国。1999 年《危险废物越境转移及其处置所造成损害的责任和赔偿问题议定书》第 4 条 1 款规定："发出通知者应对损害负赔偿责任，直至处置者接管有关危险废物或其他废物时为止。其后处置者应对损害负赔偿责任。如出口国系发出通知者或在未发出任何通知的情况下，则出口者便应对损害负赔偿责任，直至处置者接管有关危险废物或其他废物时为止……其后处置者应对损害负赔偿责任。"这里的"发出通知者"、"处置者"、"出口者"均指"国家"。

（2）跨界损害责任的权利主体——非起源国或其国民

跨界损害责任的权利主体是非起源国或非起源国国民，不包括起源国或起源国国民。因为跨界损害责任是国际法上的责任，国家不需对本国或本国人承担国际责任，而且在他国国民是该跨界损害活动的操作者的情况下，该他国国民即使是受害者，也不能成为跨界损害责任的权利主体，其所受的损害只能通过起源国的国内救济途径解决。

2. 赔偿责任原则

（1）严格责任原则

在跨界损害案件中，不论起源国是否有过失，只要对他国造成了损害，起源国就要承担损害赔偿责任。首先，起源国因进行不符合国际法的活动而造成跨界损害时，必须对受害者承担严格责任，不能予以免除。其次，起源国对有关国际法不禁止行为所引起的跨界损害，一般也要承担严格责任，因为国家在行使利用本国资源的主权权利时，负有不得损害国外环境的义务，这已经成为国际环境法的基本原则。国家应于事前采取相应的预防措施，一旦造成跨界损害，则应采取适当的救济措施。如 1972 年《空间物体造成损害的国际责任公约》规定，空间物体对地球表面或飞行中的飞机造成损害时，无论损害是由一个空间物体造成的，还是由一个发射国的空间物体对另一个发射国的空间物体的损害所引起并由此而对第三国造成的，发射国均负严格责任。到目前为止，已经有一些国际环境条约引入了严格责任原则。[①] 2006 年国际法委员会

① 1992 年《危险废物越境转移及其处置所造成损害的责任和赔偿问题议定书》第 4 条专门对严格赔偿责任作了详细的规定。

《关于危险活动造成的跨界损害案件中损失分担的原则草案》原则4规定："各国应当采取一切必要措施，确保……受害者获得及时和充分的赔偿。这些措施应当包括要求经营者或酌情要求其他人或实体承担赔偿责任。这种赔偿责任不应当要求证明过失……"最后，如果应负赔偿责任的起源国为两个以上时，则它们对求偿者负连带责任，索赔者有权要求其中任何或所有应负责任者全额赔偿所造成的损害。

当然，跨界损害中的严格责任也不是绝对的，即严格责任在某些条件下是可以免除的。如果起源国能够证明受害方的损害全部或部分是因为求偿国或其代表的自然人或法人的重大疏忽或因其采取行动或不行动蓄意造成的，或者是由于不可抗力所引起的，则该起源国对损害的绝对责任应依证明的程度予以免除。1999年《危险废物越境转移及其处置所造成损害的责任和赔偿问题议定书》第4条第5款规定："如果本条第1和第2款中所述之人证明损害系由以下原因之一所致，则该人便不应对之负任何赔偿责任：(a) 武装冲突、敌对、内战或叛乱行为；(b) 属罕见、不可避免、不可预见和无法抵御性质的自然现象；(c) 完全系因遵守损害发生所在国的国家公共当局的强制性措施；或 (d) 完全系因第三者的蓄意不当行为，包括遭受损害者的不当行为。"

(2) 过失责任原则

在某些跨界损害案件中，起源国只对因其本身的过失或活动的责任者或操控者的过失所引起的跨界损害承担责任。如果只有造成损害的客观事实，而无行为者的主观过失，则不负赔偿责任。例如，在外空活动责任制度中，过失责任原则适用于在地球表面以外空间物体相互间造成的损害。1999年《危险废物越境转移及其处置所造成损害的责任和赔偿问题议定书》第5条规定："过失赔偿责任：在不损害第4条的情况下，任何因其未能遵守《公约》的有关规定或因其有意、疏忽或轻率的不当行为或不作为而造成或促成损害者，应对此种损害负赔偿责任。"

3. 赔偿范围

根据2006年国际法委员会《关于危险活动造成的跨界损害案件中损失分担的原则草案》第2条以及有关跨界损害条约、条款的规定，赔偿范围应包括在起源国以外的另一国领土上或在该国管辖或控制下的其他地方所造成的人身、财产或环境损害。具体包括：

(1) 人员死亡或人身伤害；

(2) 财产的损失或损害，包括构成文化遗产部分的财产；

(3) 环境受损而引起的损失或损害；

(4) 恢复财产或环境，包括自然资源的合理措施的费用；

(5) 合理反应措施的费用。

这里的"环境"包括非生物性和生物性自然资源，许多国际环境条约对于条约项下的跨界损害赔偿的范围都作了规定。

4. 求偿途径

(1) 使用起源国的国内程序。受害国或受害人直接向起源国法院、行政法庭或其他有关机关提出赔偿要求。如果应负赔偿责任的起源国为两个以上时，受害国或受害人只能向一个起源国提出赔偿要求，而不能就同一损害向多个国家要求赔偿。

(2) 通过国际仲裁、国际司法裁判或请求联合国有关机构协助解决。如1938年和

1941 年的“特雷尔冶炼厂仲裁案”的裁决和 1974 年“核试验案”的判决。1991 年联合国安理会关于伊拉克侵略科威特的第 687 号决议要求伊拉克对因发动侵略战争给科威特造成的环境损害负赔偿责任。

(3) 通过外交途径解决。

由有关国家谈判解决赔偿问题是一种有效的方式。按照传统国际法，在一国对其受到外国损害的国民行使外交保护时，该国民须先用尽当地救济。但在跨界损害案件中，这一条件通常会被免除。例如，在外空活动损害赔偿制度中，受害人向发射国提出赔偿损害要求，无须等到用尽当地救济之后。

2006 年《关于危险活动造成的跨界损害案件中损失分担的原则草案》原则 6 规定，一旦其领土内的或受其管辖或控制的危险活动造成跨界损害，各国应赋予本国司法和行政部门以必要的管辖权和职权，并确保这些部门具备提供及时、充分和有效救济的手段。跨界损害的受害者应当能够从起源国获得与在该国领土上遭受同一事件损害的受害者相等的及时、充分和有效的救济。前两款不影响受害者有权在起源国可得到的救济之外，寻求其他的救济。各国可规定诉诸迅速而又最经济的国际求偿解决程序。各国应当保障与寻求救济，包括索取赔偿有关的资料能够被恰当地获取。原则 7 规定，如果就特定类别危险活动而言，专门的全球、区域或双边协定能为赔偿、反应措施及国际和国内救济提供有效安排，则应当尽一切努力缔结此种专门协定。这些协定应当酌情包括这样的安排，使工业基金和（或）国家基金在经营者财力，包括财务担保措施不足以偿付事故损害的情况下能提供补充赔偿。此类基金可设定用于补充或取代全国性的工业基金。

（三）跨界损害民事责任履行的保障机制

2006 年国际法委员会《关于危险活动造成的跨界损害案件中损失分配的原则草案》的目的是制定适当而有效的措施，以确保因这种事件而蒙受损害和损失的自然人和法人，包括国家，能够获得及时和充分的赔偿。该原则草案适用于国际法未加禁止的危险活动所造成的跨界损害。其在原则 4“及时和充分的赔偿”中规定，各国应当采取一切必要措施，确保其领土上或其管辖或控制下的危险活动所造成跨界损害的受害者获得及时和充分的赔偿……这些措施也应当包括要求经营者，或者酌情要求其他人或实体为偿付索赔建立并保持财务担保，例如保险、保证金或其他财务保证。在适当情况下，这些措施应当包括要求在国家一级设立工业基金。若以上各段中所列措施不足以提供充分的赔偿，起源国还应当确保有另外的财政资源可用。

国际法委员会在“国际法不加禁止行为引起的损害性后果的国际责任”议题下对跨界损害责任制度的逐渐发展与编纂虽然还不是现实的国际法，但反映了国际法在这个领域里的发展方向，而且其中很多内容可以从现有的国际文件中找到证据。1963 年《核能损害民事责任维也纳公约》、1962 年《关于核动力船舶操作者责任的布鲁塞尔公约》、1971 年《海运核材料民事责任公约》、1969 年《国际油污损害民事责任公约》、1971 年《建立国际赔偿油污损害基金公约》和 1999 年《危险废物越境转移及其处置所造成损害的责任和赔偿问题议定书》等条约已经对建立赔偿基金或保险机制作出了明确的规定。一些工业发达国家也已在此领域建立健全了相应的法律法规，如美国 1986 年《超级基金法》和德国 1990 年《环境责任法》中都有相关的规定。

第二节　国际环境保护制度的主要内容

一、大气和气候的国际保护

大气中污染物质的浓度达到有害程度，破坏生态系统和人类正常生存和发展的条件，对人或物造成危害的现象叫做大气污染。大气污染主要来自两个方面，一是自然界本身向大气层排放的各种有害物质；二是人类在生产、生活、科学试验或战争等活动中向大气层排放出的各种有害的物质。大气污染可分为近距离跨界大气污染、长程跨界大气污染和全球性大气污染。近距离跨界大气污染是指全部或部分来源于一国管辖范围内污染源的污染物对相邻国家造成的大气污染。这种污染易识别、范围小、危害程度易估算、损害责任容易确定。根据 1979 年《长程越界空气污染公约》的规定，长程跨界大气污染是指其物质起源完全地或部分地位于一国管辖之下的区域，在位于一般不可区别个别排放源或排放源群的促成作用的距离之外的另一国的管辖之下的区域发生有害作用的空气污染。这种污染距离遥远，通常不易或根本无法鉴别个别污染源或污染源群，而且损害范围一般大于近距离污染，损害的潜伏期和持续时司长，因果关系和损害程度都较难确定。全球性大气污染是指由来源于众多国家的大气污染物造成的危害全球环境的大气污染。大气污染的主要特点是大气既是被污染的对象，也是污染传播的载体。[①] 大气污染除主要表现为酸雨[②]外，还破坏臭氧层和导致温室效应，以致引发全球气候变化等。大气和气候环境保护法的目标是控制和减少温室气体的排放，防止地球气候出现不可逆转的变化；控制、减少并最终消除耗损臭氧层物质的使用，保护臭氧层的完好；控制并减少二氧化硫等各种空气污染物的排放，消除跨界空气污染。为达到这些目的，国际社会已经陆续签订了一些条约，主要有 1979 年《长程越界空气污染公约》及其议定书、1985 年《保护臭氧层维也纳公约》及其 1987 年议定书和 1992 年《联合国气候变化框架公约》及其 1997 年《京都议定书》等。

（一）大气环境保护

人类最早关注的大气和气候环境保护问题是空气污染问题，“特雷尔冶炼厂案”就是有关这一问题的最早有多个案例。距离美国边界十余千米的加拿大英属哥伦比亚省特雷尔附近有多个铅锌冶炼厂，1896 年相继建成以后，它们所释放的大量硫化物通过大气飘过美加边界，变成酸雨后使美国华盛顿州遭受了大规模损害。特别是对庄稼、树木、牧场、牲畜和建筑物的损害极为严重，而且这种损害 1903 年以后日趋加剧。初期污染受害者曾向这些冶炼厂提出过多次私人赔偿要求，但均未得到圆满解决。1925 年，案件被重新提起，美国成立了保护受害人协会，目的是取代单独申诉，签订集体协定。1927 年，案件被正式提交给美加联合委员会仲裁。1931 年，该委员会做出裁决，由加拿大向美国赔偿一直到 1932 年的损失，赔偿金额为 35 万美元。1933 年，美国指控污染还在继续。1935 年 4 月 15 日，两国政府签署仲裁协议，决定将争端提交仲

① 参见白桂梅：《国际法》，437 页。

② 一般把 pH 值小于 5.6 的雨水称为酸雨。它包括雨、雪、雹等降水形态。

裁。仲裁庭于1938年和1941年两次作出裁决。在1938年的第一次裁决中，仲裁庭判定冶炼厂的烟雾对华盛顿州造成了损害，并裁决加拿大应支付7.8万美元作为美国所要求的自1932年1月1日至1937年10月1日之间特雷尔的冶炼厂对美国土地造成的损害的“完全的和最后的补偿和赔偿”。裁定还宣布采取保全措施，要求特雷尔的冶炼厂至1940年10月1日避免造成损害，并命令为此实施临时制度，提供必要的资料以便建立一个有效的永久制度和在过渡期间避免发生进一步的损害行为。在1941年第二次裁决中，仲裁庭作出一项重要的声明：“根据国际法以及美国法律的原则，任何国家也没有权利这样地利用或允许利用它的领土，以致其烟雾在他国领土或对他国领土上的财产和生命造成损害，如果已发生后果严重的情况，而损害又是证据确凿的话。”正是因为这一声明使本案成为国家不得损害国外环境的第一个重要司法判例。

1979年《长程越界空气污染公约》是在联合国欧洲经济委员会主持下制定的区域性条约，也是国际社会第一项以控制跨界空气污染为目的的多边公约。公约的宗旨是保护人类及其环境不受空气污染并尽可能减少和防止空气污染，它确立了监测和研究大气污染的国际合作途径，并建立了一系列控制大气污染的原则、制度和措施，还设立了情报交换的中心组织。该公约是一个框架性国际公约，缔约国的具体义务主要是通过后来签订的补充性议定书加以规定的，缔约国迄今为止共签订了八项议定书。[①] 这些议定书对二氧化硫等空气污染物的排放作了规定，使1979年《长程越界空气污染公约》逐渐得到完善和修正。

（二）臭氧层的保护

臭氧层[②]是地球生物不可缺少的保护层，如果臭氧层受到破坏，即变薄或出现空洞，大气环境就会出现严重问题，且危害极大。[③] 臭氧层的破坏主要是由于人类大量生产和使用氟氯烃等消耗臭氧层的化学物质人为造成的。

1985年3月，《保护臭氧层维也纳公约》[④] 正式通过。该公约由前言、21项条款和两个附件组成。公约为缔约国规定了以下一般义务：通过观察、研究和资料交换从事

① 即1984年《日内瓦议定书》，规定为监测和评估欧洲远距离空气污染传播的合作项目提供长期资助的机制。1985年《赫尔辛基议定书》规定缔约国控制大气污染的具体义务，要求至少减少30%的硫排放量或跨界流量，但具体措施由各国自行决定。1988年《索非亚议定书》，规定分两阶段控制氮氧化物的排放量和跨界流量：在第一阶段，缔约国应采取有效措施，控制或减少氮氧化物的排放量或跨界流量；在第二个阶段，各国至迟在议定书生效六个月后就进一步减少全国每年氮氧化物的排放量及跨国流量进行谈判。缔约国应将实施公约的国内方案、政策和战略告知执行机构并每年就有关的进展和变化向执行机构报告。1991年《日内瓦议定书》规定控制和减少挥发性有机化合物的排放和跨界流量。1994年《奥斯陆议定书》，规定缔约国应在不造成过多成本的情况下确保硫氧化合物的沉积不超过临界负荷，以进一步减少硫排放量。1998年《奥胡斯议定书》规定减少重金属（铅、镉和汞）的排放量。另外，还有1998年《关于持久有机污染物奥胡斯议定书》和1999年《戈森堡议定书》。

② 臭氧，又名三原子氧，因其类似鱼腥味的臭味而得名。其分子式为O_3，是氧气的同素异形体，具有它自身的独特性质。大气中的臭氧绝大部分都集中在离地面大约25千米～30千米的平流层中，形成了包围在地球外围空间的“臭氧层”，成为人类赖以生存的保护伞。名虽为层，但实际上臭氧分布并不均匀，而且大气中臭氧的总含量非常少，尚不到1ppm。这极薄的一层臭氧对于地球上的生命非常重要，因为臭氧能吸收阳光中的紫外线，将这些波长很短、而且有致命危险的辐射线转换成热能加热大气，具有影响大气温度结构的作用。

③ 首先，对人类健康造成影响。过多的外线辐射引起细胞内的DBA改变，细胞的自身修复能力减弱，免疫机能减退，皮肤发生弹性组织变性、角质化以及皮肤癌变，诱发眼球晶体发生白内障等。其次，对陆地和海洋动植物以及对城市环境和建筑材料都有一定影响。

④ 该公约从1988年9月起生效。

合作，以便更好地了解和评价人类活动对臭氧层的影响以及臭氧层的变化对人类健康和环境的影响；采取适当立法和行政措施对人类某些活动加以控制、限制、削减或禁止；从事合作，制定执行公约的措施、程序和标准，以期通过议定书和附件；与相关的国际组织合作，有效地执行公约和已参加的议定书。附件一是关于研究和有系统地观察的详细规定，附件二是关于交换资料方面的具体规定。该公约规定建立缔约国会议制度，以继续不断地审查公约的执行情况。该公约只规定了交换有关臭氧层信息和数据的条款，并未对耗损臭氧层物质的限制和停止使用规定具体的目标和时间表。

为了针对氯氟烃类物质进行控制，在审查世界各国氯氟烃类物质生产、使用、贸易的统计情况的基础上，1987 年 9 月 16 日，各国代表在加拿大的蒙特利尔通过了《关于消耗臭氧层物质的蒙特利尔议定书》。① 该议定书规定，参与条约的每个成员组织（国家或国家集团）将冻结并依照缩减时间表来减少 5 种氟利昂的生产和消耗②；冻结并减少 3 种溴代物的生产消耗。《蒙特利尔议定书》实施后的调查表明，根据议定书规定的控制进程并不理想。

1989 年 3 月至 5 月，联合国环境规划署连续召开了保护臭氧层伦敦会议与《保护臭氧层维也纳公约》和《关于消耗臭氧层物质的蒙特利尔议定书》第一次缔约国会议——赫尔辛基会议，并于 1989 年 5 月 2 日通过了《保护臭氧层赫尔辛基宣言》，鼓励所有尚未参加《保护臭氧层维也纳公约》及《关于消耗臭氧层物质的蒙特利尔议定书》的国家尽早参加；同意在适当考虑发展中国家的特别情况下，尽可能地但不迟于 2000 年取消受控氯氟烃类物质的生产和使用；尽可能早地控制和削减其他消耗臭氧的物质；加速替代产品和技术的研究与开发；促进发展中国家获得有关科学情报、研究成果和培训，并寻求发展适当资金机制促进以最低价格向发展中国家转让技术和替换设备。

1987 年《关于消耗臭氧层物质的蒙特利尔议定书》是 1985 年《保护臭氧层维也纳公约》的唯一一项议定书。此后该议定书进行过 5 次调整和 4 次修正。根据共同但有区别的责任原则，发展中国家可以延迟履行有关的减排义务。

（三）气候变化问题

气候变化是指除在类似时期内所观测的气候的自然变异之外，由于直接或间接的人类活动改变了地球大气的组成而引起的气候变化。③ 而大气中二氧化碳浓度增加，阻止地球热量的散失，致使地球发生可感觉到的气温升高，这就是温室效应。近年来，温室效应对气候的影响已经成为关系到人类生存的全球气候变化问题，并因此得到国际社会的广泛关注。

1988 年，联合国环境规划署和世界气象组织合作建立了专门研究气候变化问题的政府间气候变化专家组。1990 年，联合国大会设立了关于气候变化框架公约的政府间谈判委员会，专门负责有关气候公约的起草工作。1992 年的里约人类环境会议通过了《联合国气候变化框架公约》。④ 它是世界上第一个为全面控制二氧化碳等温室气体排

① 该议定书于 1989 年 1 月 1 日起生效。

② 5 种氟利昂的大部分消耗量将从 1989 年 7 月 1 日起冻结在 1986 年使用量的水平上；从 1993 年 7 月 1 日起，其消耗量不得超过 1986 年使用量的 80%；从 1998 年 7 月 1 日起，减少到 1986 年使用量的 50%。

③ 参见 1992 年《联合国气候变化框架公约》第 1 条第 2 款。

④ 该公约于 1994 年 3 月生效。

放，以应对全球气候变暖给人类经济和社会带来的不利影响的国际公约，也是国际社会在应对全球气候变化问题上进行国际合作的一个基本框架。该公约包括序言和 26 项条文，其目标是："将大气中温室气体的浓度稳定在防止气候系统受到危险的人为干扰的水平上。这一水平应当在足以使生态系统能够自然地适应气候变化、确保粮食生产免受威胁并使经济发展能够可持续地进行的时间范围内实现。"[①]

公约的缔约方做出了许多旨在解决气候变化的承诺。每个缔约方都必须定期提交专项报告，其内容须包含该缔约方的温室气体排放信息，并说明为实施该公约所执行的计划及具体措施。该公约对发达国家和发展中国家规定的义务以及履行义务的程序有所区别。公约要求发达国家采取具体措施限制温室气体的排放，并向发展中国家提供资金以支付他们履行公约义务所需的费用。公约建立了一个向发展中国家提供资金和技术，使其能够履行公约义务的机制。

公约规定，每年举行一次缔约方大会。自 1995 年 3 月 28 日首次缔约方大会在柏林举行以来，缔约方每年都召开会议。1997 年 12 月 11 日，第三次缔约方大会通过了具有里程碑意义的《京都议定书》[②]，使得公约的履行向前迈出了极其重要的一步。《京都议定书》为该公约附件一所列国家规定了具有法律约束力的温室气体减排指标，体现了共同但有区别责任原则和发达国家率先行动、采取措施减少温室气体排放的要求。该议定书确定了三种灵活机制，这三种机制体现了通过市场机制促进温室气体减排的主张，其中的"清洁发展机制"允许附件一所列国家同发展中国家开展温室气体排放配额的交易。[③] 2007 年 12 月，公约第十三次缔约方大会在印度尼西亚巴厘岛举行，会议着重讨论了《京都议定书》第一承诺期在 2012 年到期后如何进一步降低温室气体排放的问题。会上通过了"巴厘岛路线图"，决定在 2009 年前就应对气候变化问题的新安排举行谈判。在 2009 年 12 月召开的哥本哈根气候变化会议上达成了不具有法律约束力的《哥本哈根协议》，该协议维护了《联合国气候变化框架公约》及《京都议定书》确立的共同但有区别的责任原则，就发达国家实行强制减排和发展中国家采取自主减缓行动作出了安排，并就全球长期目标、资金和技术支持、透明度等焦点问题达成了广泛共识。

二、海洋环境和淡水环境的国际法保护

（一）海洋环境的国际法保护

海洋环境保护是国际环境保护中非常重要的领域和部门。由于海洋环境保护的内容在"海洋法"一章中已有论述，故此不再赘述。

（二）淡水环境的国际法保护

淡水环境是指内陆的淡水资源，包括河流、湖泊、运河和地下水体等。国际淡水环境则是指处于两个或更多国家领土之上或管辖之下的淡水水体，包括界河、多国河流、

① 1992 年《联合国气候变化框架公约》第 2 条。

② 《京都议定书》于 2005 年 2 月 16 日生效。

③ 1997 年《京都议定书》第一承诺期，即 2008 年到 2012 年期间，主要工业发达国家的温室气体排放量要在 1990 年的基础上平均减少 5.2%，其中欧盟将 6 种温室气体的排放量削减 8%，美国削减 7%，日本削减 6%。

国际河流、跨国湖泊和跨国的地下水体等国际淡水资源。地球上的河流中有将近一半为两个或两个以上国家所共有，这一事实足以说明国际淡水环境保护问题的重要性。

国际淡水环境的利用和保护主要是通过签订双边或区域性条约的形式来进行的。在北美洲，1909 年美国与加拿大签订的《防止大湖污染条约》规定不得污染美加界水；1944 年美国与墨西哥签订了解决水资源分配问题的《利用科罗拉多河、蒂华纳河以及格兰德河水域的公约》。1972 年《美加大湖水质协定》[①] 是美加两国控制和减轻大湖污染，改善大湖水质的基本法律依据。1973 年美国与墨西哥签订了《关于永久彻底解决科罗拉多河含盐量的国际问题的协定》，美国承诺修建河水淡化工程和补充水量，保证流入墨西哥的科罗拉多河的水量及其正常的含盐量。[②] 在南美洲，1969 年《银河流域条约》的目的是通过联合行动使本地区的巨大自然资源得到协调和均衡的发展并获得最高效益，通过对自然资源的合理使用为后代保护这些资源；1978 年《亚马逊河合作条约》规定了关于航运、环境与生态保护、卫生、科学研究、基础设施建设等内容。欧洲有比较完备的关于保护河流环境的区域性条约和双边条约，如 1963 年《关于莱茵河防止污染国际委员会的协定》、1976 年《保护莱茵河不受化学污染公约》、1976 年《保护莱茵河不受氯化物污染公约》以及 1998 年《保护莱茵河公约》。[③] 此外，联合国欧洲经济委员会于 1992 年主持制订了一项《跨界水道和国际湖泊保护和利用公约》。在亚洲，有关淡水资源保护的国际条约有 1960 年印度和巴基斯坦《关于印度河的条约》、1977 年孟加拉国和印度《关于分享恒河水和增加径流量的协定》。1995 年《湄公河流域可持续发展合作协定》把可持续发展原则贯穿于有关湄公河流域开发和保护的各个方面。1996 年 2 月 13 日，以色列、约旦和巴勒斯坦解放组织通过《在与水相关的事务上进行合作的宣言》，规定了各方对保护水环境的责任。非洲对淡水资源的开发、利用和保护作出比较全面的规定的是 1964 年《乍得湖流域开发公约和规约》。

1966 年国际法协会《关于国际河流利用的赫尔辛基规则》是国际淡水环境保护的国际法规则中影响较大的文件，它为国际河流的综合利用和环境保护提供了理论依据。《赫尔辛基规则》承认，国际流域内的每个国家都有权公平合理地利用国际流域内的水资源，利用时不能对其他国家造成损害。不应对国际流域内的水源造成任何新形式的污染或加重现有的污染。国家应为减少各种现有的污染采取一切合理的措施，以便不在流域内另一国的境内造成损害。《赫尔辛基规则》虽属国际法学团体制订的文件，对各国不具法律约束力，但它可以被看作是对有关国际河流利用的习惯法规则所作的系统的民间编纂。

1968 年 5 月 6 日欧洲理事会通过的《欧洲水宪章》指出：水是必不可少的资源，并非是不会耗竭的；水的质量必须得到保护，水是一种遗产，它的价值必须得到所有人的承认：水没有国界，对水的管理需要国际合作。[④]

---

① 后被 1978 年新的《大湖水质协定》所取代。

② 参见林灿铃：《国际环境法》，290 页，北京，人民出版社，2004。

③ 参见上书，293 页。

④ 参见上书，291 页。

1997年5月，第51届联合国大会通过的《非航行利用国际水道法公约》[①] 是非航行利用国际水道法的最新发展，也是第一个在全球范围内调整国际淡水资源利用的公约，它不仅对相关习惯法进行了编纂，还充分吸收了关于国际淡水资源利用的区域性或双边条约的内容。

根据《非航行利用国际水道法公约》的规定，国际水道是指各部分位于不同国家的水道。至于公约和现有双边或多边条约的关系，公约规定，各国可以根据水道或其部分的特点订立适用与调整本公约条款的双边或多边协定。另外，如无相反协定，在国家成为公约缔约国之日对其有效的协定所规定的权利、义务不受公约影响，但是，如果有必要，缔约国可以考虑将该协定与公约的基本原则相协调。[②] 该公约的适用范围几乎包括了除航行之外的与利用国际水道相关的保护、保存和管理措施等所有的事项。公约共六个部分，涉及用语、一般原则（包括公平合理地利用和参与原则，不引起严重损害原则，合作原则及定期交流数据和信息原则等）、计划采取的措施及协商和谈判程序、国际水道生态系统的环境保护和保全、预防和减轻有害状况或紧急情况以及争端解决程序等。

三、土地、森林和湿地的国际法保护

（一）土地的国际法保护

土地是一种有限的资源，也是其他许多自然资源的依托。随着人类对土地和自然资源需求的日益增长，土地的荒漠化越来越严重。土地荒漠化是指“由于受环境变化和人类活动的影响，在干旱、半干旱和亚湿润地区所产生的土地退化。”[③] 现在，已没有人怀疑荒漠化的严重性和危险性。[④]

国际社会从20世纪70年代开始关注荒漠化所带来的灾难性后果，并通过了一些国际文件，采取了一系列措施。1977年，联合国环境规划署在内罗毕总部专门召开了荒漠化防治会议，制订了《阻止荒漠化行动计划》。1981年，联合国粮农组织通过《世界土壤宪章》，首次对保护和改良土壤的规则做了全面的规定。1982年，联合国环境规划署制订了《世界土壤政策》，以便为各国制定土壤政策提供指导，并加强在合理利用世界土壤资源方面的国际合作。1984年，联合国环境规划署在内罗毕举行特别会议，会议除对《阻止荒漠化行动计划》的执行情况进行评价外，还要求各荒漠化地区和国家为防止荒漠化的进一步恶化，切实执行前述《行动计划》。1992年里约环境与发展大会通过的《21世纪议程》第12章“脆弱生态系统的管理：防沙治旱”对荒漠化的成因、危害、解决办法和行动方案等都作了规定，并提出“防止沙漠化的优先事项应是对尚未退化或仅略有退化的

---

① 在公约起草和谈判过程中，上游水域沿岸国与下游水域沿岸国之间的利益冲突非常激烈，但《公约》最终过多地强调了下游水域国的利益。该公约至今没有生效。中国是《公约》的五个反对国之一，如果公约生效，虽然它对中国不具有法律约束力，但也会对中国产生重大影响。黑龙江、乌苏里江、鸭绿江和图们江作为中俄、中朝界河以及流经东南亚各国的澜沧江都是该公约所指的国际水道。中国对这些河流的开发利用同样与国际社会的合作密不可分。鉴于中国对该公约的立场，加快与相关国家的谈判与缔结双边或多边条约已成为迫切的需要。

② 参见1997年《非航行利用国际水道法公约》第3条。

③ 《联合国防治荒漠化公约》第1条。

④ 参见林灿铃：《国际环境法》，300页。

土地执行预防措施。”1992 年里约环境与发展会议以后，联合国大会通过决议，成立了防治荒漠化公约谈判委员会。1994 年 6 月 17 日，《联合国关于在发生严重干旱和/或荒漠化的国家特别是在非洲防治荒漠化的公约》[①] 在巴黎通过。公约通过后不到十年的时间里，世界上几乎所有的主权国家都已成为其缔约方，这在国际环境法的发展史上是少见的。

该公约包括前言、六个部分和附件。公约的前言承认荒漠化和干旱是全球范围的问题，影响到世界所有区域，需要国际社会联合行动；防治荒漠化或缓解干旱影响，迫切需要提高国际合作效力并改善协调，以便推动国家计划和优先事项的执行，并决心为今世后代的利益采取适当行动。第一部分导言界定了相关用语，提出了公约的目标和原则。第二部分总则规定了一般义务、受影响国家缔约方的义务、发达国家缔约方的义务、非洲的优先地位以及本公约与其他公约的关系[②]等。第三部分规定了行动方案、科学和技术合作以及支持措施。第四部分设立了缔约方会议及其他机构以促进《公约》的有效实施。缔约方会议根据科技知识的发展，“参照国家、分区域、区域和国际各级取得的经验，定期审查本《公约》的实施和机构安排的运作情况；促进和便利交换关于各缔约方所采取措施的信息、决定以何种形式、按何种时间程序转送根据第 26 条提供的信息和审查有关报告并就这些报告提出建议。”[③] 第五部分是关于提交信息、解决执行问题的措施、争端的解决、公约的修正等程序性规定。第六部分为最后条款。公约的附件分别对公约在非洲、亚洲区域、拉丁美洲和加勒比海区域、地中海北部区域、中欧和东欧区域的实施作出具体规定，涉及各区域关于干旱和荒漠化的特殊情况、国家行动计划、次区域和区域行动计划、财政资源及其机制、合作和协调机制等。附件具有与公约正文同等的法律效力。

（二）森林的国际法保护

森林是指不小于 0.5 平方千米、至少 10％为树冠所覆盖的地区。[④] 森林处于主权国家境内，对森林的保护在很大程度上取决于国家的国内法律制度。森林与土地、水、空气一样，是与人类关系非常密切的资源，它对大气、气候以及生物多样性的保护都有着不可替代的作用。由于森林因人类活动的影响而面临严重退化的危险，所以国际社会必须关注对森林的保护，改变非可持续的森林消费模式。

1972 年的人类环境会议认为森林是所有生态系统中最大、最复杂并能使自身长久存在的系统。1980 年联合国粮农组织的《热带森林资源评估》、1983 年建立的国际热带木材组织、1985 年发表的热带森林行动计划、1995 年至 1997 年建立的政府间森林专题小组以及 1997 年至 2000 年的政府间森林论坛等，对保护森林都发挥了重要的作用。1992 年里约环境与发展大会通过的《关于环境问题的原则声明》，建议对森林进行可持续性的开发，因为森林是维系各种生命形式所不可缺少的；鼓励发达国家提供援助，帮助制定森林保护规划，推动植树造林，并且承认土著人的知识在森林保护方面的重要作用；控制严重损害森林的污染物的排放。会议通过的《21 世纪议程》建议寻

---

① 1997 年 2 月 18 日，中国批准了该公约；1997 年 5 月 19 日，该公约对中国生效。

② 《公约》的规定不应影响任何缔约方在《公约》对它生效前参加的双边、区域或国际协定对它产生的权利和义务。

③ 1994 年《防治荒漠化公约》第 22 条。

④ 参见联合国粮农组织关于《全球森林资源评估报告 2000》。

求更好的国际合作进行有益于生态的森林开发并鼓励各国对木材的生产予以更好的管理，使树木的社会、经济和生态价值得到承认。

目前，国际社会关于森林保护的专门性的国际条约是1983年11月18日在日内瓦签订的《国际热带木材协定》，其宗旨是为生产和耗用热带木材的各国之间的合作和协商提供一个有效的纲领，促进国际热带木材贸易的扩展和多样化以及热带木材市场结构条件的改善，推广和支持研究和发展工作以求改善森林管理和木材利用，鼓励制定旨在实现持久利用和养护热带森林及其遗传资源，以及旨在保持有关区域生态平衡的各种国家政策。1992年《联合国气候变化框架公约》和《生物多样性公约》、1994年《防治荒漠化公约》、1997年《京都议定书》等都强调了对森林的保护。

（三）湿地的国际法保护

湿地是指“不问其为天然或人工、长久或暂时之沼泽地、湿原、泥炭地或水域地带，带有或静止或流动、或为淡水、半咸水或咸水水体者，包括低潮时水深不超过六米的水域”①。水禽是指“生态学上依赖于湿地的鸟类”②。有人把湿地称为地球的肾③，足见湿地对地球环境的重要性。

1971年2月2日，在伊朗拉姆萨尔镇通过的《关于特别是水禽重要栖息地的国际重要湿地公约》④是世界上第一个唯一只涉及生境的国际公约。该公约在序言中指出，“考虑到湿地的调节水分循环和维持湿地特有的动植物特别是水禽栖息地的基本生态功能。相信湿地为具有巨大经济、文化、科学及娱乐价值的资源，其损失将不可弥补；期望现在及将来阻止湿地的被逐步侵蚀及丧失；承认季节性迁徙中的水禽可能超越国界，因此应被视为国际性资源……”公约特别强调了湿地属于国际环境资源，以及作为水禽生境的重要性。公约建立了名册制度和缔约国会议制度。“各缔约国应指定其领域内的适当湿地列入由依第八条所设管理局保管的国际重要湿地名册。每一湿地的界线应精确记述并标记在地图上，并可包括邻接湿地的河湖沿岸、沿海区域以及湿地范围的岛域或低潮时水深不超过六米的水域，特别是当其具有水禽栖息地意义时。”⑤同时，公约对缔约国对湿地的主权权利、保护责任、合理利用等作了规定。⑥公约第6条关于缔约国会议的规定指出，缔约国应在必要时召集关于养护湿地和水禽的会议，讨论本公约的实施情况；讨论名册之增加和变更事项；审议列入名册的湿地生态学特征变化的情况；向缔约国提出关于湿地及其动植物的养护、管理和合理利用的一般性或具体建议；要求有关国际机构就影响湿地、本质上属于国际性的事项编制报告和统计资料。该公约也和其他环境条约一样，是一个框架性的条约。

四、南极地区环境的国际法保护

南极地区是指南纬60度以南的地区，包括一切冰架。与南极地区环境保护有关的

---

① 1971年《关于特别是水禽重要栖息地的国际重要湿地公约》第1条1款。

② 1971年《关于特别是水禽重要栖息地的国际重要湿地公约》第1条2款。

③ 参见赵魁义：《地球之肾——湿地》，北京，化学工业出版社，2002。

④ 中国于1992年1月3日加入该公约，同年7月31日对我国生效。

⑤ 1971年《关于特别是水禽重要栖息地的国际重要湿地公约》第2条1款。

⑥ 参见1971年《关于特别是水禽重要栖息地的国际重要湿地公约》第2～5条。

条约主要有1959年《南极条约》、1964年《保护南极动植物议定措施》、1972年《养护南极海豹公约》、1980年《南极海洋生物资源保护公约》和1991年《关于环境保护的南极条约议定书》。1959年《南极条约》并没有特别关注对南极的环境保护，只在第9条提及了“南极生物资源的保护与养护”，以及关于禁止在南极进行任何核爆炸和在该区域处置放射性尘埃的规定等。1964年《保护南极动植物议定措施》宣布南极地区为特别自然保护区，并规定了一系列措施和起草了相关的四个附件。1972年《养护南极海豹公约》旨在保护南极地区的五种海豹和所有的南方海狗，以确保在南极生态系统上保持符合要求的平衡。1980年《保护南极海洋生物资源公约》是一项全面保护南极海洋生物资源的公约，公约除规定保护的具体措施外，还规定了各国保证公约实施的国内措施。

1991年《关于环境保护的南极条约议定书》是迄今为止内容最全面和最严格的环境条约，它对南极地区的环境保护作了全面的规定，并禁止在南极地区从事任何除科学研究以外的与矿产资源有关的活动。① 该议定书将南极地区界定为贡献给和平和科学的自然保护区②，并为之规定了全面的保护措施。公约在第3条“环境原则”中指出，规划和从事在南极地区的活动应旨在限制对南极环境及依附于它的和与其相关的生态系统的不利影响；规划和从事在南极地区的活动应避免对气候或天气类型的不利影响；对空气质地或水质的重大不良影响；对大气环境、陆地环境（包括水中环境）、冰环境或海洋环境的重大改变；对动植物物种或种群的分布、丰度或繁殖的有害改变；对濒危或受到威胁的动植物种或其种群的进一步危害；或使具有生物、科学、历史、美学或荒野意义的区域减损价值或面临重大的危险；等等。南极地区的活动如果对南极环境或依附于它或与其相关的生态系统产生或者可能产生影响，均应予以修改、中止或取消。议定书要求缔约国加强合作，以促进有关保护南极环境及其生态系统的科学、技术和教育的合作项目。

五、生物多样性的国际法保护

生物多样性是指“所有来源的活的生物体中的变异性，这些来源除其他外包括陆地、海洋和其他水生生态系统及其所构成的生态综合体；这包括物种内、物种之间和生态系统的多样性。”③ 虽然关于生物多样性对人类的生存和发展到底有多么重要，生物多样性的破坏到底对人类会产生多大的危害，还没有非常确切的科学证据，但是，近年来由于生物多样性破坏所带来的一系列环境问题已促使国际社会关注生物多样性的保护问题。④ 1992年《生物多样性公约》在序言中指出：“缔约国意识到生物多样性的内在价值，和生物多样性及其组成部分的生态、遗传、社会、经济、科学、教育、文化、娱乐和美学价值，还意识到生物多样性对进化和保护生物圈的生命维持系统的

① 参见1991年《关于环境保护的南极条约议定书》第7条，这可能会使1988年《管制南极矿产资源活动公约》的效力受到影响。

② 参见1991年《关于环境保护的南极条约议定书》第2条。

③ 1992年《生物多样性公约》第2条。

④ 美国人 Fairfield Osborn 在其1948年出版的《我们被掠夺的星球》（Our Plundered Planet）一书中提出，“地球上不能没有森林、草地、土壤、水分和动物，如果缺少其中任何一种，地球将死亡、会变得像月亮一样”。

重要性，确认保护生物多样性是全人类共同关切的问题”。

人类保护生物多样性的历史一般认为从美国加利福尼亚州约塞米蒂国家公园[①]的建立开始。而人类保护生物多样性的国际立法最初表现为对一般或特定野生动物、植物和其他自然资源的国际保护。为此签订的国际条约既有普遍性国际公约，也有区域性或双边条约，它们对于生物多样性的保护都具有不同程度的重要意义。

1992 年的《生物多样性公约》是生物多样性国际保护的重要条约。公约共有 42 条和两个附件，其目标是“按照本公约有关条款从事保护生物多样性、持久使用其组成部分以及公平合理分享由利用遗传资源而产生的惠益；实现手段包括遗传资源的适当取得及有关技术的适当转让，但需顾及对这些资源和技术的一切权利，以及提供适当资金”[②]。公约的适用范围限于“生物多样性组成部分位于缔约国管辖范围的地区内以及在缔约国控制下开展的过程和活动，不论其影响发生在何处，此种过程和活动可位于该国管辖区内也可以在国家管辖区以外”[③]。《生物多样性公约》也是一项框架性条约，它为生物资源和生物多样性的全面保护和持续利用建立了一个法律框架，确定了生物资源和生物多样性的保护和持续利用的重点领域。

公约第 2 条对有关的基本概念和术语进行了明确界定。第 3、5 条分别就“各国具有按照其环境政策开发其资源的主权权利，同时亦负有责任，确保在它管辖或控制范围内的活动，不致于对其他国家的环境或国家管辖范围以外地区的环境造成损害”的原则和“缔约国应尽可能并酌情直接与其他缔约国，或酌情通过有关国际组织为保护和持续利用生物多样性在国家管辖范围以外地区并就共同关心的其他事项进行合作”的原则作出了规定。公约第 6 条到第 21 条主要规定了以下内容：有关保护和持续利用生物资源的一般措施；为了生物多样性组成部分的持久使用，缔约国应尽可能并酌情对生物多样性组成部分以及对保护和持久使用生物多样性产生或可能产生重大影响的过程和活动种类予以查明并进行监测；通过建立和管理保护区以及促进保护区邻接地区无害环境等方式对生物多样性进行“就地保护”；作为辅助性措施，最好在生物多样性组成部分的原产国或遗传资源的原产国进行“移地保护”；生物多样性组成部分的持续利用；鼓励措施；研究和培训、公众教育和意识；影响评估和尽量减少不利影响；遗传资源的取得；技术的取得和转让；信息交流；技术和科学合作；生物技术的处理及其惠益的分配；资金和财务机制等内容。公约第 22 条规定了其与其他国际条约的关系，即“本公约的规定不得影响任何缔约国在任何现在国际协定下的权利和义务，除非行使这些权利和义务将严重破坏或威胁生物多样性；缔约国在海洋环境方面实施本公约不得抵触各国在海洋法下的权利和义务。”公约第 23 条规定设立缔约国会议制度。缔约国应定期召开会议，不断审查本公约的实施情形，包括审查关于生物多样性的科

① “约塞米蒂”源自印第安语，意思是灰熊。灰熊是当地印第安土著人的图腾。早在 19 世纪中期欧洲移民发现这块风景胜地前，印第安土著居民早已在此生息繁衍。1864 年，美国总统林肯顺应美国国内环境保护的呼声，将约塞米蒂谷地划为予以保护的地区，约塞米蒂谷地成为美国第一个州立公园。经过自然学家约翰·缪尔不断的呼吁和努力，谷地周围地区于 1890 年被指定为约塞米蒂国家公园。1906 年，州立公园被国家公园合并，即现在的约塞米蒂国家公园。

② 1992 年《生物多样性公约》第 1 条。

③ 1992 年《生物多样性公约》第 4 条。

学技术和工艺咨询事务附属机构提供的咨询意见；审议并通过公约的议定书；必要时审议并通过对公约附件的修正等。此外，公约还规定了秘书处、科学技术和工艺咨询事务附属机构、缔约国的报告程序、争端解决以及公约项下议定书及附件的有关问题等。

六、文化和自然遗产的国际法保护

在文化和自然遗产[①]的保护方面，1962 年联合国教科文组织通过了《关于保护景观和遗址的风貌与特性的建议》，建议各成员国应通过国家法律或其他方式，保护景观和遗址的风貌与特征。1964 年，在威尼斯通过的《国际古迹与修复宪章》，明确反对对于任何历史文物和历史遗迹的复建。1970 年联合国教科文组织在巴黎通过的《关于禁止和防止非法进出口文化财产和非法转让其所有权的方法的公约》旨在保护缔约国的文化财产免受偷盗、秘密发掘和非法出口的危险。

1972 年 11 月 16 日，在联合国教科文组织第 17 届大会上正式通过的《保护世界文化和自然遗产公约》是保护文化和自然遗产方面最重要的国际公约。根据该公约，当事国对本国领土内的文化和自然遗产的确定、保护、保存、展出和遗传后代负主要责任。公约关于保护世界遗产的规定，既有对当事国的要求，也明确规定了各国间合作的义务。同时，该公约关于世界遗产委员会[②]、世界遗产中心、《世界遗产名录》和设立保护世界文化和自然遗产基金[③]的规定，使公约确定的保护目标得以实现。公约明确规定了世界遗产的申报程序。只有公约的成员才有资格申报世界遗产；世界自然保护联盟和国际古迹遗址理事会指定的专家进行评审，并向世界遗产委员会主席团提交评估报告；最后，由 21 名成员组成的世界遗产委员会最终决定入选、推迟入选或淘汰的名单，入选者即被列入《世界遗产名录》。世界遗产委员会还设立了《濒危世界遗产名录》。列入濒危世界遗产名录的遗产不但要具备世界遗产的资格，同时还要面临被毁坏的危险。另外，1994 年，世界遗产委员会把监测和巡视工作引入其职责范围。

1995 年 6 月在意大利通过的《国际统一私法协会关于被盗或者非法出口文物的公约》[④] 适用于缔约国返还被盗文物、归还因违反缔约国为保护其文化遗产之目的制定的

---

① 根据 1972 年《保护世界文化和自然遗产公约》的规定，文化遗产是指从历史、艺术和科学观点来看具有突出的普遍价值的建筑物、碑雕和碑画，具有考古性质成分或结构、铭文、窟洞以及联合体；从历史、艺术和科学角度看在建筑式样、分布均匀或环境风景结合方面具有突出的普遍价值的单立或连接的建筑群；从历史、审美、人种学或人类学角度看具有突出的普遍价值的人类工程或自然与人联合工程及考古地址等。文化遗产保护区包括：历史建筑、历史名城、重要考古遗址和有永久纪念价值的巨型雕塑及绘画作品。自然遗产是从审美和科学角度看具有突出的普遍价值的由物质和生物结构或这类结构群组成的自然面貌；从科学或保护角度看具有突出的普遍价值的地质和自然地理结构以及明确划为受威胁的动物和植物生境区；从科学、保护或自然美角度看具有突出的普遍价值的自然景观或明确划分的自然区域。自然遗产保护区包括国家公园和其他早已指定的物种保护区。

② 世界遗产委员会，全称是保护世界文化和自然遗产政府间委员会，是于 1976 年 11 月成立的负责实施 1972 年《世界文化和自然遗产公约》的政府间组织。负责管理世界遗产基金，对为保护遗产而申请援助的国家给予技术和财力援助。中国于 1999 年 10 月 29 日当选为世界遗产委员会成员。

③ 根据 1972 年《保护世界文化和自然遗产公约》建立，资金来源包括各缔约国、联合国教科文组织等的捐款。

④ 1997 年 3 月 7 日，中国政府决定加入《国际统一私法协会关于被盗或者非法出口文物的公约》。

文物出口法律而移出该国领土的文物等国际性请求。

2005年10月22日，联合国教科文组织通过了《保护文化内容和艺术表现形式多样性国际公约》。它是在联合国教科文组织2001年11月2日通过的《世界文化多样性宣言》的基础上修改、细化、补充后完成的。公约提出了与世贸组织商品贸易不同的文化产品及服务贸易的原则。它确认"文化多样性是人类的一项基本特征"，"是人类的共同遗产"，强调各国有权利"采取它认为合适的措施"来保护自己的文化遗产。公约为此确定了尊重人权、自由、文化主权、文化平等、国际互助、经济文化互补、可持续发展、平等共享和公平平衡等八项原则。

七、危险物质和活动的国际法管制

关于危险物质和活动的国际立法始于20世纪80年代，主要涉及造成跨界环境危害的物质和活动，包括核活动与核材料、化学品、有毒或危险废弃物质的处理和重大技术风险等。

（一）关于核活动与核材料的国际法制度

1980年，国际原子能机构通过的《核材料实物保护公约》适用于国际核运输中用于和平目的的核材料。该公约对"核材料"和"国际核运输"都做了界定，并要求缔约国在进行国际核运输时要按照公约附件一的级别予以保护，否则不能从缔约国或非缔约国输入或输出核材料。1984年和1985年，国际原子能机构又通过了《关于核事故或辐射紧急情况时相互援助安排的指南》和《关于放射性材料跨界处置时进行通知、统一规则和交换信息的指南》，但这两个文件并未受到应有的重视。1986年前苏联切尔诺贝利核电站发生的溢漏事故造成重大的环境灾难，同时也促使以下两个相关的国际公约获得通过即1986年9月24日《及早通报核事故公约》和《核事故或辐射紧急情况援助公约》。

《及早通报核事故公约》的宗旨是进一步加强安全发展和利用核能方面的国际合作，通过在缔约国之间尽早提供有关核事故的情报，以使可能超国越界的辐射后果减少到最低限度。公约适用于已经造成或可能造成对另一国具有辐射安全影响的跨国界的国际性释放事故，包括核反应堆、核材料循环设施、放射性废物管理设施、核材料和放射性废物的运输和储存等活动发生的核事故。公约的主要内容包括缔约国有义务对引起或可能引起放射性物质释放、并已经造成或可能造成对另一国具有辐射安全重要影响的超越国界的国际性释放的任何事故向有关国家和机构通报。但对于核武器事故，缔约国可以自愿选择通报或不通报。核事故的通报内容应包括核事故及其性质、发生的时间、地点和有助于减少辐射后果的情报。事故发生国可以直接，也可以通过国际原子能机构间接向实际受影响或可能受影响的国家或机构（包括缔约国和非缔约国）通报。各缔约国应将其负责收发核事故通报和情报的主管当局和联络点通知国际原子能机构，并直接或通过国际原子能机构通知其他缔约国。这类联络点和国际原子能机构内的联络中心应连续不断地可供使用。国际原子能机构在本公约范围内，有义务立即将所收到的核事故通报和情报通知所有缔约国、机构成员国和有关国际组织。

《核事故或辐射紧急情况援助公约》的宗旨是进一步加强安全发展和利用核能方面

的国际合作，建立一个有利于在发生核事故或辐射紧急情况时迅速提供援助、以尽量减少其后果的国际援助体制。公约的主要内容包括在核事故或辐射紧急情况下，缔约国有义务进行合作、迅速提供援助，以尽量减少其后果和影响。若一缔约国在发生核事故或辐射紧急情况需要援助时，它可以直接向国际原子能机构或通过国际原子能机构向任何其他缔约国或酌情向其他政府间国际组织请求这种援助。被请求的缔约国应迅速决定并通知请求国它是否能够提供所请求的援助及其范围和条件。该公约对国际原子能机构在本公约范围内的职责作了规定。请求国应给予援助方的人员必要的特权、豁免和便利，以便履行其援助职务。当援助是以全部偿还或部分偿还为基础提供时，请求国应向援助方偿还因此而发生的有关费用。①

1994 年 9 月 20 日举行的国际原子能机构第 38 届大会通过的《核安全公约》强调对“核设施”享有管辖权的国家对核安全承担责任。公约要求缔约国采取立法、监管和行政措施以便通过缔约国按公约规定建立的监管机构履行公约义务，并向公约建立的缔约方会议的审议会议提交履行公约的报告。公约要求缔约国对核设施实行许可证制度，禁止没有许可证的核设施的运行。②

此外，1997 年《乏燃料管理安全和放射性废物管理安全联合公约》③ 的目标是通过加强管理和国际合作，以在世界范围内达到和维持乏燃料和放射性废物管理的安全，防止发生事故，但该《公约》仅适用于民用核反应堆运行产生的乏燃料和民事应用产生的放射性废物的管理安全，不适用于军事或国防计划范围内的乏燃料或放射性废物的管理安全。

（二）关于有毒或危险废物处置的国际法制度

有毒或危险废物是“处置的或打算予以处置的或按照国家法律规定必须加以处置的物质或物品”④。防止有毒或危险废物造成污染的根本途径在于尽量减少或消除废物的排放，即实行污染物的源削减。1972 年《人类环境宣言》即开始关注这一问题。1988 年，非洲统一组织通过决议指出，向非洲倾倒核废物和工业废物是对非洲及其人民的犯罪行为。1991 年 1 月 30 日，非洲国家签订了《禁止进口危险废物并控制其在非洲越境转移的巴马科公约》，它禁止危险废物的贸易和控制危险废物的越境转移，并规定了许可证制度，缔约国有义务在其国内法中对非法贸易进行刑事处罚。1991 年，在发展中国家环境与发展部长级会议上通过的《北京宣言》对继续非法贩运有毒有害物

---

① 公约第 10 条关于索赔和补偿的规定受到许多发展中国家的反对，特别是该条第 2 款，中国对此提出保留。根据该款的规定，除另有协议外，对于在提供所要求的援助过程中在其领土内或其管辖或控制下的其他地区内所造成的人员死亡或受伤、财产毁坏或损失或环境破坏，请求国不得对援助方或代表其行事的人员或其他法律实体提出任何法律诉讼；第三方对援助方的诉讼和索赔由请求国承担责任；避免援助方在上述诉讼和索赔中受到损害以及受到损害后予以补偿等。

② 参见白桂梅：《国际法》，455 页。

③ 2006 年 4 月 29 日，中国批准加入《乏燃料管理安全和放射性废物管理安全联合公约》。同时声明：（一）中华人民共和国政府对第 2 条（u）项以及第 27 条提及的“超越国界运输”的理解是：作为抵达国的《乏燃料管理安全和放射性废物管理安全联合公约》任何缔约方在同意来自另一缔约方的国内实体的超越国界运输前，应当向该超越国界运输的启运国确认该超越国界运输已得到该启运国的批准。（二）在中华人民共和国政府另行通知前，《乏燃料管理安全和放射性废物管理安全联合公约》暂不适用于中华人民共和国澳门特别行政区。《公约》于 2001 年 6 月 18 日正式生效。截至 2006 年 2 月 20 日，《公约》已有 40 个缔约国。

④ 1989 年《控制危险废物越境转移及其处置巴塞尔公约》第 2 条 1 款。

品和废弃物，特别是把它们从发达国家运至发展中国家表示关切，并敦促发达国家采取适当措施制止此类贩运。宣言呼吁所有国家采取行动建立责任和赔偿制度，以及向发展中国家转让低废技术的机制，提高鉴别、分析和处理废物的能力，以便建立一个在全球禁止向缺乏此类能力的发展中国家出口危险废物的机制。1992 年《环境与发展宣言》原则 14 宣布：各国应有效合作阻碍或防止任何造成环境退化或证实有害人类健康的活动和物质迁移或转让到他国。

20 世纪 80 年代以来，废物的越境转移成为国际社会关注的重大环境问题。在这方面最重要的国际法文件是 1989 年 3 月在巴塞尔通过的《控制危险废物越境转移及其处置巴塞尔公约》及《责任赔偿议定书》。① 公约的宗旨是采取严格的措施保护人类健康和环境，使其免受危险废物和其他废物的产生和管理可能造成的不利影响。公约不适用于放射性废物和船舶正常作业产生。且其排放已由其他国际文书作出规定的废物。事先知情同意程序是公约的核心内容。公约第 3 条要求每个国家在成为公约缔约国的 6 个月内将附件一和附件二之外的，但其国家立法视为或确定为危险废物的废物名单连同有关适用于这类废物的越境转移程序的任何规定通知公约秘书处。公约第 4 条为缔约国规定了一般义务，包括缔约国有权禁止危险废物或其他废物进口并将禁止的决定通知其他缔约国；接到此等通知后应禁止或不许可向禁止这类废物进口的缔约国出口危险废物或其他废物；在尽可能的范围内，将处置废物的设施设在本国领土内；禁止向经济和（或）政治一体化组织且在法律上完全禁止危险废物或其他废物进口的某一缔约国或一组缔约国，特别是发展中国家出口此类废物；不许与非缔约国之间进行危险废物或其他废物的出口或进口的活动；不许将危险废物或其他废物出口到南纬 60 度以南的区域进行处置等。当然，公约并非绝对禁止危险废物或其他废物的出口或进口，只是为危险废物越境转移的法律控制提供了一个框架，为此类废物的出口和进口规定了条件。

1992 年的《危险废物越境转移及其处置所造成损害的责任和赔偿议定书》侧重于建立一套综合赔偿制度，迅速充分赔偿因危险废物和其他废物越境转移及其处置，包括此类废物的非法运输所造成的损害。该议定书规定，危险废物越境转移的损害包括生命的丧失或人身伤害；财产丧失或损坏；直接产生于通过以任何方式使用环境而获取的经济利益的收入因环境遭到破坏而告丧失，同时，计及可节省的资金和所涉费用；为恢复被破坏的环境而采取的措施所涉费用，但只限于已实际采取或拟采取的措施所涉及的费用；预防措施所涉费用，包括此种措施本身所造成的任何损失或损害，只要此种损害系由受《公约》管制的危险废物和其他废物在越境转移及处置中因其危险特性而引起或造成。同时对“恢复措施”和“预防措施”也予以明确的界定。该议定书对严格赔偿责任及免责、过失赔偿责任、赔偿限额、追索权和责任履行途径等都作了较明确的规定。为了保证受害者获得赔偿，该议定书还规定了保险、保证金或其他财务担保机制。

（三）关于化学品和生物技术利用管理的国际法制度

1. 关于化学品

国际社会对于化学品的管理，主要侧重于对化学品的登记和分类及化学品的国际

① 即 1992 年 8 月 20 日通过的《危险废物越境转移及其处置所造成损害的责任和赔偿问题议定书》。

贸易中的“事先知情同意”等制度。包括1983年联合国大会首次提出的关于化学品国际贸易的原则、1985年《关于化学品国际贸易资料交流的准则》、联合国粮农组织1985年通过的《关于农药使用和分销的国际行为准则》、1987年联合国环境规划署通过的《关于化学品国际贸易资料交流的准则》、1989年联合国环境规划署制订的《国际潜在有毒化学品登记册》、1990年国际劳工组织主持制定的《关于工作中应用化学品的安全的公约》、1998年9月在荷兰鹿特丹通过的《关于在国际贸易中对某些危险化学品和农药采用事先知情同意程序的鹿特丹公约》、世界卫生组织2000年制定的《按危险性分类的农药建议分类：分类指南》、2001年《关于持久性有机污染物的斯德哥尔摩公约》。这些文件是国际社会对有毒化学品采取优先控制行动的重要措施。其中，1998年《关于在国际贸易中对某些危险化学品和农药采用事先知情同意程序的鹿特丹公约》的目标是：“通过便利就国际贸易中的某些危险化学品的特性进行资料交流、为此类化学品的进出口规定一套国家决策程序并将这些决定通知缔约方，以促进缔约方在此类化学品的国际贸易中分担责任和开展合作，保护人类健康和环境免受此类化学品可能造成的危害，并推动以无害环境的方式加以使用”。该公约适用于禁用或严格限用的化学品和极为危险的农药制剂，不适用于放射性材料、废物、化学武器等。该公约对于禁用或严格限用化学品的程序作了具体规定，并要求特别考虑发展中国家缔约方或经济转型国家缔约方的利益。

2. 关于生物技术

生物技术是指使用生物系统、生物体或其衍生物的任何技术应用，以制作或改进特定用途的产品或工艺过程。生物技术在给人类带来惠益的同时，也对人类环境产生了潜在的负面影响，因此，国际社会从20世纪90年代起陆续制订了一些法律文件，如欧共体于1990年通过的《关于转基因生物的封闭利用的指令》和《关于对环境谨慎引入转基因生物的指令》、联合国工业发展组织于1991年通过的《关于将微生物引入环境的自愿行为准则》和联合国环境规划署于1995年通过的《关于生物技术生物安全的国际技术准则》等。

1992年《生物多样性公约》第19条“生物技术的处理及其惠益的分配”规定：“每一缔约国应酌情采取立法、行政和政策措施，让提供遗传资源用于生物技术研究的缔约国，特别是其中的发展中国家，切实参与此种研究活动；可行时，研究活动宜在这些缔约国中进行。”“每一缔约国应采取一切可行措施，以赞助和促进那些提供遗传资源的缔约国，特别是其中的发展中国家，在公平的基础上，优先取得基于其提供资源的生物技术所产生成果和惠益。此种取得应按共同商定的条件进行。”①

2000年1月29日，《生物多样性公约》缔约方大会在蒙特利尔召开的特别会议正式通过了《生物多样性公约卡塔赫纳生物安全议定书》。② 该议定书的目标是建立一套国际性的可操作的框架，在预防原则的前提下管理“遗传修饰活体”的国际贸易和越

① 1992年《生物多样性公约》第16条“技术的取得和转让”中规定，每一缔约国……承诺遵照本条规定向其他缔约国提供和/或便利其取得并向其转让有关生物多样性保护和持续利用的技术或利用遗传资源而不对环境造成重大损害的技术。

② 该议定书于2003年9月11日生效。中国于2005年6月8日交存核准书，同年9月6日对中国生效。

境转移可能带来的环境及健康风险问题。根据《议定书》第3条的规定，遗传修饰活体是指任何具有凭借现代生物技术获得的基因材料新型组合的活生物体，所以，它实际就是遗传改性生物，即转基因生物。《议定书》最重要的一点是要求任何国家出口遗传修饰活体到另一个国家必须得到进口国家的事先知情同意。进口国家可以为了避免或尽量降低遗传修饰活体对生物多样性和人类健康的危害，设置进口遗传修饰活体的限制条件，或者在缺少科学的评估而不能确定遗传修饰活体潜在的负面影响时拒绝进口。

法律应用

加布奇科沃—大毛罗斯项目案（也被称为多瑙河水坝案）

1977年，匈牙利和捷克斯洛伐克共和国缔结了一项条约，规定双方共同投资、修建和运行多瑙河水坝项目。该项目是两个不可分割的运行体系，一个在位于捷克斯洛伐克的加布奇科沃，另一个在位于匈牙利的大毛罗斯。缔约双方还约定确保多瑙河的水质不会因为该项目的修建和运行受到损害，并有义务保护与该项目的修建和运行相关的环境。由于该水利项目在匈牙利遭到强烈的批评，1989年10月27日，匈牙利宣布废除大毛罗斯工程，并且提出终止1977年条约。捷克斯洛伐克不同意放弃水利系统的建设，并于1991年11月开始修建替代工程作为多瑙河水坝的临时解决办法。1992年5月19日，匈牙利向捷克斯洛伐克宣布于同年5月25日起单方面终止1977年条约的效力。捷克斯洛伐克于10月23日开始拦截河水。1993年1月1日，捷克和斯洛伐克解体，斯洛伐克成为一个独立的国家。

1993年4月7日，匈牙利与斯洛伐克签订特别协定，同意将该争议提交国际法院解决。

国际法院依据1977年条约和相关法律文件，对本案做出如下判决：

匈牙利在1989年无权中止和随后放弃其负有责任的大毛罗斯水利工程和部分加布奇科沃水利工程。匈牙利1992年5月19日发出的终止1977年条约和其他法律文件的通知没有法律效力。作为捷克斯洛伐克继承国之一的斯洛伐克，从1993年1月1日开始成为1977年条约的缔约方。匈牙利和斯洛伐克应当依据现行情况善意进行协商，双方可以依据协议修改条约，并采取一切必要措施确保1977年条约目标的实现。除非当事方另有协议，双方应当依据1977年条约确立一个共同运行水利设施的体制。除非当事方另有协议，因匈牙利中止和随后放弃其应当负有责任的水利工程使捷克斯洛伐克和斯洛伐克受到的损失，匈牙利应予赔偿；匈牙利因为捷克斯洛伐克运行临时解决办法和斯洛伐克继续运行该解决办法而受到的损失，斯洛伐克也应当赔偿。建设和运行该水利工程的资金问题应当按照1977年条约和相关法律文件解决。

在本案中，威拉曼特里法官同意法院作出的绝大部分结论，但同时对与环境法有关的问题发表了个别意见。

对于可持续发展的概念，威拉曼特里认为，可持续发展原则已经成为了现代国际法的一部分，国际法和国际社会应当是既要发展也要环境保护，两者中的任何一个权利都不能被忽视。国际法应当考虑和利用世界文化的多样性来协调发展与环境保护之间的矛盾。发展权和环境保护权都是国际法的重要组成部分。二者的适用可能相互冲突，可持续发展原则也许可以协调二者的冲突。可持续发展不是一个新概念，而是一项既定的原则。对于持续的环境影响评估原则，威拉曼特里法官强调了进行环境影响评估的重要性。环境影响评估不应仅仅只是在项目建设前的一个程序，而是要持续地进行。也就是说只要项目继续存在，就有必要进行持续的环境影响评估。这种持续性的监督中适用的标准应当是评估当时普遍流行的标准，而不是工程项目开始时的标准。至于对一切的义务，由于环境权是人权的组成部分，所以有关环境的义务构成对一切的义务。当争端涉及对所有人的义务时，只适用争议双方的诉讼规则来决定涉及对所有人的义务是不恰当的。

课后复习

一、不定项选择题

1. 被广泛接受的国际环境法主体是（　　）。

A. 国家　　B. 政府间的国际组织

C. 非政府组织　　D. 绿色和平国际组织

2. 通过《人类环境宣言》的重要国际会议是（　　）。

A. 1972 年斯德哥尔摩人类环境会议

B. 1982 年人类环境特别会议

C. 1992 年里约热内卢环境与发展会议

D. 2002 年约翰内斯堡可持续发展峰会

二、判断题

1. 有关条约完全禁止危险废物从一国向另一国转移。

2. 国家有权在本国领域内以其认为合适的一切方式利用自己的环境资源。

三、简答题

1. 简述国际环境法的渊源。

2. 简述共同但有区别的原则。

第八章 国际人权法

第一节 概述

一、人权的概念与特征

二、国际人权法的定义及历史发展

第二节 国际人权宪章

一、《联合国宪章》中有关人权保护的规定

二、《世界人权宣言》

三、《经济、社会及文化权利国际公约》

四、《公民权利和政治权利国际公约》

第三节 区域性国际人权公约

一、《欧洲人权公约》

二、《美洲人权公约》

三、《非洲人权和民族权宪章》

第四节 国际人权保护的主要内容

一、个人的基本权利与自由

二、集体人权

三、国际人权保护的专门领域

第五节 国际人权保护的实施制度

一、国际人权保护的机构

二、国际人权保护的实施制度

第六节 中国与人权

一、中国在国际人权领域的活动

二、中国在人权问题上的基本立场

提　要

人权是指每个人都享有或应该享有的基本权利。国际人权法是国际法的一个新分支，其渊源主要是国际条约。《世界人权宣言》、《经济、社会及文化权利国际公约》和《公民权利和政治权利国际公约》一般被统称为"国际人权宪章"。区域性国际人权公约是指由区域性国际组织通过或主持制定的有关普遍性和专门性的人权公约，如《欧洲人权公约》、《美洲人权公约》和《非洲人权和民族权宪章》等。国际人权保护的内容一般分为个人的基本权利与自由、集体人权和专门领域的人权。为了保证人权公约的履行，由联合国或其他一些机构负责监督有关公约的实施。中国政府一方面积极参与国际人权机构的活动，另一方面注意强调人权概念的完整性，支持联合国实现人权的宗旨和原则。

重点问题

1. 人权的概念与特征
2. 国际人权宪章
3. 区域性国际人权公约
4. 民族自决权和发展权
5. 联合国人权委员会
6. 联合国人权理事会
7. 国际人权保护的实施制度
8. 中国在国际人权领域的活动和在人权问题上的基本立场

第一节　概　述

一、人权的概念与特征

什么是人权？关于这个问题，学术界存在很大的分歧。例如，英国学者米尔恩(A. J. M. Milne)认为，人权是最低限度的普遍道德权利，而联合国《世界人权宣言》体现的是西方社会的价值和制度，这"在许多国家，尤其是在组成所谓'第三世界'的国家，这种理想标准无可避免地成为乌托邦"[①]。而美国国际法学家亨金(L. Henkin)主张："所谓'人权'，我的意思仅仅指依照当代共同意见，每个人都要对他的社会和政府提出的或被认为应当提出的那些道德上的和政治上的要求。现代国际

① ［英］米尔恩著，夏勇、张志铭译：《人的权利与人的多样性——人权哲学》，3页，北京，中国大百科全书出版社，1995。

文件——《世界人权宣言》和一些国际协定已列举了这些要求。”① 可以说，目前还不存在被普遍接受的人权的定义。

不过，一般认为，人权是指每个人都享有或应该享有的基本权利。人权具有以下特征：

第一，人权具有普遍性。人权是一种应当被普遍尊重和遵行的价值，这种价值的存在和实现对于任何国家、种族和民族的任何人都是没有区别的，因而它具有普遍的属性。例如，按照《世界人权宣言》第 2 条、《经济、社会及文化权利国际公约》第 2 条第 2 款和《公民权利和政治权利国际公约》第 2 条第 1 款之规定，人人都应当享有基本人权，不因种族、肤色、性别、语言、宗教、政见或其他主张、国籍或门第、财产、出生或其他身份等而受歧视。

第二，人权既有绝对性，又有相对性。基本人权是人固有的不可让渡、不可剥夺和不可动摇的权利，因而具有绝对性；但人权从根本上讲又受到法律的限制，因而具有相对性。因为如果不对人权加以限制，就可能出现滥用权利危害社会的现象。在国际人权文件中，对人权的行使既有概括性的限制，也有具体的限制。

第三，人权是权利和义务的统一。没有无义务的权利，也没有无权利的义务。人权作为权利，也是相对义务而言的。处于一定社会关系中的人在享有某项权利时，必有他人尽相应的义务，其权利才能成为现实的权利。没有义务，权利便无从谈起；没有权利，义务便不复存在。

二、国际人权法的定义及历史发展

国际人权法（International Human Rights Law）是国际法的一个新的分支，它是指有关人权国际保护的国际法原则、规则和制度的总称。②

人权是历史发展的产物。人权的概念是 17 世纪、18 世纪资产阶级革命时期提出来的，当时，人权被视为人的天赋的、基本的和不可剥夺的权利。例如，1776 年美国《独立宣言》宣称：“人人生而平等，他们被造物主赋予某些固有的、不可转让的权利，包括生命权、自由权及追求幸福的权利。”1789 年法国国民议会通过的《人权与公民权宣言》宣布，人们生来而始终是自由平等的，人的自然权利就是自由、财产、安全和反抗压迫。

第一次世界大战以后，人权问题开始引起世界各国的广泛关注，人权问题也开始由国内法领域进入了国际法的调整范围。在国际联盟的主持下，国际社会制定了几项有关人权的国际公约，如 1926 年《禁奴公约》和 1930 年《禁止强迫劳动公约》等。第二次世界大战期间，由于德国、意大利和日本法西斯大规模践踏基本人权，引起了世界人民的义愤，从而进一步激起了国际社会用国际法保护基本人权与自由的强烈愿望。因此，1945 年《联合国宪章》第一次将人权规定在一个普遍性的国际组织的文件

① ［美］亨金：《人权概念的普遍性》，载《中外法学》，1993（4）。

② 美国学者托马斯·伯根索尔（Thomas Buergenthal）将“国际人权法”界定为处理保护受国际保证的个人和团体的权利不受政府侵犯以及处理促进这些权利发展的法律。参见［美］托马斯·伯根索尔著，潘维煌等译：《国际人权法概论》，1 页，北京，中国社会科学出版社，1995。

中，并将“增进并激励对于全体人类之人权及基本自由之尊重”列为联合国的宗旨之一。1948年联合国大会通过的《世界人权宣言》和1966年的《经济、社会及文化权利国际公约》与《公民权利和政治权利国际公约》，一般统称为“国际人权宪章”。“国际人权宪章”的问世具有划时代的意义，它标志着国际人权法的初步形成。

第二节 国际人权宪章

一、《联合国宪章》中有关人权保护的规定

早在1941年8月，美国总统罗斯福和英国首相丘吉尔签署的《大西洋宪章》就提出和强调了人权。1942年1月，包括中国、美国、英国、前苏联在内的26个对法西斯作战的国家在华盛顿签署了《联合国家宣言》。该宣言声称：“深信为保卫生存、自由、独立与宗教自由，并保全其本国与其他各国中的人权与正义起见，完全战胜敌国，实有必要。”

1945年6月订立的《联合国宪章》，包含了关于人权保护的一些条款。《联合国宪章》序言开宗明义地宣布：“欲免后世再遭今代人类两度身历惨不堪言之战祸，重申基本人权，人格尊严与价值，以及男女与大小各国平等权利之信念”。《联合国宪章》第1条规定，作为联合国的宗旨之一，联合国应“促成国际合作，以解决国际间属于经济、社会、文化及人类福利性质之国际问题，且不分种族、性别、语言或宗教、增进并激励对于全体人类之人权及基本自由之尊重”。为了实现这一宗旨，《联合国宪章》第13条把“促进经济、社会、文化、教育及卫生各部门之国际合作，且不分种族、性别、语言或宗教，助成全体人类之人权及基本自由之实现”列为联合国大会的主要职责之一。

《联合国宪章》第55条规定：联合国应促进“全体人类之人权及基本自由之普遍尊重与遵守，不分种族、性别、语言或宗教”。《联合国宪章》第56条进一步规定：“各会员国担允采取共同及个别行动与本组织合作，以达成第五十五条所载之宗旨。”《联合国宪章》第62条把“为增进全体人类之人权及基本自由之尊重及维护”作为经社理事会的职权之一，并在第68条中规定：“经济暨社会理事会应设立经济与社会部门及以提倡人权为目的之各种委员会，并得设立于行使职务所必需之其他委员会。”1946年设立的国际人权委员会就是以此为法律依据的。此外，《联合国宪章》第76条还把“不分种族、性别、语言或宗教，提倡全体人类之人权及基本自由之尊重”作为联合国托管制度的目的之一。

二、《世界人权宣言》

由于《联合国宪章》并没有说明“人权与基本自由”的具体内涵，因此，1948年12月10日，联合国大会以48票赞成、0票反对和8票弃权通过了《世界人权宣言》(Universal Declaration of Human Rights)，对人权的范围作了广泛的说明。此后，每年的12月10日被联合国定为“世界人权日”。

《世界人权宣言》包括序言和30个条文。《世界人权宣言》的序言指出："复鉴于联合国人民已在宪章中重申对于基本人权、人格尊严与价值，以及男女平等权利之信念，并决心促成大自由中之社会进步及较善之民生……大会爰于此颁布世界人权宣言，作为所有人民所有国家共同努力之标的。"《世界人权宣言》第1条宣告："人皆生而自由；在尊严及权利上均各平等。人各赋有理性良知，诚应和睦相处，情同手足。"第2条规定："人人皆得享受本宣言所载之一切权利与自由，不分种族、肤色、性别、语言、宗教、政见或他种主张、国籍或门第、财产、出生或他种身份。"

《世界人权宣言》第3条至第27条涉及具体的公民权利和政治权利，以及经济、社会和文化权利。这些权利包括：(1) 生命权、自由权和人身安全权；(2) 禁止奴役、奴隶制和奴隶贩卖；(3) 禁止酷刑、不人道待遇或处罚；(4) 享有法律主体权；(5) 在法律上一律平等，并享受法律的平等保护；(6) 享受司法救济的权利；(7) 不容加以无理逮捕、拘禁或放逐的权利；(8) 享受独立、公正、公开审判的权利；(9) 任何人之私生活、家庭、住所或通讯不容无理侵犯，其荣誉及信用亦不容侵害；(10) 自由迁徙和择居权；(11) 寻求庇护权；(12) 国籍权；(13) 结婚及建立家庭权；(14) 财产权；(15) 思想、良心与宗教自由权；(16) 言论自由权；(17) 集会结社权；(18) 自由选举和参加本国公务权；(19) 享受社会保障权；(20) 工作权、同工同酬权、组织及参加工会权；(21) 休息权；(22) 享受衣、食、住、行、医等社会服务权；(23) 受教育权；(24) 自由参加社会文化生活、欣赏艺术、并共享科学进步及其利益权。

《世界人权宣言》所宣示的个人人权并非毫无限制，《世界人权宣言》第29条规定："一、人人对于社会负有义务：个人人格之自由充分发展厥为社会是赖。二、人人于行使其权利及自由时仅应受法律所定之限制，且此种限制之唯一目的应在确认及尊重他人之权利与自由并谋符合民主社会中道德、公共秩序及一般福利所需之公允条件。三、此等权利与自由之行使，无论在任何情形下，均不得违反联合国之宗旨及原则。"

总之，《世界人权宣言》较全面地规定了人权的具体内容。尽管作为联合国大会通过的决议——《世界人权宣言》本身并不当然具有法律上的约束力，但宣言被认为是对《联合国宪章》中关于"人权与基本自由"概念的具体解释。由于宣言的内容不断被联合国大会的决议所提及；不少国家在制订宪法和其他立法活动中，都引用或吸收了《世界人权宣言》，将其视为范本，因此，不少学者认为宣言中的内容、原则已经成为习惯国际法的一部分。无论如何，《世界人权宣言》具有重要的历史意义，它是第一个系统地提出尊重和保护基本人权具体内容的国际文书，对第二次世界大战后国际人权活动的开展发挥了积极的推动作用。"该宣言一直以来成为区域性组织及联合国在人权领域内进一步进行国际立法的基础，国际人权条约经常在其序言中引用该宣言。"①

三、《经济、社会及文化权利国际公约》

由于《世界人权宣言》没有公认的法律约束力，因此，要把人权宣言中规定的人权内容变成法律规则，必须另外订立条约。1966年12月16日，联合国大会通过了第

① 国际人权法教程项目组编：《国际人权法教程》，第1卷，49页，北京，中国政法大学出版社，2002。

2200（XXI）号决议，制订了《经济、社会及文化权利国际公约》（International Covenant on Economic，Social and Cultural Rights）和《公民权利和政治权利国际公约》（International Covenant on Civil and Political Rights）。前者于 1976 年 1 月 3 日生效，我国于 1997 年 10 月 27 日签署该公约；后者于 1976 年 3 月 23 日生效，我国于 1998 年 10 月 5 日签署该公约。

《经济、社会及文化权利国际公约》包括前文和 5 编，共 31 条。

第一编仅一条（第 1 条），该条规定：“一、所有民族均享有自决权，根据此种权利，自由决定其政治地位及自由从事其经济、社会与文化之发展。二、所有民族得为本身之目的，自由处置其天然财富及资源……无论在何种情形下，民族之生计，不容剥夺。”

第二编（第 2 条至第 5 条）规定了国家为实现该公约而承担的义务。

第三编（第 6 条至第 15 条）规定了个人应享受的具体的经济、社会和文化权利，主要包括：工作权（第 6 条）；享受公平与良好的工作条件的权利（第 7 条）；组织工会和罢工的权利（第 8 条）；享受社会保障、包括社会保险的权利（第 9 条）；对家庭包括对母亲和儿童应给予尽可能广泛的保护和协助（第 10 条）；人人有获得相当的生活水准的权利，人人有免受饥饿的基本权利（第 11 条）；人人有享受可能达到的最高标准的身体与精神健康的权利（第 12 条）；人人有受教育的权利（第 13 条、第 14 条）；人人有参加文化生活、享受科学进步及其应用所产生的利益的权利（第 15 条）。缔约国还应采取必要的办法以保存、发扬及传播科学与文化，并应尊重科学研究及创作活动所不可缺少之自由（第 15 条）。

第四编（第 16 条至第 25 条）规定了公约的实施问题，主要是要求各缔约国提出关于在遵行该公约所承认的权利方面所采取的措施和所取得的进展的报告。例如，第 16 条规定各缔约国就促进遵守该公约所载之权利所采取的措施及所获之进展向联合国秘书处提具报告书，再由秘书长将其副本送交经济及社会理事会审议。

第五编（第 26 条至第 31 条）为最后条款，主要规定公约的签署、批准、加入、生效、修正、作准文本等。

四、《公民权利和政治权利国际公约》

《公民权利和政治权利国际公约》包括前文和 6 编，共 53 条。

第一编只有一条（第 1 条），其规定与《经济、社会及文化权利国际公约》的第一编完全相同。

第二编（第 2 条至第 5 条）是一般性条款，其规定与《经济、社会及文化权利国际公约》的第二编基本相同。不过，该编除了规定不歧视条款和男女平等权条款以外，还着重规定了克减条款和不得克减条款。

第三编（第 6 条至第 27 条）规定了具体的公民权利和政治权利，主要包括：生存权和生命权（第 6 条）；禁止酷刑和不人道的待遇或惩罚（第 7 条）；禁止奴隶制、奴隶贩卖，免于奴役和强迫劳动（第 8 条）；人人有享有身体自由及人身安全的权利（第 9 条）；被剥夺自由者享有人道主义待遇权（第 10 条）；禁止债务监禁（第 11 条）；迁徙和择居自由（第 12 条）；外国人免于非法驱逐的自由（第 13 条）；法庭面前人人平等，公正审判权（第 14 条）；罪刑法定原则和法律不溯及既往原则（第 15 条）；人人在任何所在有被承认为法律人格的权利（第 16 条）；个人私生活、家庭、住宅、通讯不受无理侵扰的权利（第 17 条）；人人有思想、信念及宗教的自由（第 18 条）；言论和接受信息自由（第 19 条）；禁止鼓吹战争的宣传和煽动民族、种族或宗教仇恨（第 20 条）；和平集会权（第 21 条）；人人有自由结社的权利（第 22 条）；成年男女有自主结婚和成立家庭的权利（第 23 条）；儿童享受保护权（第 24 条）；选举权和被选举权（第 25 条）；人人在法律上一律平等，并受法律平等保护（第 26 条）；种族、宗教或语言上的少数团体有享受其固有文化、信奉躬行其固有宗教或使用其固有语言的权利（第 27 条）。

第四编（第 28 条至第 45 条）规定了人权事务委员会的设立、组成和职权等。按照公约的规定，委员会由 18 人组成，委员应为缔约国的国民，品格高尚且在人权问题方面声誉素著，以个人资格当选任职（第 28 条）。以无记名的投票方式选举委员（第 29 条）。委员会不得有委员一人以上为同一国家之国民；选举委员时应考虑到地域公均分配，并确能代表世界不同文化及各主要法系（第 31 条）。委员会有权接受并审议一缔约国指称另一缔约国不履行公约义务的来文，但需待双方当事国均已声明委员会有此权利（第 41 条）。

第五编（第 46 条至第 47 条）是公约的解释条款。

第六编（第 48 条至第 53 条）为最后条款，主要规定了公约的批准、加入、生效和修正等。

值得注意的是，《公民权利和政治权利国际公约》有两个任择附加议定书。《公民权利和政治权利国际公约任择议定书》（Optional Protocol to the International Covenant on Civil and Political Rights）（即第一附加议定书）于 1966 年 12 月 16 日与两个人权公约同时在联合国大会通过并开放签字，1976 年 3 月 23 日开始生效。该议定书的主要内容是关于设立“人权事务委员会”的有关事项。1989 年 12 月 15 日，联合国大会又通过了旨在废除死刑的《公民权利和政治权利国际公约第二任择议定书》。该议定书已于 1991 年 7 月 11 日生效。

与《世界人权宣言》相比较，《经济、社会及文化权利国际公约》和《公民权利和政治权利国际公约》最大的不同点是两公约都在第 1 条中规定了自决权。此外，两公约都未提到财产权，而《世界人权宣言》第 17 条则有关于财产权的规定。

总之，国际人权两公约规定的权利要比《世界人权宣言》更具体和详细，同时它还增加了一些新的内容。例如，《公民权利和政治权利国际公约》第 11 条规定，“任何人不得仅因无力履行契约义务，即予监禁”，而《世界人权宣言》中则没有类似的禁止债务监禁的条款；又如，《公民权利和政治权利国际公约》第 20 条还规定了禁止鼓吹战争的宣传和煽动民族、种族或宗教仇恨。可见，国际人权两公约“是对《世界人权宣言》内容的进一步完善和法律化。两公约把宣言中各国表达出来的有关人权问题的协调意志转变成了协定国际人权法，使之对缔约国产生了法律约束力。这标志着人权保护在国际上从无法状态进入了有组织、有法的时代”[①]。

① 梁西主编：《国际法》，329～330 页，武汉，武汉大学出版社，2000。

第三节　区域性国际人权公约

区域性国际人权公约是指由区域性国际组织通过或主持制定的有关普遍性和专门性的人权公约，如《欧洲人权公约》、《美洲人权公约》和《非洲人权和民族权宪章》等。

一、《欧洲人权公约》

1950 年 11 月 4 日，欧洲理事会成员国外交部长在罗马签署了《欧洲保护人权与基本自由公约》（European Convention on the Protection of Human Rights and Fundamental Freedoms），即《欧洲人权公约》（European Convention on Human Rights）。1953 年 9 月 3 日，该公约正式生效。

《欧洲人权公约》是第二次世界大战后出现的第一个区域性人权公约。该公约的序言明确指出，签订公约的目的在于“作为具有共同思想和具有共同的政治传统、理想、自由与政治遗产的欧洲各国政府，决定采取首要步骤，以便集体施行世界人权宣言中所述的某些权利”。

《欧洲人权公约》分为 5 章，共 66 条。按照公约第 1 条的规定，各缔约国负有义务在其管辖范围内为每个人保护公约所规定的权利和自由。这些权利包括：生命权；禁止施以酷刑或予以残忍、不人道或侮辱的待遇或惩罚；禁止奴隶制、奴役或强迫劳动；享有自由和人身安全的权利；在民事和刑事审判中享有公正或公开审判和其他保障的权利；隐私权和家庭生活权；住所和通讯、思想、良心和宗教的自由；言论自由；和平集会和结社的自由；结婚和建立家庭权。可见，公约所保护的人权权利与《世界人权宣言》的内容相似。

此外，《欧洲人权公约》签订后，公约缔约国又通过一系列议定书，进一步补充、扩大和修改了公约的内容。截至 2010 年 12 月，《欧洲人权公约》已有 14 个议定书，内容包括增加财产权、受教育权、禁止债务监禁、废除和平时期的死刑制度、错案赔偿制度、一般性非歧视条款以及允许个人、非政府组织和个别团体将案件提交法院等。

为了使公约获得遵守，公约规定设立了两个机构：欧洲人权委员会（European Commission of Human Rights）和欧洲人权法院（European Court of Human Rights）。

欧洲人权委员会是根据公约第 19 条成立的常设机构，它由与缔约国数目相等的委员组成，委员的任期为 6 年，独立行使职权，并非国家的代表。委员会主席由委员会成员自行选举产生。该委员会可以处理缔约国之间指控对方违反公约的事项，也可以受理个人、非政府组织或个别团体提出的申诉。

欧洲人权法院是根据公约第 19 条成立的常设司法机构，它由同欧洲理事会成员相等数目的法官组成，但不得有两名法官为同一国家的国民，法官由欧洲理事会的咨询大会以多数票选出，任期为 9 年，可以连选连任。法官以个人资格独立行使职务，并且在任职期间不得担任同法官的公正性和独立性不相符合的任何职务。该法院的主要职责为审理缔约国和欧洲委员会所委托的涉及解释和适用公约的所有案件。个人不得直接在法院提起诉讼，只有先经欧洲人权委员会的审查后，认为有必要才能将有关案件送交法院。不过，根据 1990 年 11 月 6 日签订的第九议定书第 3 条、第 5 条的规定，个人、非政府组织和个别团体可以将案件提交欧洲人权法院。

《欧洲人权公约》是三个区域性人权公约中缔约国数量占所属地区国家比例最大的一个，它有效地推动了欧洲人权运动的发展。《欧洲人权公约》“所建立的解决争端的程序和系统是当今区域性国际人权争端解决程序中最有效的”[①]。

《欧洲人权公约》的内容主要限于政治权利和公民权利，而无视社会成员的经济、社会和文化权利，为了弥补这一缺陷，1961 年 10 月 8 日，欧洲理事会成员国又通过了《欧洲社会宪章》，确认了一些经济和社会权利及其实施标准。

二、《美洲人权公约》

1948 年 5 月，第九次泛美会议通过了《美洲人的权利与义务宣言》。该宣言与《世界人权宣言》一样，没有法律约束力。1969 年 11 月 22 日，美洲国家之间人权特别会议在哥斯达黎加的圣约瑟通过了《美洲人权公约》（American Convention on Human Rights），又称《圣约瑟公约》(Pact of San Jose)。该公约于 1979 年 7 月 18 日生效。

《美洲人权公约》除序言外，分 11 章，共 82 条。公约的序言指出：“承认人的基本权利的来源并非由于某人是某一国家的公民，而是根据人类人格的属性。”该公约规定了应给予保护的公民权利和政治权利，其中包括：法律人格权；生命权；受人道待遇的权利；不受奴役的自由；个人自由权；公平审判的权利；不受有追溯力法律约束的权利；接受赔偿的权利；享受私生活的权利；良心、宗教、思想和言论自由；答辩的权利；集会的权利；结社的自由；家庭的权利；姓名权；儿童的权利；国籍权；财产权；迁移和居住的自由；参加政府的权利；平等受法律保护的权利；司法保护的权利。上述所有权利和自由都应不加歧视地予以尊重。

为使公约的规定得到有效实施，该公约对美洲国家间人权委员会（Inter-American Commission on Human Rights）和美洲国家间人权法院（Inter-American Court of Human Rights）作出了专门规定。

美洲国家间人权委员会是在《美洲人权公约》制订之前就已存在的机构。它是美洲国家组织的附属机构，成立于 1959 年。该委员会由美洲国家组织大会选出，应代表美洲国家组织所有成员国。委员会固定由 7 人组成，他们应具备崇高的道德品质并且是公认在人权方面的有资格人士。委员的任期为 4 年，只能连任 1 次。美洲国家间人权委员会的主要职责是促进尊重和保护人权。该委员会在未经当事国提出要求或接受个人申诉的情况下，有权主动地对受指控国进行任何违反人权事项的调查，以使争端能尽早地得到公正解决。

美洲国家间人权法院由 7 位法官组成，他们应是美洲国家组织成员国国民，从具有最高道德权威和在人权方面公认有资格的法学家中以个人身份选举产生，但不得有

① 万鄂湘、郭克强：《国际人权法》，159 页，武汉，武汉大学出版社，1994。

两名法官为同一国家的国民。法官以秘密投票方式，由《美洲人权公约》的缔约国选出。法院法官的任期为6年，只能连任1次。按照《美洲人权公约》第61条的规定，只有国家和美洲国家间人权委员会有权向法院提交案件，个人没有诉讼权。根据《美洲人权公约》第62条的规定，法院对于缔约国的诉讼管辖权是任意性的，取决于案件当事国是否事先通过特别声明或特别协议表示承认。此外，美洲国家间人权法院还可以对公约所涉人权问题提出咨询意见。

值得一提的是，1988年11月7日，美洲国家组织大会一致通过了《美洲人权公约关于经济、社会和文化权利附加议定书》（即《圣萨尔瓦多议定书》，Protocol of San Salvador)，具体规定了有关的经济、社会和文化权利，并强调要设立制度化的机构以妥善保护这些权利。该议定书已于1999年11月生效。

三、《非洲人权和民族权宪章》

1981年6月26日，非洲统一组织国家和政府首脑会议在肯尼亚首都内罗毕通过了《非洲人权和民族权宪章》(African Charter on Human and People's Rights)。该宪章于1986年10月21日生效。它是最能全面代表发展中国家有关人权的观点和立场的区域性国际公约。

《非洲人权和民族权宪章》除序言外，分4章，共68条。宪章在序言中重申“从非洲根除一切形式的殖民主义，协调并加强它们之间的合作与努力以改善非洲各国人民的生活，且适当地顾及《联合国宪章》和《世界人权宣言》促进国际合作的庄严誓约”。宪章的条款反映了联合国人权文件和非洲传统的影响。

《非洲人权和民族权宪章》有四大特点：“首先，宪章宣布的不仅是权利，还有义务。其次，它不仅规定个人权利，还规定人民的权利。再次，除了保障公民权利和政治权利外，它还保障经济、社会和文化权利。最后，条约是以这样一种方式拟就，即在行使它所宣布的权利时，允许缔约国对此加以非常广泛的限制。”①

《非洲人权和民族权宪章》规定的个人权利有：平等权，生命权和人格权，尊严权，人身自由和安全权，听审权，良心、信仰和宗教的自由，接受信息权，自由结社权，集会权，自由迁徙和居留权，自由地参与管理国家权，财产权，工作权，健康权，受教育权，家庭权等。②

《非洲人权和民族权宪章》还用一系列条文规定了民族的权利，主要包括民族平等权，民族生存权、自决权，各民族自由处置其天然财富和资源的权利，各民族的经济、社会和文化的发展权，各民族均享有国际、国内的和平与安全的权利，各民族均有权享有一个有利于其发展的普遍良好的环境等。

为了促进和保护人权，《非洲人权和民族权宪章》第30条规定设立非洲人权与民族权委员会（African Commission on Human and Peoples' Rights，以下简称委员会)，但未设人权法院。委员会由11人组成，他们应是从具有最高声望且在人权和民族权问题上以道德高尚、诚实正直、公正无私和有能力胜任而著称的非洲人中选举产生，同

① ［美］托马斯·伯根索尔著，潘维煌等译：《国际人权法概论》，105页。

② 参见《非洲人权和民族权宪章》第3条至第18条。

时，并应考虑宜选若干有法律经验的人士。委员会委员以个人资格当选任职。委员会不得有委员一人以上为同一国家之国民。委员由国家和政府首脑会议以无记名投票方式选举。委员的任期为 6 年，且有资格连选连任。委员会选举其主席和副主席，任期为 2 年。主席和副主席均可以连选连任。

非洲人权与民族权委员会的职能主要包括：（1）促进人权和民族权；（2）保证人权和民族权在《非洲人权和民族权宪章》拟定的条件下受到保护；（3）应缔约国、非洲统一组织的机构或者为非洲统一组织认定的非洲组织之请求，解释《非洲人权和民族权宪章》之一切条款；（4）执行国家和政府首脑会议委托给它的任何其他任务。此外，委员会可以诉诸任何适当的调查方法。它可以接受非洲统一组织秘书长或任何其他能够给委员会以指导的人的来文。个人或国家都可以向该委员会提出控诉。对违反人权的控诉，非洲人权与民族权委员会注重用友好协商的方式加以解决。

第四节　国际人权保护的主要内容

国际人权保护的内容十分广泛，按照目前主要的国际人权公约的规定，国际人权保护的内容一般分为三大类：个人的基本权利与自由、集体人权以及国际人权保护的专门领域。

一、个人的基本权利与自由

根据“国际人权宪章”和一些区域性国际人权公约的规定，个人的基本权利与自由主要包括个人的公民权利和政治权利以及个人的经济、社会和文化权利，如平等权、财产权、自由迁徙和居留权等。其具体内容已在本章上一节作了阐述，在此不再赘述。

二、集体人权

集体人权主要包括民族自决权、发展权、环境权、和平权以及人类共同继承财产权等。

（一）民族自决权

民族自决的概念是在法国资产阶级大革命中正式提出来的。到第一次世界大战时，民族自决成了世界性的政治口号。第一次世界大战和俄国十月革命后，民族自决原则在国际上得到了广泛的传播和一定的承认。第二次世界大战期间，英、美两国首脑达成的《大西洋宪章》确认：“凡未经有关民族自由意志所同意的领土变更，两国不愿其实现。”“尊重各民族自由选择其赖以生存的政府形式的权利。各民族的主权和自治权有横遭剥夺者，两国俱欲设法予以恢复。”在旧金山制宪会议上，民族自决的范围是与会国讨论和争执的问题之一。《联合国宪章》第 1 条第 2 款规定，联合国的宗旨之一是“发展国家间以尊重人民平等权利及自决原则为根据之友好关系，并采取其他适当办法，以增强普遍和平”。《联合国宪章》是第一项正式规定民族自决的条约，从而使民族自决原则成为具有约束力的国际法规范。

随着第二次世界大战后民族独立运动的蓬勃兴起，联合国的会员国大量增加，民族自决原则进入了一个新的发展时期。战后一系列国际法文件都提到了民族自决原则，从而使民族自决原则得到了进一步的明确和发展。例如，1966 年《经济、社会及文化权利国际公约》和《公民权利和政治权利国际公约》第 1 条第 1 款均规定："所有民族均享有自决权，根据此种权利，自由决定其政治地位及自由从事其经济、社会与文化之发展。"这是关于人权问题的国际公约对民族自决权的首次确认。1969 年《社会进步和发展宣言》所列举的社会进步与发展的原则之一就是"以人民自决权为基础的民族独立"。

1981 年《非洲人权和民族权宪章》第 20 条规定："（1）一切民族均拥有生存权。它们均享有无可非议和不可剥夺的自决权。它们应自由地决定其政治地位，并按照它们自由选择的政策谋求其经济和社会的发展。（2）被殖民或受压迫的民族有诉诸国际社会所确认的任何手段使自己摆脱统治权的束缚获得自由。（3）一切民族在反对外来统治的斗争中均有权享受本宪章各缔约国的援助，不论这种援助是政治援助、经济援助抑或是文化援助。"1993 年 6 月，世界人权大会通过的《维也纳宣言和行动纲领》宣布："所有民族都拥有自决的权利。出于这种权利，它们自由地决定自己的政治地位，自由地追求自己的经济、社会和文化发展。"

此外，1952 年 12 月，联合国大会通过的《关于人民与民族的自决权的决议》指出："人民与民族应先享有自决权，然后才能保证充分享有一切基本人权。""联合国会员国应拥护各国人民和各民族自决的原则。"1960 年 12 月，联合国大会通过的《给予殖民地国家和人民独立宣言》规定："所有的人民都有自决权；依据这个权利，他们自由地决定他们的政治地位，自由地发展他们的经济、社会和文化。"1965 年 12 月，联合国大会通过的《关于各国内政不容干涉及其独立与主权之保护宣言》称："所有国家均应尊重各民族及国家之自决及独立权利。"

1970 年 10 月，联合国大会通过的《国际法原则宣言》不仅把"各民族享有平等权利与自决权之原则"列为国际法基本原则之一，而且还对这一原则的具体内容作了详细规定。该宣言宣称，各民族之受异族奴役、统治与剥削，"即系违背此项原则且系否定基本人权，并与宪章不合"。1974 年 5 月，联合国大会通过的《建立新的国际经济秩序宣言》所宣布的原则之一是"一切民族实行自决"。1974 年 12 月，联合国大会通过的《各国经济权利和义务宪章》将"各民族平等权利和自决"列为国际经济关系的基本原则之一。

另外，一些区域性国际法文件也对民族自决权予以确认。例如，1955 年 4 月的《亚非会议最后公报》称："会议宣布，它完全支持联合国宪章中所提出的人民和民族自决的原则，并注意到联合国关于人民和民族自决权利的各项决议，自决是充分享受一切基本人权的先决条件。"1963 年 5 月签订的《非洲统一组织宪章》宣布："从非洲根除一切形式的殖民主义。"

1975 年 8 月通过的《欧洲关于指导与会国间关系原则的宣言》（即《赫尔辛基宣言》）将"平等权利和民族自决"列为指导与会国间关系的原则之一，并称："与会国将始终按照联合国宪章的宗旨与原则，按照国际法，包括关于各国领土完整的国际法的有关准则，尊重各国人民的平等权利和它们的自决权。""本着平等权利和民族自决的原则，各民族始终有权在他们愿意的时候，按照他们的愿望，在没有外来干涉的情况下，完全自由地决定它们的内外政治地位，并且根据他们的愿望实行政治、经济、社会和文化的发展。”该宣言还强调了“平等权利和民族自决的普遍意义”。

上述各项国际法文件有关民族自决的规定，可以作为确认民族自决权的法理依据。

从上述有关民族自决权的国际法文件的内容可以看出，民族自决权主要是指一切处于外国殖民统治、外国占领和外国奴役下的民族，具有自己决定自己的命运、政治地位和自主地处理其内外事务的权利，并且这种权利应受到国际社会的尊重；所有国家均承担义务，不得以任何方式阻碍、干涉、破坏或剥夺此项权利，否则，就构成国际不法行为，有关行为国应承担国际责任。此外，在目前非殖民化运动基本结束的后冷战时代，民族自决权也指多民族国家内的非主体民族的民族自治权和一定程度、特定条件下的民族分离权。

值得注意的是，尽管作为一项集体人权和国际法基本原则，民族自决权已得到了国际社会的普遍承认，但是“自决权并不是一项没有任何限制的绝对权利”①。民族自决权的性质要求在行使该项权利时实施某些限制。对民族自决权的这些限制，是旨在保护每个人（而不只是那些谋求自决的人）的权利以及国际社会的共同利益。此外，一系列的国际文件均规定民族自决权不能破坏、损害国家主权。例如，1997 年《维也纳宣言和行动纲领》明确地宣布：“根据 1970 年的《关于各国依联合国宪章建立友好关系和合作的国际法原则宣言》，这（指民族自决权——引者注）不得解释为授权或鼓励采取任何行动去全面或局部地解散或侵犯主权和独立国家的领土完整或政治统一，只要这些主权和独立国家是遵从平等权利和民族自决的原则行事，因而拥有一个代表无区分地属于领土内的全体人民的政府。”

承认民族自决权，并不等于国际法鼓励现行的主权国家境内的少数民族享有当然的脱离权。民族自决权包括分离权，但并不是行使自决权就必然走向分离或独立，分离或独立仅仅是自决的方式之一。② 我们要反对一切借口民族自决权而从事分裂国家统一的活动。《给予殖民地国家和人民独立宣言》第 6 项明确地规定：“任何旨在部分地或全面地分裂一个国家的团结和破坏其领土完整的企图都是与联合国宪章的目的和原则相违背的。”这就意味着，任何国家曲解民族自决权的真实含义，以主张他国的少数民族享有民族自决权为借口，分裂他国的国家统一和领土完整都是违反国际法的。任何国家如果违背了上述义务，按照国际法均应承担国际责任，国际社会，特别是联合国可以采取制裁措施。

因此，当代国际法应当支持各主权国家充分保证其境内的少数民族的对内自决权，即自治权，而不是鼓励后者去实施对外自决权，即分离权。只有这样，国际法上的民族自决权才能既做到维护国家的主权、领土的完整和社会的稳定，又能促进全球的和平和世界的安全。

---

① ［英］塞勒斯主编：《新世界秩序——主权、人权和民族自决》（Mortimer Sellers ed., *The New World Order: Sovereignty, Human Rights, and the Self-Determination of Peoples*），16 页，牛津大学出版社，1996。

② 参见［美］哈希米主编：《主权：在国际关系中的变化与持续》（Sohail H. Hashmi ed., *State Sovereignty: Change and Persistence in International Relations*），143 页，宾夕法尼亚州立大学出版社，1997。

（二）发展权

发展权既是一项独立的人权，也是实现其他人权的前提。无论对个人还是国家，都可以将它视为取得、实现人权的必要手段的权利。联合国秘书长在他的《发展权作为一项人权的国际意义》报告中指出："实现人类与社会相协调的潜在能力应视为发展的主要目的，人应视为发展进程的主体而不是客体。"

给发展权下一个定义的首次尝试是由塞内加尔最高法院院长凯巴·麦巴耶（Keba M'Baye）1970 年在斯特拉斯堡人权国际研究所的演讲中作出的。他主张发展权是一项人权，所有的基本权利和自由必然与生存权、不断提高生活水平权联系在一起，也就是与发展权相联系的。发展权是一项人权，因为人类没有发展就不能生存。1977 年，联合国人权与和平司司长卡列尔·瓦萨克将发展权归入一种新的人权，称为人权的"第三代"。根据他的理论，人权的第一代主要指某些政治和公民权利，基于这些权利，国家不得干涉个人的某些自由。第二代人权主要是指那些需要国家积极参与来实现的社会、经济和文化权利。第三代人权，在他看来，包括团结的权利，其中不仅包括发展权，也包括和平权，争取一个健康的、生态平衡的环境的权利以及人类共同继承的财产的权利。

1979 年 1 月，联合国人权委员会通过一项决议，重申发展权是一项人权，并指出"发展机会均等，既是国家的权利，也是国家内个人的权利"。同年，联合国大会通过了一项决议，反映了人权委员会的观点："发展权利是一项人权，平等的发展机会既是各个国家的特权，也是各国国内个人的特权。"

1986 年 12 月，联合国大会通过的《发展权宣言》（Declaration on the Right to Development）提出的"发展是经济、社会、文化和政治的全面进程，其目的是在全体人民和所有个人积极、自由和有意义地参与发展及其带来的利益的公平分配的基础上，不断改善全体人民和所有个人的福利"。这一规定使发展权的概念变成了一项综合性的权利，而不仅仅限于经济方面。发展权"意味着充分实现民族自决权，包括在关于人权的两项国际公约有关规定的限制下对他们的所有自然资源和财富行使不可剥夺的完全主权"之提法，则是将民族自决和自然资源的主权看做发展的基础。值得注意的是，1993 年 4 月 2 日通过的《亚洲世界人权会议区域性会议最后宣言》（即《曼谷宣言》）指出，国家政府有权将发展目标摆在优于其他人权政策的位置。

三、国际人权保护的专门领域

国际人权保护的专门领域是由专门性国际人权公约加以规定的。专门性国际人权公约是指由联合国系统主持制定的关于尊重和保护某类个人或某类权利的特殊性国际公约和议定书。这方面的国际公约大约有 30 多项，比较重要的有：1948 年《防止及惩治灭绝种族罪公约》，1951 年《关于难民地位的公约》，1953 年《关于修订 1926 年国际禁奴公约的议定书》，1954 年《关于无国籍人地位的公约》，1956 年《废止奴隶制、奴隶贩卖及类似奴隶制之制度与习俗补充公约》，1961 年《关于减少无国籍状况的公约》，1965 年《消除一切形式种族歧视国际公约》，1967 年《关于难民地位议定书》，1973 年《禁止并惩治种族隔离罪行国际公约》，1979 年《消除对妇女一切形式歧视公约》，1984 年《禁止酷刑和其他残忍、不人道或有辱人格的待遇或处罚公约》（简称《禁止酷刑公约》）和 1989 年《儿童权利公约》等。

（一）防止及惩治灭绝种族罪

1948 年 12 月 9 日，联合国大会通过了《防止及惩治灭绝种族罪公约》（Convention on the Prevention and Punishment of the Crime of Genocide）。该公约是联合国主持制定的第一个有关人权保护的国际公约，它于 1951 年 1 月 12 日正式生效。

公约共有 19 项条款。第 1 条首先确认灭绝种族行为系“国际法上之一种罪行”。第 2 条将灭绝种族界定为：“蓄意全部或局部消灭某一民族、人种、种族或宗教团体，犯有下列行为之一者：（a）杀害该团体之成员；（b）致使该团体之成员在身体上或精神上遭受严重伤害；（c）故意使该团体处于某种生活状况下，以毁灭其全部或局部之生命；（d）强制施行办法意图防止该团体内之生育；（e）强迫转移该团体之儿童至另一团体”。该公约第 3 条还规定：“下列行为应予惩治：（a）灭种；（b）预谋灭种；（c）直接公然煽动灭种；（d）意图灭种；（e）共谋灭种。”缔约国承允，各依照其本国宪法制定必要的法律，以实施本公约的各项规定，而对于犯灭种罪或有上述所列的行为之一者，无论其为依宪法负责之统治者、公务员或私人，均应惩治之。

（二）废止奴隶制、奴隶贩卖及类似奴隶制之制度与习俗

早在 1926 年 9 月 25 日，国际联盟就主持制定了《废除奴隶制及奴隶贩卖之国际公约》，并对奴隶制作了如下的界定：“奴隶制是指对一人行使附属于所有权之任何或一切权力之地位或状况。”1953 年 12 月 7 日，联合国大会通过了《关于修正废除奴隶制及奴隶贩卖之国际公约的议定书》。

1956 年 9 月 7 日，联合国又主持制定了《废止奴隶制、奴隶贩卖及类似奴隶制之制度与习俗补充公约》。公约包括序言、六编，共 15 条。按照公约的规定，奴隶贩卖是指“意在使一人沦为奴隶之掳获、取得或处置行为；以转卖或交换为目的取得奴隶之一切行为；将以转卖或交换为目的所取得之人出卖或交换之一切处置行为；及，一般而论，以任何运送方式将奴隶贩卖或运输之一切行为”。禁奴的范围不仅包括债务质役、农奴制，而且包括包办或买卖婚姻、转让妻子、妻子在丈夫亡故后由他人继承、将未满 18 岁的少年或儿童交给他人以供利用或剥削其劳力等制度或习俗。

（三）消除一切形式种族歧视

1963 年 11 月 20 日，联合国大会通过了《联合国消除一切形式种族歧视宣言》。宣言指出，“鉴于任何种族差别或种族优越的学说在科学上均属错误，在道德上应受谴责，在社会上实为不公，且有危险，无论在理论上或实践上均不能为种族歧视辩解”；“深信一切形式的种族歧视，尤其是基于种族优越偏见或种族仇恨的政府政策，除构成对基本人权的侵害外，亦足以妨碍人民间的友好关系、国家间的合作以及国际和平及安全”。

1966 年 3 月 7 日，联合国又制定了《消除一切形式种族歧视国际公约》（International Convention on the Elimination of All Forms of Racial Discrimination）。公约于 1969 年 1 月 4 日正式生效。

该公约除前言外，包括 3 部分，共有 25 项条款。公约第 1 条将种族歧视定义为：“基于种族、肤色、世系或原属国或民族本源之任何区别、排斥、限制或优惠，其目的

或效果为取消或损害政治、经济、社会、文化或公共生活任何其他方面人权及基本自由在平等地位上之承认、享受或行使。”公约第 2 条还规定，各缔约国有义务：“立即以一切适当方法实行消除一切形式种族歧视与促进所有种族间之谅解之政策”；“不对人、人群或机关实施种族歧视行为或习例”；“对任何人或组织所施行之种族歧视不予提倡、维护或赞助”；“宣告凡传播以种族优越或仇恨为根据之思想，煽动种族歧视，以及对任何种族或属于另一肤色或民族本源之人群实施强暴行为或煽动此种行为者……概为犯罪行为，应依法惩处”。

（四）禁止并惩治种族隔离罪行

1973 年 11 月 30 日，联合国大会通过了《禁止并惩治种族隔离罪行国际公约》(International Convention on the Suppression and Punishment of the Crime of Apartheid)。公约于 1976 年 7 月 18 日正式生效。

公约除前言外，共有 19 条。公约第 1 条宣布，“种族隔离是危害人类的罪行，由于种族隔离的政策和办法与类似的种族分离和歧视的政策和办法所造成的不人道行为，都是违反国际法原则，特别是违反《联合国宪章》的宗旨和原则的罪行，对国际和平与安全构成严重的威胁”；“凡是犯种族隔离罪行的组织、机构或个人即为犯罪”。公约第 2 条规定，“种族隔离的罪行应包括与南部非洲所推行的种族分离和种族歧视的类似政策和办法，是指为建立和维持一个种族团体对任何其他种族团体的主宰地位，并且有系统地压迫他们，而作出的不人道行为”。

该公约所列举的种族隔离行为包括：（1）剥夺一个或一个以上种族团体的一个或一个以上成员的生命和人身自由的权利；（2）对一个或一个以上的种族团体故意加以旨在使其全部或局部灭绝的生活条件；（3）任何立法措施及其他措施，旨在阻止一个或一个以上的种族团体参与该国政治、社会、经济和文化生活者，及故意造成条件，以阻止一个或一个以上这种团体的充分发展，特别是剥夺一个或一个以上种族团体的成员的基本人权和自由；（4）任何旨在按照种族界限分化人民的措施，包括立法措施；(5) 剥削一个或一个以上种族团体的成员的劳力，特别是强迫劳动；（6）迫害反对种族隔离的组织或个人，剥夺其基本权利和自由。

按照该公约第 4 条的规定，缔约国承担的义务主要有：“（1）采用必要的立法或其他措施来禁止并预防对于种族隔离罪行和类似的分隔主义政策或其表现的鼓励，并惩治触犯此种罪行的人；（2）采取立法、司法和行政措施，按照本国的司法管辖权，对犯有或被告发犯有上述所列举的行为的人，进行起诉、审判和惩罚，不论这些人是否住在罪行发生的国家的领土内，也不论他们是该国国民抑或是其他国家的国民，抑或是无国籍人士。”

（五）消除对妇女一切形式歧视

为了实现《联合国宪章》关于男女平等的规定，消除对妇女的歧视，1951 年国际劳工组织大会通过了《关于男女工人同工同酬的公约》，该公约要求每一个成员以适当方法促进并保证男女工人同工同酬的原则对一切工人适用。1952 年，联合国大会通过了《妇女政治权利公约》，该公约于 1954 年 7 月 7 日生效。1967 年，联合国大会还通过了一项《消除对妇女歧视宣言》，该宣言敦促各国政府、非政府组织以及个人尽最大努力，促进男女在法律上以及在日常生活中享有平等的待遇。

1979年12月18日，联合国大会通过了《消除对妇女一切形式歧视公约》(Convention on the Elimination of All Forms of Discrimination against Women)。该公约于1981年9月3日正式生效。该公约除前言外，包括6部分，共有30条。按照公约第1条的规定，“对妇女的歧视”，是指“基于性别而作的任何区别、排除和限制，其作用或目的是要妨碍或破坏对在政治、经济、社会、文化、公民或任何其他方面的人权和基本自由的承认以及妇女不论已婚、未婚在男女平等的基础上享有或行使这些人权和基本自由”。

根据该公约的有关规定，缔约国有义务：(1) 谴责对妇女一切形式的歧视，协议立即用一切适当办法，推行政策，消除对妇女的歧视；(2) 应承担在所有领域，特别是在政治、社会、经济、文化领域，采取一切适当措施，包括制定法律，力谋妇女的充分发展和进步，以保证她们在与男子平等的基础上行使和享有人权和基本自由；(3) 应采取一切适当措施，改变男女的社会和文化行为模式，以消除基于因性别而分尊卑观念或基于男女定型任务的偏见、习俗和一切其他方法；(4) 应采取一切适当措施，保证家庭教育应包括正确了解母性的社会功能和确认教养子女是父母的共同责任，但了解到在任何情况下应首先考虑子女的利益；(5) 采取一切适当措施，包括制定法律，以打击一切形式贩卖妇女和迫使妇女卖淫以进行剥削的行为等。

(六) 禁止酷刑

1975年12月9日，联合国大会通过了《保护人人不受酷刑和其他残忍、不人道或有辱人格的待遇或处罚宣言》。在此基础上，1984年12月10日，联合国大会又通过了《禁止酷刑和其他残忍、不人道或有辱人格的待遇或处罚公约》(Convention against Torture and Other Cruel, Inhuman or Degrading Treatment or Punishment，简称《禁止酷刑公约》)。该公约已于1987年6月生效。

该公约除前言外，包括3个部分，共有33项条款。按照公约第1条的规定，“酷刑”是指“为了向某人或第三者取得情报或供状，为了他或第三者所作或涉嫌的行为对他加以处罚，或为了恐吓或威胁他或第三者，或为了基于任何一种歧视的任何理由，蓄意使某人在肉体或精神上遭受剧烈疼痛或痛苦的任何行为，而这种疼痛或痛苦是由公职人员或以官方身份行使职权的其他人所造成或在其唆使、同意或默许下造成的”。

该公约要求：(1) 每一缔约国应采取有效的立法、行政、司法或其他措施，防止在其管辖的任何领土内出现酷刑的行为；任何特殊情况，不论为战争状态、战争威胁、国内政局动荡或任何其他社会紧急状态，均不得援引为施行酷刑的理由；上级官员或政府当局的命令不得援引为施行酷刑的理由。(2) 每一缔约国应保证将一切酷刑行为定为刑事罪行；每一缔约国应根据上述罪行的严重程度，规定适当的惩罚。(3) 如果有充分理由相信任何人在另一国家将有遭受酷刑的危险，任何缔约国不得将该人驱逐、遣返或引渡至该国。(4) 每一缔约国应采取各种必要措施，确定在下列情况下，该国对酷刑罪有管辖权：这种罪行发生在其管辖的任何领土内，或在该国注册的船舶或飞机上；被控罪犯为该国国民；受害人为该国国民，而该国认为应予以管辖。

(七) 保护儿童权利

联合国在《世界人权宣言》中宣布，儿童有权享受特别照料和协助。1959年11月20日，联合国大会通过了《儿童权利宣言》。该宣言专门列举了10项儿童的基本权利，例如，所有儿童不受歧视地享有宣言列举的一切权利；儿童应受特别保护，应通过法律的方法获得各种机会与便利；儿童有权获得姓名和国籍；儿童有健康成长和发展权等。

1989年11月20日，联合国大会又通过了《儿童权利公约》（Convention on the Rights of Child）。公约已于1990年9月正式生效。

公约包括序言和3部分，共有54条。公约第1条规定，“儿童”是指18岁以下的任何人，除非对其适用之法律规定成年年龄低于18岁。

该公约对儿童的权利作了较为具体的规定，主要有：生命权，姓名权，国籍权，尽可能知道谁是其父母并受其父母照料的权利，与家人团聚的权利，对影响到其本人的一切事项自由发表自己的意见的权利，自由发表言论的权利，思想、信仰和宗教自由的权利，结社自由及和平集会自由的权利，隐私、家庭、住宅或通信不受任意干涉或非法干涉的权利，荣誉和名誉不受非法攻击的权利，不受任何形式的身心摧残、伤害或凌辱、忽视或照料不周、虐待或剥削包括性侵犯的权利，享有可达到的最高标准的健康、医疗和康复设施的权利，受教育的权利等等。

第五节　国际人权保护的实施制度

一、国际人权保护的机构

根据有关国际人权公约的规定，为了保证公约的履行，由联合国或其他一些机构负责监督有关人权公约的实施。比较重要的国际人权机构有：联合国大会、经社理事会、联合国人权委员会、联合国人权理事会、联合国人权事务高级专员公署、人权事务委员会、经社文权利委员会、反对酷刑委员会、消除种族歧视委员会、儿童权利委员会、消除对妇女歧视委员会以及欧洲人权委员会、美洲国家间人权委员会和非洲人权与民族权委员会等。下面将对联合国人权委员会、联合国人权理事会和联合国人权事务高级专员公署作简要的介绍。

（一）联合国人权委员会

1. 组成。联合国人权委员会（Commission on Human Rights）是联合国经社理事会附属机构的职司委员会之一。《联合国宪章》第68条规定：“经济暨社会理事会应设立经济与社会部门及以提倡人权为目的之各种委员会，并得设立于行使职务所必需之其他委员会。”为了履行这一职责，1946年6月21日，经济暨社会理事会（简称经社理事会）通过决议正式设立了人权委员会。

人权委员会的成员是国家的代表，而不是以个人身份当选。委员会的人数从开始时的18名最后增至53名。名额由经社理事会按一定比例分配，以确保地域上的公平。具体分布情况如下：非洲15名，亚洲12名，拉丁美洲和加勒比地区11名，西欧和包括美国的其他国家共10名，东欧5名。委员会成员的任期为3年，每年改选1/3，可以连选连任。

2. 职能。联合国人权委员会是联合国系统内处理一切有关人权事项的主要机构。

根据经社理事会的决议，人权委员会的主要职责是向经社理事会提出有关人权的提案、建议或报告，并帮助经社理事会协调联合国系统内的人权工作。人权委员会要研究的问题包括：(1) 国际人权法案；(2) 关于公民自由、妇女地位、新闻自由及类似事项的宣言或公约；(3) 保护少数；(4) 防止因种族、性别、语言或宗教的原因而产生歧视；(5) 上述四个方面以外的任何有关人权的其他事项。

五十多年来，随着人权理论与实践的不断发展以及国际形势的变化，人权委员会的职权也呈不断扩大的趋势。1959 年，经社理事会通过一项决议，要求联合国秘书长把联合国收到的对有关各国政府侵犯人权的指控来文汇编后交人权委员会，并请受到指控的国家政府对所受指控作出答复。特别是在 1967 年和 1970 年，经社理事会分别通过了第 1235 号决议和第 1503 号决议，赋予人权委员会处理一贯的大规模侵犯人权事件的职权。

3. 活动。人权委员会一般从每年的 2 月初至 3 月中旬在联合国日内瓦办事处召开为期 6 周的会议。除人权委员会的成员国外，非成员国、联合国各专门机构、区域性国际组织、在经济及社会理事会具有咨询地位的非政府组织和联合国所承认的民族解放组织均可派观察员列席会议。在每届会议上，委员会选举 1 名主席、3 名副主席和 1 名报告员。

五十多年来，人权委员会的主要活动包括：(1) 对人权问题进行专题研究，提出建议并起草国际人权文书。在这方面，委员会的主要工作成就是起草了“国际人权宪章”和许多其他有关人权的公约。后者如《消除一切形式种族歧视国际公约》、《发展权利宣言》和《儿童权利公约》等重要的国际人权文书。(2) 审议、调查有关侵犯人权的指控，处理有关侵犯人权的来文。自 70 年代以来，特别是自 80 年代以来，人权委员会的大量工作是审议和调查有关侵犯人权的指控，其中用时较多的是审议“国别人权问题”①。

4. 第 1503 号决议。1970 年 5 月 27 日，联合国经社理事会通过题为“有关侵犯人权及基本自由的来文的处理程序”的决议，即第 1503 号决议。根据这一决议，防止歧视和保护少数小组委员会不必依据条约，在“一贯的大规模侵犯人权并得到可靠证实的情况下”即有权受理个人的来文。该决议授权小组委员会建立一个小型工作组审查联合国收到的来文，以查明来文中“明显暴露出具有某种持续不断的大规模的和证据确凿的侵犯了小组委员会职权范围内的人权和基本自由的典型情况”。小组委员会可以决定将具有一贯侵犯人权特点的情况提请人权委员会审议，人权委员会可以自行研究并向经社理事会提交报告，提出建议，也可以在征得某国同意的情况下委派一个委员会去调查情况。② 这一程序被称为“1503 程序”。此外，经社理事会和联合国大会可以通过适当的决议，要求有关国家遵守其对《联合国宪章》的义务，并采取及时措施来改善国内的人权状况。

5. 附属机构。防止歧视和保护少数小组委员会（Sub-Commission on Prevention of Discrimination and Protection of Minorities，简称小组委员会）是人权委员会最主要的

---

① 富学哲：《从国际法看人权》，41 页，北京，新华出版社，1998。

② 参见［加拿大］约翰·汉弗莱著，庞森等译：《国际人权法》，96 页，北京，世界知识出版社，1992。

一个附属机构。它是 1947 年根据经社理事会 1946 年 6 月 21 日第 9（2）号决议而设立的。

小组委员会由 26 名专家组成，专家以个人身份工作，任期为 4 年，每两年改选成员中的半数。小组委员会现有 4 个工作组，即来文问题工作组、土著居民问题工作组、当代奴隶制形式工作组和少数群体工作组。

小组委员会的职责主要有：（1）承担研究项目，尤其是根据《世界人权宣言》进行研究，并就防止任何形式涉及人权与基本自由的歧视，保护在种族、民族、宗教和语言上属于少数人的问题向人权委员会提出建议；（2）履行经社理事会或人权委员会可能委托的任何其他职能。

除了小组委员会以外，联合国人权委员会还设有若干工作组作为其附属机构，例如，1967 年南部非洲人权问题特设专家工作组，1981 年为审查有一贯严重侵犯人权迹象的情况而设立的工作组，发展权问题政府专家工作组，依《禁止并惩治种族隔离罪行国际公约》第 9 条设立的 3 人小组等。

（二）联合国人权理事会

联合国大会 2006 年 3 月 15 日通过决议，决定成立人权理事会，以取代原来的人权委员会。联合国大会于 2006 年 5 月 9 日选出包括中国在内的理事会首批成员，2006 年 6 月 19 日，理事会举行了首次会议。新成立的人权理事会是大会的附属机构，直接向联合国所有会员国负责。理事会将承担、审查并在必要时改进及合理调整人权委员会的所有任务、机制、职能和职责，以便保持特殊程序、专家指导和申诉程序的制度。理事会应在举行首届会议一年内完成此项审查。人权理事会由 47 个成员国组成，经联合国大会所有会员国投票产生，当选者必须获得联合国大会成员半数以上支持。对于理事会中严重并有计划侵犯人权的成员，大会经出席并投票的 2/3 多数成员表决，可决定暂时停止其在理事会的成员资格。理事会每年应定期开会，会址设于日内瓦。每年计划举行的会议不少于 3 次，包括一次主要会议，总会期不少于 10 周。理事会在需要时应成员要求并经 1/3 成员同意，可以举行特别会议。非政府组织、其他政府间组织、国家人权机构和包括专门机构在内的观察员均可获得在委员会安排下参与理事会活动的机会。

（三）联合国人权高级专员公署

设立联合国人权高级专员公署的设想是在 1947 年起草《世界人权宣言》时被提出的。当时，联合国秘书处人权司司长卡赞先生提出在联合国设立专门负责人权事务的高级官员职位（称为 attorney general）。之后，又有过许多类似的提议。在筹备 1992 年世界人权大会时，设立联合国人权高级专员公署的建议又一次被提出并最终在 1993 年得以建立。联合国人权高级专员公署是联合国秘书长的下属机构。人权高级专员的选派由联合国秘书长提名，经联合国大会批准，任期 4 年，可以连任一次。目前，联合国人权高级专员公署雇用 160 名专家和 60 多名一般服务人员。根据联合国大会第 48/141（1993）号决议的规定，人权高级专员的主要职责包括：促进和保护各种人权；对要求援助的国家提供人权领域的咨询以及技术和财政支持；在人权领域的联合国教育和公共信息计划方面进行协调；消除全面实现人权的障碍；在保障对人权的尊重方面与政府对话；为促进和保护人权增强国际合作。

二、国际人权保护的实施制度

（一）报告制度

各主要国际人权公约一般都规定缔约国应按公约规定的时间和程序向有关机构提交报告，说明在履行公约方面采取了哪些措施、取得了什么进展以及有什么具体困难。有关人权机构对此类报告进行审议，并可就报告的内容发表无法律约束力的评论或提出建议。

例如，《经济、社会、文化权利国际公约》第 16 条要求各缔约国就促进遵守该公约所载之各种权利而采取的措施及所获之进展，向联合国秘书长提具报告书，再由秘书长将其副本送交经济及社会理事会审议；第 17 条要求缔约国在该公约生效后 1 年内按商定办法分期提出报告书，报告书得说明由于何种因素或困难以致影响该公约所规定的各种义务履行之程度；第 18 条要求联合国各专门机关向经社理事会报告其有关工作之进展，报告书应详载有关决议和建议；第 19 条要求经社理事会将各国提交的报告书转交人权委员会研讨并提出一般建议，或斟酌情形供其参考；第 20 条规定各缔约国和各专门机关也可以向经社理事会就上述一般建议和报告书提出批评、建议。

又如，《消除一切形式种族歧视国际公约》第 9 条规定，缔约国承诺于该公约对其本国开始生效后 1 年内及其后每 2 年，并凡遇委员会请求时，就其所采用之实施该公约各项规定之立法、司法、行政或其他措施向联合国秘书长提出报告，供委员会审议，委员会得请缔约国递送进一步之情报；委员会应按年将工作报告送请秘书长转送联合国大会，并得根据审查缔约国所送报告及情报之结果，拟具意见与一般建议，此项意见与一般建议应连同缔约国核具之意见，一并提送大会。

（二）国家来文及和解制度

国家来文及和解制度是缔约国通过有关国际机构监督其他缔约国履行人权公约义务的一项重要制度。《公民权利和政治权利国际公约》在这方面的规定较有代表性。

按照《公民权利和政治权利国际公约》第 41 条和第 42 条的规定，缔约国可以随时声明，承认人权事务委员会有权接受并审议一缔约国指控另一缔约国不履行该公约义务的来文。如果某一缔约国认为另一缔约国未实施该公约条款，得书面提请该缔约国注意。受请国应于收到此项来文 3 个月内，向递送来文的国家书面提出解释或任何其他声明，以阐明此事，其中应在可能及适当范围内，载明有关此事的本国处理办法，以及业经采取或正在决定或可资援用的救济办法。如果在受请国收到第一件来文后 6 个月内，问题仍未获关系缔约国双方满意的调整，当事国任何一方均有权通知人权事务委员会及其他一方，将事件提交人权事务委员会。人权事务委员会对于提请处理的事件，应于查明对此事件可以运用的国内救济办法悉已援用无遗后，依照公认的国际法原则处理。人权事务委员会审查来文时，应举行不公开会议。

如果按照上述规定提请人权事务委员会处理的事件未能获得有关缔约国满意的解决，人权事务委员会得经有关缔约国事先同意，指派一专设和解委员会。和解委员会应为有关缔约国斡旋，俾以尊重该公约为基础，和睦解决问题。和解委员会由有关缔约国接受的 5 名委员组成。和解委员会于详尽审议案件后，无论如何应于受理该案件 12 个月内向委员会主席提出报告书，转送有关缔约国。和解委员会如果能达成和睦解决办法，其报告书应扼要说明事实及所达成的解决办法；如果未能达成解决办法，和解委员会报告书应载有其对于有关缔约国争执事件的一切有关事实问题的结论，以及对于事件和睦解决的各种可能性意见。有关缔约国应于收到报告书后 3 个月内，通知委员会主席是否愿意接受和解委员会报告书的内容。

（三）个人申诉制度

一些国际人权条约还有关于个人申诉制度的规定。例如，《公民权利和政治权利国际公约任择议定书》第 1 条规定，人权事务委员会有权接受并审查该议定书的缔约国管辖下的个人声称为该国侵害公约所载之任何权利的受害人的来文。其第 2 条指出，凡是声称其在公约规定下的任何权利遭受侵害的个人，必须是在其国内可以运用的补救办法“悉已援用无遗”后，才能向人权事务委员会提出书面申请，要求审查。《公民权利和政治权利国际公约任择议定书》第 4 条要求，人权事务委员会应将根据该议定书所提出的任何来文，提请被控违反公约任何规定的该议定书缔约国注意；收到通知的国家，应在 6 个月内向委员会提出书面解释或声明，说明原委及业已采取的救济办法。《公民权利和政治权利国际公约任择议定书》第 5 条规定，人权事务委员会应参照申请人及关系缔约国所提出的一切书面资料，审查根据该议定书所收到的来文；如果同一事件已在或正在另一国际调查或解决程序审查之中，如果在区域性的人权委员会或人权法院的审查或审理中，人权事务委员会不得审查；未用尽国内救济办法的申请，人权事务委员会也不予以审查；人权事务委员会应召开不公开会议审查来文，并应向关系缔约国及该个人提出其意见。

此外，《消除一切形式种族歧视国际公约》第 14 条也规定：“缔约国得随时声明承认委员会有权接受并审查在其管辖下自称为该缔约国侵犯本公约所载任何权利行为受害者的个人或个人联名提出之来文。”

第六节　中国与人权

一、中国在国际人权领域的活动

（一）积极参与国际人权机构的活动

1971 年，中华人民共和国恢复了在联合国的合法席位以后，一直派遣代表团出席联合国大会和联合国经社理事会的历届会议。在这些会议上，中国政府代表阐述了中国对人权问题的原则立场，并积极参与有关人权问题的审议。

从 1979 年起，中国连续 3 年派观察员出席了联合国人权委员会会议，并于 1981 年首次当选为人权委员会的成员国。1982 年，中国首次作为正式成员，参加了第三十八届联合国人权委员会会议。此后，中国在历次经社理事会的选举中一直连选连任。自 1984 年开始，中国政府向人权委员会推荐的人权事务专家连续当选为人权委员会下属的“防止歧视和保护少数小组委员会”的委员和候补委员，并先后担任该机构的“土著居民工作组”和“来文工作组”成员。

中国还积极参加联合国妇女地位委员会的活动。中国政府支持联合国对妇女问题的关注，特别是1995年9月，中国在北京成功地承办了联合国第四次世界妇女大会和’95非政府组织妇女论坛。

（二）参与制定国际人权文书

自1981年起，中国政府派代表参加了一系列国际人权文书的起草工作组，其中包括：《儿童权利公约》、《保护所有迁徙工人及其家属权利国际公约》、《禁止酷刑和其他残忍、不人道或有辱人格的待遇或处罚公约》、《个人、团体和社会机构在促进和保护世所公认的人权和基本自由方面的权利和义务宣言》、《保护民族、种族、语言、宗教上属于少数人的权利宣言》、《保护所有人免遭被迫或非自愿失踪宣言》以及《发展权宣言》等工作组。[①] 在这些工作组会议上，中国代表提出的意见和修正案受到了各方面的重视，不少意见还被有关国际人权文书采纳。

（三）签署、批准和加入了一系列国际人权公约

根据2010年9月26日国务院新闻办公室发表的《2009年中国人权事业的进展》白皮书，中国已加入25项国际人权公约。它们是：

1.《经济、社会及文化权利国际公约》（1997年10月签署，2001年3月27日批准，同年6月27日对中国生效。）

2.《消除一切形式种族歧视国际公约》（1981年12月29日加入，1982年1月28日对中国生效。）

3.《防止及惩治灭绝种族罪公约》（1983年4月18日批准，同年7月17日对中国生效。）

4.《禁止并惩治种族隔离罪行国际公约》（1983年4月18日加入，同年5月18日对中国生效。）

5.《反对体育领域种族隔离国际公约》（1987年10月21日签署，1988年4月3日对中国生效。）

6.《男女工人同工同酬公约》（1990年9月7日批准，同年11月2日生效。）

7.（消除对妇女一切形式歧视公约）（1980年11月4日加入，同年12月4日对中国生效。）

8.《儿童权利公约》（1992年1月31日批准，同年4月2日对中国生效 。）

9.《〈儿童权利公约〉关于买卖儿童、儿童卖淫和儿童色情制品问题的任择议定书》（2002年12月3日交存批准书，2003年1月3日对中国生效。）

10.《禁止和立即行动消除最有害的童工形式公约》（2002年8月8日交存批准书，2003年8月8日对中国生效。）

11.《禁止酷刑和其他残忍、不人道或有辱人格的待遇或处罚公约》（1986年12月12日批准，1988年11月3日对中国生效。）

12.《就业政策公约》（1997年12月17日交存批准书，1998年12月17日对中国生效。）

13.《关于难民地位的公约》（1982年9月24日交存加入书，1982年12月23日对中国生效。）

---

① 参见罗玉中等：《人权与法制》，596～597页，北京，北京大学出版社，2001。

14.《关于难民地位议定书》（1982 年 9 月 24 日加入，同年 12 月 23 日对中国生效。）

15.《（残疾人）职业康复和就业公约》（1987 年 9 月 5 日批准加入，1988 年 2 月 2 日对中国生效。）

16.《最低就业年龄公约》（1998 年 12 月 29 日批准，同时声明不适用于香港特别行政区）

17.《消除就业和职业歧视公约》（2005 年 8 月 28 日批准，同时声明不适用于香港特别行政区）

18.《儿童权利公约关于儿童卷入武装冲突问题的任择议定书》（2001 年 3 月 15 日签署，2007 年 12 月 29 日批准。）

19.《残疾人权利公约》（第一批签署的国家之一，2008 年 5 月 3 日生效）

20.《改善战地武装部队伤者病者境遇之日内瓦公约》（1956 年 12 月 28 日交存批准书，1957 年 5 月 28 日对中国生效。）

21.《改善海上武装部队伤者病者及遇船难者境遇之日内瓦公约》（1956 年 12 月 28 日交存批准书，1957 年 5 月 28 日对中国生效。）

22.《关于战俘待遇之日内瓦公约》（1956 年 12 月 28 日交存批准书，1957 年 5 月 28 日对中国生效。）

23.《关于战时保护平民之日内瓦公约》（1956 年 12 月 28 日交存批准书，1957 年 5 月 28 日对中国生效。）

24.《1949 年 8 月 12 日日内瓦的公约关于保护国际性武装冲突受难者的附加议定书》（第一议定书）（1983 年 9 月 14 日加入，1984 年 3 月 14 日对中国生效。）

25.《1949 年 8 月 12 日日内瓦的公约关于保护非国际性武装冲突受难者的附加议定书》（第二议定书）（1983 年 9 月 14 日加入，1984 年 3 月 14 日对中国生效。）

此外，中国政府已于 1998 年 10 月 5 日签署了联合国《公民权利和政治权利国际公约》，但公约尚未对我国正式生效。

二、中国在人权问题上的基本立场

1991 年 11 月 1 日，中华人民共和国国务院新闻办公室发表了题为《中国的人权状况》白皮书。这是中国政府首次以政府文件的形式系统阐述中国在人权问题上的基本立场。此外，中国领导人关于人权问题的论述和中国代表在国际人权会议上的发言，均不同程度地体现了我国关于人权问题的基本立场。

（一）强调人权概念的完整性

1993 年 6 月，中国政府代表团团长在世界人权大会上发言强调："人权是一个完整的概念，既包括个人权利，也包括集体权利，在个人权利中，既包括公民权利和政治权利，也包括经济、社会和文化权利。人权各个方面互相依存，同等重要，是不可分割、不可缺少的。"①

① 《人民日报》，1993-06-17。

（二）支持联合国实现人权的宗旨和原则

1986 年，在第四十一届联合国大会上，中国代表团团长就联合国通过《经济、社会及文化权利国际公约》和《公民权利和政治权利国际公约》20 周年发表讲话表示："两个公约对实现《联合国宪章》关于尊重人权的宗旨和原则有着积极的意义。我国政府一贯支持宪章的这一宗旨和原则。"①

1993 年 6 月 23 日，中国副代表在世界人权大会主要委员会上发言指出："联合国人权领域活动的指导方针应是《联合国宪章》的宗旨和原则。"②

法律应用

维拉奎斯案（Velasquez Case）

维拉奎斯是一名洪都拉斯青年学生。1981 年，他被几名洪都拉斯军人抓走，从此下落不明。1988 年，其亲友向美洲人权委员会提出一份请愿书，指控洪都拉斯政府对维拉奎斯实施酷刑，并强迫他失踪。在洪都拉斯政府未能对此作出满意答复的情况下，人权委员会决定将本案提交美洲人权法院审理。

美洲人权法院在对本案所作的判决中指出：《美洲人权公约》第 1 条要求缔结国承担义务，保证每一个在其管辖下的人都自由和充分地享有公约所承认的权利。本案的证据表明，洪都拉斯政府对维拉奎斯的被绑架和强迫失踪完全没有采取在理论上可以被认为是"充分"的调查程序，对美洲人权委员会提供材料的要求也没有作出应有的反应。法院认为，洪都拉斯政府没有采取有效措施，按照《美洲人权公约》第 1 条的要求保证其管辖下的个人的人权不受非法侵害；洪都拉斯政府对维拉奎斯的被强迫失踪负有责任，其行为违反了公约第 4、5、7 条的规定；维拉奎斯被剥夺人身自由和强迫失踪侵犯了他的人身自由权和公约第 5 条所规定的人格权，洪都拉斯政府违反了它根据《美洲人权公约》应承担的义务，因此，应给予受害者亲属公正的赔偿。

课后复习

1. 试述人权的概念与特征。
2. 简述"国际人权宪章"的主要内容，并加以评析。
3. 试比较三大区域性国际人权公约。
4. 什么是民族自决权？什么是发展权？
5. 国际人权保护的实施制度主要有哪些？
6. 试述中国在国际人权领域的主要活动。

---

① 白桂梅等编著：《国际法上的人权》，190 页，北京，北京大学出版社，1996。

② 《人民日报》，1993-06-24。

第九章

国际组织法

第一节　国际组织法概述

一、国际组织的概念与类型

二、国际组织的历史发展

三、国际组织的法律地位

四、国际组织的法律制度

第二节　联合国

一、联合国的建立

二、联合国的宗旨和原则

三、联合国的会员国

四、联合国的主要机关

五、中国与联合国

第三节　区域性国际组织

一、概念和特征

二、主要的区域性国际组织

第四节　专门性国际组织

一、概况

二、联合国专门机构

第五节　世界贸易组织

一、世界贸易组织的建立

二、世界贸易组织的宗旨与基本原则

三、世界贸易组织的成员

四、世界贸易组织的组织结构

五、世界贸易组织的法律地位

提 要

国际组织是指两个以上国家或其政府、人民、民间团体基于特定目的，以一定协议形式而建立的各种机构。国际组织法是指用以调整国际组织内部及其对外关系的各种法律规范，包括有关国际组织建立、存在与活动的一切有约束力的原则、规则和制度的总体。国际组织是国际政治经济发展到一定阶段的产物。国际组织具有派生的法律人格。联合国是当今最具普遍性、最有影响力和最大的国际组织，它有六大主要机关。区域性国际组织主要是指一个区域内若干国家或其政府、人民、民间团体基于特定目的，以一定协议而建立的各种常设机构。联合国专门机构是指根据特别协定而同联合国建立关系的或根据联合国决定而创设的那些对某一特定业务领域负有国际责任的政府间专门性国际组织。成立于1995年的世界贸易组织是协调成员方贸易关系的全球性国际贸易组织。

重点问题

1. 国际组织的定义和特征
2. 国际组织的法律地位
3. 联合国的宗旨与原则
4. 联合国大会和联合国安理会的职权
5. 联合国安理会的表决程序
6. 区域性国际组织的概念和特征
7. 联合国专门机构的概念和特征
8. 欧洲联盟
9. 世界贸易组织

第一节　国际组织法概述

一、国际组织的概念与类型

（一）国际组织和国际组织法的定义

国际组织（International Organization）是现代国际生活的重要组成部分，它是指“两个以上国家或其政府、人民、民间团体基于特定目的，以一定协议形式而建立的各种机构”①。

国际组织有广义和狭义之分。广泛意义上的国际组织，既包括政府间国际组织，即若干国家或其政府所设立的机构，如国际货币基金组织、世界贸易组织和欧洲联盟

① 梁西：《国际组织法》（总论），5版，4页，武汉，武汉大学出版社，2001。

等；也包括非政府间组织，即若干国家的民间团体及个人所组成的机构，如国际奥林匹克委员会、国际红十字会组织和国际律师协会等。狭义的国际组织则专指若干国家或其政府通过签订国际协议而成立的机构。这既是严格意义上的国际组织，也是国际法所着重研究的对象。因为只有这类组织才具有国际法律人格，并且在世界事务中发挥着更大的作用。

20世纪以来，特别是第二次世界大战以后，由于国际组织的作用日益加强，因此，各国的国际法学者也愈来愈重视对政府间国家组织的基本文件和实践的研究。现在，在这方面已经形成了现代国际法的一个部门法——国际组织法（the Law of International Organizations）。国际组织法是指“用以调整国际组织内部及其对外关系的各种法律规范（包括有关国际组织建立、存在与活动的一切有约束力的原则、规则和制度）的总体”[①]。它以政府间国际组织为研究对象，其研究范围相当广泛，通常包括国际组织的法律地位、成员资格、组织结构、职权范围、活动程序、特权与豁免以及国际组织的继承等内容。

（二）国际组织的特征

综观国际社会的长期实践，国际组织在国际法上具有如下特征：

1. 国际组织是国家之间的组织，而不是凌驾于主权国家之上的世界政府机构。它的权力是由成员国授予的。因此，无论国际组织的职权多么广泛，都不能违反国家主权原则而干涉本质上属于国家国内管辖的任何事项。国家为了使国际组织实现其宗旨，需要在一定范围内约束国家本身的行为而赋予国际组织若干职权，但是，国际组织并不要求成员国放弃在国际范围内反映国家主权主要属性的那些东西。另外，在国际组织内部，各成员国不管人口多寡、面积大小以及政治、经济和社会制度如何，其法律地位一律平等。

2. 国际组织的成员主要是国家。国家既是国际关系的主体，也是国际组织的主要成员。虽然有些国际组织允许接纳非独立国家的实体作为其“准成员”或“非正式成员”，但这仅是一种特例，它不能改变国际组织的主要参加者是国家这一本质特征。

3. 国际组织的职能主要是促进国际合作或防止战争。鉴于这一点，它不同于以领土和国民为基础的拥有无限职能的国家。国际组织按照其宗旨、职能制定组织法，并根据组织法的规定，为实现其宗旨在必要范围内确定组织机构和机关的权限与责任。

4. 国际组织一般都设立一些常设机构。这些机构通常按照一定的规章进行活动。

5. 国际组织是以国际条约为基础而建立的。该条约具体规定该国际组织的宗旨与原则、主要机构、职权范围、活动程序以及成员国的权利和义务等。当然，该条约必须符合国际法；另外，原则上其效力只及于成员国。

（三）国际组织的类型

随着世界各国之间政治、经济、文化、科技等方面的发展，国际组织的种类也不断丰富。关于国际组织的分类标准，众说纷纭，“要想提出一个令人满意的国际组织的

① 梁西：《国际组织法》（总论），5版，3页。

分类，是很难的”[①]。以下是几种常见的分类方法：

1. 按国际组织活动的目的不同，可以分为一般性组织和专门性组织。前者有过去的国际联盟和现在的联合国；后者包括最早在1865年创立的国际电报联盟，在1874年创立的邮政总联盟，第一次世界大战后设立的国际劳工组织，第二次世界大战后于1946年设立的联合国教科文组织，以及其他属于联合国专门机构的组织。

2. 按国际组织的成员范围的不同，可以分为全球性组织与区域性组织。前者如联合国、世界贸易组织；后者如东南亚国家联盟、美洲国家组织等。

3. 按国际组织的成员资格是否向其他国家开放，可以分为开放性组织与封闭性组织。前者的成员资格对全世界一切国家开放；后者的成员资格只对特定类型的国家开放，如北大西洋公约组织、经合组织等。

此外，按照国际组织的构成的不同，可以分为政府间组织和非政府间组织；按照国际组织的持续性的不同，可以分为常设的组织与临时的组织；按照国际组织与联合国的关系的不同，可以分为同联合国有关的组织和与联合国无关的组织等。

二、国际组织的历史发展

国际组织的产生必须具备两个基本条件：第一，客观上的可能性，即国际社会的形势与客观情况能够提供开展国际组织活动的条件，国际社会各成员关系密切，而且在广阔的范围内拥有足以维持国际组织关系的社会基础。第二，主观上认识到建立国际组织的必要性。因为国际组织不是自发产生的，而是有意识、有目的地成立的。国家加入国际组织则意味着要受组织关系的约束，本国主权也要受到限制，如果对此没有足够的认识则不可能成立国际组织。

可见，国际组织的形成是以国际关系的演变为基础的，它是国际政治经济发展到一定阶段的产物。

从中世纪后期一直到近代，不断有人提出建立国际组织的种种设想。其代表人物有杜布瓦（Pierre Dubois）、克律塞（Emeric Cruce）、彭威廉（Willian Penn）、卢梭（J. J. Rousseau）和康德（Immanuel Kant）等。这些早期的思想和理论对后来国际组织的形成与发展有着不可低估的影响。

人类社会进入19世纪以后，随着国际关系的发展和国家之间交往的加深，各国之间的多边活动日益增加，国家之间的民间交往逐渐发展到政府间的国际会议。政府之间的国际会议成为讨论和解决国际问题的一种有效手段。1815年的维也纳会议、1856年的巴黎会议、1878年的柏林会议以及两次海牙和平会议，都是这样的会议的重要典范。这样的会议可以说是政府间的一种临时性议事组织。

至19世纪中期，随着科学技术的进步和社会经济的发展，国际协作的范围日益扩大，各国之间已有关于调整交通、电信等方面相互关系的国际协定存在。在实施多边协定时，国家之间出现了为某种特定目的而建立起来的“国际行政联盟”（International Administrative Unions）。这是一种比较稳定的组织形式，而且此类机构的规模与种

① ［澳］希勒：《斯塔克国际法》（I. A. Shearer, *Starke's International Law*），549页，巴特沃思出版公司，1994。

类随着国际关系的发展而不断发展。例如，早在1865年就成立了国际电报联盟。至1874年，又有22个国家的代表在伯尔尼集会，签订了第一项国际邮政公约，建立了邮政总联盟。此外，第一批较大的国际行政组织还有：1875年的国际度量衡组织，1833年的国际保护工业产权联盟，1886年的国际保护文化艺术作品联盟，1890年的国际反奴隶生活联盟和同年的国际铁路货运联盟等。诸如此类的国际行政组织的出现，标志着国际组织的发展进入了一个新的历史阶段。

随着20世纪的到来，资本主义大国在争夺国际市场和世界霸权的过程中，彼此间的矛盾进一步激化。在这一背景下，一些区域性国际组织，如美洲国家组织得以建立。此外，在这一时期，许多专门性的国际行政组织的发展更加完善。

第一次世界大战以后，成立了国际联盟。这是人类历史上第一个世界性、综合性的国际组织，因而具有重要的政治与法律意义。国际联盟是巴黎和会的产物，它的建立，一方面是西方和平主义运动思潮的反映；另一方面也是为了适应英国、法国等战胜国维护既得利益的战后政策的需要。国际联盟据以成立的《国际联盟盟约》，包括序言和26个条文，构成《凡尔赛和约》的一部分。国际联盟设有四个主要机关：大会、行政院、秘书处和常设国际法院。

国际联盟作为一种国际组织的形式，它对现代国际组织的发展具有重要的影响。国际联盟的出现是国际组织历史的继续和发展。例如，国际联盟大会这种形式，即可追溯到很多世纪以来的外交会议，只不过国际联盟大会已具有更加稳定而持续的形式，并且在某些程序上更加完善。行政院的先驱可以说是19世纪的欧洲协作，但是行政院在组织上更加严密。秘书处是国际联盟体制中最富有创新的部分，它第一次比较完善地发展了一个国际性的常设秘书机构。

尽管国际联盟的创立者尽力使这一组织在结构形式及活动程序方面臻于完善，但总的说来，国际联盟本身自其创立之始就有它的严重缺陷。① 在实质上，它以维持战胜国既得权益为主要目的；在构成上，它缺乏普遍性，既把苏联排斥在外，也没有美国参加；在组织和程序上，大会和行政院的权限不分，决议又都以全体一致通过为条件，因而缺乏采取有效行动的灵活性。事实上，国际联盟自成立之始，就未能发挥作为一般性国际组织的权威和效能，特别是在20世纪30年代，面对法西斯侵略势力的猖狂，它日益暴露出其在维持国际和平与安全的任务上的一筹莫展。进入20世纪40年代之后，国际联盟即名存实亡，陷入了完全瘫痪的状态。1946年4月，国际联盟召开最后一届大会，正式宣告解散。

虽然国际联盟以失败告终，但它并没有浇灭人们对世界性组织的希望之火。相反，国际联盟的理论与实践以及当初创建国际联盟的努力，为后来联合国这个崭新的国际组织顺利建立铺平了道路，使联合国得以在第二次世界大战的战火和废墟中酝酿产生。

联合国的建立，使国际组织的发展进入了另一个新的阶段。此后，国际组织的数量大量增加，种类不断丰富，职权范围逐步扩大，国际组织之间的协调也在日益加强。

---

① 参见梁西：《国际组织法》(总论)，5版，55页。

三、国际组织的法律地位

国际组织是基于特定目的而设立的，因此，国际组织为了实现其目的和任务，除了开展维持组织内部的活动外，还要开展对外的各种活动。国际组织开展对外有效而又负责的活动的基础是在其活动范围内具有必要的法律地位，而这种地位的前提条件是必须具备能成为权利和义务主体的法律人格。

对于国际组织的法律人格，大部分国际组织在设立宪章中都予以承认，如《国际劳工组织宪章》第 39 条、《欧洲经济共同体条约》第 210 条和《欧洲原子能共同体条约》第 184 条。此外，有的国际组织的法律人格在设立宪章中未作规定，而是根据特别条约予以承认。例如，联合国专门机构的法律人格是由 1947 年《专门机构特权与豁免公约》第 2 条规定的。

不过，国际组织的法律人格即使没有明文规定，也要给予承认。国际组织具备必要的机关，并按设立宪章规定的宗旨行使职能，这已说明它具有独立意志，能够在国际社会进行活动。国际组织的意志不同于成员国的共同意志。国际组织不是简单地协调成员国意志的对话场所，而是承担权利义务的真正的法律人格者。所以，即使设立宪章对法律人格无任何规定，也应解释为制定国际组织设立宪章时已包括决定赋予其法律人格。国际组织没有法律人格就无法存在。关于国际组织法律人格的司法上的权威意见是国际法院在“损害赔偿案”（The Reparation for Injuries Case）中发表的咨询意见。该案是由于 1948 年联合国在巴勒斯坦的调解人伯纳多特伯爵（Count Bernadotte）被谋杀所引起的。国际法院认为：“原则上联合国组织有国际人格，它的职能是如此重要以至于该组织非具有某种程度的国际人格，否则就不能履行其职能。”[①]

国际组织在国际法上的法律人格和行为能力一般包括以下内容：（1）缔结双边或多边协定；（2）召集与参加国际会议；（3）派遣与接受外交使团（节）；（4）调解国际争端；（5）承担国际责任与请求国际赔偿；（6）参加另一个国际组织的活动甚至加入另一个国际组织；（7）作出国际承认与作为国际承认的对象；（8）构成国际继承的主体与客体；（9）其他行为能力，如登记与保存条约，临时托管一定的领土，拥有本组织的旗帜、徽章等。

由上可见，国际组织有可能具有广泛享受国际权利和承担国际义务的能力。不过，国际组织的此等能力与主权国家是有差别的。国际组织的法律人格是派生的。它所取得的法律人格，不管范围有多大，同主权国家比较起来，显然是有限的。离开了主权国家的授权，任何国际组织在法律上的权利能力和行为能力都是不可能存在的。这种法律人格的局限性是国际组织法律地位的一个重要特征。

四、国际组织的法律制度

国际组织的制度化是现代国际组织的基本特征之一。国际组织据以成立的多边条

① ［荷］马兰佐克：《阿库斯特现代国际法概论》（Peter Malanczuk, *Akehurst's Modern Introduction to International law*），93 页，伦敦，1997。

约一般就是该国际组织的组织约章。组织约章规定该国际组织的成员资格、宗旨原则、组织结构、活动程序、职权范围等法律制度。

（一）国际组织的成员

国际组织的成员一般可以分为两类：正式成员和非正式成员。

1. 正式成员。即国际组织的正式参加者，它们通常参加该组织的全部活动。正式成员在该国际组织内的地位是平等的，享有同样的权利，如代表权、发言权和表决权等，也承担同样的义务。但有些国际经济组织（如国际货币基金组织），正式成员的权利和义务是有差别的，往往是承担的财政义务越多，拥有的决策权利也越广泛。国际组织的正式成员一般为国家，但也有国际组织允许非国家实体作为其正式成员。例如，联合国成立之初，接纳了苏联的两个加盟共和国白俄罗斯和乌克兰为联合国的会员。国际组织的成员资格通常由该组织的章程加以规定，凡参与创立国际组织的，即为创始成员国；凡加入已经存在的国际组织的，即为纳入成员国。国际组织的成员资格也可能因某种原因而丧失，如退出或被开除等。

2. 非正式成员。非正式成员主要有以下两种情况：（1）准成员。有些国际组织由于对经济、社会、文教等部门负有广泛的国际责任而允许某些非独立国家的政治实体参加该组织，这些非主权实体即为准成员（Associate Member）。例如，联合国亚太经济社会委员会、亚太电讯组织和世界贸易组织都将中国的香港列为其准成员。此外，很多国际组织甚至允许欧洲联盟以准成员的资格参加其活动。一般而言，准成员在国际组织的重要机构中没有表决权和选举权与被选举权。[①] 世界卫生组织对准成员的权利与义务的性质与范围作出过明确规定，并为其他一些国际组织所仿效。（2）观察员。大多数国际组织可以接纳非成员国、民族解放运动组织、政府间组织、非政府间组织甚至个人作为观察员出席其有关会议。观察员的任务是向本国政府或派出组织汇报派往组织的活动情况，或尽力将本国政府、派出组织或个人意见提供给派往组织参考。观察员一般是每次会议临时邀请的，但也有国际组织接纳常驻观察员代表团。观察员在该组织的有关会议上通常既无发言权也无表决权。不过，观察员可以获得会议的所有资料，有时还可以提出正式的提议。

（二）国际组织的组织结构

国际组织一般设有三个主要机关：大会、理事会和秘书处。

1. 大会。大会由所有会员国组成，一般是最高权力机关。大会定期召开会议（一般是一年举行一次），必要时召开特别会议。大会可以讨论、审议其职能范围内的任何问题和相关事项，并就重大问题作出决议。由于会员国众多，大会采取迅速而有实际效果的行动比较困难，因此，需要成立另外一个机关——理事会。

2. 理事会。理事会是国际组织的执行机关，通常由有限的会员国代表组成。与大会相比，理事会开会较多。但有的国际组织的理事会也由所有会员国组成，如美洲国家组织。理事会一般由单数国家代表组成。

3. 秘书处。秘书处是行政机关，主要从事同成员国进行联络、交换情报以及筹备成立其他机关、执行决议、对外代表、登记条约等行政事务方面的辅助性工作。秘书

① 参见饶戈平主编：《国际组织法》，91页，北京，北京大学出版社，1996。

处在秘书长的领导下，由来自会员国的独立履行职务的国际工作人员组成。

（三）国际组织的表决制度

国际组织的表决制度是组织活动程序的核心内容，它是指成员国对该组织有关决议草案表示反对或赞成的一种方式。各种国际组织的表决程序并不完全相同。概言之，有以下三种类型：

1. 全体一致通过。国际会议和国际组织决议的表决传统上必须以到会全体代表一致通过为基础来进行。这种制度是建立在国家主权平等原则基础上的。国际联盟大会和行政院的表决，均采取一致同意制。这种制度实际上赋予了每一成员国以否决权。现在，只有少数区域性组织采用此制度。

2. 多数表决。最先采用多数表决方法的是司法系统的国际组织，如 1794 年根据《杰伊条约》成立的混合仲裁委员会。到 19 世纪，一些行政、技术性的国际组织也采用了多数表决制。不过，政治性国际组织采用多数表决制比较晚。目前，不仅联合国等普遍性国际组织采用了多数表决制，而且区域性国际组织也采用了此制度。多数表决中的多数是指出席并投票的成员国的多数。按照决议事项的重要程度，多数表决可以分为三种情况：

（1）简单多数表决，即决议只需获得超过成员国过半数的同意票就可以通过。目前，不少国际组织的机关采用简单多数表决。

（2）特定多数表决，即对于重要问题的表决必须获得特定的大于过半数的多数同意。这里的特定多数，一般以 2/3 为准，如联合国大会对于重要事项的表决。但也有规定为 3/4、4/5 或更高比例的。

（3）加权表决，即在某些有关经济、金融等领域的国际组织中，实行按照特殊比例分配给各成员国以不等量的投票权，采取所谓“加权表决制”。这一制度偏重于从成员国的利益大小与经济实力着眼，给予占优势的国家以较大的决定权。像国际货币基金组织和世界银行，它们均采取按基金份额多少来分配投票权的方式。在世界银行，每个成员国除一律平等可投 250 个基本票外，还按所占股份，以每股增加一个投票权的比例计算。

3. 协商一致。第二次世界大战以后，国际组织和国际会议中逐渐出现了一种新的决策方式——协商一致，即会议文件经协商后，如果所有代表团均无反对意见，即认为通过，无须交付表决。协商一致对于提高决议的效率是可取的，但它也存在贬低决议内容、方式暧昧不清以及由于允许保留意见而使得达成的协议有降低实际价值的缺点。

第二节　联合国

一、联合国的建立

联合国（United Nations）是接受 1945 年在旧金山会议上签订的《联合国宪章》所载之义务的国家所组成的世界性组织。它是一个在集体安全原则基础上维持国际和平与安全的非常广泛的一般政治性组织，是一个当今最具普遍性、最有影响力和最大的国际组织。联合国的建立经历了以下四个阶段：

（一）战争中期的构想

早在第二次世界大战中期，创立一个国际安全组织的设想就已经出现了。1941 年，英国、澳大利亚、加拿大、新西兰、比利时、捷克、希腊、卢森堡、荷兰、挪威、波兰、南斯拉夫、南非以及法国的代表，签署了《伦敦宣言》，强调“持久和平的唯一真正基础是，各国自由人民志愿在一个已经摆脱侵略威胁，人人享有经济和社会安全的世界中合作”。1942 年 1 月，中国、苏联、美国、英国等 26 个国家的代表在华盛顿签署了共同反对法西斯的《联合国家宣言》。1943 年 10 月，中国、苏联、美国、英国代表在莫斯科会议上共同签发了四国《普遍安全宣言》，主张建立一个战后普遍安全组织的思想和愿望有了进一步的发展。莫斯科宣言为联合国奠定了据以创立的方针和基础。它实际上是建立联合国的第一个步骤。

（二）敦巴顿橡树园会议

1944 年 8 月至 1944 年 10 月，中国、苏联、美国、英国四国代表在华盛顿郊区的敦巴顿橡树园召开会议。这次会议根据莫斯科宣言的精神，草拟了战后国际组织章程的草案，称为《关于建立普遍性国际组织的建议案》，并建议这个组织命名为“联合国”。建议案总共包括 12 章，内容涉及联合国的宗旨与原则、会员资格、主要机关及其职权、关于维持国际和平与安全以及社会合作的各种安排等方面。总之，橡树园建议案绘制了联合国的蓝图，对联合国的成立起了十分重要的作用。

（三）雅尔塔会议

1945 年 2 月，在克里米亚的雅尔塔举行的英国、美国、苏联三国首脑会议对于新的国际安全组织的建立方案又有所发展。首先，该会议解决了敦巴顿橡树园会议所未能解决的关于安理会的表决程序问题。会议通过了所谓的“雅尔塔方案”，即后来的“五大国一致”原则，使安理会各常任理事国因此而享有“否决权”。其次，会议确定，1945 年 4 月 25 日在旧金山召开联合国家会议，以便依照在敦巴顿橡树园非正式会谈中建议的方针制定这个组织的宪章。雅尔塔会议为联合国的诞生进一步铺平了道路。

（四）旧金山会议

旧金山会议的正式名称为“联合国家关于国际组织的会议”。参加会议的共有 50 个国家。代表们研究和讨论了橡树园建议案、雅尔塔表决方案和各国政府所提出的修正案。1945 年 6 月 25 日，代表们一致通过了《联合国宪章》，并于次日正式举行签字仪式。波兰当时没有派代表参加会议，但后来作为创始会员国于 1945 年 10 月 15 日签署了宪章。《联合国宪章》于 1945 年 10 月 24 日开始生效，联合国正式成立。第一届联合国大会于 1946 年 1 月 10 日在伦敦召开。1946 年 2 月，大会决定将联合国总部设在纽约。此外，在日内瓦和维也纳也设有联合国机构的常驻中心。1947 年，联合国大会决定将 10 月 24 日定为“联合国日”。

二、联合国的宗旨和原则

《联合国宪章》规定了联合国的宗旨与原则、会员国、主要机关的组成、职权范围、活动程序与主要工作，以及有关联合国组织的地位与宪章的修正等，它是联合国一切活动的法律依据。宪章由序文和19章组成，共有111项条款。《国际法院规约》为宪章的组成部分。《联合国宪章》是联合国组织的根本法，它本身是一项多边条约，是一个立法性的国际公约，对会员国有约束力。

（一）联合国的宗旨

《联合国宪章》第1条将联合国的宗旨规定为以下四项：

1. 维持国际和平与安全。宪章把“维持国际和平与安全”规定为联合国的首要目的。宪章序言提到“欲免后世再遭今代人类两度身历惨不堪言之战祸”。为了达到这一目的，宪章规定了两个步骤，即：“以和平方法且依正义及国际法之原则，调整或解决足以破坏和平之国际争端或情势”；“采取有效集体办法，以防止且消除对于和平之威胁，制止侵略行为或其他和平之破坏”。《联合国宪章》把这一宗旨放在第一项的突出地位，说明维持国际和平与安全具有特别重要的意义。本项规定特别提到在解决国际争端中应“依正义及国际法之原则”，这反映了在战后国际关系中应尊重正义和加强国际法作用的普遍要求。

2. 发展各国之间的友好关系。宪章规定：“发展国际间以尊重人民平等权利及自决原则为根据之友好关系，并采取其他适当办法，以增强普遍和平。”各国人民平等及民族自决的原则是发展各国友好关系的基础。各国人民都有权选择自己的政治、经济和社会制度，都有权获得民族独立。任何压制民族解放运动、实行种族歧视的行为都是违反国际法的。

3. 促进国际间有关经济、社会及文化方面的合作。宪章规定：“促成国际合作，以解决国际间属于经济、社会、文化及人类福利性质之国际问题，且不分种族、性别、语言或宗教，增进并激励对于全体人类之人权及基本自由之尊重。”要维持国际和平与安全，除上述和平解决争端、制止侵略行为、发展友好关系外，还有另一个重要方面，即必须在平等基础上广泛地促进经济、社会、文化等方面的合作，尊重全人类的人权和基本自由，不实行任何歧视，以消除引起战争的经济及其他原因。

4. 构成协调各国行动的中心。宪章规定，联合国应作为协调各国行动的中心，并使之成为进行协作的重要场所。联合国的主要活动方式在于通过彼此协商，取得有关各国行动的协调，以实现上述各项规定。

（二）联合国的原则

为了实现联合国的上述宗旨，《联合国宪章》第2条规定了联合国本身及其会员国应遵守的若干原则。这些原则是：

1. 会员国主权平等。《联合国宪章》第2条第1项规定：“本组织系基于各会员国主权平等之原则。”各会员国主权平等是联合国的一项基本组织原则。该原则的含义是，所有会员国在法律上一律平等，其国家人格、领土完整与政治独立等一切主权权利应受到尊重。

2. 善意履行宪章义务。《联合国宪章》第2条第2项规定：“各会员国应一秉善意，履行其依本宪章所担负之义务，以保证全体会员国由加入本组织而发生之权益。”据此，联合国会员国必须忠实执行联合国的决议，善意履行宪章义务，并承认宪章义务处于优先地位。

3. 和平解决国际争端。《联合国宪章》第 2 条第 3 项规定："各会员国应以和平方法解决其国际争端，俾免危及国际和平、安全及正义。"这一原则是宪章解决国际争端各条款的基础。《联合国宪章》第 33 条列举了各种解决争端的和平方法，包括谈判、调查、调停、和解、仲裁、司法解决、利用区域机构或区域协定等。

4. 禁止以武力相威胁或使用武力。《联合国宪章》第 2 条第 4 项规定："各会员国在其国际关系上不得使用威胁或武力，或以与联合国宗旨不符之任何其他方法，侵害任何会员国或国家之领土完整或政治独立。"宪章强调的是会员国在国际关系中不得以武力相威胁或使用武力，但是，宪章并没有排除会员国在受到武力攻击时，可以行使单独或集体的自卫权。

5. 集体协助。《联合国宪章》第 2 条第 5 项规定："各会员国对于联合国依本宪章规定而采取之行动，应尽力予以协助，联合国对于任何国家正在采取防止或执行行动时，各会员国对该国不得给予协助。"根据本项原则，会员国在联合国对任何国家正在采取强制行动时，必须尽力予以协助，并且对被制裁的国家不得予以协助。

6. 确保非会员国遵行宪章原则。《联合国宪章》第 2 条第 6 项规定："本组织在维持国际和平及安全之必要范围内，应保证非联合国会员国遵行上述原则。"这是宪章中一项重要而颇为特殊的规定。"这意味着在一定范围内，联合国对非会员国有某种干涉权。"[①]

7. 不干涉内政。《联合国宪章》第 2 条第 7 项规定："本宪章不得认为授权联合国干涉在本质上属于任何国家国内管辖之事件，且并不要求会员国将该项事件依本宪章提请解决；但此项原则不妨碍第七章内执行办法之适用。"这项原则是从主权平等原则派生出来的。它一方面要求联合国不得干涉任何国家的内政；另一方面，这一原则不得妨碍联合国依宪章第七章对威胁和破坏和平的情势采取强制措施的应用。

关于以上原则，联合国虽系从该组织的角度提出问题并规定权利和义务，但其中一些原则，特别是会员国主权平等、善意履行宪章义务、和平解决国际争端、禁止以武力相威胁或使用武力、不干涉内政等，均系国际社会全体接受的原则，因而其效力已超出了一个国际组织宪章的范围，而对各国具有拘束力。不过，这种拘束，就其性质来说，已不属于国际组织拘束成员国的范畴，而是作为公认的国际法基本原则被各国接受。

三、联合国的会员国

联合国的会员国可以分为创始会员国和纳入会员国两大类。

（一）创始会员国

按照《联合国宪章》第 3 条的规定，凡曾经参加旧金山会议或以前曾签署《联合国家宣言》的国家，签署了宪章并依法予以批准的，均为联合国的创始会员国。联合国共有创始会员国 51 个。

（二）纳入会员国

根据《联合国宪章》第 4 条的规定："凡其他爱好和平之国家，接受本宪章所载之

---

① 梁西：《国际组织法》（总论），5 版，77 页。

义务，经本组织认为确能并愿意履行该项义务者，得为联合国会员国。”“准许上述国家为联合国会员国，将由大会经安全理事会之推荐以决议行之”。据此分析，被接纳为联合国的新会员国必须符合以下五个条件：（1）被接纳的是一个国家；（2）它接受宪章所载的义务；（3）它爱好和平；（4）它愿意并且确能履行宪章的义务；（5）它获得安理会（包括常任理事国一致同意）的推荐和大多数会员国（2/3 多数决议）的准许。截至 2010 年年底，联合国共有会员国 192 个。

如上所述，联合国会员国资格是根据宪章的规定而取得的。同样，会员资格在一定条件下也有可能丧失。会员国资格的丧失一般有三种情况：

1. 开除会员国。按照《联合国宪章》第 6 条的规定：“联合国之会员国中，有屡次违犯本宪章所载之原则者，大会经安全理事会之建议，得将其由本组织除名。”开除是联合国中最严厉的制裁形式。

2. 中止会员国权利。按照《联合国宪章》第 5 条的规定：“联合国会员国，业经安全理事会对其采取防止或执行行动者，大会经安全理事会之建议，得停止其会员权利及特权之行使。此项权利及特权之行使，得由安全理事会恢复之。”又按照《联合国宪章》第 19 条的规定：“凡拖欠本组织财政款项之会员国，其拖欠数目如等于或超过前两年所应缴纳之数目时，即丧失其在大会投票权。”

3. 会员国退出。《联合国宪章》虽然没有像《国际联盟盟约》那样作出关于会员国自动退出的规定，但在旧金山会议上，有关委员会的报告肯定联合国会员国具有退出组织的权利，而且这一意见得到了与会的全体国家的承认。因此，不言而喻，联合国的会员国保留自动退出组织的权利。1965 年，印度尼西亚就曾自动宣布退出联合国。

四、联合国的主要机关

为了实现宪章所规定的宗旨，联合国设有六大主要机关：大会、安全理事会、经济及社会理事会、托管理事会、国际法院和秘书处。此外，联合国还设有执行其职能所必需的各种辅助机关。

（一）大会

1. 大会的组成及职权。大会是联合国的主要审议机关，由全体会员国组成。每一个会员国可以派代表 5 人，但各国只有一个投票权。大会每年举行一届常会，一般为期 3 个月，在 9 月的第三个星期二开幕，12 月 25 日以前闭幕，如果议程尚未讨论完毕，则在第二年春天继续开会。在一定条件下，联合国还可以召开大会的特别会议或紧急特别会议。会议的地点在宪章中没有指定，但大会通常在联合国总部所在地，即纽约举行。不过，也有在其他地方举行会议的例子。

此外，根据《联合国宪章》第 22 条的规定：“大会得设立其认为于行使职务所必需之辅助机关。”因此，在大会下有七个主要委员会：（1）政治与安全委员会（第一委员会）；（2）经济与财政委员会（第二委员会）；（3）社会、人道与文化委员会（第三委员会）；（4）非殖民化委员会（第四委员会）；（5）行政与预算委员会（第五委员会）；（6）法律委员会（第六委员会）；（7）特别政治委员会。大会也可以随时就特定事项设立专门委员会，如裁军委员会、国际法委员会等。

大会的职权十分广泛。大会可以讨论宪章范围内的任何问题或事项，除安理会正在处理者外，得向联合国会员国或安理会提出对各该问题或事项的建议。宪章就大会的职权作出了如下具体的规定：

（1）大会得考虑关于维持国际和平及安全之合作的普通原则，并得向会员国或安理会提出对于该原则的建议。大会得讨论联合国任何会员国或安理会或一定条件下的非会员国向大会所提出关于维持国际和平及安全之任何问题，并得向会员国或安理会提出对于各该项问题的建议。大会对于足以危及国际和平与安全的情势，得提请安理会注意。

（2）大会应发动研究，并作成建议，以促进政治上的国际合作，并提倡国际法的逐渐发展与编纂；促进经济、社会、文化、教育及卫生各部门的国际合作，且不分种族、性别、语言或宗教，助成全体人类的人权及基本自由的实现。

（3）大会对于其所认为足以妨碍国际间公共福利或友好关系的任何情势，不论其起源如何，得建议和平调整办法。

（4）大会应收受并审查安理会所送的常年及特别报告；大会应收受并审查联合国其他机关所送的报告。

（5）大会应执行宪章所授予关于国际托管制度的职务，包括关于非战略地区托管协定的核准。

（6）大会应审议和批准联合国的预算，分配会员国的经费负担，审查各专门机构的行政预算。

值得注意的是，联合国大会虽然在政治、经济、社会、文化等领域享有广泛的职权，但这些职权多属建议性质。联合国大会通过的决议虽然对会员国可以产生一定的政治影响，但并不具有法律约束力。

2. 大会的表决程序。按照宪章的规定，每一会员国在大会应有一个投票权。大会的决议事项分为两类，适用不同的程序。第一类是所谓重要问题的决议，大会应以到会投票的会员国 2/3 多数来决定。此类问题包括：关于维持国际和平及安全的建议、安理会非常任理事国的选举、经济及社会理事会理事国的选举、托管理事会理事国的选举，对于新会员国加入联合国的审批，会员国权利及特权的停止，会员国的除名，关于施行托管制度的问题及预算问题等。第二类是关于其他问题的决议，应以到会及投票的会员国过半数来决定。

（二）安全理事会

1. 安全理事会的组成。安全理事会简称安理会，由 5 个常任理事国（中国、法国、苏联、美国、英国）和 10 个非常任理事国组成。其中，苏联的常任理事国席位现由俄罗斯接替。非常任理事国由联合国大会选举，在选举时，首先应特别照顾到各会员国对维持国际和平及安全以及联合国其他宗旨的贡献，也照顾到地理上的公平分配。非常任理事国任期 2 年，每年改选 5 个，不得连选连任。按照惯例，非常任理事国的席位作如下分配：亚非 5 个，东欧 1 个，拉丁美洲 2 个，西欧及其他国家 2 个。安理会每一理事国应有代表一人。安理会主席由各理事国依其国名英文字首的排列次序，按月轮流担任，每个国家 1 个月。

2. 安全理事会的职权。安理会是联合国维持国际和平与安全方面负主要责任的机关。按照宪章规定，为保证联合国行动迅速、有效起见，各会员国将维持国际和平与安全的主要责任授予安理会，并同意安理会在履行此项职责时代表各会员国；安理会在履行此项职务时，应遵照联合国的宗旨和原则，行使为履行此项职务而被授予的特定权力；各会员国同意依宪章的规定接受并履行安理会的决议。因此，安理会的职权主要是执行性的，它有权根据宪章的规定采取执行行动来维持国际和平与安全，其有关决议对各会员国也是有约束力的。安理会除在和平解决国际争端方面行使重要的职权外，特别是在维持和平与制止侵略方面行使重要的职能。

3. 安全理事会的表决程序。根据《联合国宪章》第 27 条的规定，安理会每一理事国拥有一个投票权；安理会关于程序事项的决议，应以 9 个理事国的可决票表决之；安理会对于其他一切事项的决议，应以 9 个理事国的可决票包括全体常任理事国的同意票表决之。这就意味着常任理事国享有否决权。但对于和平解决国际争端的决议，争端当事国不得投票。此外，关于某一事项是否属于程序性这一先决问题的决定，也必须以 9 个理事国的可决票决定之，其中应包括全体常任理事国的同意票在内。这意味着五大常任理事国在安理会享有所谓的“双重否决权”[①]。

从已有的国际实践来看，否决权的行使与国际政治形势密切相关。在联合国成立的初期，以美国为首的西方集团操纵联合国的表决机器，因此，当时行使否决权的主要是苏联。但进入 20 世纪 60 年代之后，由于新会员国激增，使联合国的力量结构发生了重大变化，美国成了常任理事国中行使否决权最多的国家。进入 90 年代后，形势又发生了新的变化。例如，90 年代初海湾危机爆发后，五大常任理事国在安理会连续通过的十多项决议中，没有一个对这些决议投反对票。这在安理会的表决史上是十分罕见的。

自从联合国成立以来，否决权问题一直是修改宪章的一个焦点。然而，随着国际形势的发展变化，各国对否决权的态度并不相同。不过，发展中国家一贯主张修改或适当限制否决权，以实现大小国家一律平等。

（三）经济及社会理事会

经济及社会理事会，简称经社理事会，由联合国大会选出的 54 个理事国组成。理事国的任期为 3 年，每年改选 1/3，改选时得连选连任。经社理事会的每一理事国应有代表 1 人。

经社理事会的职权包括：（1）作成或发动关于国际经济、社会、文化、教育、卫生及其他有关事项的研究及报告，并得向联合国大会、各会员国和有关专门机构提出关于此种事项的建议案；为增进全人类的人权及基本自由的尊重与维护起见，得作成建议案；拟具关于其职权范围内事项的协约草案，提交大会；按照联合国所定的规则召集本理事会职务范围以内事项的国际会议。（2）同各专门机构订立协定，使之同联合国建立关系；为调整各种专门机构的工作，得与此种机构会商并得向其提出建议。（3）采取适当步骤，以取得专门机构的经常报告。（4）向安理会提供情报，并应安理会的邀请，予以协助。

经社理事会每一理事国有一个投票权，理事会的决议，应以到会及投票的理事国

① 梁西主编：《国际法》，359 页。

过半数表决之。从 1971 年开始，中国一直当选为经社理事会的理事国。

（四）托管理事会

托管理事会是联合国负责监督托管领土行政管理的机关。托管理事会由下列三类联合国会员国组成：（1）管理托管领土的会员国；（2）非管理托管领土的安理会常任理事国；（3）由联合国大会选举必要数额的其他会员国，任期为 3 年。

托管制度的基本目的是促进国际和平与安全；增进托管领土居民的政治、经济、社会及教育的进展；增进其趋向自治或独立的逐渐发展。适用于托管制度下的领土包括国际联盟委任统治下的领土；因第二次世界大战的结果或将自敌国割离的领土；负管理责任的国家自愿置于该制度下的领土。

托管理事会的职权主要有：（1）审查管理当局所送的报告；（2）会同管理当局接受并审查请愿书；（3）与管理当局商定时间，按期视察各托管领土；（4）拟定关于各托管领土居民的政治、经济、社会及教育进展的问题单，在大会职权范围内，各托管领土的管理当局应根据该项问题单向大会提出常年报告。

托管理事会的每一理事国有一个投票权，理事会的决议应以到会及投票的理事国过半数表决之。自 1989 年 5 月开始，中国政府开始参加该理事会的活动。

联合国成立后，置于国际托管制度下的领土共有 11 块。由于托管领土的人民不断努力，托管领土相继取得了独立或自治。1994 年，最后一块联合国的托管领土贝劳取得了独立。因此，托管理事会在联合国的地位是联合国改革中的一个亟待解决的问题。需要注意的是，联合国秘书长安南在 1997 年 7 月提出了“一揽子改革方案”，拟议将托管理事会改成一个论坛，对全球环境和海洋、大气层及外层空间行使集体托管权。

（五）国际法院

国际法院是联合国的主要机关之一，也是联合国的主要司法机关。关于法院的组织、职权和程序规则等内容，将在“和平解决国际争端”一章中阐述。

（六）秘书处

秘书处是联合国的第六个主要机关。秘书处由秘书长 1 人和联合国所需要的若干办事人员组成。秘书长应由联合国大会经安理会的推荐委派，任期为 5 年，连任期也为 5 年。办事人员则由秘书长按照联合国大会所定章程委派。办事人员的雇用及其服务条件，应首先考虑工作效率、才干及忠诚。在可能范围内，征聘办事人员时应充分注意地域上的普及。

秘书长是联合国的行政首长。秘书长在大会、安理会、经社理事会及托管理事会的一切会议上，应以秘书长资格行使职务，并应执行各该机关所托付的其他职务。秘书长应向大会提送关于联合国的常年工作报告。秘书长得将其认为可能威胁国际和平与安全的任何事件，提请安理会注意。

秘书长和办事人员在执行职务时，不得请求或接受联合国以外任何政府或其他当局的训示，并应避免足以妨碍其国际官员地位的行动。秘书长和办事人员只对联合国负责。联合国各会员国应尊重秘书长和办事人员责任的专属国际性，决不能设法影响其责任的履行。

联合国成立以来，已有八任秘书长。现任秘书长是韩国人潘基文。此前七任秘书长分别为：赖伊（挪威人）、哈马舍尔德（瑞典人）、吴丹（缅甸人）、瓦尔德海姆（奥地利人)、德奎利亚尔(秘鲁人)、加利(埃及人)、安南(加纳人)。按照惯例,安理会常任理事国的国民不得担任秘书长职务。

五、中国与联合国

中国是联合国安理会的五大常任理事国之一,也是联合国的创始会员国。然而,中国与联合国的关系颇为复杂,经历了一段颇为曲折的道路。[①]

从联合国组织的起源来说,早在 1943 年,中国代表就出席了莫斯科四国外长会议,签署了《普遍安全宣言》,主张尽快建立一个国际组织。1944 年秋,中国又参加了橡树园会议,参与了《关于建立普遍性国际组织的建议案》的起草工作,并对建议案提出了不少重要的补充意见。后来,这些意见的一部分被会议接受,载入了《联合国宪章》。[②] 1945 年,雅尔塔会议决定,中国作为四个发起国之一,与苏联、美国、英国共同召集旧金山制宪会议。中国派遣了由 10 人组成的代表团出席旧金山会议。中国代表顾维钧最先在宪章上签字。在《联合国宪章》第 23 条中,中国列为安理会 5 个常任理事国之一。可见,中国在联合国的创建过程中起到了重要的作用。

1949 年,中华人民共和国的成立揭开了中国历史的新篇章。它对整个国际形势及联合国产生了深远的影响。

从国际法的角度看,中华人民共和国成立后,中华人民共和国中央人民政府是中国的唯一合法政府,应在联合国中代表中国。从它成立之日起,就应当立即享有其在联合国的一切合法权利。因此,新中国成立后,中华人民共和国就应该是、也必然是联合国创始会员国和常任理事国。

然而,由于种种原因,新中国在联合国的合法席位长期被无理剥夺。1950 年,安理会在新中国代表和苏联代表缺席的情况下,两次非法通过决议,要求成立由美国指挥的所谓“联合国军”。这显然是对国际法和《联合国宪章》的践踏。

在整个 20 世纪 50 年代至 60 年代历届联合国大会会议上,中国在联合国的代表权问题,先是被以所谓的“时机不成熟”为借口予以搁置,后又以“中国代表权问题必须由联合国大会 2/3 多数才能决定”为由继续拖延。

1971 年 10 月 25 日,第二十六届联合国大会会议终于以压倒性多数通过了关于“恢复中华人民共和国在联合国组织中的一切权利”的第 2758 号决议。中国合法代表权在联合国的恢复使国际关系向多极化方向发展的趋势更加明显。此后,在联合国内外,中国为维护国际和平与安全,促进国际经济及社会的发展等方面发挥着日益重要的作用。

第三节 区域性国际组织

一、概念和特征

区域性国际组织主要是指“一个区域内若干国家或其政府、人民、民间团体基于

① 参见梁西:《联合国与中国》,载《武汉大学学报》(社会科学版),1989(4)。
② 参见丘宏达:《现代国际法》,863～864 页,台北,三民书局,1995。

特定目的，以一定协议而建立的各种常设机构”[①]。

区域性国际组织在古代已有萌芽。但真正意义上的区域性国际组织则是到近代以后才开始出现的。第二次世界大战以后，区域性国际组织发展迅速。很多区域性国际组织，尤其是区域性经济组织就是在这一时期产生的。各种区域性国际组织形成了与全球性国际组织并行发展的趋势。

区域性国际组织一般具有以下特征：

1. 具有明显的地域性质。区域性国际组织的成员国一般是特定地区内的一些主权国家。它们领土接壤，交往频繁，比较容易建立和发展睦邻关系；同时，由于交往的增多，利害冲突也容易产生，因此，需要建立一定的组织形式来加以调整。

2. 具有比较稳定的社会、政治基础。区域性国际组织的成员国往往具有共同的利益和政治背景，它们在民族、历史、语言、文化甚至精神上的联系比较密切，存在相互关心的政治、军事、经济或社会问题，有的还实行了相似的政治、经济和社会制度。

3. 具有较明显的集团性。成立区域性国际组织的目的主要是维护本区域内的和平与安全，促进本区域的发展，在有关国际事务中用一个声音说话，形成一种集体的力量。

在区域性国际组织中，有些是政治性的，有些是专门性的。但是，一般区域性国际组织从其基本活动来看，不仅具有政治方面的职权，也具有调整和促进本区域内社会、经济和其他有关领域合作的作用。

《联合国宪章》第 51 条、第 52 条、第 53 条和第 54 条专门规定了区域性国际组织的法律地位及其与联合国的特殊法律关系。按照宪章的规定，联合国并不排除利用区域办法或区域机关来应付关于维持国际和平及安全而宜于区域行动的事件，但此项办法或机关及其工作，必须符合联合国的宗旨与原则。区域性国际组织的任务主要有：第一，设立区域性国际组织的联合国会员国在将地方争端提交安理会以前，应通过区域性国际组织，力求争端的和平解决。第二，在适当情形下，应协助安理会实施依安理会权力而采取的强制行动，但此项行动必须有安理会的授权。此外，为了维护国际和平与安全，区域性国际组织已经采取或正在考虑的行动，不论何时，应向安理会充分报告。综上可见，区域性国际组织已被纳入联合国维护国际和平与安全的全球体制之中。

二、主要的区域性国际组织

第二次世界大战以后，成立了很多区域性国际组织。目前，比较重要的区域性国际组织主要有：美洲国家组织、欧洲联盟、非洲联盟、阿拉伯国家联盟和东南亚国家联盟。

（一）美洲国家组织

在世界各地现有的区域性国际组织中，美洲国家组织历史最为悠久。其起源可以溯及 19 世纪初期的中南美独立战争。1899 年，美洲国家正式成立了“美洲共和国国际联

① 梁西主编：《国际法》，371 页。

盟”。1910年，将其名称改为泛美联盟。1948年，在哥伦比亚波哥大召开的第九次美洲国家会议通过了《美洲国家组织宪章》（又称《波哥大公约》），将该组织确定为现名，即“美洲国家组织”（Organization of American States，OAS）。其总部设在华盛顿。

根据《美洲国家组织宪章》第4条的规定，美洲国家组织的宗旨为：（1）加强美洲大陆的和平与安全；（2）防止会员国之间引起困难的可能原因并保证会员国之间可能发生的争端的和平解决；（3）为遭到侵略的国家规定共同行动；（4）寻求会员国之间所引起的政治、法律及经济问题的解决；（5）以合作行动促进会员国经济、社会及文化的发展。

美洲国家组织的成员国以拉丁美洲国家为主，也包括美国，2010年有35个成员国。1962年，古巴被取消该组织的成员资格。该组织的主要机构有：大会、常设理事会、经社理事会和教科文理事会、总秘书处和外交部长协商会议等。

（二）欧洲联盟

欧洲联盟（European Union，EU，以下简称欧盟）的前身是欧洲共同体。它是第二次世界大战后发展起来的西欧各国的国际联盟，是一种新型的区域性国际组织。欧盟的显著特点为：一个联合起来逐步走向高度一体化甚至“国家实体联合”的经济与政治实体。①

欧盟的历史发展可以溯及1950年5月法国外长舒曼提出的“舒曼计划”。根据该计划，1951年4月，法国、联邦德国、意大利、荷兰、比利时、卢森堡等六国在巴黎签订了《欧洲煤钢联营条约》，建立煤钢共同市场；1957年3月，该六国外长在罗马签订了《欧洲经济共同体条约》和《欧洲原子能联营条约》；嗣后，六国又于1967年7月决定把欧洲煤钢联营、欧洲原子能联营并入欧洲经济共同体，统称为欧洲共同体。欧洲共同体的成员国最初只有上述6国，其后，英国、丹麦、爱尔兰于1973年加入，希腊于1981年加入，葡萄牙和西班牙于1986年加入，后来奥地利、芬兰和瑞典又相继加入，现有成员国27个。其总部设在布鲁塞尔。

1991年12月，欧盟成员国在荷兰的马斯特里赫特一致同意使这个联盟成为更大的经济、货币和政治联盟，包括更加统一的对外和安全政策的欧盟条约的修正条款。至1993年初，欧盟已经具备一个真正的“单一”市场，或者说共同市场的基本组成部分，尽管有些部分仍有待于进一步实施，但人员、商品、劳务和资本已经可以自由流动。1993年11月1日，《马斯特里赫特条约》（以下简称《马约》）正式生效。同一天，欧洲共同体正式成为欧盟，欧洲3个共同体的委员会成为欧盟委员会。根据《马约》的规定，成员国已开始就共同的外交和安全政策（“第二根支柱”）以及司法和国内事务（“第三根支柱”）问题，进行政府间协调。2002年1月1日，欧洲统一货币“欧元”开始流通。

欧盟的主要机构有：部长理事会、欧洲议会、（执行）委员会和欧洲法院。成员国一致同意把一定的国家主权权力交给欧盟机构，并在对这些权力的共同管理中进行合作。部长理事会是欧盟的立法与决策机关；欧洲议会主要起监督和咨询作用，有权决

① 参见梁西：《国际组织法》（总论），5版，252页。

定共同体机构的预算，在某些条件下可以对理事会的决定进行修改；执行委员会由20人组成，是欧盟的执行机构，负责执行部长理事会的决议，代表欧盟对外联系与谈判等；欧洲法院是欧盟的最高司法机构，负责解释基本条约，并审理和裁判在执行条约中发生的争端。

在对外关系方面，欧盟现已同一百多个国家建立了正式关系，并以国际组织身份参加联合国和其他一些国际组织的活动。

（三）非洲联盟

非洲联盟建立于2002年7月10日，其前身为"非洲统一组织"。1963年5月，31个非洲国家的代表在埃塞俄比亚首都亚的斯亚贝巴举行会议，通过了《非洲统一组织宪章》，非洲统一组织宣告成立，该组织总部设在亚的斯亚贝巴，非洲联盟现有53个成员国。

根据《非洲统一组织宪章》第2条的规定，非洲统一组织的宗旨为：（1）促进非洲国家的统一与团结；（2）协调并加强它们之间的合作与努力以改善非洲各国人民的生活；（3）保卫它们的主权、领土完整与独立；（4）从非洲根除一切形式的殖民主义；（5）在对《联合国宪章》与《世界人权宣言》给予应有的尊重的情况下促进国际合作。该组织设有国家和政府首脑会议、部长理事会和秘书处等机构。非洲联盟的宗旨和组织机构与非洲统一组织基本相同。

（四）阿拉伯国家联盟

1944年9月，阿拉伯各国外长在埃及的亚历山大举行会议，决定成立阿拉伯国家联盟。1945年3月，叙利亚、约旦、伊拉克、沙特阿拉伯、黎巴嫩、埃及、也门等七国代表在开罗举行会议，签订了《阿拉伯国家联盟公约》，阿拉伯国家联盟正式宣告成立。其总部设在开罗。

根据《阿拉伯国家联盟公约》第2条的规定，阿拉伯国家联盟的宗旨为：（1）使会员国之间的关系更加密切，并为实现彼此间的紧密合作而协调彼等的政治活动；（2）保卫彼等的独立和主权；（3）全面考虑阿拉伯国家的事务和利益；（4）会员国在经济和财政、交通、文化、社会福利、卫生以及国籍等事项中进行紧密合作。该组织的主要机构有：首脑会议、各专门委员会和常设秘书处等。

（五）东南亚国家联盟

1967年8月，印度尼西亚、马来西亚、菲律宾、新加坡和泰国五国外长在曼谷举行会议，通过了《东南亚国家联盟成立宣言》，东南亚国家联盟（Association of South-East Asian Nations，ASEAN，以下简称东盟）正式成立。其总部设在雅加达。东盟共有10个成员国，除了5个创始成员国外，文莱和越南分别于1984年、1995年加入，老挝和缅甸于1997年加入，柬埔寨于1999年加入。

根据《东南亚国家联盟成立宣言》的规定，东南亚国家联盟的宗旨为：（1）本着平等和合作的精神，通过共同努力来加速这个区域的经济增长、社会进步和文化发展，以加强建立一个繁荣、和平的东南亚国家共同体的基础；（2）在这个区域的国家关系中严格尊重正义原则和法制，并遵守《联合国宪章》的原则，以促进区域的和平和稳定；（3）在经济、社会、文化、技术、科学和行政方面共同关心的问题上促进积极的合作和互助；（4）在教育、专业、技术和行政方面以训练和研究等便利的形式相互提供援助；(5) 更加有效地合作以求更大地利用它们的农业和工业，扩大它们的贸易，包括研究国际商品贸易问题、改进它们的运输和交通设施以及提高其人民的生活水准；(6) 促进东南亚的研究；(7) 与目标和宗旨相类似的现有国际组织和区域性组织保持紧密和有利的合作，并且探索一切途径来进一步加强它们之间的合作。

东南亚国家联盟的主要机构有：首脑会议、部长会议、常务委员会和秘书处。从1974年起，东盟先后同欧共体、美国、日本、澳大利亚、新西兰、加拿大、韩国、印度、中国、俄罗斯进行对话，并建立了"东盟—欧共体合作委员会"、"东盟—美国经济协调委员会"、"东盟—日本协会"、"东盟—澳大利亚论坛"等合作机制。

从1991年起，中国应邀出席东盟外长会议，1996年成为磋商伙伴国。2002年11月，在柬埔寨的金边分别举行的中国和东盟（10+1）、中日韩和东盟(10+3)的首脑会议上，中国与东盟签署了《中国与东盟全面经济合作框架协议》、《南海各方行为宣言》和《关于非传统安全领域合作联合宣言》等一系列文件。这标志着中国与东盟的关系开始进入了一个新的阶段。

第四节　专门性国际组织

一、概况

进入20世纪以后，国际组织的发展趋势之一是专门性国际组织的逐步增加。

专门性国际组织，是指"以某种专业技术活动为主的组织，通常又称非政治性组织（non-political organization)"①。专门性国际组织主要从事经济、社会或文教等行政或技术方面的单一活动。

从国际组织的发展史来看，专门性国际组织比一般政治性国际组织要先产生。最早的专门性国际组织的雏形是有关国际河川的管理组织。早在1804年，欧洲就创立了莱茵河委员会，负责管理莱茵河的航行、税收等有关事项。诸如此类的国际河川管理制度，对以后专门性国际组织的发展具有一定的影响。

进入19世纪下半叶以后，由于科学技术的进步，各种专门性国际组织相继产生。第二次世界大战以来，专门性国际组织的发展更加迅猛。现在，这类组织已成为国际组织体系中的一种重要的类别。应当指出的是，现代专门性国际组织有的是依据一般政治性国际组织的决定而设立的，有的则与一般政治性国际组织建立了工作关系。

二、联合国专门机构

（一）概念和特征

联合国专门机构是联合国体系的一个重要组成部分。联合国专门机构（the Specialized Agencies of the United Nations)，是指"根据特别协定而同联合国建立关系的或根据联合国决定而创设的那种对某一特定业务领域负有国际责任的政府间专门性国

① 江国青：《联合国专门机构法律制度研究》，2页，武汉，武汉大学出版社，1993。

际组织”[1]。

作为一类比较特别的国际组织，联合国专门机构主要具有以下特征：

1. 联合国专门机构是政府间国际组织。所有联合国专门机构都是依政府间的多边条约而成立的，这种政府间的性质，是联合国专门机构最重要的特征。[2] 一般说来，只有主权国家才能加入联合国专门机构。

2. 联合国专门机构在专门领域从事活动。只有在经济、社会、文化、教育、科学、卫生等领域负有广泛活动职能的国际组织才能成为联合国专门机构。联合国专门机构的这种专门性是它们同其他一般政治性国际组织相区别的重要特征。

3. 联合国专门机构与联合国具有法律联系。根据《联合国宪章》第 57 条和第 63 条的规定，由各国政府间协定所成立的各种专门机构，依其组织约章的规定，在经济、社会、文化、教育、卫生及其他有关部门负有广大国际责任的，应通过与联合国经社理事会订立协定的方式同联合国建立关系。宪章在这方面把联合国设计为一个协调国际行政的核心组织。经社理事会是联合国分工负责这一任务的机关。为此目的，经社理事会设置了一个“同政府间机构商谈委员会”，以便同各专门机构就建立上述关系分别进行谈判，并签订关系协定。此种协定需经联合国大会的核准。

4. 联合国专门机构具有独立的国际法律人格。各专门机构虽然根据协定同联合国发生关系，但它们本身是自主的，并不是联合国的附属机关。各专门机构都有其各自的成员国、组织文件、体系结构、议事规则、经费来源以及各自的总部。各专门机构的决议和活动，也不需要联合国批准。

目前，与联合国建立关系的专门机构有：国际电信联盟、万国邮政联盟、世界卫生组织、世界气象组织、国际劳工组织、联合国教育科学及文化组织、国际货币基金组织、世界银行、国际开发协会、国际金融公司、国际民用航空组织、世界知识产权组织、联合国粮食及农业组织、国际海事组织、国际农业发展基金、国际原子能机构、联合国工业发展组织等。

（二）各专门机构简介

1. 国际电信联盟（International Telecomunication Union，ITU）。国际电信联盟成立于 1865 年，总部设在日内瓦。1947 年，该联盟成为联合国的专门机构。1972 年 5 月，中华人民共和国在该组织的合法权利正式恢复，同年 10 月 25 日起开始参加其活动。

国际电信联盟的宗旨是：维持和扩大国际合作，以改进和合理使用包括陆地、水上、航空、宇宙、广播等在内的各种电信业务；协调各国行动，促进技术措施的发展及其最有效的运用，以提高电信业务的效率；扩大技术设施的用途并尽量使之为公众普遍利用等。国际电信联盟的主要机构有全权代表大会、行政大会和行政理事会。该组织还设有四个常设机构：总秘书处、国际频率登记委员会、国际无线电咨询委员会和国际电报电话咨询委员会。

2. 万国邮政联盟（Universal Postal Union，UPU）。万国邮政联盟成立于 1875 年，

① 梁西：《国际组织法》（总论），5 版，267 页。

② 参见江国青：《联合国专门机构法律制度研究》，42～43 页。

总部设在伯尔尼。1948 年 7 月，该联盟成为联合国的专门机构之一。1972 年 4 月，中华人民共和国在该组织的合法权利正式恢复，同年 5 月 8 日，中国政府通知该组织，决定参加其活动。

万国邮政联盟的宗旨是：组成一个单一的各国相互交换邮件的邮政区域，组织和改进邮政业务；参与提供联盟成员国寻求的邮政技术援助，促进邮政方面的国际合作。万国邮政联盟的基本活动之一是为成员国的邮政管理机关所执行的各种国际邮政业务制定规则。该联盟设有世界邮政大会、执行理事会、邮政研究咨询理事会和国际事务局等机构。

3. 世界卫生组织（World Health Organization，WHO）。世界卫生组织创建于 1948 年 4 月，同年 9 月成为联合国的一个专门机构。其总部设在日内瓦。1972 年 5 月，第二十五届世界卫生组织大会通过了恢复中国在该组织合法席位的决议，同年 8 月，中国政府决定逐步参加该组织的活动。

世界卫生组织以使全世界人民达到尽可能高的健康水平为其宗旨。该组织提供世界范围的服务来增进人的健康，与成员国在卫生工作方面进行合作，并协调生物化学方面的研究工作。世界卫生组织的主要机构有世界卫生大会、执行局和秘书处。

4. 世界气象组织（World Meteorological Organization，WMO）。世界气象组织创建于 1950 年，总部设在日内瓦。中华人民共和国在该组织的席位于 1972 年恢复，并当选为执行委员会委员。从 1987 年起，中国一直被世界气象大会选为该组织的主席。这是中国官员在联合国各专门机构中担任的最高职务。

世界气象组织的宗旨是：促进气象服务和观测方面的国际合作；促进气象情报的迅速交换、气象观测资料的标准化，以及观测和统计资料的统一发布。此外，它还推动气象学在航空、航运、水利、农业和其他人类活动中的应用，促进实用水文学，并鼓励气象学方面的研究和培训。该组织设有世界气象大会、执行委员会和秘书处等机构。

5. 国际劳工组织（International Labour Organization，ILO）。国际劳工组织成立于 1919 年，总部设在日内瓦，1946 年 12 月成为联合国专门机构。中华人民共和国自 1983 年 6 月起正式恢复参加该组织的活动。

国际劳工组织的宗旨是：促进各国之间在工业及劳工方面的国际合作，改善劳动状况，扩大社会保障措施，以增进世界和平及社会正义。该组织的一项最重要职能是通过或拟定有关劳工问题的国际公约与建议书。国际劳工组织的主要机构有国际劳工大会、理事会和国际劳工局。

6. 联合国教育、科学及文化组织（United Nations Educational，Scientific and Cultural Organization，UNESCO）。联合国教育、科学及文化组织创立于 1946 年 11 月，并成为联合国的专门机构之一。其总部设在巴黎。1971 年 10 月，该组织执行局第八十八届会议通过决议，承认中华人民共和国的代表是中国唯一合法的代表。自 1974 年 3 月起，中国正式向该组织派出了常驻代表，并于 1979 年成立了“中华人民共和国联合国教科文组织全国委员会”。

联合国教育、科学及文化组织的宗旨是：通过促进各国之间在教育、科学及文化方面的合作，对和平与安全作出贡献，以促进对正义、法治以及人类均得享受的人权与基本自由的普遍尊重。该组织设有如下机构：大会、执行局和秘书处。

7. 国际货币基金组织（International Monetary Fund，IMF）。国际货币基金组织成立于1945年，总部设在华盛顿。1980年4月，该组织执行董事会通过了恢复中华人民共和国的合法权利的决定。中国现在是该组织理事会的理事。

国际货币基金组织的宗旨是：提供协调机制，便于国际间在金融货币方面的合作；稳定国际汇兑，防止竞争性的外汇贬值；消除国际贸易中的外汇障碍；促进国际贸易的扩大与平衡发展以及通过贷款调整成员国国际收支的暂时失调等。其主要活动包括：在成员国国际收支失衡时，对其提供短期信贷；协商解决有关国际金融的各种问题；通过组织培训、派出代表及专家等形式，对成员国提供有关财政、货币、银行、外贸等方面的技术援助等。该组织设有理事会、执行董事会等机构。

8. 国际复兴开发银行（International Bank for Reconstruction and Development，IBRD）。国际复兴开发银行又称世界银行，于1945年成立，1947年11月成为联合国专门机构之一，总部设在华盛顿。银行的成员限于已参加国际货币基金组织的国家。中华人民共和国在世界银行（包括国际开发协会及国际金融公司在内）的权利已于1980年5月恢复，现为该银行的理事国之一。

国际复兴开发银行的宗旨是：促进生产目的的资本投资以协助成员国领土的复兴和开发；促进外国私人投资，促进国际贸易的平衡增长以及国际收支平衡的维护。该组织设有理事会和执行董事会。理事和执行董事的投票权依认缴的资本多少决定。世界银行有两个附属机构：国际开发协会和国际金融公司。它们均为联合国的专门机构。世界银行、国际开发协会和国际金融公司统称为“世界银行集团”。

9. 国际民用航空组织（International Civil Aviation Organization，ICAO）。国际民用航空组织成立于1947年4月，同年10月成为联合国专门机构之一，总部设在蒙特利尔。1974年2月15日，中国政府正式通知该组织，决定承认《国际民用航空公约》及其8个议定书，并自同日起参加该组织的活动。从1974年9月起，中国一直被选为该组织理事会的理事国。

国际民用航空组织的宗旨是：发展国际空中航行的原则和技术，并促进国际航空运输的发展，以保证国际民用航空的安全和有秩序的增长；促进为和平用途的航空器的设计和操作技术；鼓励发展供国际民航应用的航路、航站和航行设备；满足世界人民对安全、正常、有效和经济的空运需要等。该组织的主要机构有大会、理事会、航行委员会和秘书处。

10. 世界知识产权组织（World Intellectual Property Organization，WIPO）。世界知识产权组织成立于1970年4月，1974年12月成为联合国的一个专门机构，是技术性最强的机构之一。其总部设在日内瓦。中国于1980年6月加入该组织，从1982年11月起成为其协调委员会的委员。

世界知识产权组织的宗旨是：通过各国之间的合作并在适当情形下同其他国际组织合作，以促进在全世界保护知识产权；确保各国间在执行各种国际协定方面的国际合作。该组织设有大会、成员国会议、协调委员会和国际局。

11. 联合国粮食及农业组织（Food and Agriculture Organization of the United Nations，FAO）。联合国粮食及农业组织成立于1945年10月，1946年12月成为联合国

最大的一个专门机构。其总部设在罗马。中华人民共和国从1973年4月起恢复参加该组织的活动。

联合国粮食及农业组织的宗旨是：提高营养和卫生水平；改善农、林、渔业一切粮食和农业产品的生产、加工、销售和分配；促进乡村发展和改善农村人口的生活条件；通过上述手段消除饥饿。为实现上述宗旨，该组织在近几年将活动重点放在协助与支持发展中国家发展粮食和农业生产方面。该组织的主要机构有大会、理事会和秘书处。

12. 国际海事组织（International Maritime Organization，IMO）。国际海事组织成立于1958年3月，1959年1月成为联合国的专门机构之一。其总部设在伦敦。中华人民共和国在该组织的席位于1972年5月恢复。从1973年3月1日起，中国政府开始正式参加该组织的活动。

国际海事组织的宗旨是：作为各国就影响国际贸易中的航运技术事项进行合作和交换资料的机构；鼓励在有关海上安全、航运效率和防止船舶造成的海洋污染的事项中普遍采取最高的可行标准，并处理与这些事项有关的法律问题；鼓励各国政府取消影响国际贸易航运中的歧视性行为和不必要的限制；审议有关航运公司不正当的限制性做法的事项。该组织设有大会、理事会、海上安全委员会、海洋环境保护委员会和秘书处等机构。

13. 国际农业发展基金（International Fund for Agriculture Development，IFAD）。国际农业发展基金创立于1977年11月，以罗马为其临时的总部地址。该基金是联合国系统内迄今成立最晚的一个专门机构。[①] 中国于1981年1月加入该组织。

国际农业发展基金的宗旨是：通过向发展中国家，特别是缺粮国家提供优惠贷款和赠款，为它们以粮食生产为主的农业发展项目筹集资金。发放农业贷款是该基金的主要活动之一。该基金的主要机构有理事会和执行局。另设有总裁1人，为该基金的行政首长。

14. 国际原子能机构（International Atomic Energy Agency，IAEA）。国际原子能机构成立于1957年7月，总部设在维也纳。1983年10月，该机构通过决议接纳中国为新的成员国。

国际原子能机构的宗旨是：加速并扩大原子能对全世界和平、健康和繁荣的贡献；确保由其本身，或经其请求，或在其监督或管制下提供的协助不致用于推进任何军事目的。该机构设有大会、理事会和秘书处等机关。总干事为其行政首长。

第五节　世界贸易组织

一、世界贸易组织的建立

世界贸易组织（World Trade Organization，WTO）成立于1995年1月1日。作为

① 参见梁西：《国际组织法》（总论），5版，321页。

协调成员国贸易关系的全球性国际贸易组织，它是根据1993年《乌拉圭回合最后文件》中的《建立世界贸易组织协定》而创建的。从1996年1月1日起，世界贸易组织继承了关贸总协定的业务。其总部设在日内瓦。世界贸易组织不仅为协调各成员国的贸易政策与立场提供了一个正式和常设的固定场所，而且其缜密的法律原则、规则和制度，对维护国际贸易交往的有序发展和推动全球贸易自由化的进程等均将产生深远的影响。

中国是关贸总协定的创始成员国之一。从1980年起，中国与总协定有一定程度的工作联系。1986年，中国决定申请恢复总协定成员国的地位。2001年12月，中国正式成为世界贸易组织的成员。

二、世界贸易组织的宗旨与基本原则

世界贸易组织的宗旨，综合起来，可以分为下列六项：(1) 提高人类生活水平；(2) 保证充分就业、实际收入和有效需求的持续增长；(3) 扩大货物生产与货物贸易并扩大服务贸易；(4) 最适宜地利用世界资源；(5) 保证发展中国家的国际贸易增长份额和经济发展；(6) 建立一体化的多边贸易机制。①

为实现上述各项宗旨，乌拉圭回合达成的各项协议为世界贸易组织和各成员方规定了应予遵守的若干基本原则。这些原则分别是：(1) 非歧视原则；(2) 关税保护原则；(3) 公平贸易原则；(4) 优惠待遇原则；(5) 透明度原则；(6) 协商与协商一致原则。

三、世界贸易组织的成员

根据世界贸易组织章程的规定，世界贸易组织的成员可以分为创始成员和加入成员两类。

(一) 创始成员

凡世界贸易组织章程生效时的1947年关贸总协定的缔约国和欧洲共同体，接受该章程和各项多边贸易协定，其各项减让和承诺表附于1994年关贸总协定，且其具体承诺表附于服务贸易总协定的，均应成为世界贸易组织的创始成员。

(二) 加入成员

根据世界贸易组织章程第12条的规定，任何国家或在其对外商业关系和世界贸易组织章程及多边贸易协定所规定的其他事项上享有充分自主权的分关税领土，根据它与世界贸易组织之间达成的条件，均可以加入建立世界贸易组织的协定及其他各项多边贸易协定，上述国家或分立的关税领土被接纳时，须由部长会议作出加入决定。此等决定应由世界贸易组织成员的2/3多数同意才能作出。

(三) 世界贸易组织成员的基本权利与义务

1. 基本权利。世界贸易组织成员享有的基本权利主要包括：(1) 在世界贸易组织所管理的贸易关系中获得其他世界贸易组织成员的非歧视贸易待遇；(2) 通过世界贸易组

① 参见曾令良：《世界贸易组织法》，35～37页，武汉，武汉大学出版社，1996。

织解决国际贸易争端；（3）直接参与世界贸易组织制定国际贸易规则的过程；（4）利用世界贸易组织体制内的各种合法救济手段；（5）获得世界贸易组织的技术援助和利用世界贸易组织的各种信息资源；（6）向世界贸易组织总部派驻外交代表；（7）参加世界贸易组织的各种会议，并享有表决权和参与决策权；（8）享受世界贸易组织成员所拥有的其他权益。

2. 基本义务。世界贸易组织成员承担的基本义务主要有：（1）开放工农业产品和服务市场；（2）降低关税和减少限制贸易的其他措施；（3）保证实施所作出的承诺；（4）实行法律公开，对政府有关贸易政策行为进行司法审查；（5）在与其他世界贸易组织成员之间的贸易关系中给予其非歧视待遇；（6）向世界贸易组织缴纳会费；（7）通过世界贸易组织解决国际贸易争端，接受世界贸易组织的争端解决决定；（8）接受世界贸易组织的贸易政策审查；（9）善意履行世界贸易组织成员所承担的其他义务。①

四、世界贸易组织的组织结构

世界贸易组织为了实现其章程规定的宗旨和充分、有效地履行其章程所规定的职能，建立了较为系统的组织结构，设立了三个主要机关：部长会议、总理事会和秘书处。此外，按其章程规定，世界贸易组织设立或可以设立一系列专门机构。

（一）部长会议

部长会议（Ministerial Conference）是世界贸易组织的最高权力机关。它由世界贸易组织全体成员的代表组成，至少每 2 年举行一次常会。它应履行世界贸易组织的各项职能并为此采取必要的行为。

（二）总理事会

总理事会（the General Council）由全体成员的代表组成。总理事会应在其认为适当时举行会议。在总理事会下，分别设立货物贸易理事会、与贸易有关的知识产权理事会和服务贸易理事会。总理事会在部长会议闭会期间，行使部长会议的职能。

（三）秘书长与总干事

世界贸易组织章程第 6 条规定，应设立总干事领导下的世界贸易组织秘书处。总干事应由部长会议任命，秘书处的所有职员则由总干事任命。总干事和秘书处职员的职责具有排他的国际性质。总干事是世界贸易组织的行政首长。

五、世界贸易组织的法律地位

《建立世界贸易组织协定》第 8 条明确地规定了世界贸易组织的法律地位。第 8 条第 1 款规定："世界贸易组织应享有法律人格，并且其每一成员应给予世界贸易组织为行使其职能可能必要的此等法律能力。"可见，世界贸易组织具有国际法律人格。

《建立世界贸易组织协定》第 8 条第 2 款规定，世界贸易组织还享有特权与豁免。这是为保证世界贸易组织充分行使其各项职能的需要。同样，世界贸易组织的官员和各成员的代表，在他们独立行使与世界贸易组织有关的职能时，也享有特权与豁免

① 参见余敏友等：《WTO 争端解决机制概论》，33～34 页，上海，上海人民出版社，2001。

(《建立世界贸易组织协定》第8条第3款)。

此外，世界贸易组织可以缔结总部协定。

法律应用

损害赔偿案 (Reparation for Injuries Suffered in the Service of the U. N., Advisory Opinion)[①]

本案的事实是：1948年9月，联合国巴勒斯坦调解专员贝纳多特在耶路撒冷被以色列的极端分子杀害。事后，联合国大会请求国际法院就下列问题提供咨询意见：第一，联合国的代表在履行职务时受到损害，联合国作为一个国际组织是否有对应负责任的法律上或事实上的政府提出国际求偿的权利，以便就 (1) 联合国和 (2) 受害人所受的损害取得应有的赔偿？第二，如果对"问题一 (2)"的答案是肯定的话，联合国的求偿和受害者本国的求偿应如何协调？

1949年4月，国际法院就本案发表了咨询意见。本案是论述国际组织法律地位的一个重要的案例。首先，国际法院对国际组织的法律地位作了深刻的分析，认为国际组织是国际法的主体，国际求偿权是国际法主体的基本权利。其次，联合国有为受害人提出求偿的权利。国际法院指出："联合国对其工作人员受到的损害提出求偿时，它不是为该工作人员的利益，而是为联合国自己的权利。"最后，联合国的求偿权与国籍国的求偿权何优先，国际法上并无规则可循。一般说来，联合国与国籍国应在善意的基础上协调解决。

课后复习

1. 什么是国际组织和国际组织法？国际组织有哪些基本特征？
2. 试述国际组织的法律地位。
3. 试述联合国大会和安理会的职权及表决程序。
4. 什么是区域性国际组织？它有哪些特点？
5. 试述联合国专门机构的概念和特征。
6. 世界贸易组织的成员有哪些基本权利和义务？

① 参见陈致中编著：《国际法案例》，14页，北京，法律出版社，1998。

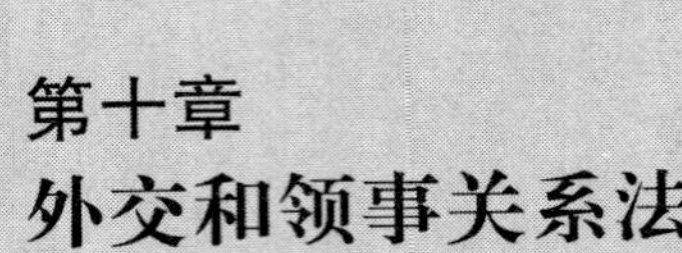

第十章 外交和领事关系法

第一节 概述

一、外交关系和外交关系法

二、领事关系和领事关系法

第二节 外交机关

一、国内外交机关

二、驻外外交机关

第三节 使馆制度

一、使馆建立

二、人员组成

三、派遣与接受

四、职务

五、外交团

第四节 外交特权与豁免

一、根据

二、内容

三、开始与终止

四、使馆人员及其家属在第三国的地位

五、义务

六、我国规定

第五节 特别使团

一、概念

二、组成、派遣和职务

三、特权与豁免

第六节 领事特权与豁免

一、领事制度

提 要

外交关系和领事关系法是在长期的国家交往中产生的，主要调整国家常驻国外的外交机关、领事机关的行为，涉及外交机关和领事机关的设置、派遣、职务、特权和豁免、在接受国的义务等方面。外交关系和领事关系法长期以来的习惯法规则经过1961年《维也纳外交关系公约》和1963年《维也纳领事关系公约》的编纂得到了统一。目前这两个公约也是国际社会在此领域最重要的公约，被视为处理此方面关系的基本依据。

重点问题

1. 外交特权与豁免，使馆与享有特权与豁免人员的义务
2. 领事特权与豁免，领馆与享有特权与豁免人员的义务
3. 使馆制度
4. 特别使团
5. 领馆制度

第一节 概 述

一、外交关系和外交关系法

英文 Diplomacy（外交）一词最早是由18世纪英国埃德门·伯尔使用的。它来自于法语，起源于希腊文“diplöma”（“正式文书”）[①]。在古希腊，diplöma 是由两个连接在一起的、刻有相应题词的符节，为出使国外的国家代表所持有。[②] 古希腊通常没有常驻的外交代表机构，使馆往往是一次性的，只为达到具体目的。18世纪时，法文词

① Diplö 意思是“对折”，ma 意思是“物”。对折的文书表明持有者具有某种特权，尤其是旅行的许可。该词指的是王侯表明授予该类优惠的文书。后来含义扩大到包括大臣签发的所有形式严肃的文书。

② 参见［苏］童金主编，邵天任、刘文宗、程远行译：《国际法》，251页，北京，法律出版社，1988。

“diplomate”（外交官）流行使用，指得到授权代表国家进行谈判的人。中文的“外交”曾见于《谷梁传·隐公元年》，指人臣私见诸侯。[①]

外交的含义众说纷纭。英国学者尼科尔森（Nicholson）分析了该词的几种不同用法，从外交学的角度将其定义为，外交就是用谈判的方式来处理国际关系，是大使和特使用来调整和处理国际关系的方法，是外交官的业务或技术。[②] 从国际法的角度看，外交主要包括国家领导人访问、设立使馆、派遣使节或者特别使团、参加国际组织、参加国际会议、谈判、缔约等各种处理国际关系的活动。

外交关系（diplomatic relations），是指国家为了实现对外政策，通过外交活动而与其他国际法主体交往而形成的关系。其形式多种多样。从官方的角度看，包括正式外交关系、不完全的外交关系、非正式外交关系；从非官方的角度看，还有国民外交。正式外交关系是完全的外交关系，主要体现为双方互相派驻外交使节。正式外交关系是正常的外交关系，最为常见。不完全的外交关系又称为半外交关系，主要体现为双方互派代办的形式。由于代办一级的使节的级别最低，因此，国家之间长期处于代办级上的外交关系是不正常的外交关系。非正式的外交关系是双方尚未正式建立外交关系，但为了解决相互之间的问题，通过会谈或者驻在第三国的使节等方式予以处理的形式。中美建交前两国之间的外交关系即此种形式。国民外交主要表现为个人或代表团进行友好访问，发展国家间交往关系，或就两国关系发表一致看法，或就具体事务达成一致而签订民间协定等。此种形式是我国在外交实践上的创造。[③]

外交关系法主要是调整国家之间外交关系的国际法原则、规则和制度。主要涉及外交机关及其人员的地位、职能、特权与豁免、义务等内容。长期以来，外交关系法的法律渊源主要体现为国际习惯，国际条约则很少。第二次世界大战以后，联合国国际法委员会进行了大量的国际法编纂工作，其中也包括对外交关系法方面的习惯规则的编纂，结果于 1961 年通过了《维也纳外交关系公约》。该公约已于 1964 年生效。“虽然公约在相当大的程度上是国际习惯法的编纂，但是，不能认为它完全是现行法律的编纂，因为它还包含了向前发展的因素。公约没有明白规定的事项，继续适用国际习惯法的规则。”[④] 除此之外，还有一些其他的公约，包括 1969 年《特别使团公约》、1973 年《关于防止和惩处侵害应受国际保护人员包括外交代表的罪行的公约》、1975 年《维也纳关于国家在其对普遍性国际组织关系上的代表权公约》等。

二、领事关系和领事关系法

领事关系是一国根据与他国之间达成的协议，向对方特定地区设立领事馆、派驻领事而形成的关系。

---

① 《谷梁传·隐公元年》载：“寰内诸侯，非有天子之命，不得出会诸侯；不正其外交，故弗与朝也。”《礼记·郊特牲》：“为人臣者无外交，不敢贰君也。”现在的含义主要指国家之间的交往。

② 参见周鲠生：《国际法》，下册，505 页，北京，商务印书馆，1976。

③ 参见上书，506～515 页。

④ ［英］詹宁斯、瓦茨修订，王铁崖等译：《奥本海国际法》，第 1 卷，第 2 分册，490 页。

领事关系与外交关系既有联系又有区别。两者之间的联系是：第一，它们都属于国家的对外关系，服务于国家的对外政策。根据 1963 年《维也纳领事关系公约》第二条的规定，除非另有声明，两国之间同意建立外交关系即意味着同意建立领事关系。第二，外交官员和领事官员都属于一国的外交机关序列，在驻在国受本国的使馆和外交代表领导，在国内属于外交部门的机构。第三，使馆可以执行领事职务，在特殊情况下领事馆可以兼办某些外交职务。两者之间的区别是：第一，重要性不同。外交关系是国家间全面的关系，涉及政治、经济、军事、文化等各方面，关系到国家的重大利益，而领事关系则是局部的关系，涉及国家在护侨、商务等方面的，一般不涉及国家的重大利益。第二，代表性不同。外交关系是国家间的往来关系，使馆在接受国全面代表派遣国，其活动范围是接受国的全境，而领事关系是国家间地方性的交往关系，领馆只在接受国的某个特定的地区代表派遣国，其活动范围一般限于协议规定的范围。第三，特权与豁免有差异。外交特权与豁免的程度高于领事特权与豁免。第四，断绝外交关系并不当然断绝领事关系。

领事关系法是有关调整国家间领事关系的原则、规则和制度的总称。其法律渊源长期以来同样是以习惯法为主的。1963 年联合国主持的维也纳国际会议上通过的《维也纳领事关系公约》是对有关领事关系法的编纂，至于公约未规定的事项，应继续适用国际习惯法的规定。

第二节 外交机关

一、国内外交机关

国家从事外交活动的机关可以分为两类，其一是国内外交机关，其二为驻外外交机关。国内外交机关包括国家元首、政府和外交部。它们根据宪法和法律规定的权限从事相应的外交活动。

（一）国家元首

国家元首是在国家的全部关系中在国内外代表国家的最高机关。国家元首既可以是个人，也可以是集体。国家元首是个人还是集体，完全取决于各国的法律规定。就个人元首而言，在君主国中，国家元首是君主，即国王或者皇帝，是国家主权的代表；在共和国中，国家元首是总统或者主席，但并非主权者（人民是国家的主权者）。① 至于集体元首，则是由若干人组成的，如瑞士联邦委员会。

国家元首在国际交往中有权代表国家，其所进行的具有法律意义的一切行为均被视为国家的行为。这种职权称之为“全权代表权”（ius repraesentationis omnimodae）。一般而言，国家元首可以代表国家进行的行为包括派遣和接受使节、缔结条约、宣战和媾和。同时，国家元首在外国享有某些尊荣和特权。国家元首隐名在外国停留，但为该国政府所正式知悉时，仍享受与他没有隐名旅行时同样的尊敬。在

① 参见［英］詹宁斯、瓦茨修订，王铁崖等译：《奥本海国际法》，第 1 卷，第 2 分册，460 页。

君主国中可能会存在摄政（regent），其在国内还是国外也应当享有君主应当享有的一切特权。

国家主席是我国的国家元首。根据1982年《中华人民共和国宪法》的规定，我国的外交职权由国家主席和全国人民代表大会常务委员会结合行使。第80条规定，国家主席有权根据全国人民代表大会的决定和全国人民代表大会常务委员会的决定，“发布戒严令，宣布战争状态，发布动员令”。第81条规定，国家主席代表国家“接受外国使节；根据全国人民代表大会常务委员会的决定，派遣和召回驻外全权代表，批准和废除同外国缔结的条约和重要协定”。

（二）政府

政府是国家的最高行政机关。“国家元首虽然名义上是国家对外关系的最高代表，但实际上……很少直接管对外事务。实际上决定对外政策，处理对外事务的，一般是各国的政府”①。大约自19世纪以来，在许多国家有一种趋势，国家元首只起到宪法上的一个形式作用，而国家的实质管理则掌握在政府手中。② 政府的名称不一，有的国家称为内阁，有的国家称为部长会议。我国称为国务院。政府有其首长，通常称为总理或者首相。

政府在对外关系中具有广泛的职权，包括同外国政府谈判、签订条约、签发某些谈判或国际会议代表的全权证书、任免一定等级的外交人员等。政府首脑在对外活动中可以直接进行外交谈判、参加国际会议、签订条约、发表声明等。政府首脑的活动对其国家具有拘束力。政府首脑在外国享有尊荣权和特权。

我国1982宪法第85条规定：“中华人民共和国国务院，即中央人民政府，是最高国家权力机关的执行机关，是最高国家行政机关。”第89条还具体规定，国务院的职权包括管理对外事务，同外国缔结条约和协定。

（三）外交部

外交部是国家政府中专门负责外交事务的主管部门。各国对外交部的称谓不一致，我国称为外交部，美国称为国务院，瑞士称为政治部，澳大利亚称为外交和贸易部。外交部在对外关系方面的职权主要包括：负责执行政府关于外交政策的规定、处理外交业务、保护本国和本国侨民在外国的合法权益、代表国家与外国政府和国际组织进行联系等。外交部长是外交部的首长，负责领导该部的工作。外交部长的声明在某些情况下对国家有拘束力。③ 外交部长在外交活动中无须出示或提交全权证书，在外国期间享有全部的外交特权与豁免。

我国古代历代均有相应的掌管外交事务的部门，通常称为鸿胪寺。④ 但近代国际法传入中国以后，我国设立的专门的外交机关是清政府于1861年设立的总理各国事务衙门，1901年改称为外务部。辛亥革命后，该部门则改称为外交部，1949年中华人民共

① 周鲠生：《国际法》，下册，520页。

② 参见［英］詹宁斯、瓦茨修订，王铁崖等译：《奥本海国际法》，第1卷，第2分册，459页。

③ 关于这一点，可以参见国际常设法院于1933年关于东格陵兰法律地位案，挪威外交部长的声明对该国具有拘束力。见前引［英］詹宁斯、瓦茨修订，王铁崖等译：《奥本海国际法》，第1卷，第2分册，465、474页。

④ 一般记载在各代史书的“职官志”中。如《明史·志第五十·职官三》载：“外吏朝觐，诸蕃入贡，与夫百官使臣之复命、谢恩，若见若辞者，并鸿胪引奏”。

和国成立后沿用此名称。

二、驻外外交机关

驻外外交机关可以分为两类：常驻使团和临时性使团或特别使团。国家不仅仅与国家进行交往，还要与国际组织进行交往，因此，常驻使团包括一国派驻另一国的使馆和派驻国际组织的使团。临时使团则是执行临时性外交任务的使团。

一个国家派遣和接受外交使节的权利被称为使节权（right of legation），派遣外交使节的权利被称为积极的使节权（the active right of legation），接受外交使节的权利被称为消极的使节权（the passive right of legation）。通常认为，只有完全的主权国家才享有使节权，附庸国或被保护国是没有使节权的，当然这一规则有例外；革命团体或是交战团体是没有使节权的；联邦制的成员邦是否有使节权取决于联邦宪法的规定。[①]国家的使节权应由元首来行使。2006 年 4 月，多米尼克曾向国际法院起诉瑞士，认为后者否认多米尼克派往联合国、联合国专门机构和世界贸易组织的外交官的行为构成对其使节权的否认，违反了国际法。

外交使节有典礼使节和政治使节之分，前者仅为礼仪目的而派遣，后者则是正常情况下派遣的使节。

第三节　使馆制度

一、使馆建立

使馆是一个国家派驻另一个国家的外交使团。它的建立是以两国之间的协议为法律基础的。对此，《维也纳外交关系公约》第二条明确规定："国与国间外交关系及常设使馆之建立，以协议为之。"使馆的建立，表明两国之间存在正式的外交关系。

各国派遣使节的制度源远流长，同国家交往的历史一样久远。然而，最初的使节制度并不是常设性质的，在这一点上，中外毫无二致。"首先认识到派遣常驻使团的有利之处的是意大利各共和国，特别是威尼斯于 15 世纪首先向意大利的其他共和国派遣常驻使团，其他国家竞相效仿。而后意大利各国又向西班牙、德国、法国和英国派驻使团，欧洲其他国家也逐渐效仿。"[②] 于是，在欧洲就出现了近代国际法上的常驻使团制度。随着欧洲殖民扩张过程的推进，美洲、亚洲、非洲等地区也逐步建立了常驻使团制度。最早驻北京的外国使节是 1861 年英国派向清政府的公使普鲁斯，随后法、美、俄、德各国相继派公使驻华。[③] 清政府于 1877 年向英国派遣驻伦敦公使馆，郭嵩焘为第一任公使。这是中国首次派驻使馆和常驻外交使节。

① 参见［英］詹宁斯、瓦茨修订，王铁崖等译：《奥本海国际法》，第 1 卷，第 2 分册，480 页。

② 梁淑英：《国际法》，255 页。

③ 参见杨泽伟：《宏观国际法史》，420 页，武汉，武汉大学出版社，2001。

二、人员组成

(一)使馆馆长

使馆人员由馆长和职员组成。其中,使馆馆长(head of mission)是使馆的首长,负责使馆一切事宜。在处理外交事务时,馆长在接受国代表派遣国。

使馆馆长有等级之分。根据1815年《维也纳议定书》的规定,使馆馆长的等级有三:特命全权大使、教廷大使,特命全权公使、教廷公使,代办。1818年《亚琛议定书》在代办之上增设驻办公使(ministers resident)一级,但在国际上几乎没有国家派设,因而并无实际意义。鉴于实际情况,1961年《维也纳外交关系公约》规定了使馆馆长的三个等级,第一等级为大使(ambassador)或教廷大使(nuncio),第二等级为使节(envoy)、公使(minister)、教廷公使(internuncio),第三等级为代办(chargés d'affaires)。第14条规定:"(甲)向国家元首派遣之大使或教廷大使,及其他同等级位之使馆馆长;(乙)向国家元首派遣之使节、公使及教廷公使;(丙)向外交部长派遣之代办。"虽然馆长等级有差异,但是,除关于优先地位及礼仪之事项外,各使馆馆长不应因其所属等级而有任何差别。至于国家间派遣何等级外交使节,则由双方协议决定:"使馆馆长所属之等级应由关系国家商定之"(《维也纳外交关系公约》第15条)。

从外交礼仪和优先地位来看,不同级别的使节地位不同。大使居公使之前,而公使居代办之前。同一级别的使节的优先地位依到任日期先后为准(教廷使节除外)。

大使是一国元首派向另一国元首的最高级别的使节,享有比其他级别的使馆馆长更高的礼遇。大使可以随时请求谒见接受国的元首,直接进行谈判,而其他级别的馆长则没有此种地位。

公使是一国元首派向另一国元首的第二等级的使节,因而在礼遇方面稍低于大使。近代国际法史上,各国派遣公使较为常见。第二次世界大战后,则主要派遣大使。清政府时期,西方国家派驻中国的使馆馆长是公使这一级别的使节。1924年以后,苏联派驻中国的使节级别升为大使,其他国家不甘居后,故相继将派驻中国的使节升为大使。

代办是一国外交部长派向另一国外交部长的使节,在使馆馆长中级别最低。代办仅可以随时要求谒见接受国的外交部长,代表本国处理相关外交事宜。一般国家之间很少派驻代办。代办不同于临时代办(chargé d'affaires ad interim),临时代办是使馆馆长缺位或不能执行职务时,暂代使馆馆长职务者。其姓名应由使馆馆长通知接受国外交部或另经商定之其他部;如馆长不能通知时,则由派遣国外交部通知(《维也纳外交关系公约》第19条)。临时代办并非馆长的正式人选,亦不属于上列馆长各等级。

1954年至1972年,由于英国、荷兰在联合国阻挠我国的合法代表权,因此,我国一直与其保持代办级关系。此后,由于该两国改变非法行为,经协商后,我国始于1972年将外交关系升为大使级。1981年,荷兰政府批准向我国台湾地区出售潜艇,我国将派驻荷兰的外交使节由大使级降为代办级,直到1983年荷兰政府改变了其非法行为,我国方于次年与其恢复大使级外交关系。2003年柬埔寨金边发生反泰骚乱,泰国驻柬大使馆和部分在柬的泰资企业被闹事者纵火破坏，柬、泰关系因此受到严重损害，两国陆地边境口岸被关闭，两国外交关系降至代办级。柬埔寨过后支付590万美元赔偿泰国大使馆所受到破坏的损失。4月11日，双方外交部长表示尽快恢复大使级外交关系。

（二）使馆职员

使馆职员有三类：外交职员、行政和技术职员及事务职员。

1. 外交职员

外交职员是指除使馆馆长之外的其他具有外交官职位的职员。这类人员包括参赞、武官、秘书、随员。

参赞是高级外交官，其职位在馆长之下，协助馆长处理有关的外交职务。参赞据其业务类别可以分为政务参赞、文化参赞、新闻参赞、商务参赞等。

武官是派遣国军事机关的代表，负责军事联系方面的外交事务。武官据其职位有武官、副武官之别，据其类别可以分为陆军武官、海军武官、空军武官等。

秘书是按照使馆馆长的旨意办理外交事务的外交官。据其级别可以分为一等秘书、二等秘书、三等秘书。

随员是使馆中根据馆长的指令处理外交事务的普通外交官，在使馆的外交职员中级别最低。

2. 行政和技术职员

行政和技术职员是使馆中从事行政和技术职务的人员，包括办公室人员、财会人员、译员、打字员、无线电技术人员等。

3. 事务职员

事务职员是使馆中从事后勤服务等任务的职员，包括司机、传达人员、维修工、清洁工、厨师等。

三、派遣与接受

双方建立外交关系并达成设立使馆的协议后，派遣国可以建立使馆、派驻使节。主权国家有权接受或者拒绝接受某人为派遣国的外交代表，如果拒绝接受，无须说明理由。该拒绝行为不构成违反外交关系法的行为。

派遣国为避免所派外交代表被拒绝，应当将其人选事先通知接受国，以获得接受国同意。“派遣国对于拟派驻接受国之使馆馆长人选，务须查明其确已获得接受国之同意”（《维也纳外交关系公约》第4条第1款）。接受国有权随时不具解释通知派遣国宣告使馆馆长或者任何其他外交职员为不受欢迎的人（persona non grata）。遇此情形，派遣国应斟酌情况召回该员或终止其在使馆中的职务。

除使馆馆长人选应当事先得到接受国同意外，海、陆、空武官人选也应事先取得接受国同意。除此之外，其他人员的派遣，无须事先取得接受国的同意，派遣国可以自由委派（《维也纳外交关系公约》第7条）。

关于使馆的构成人数，双方可以通过协议予以规定。如另无协议，接受国有权酌量本国环境与情况以及特定使馆的需要，要求使馆构成人数不超过该国认为合理和正常的限度。

四、职务

（一）使馆的职务

作为代表派遣国常驻接受国的外交机关，使馆的职务十分广泛。《维也纳外交关系公约》第 3 条将其主要内容规定为五个方面：

1. 代表。使馆在接受国代表派遣国，以派遣国的名义从事外交活动。

2. 保护。使馆有权在接受国中保护派遣国及其国民之利益，但是，这种保护行为不是无限制的，应当在国际法许可之限度内。

3. 交涉。使馆代表派遣国与接受国政府办理交涉。

4. 调查。使馆有权通过一切合法手段调查接受国之状况及发展情形，向派遣国政府具报。

5. 促进。使馆应当促进派遣国与接受国间之友好关系，及发展两国间之经济、文化与科学关系。

除了以上主要职务外，使馆还可以执行国际法许可的其他职务。例如，在接受国同意的情况下，受第三国的委托照管该国的使馆及其财产，代为保护该国及其国民的利益。中国曾同意瑞士使馆代为保护列支敦士登的在华利益。[①]

（二）外交代表职务的开始与终止

使馆的职务由外交代表执行。外交代表是一个含义宽泛的概念，据《维也纳外交关系公约》第 1 条规定，“谓使馆馆长或使馆外交职员”。

使馆馆长职务的开始依照接受国统一规定的通行惯例。通常情况下，使馆馆长在递交国书后或向接受国外交部或另经商定之其他部通知到达并将所奉国书正式副本送交后，即视为已在接受国内开始执行职务（《维也纳外交关系公约》第 13 条）。我国以外交代表正式递交国书的日期为开始执行职务的日期。国书是使馆馆长前往接受国赴任所携带的外交信件，也是该使节的委任状。通常馆长携带一份加封的国书和一份未封口的副本，到达目的地后，即将副本递交接受国外交部，正本则亲自递交元首或外交部长。大使和公使的国书由派遣国元首签署，而代办的国书则是由派遣国外交部长签署的。

馆长办理一般的外交职务不需要任何授权文件，但是，如果进行特定的外交职务（例如谈判一个特定的条约）则需要全权证书。全权是以国家元首签署的特许状授权的，而且全权可以是有限制的，也可以是没有限制的。

除使馆馆长外，其他外交官的职务以其到达接受国担任使馆职务为开始。

《维也纳外交关系公约》第 43 条规定外交代表的职务终止的情形：“除其他情形外，外交代表之职务遇有下列情事之一即告终了：（甲）派遣国通知接受国谓外交代表职务业已终了；（乙）接受国通知派遣国谓依第九条第二项之规定该国拒绝承认该外交代表为使馆人员。”

---

① 参见周鲠生：《国际法》，下册，537 页。

除此之外，外交实践中，外交代表的职务终止还有其他情形，如外交代表任期届满，派遣国与接受国断绝外交关系，革命产生新政府等。

五、外交团

外交团（diplomatic corps）是由各国派驻某一国的外交使节按照外交惯例组成的团体。[①] 广义上的外交团包括驻该国的外交代表机关的全体外交人员及其家庭成员。[②]

外交团并非一个依法组成的团体，所以，不具有法定的地位和职能，各国使节之间也不存在相互的隶属关系。外交团的团长（Doyen）由到任最早的最高等级的外交代表担任。在一些天主教国家里，外交团的团长是由教廷大使担任的，而不论该教廷大使到任的时间，对此，公约并不干预。相反，《维也纳外交关系公约》第16条第3款规定，“本条规定不妨碍接受国所采行关于教廷代表优先地位之任何办法”。亦即接受国有权自行确定教廷代表的优先地位。然而，对于其他国家而言，教廷大使的优先地位并非一项法定义务，接受国可以根据公约的规定确定优先顺序。对于该款关于教廷代表优先地位的规定，我国作出了保留。

外交团的活动主要是礼仪方面，例如，出席国家盛典时，团长代表各国使节致祝词，以及参加接受国的迎送宾朋或吊唁活动等。此外，外交团团长可以应新到任使节的要求为其介绍接受国的风俗习惯，也可应接受国政府的请求转达外交团成员的有关日常事务方面的要求。对于使节们所应享有的特权和尊荣方面的问题，外交团长可以与接受国交涉，所以，外交团也是很重要的。

外交团不得从事政治性的活动或者干涉接受国内政。

第四节 外交特权与豁免

一、根据

一国派往他国的外交代表所享有的一定的特殊权利和优遇，称为外交特权与豁免（diplomatic privileges and immunities）。一般来说，“外交特权包括豁免，而外交豁免则不能包括一切外交特权，虽则豁免确属于外交特权的主要的并且重要的部分”[③]。

外交使节享有特权的习惯法源远流长。中世纪的时候，使节的法律地位问题逐渐开始写入条约。这些问题在所谓《格拉提安努斯教令》这部包含由许多国际法准则的教会法集里也得到了反映。12世纪至13世纪，侮辱使节不仅被视为对万民法的违反，而且也被视为对教会特别庇护的人的侵犯，肇事者除了受世俗的惩罚，还要被革除教籍。[④] 17世纪后半期，随着常驻成为一种制度，外交使节的特权与豁免也逐步发展。

---

① 参见［英］詹宁斯、瓦茨修订，王铁崖等译：《奥本海国际法》，第1卷，第2分册，484页。

② 参见［苏］童金主编，邵天任、刘文宗、程远行译：《国际法》，265页。

③ 周鲠生：《国际法》，下册，548页。

④ 参见［苏］费尔德曼、巴斯金著，黄道秀、臧乐安、肖雨潞译：《国际法史》，46页，北京，法律出版社，1992。

19 世纪初的维也纳会议，还明确了外交使节的位次。对外交特权与豁免的编纂，在《维也纳外交关系公约》中得到实现。

外交特权与豁免的理论根据，主要由三种学说：

1. 治外法权说（extraterritoriality）。此学说认为，外交代表的驻地象征着派遣国领土的延伸，外交使节仍然在本国，因此，不受接受国法律制约，接受国无权对其行使管辖权。这是一种法律拟制，创自格劳秀斯的理论。① 这种学说并不符合实际，实质上，外交代表的驻地仍是接受国的领土。

2. 代表性说（representative character）。此种学说认为，外交代表是派遣国的代表，国家是平等的主权者，而根据“平等者之间无管辖权”（par in parem no habet imperium）的原则，外交代表是不受接受国的管辖的。这一学说一定程度上符合实际。

3. 职务需要说（functional necessity）。此种学说认为，使馆和外交代表应当享有外交特权与豁免的原因在于，如果不具有外交特权与豁免，使馆和外交代表可能会因为接受国的原因而不能正常地、自由地从事外交活动，为了保证其正常、顺利地执行职务，应当赋予其外交特权与豁免。

《维也纳外交关系公约》兼采了代表性说和职务需要说，在序言中明确指出“确认此等特权与豁免之目的不在于给予个人以利益而在于确保代表国家之使馆能有效执行职务。”

二、内容

外交特权与豁免的内容，主要包括使馆的特权与豁免和外交代表的特权与豁免以及其他人员的特权与豁免。

（一）使馆的特权与豁免②

1. 使馆馆舍不得侵犯。使馆馆舍（premises of the mission）是指供使馆使用和供使馆馆长寓居之用的建筑物或建筑物之各部分以及所属之土地，至于所有权归属，在所不问。该项特权主要包含三个方面：首先，接受国官吏，包括军警、司法人员、税务人员等，非经使馆馆长许可，不得进入使馆馆舍。其次，接受国负有特殊责任，采取一切适当步骤保护使馆馆舍免受侵入或损害，并防止一切扰乱使馆安宁或有损使馆尊严之情事。最后，使馆馆舍及设备，以及馆舍内其他财产与使馆交通工具免受搜查、征用、扣押或强制执行。

1979 年 11 月 4 日在美国驻德黑兰使馆外示威的伊朗人袭击并占领了美国使馆，还扣押了部分美驻伊朗外交官为人质，而伊朗政府对此未采取任何预防和制止措施。国际法院判决认为伊朗政府没有履行其对使馆的保护义务，没有采取任何“适当步骤”保护使馆馆舍、人员和档案，违反了该公约的规定。伊朗国家应对袭击者的行为负国际责任。

2. 档案和文件不可侵犯。使馆档案及文件无论何时，亦不论位于何处，均属不得

① 参见周鲠生：《国际法》，下册，548 页。

② 使馆的特权与豁免主要规定在《维也纳外交关系公约》的第 20 至 28 条。

侵犯。档案和文件的具体含义，《维也纳外交关系公约》没有规定，但1963年《维也纳领事关系公约》关于领事档案的规定可以参照。

3. 通信自由。通信自由具体规定有以下几个方面：第一，关于保护自由通信。接受国应允许使馆为一切公务目的自由通信，并给予保护。使馆与派遣国政府及无论何处之该国其他使馆及领事馆通信时，得采用一切适当方法，包括外交信差（diplomatic courier）及明密码电信在内。但使馆非经接受国同意，不得装置并使用无线电发报机。第二，关于保护公文。使馆之来往公文不得侵犯。来往公文指有关使馆及其职务之一切来往文件。第三，关于保护外交邮袋（diplomatic bag）。外交邮袋不得予以拆开或扣留。构成外交邮袋之包裹须附有可资识别之外部标记，以装载外交文件或公务用品为限。外交邮袋得托交预定在准许入境地点降落之商营飞机机长转递。机长应持有官方文件载明构成邮袋之邮包件数，但机长不得视为外交信差。使馆得派馆员一人径向飞机机长自由取得外交邮袋。第四，关于保护外交信差。外交信差应持有官方文件，载明其身份及构成邮袋之包裹件数；其于执行职务时，应受接受国保护。外交信差享有人身不得侵犯权，不受任何方式之逮捕或拘禁。派遣国或使馆得派特别外交信差，遇此情形，上述外交信差的规定适用于特别外交信差，但特别信差将其所负责携带之外交邮袋送交收件人后，即不复享有相关豁免。

除了接受国外，第三国同样应当保护通讯自由。根据《维也纳外交关系公约》第40条的规定，第三国对于过境之来往公文及其他公务通讯，包括明密码电信在内，应一如接受国给予同样之自由及保护；第三国于已发给所需护照签证之外交信差及外交邮袋过境时，应比照接受国所负之义务，给予同样之不得侵犯权及保护。

4. 行动及旅行自由。除接受国为国家安全设定禁止或限制进入区域另订法律规章外，接受国应确保所有使馆人员在其境内行动及旅行之自由。

5. 免纳捐税、关税。派遣国及使馆馆长对于使馆所有或租赁之馆舍，概免缴纳国家、区域或地方性捐税，但其为对供给特定服务应纳之费者不在此列；但该免税对于与派遣国或使馆馆长订立承办契约者依接受国法律应纳之捐税不适用之。使馆办理公务所收之规费及手续费免征一切捐税。使馆公务用品入境，免除一切关税及贮存、运送及类似服务费用以外之一切其他课征。

6. 使用国旗和国徽。使馆及其馆长有权在使馆馆舍，及在使馆馆长寓邸与交通工具上使用派遣国之国旗或国徽。

（二）外交代表的特权与豁免

外交代表指使馆馆长及外交职员。其所享有的特权与豁免有：

1. 外交代表人身不得侵犯。外交代表不受任何方式之逮捕或拘禁。接受国对外交代表应特示尊重，并应采取一切适当步骤以防止其人身、自由或尊严受有任何侵犯。但是，如果外交代表利用此项特权进行犯罪活动，例如从事间谍行为、行凶、闯入禁区等，则接受国可以予以禁止。

除了《维也纳外交关系公约》的规定外，为了保护外交代表的人身，1973年《关于防止和惩处侵害应受国际保护人员包括外交代表的罪行的公约》还规定了各缔约国在防止和惩治对侵害应受国际保护人员包括外交代表的罪行方面的立法、司法以及司法协助等方面的义务。根据该公约的规定，应受国际保护人员是指：（1）一国元首、包括依关系国宪法行使国家元首职责的一个集体机构的任何成员、或政府首长、或外交部长，当他在外国境内时，以及他的随行家属；(2) 在侵害其本人或其办公用馆舍、私人寓所或其交通工具的罪行发生的时间或地点，按照国际法应受特别保护，以免其人身、自由或尊严受到任何攻击的一国的任何代表或官员或政府间性质的国际组织的任何官员或其他代理人，以及与其构成同一户口的家属。

该公约还明确规定了所指的罪行的含义，即故意：(1) 对应受国际保护人员进行谋杀、绑架或其他侵害其人身或自由的行为；(2) 对应受国际保护人员的公用馆舍、私人寓所或交通工具进行暴力攻击，因而可能危及其人身或自由；(3) 威胁进行任何这类攻击；(4) 进行任何这类攻击未遂；(5) 参与任何这类攻击为从犯，并要求每一缔约国应将上列罪行定为其国内法上的罪行。

2. 寓所、信件和财产不得侵犯。外交代表之私人寓所一如使馆馆舍应享有同样之不得侵犯权及保护。此私人寓所指外交代表居住之处，寓所的所有权在所不问。外交代表之文书及信件同样享有不得侵犯权；其财产除不能享有民事和行政管辖豁免的情形外，同样享有不得侵犯权。

3. 管辖豁免。外交代表的管辖豁免涉及三个方面：刑事管辖豁免、民事管辖豁免和行政管辖豁免。

刑事管辖豁免是绝对的。外交代表如果触犯了法律，接受国不能通过普通的司法途径予以处理，而只能通过外交途径予以处理。当然，管辖豁免是可以放弃的，如果外交代表的罪行严重，接受国可以通过外交途径与派遣国交涉，一旦派遣国放弃管辖豁免，接受国即可行使刑事管辖权。管辖豁免的放弃，概须以明示形式作出方为有效。

民事和行政管辖豁免，除了以下例外情形接受国可以行使管辖权外，外交代表的管辖豁免同样是不得侵犯和剥夺的：(1) 关于接受国境内私有不动产之物权诉讼，但其代表派遣国为使馆用途置有之不动产不在此列；(2) 关于外交代表以私人身份并不代表派遣国而为遗嘱执行人、遗产管理人、继承人或受遗赠人之继承事件之诉讼；(3) 关于外交代表于接受国内在公务范围以外所从事之专业或商务活动之诉讼。民事和行政管辖豁免同样是可以放弃的。另外，如果外交代表主动提起诉讼，引起对方当事人提起的与主诉直接相关的反诉时，不能主张对此反诉的管辖豁免。

对外交代表不得为执行之处分，但如果案件属于上述民事管辖豁免的例外情形，而执行处分无损于其人身或寓所之不得侵犯权者，不在此限。

此外，外交代表无以证人身份作证之义务。

外交代表不因其对接受国管辖所享之豁免而免除其受派遣国之管辖。

4. 免纳捐税、关税和行李免受查验。外交代表免纳一切对人或对物课征之国家、区域、或地方性捐税，但下列各项，不在此列：(1) 通常计入商品或劳务价格内之间接税；(2) 对于接受国境内私有不动产课征之捐税，但其代表派遣国为使馆用途而置有之不动产，不在此列；(3) 接受国课征之遗产税、遗产取得税或继承税，但以不抵触第 39 条第 4 项之规定为限；(4) 对于自接受国内获致之私人所得课征之捐税，以及对于在接受国内商务事业上所为投资课征之资本税；(5) 为供给特定服务所收费用；(6) 关于不动产之登记费、法院手续费或记录费、抵押税及印花税。

对于外交代表或与其构成同一户口之家属之私人用品，包括供其定居之用之物品在内，接受国应依本国制定之法律规章，准许入境，并免除一切关税及贮存、运送及类似服务费用以外之一切其他课征。

外交代表私人行李免受查验，但有重大理由推定其中装有不在上述免税之列之物品，或接受国法律禁止进出口或有检疫条例加以管制之物品者，不在此限。遇此情形，查验须有外交代表或其授权代理人在场，方得为之。

5. 其他特权与豁免。除了以上特权与豁免外，外交人员免除适用接受国实行的社会保险办法，免除一切个人劳务和各种公共服务，免除关于征用、军事募捐等军事义务。

（三）其他人员的特权与豁免

其他人员是指外交代表以外的人员，他们包括外交人员的家属、行政和技术人员及其家属、事务职员、私人仆役等。

1. 外交人员的家属。与外交代表构成同一户口之家属，如非接受国国民，应享有与外交代表相同的特权与豁免。

2. 行政和技术人员及其家属。使馆行政与技术职员及与其构成同一户口之家属，如非接受国国民且不在该国永久居留者，除对接受国民事及行政管辖之豁免不适用于执行职务范围以外之行为，以及关税特权只适用于最初定居时所输入之物品外，均享有与外交代表相同的特权与豁免。

3. 事务职员。使馆事务职员如非接受国国民且不在该国永久居留者，就其执行公务之行为享有豁免，其受雇所得酬报免纳捐税。

4. 私人仆役。使馆人员之私人仆役如非接受国国民且不在该国永久居留者，其受雇所得酬报免纳捐税。在其他方面，此等人员仅得在接受国许可范围内享有特权与豁免。但接受国对此等人员所施之管辖应妥为行使，以免对使馆职务之执行有不当之妨碍。

三、开始与终止[①]

（一）开始

享有外交特权与豁免之人，其外交特权与豁免开始的情况分两种：

1. 未在接受国国境者，自其进入接受国国境前往就任之时起享有此项特权与豁免。

2. 已在接受国境内者，自其委派通知外交部或另经商定之其他部之时开始享有。

（二）终止

终止分以下情况：

1. 享有特权与豁免人员之职务如已终止，此项特权与豁免通常于该员离境之时或听任其离境之合理期间终了之时停止，纵有武装冲突，亦应继续有效至该时为止。但关于其以使馆人员资格执行职务之行为，豁免应始终有效。

2. 遇使馆人员死亡，其家属应继续享有应享之特权与豁免，至听任其离境之合理期间终了之时为止。

---

① 参见1961年《维也纳外交关系公约》第39条。

四、使馆人员及其家属在第三国的地位

（一）外交代表及其家属

遇外交代表前往就任或返任或返回本国，道经第三国国境或在该国境内，而该国曾发给所需之护照签证时，第三国应给予不得侵犯权及确保其过境或返回所必需之其他豁免。享有外交特权或豁免之家属与外交代表同行时，或单独旅行前往会聚或返回本国时，其外交特权与豁免同样如此。

（二）行政技术职员或事务职员及其家属

对于此类人员，遇有上述类似情形，第三国不得阻碍使馆之行政与技术或事务职员及其家属经过该国国境。

五、义务

根据《维也纳外交关系公约》规定，使馆和享有外交特权与豁免的人员对于接受国承担以下义务：

（一）接受国法律规章方面

使馆和享有外交特权与豁免的人员，在不妨碍外交特权与豁免之情形下，均负有尊重接受国法律规章的义务。

（二）接受国内政方面

使馆和享有外交特权与豁免的人员负有不干涉接受国内政的义务。不干涉内政是国际法的一项基本原则，对国际法的所有领域均有效力，同样适用于外交关系法领域。

（三）洽商公务方面

使馆承派遣国之命与接受国洽商公务，概应径与或经由接受国外交部或另经商定的其他部办理。

（四）使馆馆舍用途方面

使馆馆舍不得充作与《维也纳外交关系公约》或一般国际法的其他规则、或派遣国与接受国间有效的特别协定所规定的使馆职务不相符合的用途。

（五）专业或商业活动方面

外交代表不应在接受国内为私人利益从事任何专业或商业活动。

六、我国规定

我国关于外交特权与豁免的规则、制度，主要体现在国际条约和国内的法律法规中。我国于 1975 年 11 月 26 日通知联合国秘书长，加入前述《维也纳外交关系公约》。中华人民共和国成立后，我国在不同时期曾颁布有关外交特权与豁免的有关规定。1986 年 9 月 5 日，全国人民代表大会常务委员会会议通过了《中华人民共和国外交特权与豁免条例》。一些重要的法律如《民事诉讼法》、《刑事诉讼法》等有关条文中，也有相应的规定。在这些规定中，比较系统全面地规定外交特权与豁免的法律是《中华人民共和国外交特权与豁免条例》（下文简称该条例）。

该条例是根据《维也纳外交关系公约》和我国的实践而制定的。根据该条例第 2

条规定，使馆外交人员原则上应当是具有派遣国国籍的人。如果委派中国或者第三国国籍的人为使馆外交人员，必须征得中国主管机关的同意。中国主管机关可以随时撤销此项同意。

在驻华使馆的外交特权与豁免的内容方面，该条例的规定与《维也纳外交关系公约》基本一致，但又有一些补充。例如，公约未规定枪支弹药入境方面的问题，该条例第19条根据我国的情况，明确规定使馆和使馆人员携运自用的枪支、子弹入境，必须经中国政府批准，并且按中国政府的有关规定办理。第20条规定，与外交代表共同生活的配偶及未成年子女，如果不是中国公民，享有该条例所规定的特权与豁免，这就进一步明确了公约规定的“与外交代表构成同一户口的家属”享有外交特权与豁免的具体含义。

为了维护国家主权与尊严，该条例第26条还根据对等原则规定，如果外国给予中国驻该国使馆、使馆人员以及临时去该国的有关人员的外交特权与豁免，低于中国按本条例给予该国驻中国使馆、使馆人员以及临时来中国的有关人员的外交特权与豁免，中国政府可以给予该国驻中国使馆、使馆人员以及临时来中国的有关人员以相应的外交特权与豁免。

约定必须信守也是一项重要的原则，为了体现该原则的精神，该条例还在第27条明确规定，中国缔结或者参加的国际条约另有规定的，按照国际条约的规定办理，但中国声明保留的条款除外。中国与外国签订的外交特权与豁免协议另有规定的，按照协议的规定执行。

2009年10月31日，第七届全国人民代表大会常务委员会第十一次会议通过了《中华人民共和国驻外外交人员法》，对我国驻外外交人员各方面的问题作了全面的规定。

第五节　特别使团

一、概念

特别使团（special mission）是指一个国家经另一个国家的同意或邀请，派往该国就特定问题进行谈判或完成其他具体任务的临时使团。

特别使团不同于《维也纳外交关系公约》规定的常驻接受国的使馆。它是为了完成双边关系中某种特定的任务的代表团，例如进行双边谈判、参加各种礼仪活动包括国家元首的就职典礼、葬礼等。

联合国1969年《特别使团公约》将长期以来关于特别使团的习惯法进行了法典化。联合国国际法委员会在1958年第10次会议上，指定专家研究特别使团问题，并在1967年第19次会议上最后通过了关于特别使团问题的公约草案，提交联合国。1969年12月8日，联合国大会第24次会议通过了该公约。

二、组成、派遣和职务

特别使团的成员包括使团团长、派遣国代表和工作人员（外交人员、行政技术人员和服务人员）。派遣国原则上可以自由任命其成员。派遣国的代表和外交人员原则上应当具有派遣国的国籍。凡任命接受国的国民或第三国国民为外交代表或外交人员，应征得接受国的同意，接受国亦可以随时撤销此项同意。

特别使团的派遣和接受不以外交关系存在为前提。特别使团的派遣应通过外交途径或其他渠道事先取得接受国的同意。接受国可以不加解释地拒绝任何人为特别使团的成员；亦可以随时不加解释地宣告其成员为不受欢迎的人或不能接受，在此情形下，派遣国应将其召回或终止其职务。派遣同一个特别使团前往两个或两个以上的国家，应当在征得各个接受国同意时说明之。

特别使团的职务由派遣国与接受国协议约定。特别使团一经同接受国的外交部门或经商定的其他机构正式接触，即开始执行职务。其职务终止的情形多种多样，如协议终止、任务完成、指定期限届满、派遣国正式召回、派遣国通知结束等。

三、特权与豁免

特别使团及其组成人员的特权与豁免与《维也纳外交关系公约》的规定使馆及使馆人员的特权与豁免大体一致，但略有差异。如《特别使团公约》规定，在特别使团的房舍发生火灾或其他严重灾难，接受国无法获得使团团长同意的情况下，可以推定获得同意而进入房舍。在派遣国元首、总理或外交部长担任特别使团的团长的情况下，除了应当享有公约规定的特权与豁免外，还应享受国际法赋予的礼遇、特权和豁免。特别使团成员在执行职务以外使用车辆造成事故损害赔偿的诉讼，不享有民事和行政管辖豁免。两个以上的特别使团在接受国或第三国的领土内开会，各使团的位次，应按照在其领土内开会的这个国家的外交礼节所使用的各国国名的字母次序决定之，除非专门协定有特别规定。

特别使团及其成员对接受国的义务，与使馆及其人员的义务基本相同。

第六节　领事特权与豁免

一、领事制度

领事（consul）是一国根据协议派往另一国家的特定城市或地区，主要是为了保护本国和本国国民在当地的商业和经济上的利益的官员。

领事制度起源于中世纪后期。最初是在意大利、西班牙和法国的商业城镇中，商人们为解决他们之间的争端而在同行中选举一人或数人进行仲裁，即“仲裁领事”（juge consul）或“商人领事”（consul marchand）。十字军东征时代，这种制度被带到了中东地区。领事职权随着商人的本国与商人所定居的回教国家的君主之间订立条约而逐步扩大，这就是最早的领事裁判权条约。领事的职权包括对其本国的国民的特权、生命和财产的全部民事和刑事管辖和保护。后来，领事制度又被带到了西欧。15 世纪时，意大利曾经在荷兰和伦敦设领事。① 然而，到了 17 世纪初，随着常设使馆的兴起，领事地位逐步衰

① 参见［英］詹宁斯、瓦茨修订，王铁崖等译：《奥本海国际法》，第 1 卷，第 2 分册，559 页。

落。在17、18世纪，领事甚至被视为外国私人。19世纪，随着国际贸易的兴起，领事制度的重要性又得到了各国关注和重视，于是，领事制度得到了进一步的发展，其特权、地位和职务成了很多国家之间通商航海条约和领事专约的重要内容。其中不平等的领事裁判权制度也随之传播到远东国家，我国当时就深受其害。直到1943年1月13日，美、英两国同时取消了在中国的领事裁判权后，其他西方国家亦随之声明放弃该特权。①

由于领事制度发展的这种情形，各国关于领事的职务和待遇缺乏明确一致的规定，为同意领事制度，制定一部公约，西方国家的国际法学者进行了一系列的准备工作。早在1896年，国际法学会的威尼斯年会就通过了《关于领事豁免的规则》；1932年，美国哈佛研究部发表了一项《关于领事的法律地位和职务公约草案》。② 联合国成立后，国际法委员会指定特别报告人对于领事的往来和豁免问题作为一个专题进行研究，并于1961年向联合国提交了《领事往来和豁免条款草案》。1963年3月，92个与会国在维也纳召开会议，讨论该草案。1964年4月22日，联合国维也纳领事关系会议通过了《维也纳领事关系公约》。该公约于1967年生效。

二、领事馆

（一）组成

领馆（consulate）是领事执行职务的机关。根据《维也纳领事关系公约》第1条的规定，领馆可以分为总领事馆、领事馆、副领事馆和领事代理处。

实践中，驻外使馆可设领事部。《维也纳领事关系公约》第3条规定，“领事职务由领馆行使之。此项职务亦得由使馆依照本公约之规定行使之。”一般而言，使馆的领事部在派遣国没有另设领馆的情况下，其管辖范围包括接受国的全境。如果派遣国另外设有领馆，则使馆领事部的管辖范围则为领馆的管辖区域以外的区域。

领馆人员包括领事官员、领事雇员及服务人员。领事官员是指包括馆长在内的承办领事职务的任何人员。领事雇员是指受雇承担领馆行政和技术职务的任何人员。服务人员是指受雇担任领馆杂务的任何人员。

领馆馆长是指奉派任此职位之人员。分为四个等级：总领事、领事、副领事、领事代理人。除馆长以外的领事官员、领馆雇员及服务人员，称为领馆馆员。

国际习惯一般将领事分为专职领事和名誉领事两类。专职领事是国家正式任命的官员；名誉领事则是从当地的商人、甚至有的时候是从所在国的国民中远任兼办领事事务的人员。名誉领事不能够享受全部的特权与豁免。③

（二）派遣与接受

1. 馆长

《维也纳领事关系公约》第10条规定，领馆馆长由派遣国委派，并曰接受国承认准予执行职务。除公约另有规定外，委派及承认领馆馆长之手续各依派遣国及接受国之法律规章与惯例办理。

① 参见倪征日奥：《淡泊从容莅海牙》，62页，北京，法律出版社，1999。

② 参见周鲠生：《国际法》，下册，573页。

③ 参见上书，575页。

领馆馆长每次奉派任职，应由派遣国发给委任文凭或类似文书以充其职位之证书，其上通例载明馆长之全名，其职类与等级，领馆辖区及领馆设置地点。派遣国应经由外交途径或其他适当途径将委任文凭或类似文书转送领馆馆长执行职务所在地国家之政府。如接受国同意，派遣国得向接受国致送具有相应内容的通知，以替代委托文凭或类似文书。

领馆馆长执行职务应有领事证书。领事证书（exequatur）是接受国发给领馆馆长的准许其执行职务的文书。[①] 不管其形式为何，概称领事证书。通常情况下，领馆馆长没有获得领事证书，不得开始执行职务。但是，《维也纳领事关系公约》规定，领事证书未送达前，领馆馆长得暂时准予执行职务。这是暂时承认的领馆馆长。领馆馆长一经承认准予执行职务后，接受国应立即通知领馆辖区之各主管当局，即令系属暂时性质，亦应如此办理。接受国并应确保采取必要措施，使领馆馆长能执行其职责并可享受公约所规定之利益。一国拒不发给领事证书，无须向派遣国说明其拒绝之理由。

领馆馆长不能执行职务或缺位时，得由代理馆长暂代领馆馆长。代理馆长之全名应由派遣国使馆通知接受国外交部或该部指定之机关；如该国在接受国未设使馆，应由领馆馆长通知，馆长不能通知时，则由派遣国主管机关通知之。此项通知通例应事先为之。如代理馆长非为派遣国驻接受国之外交代表或领事官员，接受国得以征得其同意为承认之条件。

领馆馆长间之优先位次在各个相应等级中依颁给领事证书的日期予以确定。如领馆馆长在获得领事证书前业经暂时承认准予执行职务，其优先位次依给予暂时承认之日期确定；此项优先位次在颁给领事证书后，仍应维持。两个以上领馆馆长同日获得领事证书或暂时承认者，其相互间之位次依委任文凭或类似文书送达接受国之日期确定。代理馆长位于所有领馆馆长之后。名誉领事官员任领馆馆长者在各别等级中位于职业领馆馆长之后。

2. 馆员

派遣国得自由委派领馆馆员。领事官员原则上应属派遣国国籍。委派属接受国国籍之人或者第三国国民为领事官员，必须得到接受国的明示同意。派遣国应在充分时间前将领馆馆长以外所有领事官员之全名、职类及等级通知接受国，使接受国可以依其所愿，行使宣布某人员为不受欢迎的人的权利。接受国依其本国法律规章确有必要时，得对领馆馆长以外之领事官员发给领事证书。

两个以上国家经接受国之同意得委派同一人为驻该国之领事官员。

接受国得随时通知派遣国，宣告某一领事官员为不受欢迎人员或任何其他领馆馆员为不能接受。一旦出现此种情况，派遣国应视情形召回该员或终止其在领馆中之职务。倘派遣国拒绝履行或不在相当期间内履行该义务，接受国得视情形撤销关系人员之领事证书或不复承认该员为领馆馆员。任何派为领馆人员之人得于其到达接受国国境前——如其已在接受国境内，于其在领馆就职前——被宣告为不能接受。遇此情形，派遣国应撤销该员之任命。接受国在作出以上决定的时候，无须向派遣国说明理由。

关于领馆馆员人数如无明确协议，接受国得酌量领馆辖区内之环境与情况及特定

① Exequatur 一词来源于 exsequor，意思是“使其视事”。

领馆之需要，要求馆员人数不超过接受国认为合理及正常之限度。同一领馆内领事官员间之优先位次以及关于此项位次之任何变更，应由派遣国使馆通知接受国外交部或该部指定之机关，如派遣国在接受国未设使馆，则由领馆馆长负责通知。

在派遣国未设使馆亦未由第三国使馆代表之国家内，领事官员经接受国之同意，得准予承办外交事务，但不影响其领事身份。领事官员承办外交事务，并不因而有权主张享有外交特权及豁免。领事官员得于通知接受国后，担任派遣国出席任何政府间组织之代表。领事官员担任此项职务时，有权享受此等代表依国际习惯法或国际协定享有之任何特权及豁免；但就其执行领事职务而言，仍无权享有较领事官员依公约所享者为广的管辖豁免。

（三）职务

领事职务主要有四类：保护本国和本国国民（个人和法人）在接受国的利益，特别是监视有关条约的执行和保护国民的生命财产不受非法侵害；促进本国与接受国的贸易和文化关系的发展；给于本国国民以及入港入境的本国船舶、飞机和其他人员以所需要的协助和援助；办理公证、签证、认证、护照以及户籍登记等法律手续。[①] 具体包括：

1. 于国际法许可之限度内，在接受国内保护派遣国及其国民——个人与法人——之利益；

2. 依本公约之规定，增进派遣国与接受国间之商业、经济、文化及科学关系之发展，并在其他方面促进两国间之友好关系；

3. 以一切合法手段调查接受国内商业、经济、文化及科学活动之状况及发展情形，向派遣国政府具报，并向关心人士提供资料；

4. 向派遣国国民发给护照及旅行证件，并向拟赴派遣国旅行人士发给签证或其他适当文件；

5. 帮助及协助派遣国国民——个人与法人；

6. 担任公证人、民事登记员及类似之职司，并办理若干行政性质之事务，但以接受国法律规章无禁止之规定为限；

7. 依接受国法律规章在接受国境内之死亡继承事件中，保护派遣国国民——个人与法人——之利益；

8. 在接受国法律规章所规定之限度内，保护为派遣国国民之未成年人及其他无充分行为能力人之利益，尤以须对彼等施以监护或托管之情形为然；

9. 以不抵触接受国国内施行之办法与程序为限，遇派遣国国民因不在当地或由于其他原因不能于适当期间自行辩护其权利与利益时，在接受国法院及其他机关之前担任其代表或为其安排适当之代表，俾依照接受国法律规章取得保全此等国民之权利与利益之临时措施；

10. 依现行国际协定之规定或于无此种国际协定时，以符合接受国法律规章之任何其他方式，转送司法书状与司法以外文件或执行嘱托调查书或代派遣国法院调查证据之委托书；

---

① 参见梁淑英主编：《国际法》，277页；周鲠生：《国际法》，下册，579页。

11. 对具有派遣国国籍之船舶，在该国登记之航空器以及其航行人员，行使派遣国法律规章所规定之监督及检查权；

12. 对上款所称之船舶与航空器及其航行人员给予协助，听取关于船舶航程之陈述，查验船舶文书并加盖印章，于不妨害接受国当局权力之情形下调查航行期间发生之任何事故及在派遣国法律规章许可范围内调解船长船员与水手间之任何争端；

13. 执行派遣国责成领馆办理而不为接受国法律规章所禁止，或不为接受国所反对、或派遣国与接受国间现行国际协定所订明之其他职务。

通常，领事官员应在辖区内执行职务。在特殊情形下，领事官员经接受国同意，得在其领馆辖区外执行职务。

《维也纳领事关系公约》还规定了“在第三国中执行领事职务”和“代表第三国执行领事职务”两种特殊情况。在“在第三国中执行领事职务”的情况下，派遣国得于通知关系国家后，责成设于特定国家之领馆在另一国内执行领事职务，但以关系国家均不明示反对为限。在“代表第三国执行领事职务”的情况下，经适当通知接受国后，派遣国之一领馆得代表第三国在接受国内执行领事职务，但以接受国不表反对为限。

（四）职务终止

依照《维也纳领事关系公约》第 25 条规定，领馆人员职务通常在下列情况下终止：

1. 派遣国通知接受国谓该员职务业已终了；

2. 撤销领事证书；

3. 接受国通知派遣国谓接受国不复承认该员为领馆馆员。

另外，如果领馆人员被宣告为不受欢迎的人、领馆闭馆、派遣国与接受国之间发生战争等情况，其职务亦终止。

接受国对于非为接受国国民之领馆人员及私人服务人员以及与此等人员构成同一户口之家属，不论其国籍为何，应给予必要时间及便利使能于关系人员职务终止后准备离境并尽早出境，纵有武装冲突情事，亦应如此办理。遇必要时，接受国尤应供给其本人及财产所需之交通运输工具，但财产之在接受国内取得而于离境时禁止出口者不在此列。

三、领事特权与豁免

领事的特权与豁免在总体上低于外交特权与豁免。

（一）领馆特权与豁免

1. 领馆馆舍不得侵犯

按照《维也纳领事关系公约》的规定，主要体现为：

(1) 接受国官吏非经领馆馆长或其指定人员或派遣国使馆馆长同意，不得进入领馆馆舍（consular premises）中专供领馆工作之用之部分。惟遇火灾或其他灾害须迅速采取保护行动时，得推定领馆馆长已表示同意。

(2) 除第 31 条第 2 项另有规定外，接受国负有特殊责任，采取一切适当步骤保护领馆馆舍免受侵入或损害，并防止任何扰乱领馆安宁或有损领馆尊严之情事。

(3) 领馆馆舍、馆舍设备以及领馆之财产与交通工具应免受为国防或公用目的而实施之任何方式之征用。如为此等目的确有征用之必要时，应采取一切可能步骤以免领馆职务之执行受有妨碍，并应向派遣国为迅速、充分及有效之赔偿。

2. 档案和文件不得侵犯

领馆档案及文件无论何时，亦不论位于何处，均属不得侵犯。根据《维也纳领事关系公约》第1条规定，领馆档案包括领馆之一切文书、文件、函电、簿籍、胶片、胶带及登记册，以及明密电码，记录卡片及供保护或保管此等文卷之用之任何器具。

3. 通讯自由

通讯自由具体体现为：

(1) 接受国应准许领馆为一切公务目的自由通讯，并予保护，领馆与派遣国政府及无论何处之该国使馆及其他领馆通讯，得采用一切适当方法，包括外交或领馆信差，外交或领馆邮袋及明密码电信在内。但领馆须经接受国许可，始得装置及使用无线电发报机。

(2) 领馆之来往公文不得侵犯。来往公文系指有关领馆及其职务之一切来往文件。

(3) 领馆邮袋不得予以开拆或扣留。但如接受国主管当局有重大理由认为邮袋装有不在公约所称公文文件及用品之列之物品时，得请派遣国授权代表一人在该当局前将邮袋开拆。如派遣国当局拒绝此项请求，邮袋应予退回至原发送地点。构成领馆邮袋之包裹须附可资识别之外部标记，并以装载来往公文及公务文件或专供公务之用之物品为限。

(4) 领馆信差应持有官方文件，载明其身份及构成领馆邮袋之包裹件数。除经接受国同意外，领馆信差不得为接受国国民，亦不得为接受国永久居民，但其为派遣国国民者不在此限。其于执行职务时，应受接受国保护。领馆信差享有人身不得侵犯权，不受任何方式之逮捕或拘禁。派遣国，其使馆及领馆得派特别领馆信差。特别信差将其所负责携带之领馆邮袋送交收件人后，即不复享有该项所称之豁免。

(5) 领馆邮袋得托交预定在准许入境地点停泊之船舶船长或在该地降落之商业飞机机长运带。船长或机长应持有官方文件，载明构成邮袋之包裹件数，但不得视为领馆信差。领馆得与主管地方当局商定，派领馆人员一人径向船长或机长自由提取领馆邮袋。

4. 行动自由

除接受国为国家安全设定禁止或限制进入区域所订法律规章另有规定外，接受国应确保所有领馆人员在其境内行动及旅行之自由。

5. 免纳关税和捐税

领馆馆舍及职业领馆馆长寓邸之以派遣国或代表派遣国人员为所有权人或承租人者，概免缴纳国家、区域或地方性之一切捐税，但其为对供给特定服务应纳之费者不在此列。但该免税，对于与派遣国或代表派遣国人员订立承办契约之人依接受国法律应纳之捐税不适用。

领馆在接受国境内征收派遣国法律规章所规定之领馆办事规费与手续费的收入款项，以及此项规费或手续费之收据，概免缴纳接受国内之一切捐税。

对于领馆公务用品，接受国应依本国制定的法律规章，准许其入境并免除一切关税以及贮存、运送及类似服务费用以外之一切其他课征。

6. 自由与派遣国国民通讯及联络

为便于领馆执行其对派遣国国民的职务，领事官员得自由与派遣国国民通讯及会见；派遣国国民与派遣国领事官员通讯及会见应有同样自由。

遇有领馆辖区内有派遣国国民受逮捕或监禁或羁押候审、或受任何其他方式之拘禁之情事，经其本人请求时，接受国主管当局应迅即通知派遣国领馆。受逮捕、监禁、羁押或拘禁之人致领馆之信件亦应由该当局迅予递交。该当局应将本款规定之权利迅即告知当事人。

领事官员有权探访受监禁、羁押或拘禁之派遣国国民，与之交谈或通讯，并代聘其法律代表。领事官员并有权探访其辖区内依判决而受监禁、羁押或拘禁之派遣国国民。但如受监禁、羁押或拘禁之国民明示反对为其采取行动时，领事官员应避免采取此种行动。

7. 使用国旗国徽

领馆所在之建筑物及其正门上以及领馆馆长寓邸与在执行公务时乘用之交通工具上得悬挂派遣国国旗并使用国徽。行使该权利时，对于接受国之法律规章与惯例应加顾及。

此外，接受国应给予领馆执行职务之充分便利。接受国应便利派遣国依接受国法律规章在其境内置备领馆所需之馆舍，或协助领馆以其他方法获得房舍。接受国遇必要时，并应协助领馆为其人员获得适当房舍。

（二）职业领事官员及其他领馆人员的特权与豁免

1. 人身不得侵犯

主要体现为：

（1）领事官员不得予以逮捕候审或羁押候审，但遇犯严重罪行之情形，依主管司法机关之裁判执行者不在此列。

（2）除上款规定的情形外，对于领事官员不得施以监禁或对其人身自由加以任何其他方式之拘束，但为执行有确定效力之司法裁决者不在此限。

（3）如对领事官员提起刑事诉讼，该员须到管辖机关出庭。惟进行诉讼程序时，应顾及该员所任职位予以适当之尊重，除上文所述严重罪行的情形外，并应尽量避免妨碍领事职务之执行。遇有上述严重罪行的情形，确有羁押领事官员之必要时，对该员提起诉讼，应尽速办理。

2. 管辖豁免

领事官员及领馆雇员对其为执行领事职务而实施之行为不受接受国司法或行政机关之管辖。但下列民事诉讼例外：

（1）因领事官员或领馆雇员并未明示或默示以派遣国代表身份而订契约所生之诉讼；

（2）第三者因车辆船舶或航空机在接受国内所造成之意外事故而要求损害赔偿之诉讼。

另外，领事官员或领馆雇员如就可免受管辖的事项，主动提起诉讼，即不得对与本诉直接相关之反诉主张管辖豁免。

3. 作证义务的有限免除

领馆人员得被请在司法或行政程序中到场作证。除了就其执行职务所涉事项的情形外，领馆雇员或服务人员不得拒绝作证。如领事官员拒绝作证，不得对其施行强制措施或处罚。

要求领事官员作证之机关应避免对其执行职务有所妨碍。于可能情形下得在其寓所或领馆录取证言，或接受其书面陈述。

领馆人员就其执行职务所涉事项，无担任作证或提供有关来往公文及文件之义务。领馆人员并有权拒绝以鉴定人身份就派遣国之法律提出证言。

4. 免税免验

领事官员及领馆雇员以及与其构成同一户口之家属免纳一切对人或对物课征之国家、区域或地方性捐税，但间接税、私有不动产的捐税、遗产税、特定服务费等不在免除之列。据《维也纳领事关系公约》第 49 条规定，不免除的捐税具体包括：(1) 通常计入商品或劳务价格内之一类间接税；(2) 对于接受国境内私有不动产课征之捐税(但该公约另有规定的例外)；(3) 接受国课征之遗产税、遗产取得税或继承税及让与税 (但该公约另有规定的例外)；(4) 对于自接受国内获致之私人所得，包括资本收益在内，所课征之捐税以及对于在接受国内商务或金融事业上所为投资课征之资本税；(5) 为供给特定服务所征收之费用；(6) 登记费、法院手续费或记录费、抵押税及印花税 (但该公约另有规定的例外)。

领馆服务人员就其服务所得之工资，免纳捐税。领馆人员如其所雇人员之工资薪给不在接受国内免除所得税时，应履行该国关于征收所得税之法律规章对雇用人所规定之义务。

领事官员或与其构成同一户口之家属之私人自用品，包括供其初到任定居之用之物品在内，免除一切关税以及贮存、运送及类似服务费用以外之一切其他课征。领馆雇员就其初到任时运入之物品，同样享受此项豁免。

领事官员及与其构成同一户口之家属所携私人行李免受查验。倘有重大理由认为其中装有不在公约规定范围内的物品或接受国法律规章禁止进出口或须受其检疫法律规章管制之物品，始可查验。但此项查验应在有关领事官员或其家属前为之。

此外，领馆人员还可依照公约规定免除外侨登记、居留证、工作证、社会保险办法以及个人劳务及捐献等。领事官员及领事雇员，以及与其构成同一户口之家属应免除接受国法律规章就外侨登记及居留证所规定之一切义务；领馆人员就其对派遣国所为之服务而言，应免除接受国关于雇用外国劳工之法律规章所规定之任何有关工作证之义务；领馆人员就其对派遣国所为之服务而言，以及与其构成同一户口之家属，应免适用接受国施行之社会保险办法；接受国应准领馆人员及与其构成同一户口之家属免除一切个人劳务及所有各种公共服务，并免除类如有关征用、军事捐献及屯宿等之军事义务。

（三）名誉领事的特权与豁免

名誉领事 (honorary consul) 的特权与豁免规定在《维也纳领事关系公约》第 58 至 68 条中。由名誉领事担任馆长的领馆和名誉领事享有的特权与豁免逊于职业领事担任馆长的领馆和职业领事的特权与豁免。

名誉领事官员之家属及以名誉领事官员为馆长之领馆所雇用雇员之家属不享受公约所规定的特权及豁免。

四、第三国义务

第三国的义务主要是确保领事官员过境或返回所必需的一切豁免、保护过境往来公文等。

遇领事官员前往就任或返任或返回派遣国途经第三国国境或在该国境内，而该国已发给其应领之签证时，第三国应给予公约所规定而为确保其过境或返回所必需之一切豁免。与领事官员构成同一户口而享有特权与豁免之家属与领事官员同行时或单独旅行前往会聚或返回派遣国时，应同样适用此规定。第三国不应阻碍其他领馆人员或与其构成同一户口之家属经过该国国境。

第三国对于过境之来往公文及其他公务通讯，包括明密码电信在内，应比照接受国依本公约所负之义务，给予同样之自由及保护。第三国遇有已领其所应领签证之领馆信差及领馆邮袋过境时，应比照接受国依本公约所负之义务，给予同样之不得侵犯权及保护。

五、领事特权与豁免的开始及终止

（一）开始

1. 各领馆人员自进入接受国国境前往就任之时起享有特权与豁免，其已在该国境内者，自其就任领馆职务之时起开始享有。

2. 领馆人员之与其构成同一户口之家属及其私人服务人员自领馆人员享受特权及豁免之日起，或自本人进入接受国国境之时起，或自其成为领馆人员之家属或私人服务人员之日起，享有公约所规定之特权与豁免，以在后之日期为准。

（二）终止

1. 领馆人员之职务如已终止，其本人之特权与豁免以及与其构成同一户口之家属或私人服务人员之特权与豁免通常应于各该人员离接受国国境时或其离境之合理期间终了时停止，以在先之时间为准，纵有武装冲突情事，亦应继续有效至该时为止。领馆人员家属、私人服务人员的特权与豁免于其不复为领馆人员户内家属或不复为领馆人员雇用时终止，但如此等人员意欲于稍后合理期间内离接受国国境，其特权与豁免应继续有效，至其离境之时为止。

2. 遇领馆人员死亡，与其构成同一户口之家属应继续享有应享之特权与豁免至其离接受国国境时或其离境之合理期间终了时为止，以在先之时间为准。

另外，关于领事官员或领馆雇员为执行职务所实施之行为，其管辖豁免应继续有效，无时间限制。

六、领馆及享有领事特权与豁免的人员的义务

根据公约规定，领馆及享有领事特权与豁免的人员的义务主要包括以下方面：

1. 接受国法律规章方面。

在不妨碍领事特权与豁免之情形下，凡享有此项特权与豁免之人员均负有尊重接受国法律规章的义务。

2. 不干涉接受国内政方面。

3. 领馆用途方面。

领馆馆舍不得充作任何与执行领事职务不相符合之用途。

4. 专业或商业活动方面。

职业领事官员不应在接受国内为私人利益从事任何专业或商业活动。

七、我国现行规定

1990 年 10 月 30 日，中华人民共和国第七届全国人民代表大会常务委员会通过了《中华人民共和国领事特权与豁免条例》。该条例明确规定，其制订目的是为了确定外国驻中国领馆和领馆成员的领事特权与豁免，便于外国驻中国领馆在领区内代表其国家有效地执行职务。

该条例规定的领事特权与豁免的内容与《维也纳领事关系公约》的规定基本一致。但根据我国的具体情况在有的方面作了与公约略有差异的规定，主要是为了更好地保护领事特权与豁免和适应我国其他法律法规中（例如枪支弹药的管理方面）的有关规定。例如，在关于领馆馆舍不受侵犯方面，公约规定了接受国官员未获允许不得进入领馆馆舍中专门用于工作的部分，而该条例则规定为领馆馆舍的全部。

法律应用

1999 年 5 月 8 日，以美国为首的北约用 5 枚炸弹从不同角度击中中国驻南斯拉夫联盟共和国大使馆，造成 3 名中国记者死亡，二十多名使馆工作人员受伤，使馆馆舍严重毁坏。这一事件发生后，中国政府立即发表声明，对这一野蛮暴行表示极大的愤慨和严厉谴责，提出最强烈抗议，并由外交部向美国驻华大使尚慕杰提出严正交涉。全国各地和海外华人纷纷举行游行示威活动，抗议美国的暴行，并在国际互联网上进行签名抗议等活动。国际社会也对此作出激烈反应，当日，俄罗斯总统叶利钦发表声明，强烈谴责北约袭击中国使馆的野蛮行径。此后，许多国家发来函电，对美国为首的北约的行为进行谴责，并对我国表示慰问。

5 月 9 日，美国总统克林顿致函江泽民主席表示，“对昨天发生在中国驻贝尔格莱德大使馆的悲惨场面和人员死亡表示我的道歉和诚挚的哀悼”。5 月 10 日，中国外交部发言人发表谈话，宣布推迟中美两军高层交往；推迟中美防扩散、军控和国际安全问题磋商；中止两国人权领域的对话。同日下午，唐家璇外长代表中国政府，再次向美国驻华大使尚慕杰提出严正交涉，要求美方公开、正式向中国政府、中国人民和受害者家属道歉，对轰炸事件进行全面、彻底的调查，迅速公布调查的详细结果，严惩肇事者。5 月 11 日，美国总统克林顿、国务卿奥尔布赖特就中国驻南联盟大使馆被炸公开道歉。

联合国安理会5月14日晚召开正式会议，就北约袭击中国驻南斯拉夫使馆通过了主席声明，对中国政府和受害者家属表示最深切的同情和深深的哀悼。安理会对轰炸事件深表遗憾。安理会重申《联合国宪章》和公认的国际准则，在任何情况下都必须尊重外交人员和馆舍不容侵犯的原则。安理会强调，必须对北约轰炸中国驻南使馆事件进行全面、彻底的调查，并且等待收到调查结果。

6月16日，美国总统特使、副国务卿皮克林在北京向中国政府报告了美国政府对以美国为首的北约袭击中国驻南斯拉夫联盟共和国大使馆事件的调查结果，称中国驻南联盟大使馆被炸是一起由美政府一些部门的一系列失误所导致的“悲剧性误炸”事件。由于情报人员目标定位的失误、数据库未及时更新、审核程序未发现错误，按照空袭计划，一架B—2轰炸机从密苏里州怀特曼空军基地出发，向中国驻南使馆这一错误目标投下5枚全球定位系统制导、全天候、各重2 000磅的联合直接攻击炸弹(JDAM)。由于是夜间飞行，加之飞行的速度和高度，机组无法看清中国驻南使馆的国旗及其他标志，不可能知道轰炸的是中国驻南使馆。中方指出，美方迄今对此事件发生原因所作出的解释是难以令人信服的，美导弹从不同部位精确击中使馆，表明美对该建筑物进行过细致的侦察，不可能误认；美军数据库经常更新，对打击目标和非打击目标有严格的分类；“误炸”结论是中国政府和人民不能接受的。美国袭击中国使馆的行为，严重违反了国际法。

1. 国家主权不容侵犯。国家主权平等的原则是国际社会公认的国际法原则，《联合国宪章》等国际条约对此也予以确认。国际主权平等原则要求，各国在国际交往中，应当相互尊重国家主权，而不应当侵犯其他国家的主权。使馆在接受国代表派遣国，《1961年维也纳外交关系公约》对此有明确规定。作为派遣国的代表，使馆在接受国是派遣国家的主权的象征。不仅接受国应当予以尊重、保护，其他国家同样应当予以尊重。美国对我国使馆的袭击，违背了国家主权不容侵犯的要求，因此，不仅我国对其强烈抗议，国际社会也对其予以谴责。

2. 使馆以及外交代表不可侵犯，应当受到保护。使馆以及外交代表具有不可侵犯性，是举世公认的。正如《奥本海国际法》指出的那样，“国际习惯法早已承认了这种馆舍的不可侵犯性；1961年《维也纳外交关系公约》第二十一条重申了这一条法律规则。”为了加强对外交人员的保护，1973年《关于防止和惩治侵害应受国际保护人员包括外交代表的罪行的公约》还规定，以谋杀、绑架、暴力攻击等形式侵害应受国际保护的人员包括外交代表的行为构成犯罪行为，缔约国应当将其定为国内法上的罪行予以惩治。总之，使馆和外交代表不仅不可侵犯、而且应当受到保护，是国际社会普遍认可的习惯规则。美国的行为，是对此规则的严重践踏和破坏。

鉴于此，美国应当对其不法行为承担相应的责任。

1999年7月，中美双方就解决美轰炸中国驻南联盟使馆造成的中方人员伤亡和财产损害赔偿问题举行两轮会谈，双方就人员伤亡赔偿问题达成协议，双方于7月30日签署谅解备忘录，美方将尽快向中国政府支付450万美元的赔偿金。

1999年12月16日，中美双方就美轰炸中国驻南使馆造成中方财产损失的赔偿问题达成协议。根据协议，美国政府向中国政府支付2 800万美元。

课后复习

1. 外交机关可以分哪些种类？
2. 使馆人员组成和派遣应当遵循哪些规则？
3. 外交特权与豁免的理论根据是什么？外交特权与豁免的内容有哪些？
4. 领事特权与豁免有哪些？

第十一章
条约法

第一节　概述

一、概念

二、特征

三、类型和名称

第二节　条约的缔结

一、缔约能力和缔约权

二、缔约程序

三、保留

四、条约的登记和公布

五、我国的规定

第三节　条约的生效和效力

一、条约的生效

二、条约的效力

第四节　条约的解释

一、概念

二、条约解释的机关

三、条约解释的规则

第五节　条约的修订、无效、终止

一、条约的修订

二、条约的无效

三、条约的终止和暂停施行

提　要

条约是国际法的主要渊源，作为一种法律文件，它对于国家或国际组织确定其相互之间权利义务关系至关重要。因此，关于条约的国际法规定，在整个国际法体系中的重要性不言而喻。尽管在近代意义的国际法存在之前，有关条约的国际法的习惯规则已经有了很大的确定性和明确性，但在不少方面仍然缺乏确定性的规则。1969 年《维也纳条约法公约》（1980 年 1 月 27 日生效）和 1986 年《关于国家和国际组织或国际组织相互间条约法公约》（尚未生效）是对有关条约法问题的编纂，系统化地确定了条约的缔结、生效、遵守、适用、解释、修正与修改、失效、终止及停止施行等方面的规则。

重点问题

1. 缔约权和缔约能力
2. 条约的保留
3. 条约的解释机关和解释规则
4. 条约的无效
5. 条约的终止和暂停施行

第一节 概 述

一、概念

条约是两个或两个以上的国际法主体（主要是国家）之间依据国际法缔结的确定其相互之间的权利和义务关系的协议。

1969 年《维也纳条约法公约》（以下简称 1969 年公约）仅适用于国家之间缔结的条约，因此，该公约第 2 条明确地规定，“就适用本公约而言”，“称‘条约’者，谓国家间所缔结而以国际法为准之国际书面协定，不论其载于一项单独文书或两项以上相互有关之文书内，亦不论其特定名称如何”。但是，这一概念并不能概括条约的全部含义。1986 年 3 月 21 日，联合国条约法会议在联合国国际法委员会的准备工作的基础上，通过了《关于国家和国际组织或国际组织相互间条约法公约》（以下简称 1986 年公约），以便将 1969 年公约适用于国家之间的规则在修改后适用于国家和国际组织或国际组织相互间的条约。根据 1986 年公约的规定，“为本公约的目的”，“‘条约’是指：（1）一个或更多国家和一个或更多国际组织间，或（2）国际组织间，以书面缔结并受国际法支配的国际协议，不论其载于一项单独的文书或两项或更多有关的文书内，也不论其特定的名称为何”。

为了促使 1986 年公约早日生效，联合国作出了不懈的努力。1999 年 1 月 20 日，联合国第五十三届大会在 53/100 号关于“国际法十年”（即从 1990 年至 1999 年）的决议中指出，“回顾 1986 年 3 月 21 日《关于国家和国际组织或国际组织相互间条约法公约》是在联合国主持下通过的编纂条约法的公约之一，并回顾该公约对国家和国际组织之间或国际组织相互间缔结的条约的实施的影响”；“授权秘书长按照《关于国家和国际组织或国际组织相互间条约法公约》第83条的规定代表联合国交存对该公约的正式确认书”，“鼓励各国考虑批准或加入《关于国家和国际组织或国际组织相互间条约法公约》，鼓励已签署此公约的国际组织交存对公约的正式确认书和鼓励有资格加入的其他国际组织早日加入公约”。然而，到目前为止，该公约仍未生效。

事实上，由于条约在国家关系中的重要性，这种确定国家之间权利和义务关系的形式出现得非常早，“从公元前20世纪中期保存到今天的条约就已经相当多了。其中有结盟条约、边界条约和通婚条约”①。在国家关系的长期发展过程中，逐步形成了关于条约的习惯法。在近代国际法出现之前，国际法上关于条约的规则已经存在着较为确定的习惯规则。已生效的1969年公约对于条约法领域的许多主要问题都作出了明确的规定。对于1969年公约未予规定的内容，仍然适用于国际习惯法的规则。

二、特征

从关于条约的定义中，可以得出条约具有以下特征：

1. 条约的主体主要是国家。国家在国际法的诸类型主体中最为重要，是基本的国际法主体，同时也是条约关系中基本的主体。正因为这样，联合国会议才首先以公约的形式对国家之间的条约关系予以规定。从一般含义上看，国家、国际组织、争取独立的民族之间及其各类主体相互之间，能够签订确立其各自的权利与义务关系的协议，这样的协议可以称为条约。作为不常见的现象，其他国际法主体，例如，事实上独立的殖民地、罗马教廷、交战团体和叛乱团体等，在相应的范围内也有缔约权，可以缔结条约。②

但是，这些国际法主体与个人之间签订的协议，无论如何也不能视为条约。即使在有的情况下，个人可能会依据这样的条约取得国家在某一方面的权利，但该协议仍不构成条约。例如，有的国家会同某些个人或者法人之间签订特许协议，允许个人或法人在一个时期内拥有开发该国某一领域内自然资源的权利。这样的协议，即便以书面形式达成，其性质仍然是国内协议。1952年国际法院在英伊石油公司案中明确地指出，伊朗政府同英伊石油公司之间签订的特许协议，只不过是一个政府同一个外国公司之间的协议，其唯一目的是规定伊朗政府同公司之间有关特许协议的关系，而不调整英国和伊朗两国政府之间的关系，不产生国际法上的权利和义务关系。

2. 条约是以国际法为准的协议。条约是以国际法为依据的协议，以国际法为准，受国际法的调整，条约所规定的权利和义务必须遵守国际法。违反国际强行法的条约是无效的，1969年公约和1986年公约都规定，“条约在缔结时与一般国际法强制规律抵触者无效”。

3. 条约确定的是缔约方之间的权利义务关系。条约的内容是关于缔结条约的双方或各方之间的权利和义务，这是条约的一个实质特征。对于缔约方来讲，确定国际法上的权利与义务关系的协议方能构成条约。如果一项协议没有确定缔约方之间的权利义务，那么，它只能是君子协定，而不构成条约。“两国或更多国家发表的共同宣言，

---

① ［苏］费尔德曼、巴斯金著，黄道秀、臧乐安、肖雨潞译：《国际法史》，2页。

② 参见李浩培：《条约法概论》，2版，8～9页。

仅仅对国际问题或彼此有关事项表示共同的态度或政策，而彼此不是就具体事项承担任何国际义务，则不算是条约，尽管这类文件在国际关系上可能具有重大的政治意义。”①

4. 条约通常采取书面形式。1969 年公约和 1986 年公约没有涉及口头形式的条约，只是规范、调整书面形式的条约，“以便归于公约范围之内，但并不影响口头协定的法律效力”②。公约只规范书面条约并不意味着条约的形式只能是书面的。1969 年公约第 3 条承认了非书面形式条约的效力，指出：“本公约不适用于国家与其他国际法主体间所缔结之国际协定或此种其他国际法主体间之国际协定或非书面国际协定，此一事实并不影响：（甲）此类协定之法律效力；（乙）本公约所载任何规则之依照国际法而毋须基于本公约原应适用于此类协定者，对于此类协定之适用；（丙）本公约之适用于国家间以亦有其他国际法主体为其当事者之国际协定为根据之彼此关系。”1986 年公约第 3 条有类似规定。

可见，条约的形式不仅仅是书面的。条约的本质特征是缔约的国际法主体之间意思表达一致的协议，据此能够确定权利和义务关系，符合这一要求的协议，可以构成条约。口头缔结的条约，在国际法上时有出现。常设国际法院在 1933 年格陵兰案中对于口头形式协议的效力作出了肯定，并指出没有任何国际法规则要求这类协定必须以书面缔结才能有效。“条约的实质是缔约各方意思表示一致，而决不是文书。”③

另一方面，国家之间发表的表示其共同立场的具有书面形式的文书，并不一定构成条约。例如，1941 年美国总统罗斯福和英国首相丘吉尔发表的《大西洋宪章》，确认了 8 项两国国策中的共同原则。但它并不构成条约，只具有道义上的拘束力，其真正性质是君子协定。④

三、类型和名称

（一）类型

根据不同的标准，可以将条约划分为许多不同的类别。

1. 按照条约的性质，可以分为造法性条约和契约性条约。前者的目的是为缔约各方创制应当遵循的法律规则，例如，1969 年公约确定条约法方面的规则；而后者则是为了确定某一方面相对具体的权利和义务关系，例如，确定两国边界的条约。

2. 按照缔约方的数目，可以分为双边条约、有限制多边条约（Plurilateral treaty）、一般多边条约（general multilateral treaty）。⑤ 双边条约的缔约方只限于两方，但每一方可以包括几个国际法主体。例如，1947 年 2 月 10 日的对意大利和约，一个缔约方包括苏联等二十几个国际法主体，另一方则是意大利。有限制多边条约是数目有限的缔约方参加的、其规定旨在处理只与这些缔约方有利害关系的事项的条约。一般多

---

① 周鲠生：《国际法》，下册，592 页。

② ［英］詹宁斯、瓦茨修订，王铁崖等译：《奥本海国际法》，9 版，第 1 卷，第 2 分册，627 页。

③ 李浩培：《条约法概论》，18 页。

④ 参见上书，19 页。

⑤ 参见上书，35 页。关于 plurilateral treaty 中 plurilateral 一词的译法，我国国内还有“诸边”、“复边”等不同的译法。

边条约，通常称之为多边条约，其缔约方为多数、且对任何或很多国家都开放，通常规定一般国际法规则或者处理对条约各当事方或者其他国家有公共利害关系的事项。[①]

3. 按照缔约程序，可以把条约分为缔结程序复杂的条约和缔结程序简单的条约。前者是指经过所有缔约程序的条约，后者是指只经过签署或以换文形式缔结的条约。条约以复杂程序缔结或者以简单程序缔结，并不影响条约的法律效力。从国际实践看，缔约程序简单的方式有逐渐流行的趋势。[②]

除了以上主要分类外，还可以根据条约的内容分为政治条约、军事条约、经济条约、文化条约等。或者根据条约的缔约方地理区域，将其分为区域性条约、一般性条约等。

（二）名称

条约的名称有多种多样，是在实践中形成的，适用于不同的情况。主要有：

1. 宪章、盟约、规约（charter，covenant，statute）。一般是指在国际社会具有重大意义的条约，通常指国际组织的章程。例如，1966 年《经济、社会及文化权利国际公约》、1945 年《联合国宪章》、1924 年《国际联盟盟约》、1945 年《国际法院规约》。

2. 公约（convention）。用来称呼在国际组织主持下或国际会议上通过的关于某一个专门领域的规则的多边条约。例如，1982 年《联合国海洋法公约》、1961 年《维也纳外交关系公约》、1969 年《维也纳条约法公约》等。

3. 条约（treaty）。这一用语有广义和狭义之分。广义上的条约是指确定缔约方权利和义务关系的任何协议，它可以有不同的名称。狭义上的条约则是指以条约为名称的、有关政治、经济、法律等重要问题的、有效期较长的国际协议。例如，1996 年《世界知识产权组织版权条约》、1967 年《关于各国探索和利用包括月球和其他天体在内外层空间活动的原则条约》、1980 年《中华人民共和国和美利坚合众国领事条约》等。

4. 协定（agreement）。用于缔约国之间为解决某一方面的具体问题（如贸易、航空、外交等）而订立的条约。例如，1948 年《关税与贸易总协定》、1992 年《中华人民共和国政府和哈萨克斯坦共和国政府关于双方公民相互往来的协定》等。

5. 议定书（protocol）。议定书通常是解决具体问题的、补充性的法律文件，主要用于解释、补充、说明或改变主要条约的规定，常用“附加议定书”、“最后议定书”等名称。例如，1969 年《油污损害民事责任国际公约》有一份 1976 年议定书，修改了公约的有关规定。有的时候，议定书也用于称呼独立的法律文件，在这种情况下，它是一个正式的条约。例如，1973 年《干预公海非油类物质污染议定书》、1978 年《国际通信卫星组织特权、免除和豁免议定书》等。

6. 宣言和声明（declaration，statement）。有这样名称的文件并不必然是条约，如果确定了有关国际法主体的权利和义务关系，则构成条约，否则，不能视为条约。例如，1856 年《巴黎海战宣言》当事国认为它确立了权利和义务关系，因而构成条约。

---

① 参见李浩培：《条约法概论》，35 页。关于 plurilateral treaty 中 plurilateral 一词的译法，我国国内还有“诸边”、“复边”等不同的译法。

② 参见上书，36 页。

而1963年联合国的《关于管理各国在探测和使用外层空间活动中的法律原则的宣言》则不构成条约。1972年《中华人民共和国政府和日本国政府联合声明》构成条约，其中，“日本国政府承认中华人民共和国政府是中国的唯一合法政府”，“中华人民共和国政府宣布：为了中日两国人民的友好，放弃对日本国的战争赔偿要求”等规定，对双方具有法律拘束力。

7. 联合公报（joint communique）。在通常情况下，联合公报不是条约，但是确立双方权利和义务关系的联合公报构成条约。例如，1972年《中华人民共和国政府和德意志联邦共和国政府关于两国建立外交关系的联合公报》。

8. 换文（exchange of notes）。是双方当事国互换内容相同或相似的照会，就特定事项达成一致的协议。例如，1971年我国和秘鲁两国建立外交关系，该方面的协议是由我国与秘鲁共和国驻加拿大渥太华的特命全权大使通过换文的方式予以完成的。又如，1975年日本特命全权大使代表日本与我国就中国和日本关于互设领馆的换文，构成条约。换文的程序简单，一般无须批准即可生效，因而在条约中所占的比例很大。

9. 谅解备忘录（memorandum of understanding）。它是用来处理较小事项方面的条约。例如，1995年5月31日《中华人民共和国外交部和新加坡共和国外交部关于建立磋商制度的谅解备忘录》，1994年10月22日《中华人民共和国政府和印度共和国政府关于简化签证手续谅解备忘录》。

此外，条约还可以用最后文件、总文件、专约等名称。

第二节 条约的缔结

一、缔约能力和缔约权

缔约能力和缔约权是两个相互关联但具有不同含义的词语。

缔约能力是指缔约方具有的以自己的名义缔结确定其权利和义务关系的协议的能力。

缔约权是缔约的代表权，是指具有缔约能力的国际法主体的有关机关拥有的代表该主体缔结条约的权力。①

缔约能力是国家、国际组织、争取独立的民族等国际法主体所享有的能力。作为主权者，国家具有完全的缔约能力，国家可以在主权范围内依照国际法缔结任何条约。1969年公约第6条规定，“每一国家皆有缔结条约之能力”，它是对国家本身具有的缔约能力的确认。非完全主权的国家只能缔结它们有权缔结的条约。被保护国如果经保护国或者建立保护关系的条约授权，可以缔结条约。② 单一制的国家，其缔约能力是统一的。国家的地方行政单位、地方政府不具有缔约能力，但是，在得到国家授权的情况下，也可以缔结授权范围内的条约。例如，《香港特别行政区基本法》第151条规定：“香港特别行政区可以在经济、贸易、金融、航运、通讯、旅游、文化、体育等领

① 参见梁淑英主编：《国际法》，292页。

② 参见［英］詹宁斯、瓦茨修订，王铁崖等译：《奥本海国际法》，9版，第1卷，第2分册，635页。

域以‘中国香港’的名义，单独地同世界各国、各地区及有关国际组织保持和发展关系，签订和履行有关协议。”《香港特别行政区基本法》是全国人民代表大会根据宪法制定的，从而授予香港特别行政区相应的职权。同样，《澳门特别行政区基本法》有类似的规定。联邦制的国家，可以在联邦宪法中对于各邦是否具有相应的职权同外国缔结条约作出规定。某些联邦制国家，其成员邦可以具有某些缔约权。

国际组织具有与其资格相适应的缔约能力。国际组织的缔约能力可以由成立该组织的章程明确规定，或者国际组织具有为实现其目的和职能所必需的缔约能力。虽然1969年公约没有规定国际组织的缔约能力，但并不影响国际组织具有相应的缔约能力。1986年公约第6条则明确地规定，“国际组织的缔约能力依照该组织的规则”。1986年公约第2条还规定，组织的规则特别指该组织的组成文书、按照这些文书通过的决定和决议以及确定的惯例。

争取独立的民族同样具有缔约能力，然而，由于这种主体的特殊性，其缔约能力与国家相比是不完全的。

关于缔约权的行使，国家通常在其宪法、法律中予以规定，一般赋予其国家元首或政府首脑。国家元首和政府首脑很少直接行使缔约权，而是通过代表行使。行使缔约权的代表，应当持有全权证书，以资证明。全权证书是国家主管机关签发的指明一人或数人具有完成关于条约的某些或者全部行为的权利的正式文件。1969年公约规定，“‘全权证书’者，谓一国主管当局所颁发，指派一人或数人代表该国谈判，议定或认证条约约文，表示该国同意受条约拘束，或完成有关条约之任何其他行为之文件”。对于不太正式的协定，往往不需要全权证书，通常可以发给代表某种行使缔约权的书面授权。

缔约权行使中可能存在的问题是：缔约一方的缔约权违反其国内法的规定，是否有权援引国内法的规定而撤销其对条约的同意。根据1969年公约第46条的规定，只有在涉及明显违反国内法中具有根本重要性的规则时，缔约国才可以撤销其同意。明显违反系指任何一个一秉善意的国家依照缔结条约的惯例来看，该违反是客观、明显的，方能视为符合条约规定的要求。

二、缔约程序

缔约程序是在国际实践中形成的，是缔结条约一般要遵循的步骤和履行的程序。按照1969年公约的规定，缔约程序主要有议定约文、认证约文和表示同意受条约约束。分述如下：

（一）议定约文

议定约文是指拟缔约的各方通过谈判，起草载明条约规定的约文，并就其内容达成一致。

在议定约文的谈判过程中，参加谈判的代表需要出示全权证书，表明其有权议定约文、认证约文或表示同意受条约约束。如果由于有关国家的惯例或由于其他情况可以表明该国认为该人员有权代表该国从事上述行为，则可以免除全权证书。没有得到授权的人员从事的条约缔结行为，对于其本国没有法律拘束力。下列人员由于所任职务毋须出具全权证书，视为代表其国家：（1）国家元首、政府首脑及外交部长，为实施关于缔结条约之一切行为；（2）使馆馆长，为议定派遣国与驻在国之间条约约文；（3）国家派往国际会议或派驻国际组织或该国际组织一机关之代表，为议定在该会议、组织或机关内议定之条约约文。

议定约文通常可以采用不同的方式。在通常情况下，约文的议定需要得到拟缔约的所有国家的同意，即以全体一致的方式议定约文。但是，在缔约国家数目众多的情况下，约文的议定适用全体一致的规则往往是不现实的。因此，1969 年公约第 9 条还规定了多数一致的议定方式，“国际会议议定条约之约文应以出席及参加表决国家 2/3 多数之表决为之，但此等国家以同样多数决定适用另一规则者不在此限”。当然，实践中还可以采取协商一致的方式。例如，《联合国海洋法公约》在起草过程中就是以协商一致的方式议定约文的。

（二）认证约文

认证约文是谈判代表通过草签、待核准的签署、签署等方式确定作准文本，认可其内容。

1969 年公约第 10 条规定，约文的认证可以通过以下方法：“（甲）依约文所载或经参加草拟约文国家协议之程序；或（乙）倘无此项程序，由此等国家代表在条约约文上，或在载有约文之会议最后文件上签署，作待核准之签署或草签。”

草签是条约正式签署前的认证约文的方式。草签表明各谈判方对于约文将不再作实质性变更。草签时，谈判代表只需要将姓氏的第一个字母签上即可（我国签姓）。

待核准的签署同样发生认证约文的效果。一旦本国核准，待核准的签署即可发生签署的效力，不需要另行签署。

签署是指谈判代表根据其授权在约文上签署姓名。签署在不同的情况下有不同的效果，可以表明认证约文，也可以表明国家同意受条约的约束。根据主权平等原则，双边签署条约时采用轮换制，每个国家在自己保存的条约文本上的首位签字，在对方保留的条约的末尾签字；多边条约签署时，按照各缔约国同意采用的文字，确定各国国名的字母顺序，按照该顺序签署。

（三）表示同意受条约约束

表示同意受条约约束是指国家通过签署、交换构成条约之文书、批准、接受、赞同或加入或其他任何方式表示愿意接受条约对自己产生约束力的行为。

1. 以签署表示同意受条约约束。根据 1969 年公约第 12 条的规定，以签署表示同意接受条约的拘束力有三种不同的情形：第一，条约规定签署具有表明缔约国受条约约束的法律效力。第二，谈判国家另行协议一致，同意签署具有表明缔约国受条约约束的法律效力。第三，谈判国家在谈判代表的全权证书上表明或者谈判中表明，签署具有缔约国受条约约束的法律效力。

在草签的情况下，如果缔约国协议确认，草签具有签署的效力，则该行为构成签署。在待核准签署的情况下，如果谈判代表的本国已经确认，则该行为构成条约的正式签署。

2. 以交换构成条约之文书表示同意受条约约束。以交换构成条约之文书表示同意受条约约束有以下情况：第一，该文书中规定，文书交换具有此种法律效果。第二，有关国家另行协议，规定文书之交换具有此种法律效果。

3. 以批准表示同意受条约约束。批准是缔约国的权力机关对其谈判代表所签署的条约认可，表示同意受条约约束的行为。在国际实践中，一些重大的条约，除了经过签署外，还需要国家的有关机构对其进行批准，才能对缔约国产生拘束力。如果缔约国拒绝批准，则条约对该国不产生拘束力。通过批准，国家可以审查条约对其利益的全面影响，可以有时间制定必要的国内法，或者纯粹履行国内法上规定的得到国会同意的程序等。

按照 1969 年公约第 14 条的规定，以批准的方式表示同意受条约约束可以有以下四种情形：第一，条约规定应当以批准方式表示同意。第二，谈判国另行协议确定，需要通过批准的方式表示同意受条约约束。第三，谈判国的代表对条约作了须经批准的签署。第四，谈判国将须经批准的意思表现于谈判代表的全权证书上，或者在谈判中表明须经批准。

对于谈判国家而言，批准并不是一项义务。自 19 世纪起，批准就成为一种任意的行为，国家可以批准条约，也可以不批准条约。是否批准和由什么机关批准完全是国内法规定的事项。在未批准之前，需要批准的条约尽管已经为谈判国家的代表所事先签署，然而，对于有关国家却不产生拘束力。但是，该国负有义务不得采取任何足以妨碍条约目的及宗旨的行动。这一义务在 1969 年公约第 18 条中得到确认："如该国已签署条约或已交换构成条约之文书而须经批准、接受或赞同，但尚未明白表示不欲成为条约当事国之意思"，那么，该国负有义务不得采取任何足以妨碍条约目的及宗旨的行动。

4. 以接受或赞同表示同意受条约拘束。接受或赞同，都是一国在国际上确定其同意受条约拘束的国际行为。它与批准具有类似的效果，适用的条件也与批准一样。

5. 以加入表示同意受条约拘束。加入是未参加起草和议定条约的国家，在条约允许的情况下，表示愿意受条约约束，据以成为条约当事方的通常程序。1969 年公约称之为"一国据以在国际上确定其同意受条约拘束之国际行为"。

加入条约并不是一种自由的行为，只有在以下情况下才可能发生加入条约的行为：第一，条约本身规定允许该国加入，从而使其受到条约的约束。第二，谈判国另外协议确定，允许该国加入，从而使其受条约的约束。第三，全体当事国嗣后协议，同意该国加入，从而使其受条约的约束。

批准书、接受书、赞同书或加入书的交换或交存，除非条约本身另有规定，否则，可以通过以下任何一种方式确定一国同意受条约拘束：第一，由缔约国互相交换；第二，将文书交存保管机关；第三，如经协议，通知缔约国或保管机关。

如果一国同意只受条约一部分的约束，则只能在条约许可或其他缔约国同意时有效。如果一个条约允许缔约国在不同的条款之间进行选择，那么，只有缔约国明确表示其同意受哪些条款约束时，才会发生对该国约束的效力。

有的时候，在一国同意受条约约束和条约生效之间存在时间差。如该国业已表示同意受条约拘束，而条约尚未生效，且条约之生效不稽延过久，该国负有义务不得采取任何足以妨碍条约目的及宗旨的行动。

据外交部的统计，截至 2003 年 6 月，我国共加入了 268 项多边公约。这些公约涉及人权法、战争法、外交与领事关系法、国际经济法、国际航空法、国际环境法、海洋法、条约法等各个领域。在这些公约中，制定时间最早的是1875年的《米制公约》。

三、保留

（一）保留的范围

根据1969年公约的定义，保留是指一国于签署、批准、接受、赞同或加入条约时所作之片面声明，不论措辞或名称如何，其目的在于摒除或更改条约中若干规定对该国适用时之法律效果。

在形式上，保留可以记载在条约的原本上，通常是记载保留国代表签字的上方、下方或旁边，可以记载在批准书、接受书、核准书、加入书中，也可以记载在附属于条约的一个单独的正式证书中。[①]

保留是一国的主权行为，缔约国可以根据自身的需要决定是否保留和提出哪些保留。但是，保留也不是毫无限制的、完全自由的。以下情况不得保留：（1）该项保留为条约所禁止者；（2）条约仅准许特定之保留而有关之保留不在其内者；（3）该项保留与条约的目的和宗旨不符者。不属以上情况者，缔约国可以提出保留。

在双边条约中，一般不存在保留。如果一方提出保留，则意味着双方对于有关问题没有达成一致，双方可以对此问题继续谈判以便达成一致。保留多存在于多边条约中，即使条约本身未规定保留，也并不意味着不得保留，但保留仍须符合上文所述允许保留的范围。传统上，国际法学说和国际实践对于多边条约的保留问题都采取了肯定条约完整的原则的态度，要求一个缔约国的保留，必须得到所有其他缔约国明示或者默示同意，才能成立。[②] 1951年，国际法院在对1948年12月9日《关于防止和惩治灭绝种族罪公约》的保留问题的咨询意见中指出，不能从一个多边公约未就保留问题作出明文规定，就推论出缔约国不得作出保留的结论。一个多边公约的性质及其目的、条款、准备和议定，是在该公约对于保留问题并无明文规定的情况下必须予以考虑的一些因素，借以决定是否可以作出保留以及保留的效力和后果。[③]

（二）保留的接受与反对

1969年公约第20条规定：

1. 凡为条约明示准许之保留，无须其他缔约国事后予以接受。缔约国一旦提出，即可成立。但条约规定须其他缔约国事后予以同意者，则应取得同意方能成立。

2. 如果谈判国的数目有限制，从有限的数目和条约的目的和宗旨看，在全体当事国之间适用全部条约为每一当事国同意受条约拘束的必要条件时，保留须经全体当事国接受。

3. 如果条约为国际组织之组织约章，除条约另有规定外，保留须经该组织主管机关接受。

4. 不属以上情况者，除非条约另有规定，在下列情况下可以成立保留：第一，保

---

① 参见李浩培：《条约法概论》，148页。

② 参见上书，151页。

③ 参见上书，173页。

留经另一缔约国接受，就该另一缔约国而言，保留国即成为条约之当事国，但须条约对各该国均已生效。第二，保留经另一缔约国反对，则条约在反对国与保留国之间并不因此而不发生效力，但反对国确切表示相反之意思者不在此限。第三，表示一国同意承受条约拘束而附以保留之行为，一俟至少有另一缔约国接受保留，即发生效力。

另外，就适用上述第二项与第四项而言，除条约另有规定外，如果一国在接获关于保留之通知后12个月期间届满时或至其表示同意承受条约拘束之日为止，两者中以较后之日期为准，未对保留提出反对，此项保留即视为业经该国接受。

（三）保留与反对保留的法律效果

保留一经成立，在保留国与接受保留国之间，修改保留所涉及的有关条款。对保留国而言，其与该另一当事国的关系依照保留之范围修改保留所涉及条约规定；对该另一当事国而言，其与保留国的关系依照同一范围修改有关规定。然而，保留并不影响其他当事国之间的权利义务关系，此项保留在条约其他当事国相互间不修改条约的规定。

如果反对保留的国家未反对条约在其本国与保留国之间生效，此项保留所涉及的规定在保留的范围内，对于该两国间不适用。

（四）保留的撤回和撤销

除条约另有规定外，保留得随时撤回，无须经业已接受保留的国家的同意；同样，对保留的反对得随时撤回。除非条约另有规定或另外有协议，保留之撤回，在对另一缔约国关系上，自该国收到撤回保留之通知之时起开始发生效力；对保留的反对的撤回，自提出保留之国家收到撤回反对的通知时起开始发生效力。

（五）保留的程序

保留应当遵循以下程序：

1. 保留、明示接受保留及反对保留，均必须以书面提出并致送缔约国及有权成为条约当事国之其他国家。

2. 保留系在签署须经批准、接受或赞同之条约时提出者，必须由保留国在表示同意承受条约拘束时正式确认。遇此情形，此项保留应视为在其确认之日提出。

3. 明示接受保留或反对保留系在确认保留前提出者，其本身无须经过确认。

4. 撤回保留或撤回对保留的反对，必须以书面为之。

四、条约的登记和公布

条约的登记和公布是从国际联盟时期开始出现的一种制度。为了避免存在秘密条约，《国际联盟盟约》第18条规定，“嗣后联盟任何会员国所订条约或国际协议应当送达秘书处从速发表。此项条约或国际协议未经登记以前不发生效力”。此一条款中关于效力的规定不切合实际，因为条约是否发生效力主要取决于缔约当事国，如果当事国认可了条约的效力，国际联盟对于效力的规定便形同虚设。

联合国沿用了国际联盟关于条约登记和公布的制度，并对其不合理之处作了修改。《联合国宪章》第102条规定：“一、本宪章发生效力后，联合国任何会员国所缔结之一切条约及国际协定应尽速在秘书处登记，并由秘书处公布之。二、当事国对于未经依本条第一项规定登记之条约或国际协定，不得向联合国任何机关援引之。”这一规定只强调登记和公布，并不涉及条约的效力问题。同时，通过规定未登记的条约或协定不得在联合国任何机关援引，促使各会员国将其缔结的条约或国际协定向联合国进行登记。

1969年公约第80条作了同《联合国宪章》一致的规定：“条约应于生效后送请联合国秘书处登记或存案及记录，并公布之。”

此外，1969年公约还规定了条约的保管机关，保管机关的其中一个主要职责是向联合国秘书处登记条约。1969年公约第76条规定：“一、条约之保管机关得由谈判国在条约中或以其他方式指定之。保管机关得为一个以上国家或一国际组织或此种组织之行政首长。二、条约保管机关之职务系国际性质，保管机关有秉公执行其职务之义务。条约尚未在若干当事国间生效或一国与保管机关间对该机关职务之行使发生争议之事实，尤不应影响该项义务。”除了负责向联合国秘书处登记条约外，保管机关的主要职责还有：保管条约约文之正本及任何送交保管机关之全权证书；备就约文正本之正式副本及条约所规定之条约其他语文本，并将其分送当事国及有权成为条约当事国之国家；接收条约之签署及接收并保管有关条约之文书、通知及公文；审查条约之签署及有关条约之任何文书、通知或公文是否妥善，如有必要并将此事提请关系国家注意；将有关条约之行为，通知及公文转告条约当事国及有权成为条约当事国之国家；于条约生效所需数目之签署或批准书、接受书、赞同书或加入书已收到或交存时，转告有权成为条约当事国之国家等。

五、我国的规定

在国际公约方面，我国于1997年9月3日交存对1969年公约的加入书，1997年10月3日，公约对我国生效。在加入时，我国对第66条即“司法解决、公断及和解之程序”提出保留，并宣布我国台湾1970年4月27日的签署非法、无效。

在国内立法方面，主要体现在宪法和专门法律中。1982年《中华人民共和国宪法》规定，全国人民代表大会常务委员会决定同外国缔结的条约和重要协定的批准和废除；中华人民共和国主席根据全国人民代表大会常务委员会的决定，批准和废除同外国缔结的条约和重要协定；国务院管理对外事务，同外国缔结条约和协定。

1990年10月28日，全国人民代表大会常务委员会通过了《中华人民共和国缔结条约程序法》，并于当日公布实施。该法适用于中华人民共和国同外国缔结的双边和多边条约、协定和其他具有条约、协定性质的文件。主要规定：

1. 缔约权的行使。中华人民共和国国务院，即中央人民政府，同外国缔结条约和协定。全国人民代表大会常务委员会决定同外国缔结的条约和重要协定的批准和废除。国家主席根据全国人民代表大会常务委员会的决定，批准和废除同外国缔结的条约和重要协定。外交部在国务院领导下管理同外国缔结条约和协定的具体事务。

2. 缔约名义。我国同外国缔结条约和协定可以下列名义：中华人民共和国、中华人民共和国政府、中华人民共和国政府部门。

3. 谈判和签署条约、协定的决定程序。以不同的名义缔结条约和协定，适用不同的程序，具体如下：

第一，以中华人民共和国的名义谈判和签署条约、协定，由外交部或者国务院有关部门会同外交部提出建议并拟订条约、协定的中方草案，报请国务院审核决定。

第二，以中华人民共和国政府的名义谈判和签署条约、协定，由外交部提出建议并拟订条约、协定的中方草案，或者由国务院有关部门提出建议并拟订条约、协定的中方草案，同外交部会商后，报请国务院审核决定。属于具体业务事项的协定，经国务院同意，协定的中方草案由国务院有关部门审核决定，必要时同外交部会商。

第三，以中华人民共和国政府部门的名义谈判和签署属于本部门职权范围内事项的协定，由本部门决定或者本部门同外交部会商后决定；涉及重大问题或者涉及国务院其他有关部门职权范围的，由本部门或者本部门同国务院其他有关部门会商后，报请国务院决定。协定的中方草案由本部门审核决定，必要时同外交部会商。

另外，经国务院审核决定的条约、协定的中方草案，经谈判需要作重要改动的，重新报请国务院审核决定。

4. 谈判和签署条约、协定的代表的委派。以中华人民共和国的名义或者中华人民共和国政府的名义缔结条约、协定，由外交部或者国务院有关部门报请国务院委派代表；代表的全权证书由国务院总理签署，也可以由外交部长签署。以中华人民共和国政府部门的名义缔结协定，由部门首长委派代表；代表的授权证书由部门首长签署。部门首长签署以本部门的名义缔结的协定，各方约定出具全权证书的，全权证书由国务院总理签署，也可以由外交部长签署。

5. 条约和重要协定的批准。条约和重要协定的批准由全国人民代表大会常务委员会决定。此处的条约和重要协定是指：友好合作条约、和平条约等政治性条约；有关领土和划定边界的条约、协定；有关司法协助、引渡的条约、协定；同中华人民共和国法律有不同规定的条约、协定；缔约各方议定须经批准的条约、协定；其他须经批准的条约、协定。

批准书由中华人民共和国主席签署，外交部长副署。

无须批准、但国务院规定须经核准或者缔约各方议定须经核准的协定和其他具有条约性质的文件签署后，由外交部或者国务院有关部门会同外交部，报请国务院核准。核准书由国务院总理签署，也可以由外交部长签署。

6. 加入和接受多边条约。加入多边条约和协定，分别由全国人民代表大会常务委员会或者国务院决定。接受多边条约和协定，由国务院决定。

7. 作准文字。我国同外国缔结的双边条约、协定，以中文和缔约另一方的官方文字写成，两种文本同等作准；必要时，可以附加使用缔约双方同意的第三国文字，作为同等作准的第三种正式文本或者作为起参考作用的非正式文本；经缔约双方同意，也可以规定对条约、协定的解释发生分歧时，以该第三种文本为准。某些属于具体业务事项的协定，以及同国际组织缔结的条约、协定，经缔约双方同意或者依照有关国际组织章程的规定，也可以只使用国际上较通用的一种文字。

8. 保存、公布、登记。外交部保存以中华人民共和国或者中华人民共和国政府的名义缔结的双边条约、协定；各部门保存以中华人民共和国政府部门的名义缔结的双边协定。全国人民代表大会常务委员会负责公布经全国人民代表大会常务委员会决定批准或者加入的条约和重要协定，国务院负责规定其他条约、协定的公布办法。外交部负责按照《联合国宪章》的有关规定向联合国秘书处登记我国缔结的条约和协定。我国缔结的条约和协定需要向其他国际组织登记的，由外交部或者国务院有关部门按照各该国际组织章程的规定办理。

第三节　条约的生效和效力

一、条约的生效

（一）生效方式

条约的生效，是指条约在法律上成立，并对各缔约方产生拘束力。对此，国际法上并没有统一的规定。条约是各缔约方意思表示一致的协议，其生效的方式和日期，也由缔约方自行决定，一般是在条约中明确规定。1969 年公约第 24 条对此进行了确认，"条约生效之方式及日期，依条约之规定或依谈判国之协议"。

在国际实践中，条约的生效方式也是多种多样的。双边条约的生效方式主要有：(1) 自签署之日生效；(2) 自批准之日生效；(3) 自交换批准书之日或之后生效。另外，还有其他多种方式：在签署后经过一定期间生效、在签署后与缔约国一方的一部国内法同时生效、签署后双方另以换文或换函确定生效日期、在签署后经缔约国一方通知他方批准时生效、签署后经缔约双方相互通知已完成各自使条约生效的法律程序后生效、签署后经总统公告后生效等。①

多边条约的生效方式主要有以下三种：(1) 自全体缔约国批准或各缔约国明确表示承受拘束之日起生效。例如，1959 年《南极条约》第 13 条规定，该条约须经各签字国批准方能生效。(2) 自一定数目的国家交存批准书或加入书之日或之后某日生效。例如，1949 年 4 个日内瓦公约最后条款规定，公约至少在两个缔约国的批准书交存后 6 个月发生效力。又如，1982 年《联合国海洋法公约》规定，公约自第 60 份批准书、加入书交存后 12 个月生效。(3) 自一定数目的国家包括某些特定国家交存批准书后生效。例如，《联合国宪章》规定，宪章在包括中国、法国、苏联、英国、美国以及其他签字国过半数将批准书交存时发生效力。

（二）暂时适用

条约生效前，在某些情形下，条约或条约的一部分可以暂时适用。这样的情形包括：(1) 条约本身如此规定；(2) 谈判国以其他方式协议如此办理。在条约或条约的一部分对某一国家暂时适用的情况下，除非另有协议或另有规定，如果一国把它不愿意成为条约当事国的意思通知其他各国，那么，该条约或该部分条约对该国终止效力。

（三）条约的有效期

条约的有效期一般在条约中明文规定，主要分为两种方式：

1. 无限期的条约。此种条约除非缔约方另外签订条约取代之，否则将继续有效。

① 参见李浩培：《条约法概论》，208～210 页。

通常，造法性条约属于此种类型，例如，1969 年公约就是一个无限期的条约。

2. 有限期的条约。有限期的条约在条约中明文规定其期限，视情况而不同，悉由缔约方为之。有的有限期的条约可以在期满后延长，具体方式亦由缔约方规定。

二、条约的效力

（一）条约的适用

1. 时间范围。条约通常自生效之日起开始适用。在一般情况下，条约没有溯及力。1969 年公约第 28 条规定："除条约表示不同意思，或另经确定外，关于条约对一当事国生效之日以前所发生之任何行为或事实或已不存在之任何情势，条约之规定不对该当事国发生拘束力。"

2. 空间范围。原则上，条约适用的空间范围及于缔约国的全部领土，除非条约另外规定或者缔约方另外确定，条约仅适用于某一特定范围。

无论是单一制的国家还是联邦制的国家，都可能涉及有的时候缔约国希望条约适用于某一特定范围的情况。从传统国际法的实践中发展来的一种做法就是在条约上加上一项特别条款，称之为领土适用条款，其形式多种多样，但效力都是使缔约国能够限制条约的领土范围。例如，这种条款可以使本国领土有可能成为条约当事国而不涉及它负责其国际关系的任何或所有领土。①

3. 条约的冲突。条约的冲突是指缔约方就同一事项缔结了两个或者数个内容不同的条约，从而造成了不同的条约之间产生矛盾的情形。

条约冲突直接产生的问题是，不同条约规定的权利义务矛盾，缔约方如何享有或履行相互冲突的权利或义务。

就国家而言，缔结条约发生冲突时，解决问题的途径有以下四种：

第一，联合国宪章义务优先。当联合国会员国在《联合国宪章》规定的义务与其他条约下的义务相冲突时，宪章规定的义务优先。《联合国宪章》第 103 条对此有明文规定。不仅如此，1969 年公约同样对此予以确认，其第 30 条规定，公约规定的解决条约冲突的规则"以不违反《联合国宪章》第一百零三条为限"。

第二，依照条约规定的规则。条约明确规定了优先适用的规则的，依照该规则适用之。如果缔约国就同一个事项订立了不同的条约，条约中明确规定了先订立的条约不得违反后订立的条约或者不得视为与后订立的条约不符合时，后订立的条约义务优先；条约中明确规定了后订立的条约不得违反先订立的条约或者不得视为与先订立的条约不符合时，先订立的条约义务优先。

第三，适用后法优于先法原则。如果就同一事项先后缔结两个不同条约的缔约国完全一致，一般后一个条约规定的义务居于优先地位。先前的条约如果并没有因为后来订立了条约而终止或停止实施，那么，先前的条约只在与后一个条约不相冲突的范围内继续有效。

---

① 参见［英］詹宁斯、瓦茨修订，王铁崖等译：《奥本海国际法》，9 版，第 1 卷，第 2 分册，653 页。《奥本海国际法》解释这种条约之所以不多见的原因时指出，鉴于领土适用条款与殖民地利益相冲突，甚至会妨碍殖民主义的结束，所以，很多国家拒绝在国际公约中包含这一条款。

第四，确定当事国之间有效的条约予以适用。如果就同一事项先后缔结两个不同条约的缔约国不一致，那么，同时为先后两个条约的当事国之间，按照上文规定适用后法优于先法的原则；只为其中一个条约的当事国与同时为先后两个条约的当事国之间，仅适用它们之间同为当事国的条约。针对这种情况，1969 年公约还规定，这一解决办法“不妨碍第 41 条或依第 60 条终止或停止施行条约之任何问题，或一国因缔结或适用一条约而其规定与该国依另一条约对另一国之义务不合所生之任何责任问题”。第 41 条是关于仅在若干当事国之间按照相应条件修改多边条约的规定，第 60 条是关于因为违约而导致条约终止或停止实施的规定。即这种条约冲突的情况，可能导致条约修改或者条约终止或停止实施的后果，也可能导致一当事国因为履行某一条约而违反另一条约从而造成应当承担国际责任的后果。

（二）条约必须遵守原则

条约必须遵守原则，是指缔约方对于符合国际法而有效缔结的条约，应当善意地履行由此而产生的义务。

条约必须遵守是一项古老的习惯法规则。古代国家缔结国际条约时，为了促使缔约方遵守条约，常常通过各种庄严的仪式来缔结条约，甚至利用宗教仪式强调其应当遵守的特性。在古代罗马法中，就有约定应当信守的原则。在现代国际法的法律文件中，这一原则也一再得到确认。《联合国宪章》郑重宣布，“尊重由条约与国际法其他渊源而起之义务，久而弗懈”。1969 年公约同样也确认了这一原则在国际社会得到的广泛认可，在序言中明确地指出，“自由同意与善意之原则以及条约必须遵守规则乃举世所承认”。第 26 条规定，“凡有效之条约对其各当事国有拘束力，必须由各该国善意履行”。第 27 条规定，“一当事国不得援引其国内法规定为理由而不履行条约”。

对于缔约方来讲，一项有效的条约必须予以遵守。缔约方违反有效的条约义务，根据国际法应当承担相应的国际责任。无效条约在各当事方之间不产生有效的法律义务，违背成立有效条件的条约无效。由于无效条约或情势变迁，都会导致不存在有效的条约义务。

中华人民共和国在成立之初，就表明了对历史上缔结的条约的态度。《中华人民共和国政治协商会议共同纲领》第 55 条规定，“对于国民党政府与外国政府订立的各项条约和协定，中华人民共和国中央人民政府应加以审查，按其内容，分别予以承认，或废除，或修改，或重订”。这一原则同样适用于国民党政府所承认的在它之前的中国历届政府代表中国订立的条约。我国系统地进行清理条约的工作始于 1991 年。迄今，我国已与德国、捷克、斯洛文尼亚、俄罗斯等 10 个国家进行过有关工作。

（三）对第三方的效力

所谓第三方，是指条约当事方以外的国际法主体。条约必须遵守的原则是对条约的缔约方而言的，条约对于非条约的缔约方并没有约束力，即条约对于第三方既无益亦无损。然而，如果得到第三方的同意，则条约可以为第三方创设权利和义务。作为一项通例，1969 年公约第 34 条规定：“条约非经第三国同意，不为该国创设义务或权利。”

1. 条约为第三方创设权利。条约的当事方意图为第三方创设权利，则第三方对此表示同意而取得该项权利。因此，条约为第三方创设权利应当符合两个条件：第一，条约的当事方有通过条约为第三方创设权利的意图。第二，第三方表示同意。如果第三方没有相反的表示，则推定其表示同意，除非条约另有规定。例如，《联合国宪章》第2条规定，“本宪章不得认为授权联合国干涉在本质上属于任何国家国内管辖之事件”，非会员国因此取得免予被联合国干涉在本质上属于该国国内管辖的事项。任何非会员国只要没有相反表示，即可取得该项权利。

第三方行使因此而取得的权利时，应当符合条约规定的行使该权利的条件。

在条约已经为第三方创设权利的情况下，如果经确定，条约缔约方为第三方创设权利时，原来意图是未经第三方同意不得取消或改变该权利，那么，未经第三方同意，条约的缔约方就不得取消或改变该权利。

2. 条约为第三方创设义务。条约为第三方创设义务的情形受到严格限制。条约为第三方创设义务应当符合两个条件：第一，条约的缔约方有通过条约为第三方创设义务的意图。第二，第三方书面明示同意接受该项义务。

但是，如果条约所规定的义务已经构成一项国际习惯，那么，该义务的创设不需要得到第三方的明示同意即可成立。例如，《联合国宪章》第2条在述及主权平等、和平解决争端、不使用威胁或武力侵害其他国家等原则后明确地规定：“本组织在维持国际和平及安全之必要范围内，应保证非联合国会员国遵行上述原则。”从而为非会员国创设义务。

在条约已经为第三方创设义务的情况下，只有在得到条约的缔约方和第三方同意的情况下，该项义务才能够被取消或改变。

第四节　条约的解释

一、概念

条约的解释，是指对于条约的具体规定的真实含义依照一定的规则所进行的说明。按照条约必须遵守原则，条约的当事国应当遵守条约，善意履行条约义务。因此，对条约具体规定的含义进行剖析，查明其真实含义，对于条约的履行至关重要。

按照解释的主体，条约的解释可以分为学理解释和官方解释。学理解释是国际法学者在其论著中所论述的关于条约解释的理论和原则。官方解释是条约当事方或其授权的国际机关所作出的解释。学理解释可以分为三个学派：主观学派、客观学派和目的学派。主观学派认为条约解释应当探求缔约方在缔约时的共同意思。客观解释学派认为条约解释应当依照用语本身而不是探究缔约方的真实意思。目的解释学派认为条约的解释应当符合该条约的目的。①

按照解释的效力，条约的解释可以分为有权解释和非有权解释两种。从理论上讲，只有条约的全体当事方进行或同意的解释才是有权解释，其他解释则为非有权解释。有权解释有明文的有权解释和默示的有权解释之分。

---

① 参见李浩培：《条约法概论》，412～420页。

二、条约解释的机关

1. 当事方的解释。条约是由当事方缔结的，按照罗马法“谁制定法律谁就有权解释”的原则，当事方对于条约的真实含义有权予以解释。虽然任何当事方的解释都是官方解释，但是，并不是一个当事方的解释就可以成为有权解释。条约是当事方意思表示一致的协议，双边条约的有权解释应当是双方均同意的解释，多边条约的有权解释应当是所有缔约方均同意的解释。一缔约方的解释得到所有其他缔约方认可的，可以成为有权解释。当事方解释不一致，则造成条约解释的争端。

2. 国际组织的解释。原则上，国际组织有权解释涉及自身的条约，例如，建立该组织的条约、公约或宪章，以及该组织行使职权时所援引的条约。但是，国际组织的解释仅对自身有效。

3. 国际仲裁或司法机关的解释。各当事方对条约进行解释时，由于利益不同，导致解释不一致。尤其是多边公约，不同的缔约方，其解释不同，产生条约解释的争端。对于此类争端，有些国际公约规定了解决的方法，从而使当事方可以将争端提交有关的仲裁或者司法机关解决，仲裁机关或司法机关因此有权进行条约解释。仲裁机关或司法机关的解释，对于争端方具有拘束力。

《国际法院规约》第 36 条规定，对于条约解释的争端，规约各当事国得随时声明，承认法院之管辖为当然而具有强制性，不须另订特别协定。这样，如果当事国均接受国际法院的强制管辖权，则一旦产生此类争端，国际法院可以因一当事方的请求而享有管辖权，作出有权的解释。《联合国海洋法公约》第十五部分第 280 条、第 286 条、第 287 条规定，任何缔约国都有权在任何时候协议用自行选择的任何和平方法解决它们之间的关于公约解释或适用的争端，如仍未能解决争端，经争议的任何一方请求，应把争端提交国际海洋法法庭、国际法院、仲裁法庭、特别仲裁法庭予以解决。

三、条约解释的规则

1969 年公约第 31 条至第 33 条规定了解释条约的规则。

1. 解释通则。

（1）依照用语善意解释。1969 年公约第 31 条规定，条约应依其用语按其上下文并参照条约的目的及宗旨所具有的通常意义，善意地予以解释。

按照这一规则的要求，首先，解释条约应当以条约的用语为依据，条约当事方所使用的用语被视为具有通常所具有的含义。其次，解释条约应当遵循善意解释的原则，这一原则直接渊源于条约必须遵守的原则。最后，解释条约时，对于用语不应当抽象地进行解释，而应当参照条约的目的和宗旨，将条约用语置于上下文中进行解释。[①]

这种依照约文的解释方法是公认的国际习惯法，也是国际法委员会一致同意的。在国际法院的判决中，同样确认、采取了这一规则。在世界贸易组织的争端解决中，常设上诉机构在案件的裁决中，同样援引该条规定的规则，认为它属于公认的国际习

① 参见李浩培：《条约法概论》，426 页。

惯法规则。例如，在世界贸易组织的第一起上诉案件——美国汽油规则案中，上诉机构指出，1969 年公约规定的这一解释通则，是案件的争端方和第三方都信赖的，它已经取得了习惯的或者一般的国际法的地位，是上诉机构所应当援引的“国际公法的习惯解释规则”的一个部分。①

当然，如果经确定，条约用语在原来订立的时候缔约方已经赋予其特殊的含义，则应当按照此特殊含义予以解释。

（2）全面解释。条约解释的时候，应当将所有上下文的材料全面加以解释。就解释条约而言，上下文包括：第一，条约的序言及附件在内的全部约文。第二，全体当事国之间因缔结条约所订与条约有关的任何协定。第三，一个以上当事国因缔结条约所订并经其他当事国接受为条约有关文书的任何文书。

依公约规定应与上下文一并考虑者尚有：第一，当事国嗣后所订关于条约之解释或其规定之适用之任何协定。第二，嗣后在条约适用方面确定各当事国对条约解释之协定的任何惯例。第三，适用于当事国之间关系的任何有关国际法规则。

2. 解释的补充资料。如果按照第 31 条确定的解释方法，能够正确解释条约，查明条约的含义，则没有必要使用其他方法。当然，在此情况下，并不反对用其他辅助的方法去证实该含义。这也是在解决争端的国际实践中法庭常用的方法。但是，如果使用了该解释通则，仍无法查明条约的真实含义，或者导致显然荒谬或不合理的结论，则可以采用辅助的解释方法。按照第 32 条规定，可以使用以下补充材料进行解释：

第一，准备资料。包括缔结条约前的谈判记录、通过条约的国际会议全体大会和委员会的议事记录、条约的历次草案等。国际法院也常常确认准备材料可以使用。②

第二，缔约情况。条约缔结不是一个独立的行为，而是一系列连续的国际行为的一部分，这些国际行为塑造和限定条约所涉及的情况。③

除此之外，还可以根据情况适用“遇有异议、从轻解释”的原则、“对提出建议的一方不利”的规则、“明示其一即排除其他”、“特殊优于一般”、“与其使事情无效、毋宁使其有效”等规则进行解释。

3. 以两种以上文字认证的条约之解释。条约规定以某一种文字作准，则解释的时候应当以此作准文字进行解释。然而，在多数情况下，条约的作准文字可能为两种或多种。

条约约文以两种以上文字认证作准者，除依条约规定或当事国协议遇意义分歧时应以某种约文为根据外，每种文字的约文应同一作准。

以认证作准文字以外的他种文字作成的条约译本，仅于条约有此规定或当事国有此协议时，始得视为作准约文。

条约用语推定在各作准约文内意义相同。

如果比较作准约文后发现意义有差别，适用解释通则和补充方法仍不能消除时，应采用顾及条约目的及宗旨的最能调和各约文的意义。

---

① WTO，WT/DS2/AB/R.

② 参见［英］詹宁斯、瓦茨修订，王铁崖等译：《奥本海国际法》，9 版，第 1 卷，第 2 分册，665 页。

③ 参见上书，666 页。

第五节　条约的修订、无效、终止

一、条约的修订

（一）概念

条约的修订，是指条约的当事方在条约缔结后的有效期内改变条约规定的行为。条约的修订主要涉及多边条约，因为双边条约的修订，实际与重新谈判、缔结新约相同。条约修订包括条约的修正与条约的修改两种情况。

（二）条约的修正

条约的修正，是指条约的全体缔约方之间以协议对条约规定予以修订。除非条约另有规定，否则，当事方之间达成一致的协议对条约进行修正，同样适用条约缔结的规则。

在全体当事国之间修正多边条约的任何提议必须通知全体缔约国，各该缔约国均应有权参加对此种提议拟采取何种行动的决定，以及参加修正该条约的任何协定的谈判及缔结。凡有权成为条约当事国之国家亦应有权成为修正后条约的当事国。

修正该条约的协定对已为该条约当事国而未成为该协定当事国之国家无拘束力，对此种国家适用1969年公约第30条第4项（2）款的规定，即“在为两条约之当事国与仅为其中一条约之当事国间，彼此之权利与义务依两国均为当事国之条约定之”。

凡于修正条约的协定生效后成为条约当事国的国家，如果该国无相反的意思表示，则应视为修正后条约的当事国使用该条约，并就其对不受修正条约协定拘束的条约当事国的关系而言，应视为未修正条约的当事国适用未修正的条约。

（三）条约的修改

条约的修改，是指条约的若干缔约方之间以协议对条约规定予以修订。

多边条约中两个以上当事国，在下列情形下有权缔结协定仅在彼此间修改条约：(1) 条约内规定允许进行此种修改；或 (2) 有关之修改非为条约所禁止，并且不影响其他当事国享有条约上的权利或履行其义务，也不涉及任何与有效实行整个条约的目的及宗旨至关重要的规定。对于条约的修改，除有特殊规定外，有关当事方应当将其拟缔结修改协定的意思和对条约的修改通知其他当事国。

二、条约的无效

条约的无效是指条约因为不符合国际法所规定的条约成立的实质要件从而无法律效力。条约是以国际法为准的协议，违反国际法的协议，不产生法律效力。

根据1969年公约第46条至第53条的规定，条约无效有以下三种理由：

1. 违反国内法关于缔约权限的规定。缔约代表没有缔约权或者越权缔结条约，会导致条约无效。

如果缔约代表违反其国内法中关于缔约权限的规定，只有在这种违反是明显的，并且涉及根本上重要的国内法规定时，该国可以否认其对条约的同意。在此种情况下，该条约对该方即为无效。除了此种情况外，作为一项通行原则，缔约一方不能够援引国内法的规定，否认其对条约的同意。

如果缔约方的谈判代表对于条约表示同意的权限受到限制，只有在此项限制在谈判代表表示对条约同意前已通知其他缔约方的情况下，缔约方才可以援引该缔约代表未遵守该项限制为理由，否认其对条约的同意的效力。但是，除了此种情况外，作为一项通行原则，缔约一方不能援引缔约代表未遵守该项限制的事实，否认其对条约的同意。

2. 违反自由同意。条约是缔约方意思表示一致的协议，缔约方自由表达其意志是条约有效的必要条件。以下情况违反自由同意：

（1）错误。如果一项错误涉及任何事实或情势，缔约方可以援引之为理由确定条约无效。但其条件是：第一，该项错误是缔约方在缔结条约时假定存在的事实或情势。第二，此种事实或情势构成缔约方同意受条约约束的必要根据。

如果错误系由有关缔约方本身行为所造成，或如果当时情况足以使该国知悉有错误之可能，则该缔约方不能以援用错误为理由主张条约无效。

仅与条约约文用字有关的错误，不影响条约之效力，在此情形下，可以根据 1969 年公约第 79 条的规定，对约文作出适当的更正。

（2）诈欺。诈欺是一方故意用虚假的陈述或捏造的事实欺骗另一方，诱使其缔结条约的行为。被欺诈的一方有权援引诈欺为理由主张条约无效。

（3）贿赂。如果一方同意承受条约拘束的表示系经另一谈判方直接或间接贿赂其代表而取得，该方得援引贿赂为理由主张其受该条约拘束的同意无效。

贿赂涉及旨在对代表施加重大影响的一些行动，而不包括对谈判代表所表示的每一个细小的照顾或讨好。①

（4）强迫。强迫谈判方的代表使其表示同意或强迫谈判方而使其缔结的条约无效。1969 年公约规定，一国同意承受条约拘束之表示系以行为或威胁对其代表所施之强迫而取得者，应无法律效果；条约系违反《联合国宪章》所含国际法原则以威胁或使用武力而获缔结者无效。

根据 1969 公约的规定，在错误、诈欺、贿赂的情况下，一缔约方可以援引其为理由主张条约无效；在强迫的情况下，条约根本就是无效的。

3. 与一般国际法强行规则相抵触。条约如果在缔结时同一般国际法强制规则相抵触，是无效的。与一般国际法强制规则相抵触的条约，其本身就是无效的，而不仅仅是可以宣告无效。按照 1969 年公约的规定，一般国际法强制规则是指国家构成的国际社会全体所接受的、并公认为不许损抑，且仅有以后具有同等性质的一般国际法规则才能够予以更改的规则。

三、条约的终止和暂停施行

（一）条约的终止

条约的终止是指有效的条约由于期满等法定的原因而失去效力，不再具有法律拘

① 参见［英］詹宁斯、瓦茨修订，王铁崖等译：《奥本海国际法》，9 版，第 1 卷，第 2 分册，670 页。

束力。

条约可以由于下列原因而终止：

1. 依条约规定。条约可以因满足条约规定的条件而终止。

（1）有效期届满。有的条约规定了有效期，有效期届满，条约终止。例如，1950年《中苏友好同盟互助条约》规定有效期为30年，在期满前一年未有一方愿意废除时，可延长5年，并依此顺延。1979年全国人大常委会决定不再延长，该条约于1980年失效。

（2）解除条件成立。有的条约规定了解除条件，解除条件成立，条约终止。例如，1957年《已婚妇女国籍公约》规定，“本公约在缔约国减至不足6国之退约生效之日起失效”。但是，在通常情况下，条约并不因缔约方减至使其生效缔约方数目以下而终止，除非条约明确规定。

2. 经当事国共同同意。一方在任何时候，在与其他缔约方协商后，取得全体一致同意，条约即可终止，或者该方即可退出条约。

3. 废止或通知退约。除非条约另有规定，当事方不得退出或废止条约。但是，如果经确定，当事方原意有允许废止、退出的可能的，或者由于条约的性质可以认为有废止或退出的权利，则可以至迟于12个月以前发出通知，可以废止或退出条约。

4. 后订条约。如果全体当事方嗣后就同一事项另订条约，在下列情况下，先订条约视为默示终止或停止实施：（1）自后订条约可见或另经确定当事国的意思为此一事项应以该后一条约为准；或（2）后订条约与前订条约的规定不合的程度使两者不可能同时适用。

5. 重大违约。一当事方违约行为构成重大违约，根据“对不履行者不必履行”的原则，其他当事方有权终止该条约，或全部或局部停止其施行。一般违约通常并不导致条约的终止，但会使违约者承担相应的责任。1969年公约第60条规定，重大违约是指：（1）废弃条约，而此种废弃非1969年公约所准许者；（2）违反条约规定，而此项规定为达成条约目的或宗旨所必要者。

双边条约的一方重大违约时，对方有权终止该条约的全部或部分。多边条约的当事一方有重大违约时，其他当事方可以一致同意，在这些当事方同违约方的关系上全部或者部分终止该条约；或者在全体当事方之间全部或者部分终止该条约。

6. 发生意外不可能履行。为执行条约所必不可少的标的物永久消失或毁坏，以致不可能履行条约时，当事方有权援引不可能履行为理由终止或者退出条约。但是，如果不可能履行属于暂时的性质，缔约一方只能够援引为停止施行条约的理由。如果不可能履行是该条约的当事方违反条约义务或者违反对条约任何其他当事国所负任何其他国际义务的结果，该缔约一方就无权援引履行不可能为理由终止或者停止实施条约。

7. 情势变迁。当事方缔结条约是以假定缔约时的情势继续存在为依据的，这就是“一切条约都假定情势不变原则”。由于情势变迁常被援用，甚至被滥用，作为当事方不履行条约义务的借口，因此，1969年公约作出严格规定，只有符合以下条件，条约的当事方才能够以情势发生根本变化非当事国所预料者为依据终止条约或者退出条约：（1）此等情况之存在构成当事国同意承受条约拘束之必要根据；并且，（2）该项改变之影响将根本变动依条约尚待履行之义务之范围。另外，1969年公约还明确：确定边界的条约不得援引情势变迁原则；如果情况的基本改变系援引此项理由的当事国违反条约义务或违反对条约任何其他当事国所负任何其他国际义务的结果，该当事国不得援引情势变迁原则。

8. 断绝外交关系或领事关系。条约当事国断绝外交关系，并不影响彼此间由条约确定之法律关系，但外交或领事关系之存在为适用条约所必不可少者不在此限。

9. 新的一般国际强行规则产生。遇有新的一般国际法强制规则产生时，任何现有条约与该项规则抵触者即成为无效而终止。

10. 当事一方消失或改变地位。1969 年公约没有对此作出规定，但是，如果一当事方消失或者转而成为另一国的一部分，则可能导致无法履行条约，从而造成终止该当事方与其他当事方的条约的效果。这一情形可以与条约终止的其他情形一起成为条约终止的理由。[①] 当然，根据国际法，如果条约为新的国家所继承，则对新的国家继续有效。

11. 战争。战争会导致交战的当事方之间的政治条约、双边商务条约终止，而关于战争法规方面的条约则不因此而终止。

另外，条约履行完毕并不意味着条约的终止、退出和停止实施，该条约仍然是有效的条约，只是不存在执行的义务，它只与履行条约的行为或者因条约而取得权利的问题相关联。[②]

（二）条约的停止施行

条约的停止施行是指一个或数个当事方在一定的时期内暂停施行条约的一部分或全部，但条约并不因此而终止，且可以在必要时以一定程序而恢复施行。停止施行的理由包括：依条约规定或经条约各当事方同意而暂停施行条约、多边条约由其若干当事国以协定暂停施行、条约因缔结后订条约而暂停施行、条约因违约而暂停施行、条约因履行不能而暂停施行、因情势根本变迁而暂停施行、条约因战争而暂停施行等。

（三）条约终止和暂停施行的后果

条约当事方如果在条约中规定了终止和暂停施行条约的后果，则适用条约的规定。如果没有规定也没有在其他协议中约定，那么，条约终止的，当事方解除继续履行条约的义务，但一般不影响各当事方在该条约终止前由于实施该条约所产生的任何权利、义务或法律情况；条约暂停施行的，暂停施行的各当事方在暂停施行期间相互解除履行该条约的义务，其他当事方之间的关系并不因此受到影响。另外，在条约暂停施行期间，各当事方应避免足以阻挠条约恢复施行的行为。

法律应用

作为关贸总协定的继承者，世界贸易组织的出现及其带来的一些现象，不同于通

① 参见［英］詹宁斯、瓦茨修订，王铁崖等译：《奥本海国际法》，9 版，第 1 卷，第 2 分册，683 页。

② *Oppenheim's International Law*, Volume I, Parts 2 to 4, 9th ed., Longman Group UK Limited and Mrs. Tomoko Hudson, 1992, p. 1296.

常情况下1969年《维也纳条约法公约》关于国际条约的规定，需要用国际条约法的理论进行说明，以免产生误解。

首先，《成立世界贸易组织协定》的性质，是不是条约？答案是肯定的。

世界贸易组织不同于一般的国际组织，其成员具有特殊性。对于成员的资格要求，世界贸易组织并不是以主权国家为准的，而是以具有独立关税权为标准的。亦即，主权国家可以成为世界贸易组织的成员，单独关税区同样可以成为世界贸易组织的成员。

条约的主体主要是国家，但是，这并非是绝对的。1969年《维也纳条约法公约》仅仅适用于国家之间缔结的条约，并不涉及国家同其他国际法主体间，或者其他国际法主体相互之间缔结的条约。

不仅如此，在特殊情况下，某些非国家的单位根据国内法的规定，也能够取得一定的缔约权，缔结国际条约。例如，我国的香港特别行政区，根据《香港特别行政区基本法》的规定，可以"中国香港"的名义参加《关税和贸易总协定》、关于国际纺织品贸易安排等有关国际组织和国际贸易协定，包括优惠贸易安排。

目前，在世界贸易组织体系中，我国一共有四个席位，中国（大陆）、中国香港、中国澳门、台澎金马单独关税区。

其次，我国在世界贸易组织中的"一国"、"四席"现象，是由于世界贸易组织的成员特殊性和我国国内法的关于缔约权的规定而产生的，即使四方同为国际组织的成员，也并不因此改变相互之间的关系，即香港、澳门、台湾都是中国领土的一个有机组成部分，是中国的地方行政区域。某些"台独"分子鼓吹"台湾是'主权独立'的'国家'，不是别国的一部分，也不是地方政府，更不是香港澳门，'一边一国'必须要分清楚"的说法，在国际法上是站不住脚的。

课后复习

1. 什么是条约？条约的特征是什么？
2. 条约无效原因有哪些？
3. 谁有权对条约进行解释？如何对条约进行解释？
4. 条约对第三方有无效力？

第十二章
和平解决国际争端

提　要

国家在交往过程中不可避免地会由于权利或利益的冲突而产生争端。为了进行正常的国际交往，需要解决各国之间的争端。解决争端的方法可以分为强制性方法和非强制性方法，前者有反报、报复、平时封锁和干涉，后者有谈判、协商、斡旋、调停、调查、和解、仲裁和司法解决。谈判、协商是争端当事方直接接触解决争端的方法，斡旋、调停、调查、和解虽然有第三方的参与，但争端的解决仍然在不同的程度上取决于争端当事方自身。仲裁、司法解决的解决方法是由仲裁机构或司法机构解决争端，仲裁机构和司法机构作为第三方，根据仲裁协议或争端当事方事先或事后的协议，取得管辖权并解决争端，因此，在争端的解决过程中起着重要的作用。世界贸易组织在实践中运用各种方法解决争端，并创立了专家组和上诉机构以解决缔约方之间的争端。

重点问题

1. 国际争端的强制解决方法
2. 国际争端的政治解决方法
3. 国际争端的仲裁解决
4. 国际法院的管辖权
5. 世界贸易组织的争端解决程序

第一节 概 述

一、国际争端的概念和种类

（一）国际争端的概念

在国际社会中，国际法主体之间相互交往，不可避免地会在某些问题上发生争端。按照1924年常设国际法院在“马弗罗马提斯特许权案”的判决中所作的解释，国际争端是两个主体之间关于法律上或事实上的论点的分歧，法律上的见解或利益的矛盾对立。虽然国际争端既涉及国家，也涉及其他国际法主体，但由于国家是国际法的基本主体，国际争端也主要是国家之间的争端，因而本章仅将国家之间的争端及其和平解决方法作为研究的对象。

（二）国际争端的种类

按照传统的分类法，国际争端一般分为法律性质的争端和政治性质的争端。前者关系国家权利问题，后者起因于政治利益的冲突。[①] 法律性质的争端是指当事国各自的主张是以国际法所承认的理由为根据的，即所谓法律上的权利之争议。《联合国宪章》第36条第3款规定：“凡具有法律性质之争端，在原则上，理应由当事国依国际法院规约之规定提交国际法院。”这说明法律性质的争端是可以提交国际法院进行裁判的。《国际法院规约》第36条第2款规定：“本规约各当事国得随时声明关于具有下列性质之一切法律争端，对于接受同样义务之任何其他国家，承认法院之管辖为当然而具有强制性，不须另订特别协定。”该款将法律性质的争端概括为四种情形的争端：（1）条约之解释；（2）国际法之任何问题；（3）任何事实之存在，如经确定即属违反国际义务者；（4）因违反国际义务而应予以赔偿之性质及其范围。

政治性质的争端是指由于当事国政治利益的冲突而发生，但不涉及或不直接涉及法律问题的争端。此类争端的范围比较广泛，可以说法律性质的争端以外的一切国际争端都是政治性质的争端。政治性质的争端属于不可裁判的争端，不能按现行的法律加以解决，只能采取政治或外交的方法解决。

对国际争端按其性质作出上述划分在理论上是可行的，但在实践中，由于国际争端产生的原因、争端的内容和性质十分复杂，法律性质的争端中往往包含政治因素，

① 参见周鲠生：《国际法》，下册，756页。

政治性质的争端又常常以法律争端的形式表现出来，因此，严格区分这两类争端并非易事。例如，现代国际社会经常发生的边界或领土争端，许多起因于对条约解释的分歧，因此，应该属于法律性质的争端。但是，此类争端又涉及国家安全、领土完整、民族感情和经济利益等方面，甚至还可能演变成军事冲突或者战争，所以，又具有政治争端的性质。不过，一般来说，每一项具体的争端总是主要地具有某种性质，可以由此来确定解决争端的方法。

划分法律性质的争端和政治性质的争端的主要目的，就是对不同的国际争端采取不同的解决方法。法律性质的争端作为“可裁判的争端”，需要通过仲裁或司法程序解决；政治性质的争端作为“不可裁判的争端”，采取特殊的政治或外交方法处理。但是，由于国际争端的性质不易确定，因此，解决争端的方法也没有确定的模式。对同一类型的争端，不同国家可能采取不同的解决方法，甚至同一类争端也可能同时采取两种解决方法。例如，国家有关大陆架划界的争端一般通过外交谈判方式解决，但英国和法国关于大陆架划界的争端，一部分通过外交谈判解决，一部分则提交仲裁裁决；利比亚和马耳他之间同样的争端，则通过 1985 年国际法院的判决获得解决。

总之，在理论上对国际争端的性质进行区分是必要的，在实践中也有一定的意义。但这种区分不能绝对化，更不能认为某种类型的争端必须采取某一特定的解决方法。国际争端的当事者是具有主权的国家，作为国际法的平等主体，它们有权按照自己的意愿，通过协议选择适当的和平解决方法。《联合国宪章》第 33 条第 1 款规定：“任何争端之当事国，于争端之继续存在足以危及国际和平与安全之维持时，应尽先以谈判、调查、调停、和解、公断、司法解决、区域机关或区域办法之利用或各该国自行选择之其他和平方法，求得解决。”这项规定表明，国家有自行选择和平解决国际争端方法的权利。

二、解决国际争端的方法

传统国际法上解决国际争端的方法有强制的方法和非强制的方法。强制的方法是一国为使另一国同意其所要求的对争端的解决和处理而单方采取的带有某些强制性的方法，这种方法有反报、报复、平时封锁和干涉。过去，一些西方国际法学者还把战争和非战争的武力方法也列为强制方法。①

反报（retortion），是指一国以相同或类似的行为对另一国采取的不礼貌、不友好或不公平的行为作出的反应。在国际实践中，引起反报的行为通常包括禁止或限制商品进口或对进口商品征收高关税、歧视外国侨民、禁止移民、禁止外国船舶进入海港、宣布外交官员为不受欢迎的人并驱逐出境以及拒绝给予外国政府通常应给予的协助等。引起反报的行为并不是国家的不法行为，但由于它给对方造成实际损害，所以，对方可以采取同样或者类似的行为作为回报。反报的目的是迫使对方停止其不礼貌、不友好或不公平的行为，或者对其行为造成的损害提供补偿。目的一经达到，反报即应停止。

---

① 参见王铁崖主编：《国际法》，453 页，北京，法律出版社，1981。

报复（reprisal），是指一国针对另一国的国际不法行为而采取的相应措施，以迫使对方停止其不法行为或为其不法行为造成的损害作出赔偿。报复措施通常包括停止执行某些条约，还可能包括使用武力，如炮轰或军事占领对方部分领土等。这种使用武力的报复手段，历史上往往被西方国家用以欺凌弱小国家。现代国际法禁止使用武力处理国际关系，当然否认了武力报复的合法性。1970 年联合国通过的《国际法原则宣言》明确规定："各国皆应避免涉及武力之报复行为。"报复行为必须在谈判破裂后方可施行，而且不能损害第三国的利益。目的达到后，报复即行停止。

平时封锁（pacific blokade），是指国家在和平时期以武力封锁他国港口或海岸，以迫使他国接受其所提出的要求或者停止某种行为。平时封锁始于 19 世纪，以后，封锁别国海岸或港口的情况不断出现。但由于它是一种以武力来实现的具有严重后果的强制措施①，是对被封锁国的主权的侵犯，并且是单方的武力行为，所以，是违反《联合国宪章》原则的。因为宪章确定的一项基本原则是禁止在国际关系中使用威胁和武力，因此，现代国际法不允许以武力封锁的方法解决国际争端。

干涉（intervention），是指争端当事国以外的国家对争端的干预，目的是迫使当事国按照干涉国提出的方式解决争端。干涉可以由一个国家单独进行，也可以由几个国家集体进行，其方式可能是向争端当事国提出警告或威胁，也可能是采取封锁、军事示威等涉及武力的行动。例如，1885 年保加利亚和塞尔维亚发生战争时，奥匈帝国进行干涉，迫使保加利亚撤军和接受恢复战前状态的议和条件。这种由第三国干涉当事国解决争端的行为，违反《联合国宪章》确立的国家主权平等和不干涉原则，是现代国际法所不允许的。

非强制解决争端的方法是由当事国双方自愿选择的和平解决争端的方法，即使有第三者参与，也是基于当事国的自愿同意。非强制解决争端的方法可以分为政治的方法和法律的方法。政治的方法包括谈判、协商、斡旋、调停、和解和国际调查；法律的方法包括仲裁和司法解决。

非强制解决争端的方法经历了比较长的发展过程。19 世纪末之前，属于此类方法的只包括谈判、斡旋、调停和仲裁。1899 年第一次海牙会议创立了国际调查委员会解决争端的方法。第一次世界大战前夕，通过美国国务卿布赖恩与其他一些国家签订的所谓《布赖恩和平条约》，建立了常设调查委员会制度。1922 年正式成立的常设国际法院标志着国际争端的司法解决制度的确立。1928 年的日内瓦《和平解决国际争端总议定书》又规定了由争端当事国双方组织特设或常设的和解委员会解决争端的制度。

随着历史的进步，现代国际法确立了和平解决国际争端的基本原则。按照这项原则的要求，国家之间的任何国际争端都应以和平的方法解决，禁止使用威胁或武力以及其他非和平的方法。根据《联合国宪章》和 1970 年《国际法原则宣言》等重要国际文件的规定，和平方法应包括谈判、调查、调停、和解、公断、司法解决、区域机关或区域办法之利用或当事国选择的其他和平方法等。另外，根据国际实践，协商也成为解决国际争端的一种重要方法。

---

① 参见［英］劳特派特修订，王铁崖、陈体强译：《奥本海国际法》，8 版，下卷，第 1 分册，106 页，北京，商务印书馆，1981。

第二节　国际争端的政治解决方法

一、谈判与协商

谈判（negotiation）与协商（consultation）是两个或者两个以上国家为使有关问题得到解决或获致谅解而进行国际交涉的一种方法。谈判与协商是和平解决国际争端的基本方法，在国际实践中，大量的国际争端都是通过当事国直接进行谈判和协商解决的。

在古代国际交往过程中就已经出现了通过外交谈判解决争端的方法。至近代，外交谈判的实践更为普遍并逐步形成一套比较固定的程序。现代许多重要的国际公约都规定谈判是解决国际争端的首要方法。除《联合国宪章》外，1907年海牙《和平解决国际争端公约》、1919年《国际联盟盟约》、1928年日内瓦《和平解决国际争端总议定书》和1963年《非洲统一组织宪章》等国际法律文件都作了这样的规定。

谈判根据参加国的数量，可以分为双边谈判和多边谈判。参加谈判的代表由有关国家任命，国家一般指定驻外使节或者组织特别使团进行谈判。有关国家重大利益的问题，则由外交部长、政府首脑甚至国家元首担任谈判代表。谈判可以通过口头和书面形式进行，口头谈判是指当事国代表在一起进行的直接谈判；书面谈判则是指有关国家通过互致照会或信件进行的谈判。

协商作为解决国际争端的一种方法，其形成的时间还不长。传统的国际法并不认为协商是一种单独的方法，而是把它包括在谈判之中。第二次世界大战以前，各国之间很少签订关于以协商方式解决争端的条约或条款，《联合国宪章》第33条中也没有关于以协商方式解决争端的规定。从20世纪50年代开始，协商方式作为外交谈判的一种特殊形式，在国际实践中逐渐适用并得到重视。1953年8月，中国政府在和平解决朝鲜问题的政治会议的声明中建议，政治会议应采取由朝鲜停战双方在其他有关国家参加之下共同协商的方式，而不采取朝鲜停战双方单独谈判的方法。中国政府主张的协商方式具有不同于一般外交谈判方式的特点：协商不受谈判双方的限制，可以扩大参加协商的成员；会议的表决程序和决议以及议事规则的确定都按协商一致原则处理。由于协商更富有灵活性，更能体现和解精神，因此，成为各国广泛采用的解决国际争端的方法之一。中国政府在和平共处五项原则的基础上与有关国家进行协商，顺利地解决了一些有关划定边界的争端。20世纪60年代以后，一些重要的国际文件规定了以协商的方式解决争端的制度，如1978年《关于国家在条约方面的继承的维也纳公约》和1983年《关于国家在财产、档案和债务方面的继承的维也纳公约》，都将“协商和谈判”与“调解”、“司法解决和仲裁”并列为解决争端的正式方法。在现代国际法中，用协商的方法解决国际争端已经为国家的实践和国际文件所确认。

谈判和协商是和平解决国际争端的重要方法。国家通过直接谈判和友好协商，可以当面澄清事实真相，消除不必要的误会，在增进相互了解和信任的基础上，使争端得到合理的解决。谈判和协商必须遵守国家主权平等原则，参加谈判和协商的当事方具有平等的地位，反对由于政治、经济或军事实力的差别造成的国家之间事实上的不平等。中国政府一贯主张通过谈判和协商解决中国与有关国家之间的争端，认为国际争端无论多么复杂、重大，只要争端各方抱有诚意，都可以经过谈判和协商获得解决。中、英两国政府经过两年的谈判和协商解决了两国之间历史遗留下来的香港问题，这是在当代国际关系中以谈判和协商的方式解决复杂问题的突出范例。

二、斡旋与调停

斡旋（good offices）与调停（mediation）是在争端当事国不愿意谈判或者虽经谈判但未能解决争端时，由第三方协助当事国解决争端的方法。

斡旋是指由第三方为争端当事国提供有利于它们接触和谈判的便利条件，提出自己的建议或转达各方的意见，从而促使当事国开始谈判或者重开业已停止的谈判。但斡旋者不参加当事国的谈判。

调停是比斡旋更进一步的方法。在调停中，作为调停人的第三方不仅为当事国提供开始或者重开谈判的便利，而且要主持或参加谈判，向当事国提出实质性的建议作为谈判的条件，努力调和争端各方对立的主张或要求，促使它们达成解决争端的协议。由此可见，第三方是否参加谈判是斡旋与调停的主要区别。

进行斡旋和调停的第三方可以是国家或国际组织，也可以是个人。在斡旋和调停的情况下，争端当事国有完全的自由。斡旋和调停结束后，无论争端是否解决，第三方的任务即告完成，它们不承担任何法律责任。由于斡旋和调停有许多相同之处，只是介入争端解决过程的程度不同，因此，在外交实践和国际公约中对两者总是不加以严格区分的。

斡旋与调停的制度在传统国际法上即已存在。1899 年和 1907 年两次海牙和平会议制订的《和平解决国际争端公约》对这一制度作了详细的规定，其要点包括：（1）争端当事国在诉诸武力之前，在情况许可的范围内，应请求友好国家进行调停；其他国家可以不待请求主动出面调停，当事国对此不得视为不友好的行为。（2）斡旋与调停只具有劝告的性质，没有法律拘束力。争端当事国没有请求调停的义务，第三方也没有进行调停的义务。（3）调停人提出的解决争端的方法若为争端当事国一方宣布不予以接受，调停即告终止。不论调停的结果如何，调停人不负任何法律责任。

三、调查与和解

调查（investigation），是指根据争端当事国的协议组成国际调查委员会，协助当事国解决因事实问题引起的争端的方法。在国际争端中，有些是由于基本事实不清，双方无法达成共识而不能通过谈判解决的。在这种情况下，查清事实就成为解决争端的关键。争端各方通过协议成立调查委员会，对发生争议的事实进行调查，提出调查报告，为双方解决争端创造条件。调查委员会提出的报告只限于说明事实真相，对当事国没有法律拘束力。当事国是否接受调查委员会的调查结果有完全的自由。

调查制度由 1899 年海牙《和平解决国际争端公约》最早确立。该公约规定，凡遇有国际争端不涉及国家荣誉或根本利益而只起因于事实的意见分歧者，如果争端当事国不能以外交手段解决，则于情况许可的范围内，设立国际调查委员会，进行公正、认真的调查，辨清事实，以促进争端的解决。该公约还规定了组织国际调查委员会的方法、期限以及委员会的权限等。在当代国际实践中选用调查方法时，更加强调扩大实地调查和设立实地调查机关或中心。1967 年 12 月 18 日，联合国大会通过一项决议，赞成把实地调查作为一种可以充分利用的和平解决争端的方法，并责成秘书长提供可以由当事国经过协议选择的帮助调查事实的专家名单。

早期利用调查方法解决争端的范例是 1904 年日俄战争期间发生的英俄北海渔船事件。当时，俄国波罗的海舰队开赴远东作战途经北海时，将英国渔船误认为日本鱼雷艇予以炮击，造成英国渔船受损，渔民伤亡。事后，英、俄两国对事件的真相发生争执，双方同意设立一个国际调查委员会，负责事件的调查工作。后经查明，当时并无日本舰艇在场，事故完全是由于俄国舰队司令官的判断错误所致。最后，俄国向英国赔偿 6.5 万英镑，使争端得到了解决。

和解（conciliation）又称调解，是比调查更进一步的解决争端的方法。根据这种方法，当事国将争端提交一个由若干成员组成的委员会，委员会在调查的基础上提出报告，阐明事实并提出解决争端的建议，以设法使争端当事国达成协议。和解委员会的报告和建议没有法律拘束力，争端当事国没有必须接受的义务。

和解制度是从两次海牙会议通过的《和平解决国际争端公约》和《布赖恩和平条约》规定的常设调查委员会的有关规则中发展起来的。1928 年国际联盟主持制订的日内瓦《和平解决国际争端总议定书》首次把和解委员会作为一种国际和解制度以国际公约的形式规定下来。1949 年联合国大会对该总议定书进行修订时，再次确认了和解制度，其主要内容有：(1) 凡不能以外交方式解决的争端，除对纯属国内管辖事项及领土的法律地位的争端等所作的保留外，均应提交和解程序；(2) 和解委员会设委员 5 人，当事国双方各提名 1 人，得在其本国国民中选任；(3) 委员会的任务是用调查或其他方法搜集一切必要的情报以明确争端中的问题并设法使当事各方达成协议。

据统计，第一次世界大战以后，各国缔结了数以百计的和解条约，并且成立了一百多个常设和解委员会。但在现代国际关系中，利用和解制度解决争端并取得成效的却为数甚少。然而，在联合国制订的一些重要公约中，仍然保留了有关和解程序的规定，如 1969 年《维也纳条约法公约》第 66 条及其附件、1982 年《联合国海洋法公约》第 284 条及附件五等。这些公约规定的和解程序的共同特点是：缔约国之间有关公约的解释和适用的争端可以提交和解程序解决；联合国秘书长应保存一份由各缔约国提交的和解员名单，以备争端当事国从中选任和解委员会组织人员；和解委员会应就和解事项作出报告书，报告书由联合国秘书长保存并转达各当事国，但报告书对当事国没有拘束力。

第三节　国际争端的法律解决方法

一、仲裁

（一）仲裁

仲裁（arbitration）又称公断，此处特指当国家之间发生争端时，经各当事国同意，将争端交付由它们自己选任的仲裁人处理，并相互约定服从其裁决的争端解决办法。当事国在自愿将争端交付仲裁时，就约定服从仲裁裁决，因而仲裁裁决对当事国具有约束力，当事国有服从仲裁裁决的义务。这是仲裁区别于上述政治解决方法的根本之点，因为无论是斡旋或调停，还是国际调查委员会或常设和解委员会的结论，对争端当事国都不具有约束力，当事国接受第三国的调停建议或国际调查委员会的报告与否，全系当事国的自由。从仲裁的特点来看，首先，仲裁具有自愿管辖的性质，争端当事国自愿将争端提交仲裁，并选择仲裁人组成仲裁法庭。其次，仲裁裁决对争端当事国有拘束力，当事国把争端交付仲裁，即意味着愿意服从仲裁裁决。最后，仲裁裁决是依据法律作出的，而且当事国有权选择仲裁所依据的法律。

不过，虽然仲裁裁决对当事国有拘束力，但没有法律制裁的性质。由于仲裁裁决的拘束力源于当事国在提交仲裁时达成的服从仲裁的协议，因此，当事国对仲裁裁决是必须执行的，除非仲裁人明显超越仲裁协议规定的权限或有其他恶意行为。

（二）仲裁制度的历史发展

作为近代解决国家争端的仲裁制度，一般认为是从 1794 年英国和美国签订的《友好通商航海条约》（又称《杰伊条约》）开始的。根据该条约，英、美两国同意把美国独立以来发生的有关两国划分国界的争端和其他争端提交混合委员会进行仲裁。为达此目的，条约规定设立三个混合委员会，分别负责处理边界争端、英国对美国提出的赔偿要求和美国公民因在涉及英国的海战中遭受损失而提出的主张。条约要求委员会必须以公正、衡平和国际法原则裁判案件，其裁决对当事国有拘束力。至 1804 年，三个委员会分别对英、美两国间的 12 起案件作出了裁决。委员会的工作证明了仲裁方法在解决国际争端方面的有效性。后来，美国与英国及南美洲国家之间签订了大量类似的条约，使仲裁成为它们之间经常采用的争端解决方法。

19 世纪以来，以仲裁方法解决国际争端的案件不断增加。特别是 19 世纪后期，仲裁已成为西方国家之间解决争端的一种重要的方法。在诸多仲裁案件中，"阿拉巴玛号"仲裁案是当时最有影响的案件之一。"阿拉巴玛号"是美国南北战争期间英国为美国南部邦联制造的一艘供战争所用的船舶。在该船建造时，美国即提请英国注意避免有违反该国中立义务的事件发生，但英国政府仍将该船交给了美国南部邦联。在 1862 年至 1864 年间，"阿拉巴玛号"先后击沉 70 多艘美国联邦政府的船只，使美国联邦政府蒙受重大损失。战争结束后，美国以英国违反其中立义务为由向英国索赔，英国则以该船驶离英国时并无武器而拒绝赔偿。1871 年，美、英双方达成协议，将此案交付仲裁。1872 年，仲裁庭裁决英国政府因"疏于防范"而违反了其中立义务，应向美国支付1 550万美元的损失赔偿。"阿拉巴玛号"仲裁案显示了用仲裁方法解决国际争端的可行性，促进了国际仲裁制度的进一步发展。

1899 年和 1907 年两次海牙会议制订的《和平解决国际争端公约》和 1928 年日内瓦《和平解决国际争端总议定书》都将仲裁作为一项解决争端的国际制度明确规定下来。1900 年成立的常设仲裁法院为利用仲裁方法解决争端提供了便利条件。1958 年，联合国国际法委员会制订了一项《联合国仲裁程序示范规则（草案）》，对仲裁制度的原则和程序作了明确、具体的规定，使仲裁制度更加完善。

从《联合国宪章》第 33 条将仲裁作为和平解决争端的方法之一以来，越来越多的国际条约中规定了仲裁条款，如1984年《美洲国家组织宪章》、1957年《欧洲和平解决国际争端公约》、1964年《非洲统一组织宪章》、1978年《关于国家在条约方面的继承的维也纳公约》等。1982年《联合国海洋法公约》对于通过仲裁解决缔约国之间因对公约的解释或适用产生的争端给予高度重视。《联合国海洋法公约》第287条第1款规定设立仲裁法庭和特别仲裁法庭，并有2个附件详细规定了仲裁程序和特别仲裁程序。实践中，有一些仲裁案件解决了国家之间的重要争端，并且产生了较大的影响。例如，1978年特别仲裁庭对英法大陆架划界争端作出的裁决，对确定大陆架划界规则有一定的指导意义。再如，1988年，一个由5人组成的国际仲裁委员会对埃及和以色列关于塔巴地区的归属和划界产生的争端所作的裁决，为两国最终通过协议解决争端奠定了基础。总之，利用仲裁制度解决国际争端在现代国际关系中仍然具有重要的意义。

（三）常设仲裁法院

1899年第一次海牙会议制订的《和平解决国际争端公约》确定建立常设仲裁法院，次年，法院在荷兰海牙正式成立。根据1907年第二次海牙会议修订的《和平解决国际争端公约》，常设仲裁法院的目的和任务是："为便利将不能用外交方法解决的争议立即提交仲裁起见，各缔约国承允保留第一次和平会议所设立的常设仲裁法院。该法院随时受理案件，除当事国另有规定外，按照本公约所载之程序规则办事。""除非当事国协议成立特别法庭，常设仲裁法院有权受理一切仲裁案件。"在以前的仲裁中，由于仲裁人的选任和组织方式没有一定的规则，因此，给争端当事国适用仲裁制度解决争端带来一些困难。常设仲裁法院的建立，为国家之间争端的仲裁解决提供了方便。

根据公约规定，常设仲裁法院设立国际事务局和常设行政理事会两个机构。国际事务局是仲裁法院的书记处，负责该院的联系事项、保管档案并处理一切行政事务。常设行政理事会由公约各缔约国驻海牙的外交代表和荷兰外交大臣组成，荷兰外交大臣为主席。理事会的任务主要是制订议事规则和其他必要程序，指导和监督国际事务局的工作，决定仲裁法院可能产生的一切行政问题。除上述两个机构之外，常设仲裁法院并没有设立由固定的常任仲裁法官组成的法庭，只有一份仲裁员名单和一部可供采用的程序规则。

按照公约的规定，每个公约缔约国应选定至多4名被公认为"精通国际法问题，享有最高道德声誉"并自愿担任仲裁职务的人作为仲裁员，列入仲裁员名单。每个缔约国的仲裁员组成一个团体，称各国团体。仲裁员的任期为6年，得连选连任。遇有缔约国发生争端并愿意提交仲裁法院解决时，由各当事国在名单中选定2名仲裁员，再由他们共同选定1名仲裁员，组成仲裁法院审理争端。此外，公约并不禁止缔约国通过协议在海牙常设仲裁法院以外另行选任人员组织特别仲裁法庭，处理争端案件。

常设仲裁法院从成立到1932年的三十多年间，共审理了20起案件，对国际争端的解决发挥了一定的作用。但此后提交仲裁法院审理的案件越来越少，从1932年至1972年的40年间，仅仅处理了5起案件。为了对法院的工作进行必要的调整，以适应国际社会在和平解决国际争端方面的需要，常设仲裁法院于1993年9月10日至11日在荷兰海牙和平宫召开了该院历史上第一次全体仲裁员大会。会议主要讨论了两项议题：(1) 常设仲裁法院的未来；(2) 关于制定第三个海牙和平解决国际争端公约的建议。1994 年，第四十九届联合国大会一致同意接纳常设仲裁法院为联合国大会的观察员。

（四）国际仲裁制度

现行国际仲裁制度的内容主要规定在两次海牙会议制订的《和平解决国际争端公约》、1928 年国际联盟通过的日内瓦《和平解决国际争端总议定书》和 1958 年联合国国际法委员会制订的《联合国仲裁程序示范规则》中。其中，示范规则只具有参考的作用，在当事国选用的情况下才有拘束力。

1. 仲裁条约、仲裁协定和仲裁条款。仲裁属于自愿管辖，因此，仲裁成立的前提是必须由争端当事国订立仲裁条约或协定，或者共同接受多边条约中的仲裁条款，表明争端各方同意把争端提交仲裁并承担服从仲裁裁决的义务。

仲裁条约或协定一般于争端发生之后订立，也可以为解决以后可能发生的争端而事先订立。两个或两个以上国家可以缔结仲裁条约或协定，规定缔约国之间将来发生争端以仲裁方法解决，如 1957 年《欧洲和平解决国际争端公约》、1964 年非洲统一组织《调停、和解与仲裁委员会议定书》等。除专门的仲裁条约和协定以外，许多国家将仲裁条款规定在其他条约或公约中，或者作为条约或公约的附件，约定日后将在条约解释或适用中发生的争端提交仲裁解决。

争端当事国有关仲裁的协定至少应该包括以下方面的内容：交付仲裁的争端的主要问题；仲裁法庭的组成方式和适用的法律；仲裁程序、仲裁地点、仲裁费用的分担等。在一般性或永久性的仲裁条约中，缔约国的保留问题十分重要。一般凡属国内管辖事项、缔约前发生的争端或有关领土地位问题等特别指明的事项，缔约国均可提出保留。即使在没有明文保留的情况下，仲裁的范围也只限于法律性质的可裁判的争端。

2. 仲裁的目的和范围。1907 年海牙《和平解决国际争端公约》第 37 条规定："国际仲裁之目的在于由各国自行选择法官并在尊重法律的基础上解决各国间的争端。提交仲裁就意味着诚心遵从裁决的义务。"

对仲裁的范围，《和平解决国际争端公约》第 38 条规定："关于法律性质的问题，特别是关于国际公约的解释或适用问题，各缔约国承认仲裁是解决外交手段所未能解决的争端的最有效而且也是最公平的方法。因此，遇有关于上述问题的争端发生时，各缔约国最好在情况许可的范围内将争端提交仲裁。"该条的规定既明确了仲裁审理的范围，同时又不认为上述范围的争端必须提交仲裁，充分体现了仲裁的自愿管辖的性质。其他有关的国际条约对仲裁目的和范围的规定也大致如此。

3. 仲裁法庭的组织。仲裁法庭的组织对争端的解决有重要意义。1928 年日内瓦《和平解决国际争端总议定书》规定："仲裁法庭设仲裁员 5 人，当事国双方各提名 1 人，得在其本国国民中选任，其余 2 人及首席仲裁员应由双方协议选派第三国国民充任，他们属于不同国籍并且不是经常居住在当事国领土内或为当事国服务者。"1958 年《联合国仲裁程序示范规则》规定，在当事国一方请求把争端提交仲裁或决定争端的仲裁性质后，当事国各方应立即采取必要的步骤，以协议或特别协定组织仲裁法庭，仲裁员人数必须是单数并且最好是 5 名。仲裁法庭一经建立直至作出判决时止，其组成应保持不变。如果程序尚未开始，当事国可以更换由它委派的仲裁员。程序开始后，除非取得当事各方同意，一方不得更换其所委派的仲裁员。

4. 仲裁法庭适用的法律和程序。在国际实践中，当事国应事先就仲裁适用的法律规则达成协议。如果当事国之间未就此达成协议，仲裁法庭可以适用国际法院适用的法律，也可以依照“公允及善良”原则作出裁决。

仲裁程序一般也由当事国事先达成协议，如果事先没有协议或所订规则不够具体，仲裁法庭有权确定或完善程序规则。各当事国应委派代理人出席法庭，并可以聘请律师和辅助人在法庭上维护本国利益。

仲裁程序一般包括两个步骤，即书面程序和口头辩论。书面程序是指各方代理人将案件或反诉案件的书状以及必要的答辩状送达仲裁法庭和当事国他方，各当事国应将案件所依据的一切文件和公文书附于各该书状内，以便法庭进行书面审理；口头辩论是指当事国在法庭上进行的辩论。口头辩论由法庭庭长主持，非经法庭决定并征得各当事国同意，不公开进行。

为使仲裁便于进行，海牙《和平解决国际争端公约》还规定了简易程序的仲裁。由当事国双方各选任仲裁员 1 人，再由这两个仲裁员共同选定 1 名首席仲裁员组成法庭。法庭只按照书面程序进行审理，但也可以传唤证人和鉴定人到庭进行口头解释和陈述。

5. 仲裁裁决。书面程序和口头辩论结束后，法庭进行评议并作出裁决。法庭评议应秘密进行，全体仲裁员均应参加。仲裁裁决应在仲裁协定规定的期限内由仲裁员多数作出，裁决时仲裁员不得弃权。仲裁裁决一经宣布，即构成对争端的确定性解决，各当事国应善意执行。在必要的情况下，当事国可以申请法庭对裁决作必要的解释和复核。

仲裁裁决对当事国具有拘束力，但是，遇有下列情况之一发生的，当事国可以拒绝承认裁决的效力：(1) 仲裁协议无效；(2) 仲裁法庭逾越其权限；(3) 某一仲裁员犯有欺诈行为；(4) 仲裁理由不足或严重违反基本程序规则。在这种情形下，当事国可以将争端提交新的仲裁庭裁决或提交司法解决。

二、司法解决

司法解决（judicial settlement）是和平解决国际争端的法律方法之一，它是指争端当事国将争端提交一个事先成立的、由独立法官组成的国际法院或国际法庭，由其根据国际法对争端作出具有法律拘束力的判决。

司法解决是由常设的国际司法机关解决国际争端，而不像仲裁庭那样是临时组成的。世界性的国际司法机关曾有第一次世界大战后国际联盟建立的常设国际法院，现在则主要是联合国建立的国际法院。

（一）国际法院的建立

建立常设性国际法院的建议早在 1899 年第一次海牙会议上即已提出，但会议的结果只是设立了一个常设的仲裁法院。1907 年第二次海牙会议又提出一项设立“仲裁审判法院”的公约草案，但由于未获通过而没能实现。

国际社会建立真正的国际常设司法机关的计划在第一次世界大战以后随着国际联盟的创立得以实现。《国际联盟盟约》第 14 条规定：“行政院应制定设立国际常设法院之计划，交联盟各会员国采用。凡各方提出属于国际性质之争端，该法院有权审理并判决之。凡有争议或问题，经行政院或大会有所咨询，该法院亦可发表意见。”1920年12月13日，国际联盟通过《常设国际法院规约》。1921年，国际联盟大会和行政院选出11名法官和4名候补法官（1921年，法官增至15名，取消候补法官名额）。1922年2月15日，常设国际法院在荷兰海牙正式成立。

常设国际法院成立后，共受理案件65起，其中作出判决的33起，发表咨询意见的28起。1940年夏季，德国军队占领海牙，法院迁至日内瓦，实际上已停止活动。1946年1月1日，常设国际法院以全体法官提出辞职的方式宣告解散。

国际法院是第二次世界大战以后成立的。《国际法院规约》是《联合国宪章》的组成部分，联合国会员国是《国际法院规约》的当然当事国。根据《联合国宪章》第92条的规定，《国际法院规约》是以常设国际法院的规约为根据的，因此，国际法院的组织、管辖权以及程序等方面与常设国际法院几乎没有区别。根据《联合国宪章》的规定，联合国大会和安全理事会于1946年2月6日选出了国际法院的首任法官。法院于1946年4月3日在海牙举行第一次集会，国际法院正式成立。1946年，国际法院还制订了法院执行职务的规则，即《国际法院规则》。1978年4月14日，国际法院通过新的规则，该规则于同年7月1日生效。

（二）国际法院的组成

国际法院由15名独立的法官组成，法官应具备的条件是“品格高尚并在各本国具有最高司法职位之任命资格或公认的国际法之法学家”。法官不论属于哪一国的国籍，均可以当选，但是，在15名法官中不得有两人具有同一国家的国籍。

法官经选举产生。选举程序分为两个阶段。首先，由各国根据常设仲裁法院的“各国团体”名单提出候选人，在常设仲裁法院没有本国代表的国家，可由本国的法学家专门团体提名。每一团体所提候选人不得超过4人，其中属于本国国籍者不得超过2人。然后，由联合国大会和安全理事会从提出的候选人名单中分别进行独立选举，获绝对多数票者当选。安全理事会的理事国既参加大会的选举投票，也参加安全理事会的选举投票。根据《国际法院规约》的规定，法院法官的全体应能代表世界各大文化及各主要法系。所以，法官的席位是按地区分配的。按照目前的方案：亚洲、非洲、美洲各3人，欧洲6人。按照惯例，联合国安全理事会各常任理事国在国际法院均应有本国的法官。中华人民共和国于1971年恢复在联合国的合法席位后，直到1984年才首次推选中国著名国际法学家倪征•为国际法院法官的候选人。同年11月7日，倪征•当选为国际法院法官。1993年年底，国际法学家史久镛继倪征•之后当选为国际法院法官。

国际法院法官任期9年，每3年改选5名，法官可以连选连任。法官是专职的，不得担任任何政治、行政职务或执行任何其他职业性质的任务，也不得充任任何案件的代理人、律师或辅助人。但法官列名于常设仲裁法院仲裁员名单或充任仲裁员是允许的。法官不论年龄大小、当选先后或任职时间长短，在执行职务方面一律平等。法官除由其余法官一致认为不再适合外，不得免职。法官于执行法院职务时，应享有特权与豁免。法院设正、副院长各1人，由法院法官自行选举，任期3年，可以连选连任。

法院在审理案件时，法官对本国为当事一方的案件有权参加审理，不适用回避制度，只有法官以前曾经参与过的案件才不得参加审理。在法院受理的案件中，如果当事双方或一方在法院没有本国国籍的法官，则可以选派 1 名法官参与案件的审理。这种临时选派的法官称为“专案法官”。专案法官在参与案件的审判时，与其他法官有完全平等的地位。法院开庭时，全体法官应出席，但可以准许法官 1 人或数人免于出席。法官 9 人为构成法院开庭的法定人数。

法院为采取简易程序迅速处理案件，可以设立分庭，分庭作出的裁判，应视为法院的裁判。

法院设书记处，由书记官长、副书记官长和其他工作人员组成。书记官长和副书记官长从法院成员提议的候选人中选出。书记官长在执行职务时代表法院并对法院负责，处理一切日常行政事务以及执行法院随时委托的其他职务。副书记官长协助书记官长，在书记官长职位出缺时行使书记官长职务至新书记官长就任时为止。

（三）国际法院的职权

国际法院的职权包括诉讼管辖权和咨询管辖权。

1. 诉讼管辖权。国际法院的诉讼管辖权是指国际法院审理争端当事国提交的诉讼案件的权利。

根据《国际法院规约》第 34 条第 1 款的规定，国际法院的诉讼当事者只限于国家。具体来说，国际法院的诉讼当事国包括以下三类国家：（1）联合国会员国。联合国会员国同时也是《国际法院规约》的当事国，自然是国际法院的诉讼当事国。（2）非联合国会员国的《国际法院规约》当事国。非联合国会员国的国家，可以按照《联合国宪章》第 93 条第 2 款规定的条件成为《国际法院规约》的当事国，从而成为国际法院的诉讼当事国。（3）其他国家。既非联合国会员国，亦非《国际法院规约》当事国的国家，可以根据联合国安全理事会决定的条件，预先向国际法院书记处交存一项声明，表明该国愿意按照《联合国宪章》、《国际法院规约》和《国际法院规则》的规定，承认国际法院的管辖权，保证执行法院的判决，并且承担《联合国宪章》第 94 条规定的义务，亦可以成为国际法院的诉讼当事国。[①]

按照《国际法院规约》第 36 条的规定，国际法院受理以下几类诉讼案件：

第一，各当事国提交的一切案件。这类案件应在当事国双方同意的基础上，签订一项特别协定，提交国际法院审理。当事国双方的相互同意构成法院管辖权的依据。由于此类案件是由当事国自愿提交的，因此，法院对这些案件的管辖通常称为“自愿管辖”。如 1969 年“北海大陆架案”、1982 年“美加缅因湾划界案”等，都是当事国以特别协定方式提交法院审理的。

第二，《联合国宪章》或其他现行条约及协定中所特定的一切事件。在现行条约和协定中，许多包含有关于因条约的解释或适用所产生的争端提交国际法院审理的规定。这种规定可以是条约的一项争端解决条款，也可以是与条约同时签订的一项任择议定书。条约或协定的缔约国如果根据争端解决条款或解决争端的任择议定书事先接受了法院的管辖权，将来在其接受法院管辖权的范围内因条约的解释或适用发生争端时，一方向法院起诉，另一方就不能拒绝法院的管辖。法院对此类案件的管辖通常称为

① 参见王铁崖主编：《国际法》，590 页，北京，法律出版社，1995。

“协定管辖”。

第三，根据《国际法院规约》第36条第2款提交的案件。《国际法院规约》第36条第2款规定：“本规约各当事国得随时声明关于具有下列性质之一切法律争端，对于接受同样义务之任何其他国家，承认法院之管辖为当然而具有强制性，不须另订特别协定：（子）条约之解释。（丑）国际法之任何问题。（寅）任何事实之存在，如经确定即属违反国际义务者。（卯）因违反国际义务而应予赔偿之性质及其范围。”根据上述规定，规约任何当事国一旦作出该款要求的声明，则其与承担同样义务的其他国家之间发生以上法律性质的争端时，必须接受法院的管辖。如果一方起诉，另一方有义务应诉，否则，法院有权作出缺席判决。国际法院对此类案件的管辖虽然有强制性，但当事国是根据其所作的声明任意承担的，因而通常称为“任意强制管辖”。

2. 咨询管辖权。国际法院除具有诉讼管辖权外，还具有咨询管辖权。《联合国宪章》第96条规定：“一、大会或安全理事会对于任何法律问题得请国际法院发表咨询意见。二、联合国其他机关及各种专门机关，对于其工作范围内之任何法律问题，得随时以大会之授权，请求国际法院发表咨询意见。”从本条规定可以看出，联合国大会、安全理事会可就任何法律问题请求国际法院发表咨询意见，经联合国大会授权的联合国机关及其专门机构只有权请求国际法院对其职权范围内的法律问题发表咨询意见。任何联合国会员国不得请求，亦不得阻止国际法院发表咨询意见。

国际法院行使咨询管辖权的目的是对有关法律问题提供权威性的意见，以使联合国机构更好地遵照《联合国宪章》进行活动。法院的意见是咨询性的，原则上没有法律拘束力。但法院对重大问题发表的咨询意见，往往被作为权威性的解释而受到重视。此外，有些国际条约规定法院的咨询意见具有法律拘束力，应予以执行，如《联合国特权与豁免公约》、《联合国行政法庭规约》、《国际劳工组织行政法庭规约》等条约都作了这样的规定。

（四）国际法院适用的法律

根据《国际法院规约》第38条第1款的规定，国际法院适用的法律包括下列各项：

1. 国际条约，即不论普遍或特别国际协约，确立诉讼当事国明白承认之规条者。
2. 国际习惯，即作为通例之证明而经接受为法律者。
3. 文明各国承认的一般法律原则。
4. 作为确定法律原则补助资料的司法判例及权威最高之公法学家学说。

另外，在当事国同意的基础上，法院也可以适用“公允及善良”原则裁决案件。

（五）国际法院的诉讼程序

根据《国际法院规约》第三章、第四章和《国际法院规则》第三部分、第四部分的规定，国际法院的诉讼程序主要包括以下步骤：

1. 起诉。当事国向国际法院起诉有两种情况：一种是由争端当事国一方将请求书送达法院书记官长；另一种是全部或部分争端当事国将所订的特别协定通知法院书记官长。在前一种情况下，书记官长应将请求书副本转送被告当事国；在后一种情况下，如果特别协定通知书不是全体争端当事国联合提交的，书记官长应将通知书副本送达其他当事国。此外，国际法院书记官长应将向法院提交的任何请求书或特别协定通知书的副本转送联合国秘书长、联合国各会员国和有权出席法院的其他国家。请求书或特别协定通知书应载明争端当事国、争端事由及其他必要的事项。

2. 书面程序和口述程序。书面程序是指将诉状、辩诉状以及必要时的答辩状连同可资佐证的各种文件及公文书送达法院及各当事国。原告国提出的诉状应包括有关事实和法律的陈述及其诉讼主张，被告国的辩诉状应包括对诉状中所述事实的承认或否认、必要的补充事实、对诉状中关于法律陈述的意见、答辩的法律陈述和诉讼主张。如果法院准许原告国提出答辩状或被告国提出复辩状，其内容不应仅仅重述各方的争论，而应着重指明各方仍然对立的争论点。

口述程序是指法院询问证人、鉴定人、代理人、律师及辅助人。法院的审讯在院长主持下进行。除非法院另有决定或当事国有相反主张，审讯应该公开。法院在审讯时得向代理人、律师和辅助人提出问题并要求他们解释。每一法官有提出问题的同等权利。如果有必要，法院可能安排证人和鉴定人出庭作证，各当事国的代理人、律师、辅助人和法院的法官可以向他们提出问题。口述程序结束后，法院院长应宣告辩论终结。

3. 附带程序。

第一，临时保全办法。根据《国际法院规约》的规定，在诉讼程序进行中的任何时候，当事国一方得就该案件以书面请求指示采取临时保全办法，法院得就此作出裁决。例如，在美国驻德黑兰外交和领事人员案中，美国在起诉后请求法院指示临时保全措施。法院在应美国方面的请求指示的临时措施中，要求伊朗方面立即交还被占领的美国使、领馆，释放被扣押的美国外交和领事人员，并保证他们安全离开伊朗领土。

第二，初步反对主张。被告国可以对原告国请求书的准许、法院的管辖权及关于下一步程序的确定，在限定期限内以书面形式提出反对意见，被告国以外的其他当事国也可以提出反对主张。法院对初步反对主张应以判决形式作出裁定，支持或驳回其主张，或宣布该反对主张在该案中不具备完全初步性质。如果法院驳回其主张或宣布该反对主张不具备完全初步性质，则应规定下一步程序的期限。

第三，反诉。如果与原告国的诉讼标的直接有关，并且属于法院的管辖范围之内，被告国可以提出反诉。反诉应在被告国提出的辩诉状中作出并应作为其诉讼主张的一部分。法院应裁定是否将该问题并入本案的程序之中。

第四，第三国的参加。根据《国际法院规约》的规定，如果某一国家认为某一案件的判决将影响该国具有法律性质的利益时，可以向法院申请参加该案的诉讼程序。是否准许参加由法院裁决。此外，如果法院受理的案件属于条约解释方面的争端，而且除诉讼当事国之外还有其他国家是条约的缔约国，则法院书记官长应将诉讼事项通知未参加诉讼的缔约国。被通知国有参加诉讼的权利，它一旦行使此项权利，则法院判决中有关条约的解释即对其具有同样的拘束力。

第五，中止。《国际法院规约》规定，在法院宣告最后判决前的任何时间内，如果各当事国联合或单独以书面形式通知法院，它们已经达成协议不再继续诉讼，则法院应颁布命令，记录诉讼的终止并指示将该案件从案件表中注销。

4. 分庭程序。分庭程序除受规约和规则关于分庭的特别规定的限制外，应按适用于法院诉讼案件的规则第一章至第三章的规定办理。分庭的书面程序应包括当事国每一方的单一书状。如果以请求书开始诉讼，则其书状应在相继的期限内提出；如果以特别协定通知书开始诉讼，除非当事国各方同意在相继的期限内提出书状，应在同一期限内提出。分庭还应进行口述程序，除非当事各国同意取消并得到分庭同意。即使不进行口述程序，分庭仍可以要求各当事国提供情况和口头解释，分庭所作的判决应在该分庭的公开庭上宣读。

5. 判决及其解释与复核。辩论终结后，由法官评议和讨论判决。评议应秘密进行，一切问题应由出庭法官的过半数作出决定，票数相等时，由院长或代理院长投决定票。任何法官对判词的全部或一部分有不同的意见，有权发表其意见，这称为“异议意见”；任何法官如赞成法院的判决，但是对判决所依据的理由有不同的看法，亦有权发表其意见，这称为“个别意见”。任何法官如赞成或反对多数意见，均可以将个人意见附于判决之后，法官可以不说明理由而表示其赞成或反对的意见。

法院完成评议和作出判决后，应将宣读判决的日期通知各当事国。判决在法庭上公开宣读并自宣读之日起对各当事国具有拘束力。

法院的判决属于确定性的终局判决，不得上诉。但是，如果当事国对判决词的意义或范围发生争议，任何一方均可以请求法院作出解释。此外，如果当事国发现在判决宣告时为其与法院所不知而又具有决定性的新事实时，可以申请法院复核判决，但以该事实非因申请复核国的过失而不知者为限，而且申请应在新事实发现后 6 个月内和至判决之日起不超过 10 年内提出。法院对请求解释或复核的决定，应以判决的形式作出。

根据《联合国宪章》第 94 条的规定，对于国际法院的判决，作为案件当事国的联合国会员国必须承诺遵行。遇有一方不履行依法院判决应负之义务时，他方得向安全理事会申诉。安全理事会认为必要时，可以提出建议或者决定采取的办法以执行判决。不过，由于当事国是自愿接受法院管辖的，因此，实践中很少出现诉讼当事国拒绝执行法院判决的情况。

第四节　世界贸易组织的争端解决方法

一、争端解决机构

根据成立世界贸易组织协议的附件二《关于争端解决规则和程序的谅解》（Understanding on Rules and Procedures Governing the Settlement of Disputes，以下简称 DSU），世界贸易组织专设争端解决机构（Dispute Settlement Body，以下简称争端解决机构），这一机构是常设性的。设立一个常设性的争端解决机构，对于世界贸易组织这样一个拥有 153 个成员，涵盖货物贸易、服务贸易和知识产权问题的大型国际组织而言，是十分必要的。[①] 从 1995 年 1 月 1 日世界贸易组织正式运行起，截至 2011 年 6

① 数据截至 2011 年 6 月 10 日。参见 WTO 官方网站：http：// www. wto. org/English/thewto _ e/whatis _ t/tif _ e/org6 _ e. htm。

月 10 日，提交世界贸易组织的争端已达到 424 件。[①]

世界贸易组织的成员既包括主权国家，又包括欧盟，还包括一些单独关税领土。它们之间的纠纷，可以通过世界贸易组织的争端解决机构去处理。世界贸易组织的争端解决机构设有专家组、上诉机构，对其成员之间的争端进行解决。

（一）专家组（panels）

从 DSU 内容来看，专家组并非争端解决机构的机构，它只在处理争端时组成，完毕即解散。

专家组是从世界贸易组织的专家人员名单中选取的。列名于专家人员名单需要具备一定资格，应是资深的政府和/或非政府的个人组成。包括下列人员：曾在专家组工作过或曾给专家组提供案例之人；曾作为某一成员或关税与贸易总协定 1947 缔约方代表之人；曾是任何具体适用协议或其前身之理事会成员或委员会中之代表或曾在秘书处工作之人；曾讲授过国际贸易法和政策或发表过这一方面文章之人；曾是某成员之高级贸易政策官员之人。

（二）常设上诉机构（standing Appellate Body，AB）

常设上诉机构的职责是处理专家组案件之上诉事宜，仅限于对专家组报告中之法律问题和专家组对法律之诠释。

常设上诉机构固定人员为 7 人，7 位成员由争端解决机构指定，任期为 4 年，每一个成员可以被重新任命一次。但是，在世界贸易组织协议生效后即被任命的 7 人之中有 3 人的任期应为 2 年，由抽签来决定。

成员资格要求甚严，应为公认之权威人士：在法律、国际贸易和具体适用协议的主要内容方面应具有专门之知识；不应隶属于任何政府；其资格在世界贸易组织成员中具有广泛代表性；所有人员不离职守，招之即来且了解争端解决活动及其他相关活动；不得参与任何将产生与其有直接或间接利益冲突的争端的审议。2007 年 11 月我国张月姣女士当选上诉机构成员，任期从 2008 年 6 月 1 日开始。

上诉机构审理案件时，由 7 名成员中的 3 人参加。上诉机构的成员应当轮流执事，其轮流办法按照上诉机构工作程序规定。

（三）总干事

总干事在世界贸易组织中不是专门的争端解决机构，但由于其地位特殊，对于争端解决具有一种不可替代的作用，因而在 DSU 中，总干事也成为争端解决机构之外的辅助性争端解决机构。DSU 第 5 条第 6 款规定："总干事以其身份当然地可提供斡旋、调停或调解，以期协助成员解决争端"。世界贸易组织的总干事的这一职能沿用自关税与贸易总协定 1947，并且得到扩大。

除了上述机构，成员还可以的要求设立仲裁庭处理争端，作为一种解决争端的替代办法；仲裁庭还可解决成员关于履行争端解决机构建议或裁决的期限、确定成员终止减让和其他义务的范围等。

---

① 参见 WTO 官方网站的信息：http：//www.wto.org/english/tratop_e/dispu_e/dispu_status_e.htm。

二、争端解决程序

世界贸易组织的争端解决程序是对关税与贸易总协定 1947 争端解决程序的发展。关税与贸易总协定 1947 争端解决程序是围绕着争端方协商和专家组程序而展开的，是在实践中发展起来的。争端解决程序是包罗万象的，包括磋商、仲裁、专家组程序、上诉程序、执行程序等，总体来看，世界贸易组织的争端解决程序则是以争端解决机构的程序（包括专家组程序和上诉审查程序）为核心的。

世界贸易组织争端解决程序是对关税与贸易总协定的争端解决程序的改进，主要有：第一，对于各个阶段的时限作了明确规定；第二，设置了“上诉审”程序，从体制上完善了专家组程序可能出现的不足；第三，采用“反向一致”的方式通过专家组或上诉机构的裁决报告，即除非争端解决机构全体成员一致同意不通过报告，否则就予以通过；在执行程序中，引入交叉报复，加强执行报告的威慑力。

（一）协商程序

所谓协商程序，也就是争端双方在友好的气氛中谈判以解决纠纷的程序。根据 DSU，世界贸易组织的协商程序比关税与贸易总协定有了明显的加强，对于其有效性、适用范围、程序性要求等方面均有明确规定。

一成员在其境内采取的任何影响适用协议的措施，均在协商之列。此类措施具有以下三个特点：它是一成员在自己境内采取的措施；它是影响适用协议的执行的措施；它是受影响的成员方提出请求的措施。

对于符合这三个条件的措施，采取措施的成员方应当给另一成员方的陈述予以同情的考虑，并且提供适当的协商的机会。[①]

（二）斡旋、和解和调停

关税与贸易总协定 1947 中对于此三种方式当初并无明确规定。直到 1979 年谅解第 8 项才明确规定了“调解”的解决方法：“如果一个争端无法通过协商解决，有关缔约方可以请求恰当的机构或个人利用其职权调解争端各方之间存在的分歧。如果在未解决的争端中发展中国家是申诉方，发达国家是被诉方，发展中国家可以请求关税与贸易总协定总干事出面调解，总干事可以与缔约方全体大会主席和理事会主席讨论处理这一纠纷”。

DSU 规定，斡旋、和解和调停是在争端各方同意下自愿采取的程序，争端任何一方可随时要求进行斡旋、和解和调停，程序可随时开始、随时终止。

（三）仲裁

世界贸易组织中的迅速仲裁是一种解决争端的替代办法。诉诸仲裁需要得到争端各方的同意，其他成员只有得到诉诸仲裁的各方的同意，才可成为仲裁程序的一方。诉讼方应当遵守仲裁裁决。

仲裁庭还可解决成员关于履行争端解决机构建议或裁决的期限、确定成员终止减让和其他义务的范围等。

① 参见 DSU 第 4 条第 2 款。

(四) 专家组程序

1. 世界贸易组织专家组受理的案件的范围

在处理争端的原则上，世界贸易组织的“各成员重申将信守基于关税与贸易总协定1947第22条和第23条规定的争端解决诸原则，以及经由本谅解进一步详细阐明并修订的各项规则和程序”[①]。因此，关税与贸易总协定1947第23条所建立的专家组程序，实质上已为世界贸易组织所完全吸纳。根据关税与贸易总协定1947第23条的规定，专家组处理三类争端：(1) 由于缔约方未履行协定义务，或 (2) 由于一缔约方实行的任何措施（不论其是否与总协定相冲突），或者 (3) 由于存在任何其他情况，而使一缔约方依总协定直接或间接享有的利益受到抵消或损害或者妨碍了总协定的任何目的的达到而引起的争端。

2. 专家组的职权范围

职权范围的标准条款是DSU第7条第1款的规定：“除非各方在专家组成立之后20天内另行协议，专家组应具有下列权限：‘根据（争端各方援引的适用协议名称的）有关规定，审查根据（缔约方名称）在文件……向争端解决机构投诉的事项并作出调查报告以协助争端解决机构提出建议或该协议规定的裁决。”

3. 多方投诉程序

所谓多边投诉，是指对于同一个问题有一个以上的成员要求设立专家组。对此，可在一并考虑各成员权利的同时设立一个单一专家组予以审查，只要可行，就应成立一个单一的专家组审查这些投诉。

设立多方投诉程序有利于处理争端。多个投诉方置于同一个程序之下处理，有以下好处：有利于节省争端方和专家组的人力、财力；有利于就同一个问题进行全面的审查；有利于专家组集中处理案件，提高效率。

4. 专家组报告的通过

在关税与贸易总协定中，争端方可以利用通过报告需要存在“一致同意”来阻挠专家组报告的通过，从而使专家组报告的结果无法实施，造成争端解决机制功能的弱化。世界贸易组织采用反向一致的原则，解决了这个问题：“在专家组报告向成员散发之日后60日内，争端解决机构应召开会议通过该报告，除非争端一方正式通知争端解决机构决定上诉或争端解决机构一致同意不通过该报告。如果争端一方已通知决定上诉，争端解决机构在上诉前不再审议通过专家组报告”[②]。这种“反向一致”的做法，使专家组报告可以自动通过，除非一方启动上诉程序。

(五) 上诉程序

世界贸易组织设置上诉程序在国际法领域中是一个创新。[③] 在此之前，上诉制度是国内法的一项制度。与国内法制度一样，世界贸易组织中的上诉制度，其中一个主要目的是为了纠正下一级审级在事实或法律问题上的错误。上诉制度的另一个目的，是

---

① DSU第3条第1款。

② DSU第16条第4款。

③ 世界贸易组织第一起上诉案件是1995年2月委内瑞拉诉美国的汽油规则案，见世界贸易组织，WT/DS2/AB/R。此案是第一件历经专家组、上诉机构、执行全过程的案件。

使统一的法律规则得以创制和维持。

1. 受案范围

(1) 主体范围

有权提起上诉的仅为争端各方，第三方无此权利。但是，DSU 赋予有实质性利害关系的第三方在上诉程序中一定的参与权：可以向上诉机构提出书面申请，并可以给审理的机会。[①] 虽然它不是上诉权，但至少使第三方在上诉中能够反映自己的意见。

(2) 客体范围

上诉机构审理的问题仅限于专家组报告中的问题和专家组对法律的解释。对于事实问题，上诉机构不予审查。

在世界贸易组织的争端解决中，专家组查明事实可以通过临时审议阶段完成。[②] 专家组在听取反驳和口头辩论之后，应向争端各方发出其报告初稿的叙述部分（事实和辩论部分）。争端各方应在专家组规定的时限内就报告初稿提出书面意见。然后，专家组才向争端各方提出一份临时报告，包括叙述部分和裁决及结论。争端一方有权在专家组所规定的时限内要求专家组审议临时报告。专家组再举行会议，与争端方讨论书面意见中指明的问题。通过临时审议，争端方可以进一步确认事实，并对法律问题提出自己的意见。它虽然不必然保证事实问题毫无差错，但可以保证争端各方能够对事实问题取得一致看法。一旦双方对报告不服，焦点就会集中在法律问题上。

2. 上诉权的行使

(1) 交叉上诉

根据 DSU 第 17 条第 9 款上诉审查“工作程序应由上诉机构会商争端解决机构主席和总干事制定并照会各成员”的规定，上诉机构的《上诉审查工作程序》于 1996 年 4 月 15 日制定出来，目前已经进行了 5 次修改，最后一次修改是 2005 年 1 月 4 日。[③] 首先适用这一程序的是美国。仅在该程序制定的 6 日后，美国就对委内瑞拉诉美国的汽油规则案专家组报告提出上诉。[④]

该规则第 23 条规定：

“在上诉通知递交之日起 15 日内，非原上诉方的争端方可以参加上诉或者对于专家组报告中有错误的其他法律问题和专家组的法律解释提出上诉”。

据此，则在一审专家组程序中败诉或胜诉的一方提出上诉后，对方也有权提出对其他问题的上诉。即双方在案件一审结束后，有权同时提起上诉，一方的上诉权并不影响另一方的上诉权。

(2) 上诉权行使的限制

世界贸易组织的案件在上诉时受到两方面的限制，第一是时限限制，第二是内容限制。

---

① 参见 DSU 第 17 条第 4 款。

② 参见 DSU 第 15 条。

③ WT/AB/WP/1，WT/AB/WP/2，WT/AB/WP/3，WT/AB/WP/4，WT/AB/WP/5。

④ WT/DS3。

1）时限限制

上诉权的时限限制是双重的。第一重限制是在专家组报告向成员散发之后 60 日内，专家组报告通过前，争端一方应正式通知争端解决机构决定上诉。否则一旦争端解决机构通过专家组报告后，争端方就丧失了上诉权。[①] 然后，案件就进入执行阶段。在世界贸易组织第一上诉案中，专家组报告于 1996 年 1 月 29 日签发，美国于 1996 年 2 月 21 日提出上诉。

第二重限制是《上诉审查工作程序》中的第 29 条："如果上诉的参加方没有在要求的时间内提交意见书或者未出席口头聆讯，上诉法庭得在审查参加上诉的争端方的观点后，签发其认为适宜的判令，包括驳回上诉的判令"。

2）内容限制

内容限制是指争端方上诉所涉及问题所受到的限制，即对哪些问题上诉机构予以审查。内容限制亦是双重的，其一是 DSU 的规定，其二是上诉机构实践中对于未上诉的问题不予审查，对专家组未裁决的问题不予审查。

DSU 第 17 条第 6 款规定，"上诉仅限于专家组报告中所涉及的法律问题和专家组所作的法律解释"。因此，上诉机构不审查事实问题，即争端方的上诉权在事实问题方面是被排除的。这一重限制为上诉权的行使指定了方向。

在上诉机构的实践中，争端方对专家组报告中的某些问题未提出上诉，即使在这些问题上专家组的意见可能是错的，上诉机构也不予审查。这一做法的法律依据是 DSU 第 17 条第 12 款："上诉机构在审理上诉过程中应逐个审议按照第 6 款规定所提出的问题"。

（六）执行程序

在所有的经司法解决的争端中，不论是国内法还是国际法，最终的关键问题是能否执行。"法律的效力存在于执行中"（Juris affectus in executione consistit）。如果没有良好、完善的执行程序，司法裁决的结果只能是形式意义的，对争端各方并无实效。

1. 执行的前提

执行的前提是存在合法而且有效的建议或裁决。

世界贸易组织中则明确了专家组报告和上诉机构报告的地位，赋予了争端方执行的义务。首先，专家组报告和上诉机构报告在争端解决机构自动通过。专家组报告在向世界贸易组织成员散发后的 60 日内，争端解决机构应召开会议通过该报告，除非争端一方正式通知争端解决机构决定上诉或争端解决机构一致同意不通过该报告。[②] 上诉机构报告应由争端解决机构通过并为争端各方无条件接受，除非该报告在散发给成员后 30 日内争端解决机构一致决定不予通过。[③] 由于这种新的"反向一致"（negative consensus）表决制度的设立，所以，专家组报告和上诉机构报告是自动通过的。

自动通过的报告，各成员方应当予以执行。"为保证有效地解决争端以利成员各

① 参见 DSU 第 16 条第 4 款。

② 参见 DSU 第 16 条第 4 款。

③ 参见 DSU 第 17 条第 14 款。

方，对于争端解决机构的建议和裁决必须迅速执行”[①]。争端方应向争端解决机构通知其实施争端解决机构建议和裁决的意图。如果不执行，则将招致报复以强制其执行。

因此，在世界贸易组织中，自动通过的专家组的报告或上诉机构的报告自然而然地成争端解决机构合法而有效的建议或裁决。

2. 自愿执行

自愿执行也可以分为两种形式，其一是如期自愿执行，其二是超期暂时替代执行。

（1）如期自愿执行

所谓如期自愿执行是指败诉方在争端解决机构通过专家组或上诉机构的报告后，立即或在合理期限完全接受争端解决机构的建议或裁决，对己方不符合世界贸易组织的措施予以纠正。

第一，立即执行。“在通过专家小组或上诉机构报告之日后 30 日内召开的争端解决机构会议上，有关成员应通知争端解决机构其实施争端解决机构建议和裁决的意图”[②]。

第二，在合理期限内执行。争端解决机构要求，如果败诉方不能立即执行有关建议或裁决，则可以在一个合理期限内予以执行。确定合理期限有三种方法[③]：

1）确认的期限

争端解决机构建议或裁决所涉有关成员可以提出其执行的期限，但是要获得争端解决机构的批准。这种方法最终决定权仍在争端解决机构，但对于败诉方而言，却有遵守自己所提建议的感受，有利于执行。

如果争端解决机构未批准有关成员建议的期限，则可以用第二种方法确定：

2）协商的期限

即争端各方在建议和裁决通过后 45 日之内协商达成的期限。这样的期限是由争端方自愿达成的，符合 DSU 的“既为争议各方所共同接受又符合适用协议之解决显然系首选方案”[④] 要求，也有有利于执行。

如果双方未能达成协议，则可以采用第三种方法来确定：

3）仲裁的期限

争端各方应将合理期限问题在建议和裁决通过后的 90 日内提交有约束力的仲裁，以仲裁决定的为准。仲裁员可以是个人，可以是一组人。争端各方应在 10 日内就仲裁员人选达成协议，否则，仲裁员将由总干事商争端各方后指定。原则上，仲裁员所裁定的合理期限，不应超过自通过专家组或上诉机构报告之日起 15 个月。当然，该期限并非绝对不变的，可以根据具体情况延长或缩短。

报告通过后，有自愿执行的义务，争端解决机构则有监督执行的责任。争端解决机构应将确定合理期限执行的建议或裁决的实施问题在确定之日起 6 个月后列入议事日程，直到争端得到解决。争端解决机构每次召开会议的至少 10 日前，有执行义务的

① DSU 第 21 条第 1 款。

② DSU 第 21 条第 3 款。

③ 参见 DSU 第 21 条第 3 款。

④ DSU 第 3 条第 7 款。

成员应当书面向争端解决机构报告其执行情况，这种做法继承了关税与贸易总协定中舆论压力的规定，对争端方自愿执行起到了敦促作用。

（2）超期暂时替代执行

如果有关成员未在合理时间内实施争端解决机构的建议或裁决，则可以赔偿来暂时替代执行。[①] 但是赔偿是不如全部实施争端解决机构的建议合理的，也不是世界贸易组织所鼓励的。因为赔偿只是对有关成员的措施不符合世界贸易组织的适用协议而在过去给其他成员造成的损失进行补偿，造成损失的原因仍未根除，与世界贸易组织的适用协议不符合的措施并未取消，该措施仍然在并将继续给其他成员造成损害。

赔偿的给予，并不表明有关成员的措施因此而变得为世界贸易组织所允许了，它仍然是不符合世界贸易组织的规则的。赔偿额由争端双方达成，在合理期限届满前，未执行争端解决机构建议或裁决的成员应与相应的成员协商，以便达成双方彼此满意的赔偿。[②] 如果合理时限过后 20 日内仍未达成满意的赔偿，则败诉方可能招致对方的报复。

3. 报复

在世界贸易组织中，报复是强制性地使对方失去某些利益以维持双方之间的利益平衡。它是一种非自愿执行的方法。世界贸易组织对报复进行的详细规定，是为了避免单边行动的存在，而将其纳入多边体制轨道中。

（1）实施报复的条件

一成员实施报复要遵守实质条件和形式条件。实施报复的实质条件就是一成员在何种情况下有权要求进行报复。主要有下列两种情况：第一，败诉的争端方未实施建议和裁决。败诉的成员方应当在专家组或上诉机构的报告通过后立即或在合理期间内实施争端解决机构的或裁决，未能实施，则相应成员方可以采取报复措施。[③] 第二，败诉争端方未提供令人满意的赔偿。败诉的争端方如果在执行建议和裁决的合理期限内未能纠正其非法措施，则应与对方协商提供赔偿，如果合理期限过后 20 日仍未提供令人满意的赔偿，则相应成员方有权进行报复。[④] 这两种情况只要符合其一即可。

实施报复措施的形式条件是指采取措施的成员方应在行动前获得争端解决机构的授权。[⑤]

（2）报复的形式

在世界贸易组织中，报复的形式有两种，一种是平行报复（parallel retaliation），另一种是交叉报复（cross retaliation）。而在一般国际法领域，报复通常是只采用平行报复的形式的。

1）平行报复

世界贸易组织继承了关税与贸易总协定平行报复的做法，规定“申诉方应当首先寻求中止与专家组或上诉机构所认定的存在违反规定或其他抵消或损害有关的同类部

① 参见 DSU 第 22 条第 1 款。

② 参见 DSU 第 22 条第 2 款。

③ 参见 DSU 第 22 条第 1 款。

④ 参见 DSU 第 32 条第 2 款。

⑤ 参见 DSU 第 22 条第 2 款。

门的减让或其他义务”[①]。

所谓同类部门则随争端涉及的领域而不同：在指货物时，包括所有的货物；在指服务时，包括现行“服务部门分类表”中所列的为此类部门的主要部门。目前服务的主要部门有商业性服务、通信服务、建筑服务、销售服务、教育服务、环境服务、金融服务、健康及社会服务、旅游及相关服务、文化、娱乐及体育服务、运输服务等共计 11 个部门；在指与贸易有关的知识产权时，包括 TRIPs 协议第二部分第 1～7 节所列举的版权和相关权利、商标、地理标志、工业设计、专利、集成电路布图设计、未披露的信息，以及第三部分、第四部分所规定的义务。[②]

因此，如果某一成员的措施违反此三领域的某一领域的有关规定，则报复措施也相应地只能限于该领域的同类部门。

2）交叉报复

交叉报复是世界贸易组织中的新现象，为关税与贸易总协定中所无。

根据世界贸易组织的有关规定，交叉报复有两种形式：交叉部门报复（cross-sector retaliation）和交叉协议报复（cross-agreement retaliation）。

所谓交叉部门报复，是指申诉方如果认为中止与同类部门有关的减让或其他义务不切实际或无效果时，可以要求中止同一协议下其他部门的减让和其他义务。[③] 其中，协议分别是指货物贸易协议（包括多边货物贸易协议和有限多边货物贸易协议）、服务贸易总协定、与贸易有关的知识产权协议。交叉部门报复要求的条件必须是平行报复“不切实际或无效果”，不足以纠正或抵消败诉方的非法措施及其影响时，才可以要求采用。例如，甲国措施违反了 GATS 下运输服务的规定而影响到乙国，乙国本应针对运输服务进行报复，但没有作用，只好求助于能够影响甲国的金融服务的报复措施。

交叉协议报复，是“如果申诉方认为中止同一协议下其他部门的减让或其他义务不切实际或无效果，且情形又非常严重时，可寻求中止另一适用协议下的减让或其他义务”[④]。交叉协议报复跨度更大，即如果一方的措施违反货物贸易协议，结果却招致了服务贸易协议或与贸易有关的知识产权协议下的报复措施。其条件比较严格，只有存在平行报复、交叉部门报复不切实际或无效果的可能且情形又非常严重时，方可要求适用。

要求实施交叉报复的成员应当向争端解决机构递交请求书，并在其中说明理由。同时，还应当向有关的理事会（货物贸易理事会、服务贸易理事会、与贸易有关的知识产权理事会）递交请求书；在要求实施交叉部门报复的情况下，还要向有关部门机构递交该请求书。

（3）报复的授权与监督

1）授权的自动性

报复由争端解决机构进行授权。一旦上述条件得到满足，则争端解决机构应在合

① DSU 第 22 条第 3 款。

② 参见 DSU 第 22 条第 3 款。

③ 参见 DSU 第 22 条第 3 款。

④ DSU 第 22 条第 3 款。

理期限届满后30日内经成员方的请求而授权报复，除非争端解决机构一致决定拒绝该请求。[1] 因此，报复授权是自动的。一旦某成员未能遵守争端解决机构的建议和裁定，则报复几乎是必然会产生的——只有在胜诉的成员方不提出请求时才能避免。

2）报复的程度

争端解决机构授权实施报复的程度，应当与继续实施违法措施而给胜诉方造成的利益抵消或损害的程度相当。[2] 如果对报复的程度有异议，可以提交仲裁予以解决（即执行中的仲裁）。

3）实施的监督

报复措施只是一种权宜之计，目的是促使实施违法措施的成员方取消或纠正其违法措施，遵守争端解决机构的建议或裁决。因此，在报复措施实施过程中，争端解决机构仍有责任监督违法成员方实行争端解决机构的建议或裁决。

如果实施非法措施的成员方消除了其措施，则报复措施应当终止。

如果应当实施争端解决机构建议的成员方提供了或与报复方达成了令人满意的解决方法，则报复措施应当终止。

（4）禁止单边报复

世界贸易组织各成员在寻求争端解决措施时，应当在多边体制之内进行。单边报复是不可取的，与世界贸易组织的目标背道而驰。

法律应用

和平解决争端的方法多种多样，包括谈判、斡旋、调解、调停、仲裁、司法诉讼等。世界贸易组织的争端解决机制充分体现了和平解决国际争端的要求，综合运用各种手段解决各成员之间的贸易争端，是解决争端的有效机制。其中，以专家组程序和上诉程序为主要的解决手段。

我国加入世界贸易组织后的第一起案件是与美国之间的钢铁保障措施案。我国运用世界贸易组织的争端解决机制，有力地维护了合法权利和正当利益。

为了保护国内钢铁行业，2002年3月5日，美国总统宣布对10类进口钢铁产品实施保障措施，加征关税最高达30%。当年3月20日，美国实施限制钢铁进口的措施，对全球钢铁业造成严重影响。于是，受到影响的8个成员包括欧盟、日本、韩国、中国、瑞士、挪威、新西兰、巴西自3月至5月期间，先后向世界贸易组织投诉美国违反世界贸易组织的规定。根据争端解决机制关于相同争端可以设置单一专家组予以处理的规定，世界贸易组织于2002年7月25日设立一个专家组解决该争端。加拿大、中国台北、古巴、马来西亚、墨西哥、泰国、土耳其、委内瑞拉成为本案第三方。

经过审查，专家组于2003年3月26日签发了中期报告：2003年7月11日，签发最终报告。专家组报告指出美国的有关措施违反保障措施协定关于“不可预见的情

---

① 参见DSU第22条第6款。

② 参见DSU第22条第4款。

况”、“损害”、“进口增加与有关国内产业严重损害之间存在因果关系”等多项规定，建议争端解决机构要求美国将其措施改正至符合保障措施协定。美方则表示将就专家组的裁决向上诉机构提起上诉。

这是中国加入世贸组织后，第一次运用 WTO 争端解决机制，保护贸易和产业的合法利益。

课后复习

1. 反报和报复有何区别？
2. 谈判、协商、斡旋、调停、调查、和解等解决方法各有什么特点？
3. 仲裁机构如何取得管辖权？仲裁裁决在什么情况下可以被推翻？
4. 国际法院的管辖权包括哪些？
5. 世界贸易组织的上诉机构的管辖权是什么？

第十三章
战争法

第一节　战争与战争法概述

一、战争的概念
二、战争在国际法上的地位
三、战争法的概念、内容与编纂
四、战争法的基本原则
五、中国与战争法

第二节　战争的法律规则

一、战争的开始和结束
二、对战争手段和方法的限制
三、对平民、伤病员和战俘的保护
四、战时中立

第三节　战争犯罪及其责任

一、战争犯罪的概念
二、对战争罪犯的审判
三、惩治战争罪犯的国际法原则

提　要

8战争是一种与和平相反的法律状态。战争法作为国际法最古老的内容之一，经历了漫长的发展过程，其内容包括战争的开始和结束及其法律后果，对战争手段和方法的限制，对平民、伤病员和战俘的保护，战时中立和战争犯罪的责任制度。根据有关国际条约和习惯国际法，战争中，禁止使用极度残酷的武器和有毒、化学及生物武器；禁止使用不分皂白、改变环境和背信弃义的作战方法与手段；对敌对一方的平民、伤病员和战俘应给予人道主义待遇。战时中立是非交战国在战争中采取的一种不偏不倚的立场，中立国与交战国相互承担自我约束的义务、防止的义务和容忍的义务。策划及指挥侵略战争的国家领导人和违反战争法规的个人作为战争罪犯应受到惩罚。

重点问题

1. 战争的概念与特征
2. 战争法的编纂
3. 战争的开始与结束及其法律后果
4. 对战争方法与手段的限制
5. 对平民、伤病员和战俘的保护
6. 战时中立制度
7. 战争犯罪与责任

第一节　战争与战争法概述

一、战争的概念

战争作为具有政治目的的大规模的暴力冲突，是人类社会存在已久的一种客观现象。传统国际法上的战争是指国家之间的武装冲突所造成的法律状态，战争是国家之间的行为，是武装冲突的结果。[①]

虽然在传统国际法时期，战争是指国家之间，或者主要是指国家之间的武力争斗，但在现代，这种情况发生了很大的变化。第二次世界大战以后，殖民地民族争取独立的战争和既存国家发生的内战无论从规模还是数量上看，都毫不逊色于国家之间的战争。例如，在 1946 年至 1949 年的中国解放战争期间，国共双方动员的兵力和战争的规模在第二次世界大战以来的历次战争中都是空前的。20 世纪 90 年代以来，阿富汗、波黑、俄罗斯、刚果（金）、卢旺达、索马里、安哥拉、利比里亚、也门、利比亚、苏丹等许多国家都发生了大规模的内战，而国家之间的战争却鲜有所闻。因此，认为现代战争仍然是或者主要是国家之间的武力争斗缺乏必要的事实依据。

传统国际法认为，战争是武装冲突的结果，反过来讲，发生武装冲突是战争的必要前提。这种观点在今天同样值得商榷。即使在第二次世界大战期间，英国与法国对德国宣战时，它们之间也并未发生过任何武装冲突，英、法两国的宣战不过是为了履行它们对波兰的条约义务而已。中国对德国与意大利宣战之前没有与它们发生过武装冲突，甚至在宣战以后直到战争结束都从未发生过武装冲突。可见，武装冲突并非战争的必要前提。有时，战争只是有关国家敌对意图的表示。至于对“战争”和“武装冲突”、“战争法”和“武装冲突法”加以区别的尝试，虽然有些学者认为两者存在差别，而且现代一些国际文件中有同时使用“战争”和“武装冲突”两个概念，或者用“武装冲突”一词代替“战争”的现象，但这并不能确切地证明现代国际社会存在本质上不同于“战争”的“武装冲突”，并进而产生了本质上不同于“战争法”的“武装冲突法”。

现代国际法上的战争是指国家或国家集团之间、国家与民族解放组织或反政府武

① 参见端木正主编：《国际法》，2 版，472 页。

装团体之间或者敌对武装团体相互之间为实现一定的政治目的而进行的武装对抗或通过宣战表达的敌对意图。现代国际法上的战争具有以下四个特征：

1. 战争是国家或国家集团之间、国家与民族解放组织或反政府武装团体之间或者敌对武装团体相互之间发生的武力对抗，其主体具有多样性。特别是在一国内部政府军与反政府武装之间以及敌对武装团体之间发生战争时，其他国家支持不同的交战方，或直接参与内战，使战争的主体更为复杂。

2. 战争是交战各方为达到一定的政治目的而进行的武装对抗。战争是政治的延续，是政治斗争的极端形式。交战各方进行战争都是为了实现特定的政治目的，如取得领土或其他利益、推翻现政府、建立独立国家或新政权等。

3. 战争是各方使用武装部队进行的武力对抗或者通过宣战表达的敌对意图。战争通常表现为各方之间的武装冲突，且具有一定的规模并持续一定的时间，但有时国家之间的战争状态只表示它们的敌对意图，并不发生实际的武装冲突，如第一次世界大战和第二次世界大战期间一些美洲国家对德国的宣战和第一次世界大战时中国对德国、奥匈帝国的宣战以及第二次世界大战时对德国、意大利的宣战。

4. 战争具有一定的法律后果。战争的开始、持续及其结束具有一定的法律后果，交战各方之间以及它们与第三方的关系都会受到影响。在国家之间发生战争的情况下，交战各方的外交和领事关系、条约关系和经济贸易关系等均会发生重大变化。它们与非交战方的关系也会与和平时期大为不同。

二、战争在国际法上的地位

在国际法发展的各个不同阶段，战争在国际法上的地位是不同的。在传统国际法时期，战争是解决国际争端的合法手段，国家可以合法地诉诸战争以实现自己的目的。1899 年和 1907 年的两次海牙和平会议开始对国家的战争权加以限制，在这两次和平会议上，制定和修订了《和平解决国际争端公约》。其中，1907 年公约第 1 条规定：为尽可能避免在国际关系上使用武力起见，各缔约国同意在诉诸武力之前，在情况许可的范围内，要求一个或数个友好国家出面斡旋或调停。同时，根据该公约第 3 条的规定，第三国在情况许可的范围内，甚至在战争进行的过程中，可以并有权主动向争端当事国提供斡旋或调停，争端任何一方不能把这种权利的行使视作不友好的行为。此外，1907 年的海牙和平会议还通过一项公约，限制国家使用武装力量向别国政府索取其拖欠本国公民的契约债务。

第一次世界大战以后成立的国际联盟进一步限制成员国进行战争的权利。《国际联盟盟约》规定，国际联盟的成员国应以和平方式解决争端，成员国之间发生争端后，应提交仲裁或常设国际法院、国际联盟行政院解决，只有在仲裁裁决、常设国际法院判决或国际联盟行政院报告作出 3 个月之后，方可进行战争。对于违反《国际联盟盟约》进行战争的国家，国际联盟得对其实施制裁。

在国际法上宣布废弃战争作为推行国家政策的工具的第一个法律文件是 1928 年在法国巴黎签订的《关于废弃战争作为国家政策工具的一般条约》（简称《巴黎非战公约》）。该条约宣称：缔约国谴责以战争的方式解决国际争端，并在它们的相互关系上废弃战争作为推行国家政策的工具；缔约各国承认，它们之间可能发生的一切争端和冲突，不论性质及起因如何，只能用和平方法解决。尽管后来的历史证明，《巴黎非战公约》的规定并未得到某些缔约国的遵守，公约的签定也未能阻止第二次世界大战的发生，但公约在确立禁止侵略战争和和平解决国际争端原则中所发挥的重要作用是不可否认的。

第二次世界大战以后签订的《联合国宪章》和许多其他国际文件最终确立了不得进行侵略战争、禁止使用武力和以武力相威胁的原则。《联合国宪章》第 2 条规定，各会员国在其国际关系上不得使用威胁或武力，或以与联合国宗旨不符之任何其他方法，侵犯任何其他会员国或国家之领土完整或政治独立。《联合国宪章》的规定实际上宣布，一切侵略战争和非法使用武力或武力威胁的行为都是现代国际法所禁止的。1970 年《国际法原则宣言》指出，使用威胁或武力构成违反国际法和《联合国宪章》的行为，国家不得将其作为解决国际争端的方法；侵略战争构成危害和平罪，有关国家须在国际法上承担责任。《国际法原则宣言》对禁止使用武力和以武力相威胁的国际法原则的内容作了明确的规定。此外，1974 年 12 月，联合国大会通过了《关于侵略定义的决议》。该决议列举了构成侵略的各种行为，并指出："国家违反《联合国宪章》的规定首先使用武力，即构成侵略行为的明显证据。"

早在第一次世界大战结束之后签订的《凡尔赛和约》就规定要对德国皇帝威廉二世及其他德国战争罪犯进行审判。第二次世界大战以后，1945 年 8 月 8 日签订的《关于控诉和惩处欧洲轴心国主要战犯的协定》及其附件《欧洲国际军事法庭宪章》和 1946 年 1 月 19 日盟军最高统帅部颁布的《关于设置远东国际军事法庭的特别通告》及《远东国际军事法庭宪章》明确宣布，实施侵略战争构成违反和平罪、战争罪和违反人道罪，战争罪犯必须受到惩处。2002 年 7 月 1 日正式生效的《国际刑事法院规约》规定，侵略罪和战争罪属于法院管辖的罪行，实施此类犯罪的人承担个人刑事责任，并应受到处罚。

从承认战争是国家解决国际争端的合法手段到宣布侵略战争构成国际罪行，国际法经过了漫长的历程。禁止使用武力和以武力相威胁原则的确立表明了现代国际法的发展，标志着整个国际社会的成熟与进步。应该指出，现代国际法严格禁止任何国家发动侵略战争和以违反国际法的方式使用武力或以武力相威胁，但它同时肯定任何国家在遭到外来侵略时，有权进行单独或者集体的自卫；承认受外国奴役或殖民统治的民族为摆脱殖民统治和建立独立国家有权采取包括武装斗争在内的一切形式的斗争；承认联合国为实现其宗旨、维持国际和平与安全有权采取必要的军事行动。

三、战争法的概念、内容与编纂

（一）战争法的概念与内容

战争法是调整交战各方之间、交战各方与中立国及其他非交战国之间的关系，规范交战行为以及保护平民、伤病员与战俘和有关战争责任的原则、规则和制度的总称。

战争法的内容涉及战争的开始与结束；交战各方之间、交战各方与中立国及其他非交战国之间的关系；对作战手段和方法的限制；对平民、伤病员与战俘的保护以及对战争罪犯的惩治等方面。按照其内容的性质，战争法大致可以分为两个体系，即海牙体系和日内瓦体系。海牙体系主要包括两次海牙和平会议所签订的一系列有关作战手段和方法以及中立制度的国际条约；日内瓦体系则主要由先后在日内瓦签订的一些有关保护平民和其他非交战人员的国际条约所构成。这两个体系既有区别，又有联系。海牙公约中的许多规定，例如，战俘待遇、军事占领等已分别纳入1929年和1949年的日内瓦公约；而1977年的日内瓦公约《附加议定书》则通过关于限制作战方法和手段的规定，使日内瓦体系不仅包括改善伤、病员境遇，保护战俘和平民的原则和规则，同时也包括作战手段和方法方面的原则和规则。这两个体系结合起来就构成了现代国际法的“国际人道主义法”[①]。

（二）战争法的编纂

战争法是国际法最古老的内容之一，在长期的战争实践中，形成了比较系统的习惯法规则。对战争法进行官方编纂的活动开始于19世纪后半期。经过国际社会一百多年的努力，战争法的编纂取得了巨大的成就，编纂的内容涉及战争法的各个方面。到目前为止，通过国际会议编纂的有关战争法的国际文件主要包括以下各项：

1. 1856年《关于海战的巴黎宣言》。

2. 1864年《关于改善战地武装部队伤者境遇的公约》。

3. 1868年《禁止在战争中使用某些爆炸性子弹的圣彼得堡宣言》。

4. 1899年海牙诸公约和宣言：(1)《陆战法规和惯例公约》及其附件《陆战法规和惯例章程》；(2)《关于将1864年公约的原则适用于海战的公约》；(3)《禁止从氢气球上投掷炮弹及爆炸物宣言》；(4)《禁止使用专用于散布窒息性或有毒气体为唯一目的之投射物宣言》；(5)《禁止使用在人体内易于膨胀或易变形的弹丸宣言》。

5. 1904年《关于战时医院船免税的日内瓦公约》。

6. 1906年《关于改善战地武装部队伤者和病者境遇的公约》。

7. 1907年海牙诸公约和宣言：(1)《关于战争开始的公约》；(2)《陆战法规和惯例公约》及其附件《陆战法规和惯例章程》；(3)《中立国和人民在陆战中的权利和义务公约》；(4)《关于战争开始时敌国商船之地位的公约》；(5)《关于商船改装为军舰的公约》；(6)《关于敷设自动触发水雷的公约》；(7)《关于战时海军轰击的公约》；(8)《关于将1906年日内瓦公约的原则适用于海战的公约》；(9)《关于海战中限制行使捕获权的公约》；(10)《关于建立国际捕获法院的公约》；(11)《关于中立国在海战中的权利和义务公约》；(12)《禁止从氢气球上投掷炮弹及爆炸物宣言》。

8. 1909年《伦敦海军会议文件》。

9. 1922年《关于在战争中使用潜水艇和有毒气体的华盛顿公约》。

10. 1925年《禁止在战争中使用窒息性、毒性或其他气体和细菌作战方法的日内瓦议定书》。

11. 1929年《关于改善战地武装部队伤者病者境遇的日内瓦公约》和《关于战俘待遇的日内瓦公约》。

12. 1930年《关于海军作战的伦敦条约》。

13. 1936年《关于潜艇作战规则的伦敦议定书》。

14. 1937年《关于把潜艇作战规则适用于水面舰只和飞机的尼翁协定》。

---

① 邵津主编：《国际法》，415～416页。

15. 1945年《关于控诉和惩处欧洲轴心国主要战犯的协定》及其附件《欧洲国际军事法庭宪章》。

16. 1946年盟军最高统帅部《关于设置远东国际军事法庭的特别通告》及《远东国际军事法庭宪章》。

17. 1946年联合国大会《关于确认纽伦堡宪章承认的国际法原则的决议》。

18. 1949年日内瓦四公约：(1)《改善战地武装部队伤者病者境遇的日内瓦公约》；(2)《改善海上武装部队伤者病者及遇船难者境遇的日内瓦公约》；(3)《关于战俘待遇的日内瓦公约》；(4)《关于战时保护平民的日内瓦公约》。

19. 1954年《关于发生武装冲突时保护文化财产的海牙公约》。

20. 1961年《禁止使用核及热核武器宣言》。

21. 1963年《禁止在大气层、外层空间和水下进行核武器试验条约》。

22. 1968年《不扩散核武器条约》。

23. 1968年《战争罪及危害人类罪不适用法定时效公约》。

24. 1971年《禁止在海床洋底及其底土安置核武器和其他大规模毁灭性武器公约》。

25. 1972年《禁止细菌（生物）及毒素武器的发展、生产及储存以及销毁此类武器的公约》。

26. 1974年《在非常状态和武装冲突中保护妇女儿童宣言》。

27. 1976年《禁止为军事或任何其他敌对目的使用改变环境的技术的公约》。

28. 1977年关于1949年日内瓦四公约的议定书：(1)《1949年8月12日日内瓦四公约关于保护国际性武装冲突受难者的附加议定书》(《第一附加议定书》)；(2)《1949年8月12日日内瓦四公约关于保护非国际性武装冲突受难者的附加议定书》(《第二附加议定书》)。

29. 1980年《禁止或限制使用某些可被认为具有过分伤害力或滥杀滥伤作用的常规武器公约》及其三个议定书：(1)《关于无法探测的碎片的议定书》；(2)《禁止或限制使用地雷（水雷）、饵雷和其他装置的议定书》；(3)《禁止或限制使用燃烧武器的议定书》。

30. 1988年《反对招募、使用、资助和训练雇佣军国际公约》。

31. 1992年《禁止研制、生产、贮存和使用化学武器以及销毁此类武器公约》。

32. 1996年《全面禁止核试验条约》。

33. 1998年《国际刑事法院规约》。

从上述有关战争法的国际文件中可以看出，战争法的编纂是随着作战手段和方法的更新而不断发展的，编纂的内容涉及对作战手段和方法的限制、对平民和非交战人员的保护、中立国的权利义务、追究战争责任以及其他方面的问题。随着战争法编纂的发展，战争法的内容日臻完善。

四、战争法的基本原则

现代战争法由大量国际条约和国际习惯法规则组成，根据这些条约和习惯法规则，战争法的基本原则包括以下几项：

1. 遵守国际义务原则。无论是国际战争，还是国内战争，交战各方都必须遵守根据国际条约和习惯产生的义务。首先，“军事必要”不能解除交战各方遵守战争法规的义务，交战各方不得以“军事必要”为理由，攻击不设防的城市、乡村、医院、学校、宗教场所等非军事目标，不得虐待或杀害平民、伤病员或战俘，也不得破坏中立国的中立地位。其次，“条约未规定”不能成为交战各方不遵守战争法的借口。由于军事科学技术的迅速发展和战争法编纂的相对滞后，有些作战手段、方法和武器的使用以及对平民和战斗员的保护，现行国际条约尚未作出明确的规定。在这种情况下，平民和战斗员仍然受来源于既定习惯、人道原则和公众良心要求的国际法原则的保护和支配。这是“马顿斯条款”（Martens Clause）的基本内容，同时，它也在1899年和1907年的两项海牙公约的序言和1977年《第一附加议定书》中得到了充分的体现。

2. 人道主义原则。人道主义原则是战争法中一项十分重要的原则。虽然在战争中，交战各方都力求最大限度地消灭敌人的有生力量，削弱其战争能力，以达到制服对方的目的，但是，人道主义原则应适用于与战争有关的一切事项，包括禁止使用极度残酷和具有滥杀、滥伤作用的武器，禁止使用不分皂白的作战手段和方法，禁止对平民、伤病员和战俘实施酷刑、虐待或残杀，对战争罪犯应给予人道主义待遇，保证其受到公平的审判，等等。

3. 区别对待原则。在古代，战争是各交战国全体人民之间的争斗。交战国一方的任何人，不论是否携带武器作战，不论男女或成年与否，都可以被交战国他方任意杀害或执为奴隶。[①] 但在现代，区别对待原则在战争法中逐渐形成并得到普遍的承认和遵守。战争期间，交战各方应对使用的武器、作战手段和方法以及攻击的目标加以区别，对战斗员和非战斗员、平民和战俘、中立国国民与非中立国国民给予区别待遇。

4. 遵守中立义务原则。中立制度是战争法的重要组成部分之一，在国家之间发生战争的情况下，交战国与中立国之间形成特殊的权利和义务关系。交战国应保护中立国的利益，不得损害其中立地位；中立国应在交战国之间保持不偏不倚的立场，不支持交战的任何一方。交战国侵害中立国中立地位的行为和中立国违反其中立义务的行为均构成国际不法行为，行为国应承担相应的国际责任。

5. 战争罪犯承担个人刑事责任原则。战争罪在不同时代具有不同的含义。在传统国际法上，国家有战争权，因此，发动或从事战争并不构成犯罪。当时，所谓的战争罪，仅指交战国军队违反战争法规和惯例的行为，如使用有毒或其他被禁止的武器、杀害或虐待俘虏等。[②] 第一次世界大战后，对策划、发动、组织和指挥侵略战争以及对严重违反国际人道主义法的罪行负主要责任的国家领导人和高级军事指挥官应承担个人刑事责任的原则逐渐确立起来。纽伦堡国际军事法庭、远东国际军事法庭和前南斯拉夫国际刑事法庭的实践清楚地说明了这一点。

五、中国与战争法

与其他地区一样，在中国古代的战争中，也形成了一些规范战争行为和方式的规

① 参见［英］劳特派特修订，王铁崖、陈体强译：《奥本海国际法》，8版，下卷，第1分册，147～148页。

② 参见王铁崖主编：《国际法》，654页，北京，法律出版社，1995。

则。1840年鸦片战争以后，帝国主义国家不断地对中国进行侵略，它们不仅侵占中国的领土，掠夺中国的资源，而且不遵守战争法规和惯例，犯下了严重的战争罪行。其中，1860年沙皇俄国军队制造的海兰泡和江东六十四屯惨案，英法联军火烧圆明园，1900年八国联军在北京的烧杀掠抢，日本军队1928年制造的济南惨案和1937年制造的南京大屠杀，都属于战争史上罕见的严重违反国际人道主义法的罪行。

1949年中华人民共和国成立以来，中国政府一贯奉行和平的外交政策，恪守不使用武力和以武力相威胁以及不侵犯的国际法基本原则，反对一切非法使用武力的侵略行为，并支持一切反侵略战争和争取摆脱殖民统治的民族解放战争。在遭到外来侵犯时，中国政府保留对侵略行为进行了自卫的合法权利，并在自卫战争中遵守战争法规则。1962年、1969年和1979年，中国分别对印度、苏联和越南的侵略和挑衅行为进行了自卫反击，维护了国家的主权和领土完整。

中国以积极和合作的态度参与联合国控制军备和裁军的谈判活动。1980年2月，中国政府正式参加日内瓦裁军会议。80年代中期，中国宣布裁减军队100万，90年代初，中国再次决定裁军50万。鉴于停止核军备竞赛，实现全面核裁军是各国人民共同的迫切愿望，中国一贯坚持反对核军备竞赛，主张全面禁止和彻底销毁核武器。作为第一步，中国提议，所有核国家应当承担在任何时候、任何情况下不首先使用核武器以及不对无核国家使用或威胁使用核武器的义务。在这一基础上，缔结所有核国家参加的国际公约，确保禁止使用核武器。中国政府在每一次进行有限度和必要的核试验后都庄严承诺：在任何时候、任何情况下，都不首先使用核武器。在最初5个拥有核武器的国家中，中国进行的核试验次数最少，并且至1996年起停止了核试验。对于1998年印度连续进行核试验并挑起南亚的核军备竞赛，中国政府予以严厉谴责。

1952年7月13日，中国政府发表声明，承认了1925年订立的《禁止在战争中使用窒息性、毒性或其他气体和细菌作战方法的日内瓦议定书》和1949年日内瓦四公约。1981年9月，中国签署了1980年10月在日内瓦通过的《禁止或限制使用某些可被认为具有过分伤害力或滥杀滥伤作用的常规武器公约》，并在1982年4月交存批准书，该公约于1983年12月2日对中国生效。1983年9月，中国加入了1977年日内瓦四公约《第一附加议定书》和《第二附加议定书》，并且已成为1968年《不扩散核武器条约》、1992年《禁止研制、生产、贮存和使用化学武器以及销毁此类武器公约》和1996年《全面禁止核试验条约》的缔约国。

第二节　战争的法律规则

一、战争的开始和结束

（一）战争的开始及其法律后果

战争可能通过一方或双方宣战开始，也可能通过一方使用武力，另一方认为是战争行为而开始。“从技术上讲，战争开始于宣战。宣战是国家权力机关发表的单方面的正式声明，其目的是告知特定的敌人战争开始的确切时间。”① 在国家之间的关系中，宣战是一国通知另一国结束它们之间的和平关系并进入战争状态的法律形式。宣战的本意是使对方及第三国对战争的开始有所准备，使对方在必要时疏散平民或老人及妇女、儿童，第三国则可以撤退本国侨民。

在传统国际法时期，部分学者认为战争应该以宣战的形式开始，有人甚至把是否经过宣战程序作为判断战争正义与否的标准之一。1907 年海牙和平会议通过的《关于战争开始的公约》第 1 条规定：“缔约各国承认，除非有预先的和明确无误的警告，彼此间不应开始敌对行为。警告的形式应是说明理由的宣战声明或是有条件宣战的最后通牒。”第 2 条规定：“战争状态的存在必须毫不延迟地通知各中立国。”不过，无论在传统国际法时期还是在现代国际实践中，许多战争都是由于实际发生了战斗行动而开始的，真正经过宣战程序并产生了战争开始的全部法律后果的情况并不常见，特别是第二次世界大战后发生的大量的国内战争，基本上不涉及正式宣战的问题。

国家间战争开始的法律后果包括以下方面：

1. 交战国断绝外交和领事关系。交战国之间的外交和领事关系往往在战争开始之前业已破裂或者断绝。如果尚未断绝，战争开始后一般会完全断绝。

2. 交战国之间的条约关系发生变化。战争的开始必然会对交战国之间的条约发生影响。一般来讲，交战国之间的同盟条约、和平条约、司法协助条约等政治性条约和有关贸易及商务往来方面的经济性条约即行失效或停止施行；边界条约、割让条约等应继续有效；凡规定战争行为规范的条约开始生效，交战国的战斗行动应该符合有关条约的规定。

3. 交战国人民及财产受到影响。战争的开始不仅影响交战国之间的关系，而且影响交战国的人民和财产。交战国可以对本国境内的敌国人民采取各种限制措施，如强制实施敌侨登记、集中居住或拘禁等。交战国往往允许敌国人民在适当期限内撤离本国。如果允许继续居留，则应按照 1949 年《关于战时保护平民的日内瓦公约》的规定，对其人身、财产和尊严给予一定的宽免。对于敌国的公共财产，除使馆外可予以没收，私人财产可加以限制，如禁止转移、冻结或征用等，但原则上不得没收。禁止交战国人民之间进行贸易和商务往来，禁止一切资敌活动。

战争的开始也影响交战国与中立国的关系。中立国享有不受交战国侵犯的权利，并承担不违反中立地位的义务。

（二）战争的结束及其法律后果

战争可以通过缔结和平条约或者实际停止敌对行动而结束。国家之间经宣战开始战争后，战争状态主要以缔结和平条约的方式结束，但也可以通过交战一方的声明或者双方的联合声明结束战争。不过，第二次世界大战后发生的国家之间的战争绝大多数未经宣战，而是以实际发生武装对抗开始的，其结束也不签订和平条约，只是实际停止敌对行动、签订国际协定或者接受联合国安理会的决议。至于国内战争，一般是以一方取得胜利成立新政府或新国家，或者以双方达成停战协议，反政府一方同意参

① Yoram Dinstein, *War, Aggression and Self-defence*, 3rd edition, Cambridge University Press, p. 29 (2001).

加政府的方式而结束的。

国家之间的战争结束后，它们之间的关系即恢复到了战前的和平关系。战争状态的结束在交战国之间一般会产生以下法律后果：

1. 恢复外交和领事关系，重新派遣驻对方的外交代表和领事官员。

2. 恢复条约关系。政治性条约可以重订；因战争而停止施行的条约恢复其效力；双方还可以在正常关系的基础上签订新的条约。

3. 恢复全面国际交往。由于战争期间交战国之间的政治、经济、军事及文化诸方面的关系业已中断，因此，随着战争状态的结束，双方可以全面恢复国际交往，发展和平时期的友好关系。

当然，现代国家之间发生的战争许多并未导致外交和领事关系以及条约关系的断绝，所以，战争结束后也不会产生恢复这些关系的法律后果。而国内战争的结束往往伴随着新国家或新政府的出现，产生国际法上的国家承认或政府承认、国家继承或政府继承，此处不再重述。

二、对战争手段和方法的限制

战争的最终目的是制服对方，因此，战争中交战各方都希望最大限度地消灭对方的战斗人员，削弱对方继续进行战争的能力。但是，从人道主义原则出发，交战各方在战争中使用的手段和方法必须受一定的限制。1868 年《圣彼得堡宣言》就指出："认为战争之行为，应本人道之原则，故需限制技术使用之范围。""缔约国及参加国由于未来科学发展之结果，欲改良军队之武器时，亦应尊重与确保上述之原则。"1907 年海牙《陆战法规和惯例公约》附件第 22 条明确地规定："关于用以伤害敌人的手段，各交战国的权利并不是没有限制的。"1977 年的日内瓦四公约《第一附加议定书》再次重申："在任何武装冲突中，冲突各方选择作战方法和手段的权利，不是无限的。"

根据战争法，在战争中对武装部队和平民、武装部队中的战斗员与非战斗员必须加以区别，不得以平民作为攻击对象，即使对战斗员也不得使用过度残酷的作战手段。按照迄今为止达成的有关战争法规则的国际协议，陆战、海战和空战中的作战手段和方法都要受到一定的限制。

（一）对作战手段和方法的一般限制

1. 禁止使用极度残酷的武器。极度残酷的武器是指超越使战斗员丧失战斗能力的限度，对其造成极度痛苦并极可能导致死亡的武器。1868 年《圣彼得堡宣言》禁止使用轻于 400 克的爆炸性弹丸或装有易爆、易燃物质的弹丸。1899 年海牙第三宣言禁止缔约国使用在人体内易于变形或膨胀的子弹。由于现代科学技术的发展导致新武器不断出现，1980 年联合国主持制定了《禁止或限制使用某些可被认为具有过分伤害力或滥杀滥伤作用的常规武器公约》。该公约进一步强调在战争中应注重人道主义原则，禁止或限制使用那些容易致残或使人陷入长期痛苦的常规武器，如进入人体后能够产生无法用 X 光线探测的碎片的武器、地雷（水雷）、饵雷、燃烧武器及小口径武器等。此外，能够射出大量碎片或针状物体的集束炸弹和地雷也属于极度残酷的武器。

2. 禁止使用有毒、化学和生物武器。禁止使用有毒武器和物质是一项古老的战争法规。1899年和1907年的海牙公约以及1922年《关于在战争中使用潜水艇和有毒气体的华盛顿公约》都有禁止使用毒气和有毒武器的规定。1925年《禁止在战争中使用窒息性、毒性或其他气体和细菌作战方法的日内瓦议定书》规定："鉴于在战争中使用窒息性、有毒气体或其他瓦斯以及类似的液体、物质或器具，既经文明世界普遍舆论所谴责；鉴于世界上大部分国家参加的条约已宣布禁止使用……同意将此项禁止扩展及细菌武器之使用。"1972年《禁止细菌（生物）及毒素武器的发展、生产及储存以及销毁此类武器的公约》不仅规定禁止使用细菌及毒素武器，而且规定永远禁止在任何情况下发展、生产、贮存、取得和保留此类武器。

为了全面地禁止有毒、化学和生物武器，联合国在1992年主持制定了《禁止研制、生产、贮存和使用化学武器以及销毁此类武器公约》。该公约涉及范围广泛，包括化学武器、有毒化学品、化学武器生产设施和其他化学品。缔约国不仅不得研制、生产、贮存、使用或转让化学武器，而且必须全面销毁现有的化学武器，并在规定的期限内拆除和销毁其生产和装填此类武器的设施。此外，为保证缔约国切实履行其销毁化学武器的义务，该公约还规定了严格的投诉和核查程序以及对违反者的制裁措施。

3. 禁止使用殃及平民、不分皂白的作战手段和方法。为了在战争中保护平民的安全和使民用物体免遭战争的破坏，战争法要求把平民和武装部队以及军事目标和民用物体加以区别，禁止交战各方使用不加区别的作战手段和方法。1907年海牙《陆战法规和惯例公约》附件第25条规定："不得以任何方式攻击或炮击不设防的城镇、乡村和住宅。"第27条规定："围攻及炮击时，凡关于宗教、艺术、学术及慈善事业之建筑物、医院及收容所等，在当时不供军事上使用者，务宜尽力保全。"1949年《关于战时保护平民的日内瓦公约》规定，不得把民用医院、安全地带以及运送伤病员、平民、弱者或产妇的车辆、船舶和飞机作为攻击的目标。

1977年日内瓦四公约《第一附加议定书》明确禁止不分皂白的攻击，并指出不分皂白的攻击包括不以特定军事目标为对象的攻击；使用不能以特定军事目标为对象的作战方法或手段；使用任何将平民或民用物体集中的城镇、乡村或其他地区内许多分散而独立的军事目标视为单一军事目标的方法或手段进行轰击或攻击；可能附带使平民生命受损失、平民受伤害、平民物体受损害或三者均有且与预期的具体和直接军事利益相比损害过分的攻击。此外，对蕴藏着危险能量的工程或设施，如堤坝和核电站等，即使属于军事目标，也不应将其作为攻击的对象。

4. 禁止使用改变环境的作战手段和方法。禁止使用改变环境的作战手段和方法是战争法在现代条件下的新发展，它主要是禁止使用可能改变自然环境或对其产生广泛、长期的严重损害的作战手段和方法。1976年，联合国大会通过了《禁止为军事或任何其他敌对目的使用改变环境的技术的公约》，该公约于1977年签署，1978年10月5日生效。公约规定不得使用具有广泛、长期或严重影响的改变环境的技术作为摧毁、破坏或伤害任何缔约国的手段。1977年日内瓦四公约《第一附加议定书》也规定，战争中应注意保护自然环境不受广泛、长期和严重的损害。禁止使用旨在或可能对自然环境造成上述损害从而妨害居民的健康和生存的作战方法或手段，禁止作为报复手段对自然环境的攻击。1991年海湾战争期间，伊拉克军队在撤出科威特之前，点燃了科威特境内的数百口油井，造成了极大的生态灾难。这是典型的破坏环境的战争罪行。

5. 禁止使用背信弃义的作战手段和方法。战争不禁止使用计谋和策略，但禁止使用背信弃义的作战方法和手段。早在1907年签订的海牙第四公约的附件中就规定禁止以欺骗行为杀伤敌国人民或军人；禁止滥用军使旗、国旗及其他军用徽章、敌兵制服以及红十字证章。

1977年日内瓦四公约《第一附加议定书》明确规定："禁止诉诸背信弃义行为，以杀死、伤害或俘获敌人。以背弃敌人的信任为目的而诱取敌人的信任，使敌人相信其有权享受或有义务给予适用于武装冲突的国际法规则所规定的保护的行为，应构成背信弃义行为。"该议定书列举的背信弃义行为包括：（1）假装有在休战旗下谈判或投降的意图；（2）假装因伤或因病而无能力；（3）假装具有平民、非战斗员的身份；（4）使用联合国或中立国家或其他非冲突各方国家的记号、标志或制服而假装享有被保护的地位。

（二）对海战中作战方法和手段的限制

对作战方法和手段的一般限制同样适用于海战。不过，由于海战的目的是消灭对方的海军力量，断绝对方的海上贸易，并封锁其海岸和破坏其海岸军事设施，所以，海战具有一定的特殊性，海战中的作战方法和手段需要受到特殊的限制。

1. 海战战场、战斗员、军舰和商船。海战可以在交战国的内海、领海或者公海进行，但在公海进行海战时，不得侵犯中立国或其他非交战国的合法权利，不得妨碍正常的国际航行。除此之外，海战战场应包括交战国的专属经济区和大陆架，同时，交战国的海军和空军还可以在中立国的专属经济区和大陆架及其上空从事敌对行动，但须适当顾及沿海国为开发其经济资源所建造的海上设施。① 海军部队包括战斗员和非战斗员，不论是编入各类舰艇还是编入海岸要塞的战斗员，均为海战战斗员。他们享有合法战斗员的权利，同样受战争法规与惯例的保护，并承担同样的义务。

军舰是海战的主要工具，也是海战的主要攻击目标。海军部队在海战中只能使用属于自己编制序列之内的舰艇及飞机攻击敌方的军舰，禁止使用经交战国政府允许并发给私掠许可证的武装私人商船，即"私掠船"。商船改装为军舰后，具有军舰的地位，但必须符合1907年《关于商船改装为军舰的公约》规定的6项条件。为抵御私掠船的袭击而武装商船是可以的，但经武装的商船只能用于防御，其防御性的武装并不改变它的法律地位。但如果武装商船主动攻击敌国军舰或商船，则不再受国际法的保护。

2. 海军轰击。1907年海牙《关于战时海军轰击的公约》规定，海军的轰击应受到以下特殊限制：

（1）禁止轰击不设防的海港、城镇、村庄、居民区及建筑物，不得将在港口设置自动触发水雷视为设防。

（2）海军对处于不设防地点的军事设施可以进行轰击，但轰击前应通知有关地方当局限期拆除，如不执行，方可轰击，而且轰击应尽可能减少对城市的损害。

（3）如果经正式警告后，地方当局拒绝为停泊在该地的海军征集其所必需的粮食

① L. Doswald-Beck (ed.), *San Remo Manual on International Law Applicable to Armed Conflict at Sea*, p. 82 (1995).

或生活用品，则经通知后，可以轰击该地区不设防的城镇、村庄、港口或居民区。但海军的征收须与当地的资源成比例，且不得以征收现银或课税不遂而进行轰击。

(4) 海军轰击时必须尽力保全宗教、艺术、文艺、科学和慈善事业的建筑物，以及历史上的古迹、医院和收容所，但以上述建筑不用作军事目的为限。这些受保护的建筑物应以明显的标志标明。

(5) 如果情势许可，海军在轰击前应尽力向地方当局发出警告。

3. 潜艇攻击。海战中的潜艇攻击始于第一次世界大战期间，但当时并无有关潜艇攻击的特殊规则，所以适用一般的海战规则。1922 年签订的《关于在战争中使用潜水艇和有毒气体的华盛顿公约》首次对潜艇攻击作了规定。根据该公约，潜艇不得对遇到的敌方商船立即发动攻击，在拿捕商船之前应该命令它接受临检，以便确定其性质。对拒绝检查，或者在被拿捕后不按照指定航线行驶的商船可以进行攻击。在确有必要破坏商船时，应首先将船上人员置于安全地点。此外，潜艇攻击还应遵守海军轰击的规则。由于该条约最终未能生效，国际社会又于 1930 年签订了《关于海军作战的伦敦条约》。该条约除重申 1922 年公约的规定之外，强调除非商船拒绝停驶或反抗临检，否则，潜艇不得将其击沉或者破坏；不得在将船上人员和船舶文件安置在安全地点之前将商船击沉或使其丧失航行能力。1936 年《关于潜艇作战规则的伦敦议定书》和 1937 年《关于把潜艇作战规则适用于水面舰只和飞机的尼翁协定》都再次确认了上述规则。

4. 水雷和鱼雷。为在战争中保护国际航运和中立国的合法权利，在 1907 年海牙和平会议上签订的《关于敷设自动触发水雷的公约》对水雷和鱼雷的使用设置了若干限制，主要包括以下内容：

(1) 禁止敷设没有系缆的自动触发水雷，但失去控制一小时后失效者除外。

(2) 禁止敷设虽有系缆，但离开系缆后仍能为害的水雷。

(3) 禁止敷设击不中目标后仍有危险性的鱼雷。

(4) 禁止以断绝贸易通航为目的在敌国港口或沿岸敷设自动触发水雷。

(5) 使用系缆触发水雷时，应尽力避免威胁海上和平航行的安全。

(6) 中立国在其海岸敷设触发水雷时，亦应遵守上述规定。

(三) 对空战中作战手段和方法的限制

对空战中作战手段和方法的限制主要是为了限制和减少战争中由于使用空军而造成大规模和残酷的破坏和伤害。虽然迄今为止尚没有关于空战规则的国际条约，但不少有关陆战和海战的规则和惯例可以适用于空战。1899 年和 1907 年的海牙宣言规定，禁止用氢气球或类似方法投掷炮弹和爆炸物。1907 年《关于将 1906 年日内瓦公约的原则适用于海战的公约》应适用于空战。禁止为使平民产生恐怖、破坏或损坏非军用性质的私人财产或者伤害非战斗员的目的进行轰炸；轰炸只能针对军事部队、军事工程、军用建筑物或仓库、军工厂和用于军事目的的运输线；尽力避免轰炸宗教、艺术、科学和慈善事业的建筑物、历史遗迹、医院船、医院及收容伤病员的其他场所。1977 年日内瓦四公约《第二附加议定书》中规定，关于进攻的定义及适用范围适用于可能影响和平居民或民用物体的任何陆战、海战和空战；对平民、民用物体、文物和礼拜场所、自然环境、不设防地区的保护，以及对蕴藏着危险能量的工程或设施的保护的规定，均适用于空战。有关对作战手段和方法的一般限制也适用于空战。

三、对平民、伤病员和战俘的保护

在战争中，交战各方不仅要遵守前述对作战手段和方法的各种限制性规则，而且要从人道主义的立场出发，对平民、伤病员和战俘提供保护。这一部分法律规则构成“国际人道主义法”的重要内容。

（一）战时平民的保护

战争对平民的危害来自两个方面：一是交战者使用不分皂白的军事手段和方法对平民造成的伤害；二是交战方对落入其管辖或控制下的平民行使权力可能给他们造成的伤害。由于第一方面的内容已在“对战争方法和手段的限制”中述及，所以，本部分主要阐述第二方面的问题。

对落入交战一方管辖或控制下的敌国平民的保护有两种情况：一是对战争开始后处于交战国境内的敌国平民的保护；二是对占领区内敌国平民的保护。早在1899年和1907年签订的两个《陆战法规和惯例公约》中就有关于这一方面的规定，而1949年《关于战时保护平民的日内瓦公约》又对此作了详细的规定。

战争开始后，交战国一般应允许处于本国境内的敌国平民离境。对继续在本国居留的敌国平民应给予以下人道主义的待遇：（1）禁止把敌国平民作为攻击的对象，禁止以在平民中散布恐怖为主要目的的暴力行为或暴力威胁；（2）禁止对平民实施报复；（3）保障平民的合法权益，不得为使某一地区或地点免受敌国攻击而将平民安置在该地区或地点；（4）不得在身体上和精神上对平民施加压力，迫使他们提供情报；（5）禁止对平民施加体刑或酷刑，特别禁止非为医疗的医学和科学实验；（6）禁止对敌国平民实施集体惩罚或将他们扣为人质；（7）应给予平民维持生活的机会，但不得强迫他们从事与军事行动直接相关的工作；（8）只有在出于安全目的并绝对必要的情况下，才可以把有关的敌国平民拘禁或安置于指定居所；（9）对妇女和儿童应给予特殊保护，防止强奸、强迫卖淫以及任何其他形式的对妇女的非法侵犯；（10）尽力避免对孕妇或抚育儿童的妇女因犯有与武装冲突有关的罪行而判处死刑；（11）应向儿童提供必要的援助和照顾，尤其是不得使15岁以下的儿童直接参加敌对行动。

在军事占领的情况下，占领当局只能在国际法许可的范围内行使军事管辖权，并对占领区内的平民给予以下人道主义的待遇：（1）占领当局在行使权利的同时，有义务维持社会秩序和居民的生活，不得剥夺平民的生存权；（2）对平民的人格、尊严、家庭及宗教信仰应予以尊重；（3）不得对平民施以暴行、恐吓和侮辱，不得把平民扣为人质或进行集体惩罚、谋杀、残害及用作实验；（4）不得以武力驱逐平民；（5）不得为获取情报对平民采取强制手段；（6）不得强迫平民为占领当局的武装部队或辅助部队服务或加入其军队；（7）不得侵犯平民正常需要的粮食和医药供应；（8）不得废除被占领国的现行法律，必须维持占领区原有法院和法官的地位，并尊重现行的法律。

（二）伤病员的待遇

有关战争时期对伤病员的保护问题，国际社会在1864年、1906年、1929年和1949年分别制定了四个关于改善战地武装部队伤病者境遇的公约。根据这些公约的规定，伤病员的待遇主要包括以下内容：

1. 战斗结束后，交战各方应立即搜寻伤、病、亡人员；对落入交战一方的敌方伤病员或死者应予以登记，并对伤病员给予照顾和进行治疗；交战双方应交换伤、病、亡者的名单，对死者进行埋葬或火化。

2. 交战各方对落入己手的敌方伤病员，除进行必要的治疗外，还应该给予其战俘待遇。

3. 对伤病员在一切情况下均应无区别地给予人道主义的待遇，不得基于性别、种族、国籍、宗教、政治主张等不同而予以歧视。

4. 交战方因不得已而将本方的伤病员委弃于敌方时，应在军事考虑的许可范围内，留下部分医务人员和器材。

5. 对从事救护、医疗的人员与机构，在任何情况下都应给予保护，不得攻击。

6. 军事当局应准许居民或救济团体自动收集和照顾任何国籍的伤者、病者。任何人不得因看护伤者、病者而被侵扰或定罪。

（三）战俘的待遇

战争法中有关战俘待遇的公约有 1907 年《陆战法规和惯例公约》的附件《陆战法规和惯例章程》、1929 年和 1949 年的两个《关于战俘待遇的日内瓦公约》以及 1977 年日内瓦四公约《第二附加议定书》。根据这些国际法律文件，战俘从其被俘到丧失战俘身份前应享有以下人道主义待遇：

1. 交战方应将战俘拘留所设在比较安全的地带，无论何时都不得把战俘送往或拘留在战斗地区或炮火所及的地方，也不得为使某一地点或地区免受军事攻击而将战俘安置在该地点或地区。

2. 不得将战俘扣为人质，禁止对战俘施以暴行或恫吓及受公众好奇的烦扰；不得对战俘实施报复，进行人身残害或肢体残伤，或供任何医学和科学实验；不得侮辱战俘的人格和尊严。

3. 战俘应保有其被俘时享有的民事权利。战俘的个人财物除武器、马匹、军事装备和军事文件以外的自用物品一律归其个人所有；战俘的金钱等贵重物品可由拘留方保存，但不得没收。

4. 对战俘的衣、食、住要能维持其健康水平，不得以生活上的苛求作为惩罚措施；保障战俘的医药和医疗卫生。

5. 尊重战俘的风俗习惯和宗教信仰，允许他们从事宗教、文化和体育活动。

6. 允许战俘与其家庭通信和收寄邮件。

7. 战俘享有司法保障，受审时享有辩护权，此外，还享有上诉权；拘留国对战俘的刑罚不得超过对其本国武装部队人员同样行为所规定的刑罚；禁止因个人行为对战俘实行集体处罚、体刑和酷刑；对战俘判处死刑应特别慎重。

8. 讯问战俘应使用其了解的语言。

9. 不得歧视。战俘除因军阶等级、健康、年龄及职业资格外，一律享有平等待遇，不得因种族、民族、宗教、国籍或政治观点不同而加以歧视。

10. 战争结束后，战俘应立即释放并遣返，不得扣留或迟延。

此外，考虑到战俘在敌方控制下不可能自由地表达其意志，因此，1949 年《关于战俘待遇的日内瓦公约》规定，禁止战俘在任何情况下放弃公约所赋予战俘的权利，以防止拘留方以战俘自愿放弃为借口剥夺他们应该得到的待遇和权利。

四、战时中立

（一）战时中立和中立法

战时中立是指国家在交战国之间进行的战争中采取的一种不偏不倚的立场。中立国不仅不得参加交战国之间的作战行动，而且也不得支持或援助交战国任何一方。中立国在国际法上具有一定的权利和义务，同时，交战国在其对中立国的关系上也具有一定的权利和义务。

战时中立地位是非交战国在战争开始以后作出的选择，具有临时的性质，国家可以随时宣布结束其战时中立地位而成为交战国，如美国在两次世界大战中即为如此。可见，战时中立国与本书第二章所述的永久中立国不同。不过，虽然非交战国是否选择战时中立地位具有任意的性质，主要出于政治方面的考虑，但国家一旦宣布中立，即会产生中立国与交战国之间的权利义务关系，在它们之间适用战时中立法的原则和规则。

经过 18 世纪和 19 世纪的发展，到 20 世纪初，国际社会最终形成了传统的战时中立制度。但在现代国际实践中，传统的战时中立制度受到了一定冲击。由于国家间不宣而战的战争和国家内部爆发的战争大量存在，且不构成所谓的战争状态，所以，其他国家无法按照传统的战争法确立自己的中立地位。此外，联合国的集体安全制度也限制了传统的战时中立法适用的范围。《联合国宪章》第 2 条第 5 款规定："各会员国对于联合国依本宪章规定而采取之行动，应尽力予以协助，联合国对于任何国家正在采取防止或执行行动时，各会员国对该国不得给予协助。"《联合国宪章》第 103 条规定："联合国会员国在本宪章下之义务与其依任何其他国际协定所负之义务有冲突时，其在本宪章下之义务应居优先。"由上述规定可见，如果在一场战争中联合国安全理事会已经认定某一国家破坏了和平或作了侵略行为，并且要求联合国会员国对该国宣战或采取与战争毫无区别的军事行动，那么，在原则上任何联合国会员国都无权自己决定维持中立。① 另外，《联合国宪章》第 2 条第 6 款规定："本组织在维持国际和平及安全之必要范围内，应保证非联合国会员国遵行上述原则。"由于联合国安理会决定采取的强制措施应该属于维护国际和平及安全的必要范围，因此，非联合国会员国采取中立立场的可能性也受到了限制。

中立法是指规定交战国与中立国之间权利和义务关系的原则、规则和制度。中立法的形成基于以下两个基本事实：（1）中立国希望得到保证，使自己尽可能少地由于战争而受到损害；（2）交战国希望得到保证，中立国不仅在形式上，而且在实质上保持中立，不向对方提供任何援助。不参与和对各方平等待遇是中立法的两块基石。②

---

① 参见［英］劳特派特修订，王铁崖、陈体强译：《奥本海国际法》，8 版，下卷，第 2 分册，142 页，北京，商务印书馆，1981。

② Yoram Dinstein, *War, Aggression and Self-defence*, 3rd edition, Cambridge University Press, p. 24 (2001).

有关中立法的国际文件主要有1907年第二次海牙和平会议签订的《中立国和人民在陆战中的权利和义务公约》和《关于中立国在海战中的权利和义务公约》。此外，1949年《改善战地武装部队伤者病者境遇的日内瓦公约》和《改善海上武装部队伤者病者及遇船难者境遇的日内瓦公约》也包含有关中立的规定。

（二）中立国的权利和义务

中立法是调整中立国与交战国关系的法律规范。根据中立法，中立国与交战国各自享有一定的权利并承担一定的义务。按照权利与义务相统一的辩证关系，中立国的义务即是交战国的权利，而交战国的义务则是中立国的权利，因此，下面将分别论述中立国和交战国的义务。

1. 中立国的义务。中立国对交战国承担的义务主要包括三个方面：自我约束的义务、防止的义务和容忍的义务。

（1）自我约束的义务。中立国不得直接或者间接地向任何交战国提供援助，不得向交战国提供军队、武器弹药、军舰、军用飞机及其他军用器材；不得向交战国提供资金、信贷、购买交战国发行的公债或为其提供运输服务等。中立国的援助即使平等地给予交战双方，亦在被禁止之列。

（2）防止的义务。中立国应采取适当措施防止交战国为战争的目的利用中立国领土或其法律管辖内的区域，或利用中立国的资源进行战争准备或其他与战争有关的行动。例如，中立国应以一切可能的手段防止交战国在其领陆、领海或领空进行战斗、捕获船只、运输军队和军需品、招募军队或建立军事设施。中立国还应防止交战国在其领土范围内武装商船或将商船改装为军舰。

（3）容忍的义务。中立国对交战国为进行战争依据战争法采取的行动给本国国民及其财产带来的不利或造成的损害应在一定范围内予以容忍。例如，交战国对中立国船舶的临检和搜查，对悬挂中立国国旗而载有战时禁制品或从事非中立活动的船舶的拿捕、审判、处罚及非常征用，中立国应予以容忍。

2. 交战国的义务。交战国对中立国的义务亦包括上述三个方面：

（1）自我约束的义务。交战国不得在中立国的领土范围或其管辖区域内进行战斗行动；不得将中立国领土或其管辖区域作为作战基地；不得在中立国领陆或领水内改装商船为军舰或武装商船、建立设施或捕获法庭。

（2）防止的义务。交战国有义务采取措施，防止在其境内或占领区内发生虐待中立国使节及其人民的事件；防止其军队和人民侵犯中立国及其人民的合法权益。

（3）容忍的义务。交战国应容忍中立国与敌国保持外交关系和商务关系，并进行不违反其中立义务的一切交往。对中立国在本国领土范围内收容前往避难的敌国官兵或者给予敌方军舰以临时庇护的行为，交战国亦应予以容忍。

（三）战时封锁

战时封锁是指交战国使用武装力量切断敌国或其占领地区的海港及海岸的交通，使敌国无法获得外来的资源和援助，从而削弱其经济及进行战争的能力的行为。封锁是一种合法的作战行为，具体做法是使用海军舰只阻止一切国家，包括中立国的船舶和飞机进出敌国的港口及海岸，因此，它对中立国和其他非交战国均有影响。

战时封锁早在16世纪即已出现，1856年《关于海战的巴黎宣言》就对此作了规定。1909年《伦敦海军会议文件》对战时封锁的规则作了比较详细的阐述。该文件虽然没有正式生效，但其内容可以被看做是对海战中的国际习惯规则的编纂。战时封锁的规则主要有：封锁必须由交战国政府或其授权的海军当局决定；实施封锁的国家必须正式宣告封锁的事实并通知中立国政府，允许中立国船舶在一定时间内离开封锁区；封锁必须有效实施，进行封锁的一方须部署足以保证有效封锁的海空军力量；封锁应公平实施，适用于所有国家的船舶和飞机；对破坏封锁的船舶和飞机可予以拿捕，交封锁国的捕获法庭审判和处置。

（四）战时禁制品

“禁制品”的意思是“违反禁令的物品”，战时禁制品是指交战国认为可被用于军事目的而禁止运往敌国的物品。战时禁制品分为绝对禁制品和相对禁制品，前者指属于军事用途的物品；后者指既可以供军用也可以供民用的物品。

1909年《伦敦海军会议文件》开列了禁制品的详细清单以及不得被作为禁制品的物品清单。中立国或其他非交战国的船舶和飞机不得将禁制品运往任何一个交战国。按照该文件的规定，交战国一方对运往敌国领土或占领区的绝对禁制品一律没收；相对禁制品如系供敌国军队或其政府使用者，也应没收；运送禁制品的船只，如所载禁制品按价值、重量、容量或者运费计算，超过船上全部货物的一半时，船只本身也可以被没收。为了实施封锁和截获禁制品，交战国享有检查和搜索的权利。交战国可以使用军舰或军用飞机在公海上检查中立国及其他非交战国的商船，对拒绝或对抗检查的船舶可予以拿捕，对载有禁制品或从事违反中立义务活动的中立国船舶亦有权拿捕。交战国拿捕的船舶应交付其设立的捕获法庭审判。

第三节 战争犯罪及其责任

一、战争犯罪的概念

在国家享有战争权的传统国际法时期，战争犯罪仅指违反公认的战争法规和惯例的行为。这种行为不仅违反国际法，也违反犯罪人本国的刑法，如抢劫和杀害平民或放下武器的士兵等。但当时，策划和指挥侵略战争的国家领导人及军队负责人的行为不构成战争犯罪，他们也不会因其行为而受到惩罚。第一次世界大战以后签订的《凡尔赛和约》首次规定要把前德国皇帝威廉二世及德国军队中严重破坏战争法规的人员交付国际法庭或混合军事法庭审判，但最终并未真正付诸实施。第二次世界大战后，战争犯罪的概念得到了充实和发展，根据1945年《欧洲国际军事法庭宪章》和1946年《远东国际军事法庭宪章》的规定，战争罪行包括以下三种类型：

1. 违反和平罪。即计划、准备、发动或实施侵略战争，或违反国际条约、协定或保证的战争，或参与为实现上述战争的计划或同谋。

2. 战争罪。即违反战争法规或惯例。此种违反应当包括但并不限于对所占领土或占领区平民的谋杀、虐待，或为奴隶劳役或其他目的的放逐，对战俘或海上人员的谋杀或虐待，杀害人质、劫掠公私财物，任意破坏城镇或村庄或进行非基于军事必要的破坏行为。

3. 违反人道罪。即在战争发生前或进行中，对任何平民实施谋杀、灭绝、奴化、放逐及其他非人道行为；或基于任何政治、宗教或种族的原因，为实施法庭裁判权内的任何犯罪而采取的迫害行为或与此类犯罪有关的迫害行为，不论其是否违反犯罪地国的国内法。

凡参与策划或实施旨在实现上述罪行的共同计划或阴谋的领导者、组织者、教唆者与共犯，对任何人在执行此种计划中所为的一切行为，均应负责。

1993 年 6 月和 1994 年 11 月，联合国安全理事会分别通过了建立“起诉应对 1991 年以来前南斯拉夫境内所犯的严重违反国际人道主义法行为负责的人的国际法庭”（简称“前南斯拉夫国际刑事法庭”）和“卢旺达国际刑事法庭”的决议。两个法庭的建立旨在起诉和惩治在前南斯拉夫境内和卢旺达境内发生的战争中犯有严重违反战争法以及国际人道主义法行为的个人。《前南斯拉夫国际刑事法庭规约》规定，法庭有权起诉和惩治下列罪行：

第一，严重违反 1949 年日内瓦四公约的情事。即对应受日内瓦四公约保护的人或财产采取以下行为：故意杀害；酷刑和不人道待遇（包括生物学实验）；故意使身体或健康遭受重大痛苦或严重伤害；非为军事必要以非法和野蛮的方式对财产进行大规模破坏或占用；强迫战俘或敌对方的平民在本方军队中服务；故意剥夺战俘或敌对平民应享有的公平和合法审判的权利；将平民非法驱逐或非法拘禁；劫持平民作人质。

第二，违反战争法规和惯例的行为。主要包括使用有毒武器或其他武器，造成不必要的痛苦；非出于军事必要野蛮地摧毁或破坏城镇和村庄；以任何手段攻击不设防的城镇、村庄、居民区或建筑物；夺取、摧毁或故意损坏专用于宗教、艺术、科学、教育和慈善事业的机构，历史文物和科学及艺术作品，掠夺公私财物。

第三，灭绝种族罪和危害人类罪。灭绝种族罪指蓄意全部或局部消灭某一民族、种族、人种或宗教团体的行为，预谋、煽动、企图或共谋灭绝种族的人，亦为犯有此种罪行。危害人类罪是指在战争期间发生的谋杀、奴役、驱逐、监禁、酷刑、强奸以及基于政治、宗族、民族等原因进行的迫害或其他不人道行为。

由于卢旺达国际刑事法庭主要惩处严重违反国际人道主义法的行为，所以，法庭主要适用 1949 年日内瓦公约共同第三条和 1977 年《1949 年 8 月 12 日日内瓦四公约关于保护非国际性武装冲突受难者的附加议定书》。

1998 年 7 月，在意大利罗马举行的外交会议上，120 个国家投票通过了《国际刑事法院规约》。2002 年 7 月 1 日，《国际刑事法院规约》正式生效。《国际刑事法院规约》的生效和国际刑事法院的建立标志着常设性国际刑法直接实施制度的形成，体现了现代国际法的重大发展，按照该规约的规定，法院管辖的罪行是“国际社会作为一个整体所关注的最严重的罪行”。具体包括灭绝种族罪、战争罪、危害人类罪和侵略罪。从该规约的规定可以看出，各种类型的战争犯罪基本上都属于国际刑事法院的管辖范围。

二、对战争罪犯的审判

第二次世界大战以后进行的纽伦堡审判和东京审判开创了设立国际法庭追究个

人国际刑事责任的先例。早在战争进行期间，同盟国于1943年发表的《关于暴行的莫斯科宣言》就指出，战争罪犯必须受到惩罚，凡对暴行或罪行负有直接责任以及曾经同意实施暴行或罪行的人员应被送回罪行发生地国并由获得解放的国家根据其本国法予以惩处；凡犯有不限于特定地理位置的重大罪行的战争罪犯，由同盟国共同进行惩处。1945年8月8日，美国、英国、法国和苏联四国在伦敦签订了《关于控诉和惩处欧洲轴心国主要战犯的协定》及其附件《欧洲国际军事法庭宪章》，规定犯有违反和平罪、战争罪和违反人道罪的战争罪犯应受到国际军事法庭的惩处，被告的官职之地位，不论其是国家元首还是政府部门的首长，不应视为使其免除责任或减轻惩罚的理由；上级命令也不应视为免除被告责任的理由，但法庭认为必要时，可以减轻对被告的惩罚。

按照《欧洲国际军事法庭宪章》的规定，欧洲国际军事法庭于1945年8月在德国纽伦堡成立。法庭由美国、英国、法国和苏联各派一名法官组成，并由四国各派一名检察官组成侦查和起诉委员会。经过从1945年11月10日至1946年10月1日的审理，法庭判决戈林等12人绞刑，赫斯等7人徒刑，3人无罪。另外，法庭宣布德国纳粹党领导机构、秘密警察和党卫军为犯罪组织。

根据1946年1月19日盟军最高统帅总部《关于设置远东国际军事法庭的特别通告》及《远东国际军事法庭宪章》，中国、美国、英国、法国、苏联、荷兰、印度、加拿大、菲律宾、新西兰、澳大利亚等11个国家各派一名法官组成远东国际军事法庭，并由它们各派一名检察官组成检察官委员会。从1946年4月至1948年11月，远东国际军事法庭在东京对日本首要战争罪犯进行了审判，判处东条英机等7人绞刑，荒木贞夫等18人徒刑。除纽伦堡国际军事法庭和远东国际军事法庭之外，中国、美国、英国、法国、苏联、澳大利亚等国家都分别组织军事法庭，对德国和日本的部分战争罪犯进行了审判和处罚。

前南斯拉夫国际刑事法庭和卢旺达国际刑事法庭对战争罪犯的审判正在进行，到目前为止，已有部分罪犯被判处徒刑，还有少数犯罪嫌疑人尚未被抓获归案。国际刑事法院是人类历史上第一个常设国际刑事法院，具有开创性的意义。法院的工作将对惩治战争犯罪和其他国际犯罪，维护国际法律秩序发挥更大的作用。

三、惩治战争罪犯的国际法原则

现代国际法所确立的惩治战争罪犯的原则有个人刑事责任原则、上级命令不免除责任原则、上级责任原则、战争犯罪非政治化原则、合法性原则和战争犯罪不适用法定时效原则。

1. 个人刑事责任原则。在战争法中，个人刑事责任原则是指对违反战争法规和惯例以及对策划、发动、组织和指挥侵略战争负有责任的个人应承担刑事责任，并受到惩罚。《凡尔赛和约》、《欧洲国际军事法庭宪章》、《远东国际军事法庭宪章》、《国际刑事法院规约》和前南斯拉夫国际刑事法庭和卢旺达国际刑事法庭的成立文件都规定了战争犯罪的个人责任原则。纽伦堡法庭的判决指出："违反国际法的罪行是个人作出来的，而不是抽象的集体作出来的；只有处罚实施了这些国际罪行的个人，才能使国际法的规定得到有效实施。”[1] 法庭的结论是：凡是参加过侵略战争的人，无论是在策划、准备、发动或执行这种战争的任何阶段参加的，都应负个人责任，都应作为战犯受到审判。[2] 此外，1950 年，联合国国际法委员会把《欧洲国际军事法庭宪章》和纽伦堡审判中体现的原则概括为 7 项，其中，第一项原则就是：“从事构成违反国际法的犯罪行为的人承担个人责任，并因而受惩罚。”

2. 上级命令不免除责任原则。在传统国际法时期，下级，特别是军队中的下级军官或士兵犯有违反战争法规和惯例的罪行时，服从上级命令是一种合法的抗辩理由。但现在，这种情况发生了变化。上级命令不免除责任原则的基本含义是指个人在执行上级命令的情况下犯有战争罪行时，不得因遵照上级命令行事的理由而免除刑事责任。因为战争罪行的发生会自动产生战争法上的个人刑事责任，所以，国际刑法不承认所谓“上级命令”的抗辩理由，但在特定情况下，“执行上级命令”可以作为考虑减轻处罚的因素。[3]《欧洲国际军事法庭宪章》第 8 条明确地规定：“被告是遵照其政府或长官之命令而行动之事实，不能使其免除责任；但为法庭认为合于正义之要求时，将于刑罚之减轻上加以考虑。”

3. 上级责任原则。上级责任原则是指如果指挥官或者其他上级官员命令其部下或下级实施违反战争法的犯罪，或者他们知道或应该知道其部下或下级正在或将要实施战争犯罪，而没有行使其职权，采取必要的措施预防或制止犯罪的发生，或者在犯罪行为发生后，没有给予责任人应得的处罚，则指挥官或者其他上级官员应承担刑事责任。上级责任原则的确立是基于这样的事实，即国家不同机构和部门的上级都负有一定的义务和责任，因此，他们应该采取一切必要的措施，防止其下级犯有国际法上的罪行。[4] 1977 年日内瓦四公约《第一附加议定书》第 86 条规定，部下破坏各公约或本议定书的事实，不能使其上级免除按照情形所应负的刑事或纪律责任，如果上级知悉或者有情报使其能对当时的情况作出结论：其部下正在从事或者将要从事这种破坏活动，而且该上级没有在其职权范围内采取一切可能的防止或制止措施。

4. 战争犯罪非政治化原则。“政治犯不引渡原则”是引渡制度中的一项重要原则，意指如果被请求引渡国认为请求国要求引渡的罪犯犯有政治罪行，则该国可以拒绝请求国的引渡要求，而给予其以政治庇护。战争犯罪非政治化原则的基本含义是，如果战争犯罪的行为人逃往外国，所在国不得认为其所犯罪行具有政治因素并将其作为政治犯予以庇护，而应该将他引渡给任何对此种犯罪有管辖权的国家，或者将他交付本国司法机关进行审判和处罚。第二次世界大战后，同盟国在关于审判战争罪犯的声明中宣布：施予平民的罪行，与文明国家所理解的战争行为或政治罪概念没有任何共同之处。纽伦堡与东京国际军事法庭审判战犯时所列的战争罪、违反和平罪、违反人类

---

① 《纽伦堡国际军事法庭判决书》（中译本），68 页。

② 参见梅汝璈：《远东国际军事法庭》，23～24 页，北京，法律出版社，1988。

③ See M. C. Bassiouni, *Crimes against Humanity in International Criminal Law*, 2nd revised edition, p. 449 (1999).

④ See Farhad Malekian, *International Criminal Responsibility*, in *International Criminal Law*, Vol. 1, 2nd edition, M. C. Bassiouni (ed.), p. 171 (1999).

罪等均不得以政治罪论处。[①] 联合国于1967年12月4日发表的《领土庇护宣言》第1条规定，对有重大理由可认为犯有危害和平罪、战争罪或危害人类罪的人，各国不应给予庇护。各国不应采取任何有碍其在侦查、逮捕、引渡和惩治战争罪犯和危害人类罪犯方面所承担的国际义务的立法或其他措施。

5. 合法性原则。合法性原则是各国刑事法律体系在确定犯罪主体的刑事责任时普遍遵循的一项原则，同时，它也是追究战争犯罪行为人刑事责任时必须遵守的一项重要原则。合法性原则的具体内容包括“法无明文不为罪”、“法无明文不处罚”和“法律不溯及既往”等三项具体的原则。2002年7月1日生效的《国际刑事法院规约》全面体现了合法性原则。《国际刑事法院规约》第22条“法无明文不为罪”规定：“只有当某人的有关行为在发生时构成本法院管辖权内的犯罪，该人才根据本规约负刑事责任……”第23条“法无明文不处罚”规定：“被本法院定罪的人，只可以依照本规约受处罚。”同时，根据《国际刑事法院规约》第25条“对人不溯及既往”的规定，任何个人不对规约生效以前发生的行为负规约规定的刑事责任。纽伦堡国际军事法庭、东京国际军事法庭和前南斯拉夫国际刑事法庭对战争罪犯的审判和处罚都体现了合法性原则。

6. 不适用法定时效原则。各国的国内法中一般都有关于普通犯罪的时效规则。但为使战争犯罪不因时效规则而免受惩罚，联合国大会于1968年11月26日通过《战争罪及危害人类罪不适用法定时效公约》，1970年11月11日，公约正式生效。根据公约的规定，战争罪和危害人类罪，不论其犯罪日期，不适用法定时效；各缔约国承诺采取一切必要的国内立法或其他措施，以便依照国际法引渡犯有上述罪行的个人。同时，各缔约国承诺按照本国宪法程序，采取必要的立法或其他措施，以确保法定或他种时效不适用于战争罪和危害人类罪的追诉权和行刑权；如果现行立法中有此类时效规定，应即行废止。

法律应用

1. 战争法是国际法最古老的内容之一。经过长期的发展，战争法形成了系统的规范体系，其内容包括对陆战、海战、空战中作战方法和手段的限制，对平民、伤病员和战俘的保护、战争的开始和结束及其法律后果、战时中立制度等。人道主义是战争法的一项基本原则，它贯穿于战争法的主要制度之中；严重违反人道主义原则的行为构成战争犯罪，行为人应根据国际法承担刑事责任。对战争罪犯的审判可以由国内法庭进行，也可以由国际法庭进行。建立常设性国际刑事法庭审判和惩罚战争罪犯是国际社会长期努力的目标，而国际刑事法院在2002年的正式成立标志着这种努力的结果。

2. 第二次世界大战以后，根据《欧洲国际军事法庭宪章》、《远东国际军事法庭宪章》、《前南斯拉夫国际刑事法庭规约》、《卢旺达国际刑事法庭规约》、《国际刑事法院规约》等国际法律文件的规定和有关国际法庭的司法实践，确立了一系列追究战争罪

① 参见周洪钧主编：《国际法》，75页，北京，中国政法大学出版社，2007。

犯刑事责任的法律原则，包括个人责任原则、上级责任原则、上级命令不免除责任原则、合法性原则、战争犯罪非政治化原则、战争犯罪不适用法定时效原则，等等。根据个人责任原则，战争罪犯不能以国家行为为理由逃避其依国际刑法应该负担的刑事责任；而根据战争犯罪非政治化原则和不适用法定时效原则，战争罪犯不再享有不被引渡的特权和因时效已过而免于追诉的权利。总之，适用上述原则追究战争犯罪嫌疑人的责任有利于发挥国际刑法的惩戒和教育作用，保证有关战争法的公约得到遵守，同时，亦有利于保障战争犯罪嫌疑人的正当权利。

课后复习

1. 战争法的基本原则有哪些?
2. 对作战手段和方法的一般限制的内容是什么?
3. 战争开始后，交战国应如何对待处于本国境内的敌国公民?
4. 战俘应享有哪些人道主义待遇?
5. 交战国和中立国各自对对方承担哪些义务?
6. 追究战争罪犯法律责任的原则是什么?

主要参考文献

1. 王铁崖主编．国际法．北京：法律出版社，1981

2. 王铁崖主编．国际法．北京：法律出版社，1995

3. 王铁崖．国际法引论．北京：北京大学出版社，1998

4. 周鲠生．国际法．上下册．北京：商务印书馆，1976

5. 李浩培．条约法概论．北京：法律出版社，1987

6. 李浩培．李浩培文选．北京：法律出版社，2000

7. 朱奇武．中国国际法的理论与实践．北京：法律出版社，1998

8. 韩德培主编．现代国际法．武汉：武汉大学出版社，1992

9. 周忠海．国际法学评述．北京：法律出版社，2001

10. 周忠海主编．国际法．北京：中国政法大学出版社，2010

11. [英] 劳特派特修订．奥本海国际法．8 版．王铁崖，陈体强译．北京：商务印书馆，1981

12. [英] 詹尼斯·瓦茨修订．奥本海国际法．9 版．王铁崖，陈公绰等译．北京：中国大百科全书出版社，1995

13. [苏] 童金主编．国际法．邵天任等译．北京：法律出版社，1988

14. L. Oppenhein. International Law：A Treatise，1905

15. Malcolm N. Shaw. International Law. 4th edition，1997

16. Henkin，Push，Schachter，and Smit（eds.）. International Law：Cases and Materials. 3rd edition，1993

17. Ian. Brownlie. Principles of Public International Law. 5th edition，1998

18. D. J. Harris. Case and Materials on International Law. 5th edition，1998

图书在版编目（CIP）数据

国际法/马呈元主编．3版．—北京：中国人民大学出版社，2012.7
21世纪中国高校法学系列教材
ISBN 978-7-300-16100-6

Ⅰ．①国… Ⅱ．①马… Ⅲ．①国际法-高等学校-教材 Ⅳ．①D99

中国版本图书馆CIP数据核字（2012）第148749号

21世纪中国高校法学系列教材
国际法（第三版）
主　编　马呈元
副主编　李居迁
Guojifa

出版发行	中国人民大学出版社		
社　　址	北京中关村大街31号	**邮政编码**	100080
电　　话	010－62511242（总编室）		010－62511398（质管部）
	010－82501766（邮购部）		010－62514148（门市部）
	010－62515195（发行公司）		010－62515275（盗版举报）
网　　址	http：//www.crup.com.cn		
	http：//www.ttrnet.com（人大教研网）		
经　　销	新华书店		
印　　刷	北京昌联印刷有限公司	**版　　次**	2003年9月第1版
规　　格	185 mm×260 mm　16开本		2012年7月第3版
印　　张	23.75 插页1	**印　　次**	2015年2月第4次印刷
字　　数	534 000	**定　　价**	45.00元

版权所有　侵权必究　　印装差错　负责调换

《　　　　　　》※任课教师调查问卷

为了能更好地为您提供优秀的教材及良好的服务，也为了进一步提高我社法学教材出版的质量，希望您能协助我们完成本次小问卷，完成后您可以在我社网站中选择与您教学相关的1本教材作为今后的备选教材，我们会及时为您邮寄送达！如果您不方便邮寄，也可以申请加入我社的**法学教师QQ群：83961183（申请时请注明法学教师）**，然后下载本问卷填写，并发往我们指定的邮箱（cruplaw@163.com）。

邮寄地址：北京市海淀区中关村大街31号中国人民大学出版社411室收

邮　　编：100080

再次感谢您在百忙中抽出时间为我们填写这份调查问卷，您的举手之劳，将使我们获益匪浅！

基本信息及联系方式：※

姓名：__________ 性别：__________ 课程：________________

任教学校：____________________ 院系（所）：____________

邮寄地址：____________________ 邮编：________________

电话（办公）：__________ 手机：__________ 电子邮件：____________

调查问卷：※

1. 您认为图书的哪类特性对您选用教材最有影响力？（　　）（可多选，按重要性排序）

   A. 各级规划教材、获奖教材　　B. 知名作者教材

   C. 完善的配套资源　　D. 自编教材

   E. 行政命令

2. 在教材配套资源中，您最需要哪些？（　　）（可多选，按重要性排序）

   A. 电子教案　　B. 教学案例

   C. 教学视频　　D. 配套习题、模拟试卷

3. 您对于本书的评价如何？（　　）

   A. 该书目前仍符合教学要求，表现不错将继续采用

   B. 该书的配套资源需要改进，才会继续使用

   C. 该书需要在内容或实例更新再版后才能满足我的教学，才会继续使用

   D. 该书与同类教材差距很大，不准备继续采用了

4. 从您的教学出发，谈谈对本书的改进建议：____________________

____

____

选题征集：如果您有好的选题或出版需求，欢迎您联系我们：

联系人：黄　强　联系电话：010-62515955/65

索取样书：书名：______________________________

书号：________________________________

备注：※ 为必填项。

21世纪高等院校法学系列精品教材

（以出版时间为序）

书名	ISBN	作者	定价
判例刑法学（教学版）	978-7-300-14059-9	陈兴良　著	39.80
商法学（第三版）	978-7-300-13955-5	徐学鹿　主编	49.80
刑法总论（第二版）	978-7-300-14090-2	周光权　著	45.00
刑法各论（第二版）	978-7-300-14202-9	周光权　著	55.00
财税法学（第三版）	978-7-300-14098-8	张守文　著	46.00
民事诉讼法	978-7-300-13632-5	张卫平　著	39.80
侵权法学	978-7-300-13533-5	周友军　著	49.80
法律解释学	978-7-300-13251-8	王利明　著	32.00
物权法（第二版）	978-7-300-13040-8	崔建远　著	59.00
证据学（第四版）	978-7-300-12740-8	陈一云　主编	32.00
刑事诉讼法学（第二版）	978-7-300-12467-4	郑　旭　著	39.80
刑事疑案演习（二）	978-7-300-12454-4	张明楷　著	39.00
中国宪法（第四版）	978-7-300-12301-1	许崇德　主编	29.80
普通公司法	978-7-300-11227-5	邓　峰　著	68.00
网络法学	978-7-300-11004-2	刘品新　著	25.00
人格权法	978-7-300-10990-9	王利明　著	35.00
民法总论	978-7-300-10961-9	王利明　著	35.00
刑事疑案演习（一）	978-7-300-10576-5	张明楷　著	38.00
经济法学	978-7-300-09953-8	张守文　著	45.00
物权法原理	978-7-300-09459-5	申卫星　著	39.00
民事诉讼法学	978-7-300-08377-3	邵　明　著	45.00

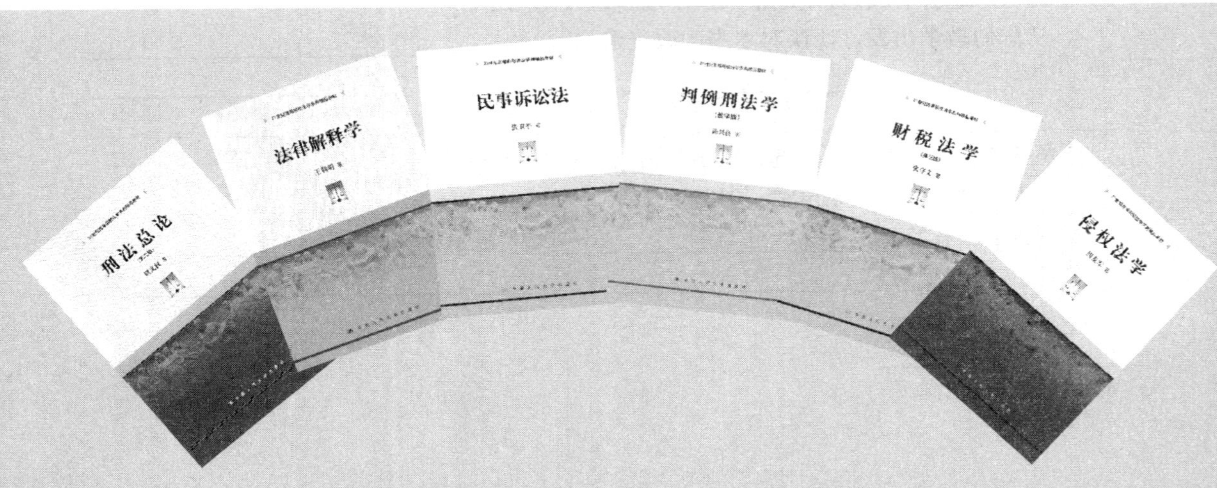

人大版
员③检